AF544603

X-MEN
DIE DARK PHOENIX SAGA

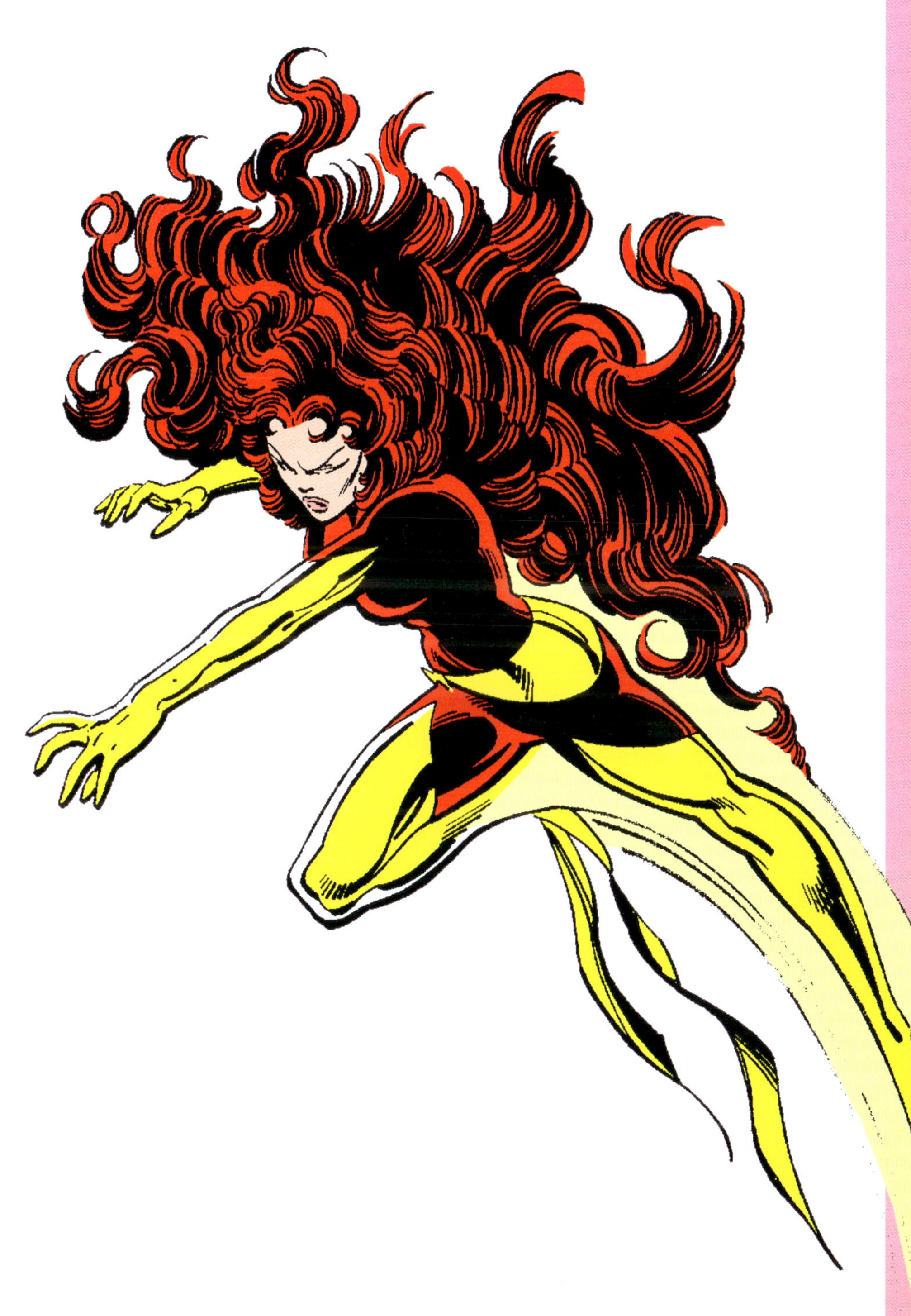

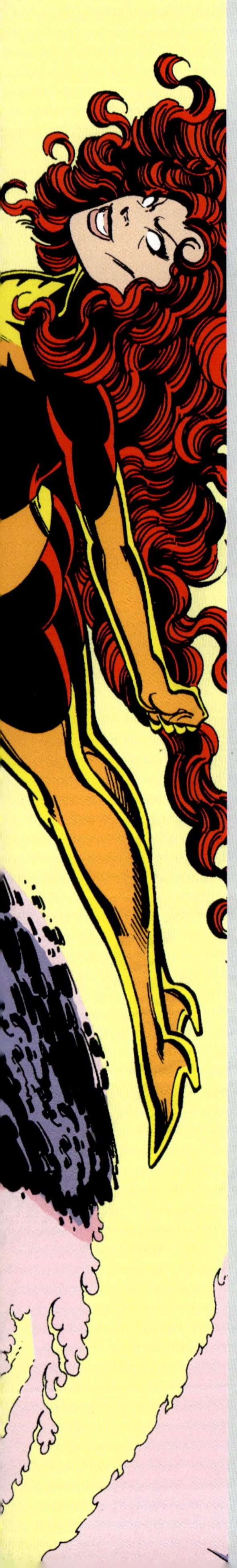

INHALT

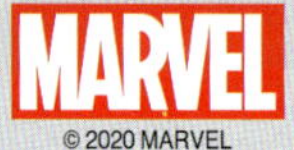
MARVEL

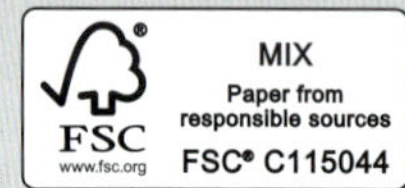
FSC
www.fsc.org
MIX
Paper from responsible sources
FSC® C115044

X-MEN
DIE DARK PHOENIX SAGA

CHRIS CLAREMONT
JOHN BYRNE
AUTOREN

JOHN BYRNE
ZEICHNER

TERRY AUSTIN
TUSCHE

BOB SHAREN
(129, 134-135)
GLYNIS WEIN
(130-133, 136-137)
FARBEN

STUDIO RAM
WALPROJECT
LETTERING

CHRISTIAN HEISS
ÜBERSETZUNG

JIM SALICRUP
JIM SHOOTER
LOUISE SIMONSON
ROGER STERN
REDAKTION USA

C. B. CEBULSKI
CHEFREDAKTEUR USA

JOE QUESADA
CHIEF CREATIVE OFFICER USA

DAN BUCKLEY
HERAUSGEBER USA

ALAN FINE
PRODUZENT USA

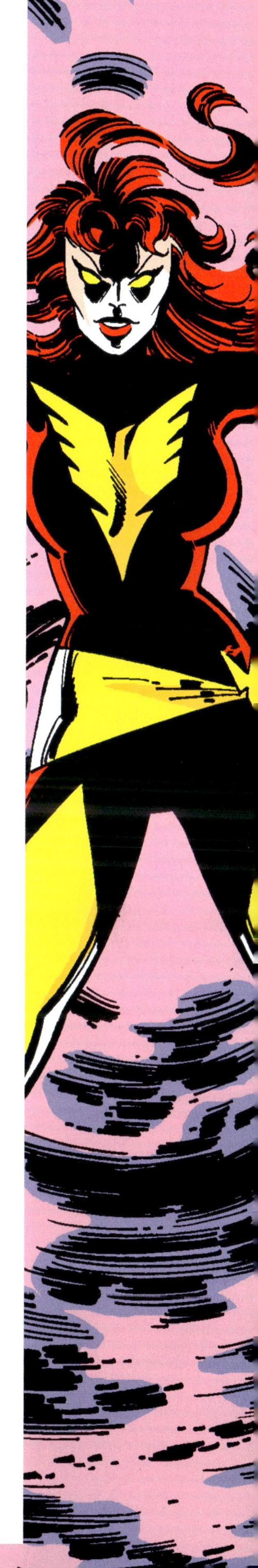

MARVEL MUST-HAVE: X-MEN – DIE DARK PHOENIX SAGA erscheint bei **PANINI COMICS**, Schloßstraße 76, D-70176 Stuttgart. Druck: Lito Terrazzi Industria Grafica. Pressevertrieb: Stella Distribution GmbH, D-22297 Hamburg. Direkt-Abos auf **www.paninicomics.de.** Anzeigenverkauf: BLAUFEUER VERLAGSVERTRETUNGEN GmbH, info@blaufeuer.com. Es gilt die Anzeigenpreisliste Nr. 17 vom 01.10.2019. Geschäftsführer **Hermann Paul**, Publishing Director Europe **Marco M. Lupoi**, Finanzen **Felix Bauer**, Marketing Director **Holger Wiest**, Marketing **Fabio Cunetto**, Vertrieb **Alexander Bubenheimer**, Logistik **Ronald Schäffer**, PR/Presse **Steffen Volkmer**, Publishing Manager **Lisa Pancaldi**, Redaktion **Harald Gantzberg**, **Matthias Korn**, **Anja Seiffert**, **Kristina Starschinski**, **Ilaria Tavoni**, **Daniela Uhlmann**, **Thomas Witzler**, Übersetzung **Christian Heiß**, **Bernd Kronsbein**, Proofreading **Uwe Peter**, Lettering **Studio RAM**, **Walproject**, grafische Gestaltung **Marco Paroli**, **Barbara Sarti**, Art Director **Mario Corticelli**, Redaktion Panini Comics **Annalisa Califano**, **Beatrice Doti**, Prepress **Cristina Bedini**, **Andrea Lusoli**, **Nicola Soressi**, Repro/Packager **Alessandro Nalli** (coordinator), **Mario Da Rin Zanco**, **Valentina Esposito**, **Luca Ficarelli**, **Linda Leporati**. Deutsche Edition bei Panini Verlags-GmbH unter Lizenz von Marvel Characters B.V. Cover von **John Byrne**, *X-Men: The Dark Phoenix Saga* HC (2010).

Bibliografische Information der Deutschen Nationalbibliothek
Die Deutsche Nationalbibliothek verzeichnet diese Publikation in der Deutschen Nationalbibliografie; detaillierte bibliografische Daten sind im Internet über dnb.d-nb.de abrufbar.

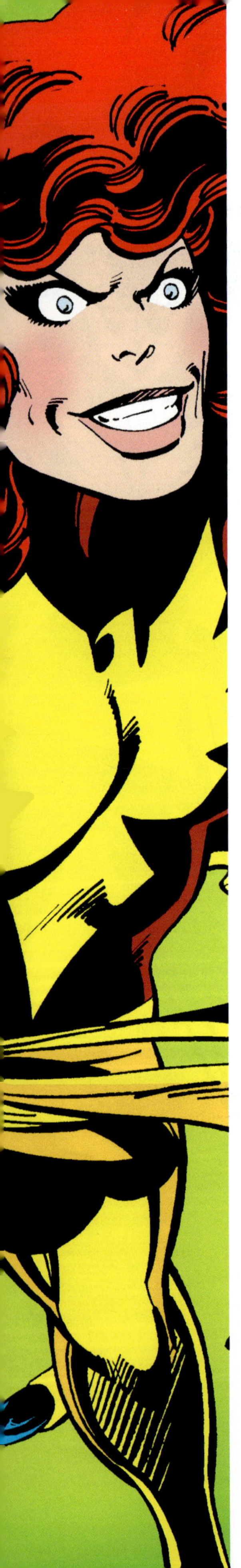

ASCHE AUF IHREM HAUPT

In der Historie maskierter Verbrecherjäger und übermenschlicher Superwesen spielte das vermeintlich „schwache" Geschlecht jahrzehntelang eine untergeordnete Rolle. Das war sowohl der überwiegend männlichen Zielgruppe geschuldet als auch der damaligen Stellung der Frau. Lange Zeit war die originale **Black Widow**, die für **Satan** Gangster ins Jenseits schickte, die einzig bedeutende Heroine von Marvels Vorgänger Timely. 1943 folgte **Miss America**, nach dem Krieg **Blonde Phantom**, **Sun Girl** und **Namora**, die Cousine vom Sub-Mariner. Aufgrund sinkender Nachfrage versuchten die Verlage, zunehmend auch Leserinnen für Superhelden-Comics zu gewinnen. Vergebens. Die Zeit der kostümierten Ordnungshüter war abgelaufen. Zumindest vorerst.

Als **Stan Lee** und **Jack Kirby** 1961 mit *Fantastic Four* die Ära der Marvel-Comics einläuteten, hatte sich für Frauen nicht viel getan. Im Gegenteil. Während Kolleginnen aus den 40ern das Böse mit Fäusten traktiert hatten, war die **Unsichtbare** nur schmückendes Beiwerk für das **Ding**, die **Fackel** und **Mr. Fantastic**. Kurz: die Angebetete und Jungfrau in Nöten. **Marvel Girl** von den **X-Men** erging es kaum anders. Obwohl sie Materie durch Gedankenkraft bewegen konnte, beschränkte sich ihr dramaturgischer Beitrag meist darauf, gut auszusehen, sich retten zu lassen und ihren Gefährten den Kopf zu verdrehen. Alle waren verrückt nach **Jean Grey**. Sogar **Professor X**. Ausgerechnet **Scott Summers**, der tragische und zurückhaltende Anführer der X-Men, der sein Umfeld stets vor seinem zerstörerischen Blick schützen musste, eroberte ihr Herz.

Bereits in *X-Men* 1 von 1963 hatte sich Jean gefragt, was die Zukunft bringen wird. 1976 standen die Zeichen auf Sturm. Zwei Jahre zuvor hatte Marvel ein neues X-Team diverser Nationalitäten eingeführt. Autor **Chris Claremont** übernahm das Ruder. Der verhinderte Schauspieler liebte starke weibliche Charaktere, und er ließ die Welt daran teilhaben. **Storm** und eigene Kreationen wie **Kitty Pryde**, **Emma Frost**, **Rogue** oder **Psylocke** veränderten das Frauenbild im US-Mainstream-Comic für immer. Doch die Krönung war Jean. Nach einer Mission im All fing das Raumschiff der X-Men auf dem Rückflug Feuer. Grey setzte sich im Cockpit den Flammen aus, um das abstürzende Raumschiff in einen See zu manövrieren. Als alle dachten, die Gefährtin sei tot, tauchte der Rotschopf neugeboren aus den Fluten auf. Schon zuvor hatte die junge Frau neben Telekinese auch telepathische Fähigkeiten entwickelt. Jetzt besaß sie die Kräfte vom **Phoenix**, eine kosmische Naturgewalt, die dem mythischen Feuervogel antiker Sagen nachempfunden war. Aber wie verkraftet eine menschliche Seele, urplötzlich in den Rang einer Gottheit erhoben zu werden? Wie verhindert man, dass die eigene Macht einen verzehrt und völlig korrumpiert? Die Antwort war ein Highlight der sequenziellen Kunst, das letztlich in der **Dark Phoenix Saga** gipfelte.

Es spricht Bände, dass eine filmische Umsetzung zweimal gescheitert ist. Was Hollywood stets übersehen hat: Trotz der epochalen Dimension ist die Geschichte von Phoenix am Ende vor allem eine Hommage an die Beziehung von Jean und Scott und den Triumph wahrer Liebe über alle Widrigkeiten des Lebens. Romeo und Julia gegen den Rest der Galaxie. Ein Drama, das nur mit **Cyclops** funktioniert. Und schon gar nicht mit **Wolverine**.

Thomas Witzler

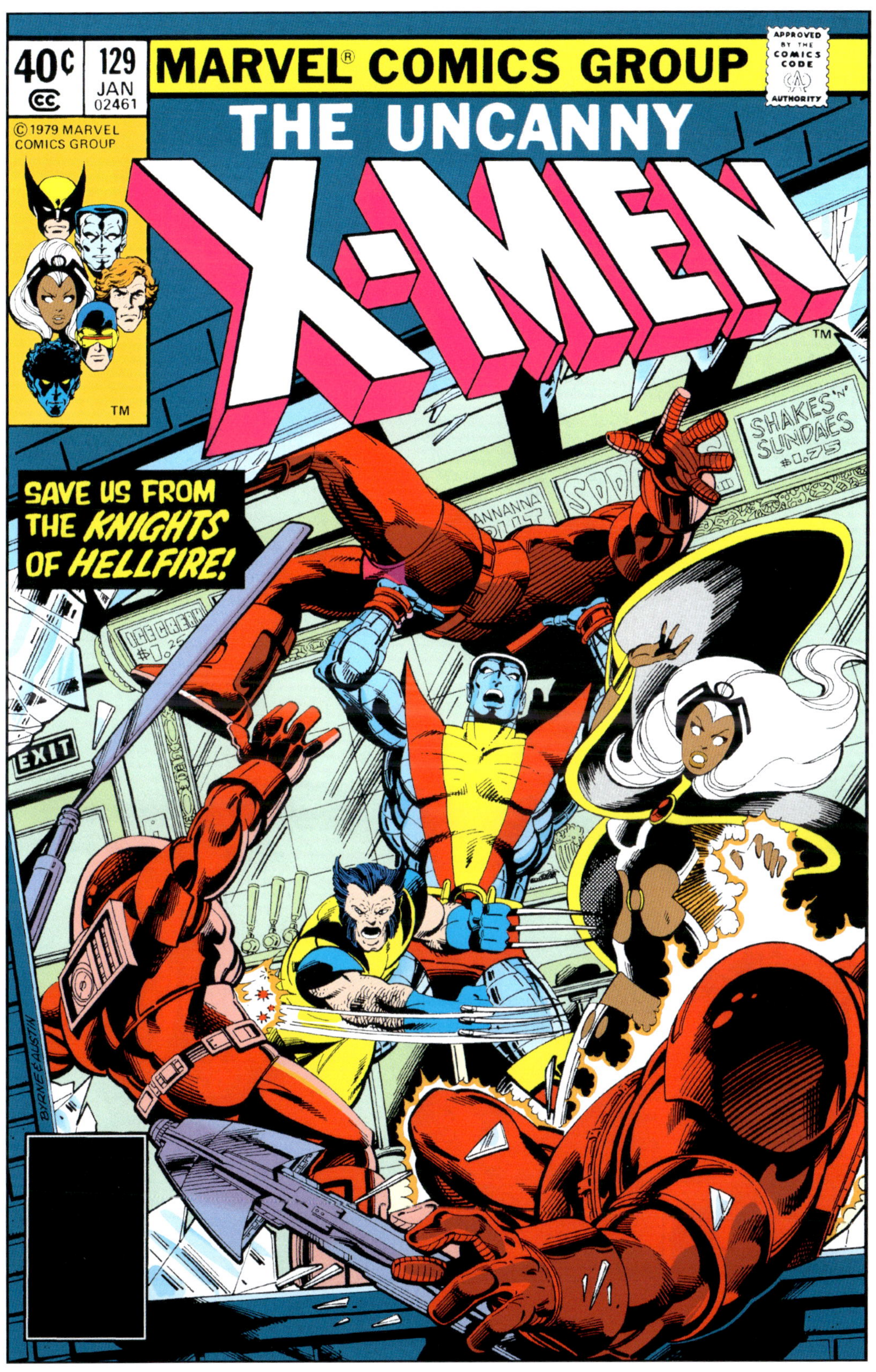

Uncanny X-Men (1963) 129
Cover von **JOHN BYRNE**

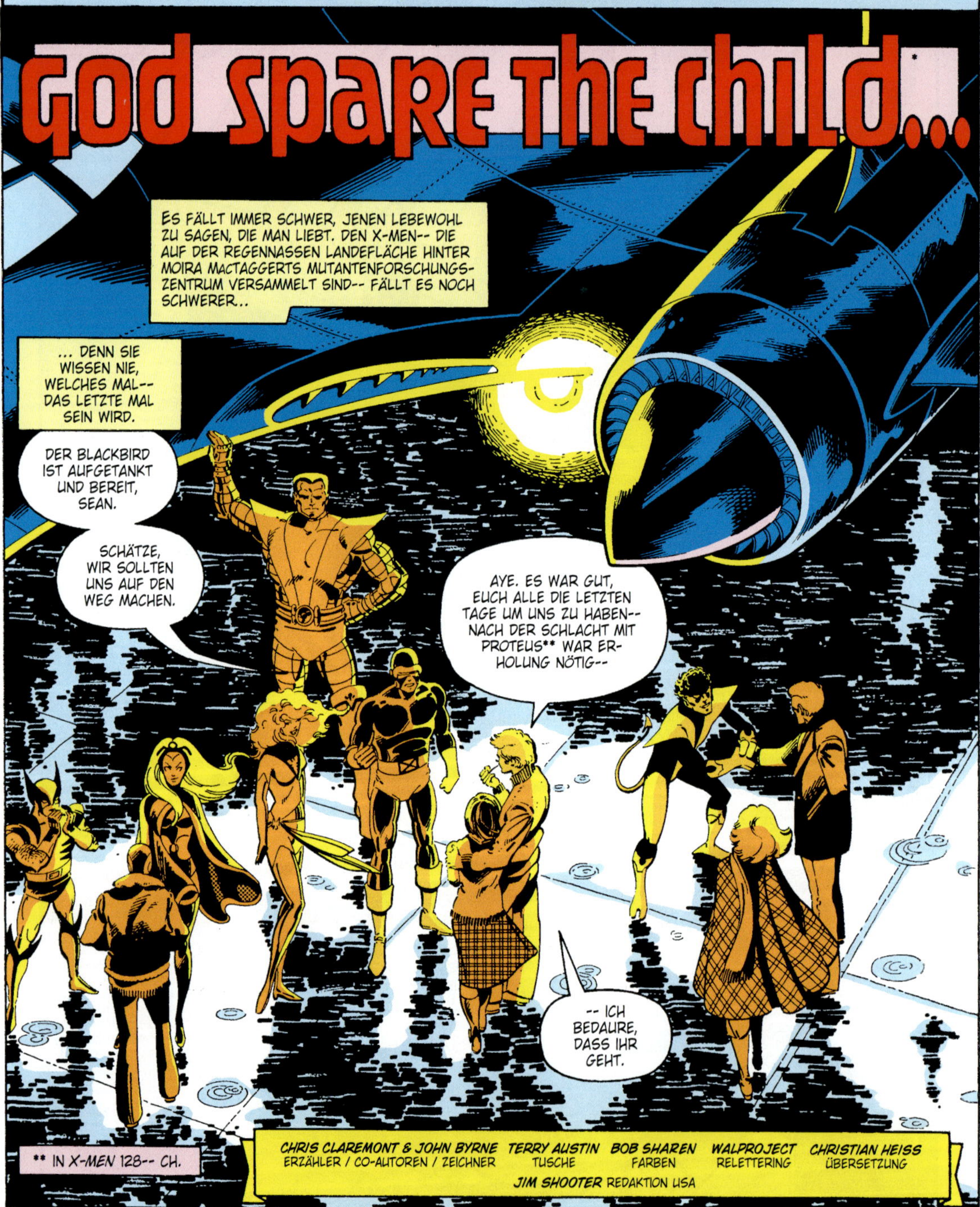

* VERSCHONET DAS KIND...

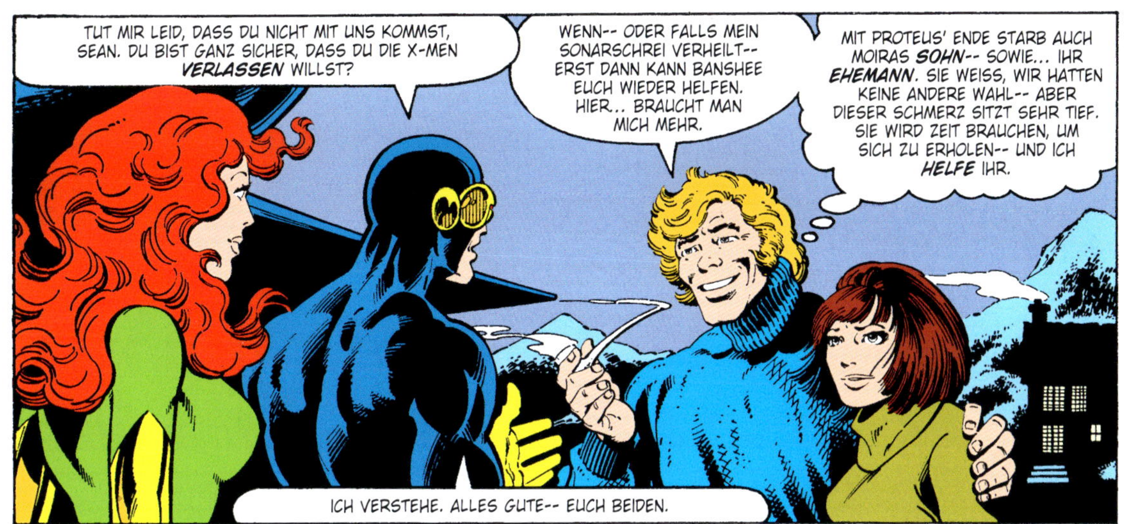
TUT MIR LEID, DASS DU NICHT MIT UNS KOMMST, SEAN. DU BIST GANZ SICHER, DASS DU DIE X-MEN VERLASSEN WILLST?
WENN-- ODER FALLS MEIN SONARSCHREI VERHEILT-- ERST DANN KANN BANSHEE EUCH WIEDER HELFEN. HIER... BRAUCHT MAN MICH MEHR.
MIT PROTEUS' ENDE STARB AUCH MOIRAS SOHN-- SOWIE... IHR EHEMANN. SIE WEISS, WIR HATTEN KEINE ANDERE WAHL-- ABER DIESER SCHMERZ SITZT SEHR TIEF. SIE WIRD ZEIT BRAUCHEN, UM SICH ZU ERHOLEN-- UND ICH HELFE IHR.
ICH VERSTEHE. ALLES GUTE-- EUCH BEIDEN.

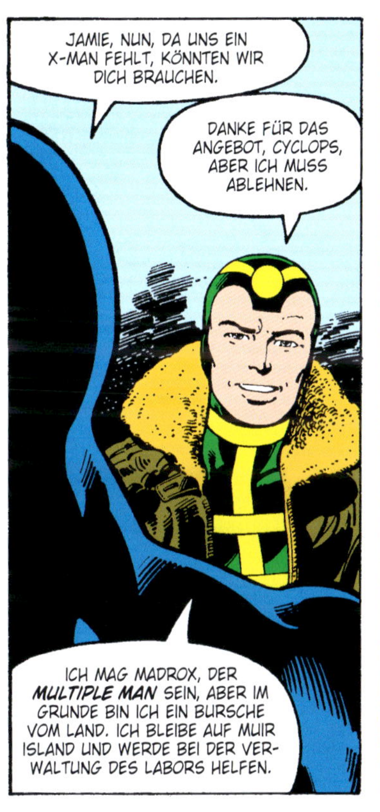
JAMIE, NUN, DA UNS EIN X-MAN FEHLT, KÖNNTEN WIR DICH BRAUCHEN.
DANKE FÜR DAS ANGEBOT, CYCLOPS, ABER ICH MUSS ABLEHNEN.
ICH MAG MADROX, DER MULTIPLE MAN SEIN, ABER IM GRUNDE BIN ICH EIN BURSCHE VOM LAND. ICH BLEIBE AUF MUIR ISLAND UND WERDE BEI DER VERWALTUNG DES LABORS HELFEN.

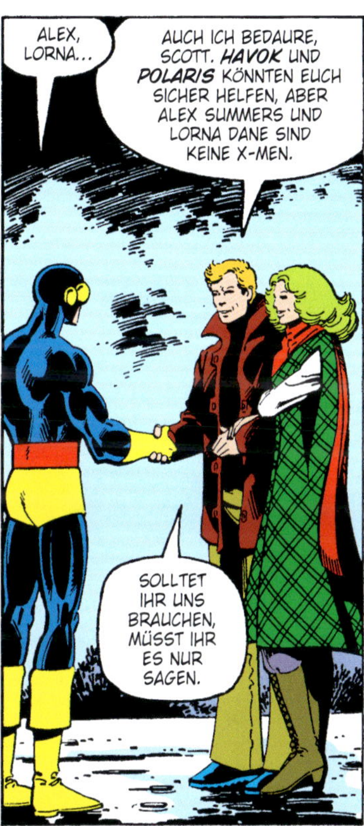
ALEX, LORNA...
AUCH ICH BEDAURE, SCOTT. HAVOK UND POLARIS KÖNNTEN EUCH SICHER HELFEN, ABER ALEX SUMMERS UND LORNA DANE SIND KEINE X-MEN.
SOLLTET IHR UNS BRAUCHEN, MÜSST IHR ES NUR SAGEN.

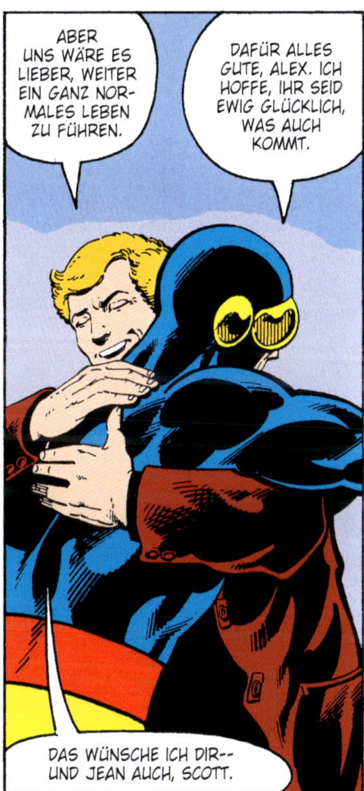
ABER UNS WÄRE ES LIEBER, WEITER EIN GANZ NORMALES LEBEN ZU FÜHREN.
DAFÜR ALLES GUTE, ALEX. ICH HOFFE, IHR SEID EWIG GLÜCKLICH, WAS AUCH KOMMT.
DAS WÜNSCHE ICH DIR-- UND JEAN AUCH, SCOTT.

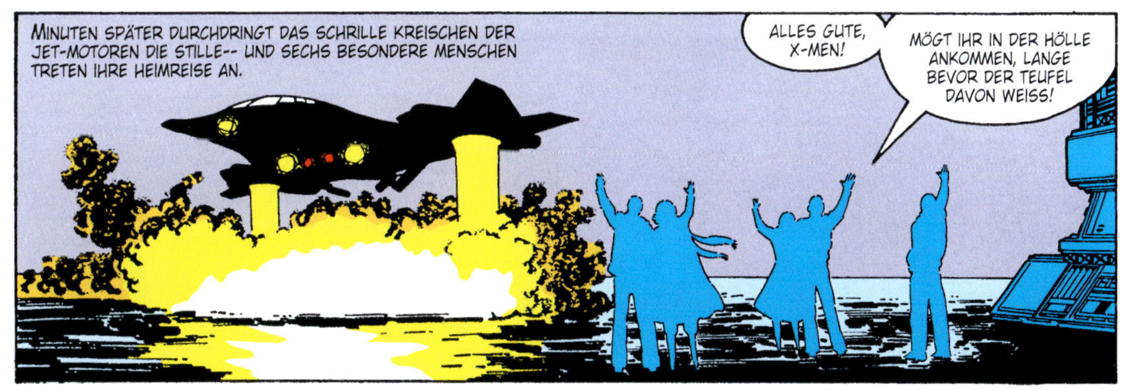
MINUTEN SPÄTER DURCHDRINGT DAS SCHRILLE KREISCHEN DER JET-MOTOREN DIE STILLE-- UND SECHS BESONDERE MENSCHEN TRETEN IHRE HEIMREISE AN.
ALLES GUTE, X-MEN!
MÖGT IHR IN DER HÖLLE ANKOMMEN, LANGE BEVOR DER TEUFEL DAVON WEISS!

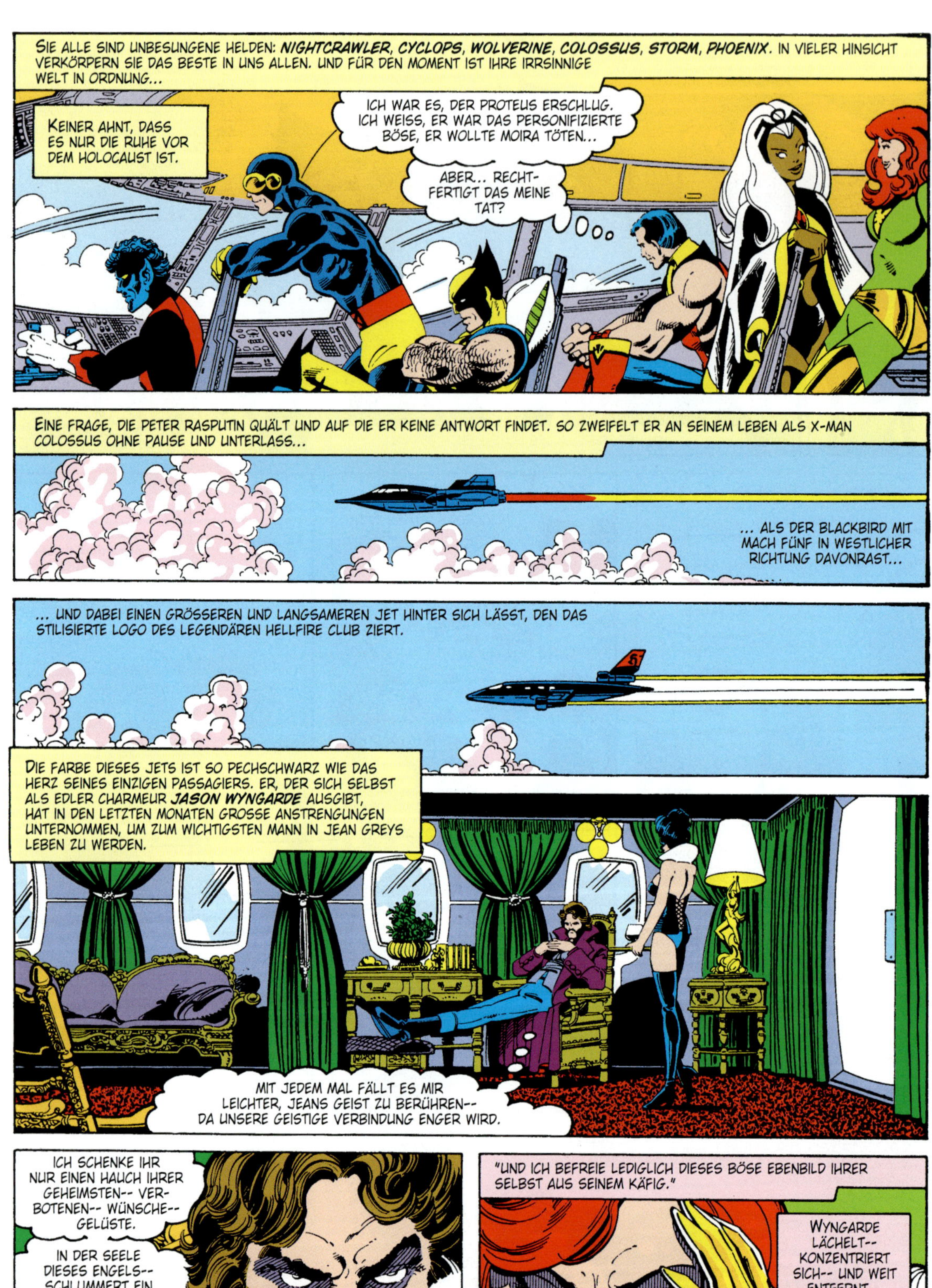
SIE ALLE SIND UNBESUNGENE HELDEN: NIGHTCRAWLER, CYCLOPS, WOLVERINE, COLOSSUS, STORM, PHOENIX. IN VIELER HINSICHT VERKÖRPERN SIE DAS BESTE IN UNS ALLEN. UND FÜR DEN MOMENT IST IHRE IRRSINNIGE WELT IN ORDNUNG...
KEINER AHNT, DASS ES NUR DIE RUHE VOR DEM HOLOCAUST IST.
ICH WAR ES, DER PROTEUS ERSCHLUG. ICH WEISS, ER WAR DAS PERSONIFIZIERTE BÖSE, ER WOLLTE MOIRA TÖTEN...
ABER... RECHT-FERTIGT DAS MEINE TAT?
EINE FRAGE, DIE PETER RASPUTIN QUÄLT UND AUF DIE ER KEINE ANTWORT FINDET. SO ZWEIFELT ER AN SEINEM LEBEN ALS X-MAN COLOSSUS OHNE PAUSE UND UNTERLASS...
... ALS DER BLACKBIRD MIT MACH FÜNF IN WESTLICHER RICHTUNG DAVONRAST...
... UND DABEI EINEN GRÖSSEREN UND LANGSAMEREN JET HINTER SICH LÄSST, DEN DAS STILISIERTE LOGO DES LEGENDÄREN HELLFIRE CLUB ZIERT.
DIE FARBE DIESES JETS IST SO PECHSCHWARZ WIE DAS HERZ SEINES EINZIGEN PASSAGIERS. ER, DER SICH SELBST ALS EDLER CHARMEUR JASON WYNGARDE AUSGIBT, HAT IN DEN LETZTEN MONATEN GROSSE ANSTRENGUNGEN UNTERNOMMEN, UM ZUM WICHTIGSTEN MANN IN JEAN GREYS LEBEN ZU WERDEN.
MIT JEDEM MAL FÄLLT ES MIR LEICHTER, JEANS GEIST ZU BERÜHREN-- DA UNSERE GEISTIGE VERBINDUNG ENGER WIRD.
ICH SCHENKE IHR NUR EINEN HAUCH IHRER GEHEIMSTEN-- VERBOTENEN-- WÜNSCHE-- GELÜSTE.
IN DER SEELE DIESES ENGELS-- SCHLUMMERT EIN TEUFEL-- WIE BEI JEDEM ANDEREN MENSCHEN AUCH.
"UND ICH BEFREIE LEDIGLICH DIESES BÖSE EBENBILD IHRER SELBST AUS SEINEM KÄFIG."
WYNGARDE LÄCHELT-- KONZENTRIERT SICH-- UND WEIT ENTFERNT...
... STEHT JEAN GREYS WELT AUF EINMAL VÖLLIG KOPF.

Als sie dann wieder ihre Augen öffnet, sind der Blackbird und ihre Freunde fort. Sie befindet sich offenbar nicht mehr in ihrer Zeit-- wieder ist sie Lady Jean Grey*, die mit ihrem Geliebten, den sie bald heiraten wird, nach Amerika reist.

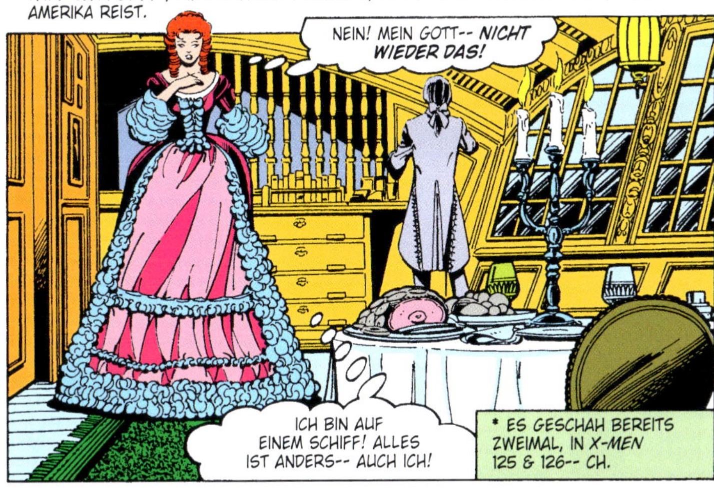

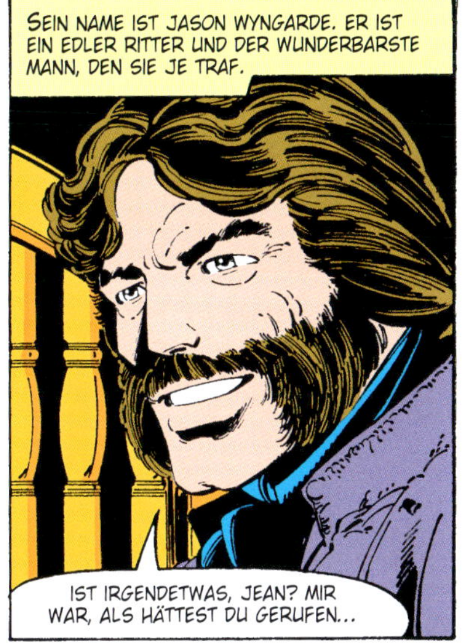

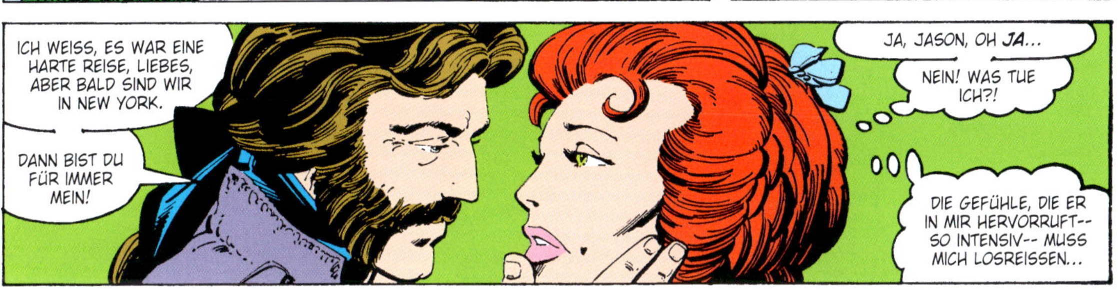

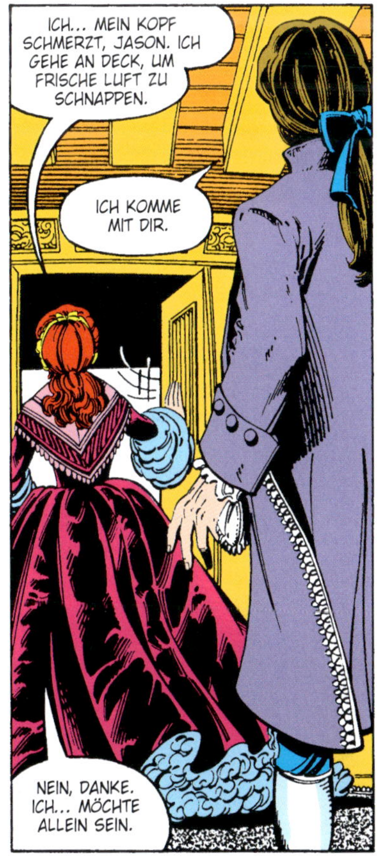

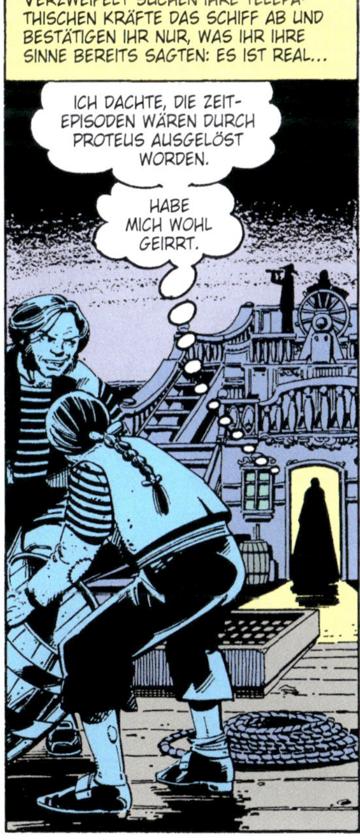

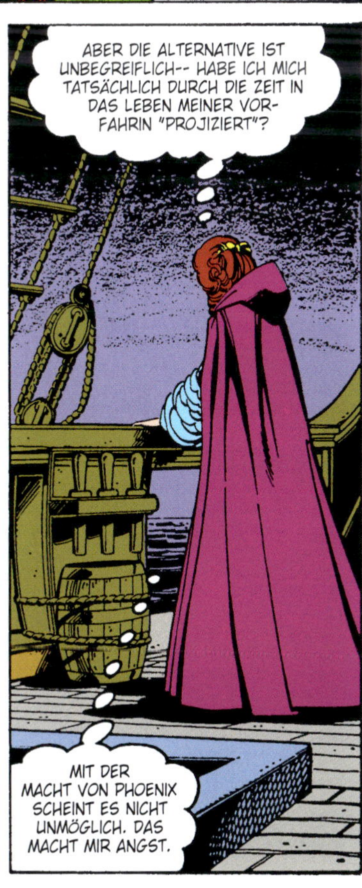

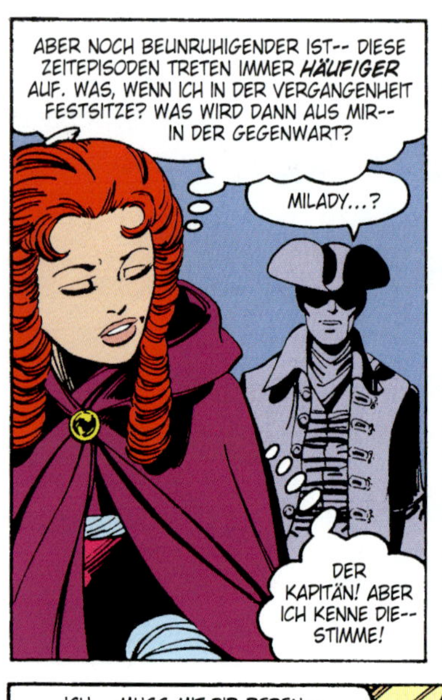
ABER NOCH BEUNRUHIGENDER IST-- DIESE ZEITEPISODEN TRETEN IMMER HÄUFIGER AUF. WAS, WENN ICH IN DER VERGANGENHEIT FESTSITZE? WAS WIRD DANN AUS MIR-- IN DER GEGENWART?
MILADY...?
DER KAPITÄN! ABER ICH KENNE DIE-- STIMME!
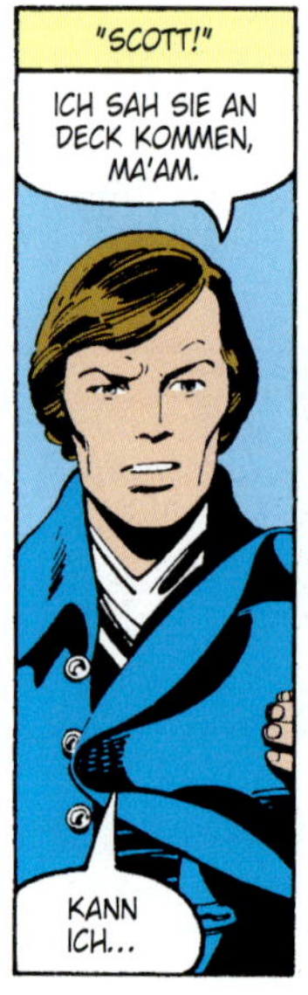
"SCOTT!"
ICH SAH SIE AN DECK KOMMEN, MA'AM.
KANN ICH...
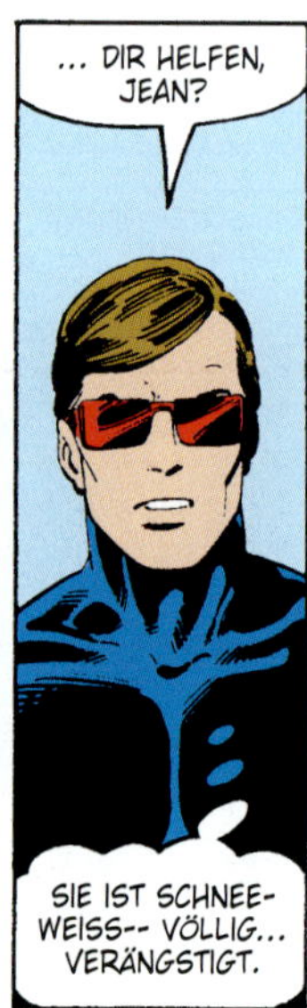
... DIR HELFEN, JEAN?
SIE IST SCHNEE-WEISS-- VÖLLIG... VERÄNGSTIGT.
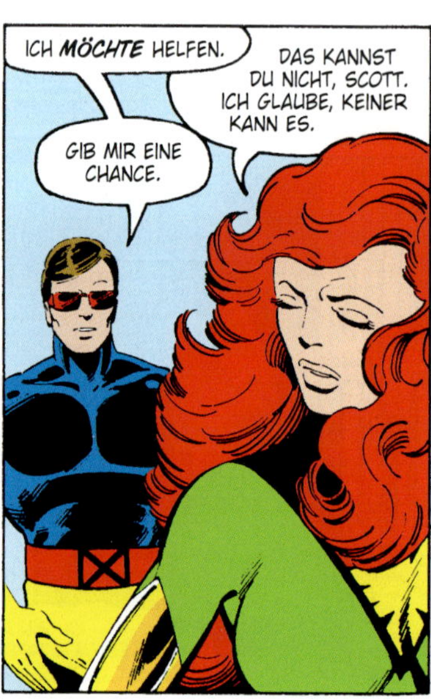
ICH MÖCHTE HELFEN.
DAS KANNST DU NICHT, SCOTT. ICH GLAUBE, KEINER KANN ES.
GIB MIR EINE CHANCE.
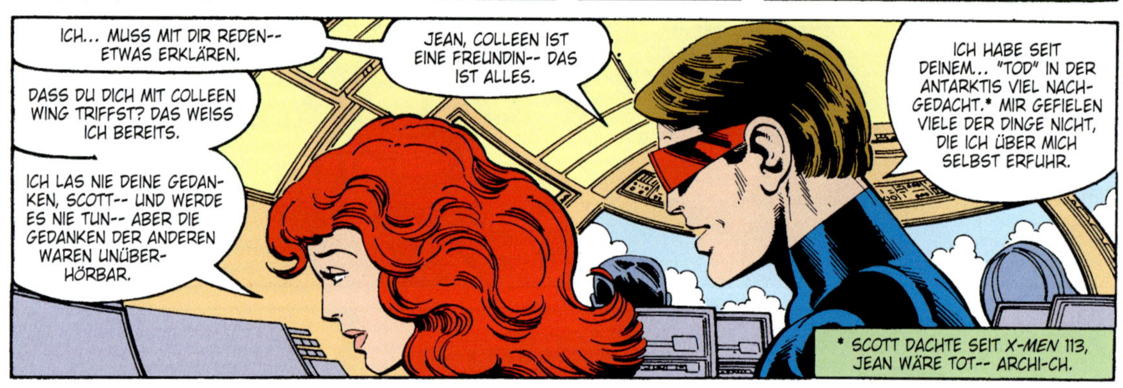
ICH... MUSS MIT DIR REDEN-- ETWAS ERKLÄREN.
DASS DU DICH MIT COLLEEN WING TRIFFST? DAS WEISS ICH BEREITS.
ICH LAS NIE DEINE GEDANKEN, SCOTT-- UND WERDE ES NIE TUN-- ABER DIE GEDANKEN DER ANDEREN WAREN UNÜBERHÖRBAR.
JEAN, COLLEEN IST EINE FREUNDIN-- DAS IST ALLES.
ICH HABE SEIT DEINEM... "TOD" IN DER ANTARKTIS VIEL NACHGEDACHT.* MIR GEFIELEN VIELE DER DINGE NICHT, DIE ICH ÜBER MICH SELBST ERFUHR.
* SCOTT DACHTE SEIT X-MEN 113, JEAN WÄRE TOT-- ARCHI-CH.
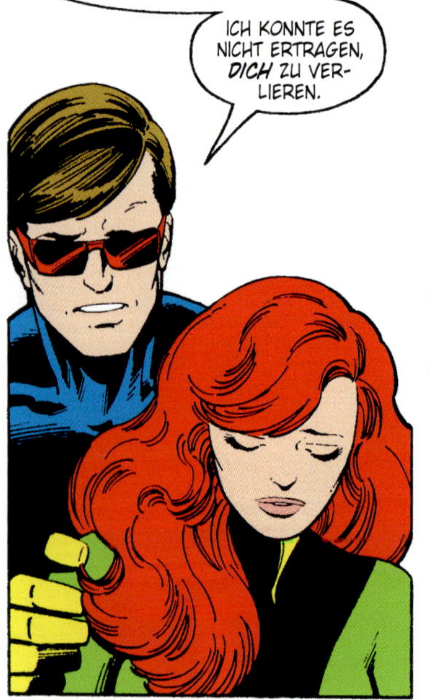
MEIN LEBEN LANG-- VERLIERE ICH IMMER WIEDER MENSCHEN, DIE ICH LIEBE: MEINE ELTERN, MEINEN BRUDER ALEX, MEINE WENIGEN FREUNDE AUS DEM WAISENHAUS. UND JEDES MAL TAT ES FURCHTBAR WEH.
ICH KONNTE ES NICHT ERTRAGEN, DICH ZU VERLIEREN.
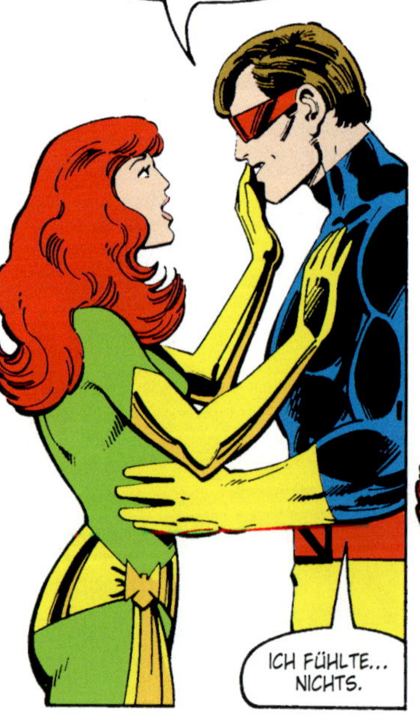
ICH ZWANG MICH, NICHT ZU FÜHLEN... GAR NICHTS ZU FÜHLEN... SONST WÄRE ICH VOR TRAUER ZERBROCHEN-- GESTORBEN. MIT DEINEM TOD... SCHIEN SICH EIN TEIL MEINES GEISTES... ABZUSCHALTEN.
ICH FÜHLTE... NICHTS.
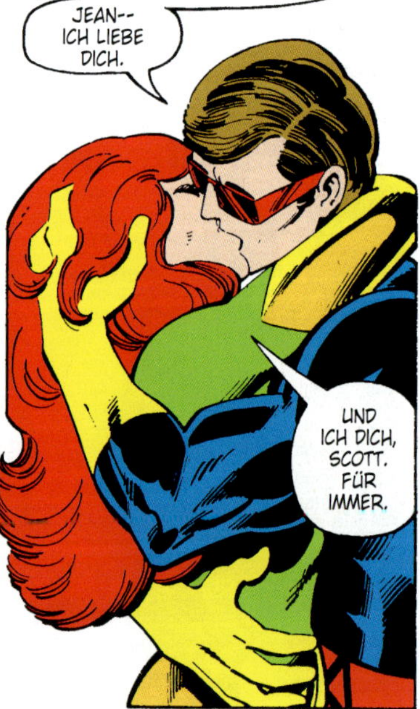
JEAN, DU BEDEUTEST MIR ALLES-- ICH BRAUCHE DICH WIE DIE LUFT ZUM ATMEN. ICH SAGTE "ICH LIEBE DICH", OHNE ZU WISSEN, WOVON ICH EIGENTLICH REDETE. NUN WEISS ICH ES-- ETWAS BESSER.
JEAN-- ICH LIEBE DICH.
UND ICH DICH, SCOTT. FÜR IMMER.

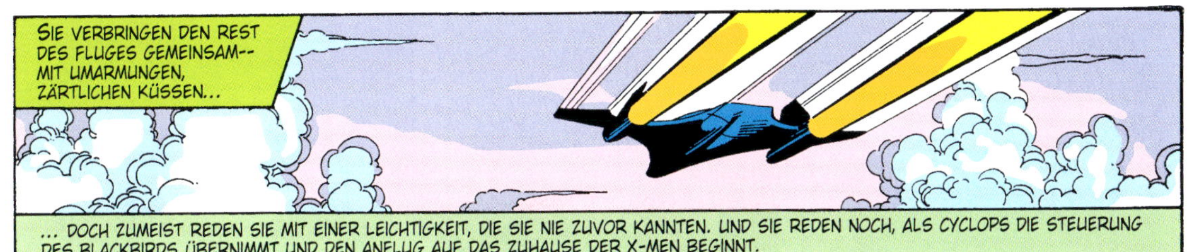
SIE VERBRINGEN DEN REST DES FLUGES GEMEINSAM-- MIT UMARMUNGEN, ZÄRTLICHEN KÜSSEN...
... DOCH ZUMEIST REDEN SIE MIT EINER LEICHTIGKEIT, DIE SIE NIE ZUVOR KANNTEN. UND SIE REDEN NOCH, ALS CYCLOPS DIE STEUERUNG DES BLACKBIRDS ÜBERNIMMT UND DEN ANFLUG AUF DAS ZUHAUSE DER X-MEN BEGINNT.

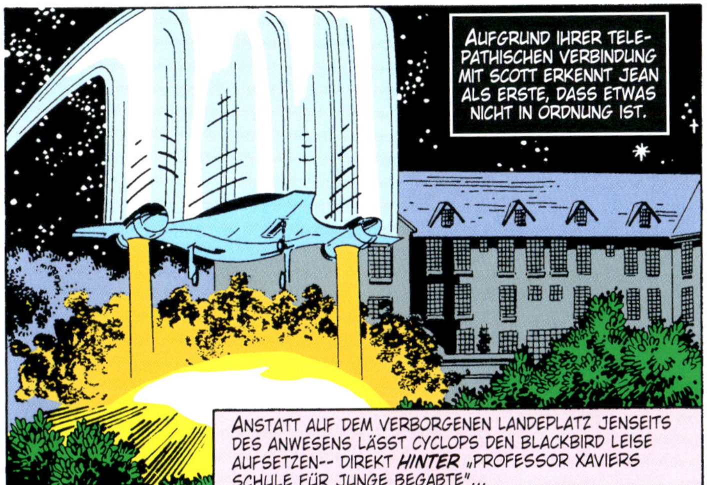
AUFGRUND IHRER TELEPATHISCHEN VERBINDUNG MIT SCOTT ERKENNT JEAN ALS ERSTE, DASS ETWAS NICHT IN ORDNUNG IST.
ANSTATT AUF DEM VERBORGENEN LANDEPLATZ JENSEITS DES ANWESENS LÄSST CYCLOPS DEN BLACKBIRD LEISE AUFSETZEN-- DIREKT *HINTER* „PROFESSOR XAVIERS SCHULE FÜR JUNGE BEGABTE"...

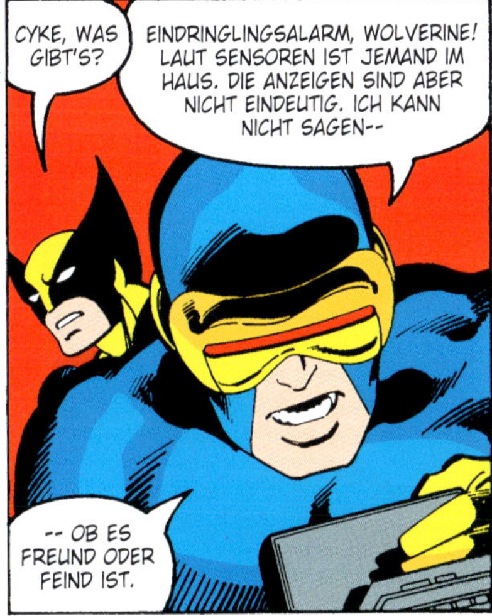
CYKE, WAS GIBT'S?
EINDRINGLINGSALARM, WOLVERINE! LAUT SENSOREN IST JEMAND IM HAUS. DIE ANZEIGEN SIND ABER NICHT EINDEUTIG. ICH KANN NICHT SAGEN--
-- OB ES FREUND ODER FEIND IST.

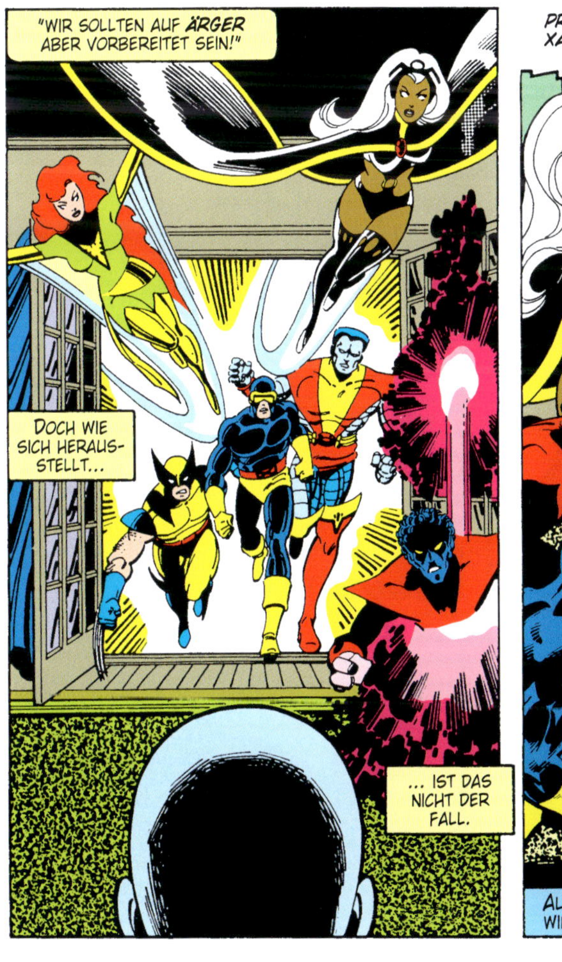
"WIR SOLLTEN AUF *ÄRGER* ABER VORBEREITET SEIN!"
DOCH WIE SICH HERAUSSTELLT...
... IST DAS NICHT DER FALL.

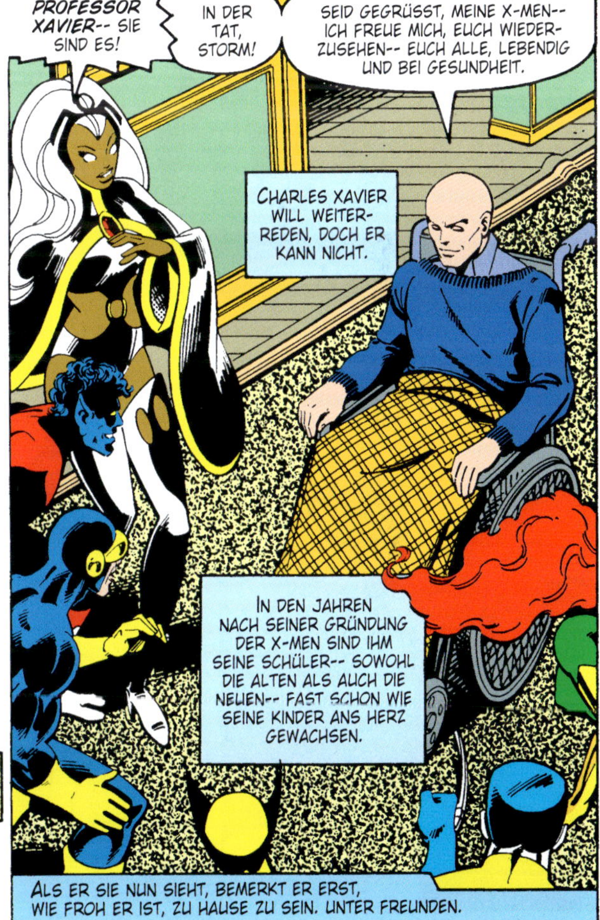
PROFESSOR XAVIER-- SIE SIND ES!
IN DER TAT, STORM!
SEID GEGRÜSST, MEINE X-MEN-- ICH FREUE MICH, EUCH WIEDERZUSEHEN-- EUCH ALLE, LEBENDIG UND BEI GESUNDHEIT.
CHARLES XAVIER WILL WEITERREDEN, DOCH ER KANN NICHT.
IN DEN JAHREN NACH SEINER GRÜNDUNG DER X-MEN SIND IHM SEINE SCHÜLER-- SOWOHL DIE ALTEN ALS AUCH DIE NEUEN-- FAST SCHON WIE SEINE KINDER ANS HERZ GEWACHSEN.
ALS ER SIE NUN SIEHT, BEMERKT ER ERST, WIE FROH ER IST, ZU HAUSE ZU SEIN. UNTER FREUNDEN.

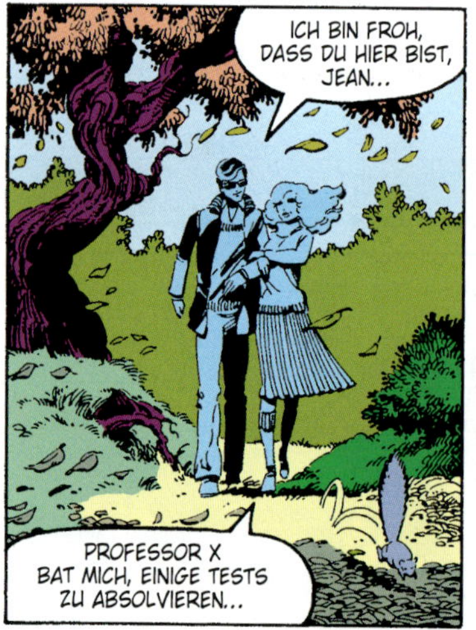
DIE FOLGENDEN TAGE SIND RUHIG, TRÄGE-- IDEAL, UM ZU ENTSPANNEN UND... NACHZUDENKEN...
ICH BIN FROH, DASS DU HIER BIST, JEAN...
PROFESSOR X BAT MICH, EINIGE TESTS ZU ABSOLVIEREN...

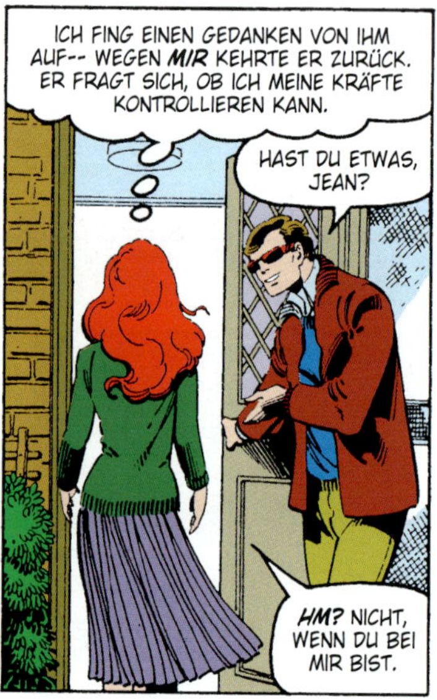
ICH FING EINEN GEDANKEN VON IHM AUF-- WEGEN MIR KEHRTE ER ZURÜCK. ER FRAGT SICH, OB ICH MEINE KRÄFTE KONTROLLIEREN KANN.
HAST DU ETWAS, JEAN?
HM? NICHT, WENN DU BEI MIR BIST.

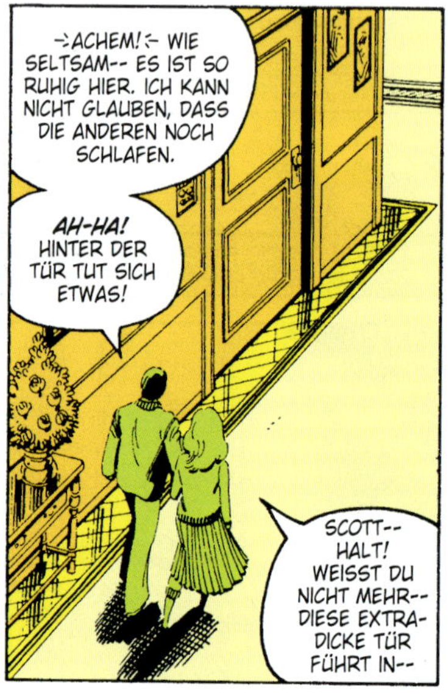
-ACHEM!- WIE SELTSAM-- ES IST SO RUHIG HIER. ICH KANN NICHT GLAUBEN, DASS DIE ANDEREN NOCH SCHLAFEN.
AH-HA! HINTER DER TÜR TUT SICH ETWAS!
SCOTT-- HALT! WEISST DU NICHT MEHR-- DIESE EXTRA-DICKE TÜR FÜHRT IN--

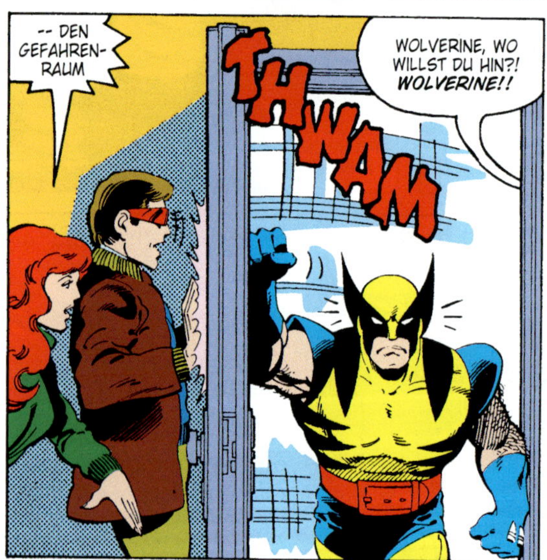
-- DEN GEFAHREN-RAUM
THWAM
WOLVERINE, WO WILLST DU HIN?! WOLVERINE!!

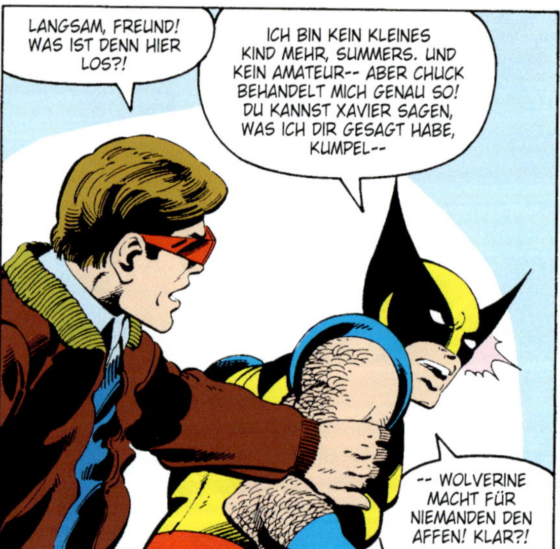
LANGSAM, FREUND! WAS IST DENN HIER LOS?!
ICH BIN KEIN KLEINES KIND MEHR, SUMMERS. UND KEIN AMATEUR-- ABER CHUCK BEHANDELT MICH GENAU SO! DU KANNST XAVIER SAGEN, WAS ICH DIR GESAGT HABE, KUMPEL--
-- WOLVERINE MACHT FÜR NIEMANDEN DEN AFFEN! KLAR?!

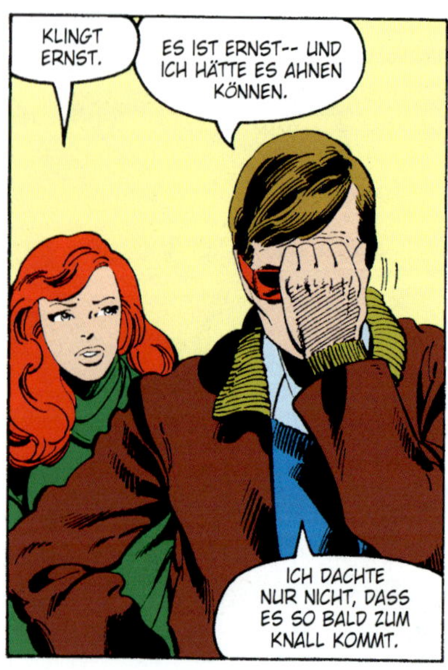
KLINGT ERNST.
ES IST ERNST-- UND ICH HÄTTE ES AHNEN KÖNNEN.
ICH DACHTE NUR NICHT, DASS ES SO BALD ZUM KNALL KOMMT.

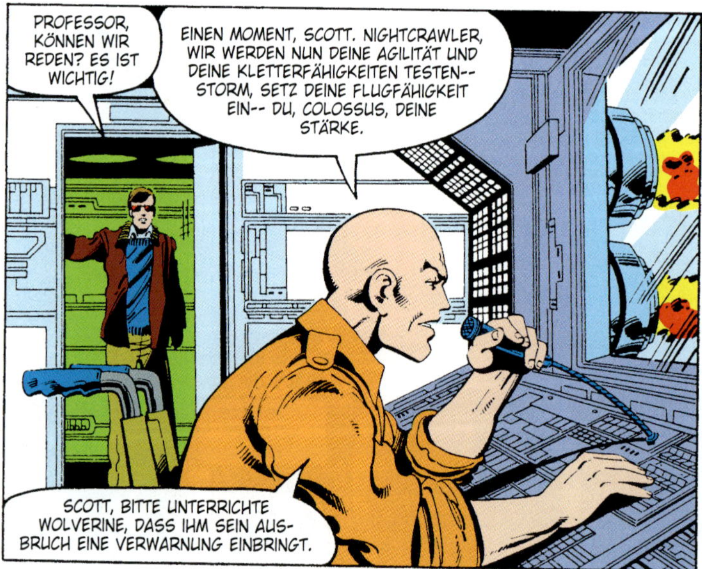
PROFESSOR, KÖNNEN WIR REDEN? ES IST WICHTIG!
EINEN MOMENT, SCOTT. NIGHTCRAWLER, WIR WERDEN NUN DEINE AGILITÄT UND DEINE KLETTERFÄHIGKEITEN TESTEN-- STORM, SETZ DEINE FLUGFÄHIGKEIT EIN-- DU, COLOSSUS, DEINE STÄRKE.
SCOTT, BITTE UNTERRICHTE WOLVERINE, DASS IHM SEIN AUSBRUCH EINE VERWARNUNG EINBRINGT.

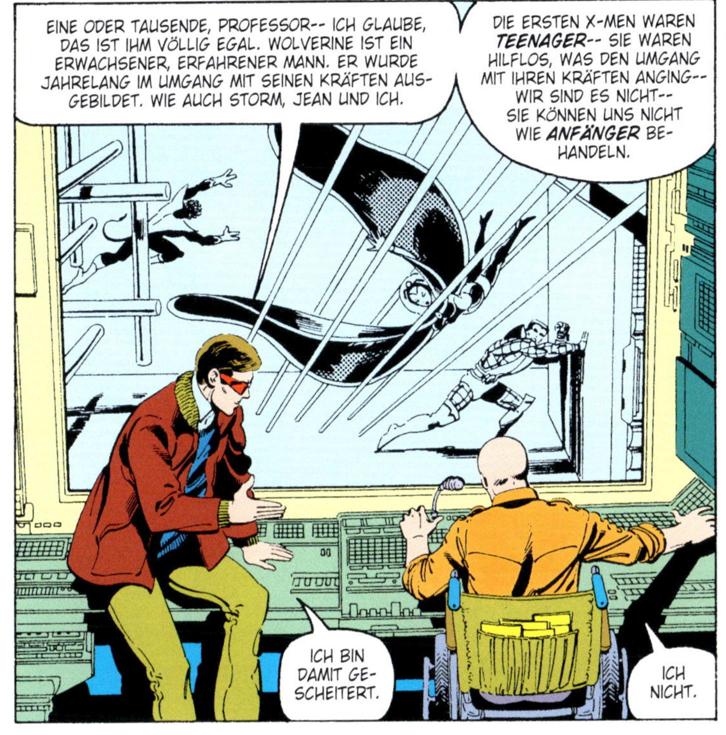
EINE ODER TAUSENDE, PROFESSOR-- ICH GLAUBE, DAS IST IHM VÖLLIG EGAL. WOLVERINE IST EIN ERWACHSENER, ERFAHRENER MANN. ER WURDE JAHRELANG IM UMGANG MIT SEINEN KRÄFTEN AUSGEBILDET. WIE AUCH STORM, JEAN UND ICH.
DIE ERSTEN X-MEN WAREN TEENAGER-- SIE WAREN HILFLOS, WAS DEN UMGANG MIT IHREN KRÄFTEN ANGING-- WIR SIND ES NICHT-- SIE KÖNNEN UNS NICHT WIE ANFÄNGER BEHANDELN.
ICH BIN DAMIT GESCHEITERT.
ICH NICHT.

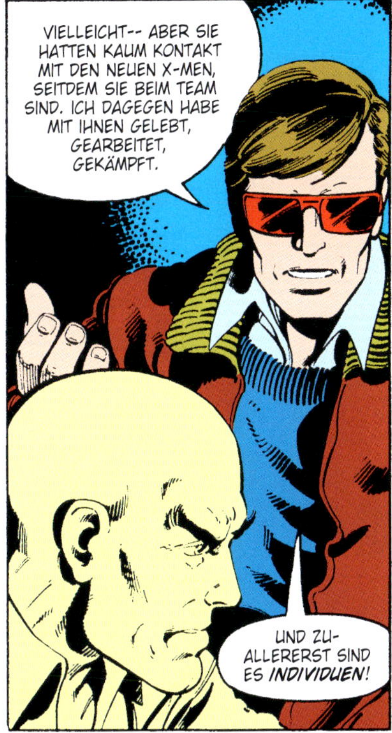
VIELLEICHT-- ABER SIE HATTEN KAUM KONTAKT MIT DEN NEUEN X-MEN, SEITDEM SIE BEIM TEAM SIND. ICH DAGEGEN HABE MIT IHNEN GELEBT, GEARBEITET, GEKÄMPFT.
UND ZUALLERERST SIND ES INDIVIDUEN!

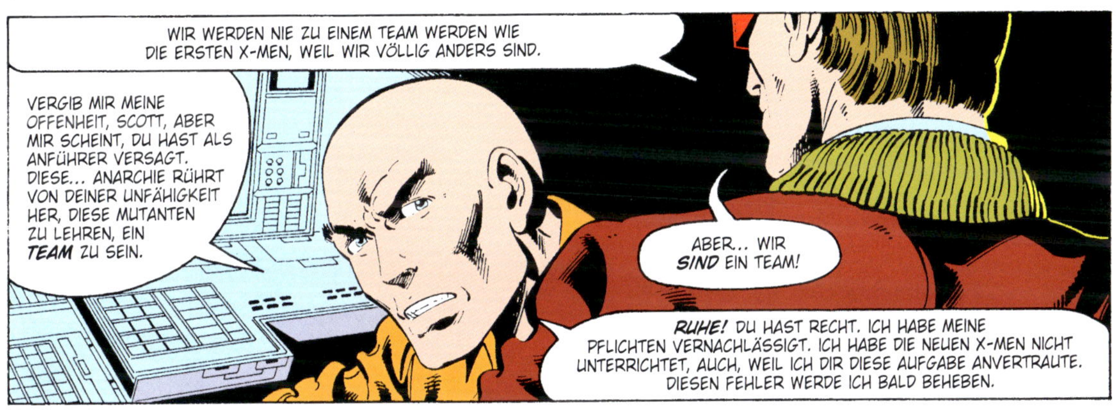
WIR WERDEN NIE ZU EINEM TEAM WERDEN WIE DIE ERSTEN X-MEN, WEIL WIR VÖLLIG ANDERS SIND.
VERGIB MIR MEINE OFFENHEIT, SCOTT, ABER MIR SCHEINT, DU HAST ALS ANFÜHRER VERSAGT. DIESE... ANARCHIE RÜHRT VON DEINER UNFÄHIGKEIT HER, DIESE MUTANTEN ZU LEHREN, EIN TEAM ZU SEIN.
ABER... WIR SIND EIN TEAM!
RUHE! DU HAST RECHT. ICH HABE MEINE PFLICHTEN VERNACHLÄSSIGT. ICH HABE DIE NEUEN X-MEN NICHT UNTERRICHTET, AUCH, WEIL ICH DIR DIESE AUFGABE ANVERTRAUTE. DIESEN FEHLER WERDE ICH BALD BEHEBEN.

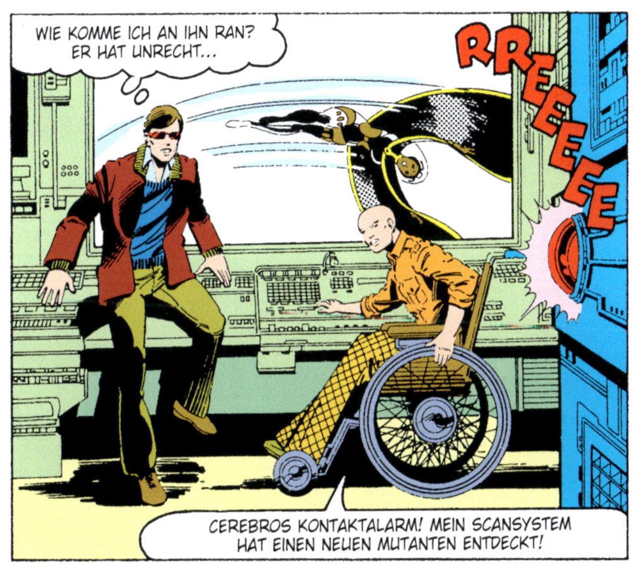
WIE KOMME ICH AN IHN RAN? ER HAT UNRECHT...
RREEEEEE
CEREBROS KONTAKTALARM! MEIN SCANSYSTEM HAT EINEN NEUEN MUTANTEN ENTDECKT!

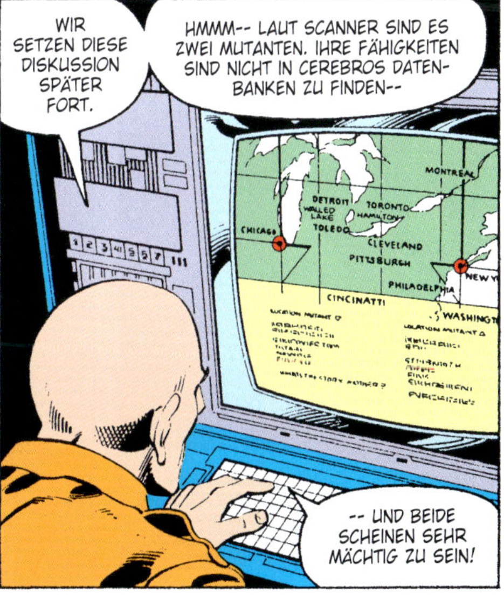
WIR SETZEN DIESE DISKUSSION SPÄTER FORT.
HMMM-- LAUT SCANNER SIND ES ZWEI MUTANTEN. IHRE FÄHIGKEITEN SIND NICHT IN CEREBROS DATENBANKEN ZU FINDEN--
MONTREAL
DETROIT
TORONTO
HAMILTON
CHICAGO
TOLEDO
CLEVELAND
PITTSBURGH
PHILADELPHIA
CINCINATTI
-- UND BEIDE SCHEINEN SEHR MÄCHTIG ZU SEIN!

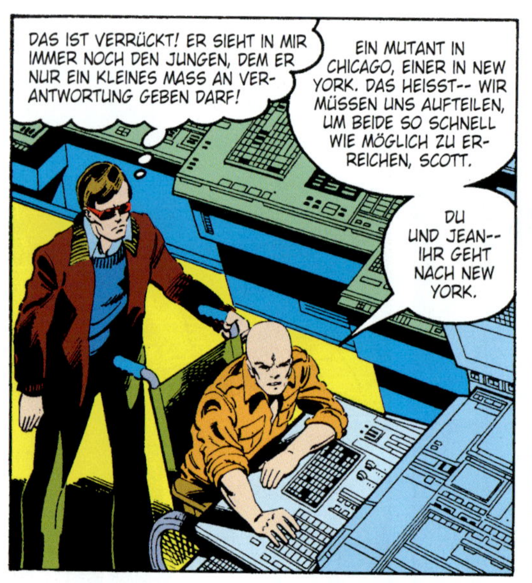
DAS IST VERRÜCKT! ER SIEHT IN MIR IMMER NOCH DEN JUNGEN, DEM ER NUR EIN KLEINES MASS AN VERANTWORTUNG GEBEN DARF!
EIN MUTANT IN CHICAGO, EINER IN NEW YORK. DAS HEISST-- WIR MÜSSEN UNS AUFTEILEN, UM BEIDE SO SCHNELL WIE MÖGLICH ZU ERREICHEN, SCOTT.
DU UND JEAN-- IHR GEHT NACH NEW YORK.

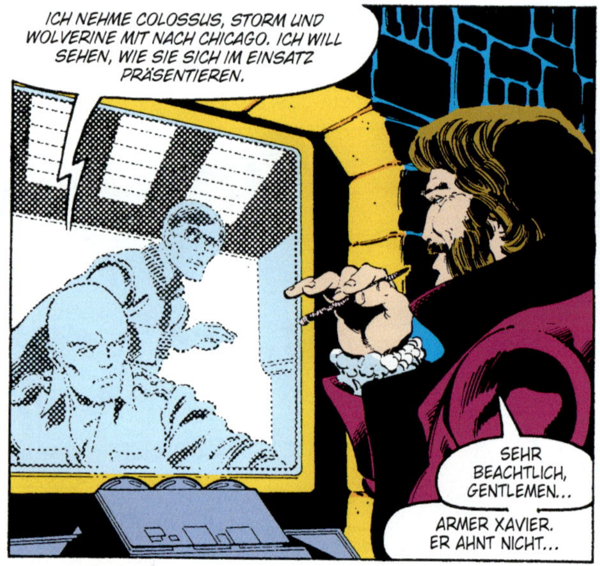
ICH NEHME COLOSSUS, STORM UND WOLVERINE MIT NACH CHICAGO. ICH WILL SEHEN, WIE SIE SICH IM EINSATZ PRÄSENTIEREN.
SEHR BEACHTLICH, GENTLEMEN...
ARMER XAVIER. ER AHNT NICHT...

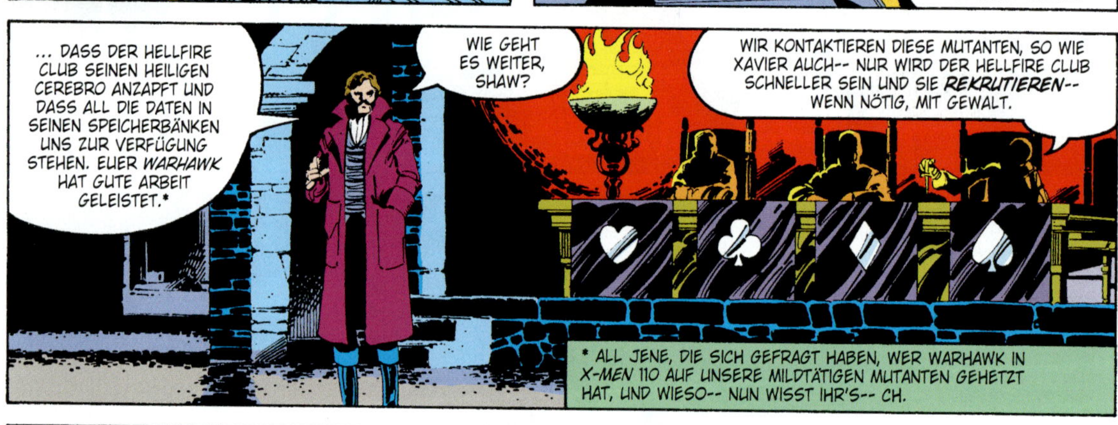
... DASS DER HELLFIRE CLUB SEINEN HEILIGEN CEREBRO ANZAPFT UND DASS ALL DIE DATEN IN SEINEN SPEICHERBÄNKEN UNS ZUR VERFÜGUNG STEHEN. EUER WARHAWK HAT GUTE ARBEIT GELEISTET.*
WIE GEHT ES WEITER, SHAW?
WIR KONTAKTIEREN DIESE MUTANTEN, SO WIE XAVIER AUCH-- NUR WIRD DER HELLFIRE CLUB SCHNELLER SEIN UND SIE REKRUTIEREN-- WENN NÖTIG, MIT GEWALT.
* ALL JENE, DIE SICH GEFRAGT HABEN, WER WARHAWK IN X-MEN 110 AUF UNSERE MILDTÄTIGEN MUTANTEN GEHETZT HAT, UND WIESO-- NUN WISST IHR'S-- CH.

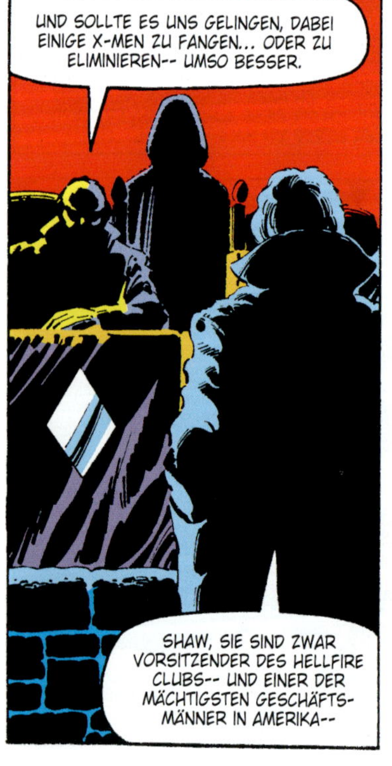
UND SOLLTE ES UNS GELINGEN, DABEI EINIGE X-MEN ZU FANGEN... ODER ZU ELIMINIEREN-- UMSO BESSER.
SHAW, SIE SIND ZWAR VORSITZENDER DES HELLFIRE CLUBS-- UND EINER DER MÄCHTIGSTEN GESCHÄFTSMÄNNER IN AMERIKA--

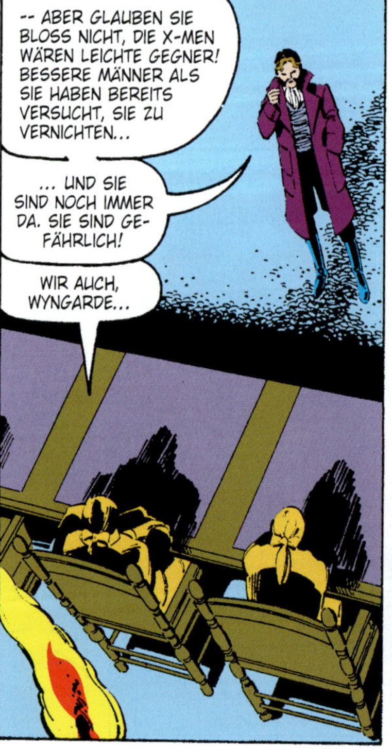
-- ABER GLAUBEN SIE BLOSS NICHT, DIE X-MEN WÄREN LEICHTE GEGNER! BESSERE MÄNNER ALS SIE HABEN BEREITS VERSUCHT, SIE ZU VERNICHTEN...
... UND SIE SIND NOCH IMMER DA. SIE SIND GEFÄHRLICH!
WIR AUCH, WYNGARDE...

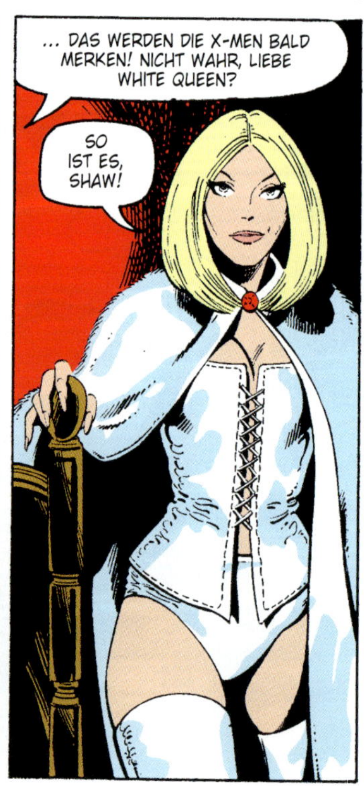
... DAS WERDEN DIE X-MEN BALD MERKEN! NICHT WAHR, LIEBE WHITE QUEEN?
SO IST ES, SHAW!

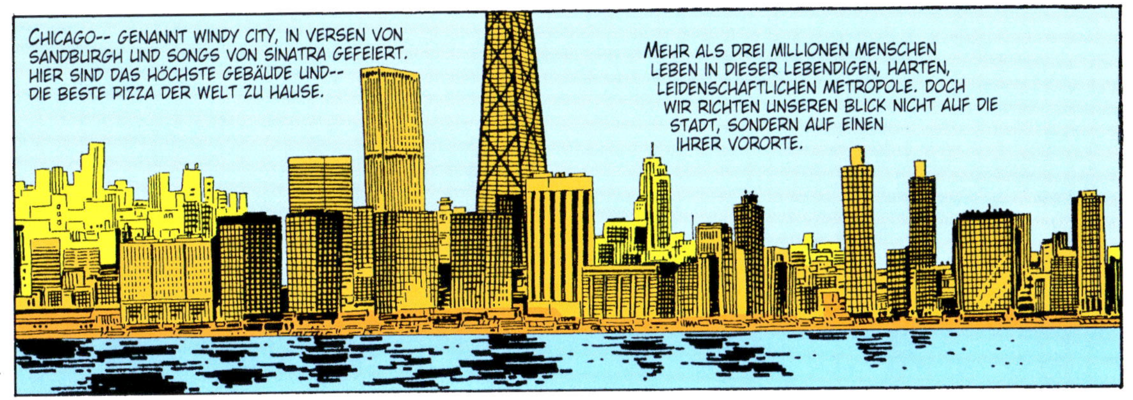
CHICAGO-- GENANNT WINDY CITY, IN VERSEN VON SANDBURGH UND SONGS VON SINATRA GEFEIERT. HIER SIND DAS HÖCHSTE GEBÄUDE UND-- DIE BESTE PIZZA DER WELT ZU HAUSE.
MEHR ALS DREI MILLIONEN MENSCHEN LEBEN IN DIESER LEBENDIGEN, HARTEN, LEIDENSCHAFTLICHEN METROPOLE. DOCH WIR RICHTEN UNSEREN BLICK NICHT AUF DIE STADT, SONDERN AUF EINEN IHRER VORORTE.

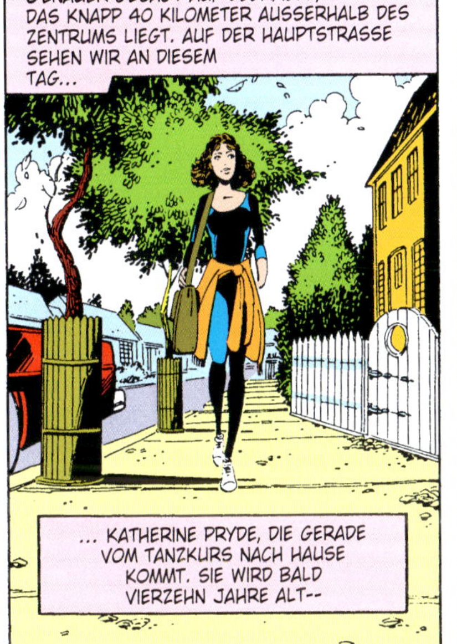
GENAUER GESAGT AUF DEERFIELD, DAS KNAPP 40 KILOMETER AUSSERHALB DES ZENTRUMS LIEGT. AUF DER HAUPTSTRASSE SEHEN WIR AN DIESEM TAG...
... KATHERINE PRYDE, DIE GERADE VOM TANZKURS NACH HAUSE KOMMT. SIE WIRD BALD VIERZEHN JAHRE ALT--

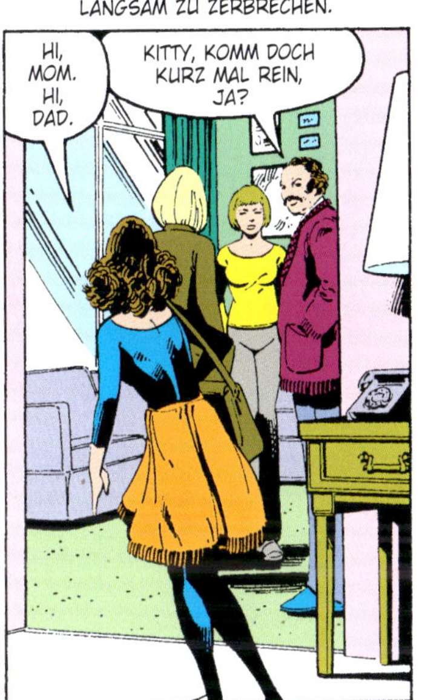
-- UND IHRE WELT DROHT LANGSAM ZU ZERBRECHEN.
HI, MOM. HI, DAD.
KITTY, KOMM DOCH KURZ MAL REIN, JA?

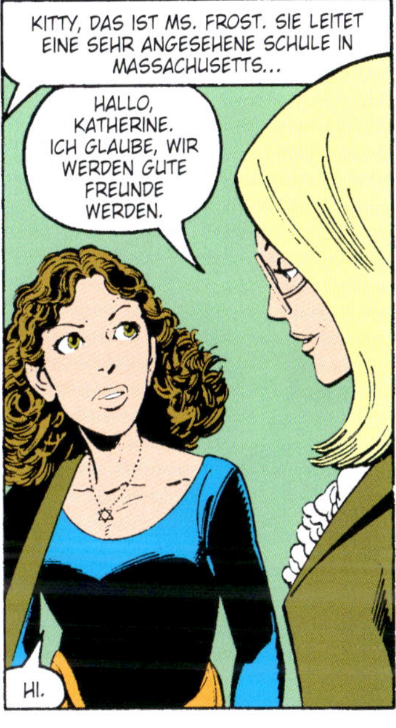
KITTY, DAS IST MS. FROST. SIE LEITET EINE SEHR ANGESEHENE SCHULE IN MASSACHUSETTS...
HALLO, KATHERINE. ICH GLAUBE, WIR WERDEN GUTE FREUNDE WERDEN.
HI.

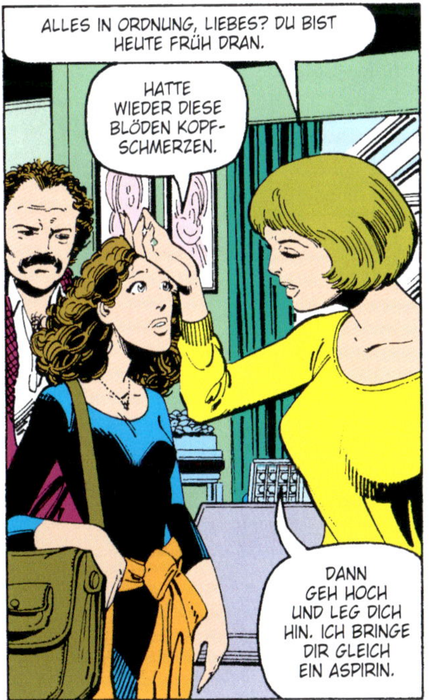
ALLES IN ORDNUNG, LIEBES? DU BIST HEUTE FRÜH DRAN.
HATTE WIEDER DIESE BLÖDEN KOPFSCHMERZEN.
DANN GEH HOCH UND LEG DICH HIN. ICH BRINGE DIR GLEICH EIN ASPIRIN.

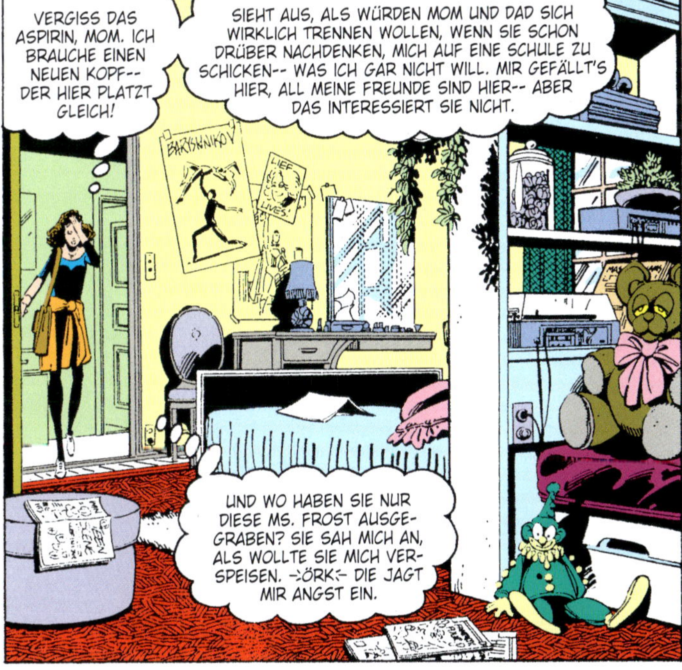
VERGISS DAS ASPIRIN, MOM. ICH BRAUCHE EINEN NEUEN KOPF-- DER HIER PLATZT GLEICH!
SIEHT AUS, ALS WÜRDEN MOM UND DAD SICH WIRKLICH TRENNEN WOLLEN, WENN SIE SCHON DRÜBER NACHDENKEN, MICH AUF EINE SCHULE ZU SCHICKEN-- WAS ICH GAR NICHT WILL. MIR GEFÄLLT'S HIER, ALL MEINE FREUNDE SIND HIER-- ABER DAS INTERESSIERT SIE NICHT.
BARYSHNIKOV
UND WO HABEN SIE NUR DIESE MS. FROST AUSGEGRABEN? SIE SAH MICH AN, ALS WOLLTE SIE MICH VERSPEISEN. -ÖRK- DIE JAGT MIR ANGST EIN.

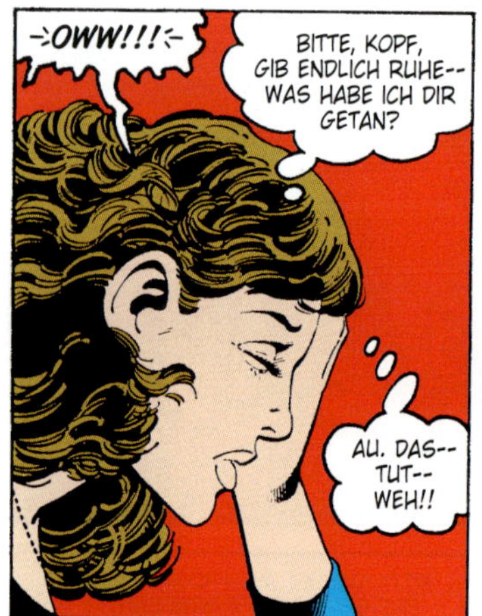
OWW!!!
BITTE, KOPF, GIB ENDLICH RUHE-- WAS HABE ICH DIR GETAN?
AU. DAS-- TUT-- WEH!!

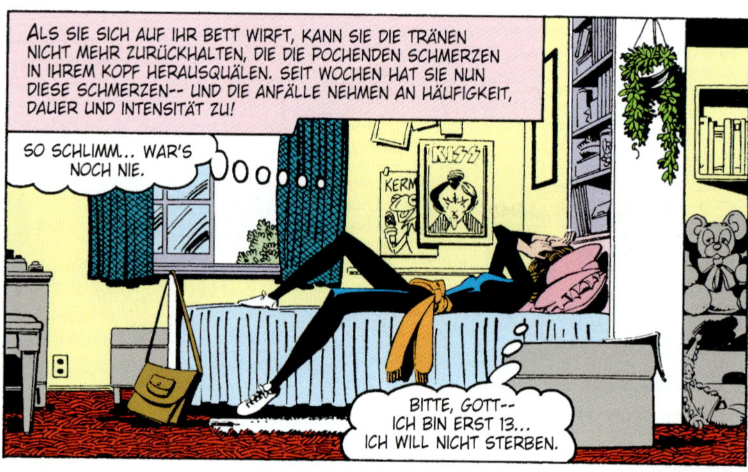
ALS SIE SICH AUF IHR BETT WIRFT, KANN SIE DIE TRÄNEN NICHT MEHR ZURÜCKHALTEN, DIE DIE POCHENDEN SCHMERZEN IN IHREM KOPF HERAUSQUÄLEN. SEIT WOCHEN HAT SIE NUN DIESE SCHMERZEN-- UND DIE ANFÄLLE NEHMEN AN HÄUFIGKEIT, DAUER UND INTENSITÄT ZU!
SO SCHLIMM... WAR'S NOCH NIE.
KISS
KERM
BITTE, GOTT-- ICH BIN ERST 13... ICH WILL NICHT STERBEN.

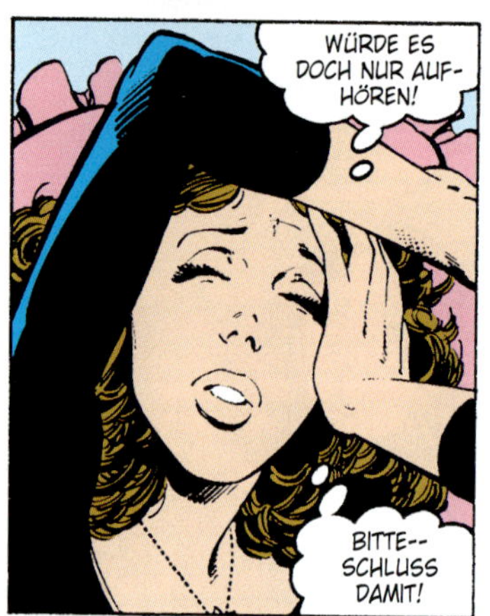
WÜRDE ES DOCH NUR AUFHÖREN!
BITTE-- SCHLUSS DAMIT!

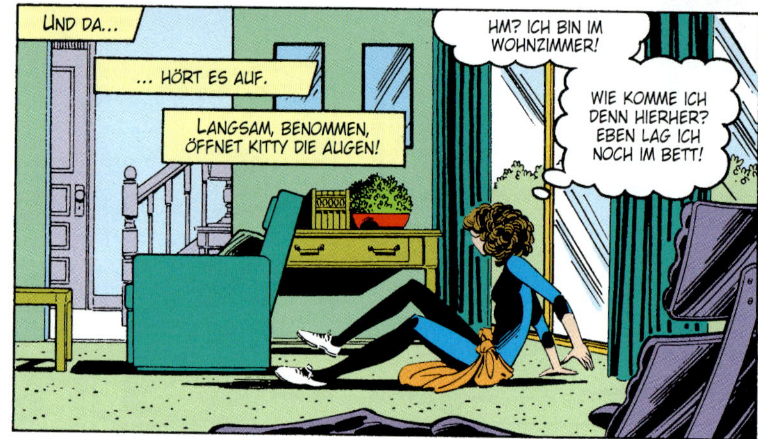
UND DA...
... HÖRT ES AUF.
LANGSAM, BENOMMEN, ÖFFNET KITTY DIE AUGEN!
HM? ICH BIN IM WOHNZIMMER!
WIE KOMME ICH DENN HIERHER? EBEN LAG ICH NOCH IM BETT!

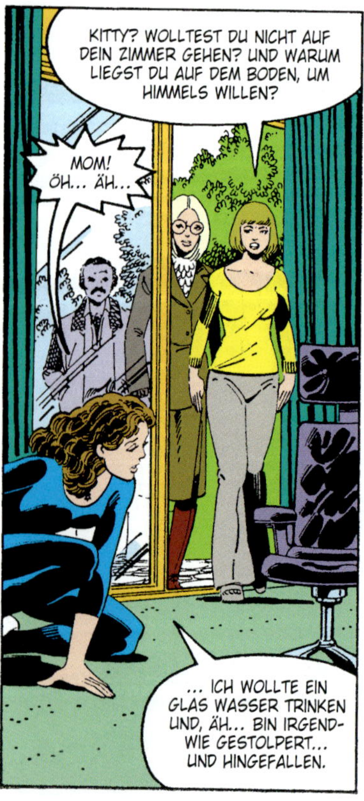
KITTY? WOLLTEST DU NICHT AUF DEIN ZIMMER GEHEN? UND WARUM LIEGST DU AUF DEM BODEN, UM HIMMELS WILLEN?
MOM! ÖH... ÄH...
... ICH WOLLTE EIN GLAS WASSER TRINKEN UND, ÄH... BIN IRGENDWIE GESTOLPERT... UND HINGEFALLEN.

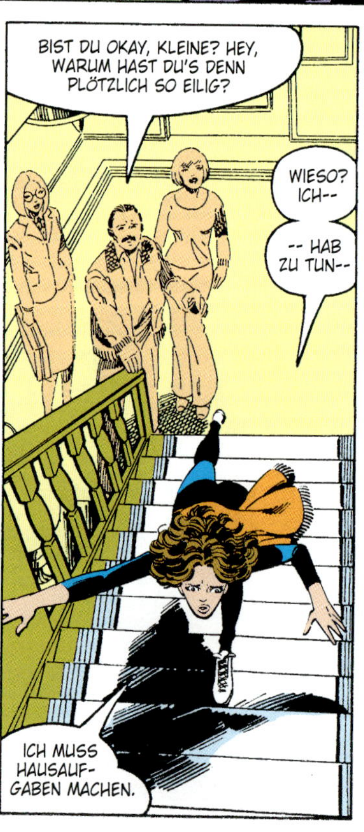
BIST DU OKAY, KLEINE? HEY, WARUM HAST DU'S DENN PLÖTZLICH SO EILIG?
WIESO? ICH--
-- HAB ZU TUN--
ICH MUSS HAUSAUFGABEN MACHEN.

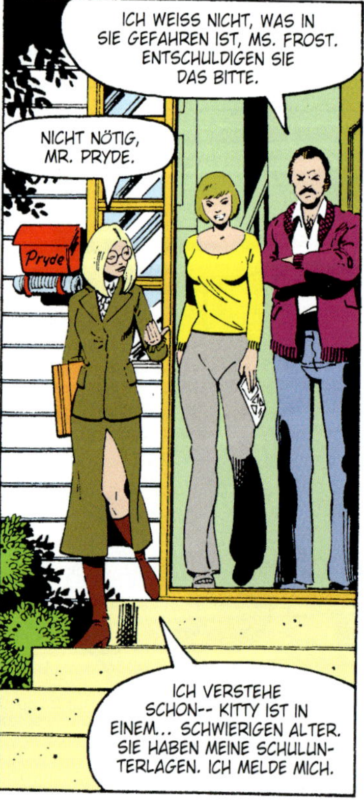
ICH WEISS NICHT, WAS IN SIE GEFAHREN IST, MS. FROST. ENTSCHULDIGEN SIE DAS BITTE.
NICHT NÖTIG, MR. PRYDE.
Pryde
ICH VERSTEHE SCHON-- KITTY IST IN EINEM... SCHWIERIGEN ALTER. SIE HABEN MEINE SCHULUNTERLAGEN. ICH MELDE MICH.

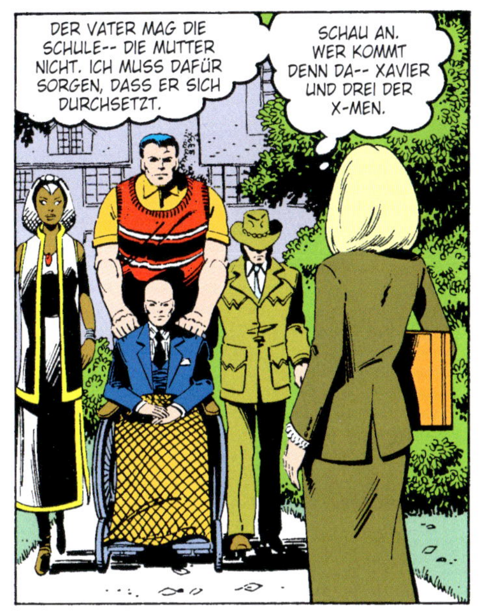
DER VATER MAG DIE SCHULE-- DIE MUTTER NICHT. ICH MUSS DAFÜR SORGEN, DASS ER SICH DURCHSETZT.
SCHAU AN. WER KOMMT DENN DA-- XAVIER UND DREI DER X-MEN.

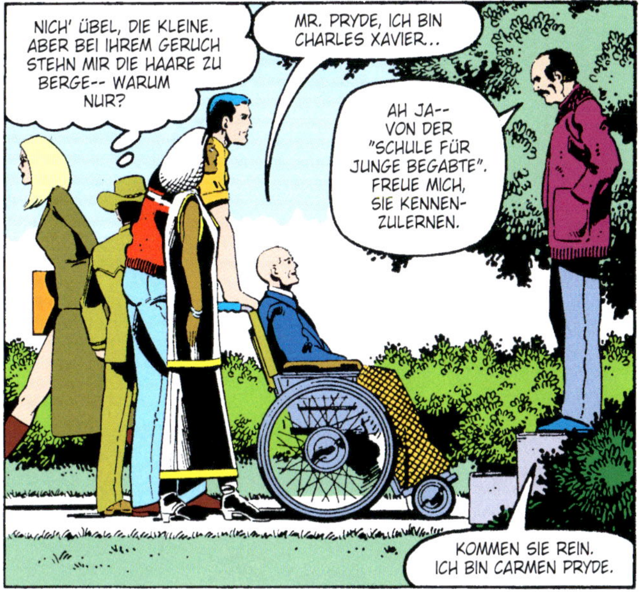
NICH' ÜBEL, DIE KLEINE. ABER BEI IHREM GERUCH STEHN MIR DIE HAARE ZU BERGE-- WARUM NUR?
MR. PRYDE, ICH BIN CHARLES XAVIER...
AH JA-- VON DER "SCHULE FÜR JUNGE BEGABTE". FREUE MICH, SIE KENNENZULERNEN.
KOMMEN SIE REIN. ICH BIN CARMEN PRYDE.

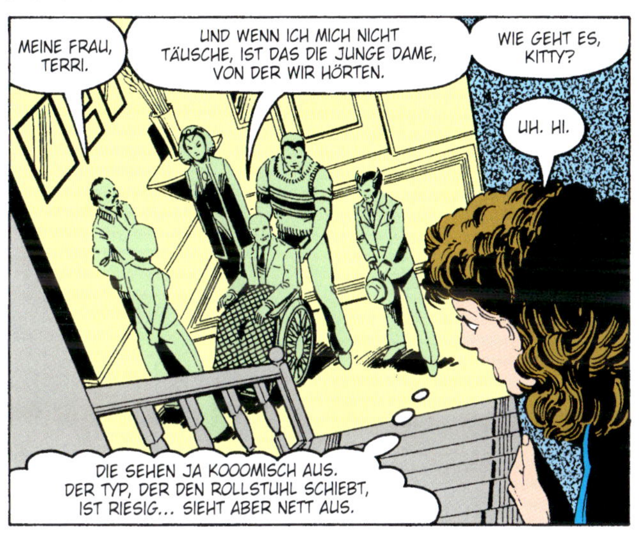
MEINE FRAU, TERRI.
UND WENN ICH MICH NICHT TÄUSCHE, IST DAS DIE JUNGE DAME, VON DER WIR HÖRTEN.
WIE GEHT ES, KITTY?
UH. HI.
DIE SEHEN JA KOOOMISCH AUS. DER TYP, DER DEN ROLLSTUHL SCHIEBT, IST RIESIG... SIEHT ABER NETT AUS.

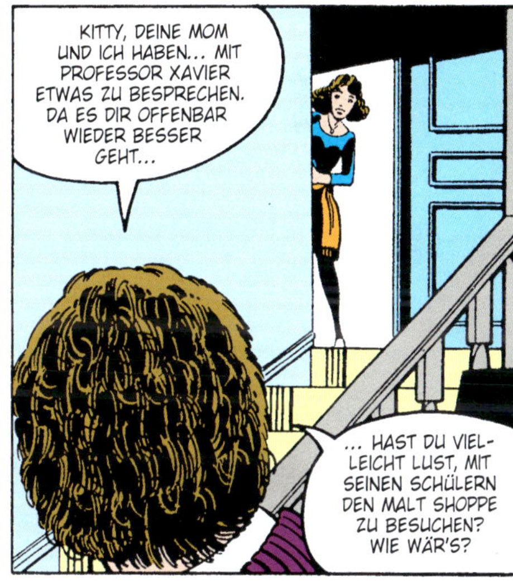
KITTY, DEINE MOM UND ICH HABEN... MIT PROFESSOR XAVIER ETWAS ZU BESPRECHEN. DA ES DIR OFFENBAR WIEDER BESSER GEHT...
... HAST DU VIELLEICHT LUST, MIT SEINEN SCHÜLERN DEN MALT SHOPPE ZU BESUCHEN? WIE WÄR'S?

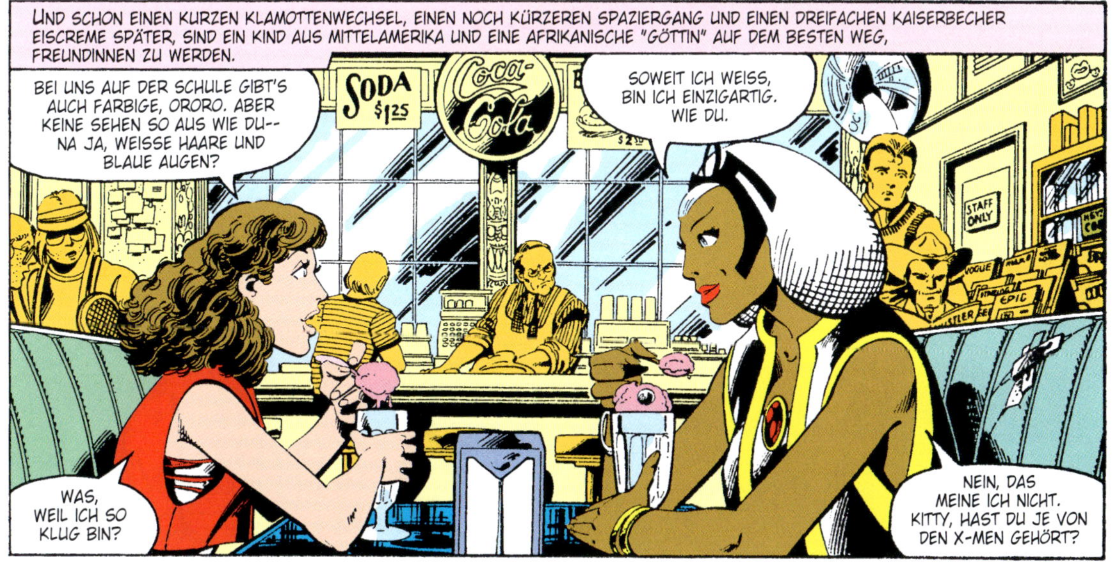
UND SCHON EINEN KURZEN KLAMOTTENWECHSEL, EINEN NOCH KÜRZEREN SPAZIERGANG UND EINEN DREIFACHEN KAISERBECHER EISCREME SPÄTER, SIND EIN KIND AUS MITTELAMERIKA UND EINE AFRIKANISCHE "GÖTTIN" AUF DEM BESTEN WEG, FREUNDINNEN ZU WERDEN.
SODA $1.25
Coca-Cola
BEI UNS AUF DER SCHULE GIBT'S AUCH FARBIGE, ORORO. ABER KEINE SEHEN SO AUS WIE DU-- NA JA, WEISSE HAARE UND BLAUE AUGEN?
SOWEIT ICH WEISS, BIN ICH EINZIGARTIG. WIE DU.
STAFF ONLY
WAS, WEIL ICH SO KLUG BIN?
NEIN, DAS MEINE ICH NICHT. KITTY, HAST DU JE VON DEN X-MEN GEHÖRT?

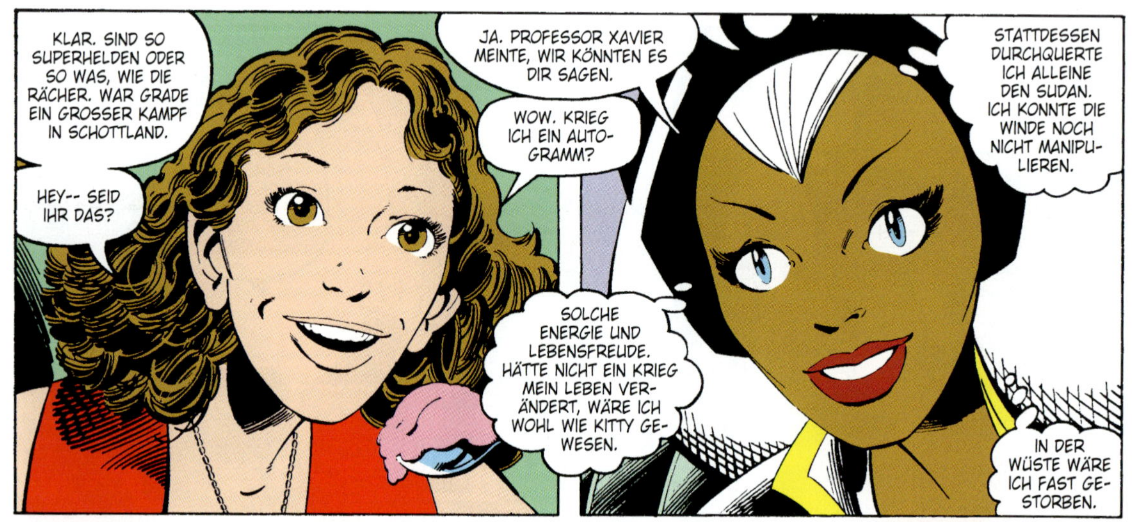
HEY-- SEID IHR DAS?
KLAR. SIND SO SUPERHELDEN ODER SO WAS, WIE DIE RÄCHER. WAR GRADE EIN GROSSER KAMPF IN SCHOTTLAND.
JA. PROFESSOR XAVIER MEINTE, WIR KÖNNTEN ES DIR SAGEN.
WOW. KRIEG ICH EIN AUTO-GRAMM?
SOLCHE ENERGIE UND LEBENSFREUDE. HÄTTE NICHT EIN KRIEG MEIN LEBEN VER-ÄNDERT, WÄRE ICH WOHL WIE KITTY GE-WESEN.
STATTDESSEN DURCHQUERTE ICH ALLEINE DEN SUDAN. ICH KONNTE DIE WINDE NOCH NICHT MANIPU-LIEREN.
IN DER WÜSTE WÄRE ICH FAST GE-STORBEN.

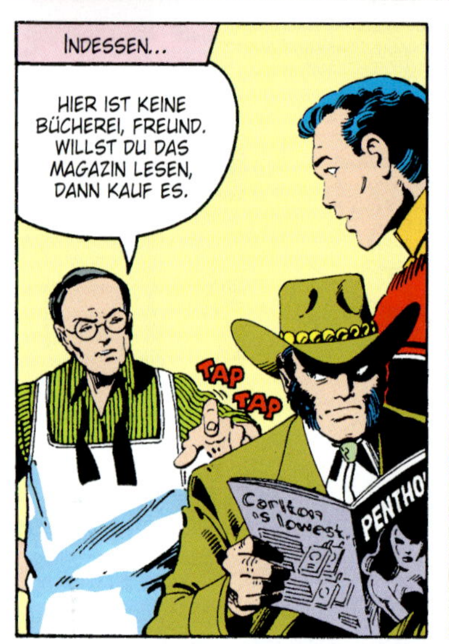
INDESSEN...
HIER IST KEINE BÜCHEREI, FREUND. WILLST DU DAS MAGAZIN LESEN, DANN KAUF ES.
TAP TAP

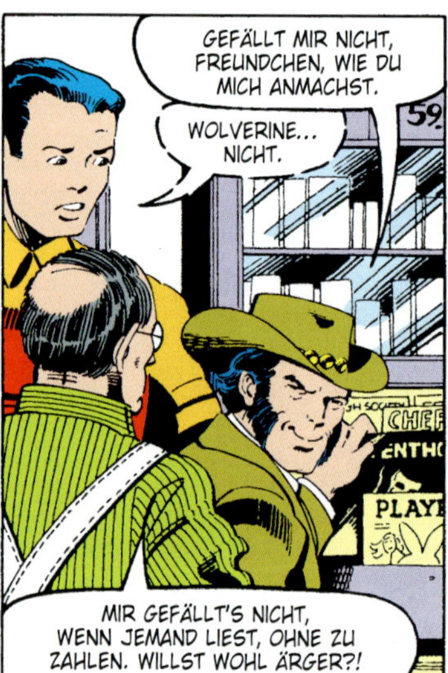
GEFÄLLT MIR NICHT, FREUNDCHEN, WIE DU MICH ANMACHST.
WOLVERINE... NICHT.
MIR GEFÄLLT'S NICHT, WENN JEMAND LIEST, OHNE ZU ZAHLEN. WILLST WOHL ÄRGER?!

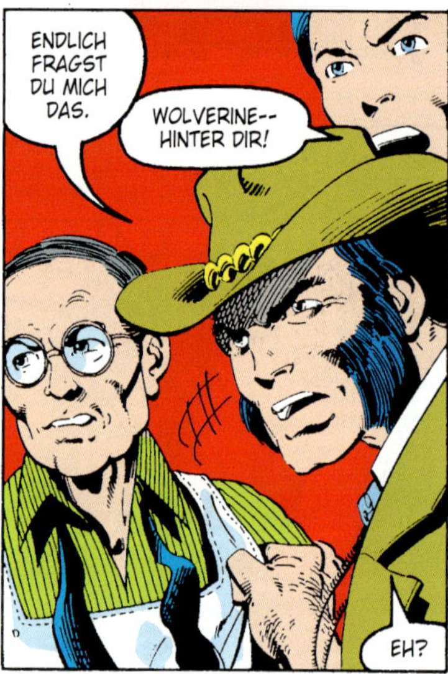
ENDLICH FRAGST DU MICH DAS.
WOLVERINE-- HINTER DIR!
EH?

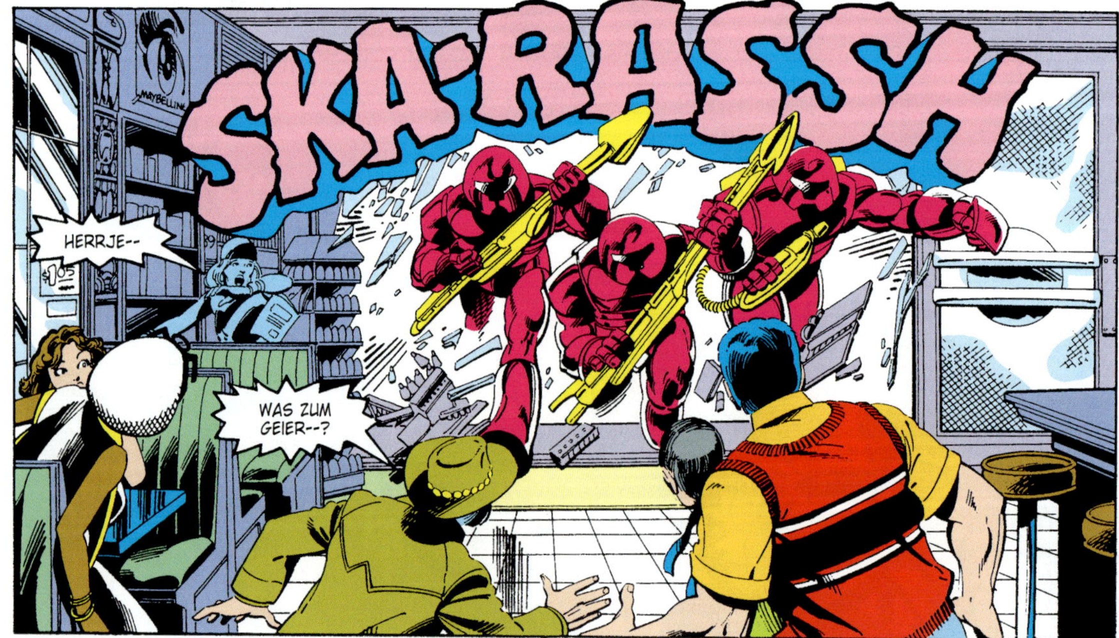
SKA-RASSH
HERRJE--
WAS ZUM GEIER--?

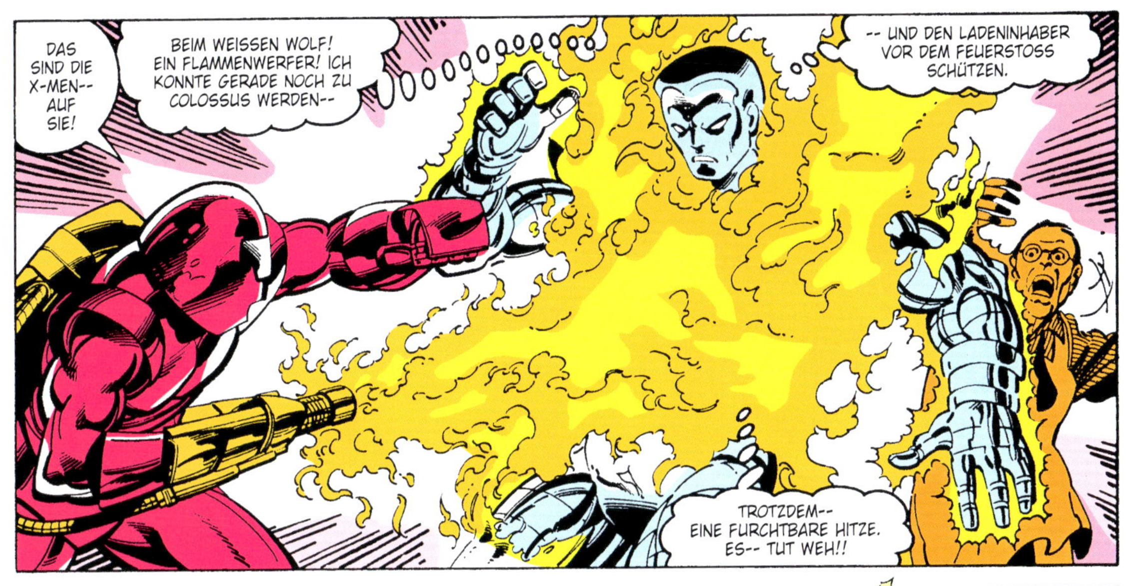
DAS SIND DIE X-MEN-- AUF SIE!
BEIM WEISSEN WOLF! EIN FLAMMENWERFER! ICH KONNTE GERADE NOCH ZU COLOSSUS WERDEN--
-- UND DEN LADENINHABER VOR DEM FEUERSTOSS SCHÜTZEN.
TROTZDEM-- EINE FURCHTBARE HITZE. ES-- TUT WEH!!

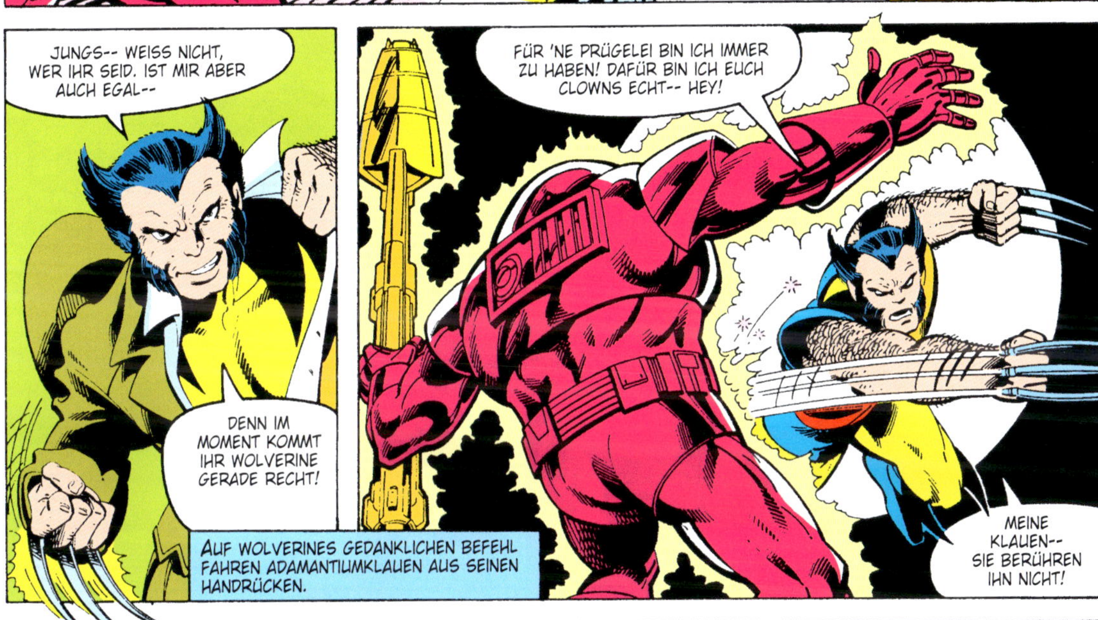
JUNGS-- WEISS NICHT, WER IHR SEID. IST MIR ABER AUCH EGAL--
DENN IM MOMENT KOMMT IHR WOLVERINE GERADE RECHT!
AUF WOLVERINES GEDANKLICHEN BEFEHL FAHREN ADAMANTIUMKLAUEN AUS SEINEN HANDRÜCKEN.
FÜR 'NE PRÜGELEI BIN ICH IMMER ZU HABEN! DAFÜR BIN ICH EUCH CLOWNS ECHT-- HEY!
MEINE KLAUEN-- SIE BERÜHREN IHN NICHT!

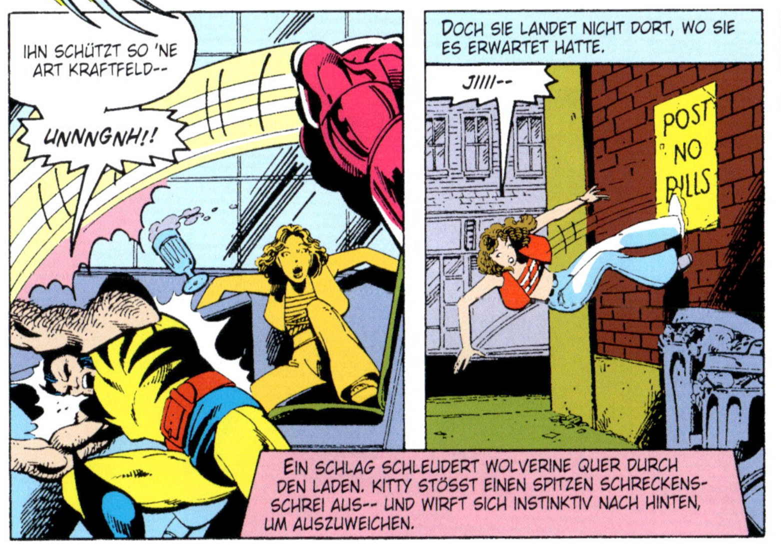
IHN SCHÜTZT SO 'NE ART KRAFTFELD--
UNNNGNH!!
EIN SCHLAG SCHLEUDERT WOLVERINE QUER DURCH DEN LADEN. KITTY STÖSST EINEN SPITZEN SCHRECKENS-SCHREI AUS-- UND WIRFT SICH INSTINKTIV NACH HINTEN, UM AUSZUWEICHEN.
DOCH SIE LANDET NICHT DORT, WO SIE ES ERWARTET HATTE.
JIIII--
POST NO BILLS

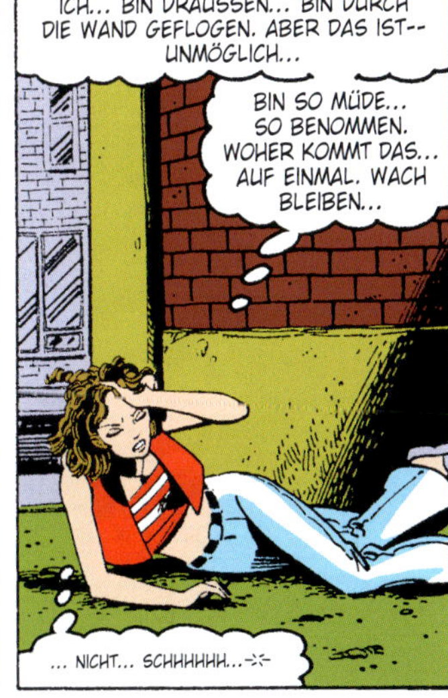
ICH... BIN DRAUSSEN... BIN DURCH DIE WAND GEFLOGEN. ABER DAS IST-- UNMÖGLICH...
BIN SO MÜDE... SO BENOMMEN. WOHER KOMMT DAS... AUF EINMAL. WACH BLEIBEN...
... NICHT... SCHHHHHH...

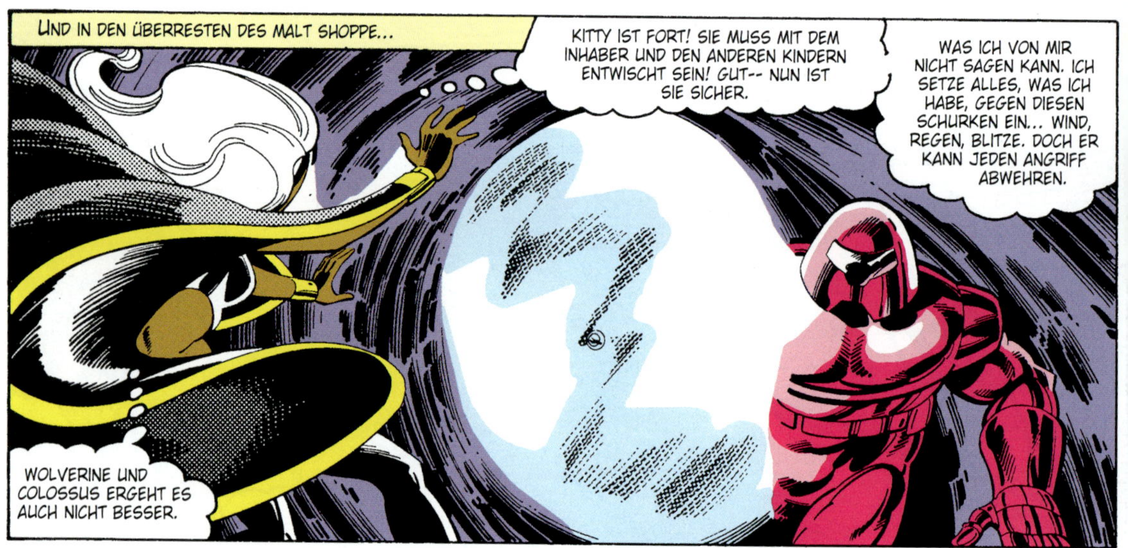
UND IN DEN ÜBERRESTEN DES MALT SHOPPE...
KITTY IST FORT! SIE MUSS MIT DEM INHABER UND DEN ANDEREN KINDERN ENTWISCHT SEIN! GUT-- NUN IST SIE SICHER.
WAS ICH VON MIR NICHT SAGEN KANN. ICH SETZE ALLES, WAS ICH HABE, GEGEN DIESEN SCHURKEN EIN... WIND, REGEN, BLITZE. DOCH ER KANN JEDEN ANGRIFF ABWEHREN.
WOLVERINE UND COLOSSUS ERGEHT ES AUCH NICHT BESSER.

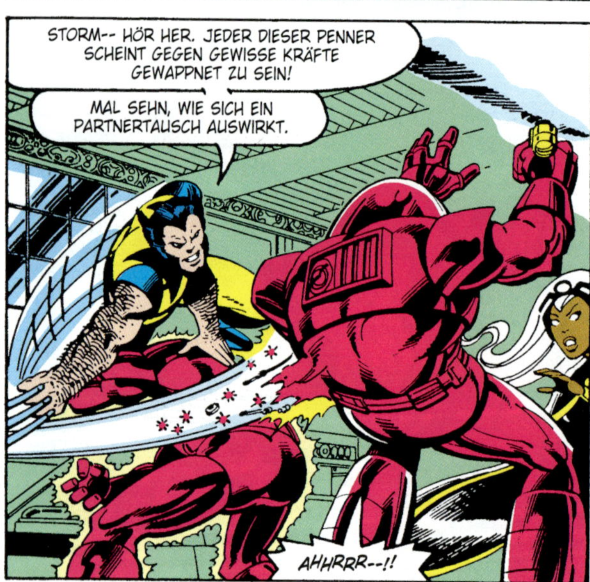
STORM-- HÖR HER. JEDER DIESER PENNER SCHEINT GEGEN GEWISSE KRÄFTE GEWAPPNET ZU SEIN!
MAL SEHN, WIE SICH EIN PARTNERTAUSCH AUSWIRKT.
AHHRRR--!!

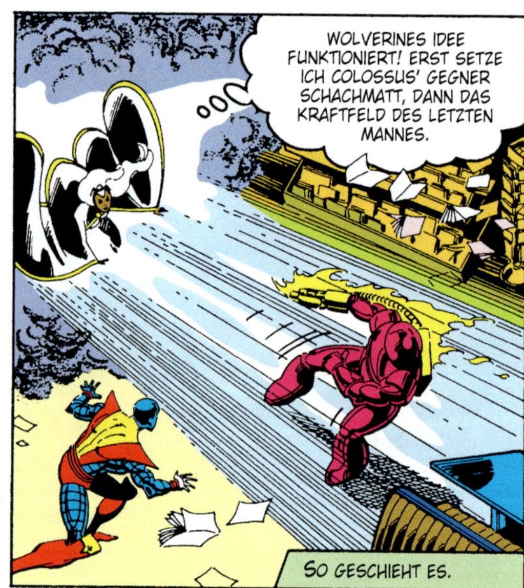
WOLVERINES IDEE FUNKTIONIERT! ERST SETZE ICH COLOSSUS' GEGNER SCHACHMATT, DANN DAS KRAFTFELD DES LETZTEN MANNES.
SO GESCHIEHT ES.

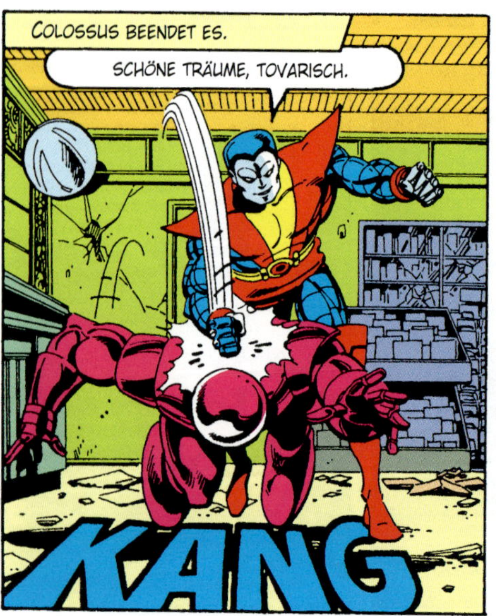
COLOSSUS BEENDET ES.
SCHÖNE TRÄUME, TOVARISCH.
KANG

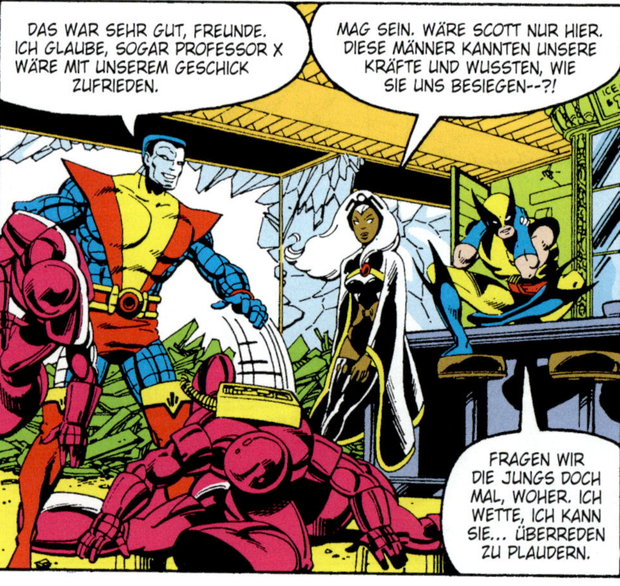
DAS WAR SEHR GUT, FREUNDE. ICH GLAUBE, SOGAR PROFESSOR X WÄRE MIT UNSEREM GESCHICK ZUFRIEDEN.
MAG SEIN. WÄRE SCOTT NUR HIER. DIESE MÄNNER KANNTEN UNSERE KRÄFTE UND WUSSTEN, WIE SIE UNS BESIEGEN--?!
FRAGEN WIR DIE JUNGS DOCH MAL, WOHER. ICH WETTE, ICH KANN SIE... ÜBERREDEN ZU PLAUDERN.

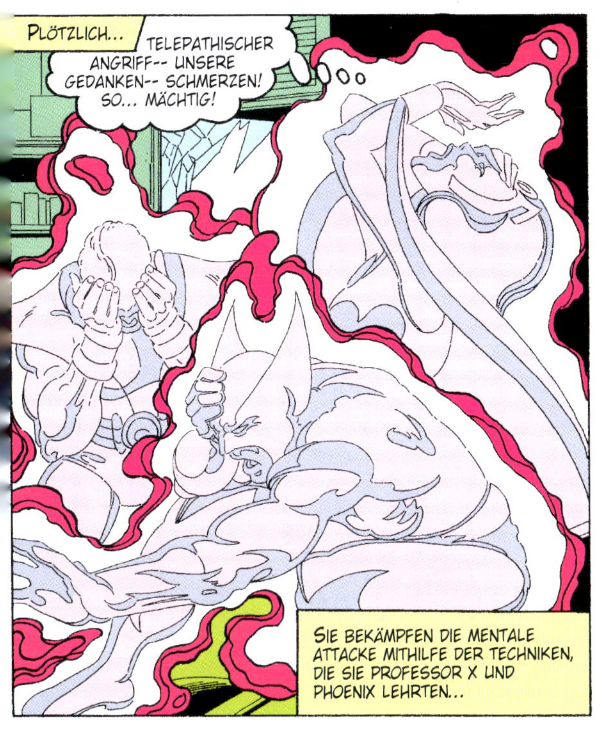
PLÖTZLICH...
TELEPATHISCHER ANGRIFF-- UNSERE GEDANKEN-- SCHMERZEN! SO... MÄCHTIG!
SIE BEKÄMPFEN DIE MENTALE ATTACKE MITHILFE DER TECHNIKEN, DIE SIE PROFESSOR X UND PHOENIX LEHRTEN...

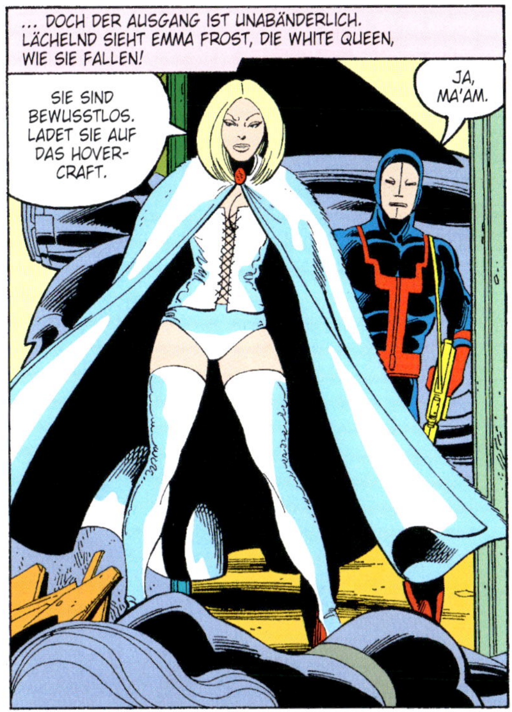
... DOCH DER AUSGANG IST UNABÄNDERLICH. LÄCHELND SIEHT EMMA FROST, DIE WHITE QUEEN, WIE SIE FALLEN!
SIE SIND BEWUSSTLOS. LADET SIE AUF DAS HOVER-CRAFT.
JA, MA'AM.

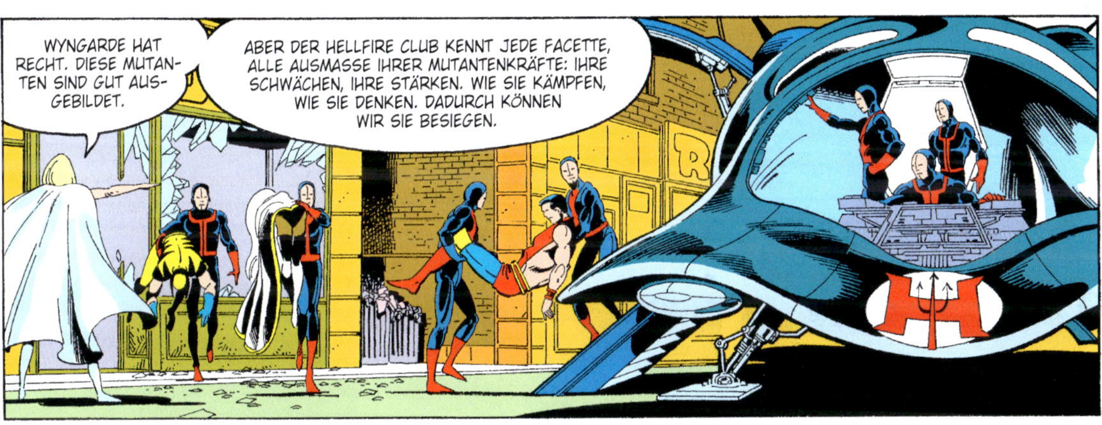
WYNGARDE HAT RECHT. DIESE MUTANTEN SIND GUT AUSGEBILDET.
ABER DER HELLFIRE CLUB KENNT JEDE FACETTE, ALLE AUSMASSE IHRER MUTANTENKRÄFTE: IHRE SCHWÄCHEN, IHRE STÄRKEN. WIE SIE KÄMPFEN, WIE SIE DENKEN. DADURCH KÖNNEN WIR SIE BESIEGEN.

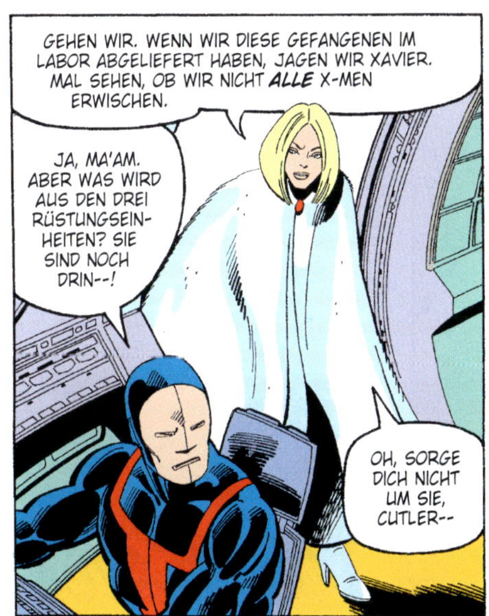
GEHEN WIR. WENN WIR DIESE GEFANGENEN IM LABOR ABGELIEFERT HABEN, JAGEN WIR XAVIER. MAL SEHEN, OB WIR NICHT ***ALLE*** X-MEN ERWISCHEN.
JA, MA'AM. ABER WAS WIRD AUS DEN DREI RÜSTUNGSEINHEITEN? SIE SIND NOCH DRIN--!
OH, SORGE DICH NICHT UM SIE, CUTLER--

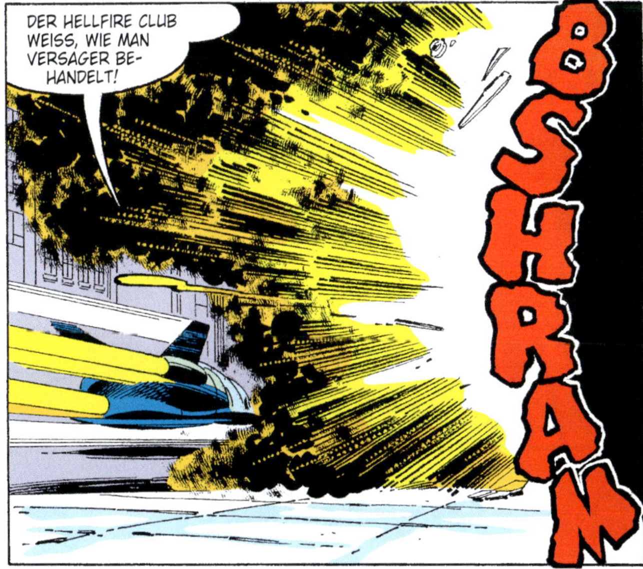
DER HELLFIRE CLUB WEISS, WIE MAN VERSAGER BEHANDELT!
BSHRAM

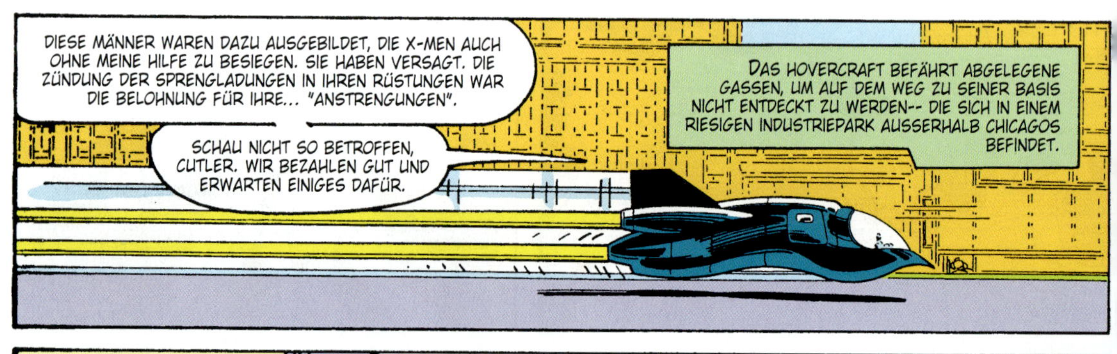

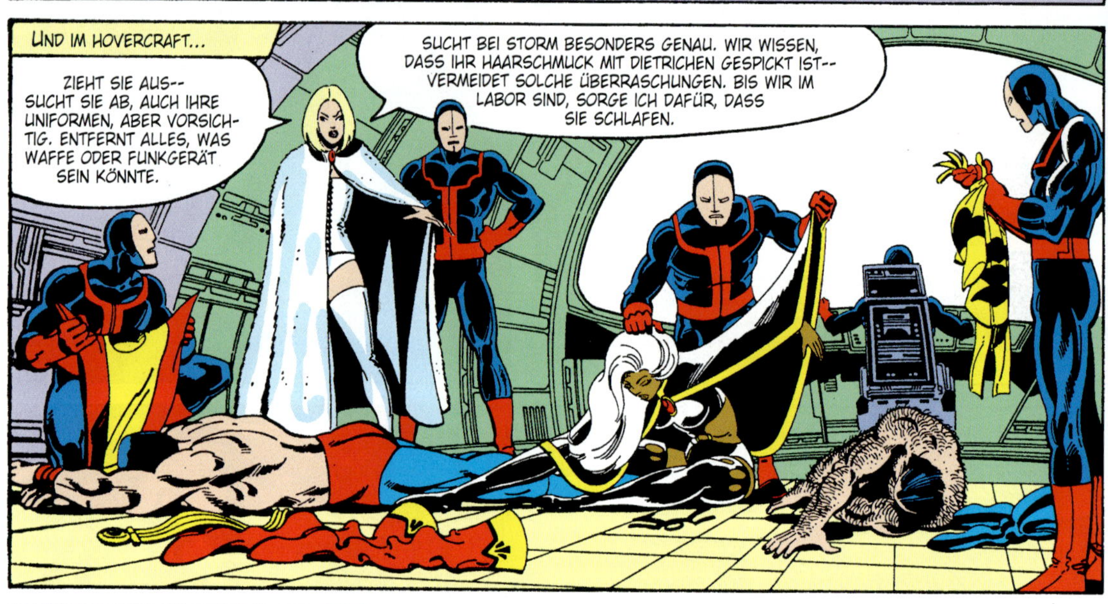

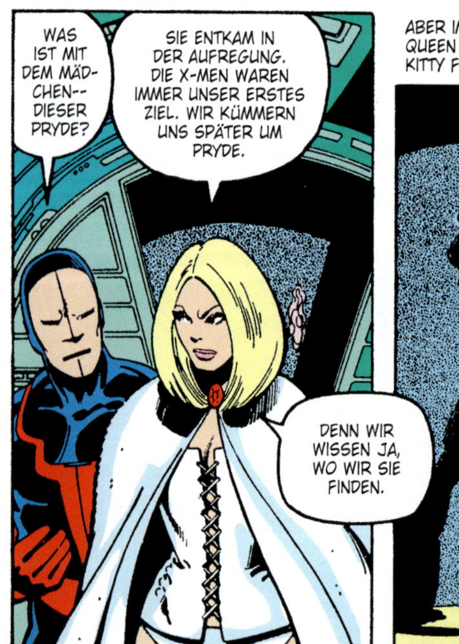

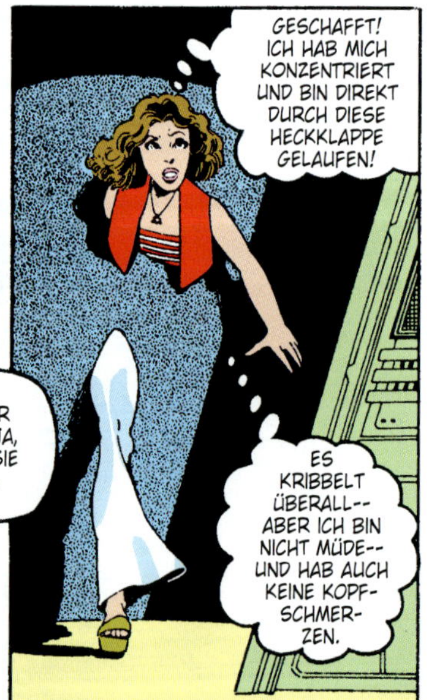

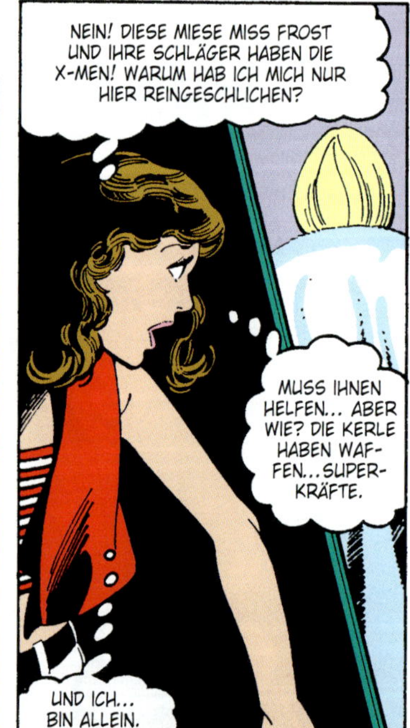

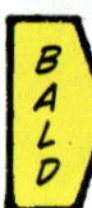

DAS DEBÜT VON 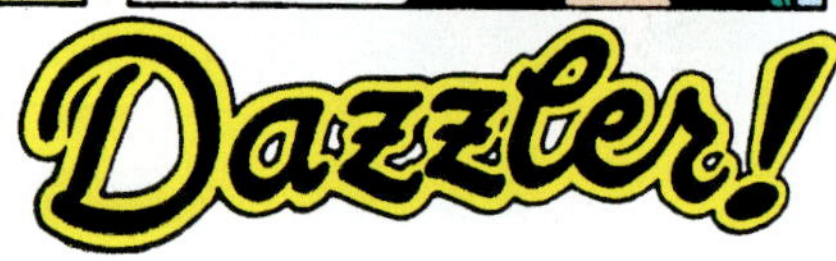

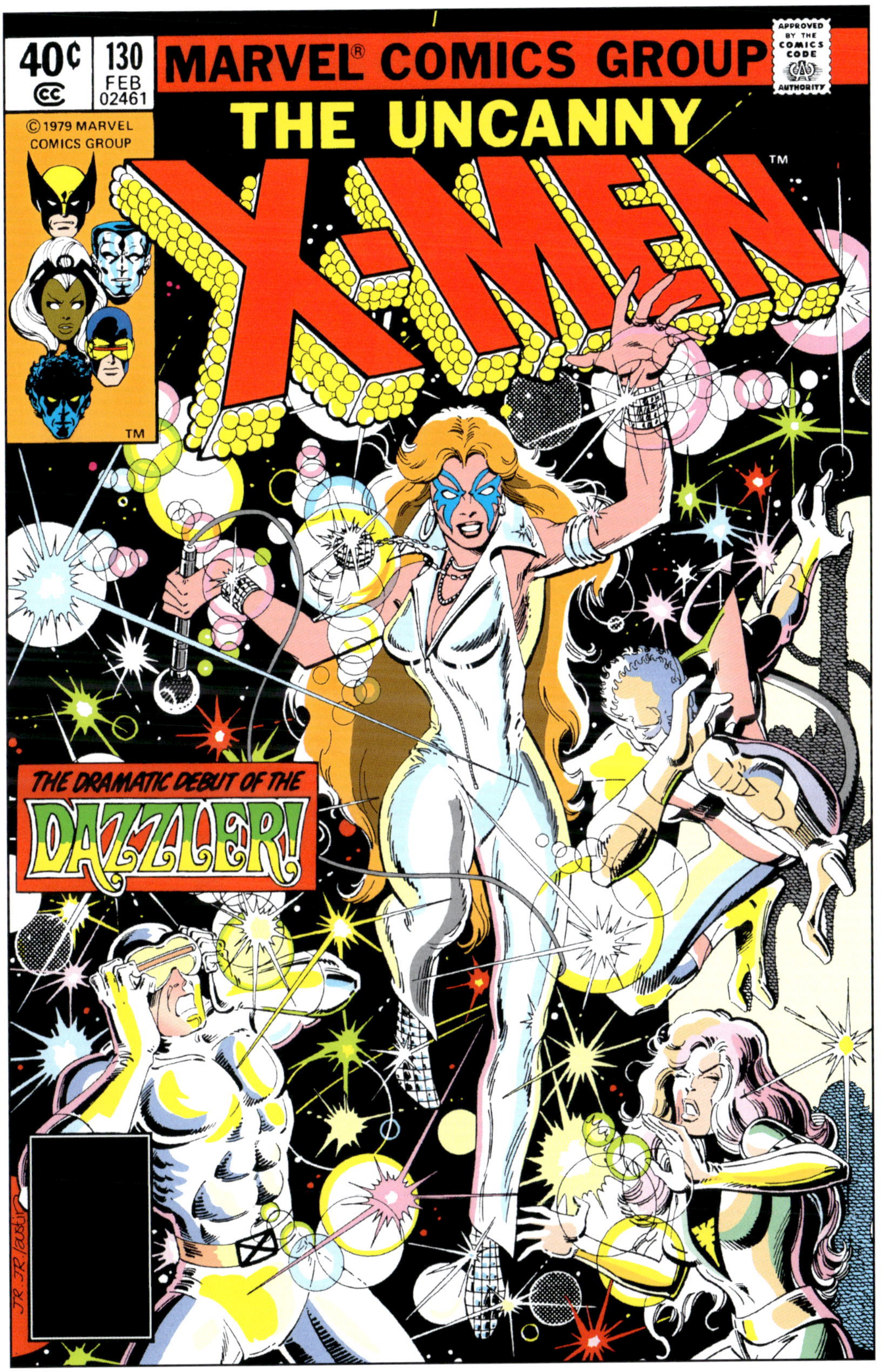

Uncanny X-Men (1963) 130
Cover von **JOHN ROMITA JR.**

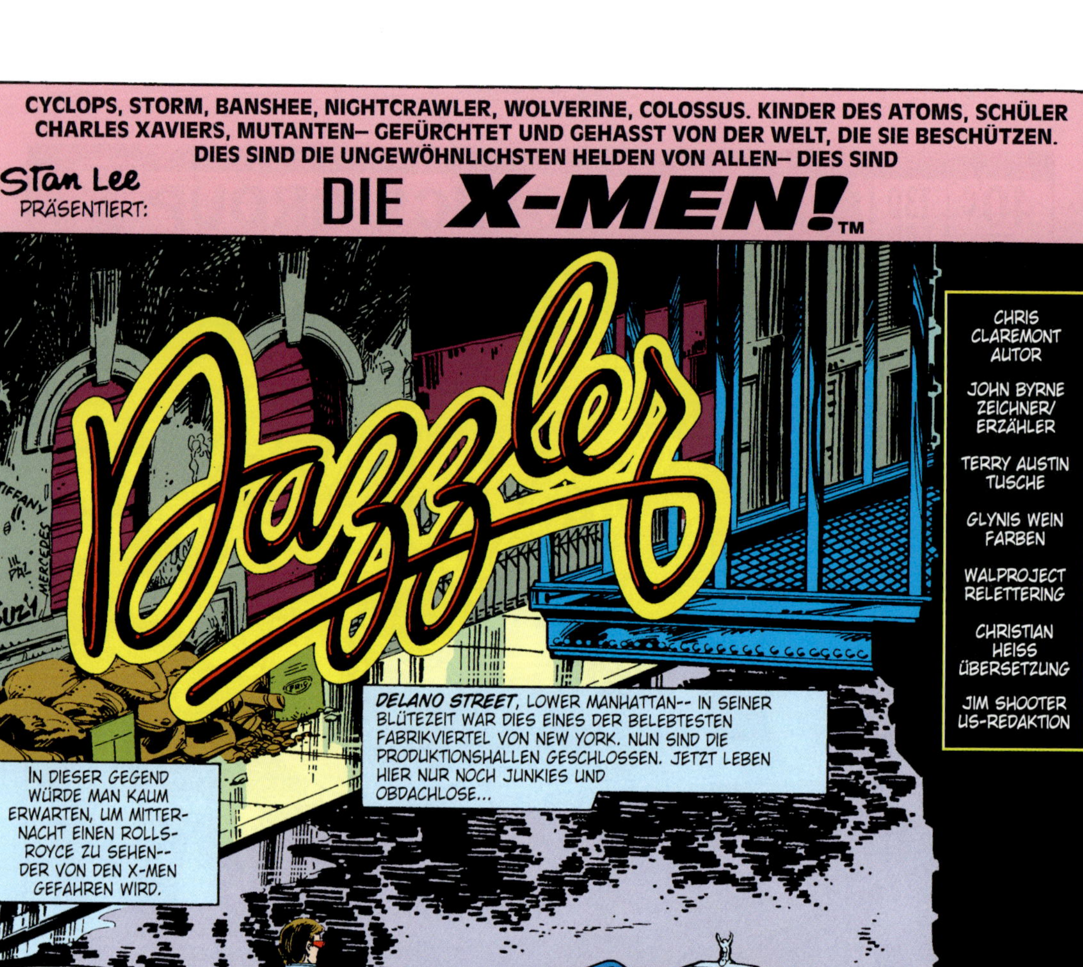
CYCLOPS, STORM, BANSHEE, NIGHTCRAWLER, WOLVERINE, COLOSSUS. KINDER DES ATOMS, SCHÜLER CHARLES XAVIERS, MUTANTEN– GEFÜRCHTET UND GEHASST VON DER WELT, DIE SIE BESCHÜTZEN. DIES SIND DIE UNGEWÖHNLICHSTEN HELDEN VON ALLEN– DIES SIND
Stan Lee PRÄSENTIERT:
DIE X-MEN!™
Dazzler
CHRIS CLAREMONT AUTOR
JOHN BYRNE ZEICHNER/ ERZÄHLER
TERRY AUSTIN TUSCHE
GLYNIS WEIN FARBEN
WALPROJECT RELETTERING
CHRISTIAN HEISS ÜBERSETZUNG
JIM SHOOTER US-REDAKTION
DELANO STREET, LOWER MANHATTAN-- IN SEINER BLÜTEZEIT WAR DIES EINES DER BELEBTESTEN FABRIKVIERTEL VON NEW YORK. NUN SIND DIE PRODUKTIONSHALLEN GESCHLOSSEN. JETZT LEBEN HIER NUR NOCH JUNKIES UND OBDACHLOSE...
IN DIESER GEGEND WÜRDE MAN KAUM ERWARTEN, UM MITTERNACHT EINEN ROLLS-ROYCE ZU SEHEN-- DER VON DEN X-MEN GEFAHREN WIRD.
WIR SIND DA-- MACHEN WIR DAS BESTE DRAUS.
SO NEGATIV, SCOTT?
CHAS-X-1
LF639

BEDENKT MAN, DASS DIE X-MEN BIS ZUM FRÜHEN NACHMITTAG SELBST NICHT WUSSTEN, DASS SIE DIE DELANO STREET BESUCHEN WÜRDEN, IST ES SEHR BEUNRUHIGEND FESTZUSTELLEN... DASS SIE BEOBACHTET WERDEN.

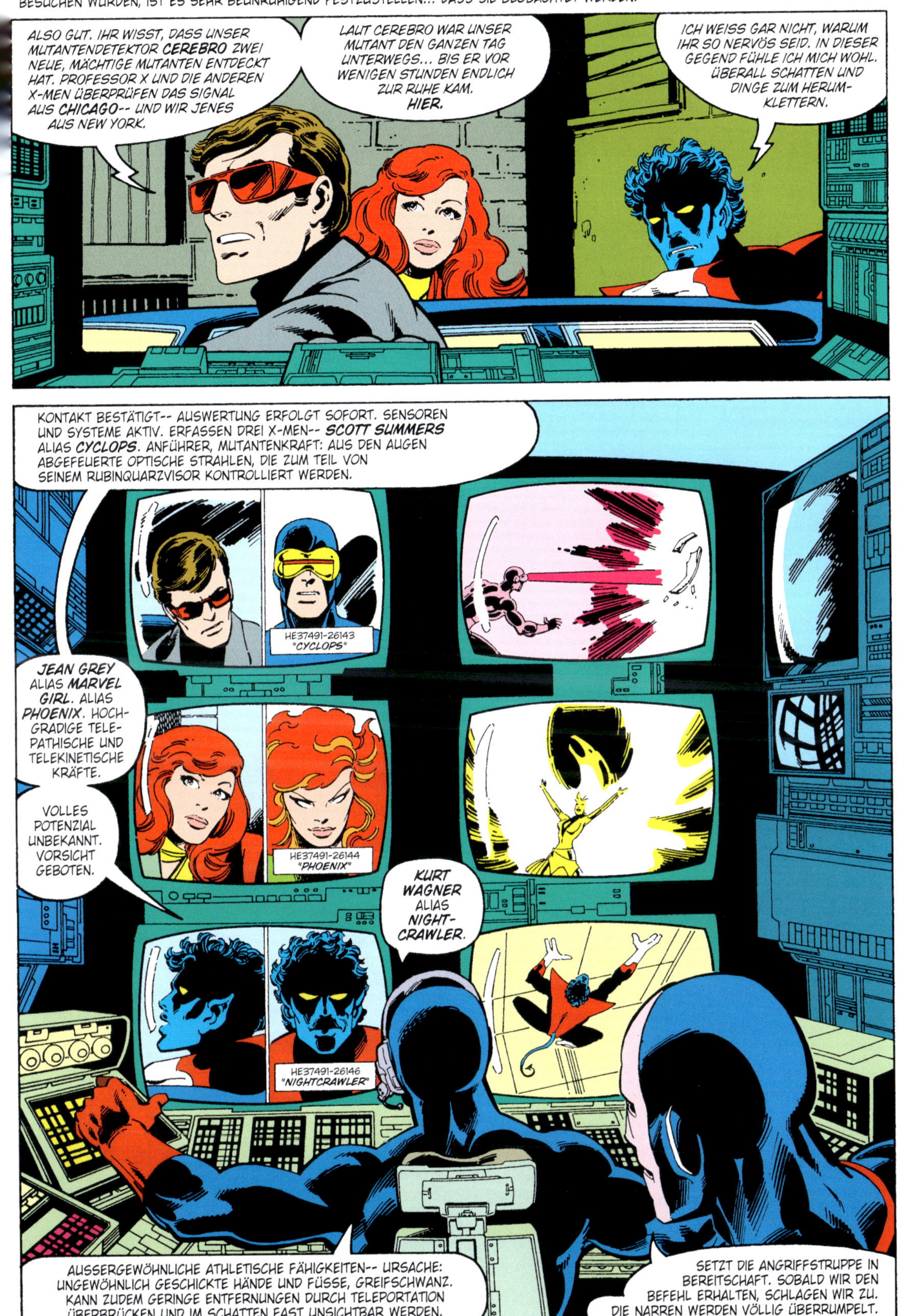

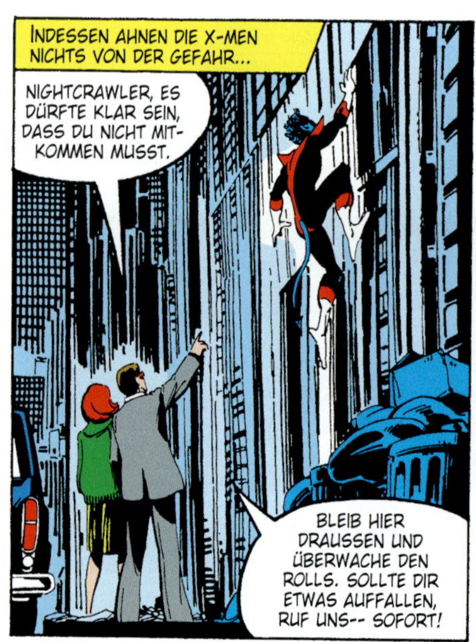

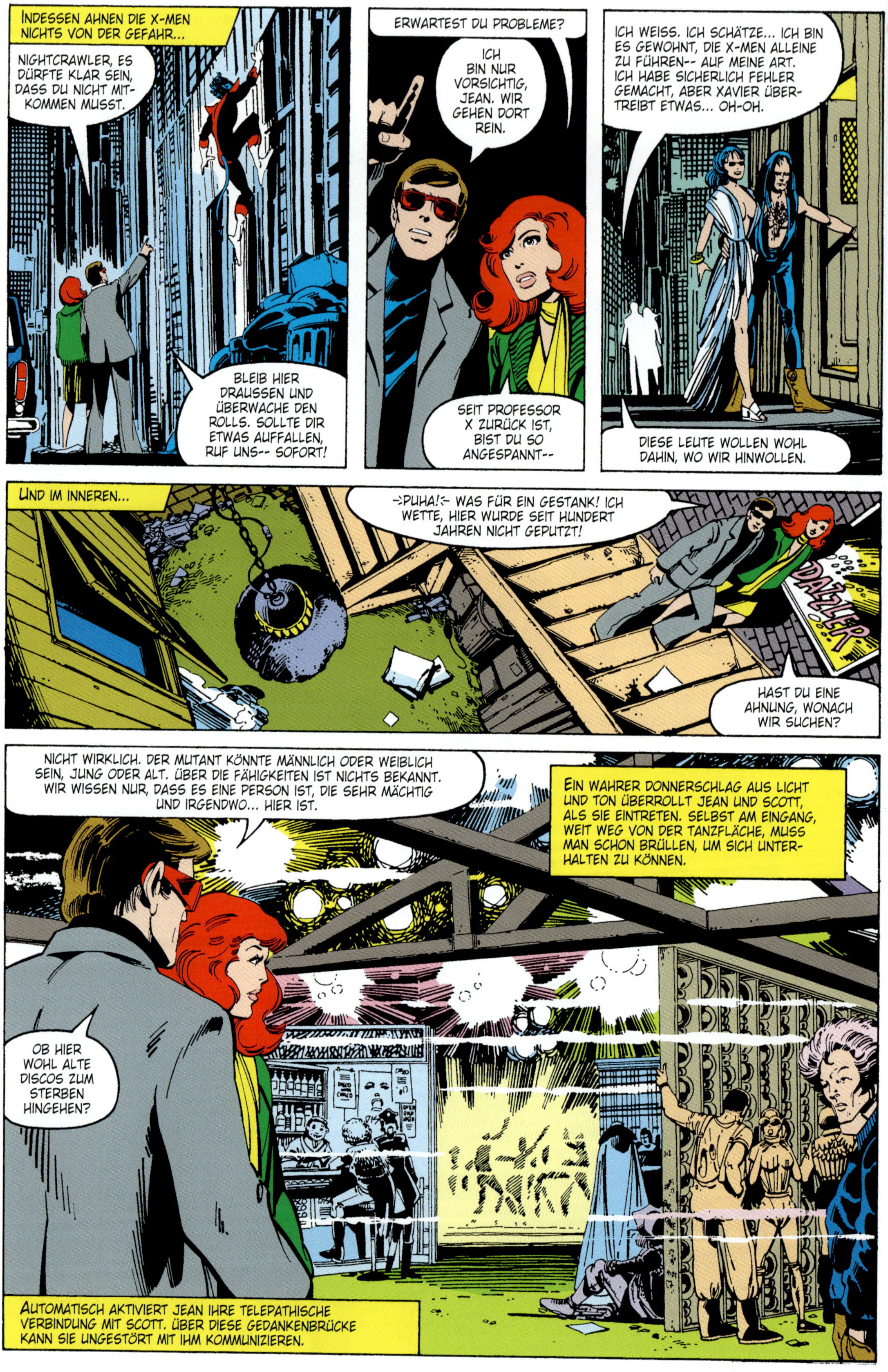

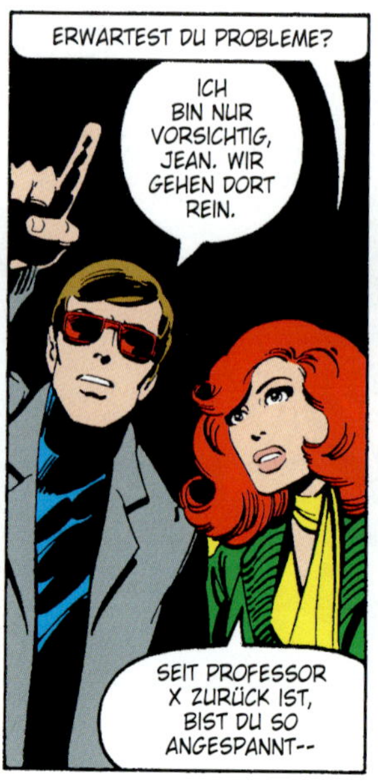

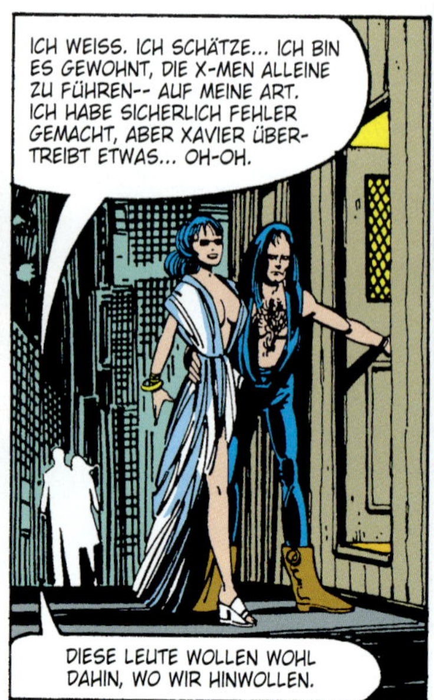

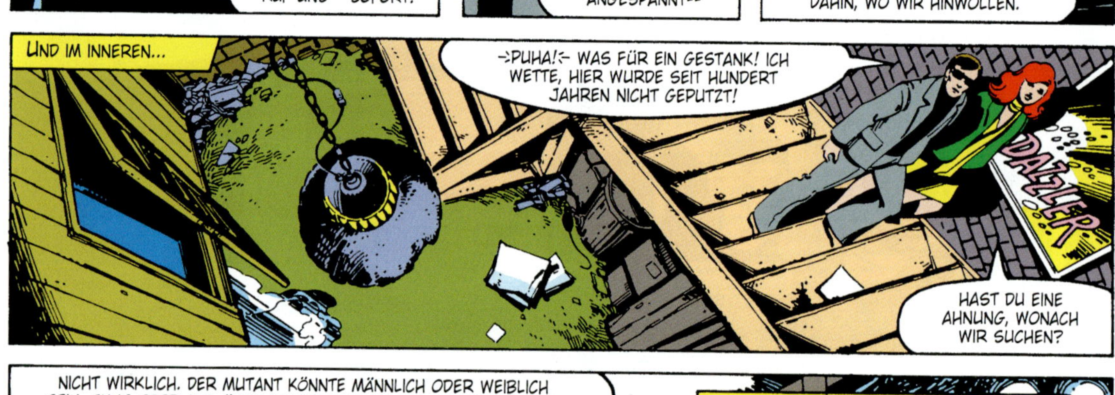

NICHT WIRKLICH. DER MUTANT KÖNNTE MÄNNLICH ODER WEIBLICH SEIN, JUNG ODER ALT. ÜBER DIE FÄHIGKEITEN IST NICHTS BEKANNT. WIR WISSEN NUR, DASS ES EINE PERSON IST, DIE SEHR MÄCHTIG UND IRGENDWO... HIER IST.

EIN WAHRER DONNERSCHLAG AUS LICHT UND TON ÜBERROLLT JEAN UND SCOTT, ALS SIE EINTRETEN. SELBST AM EINGANG, WEIT WEG VON DER TANZFLÄCHE, MUSS MAN SCHON BRÜLLEN, UM SICH UNTERHALTEN ZU KÖNNEN.

OB HIER WOHL ALTE DISCOS ZUM STERBEN HINGEHEN?

AUTOMATISCH AKTIVIERT JEAN IHRE TELEPATHISCHE VERBINDUNG MIT SCOTT. ÜBER DIESE GEDANKENBRÜCKE KANN SIE UNGESTÖRT MIT IHM KOMMUNIZIEREN.

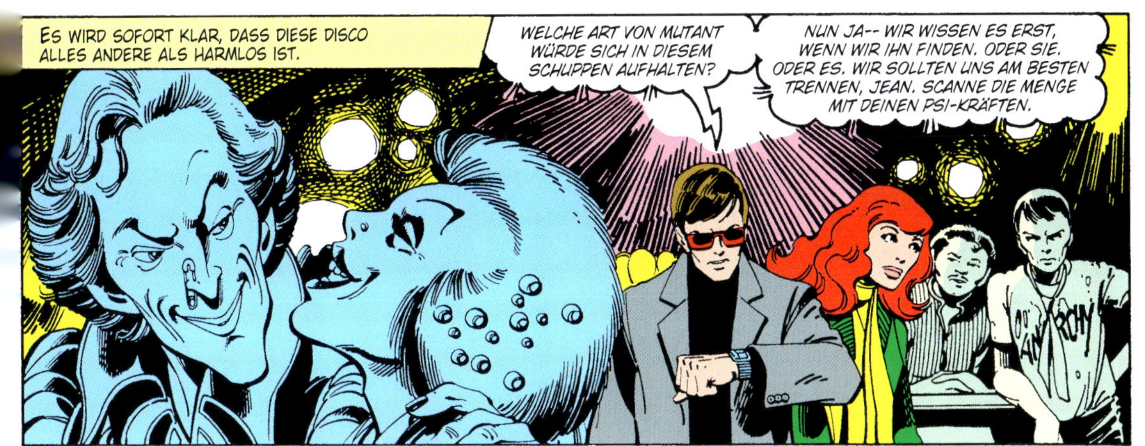
Es wird sofort klar, dass diese Disco alles andere als harmlos ist.
Welche Art von Mutant würde sich in diesem Schuppen aufhalten?
Nun ja-- wir wissen es erst, wenn wir ihn finden. Oder sie. Oder es. Wir sollten uns am besten trennen, Jean. Scanne die Menge mit deinen Psi-Kräften.

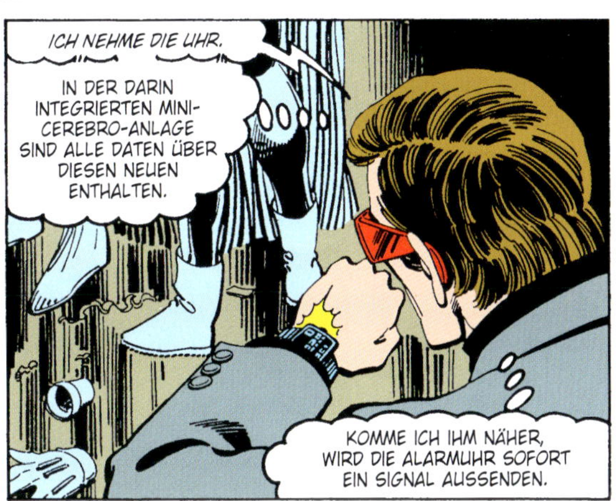
Ich nehme die Uhr.
In der darin integrierten Mini-Cerebro-Anlage sind alle Daten über diesen Neuen enthalten.
Komme ich ihm näher, wird die Alarmuhr sofort ein Signal aussenden.

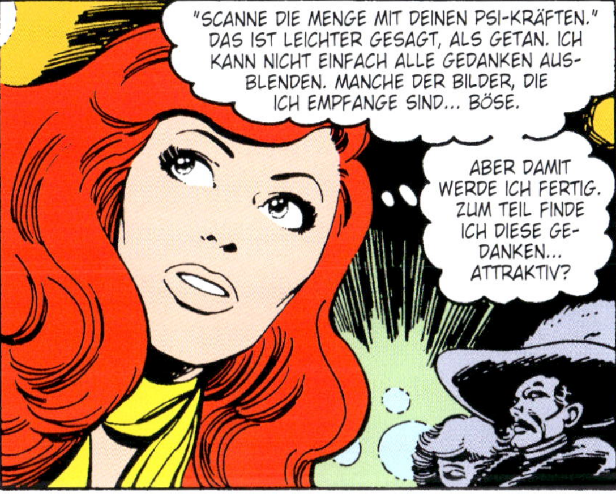
"Scanne die Menge mit deinen Psi-Kräften." Das ist leichter gesagt, als getan. Ich kann nicht einfach alle Gedanken ausblenden. Manche der Bilder, die ich empfange sind... böse.
Aber damit werde ich fertig. Zum Teil finde ich diese Gedanken... attraktiv?

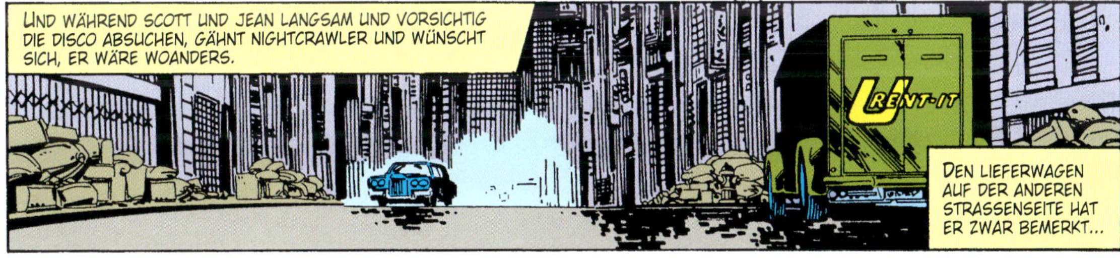
Und während Scott und Jean langsam und vorsichtig die Disco absuchen, gähnt Nightcrawler und wünscht sich, er wäre woanders.
U-Rent-It
Den Lieferwagen auf der anderen Straßenseite hat er zwar bemerkt...

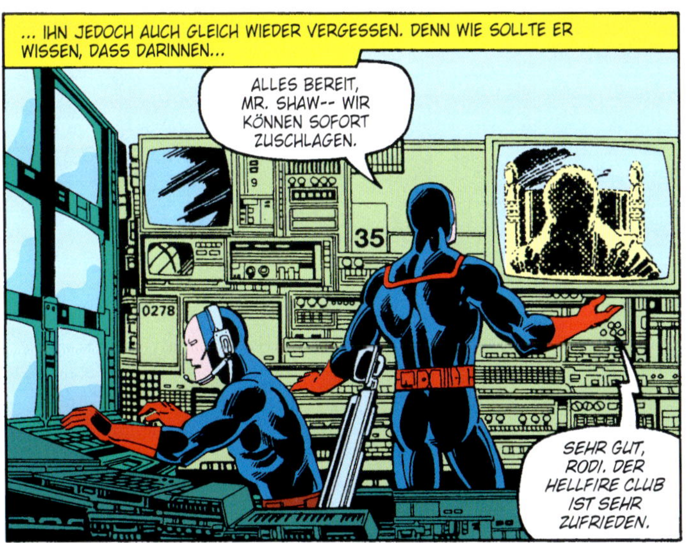
... ihn jedoch auch gleich wieder vergessen. Denn wie sollte er wissen, dass darinnen...
Alles bereit, Mr. Shaw-- wir können sofort zuschlagen.
35
0278
Sehr gut, Rodi. Der Hellfire Club ist sehr zufrieden.

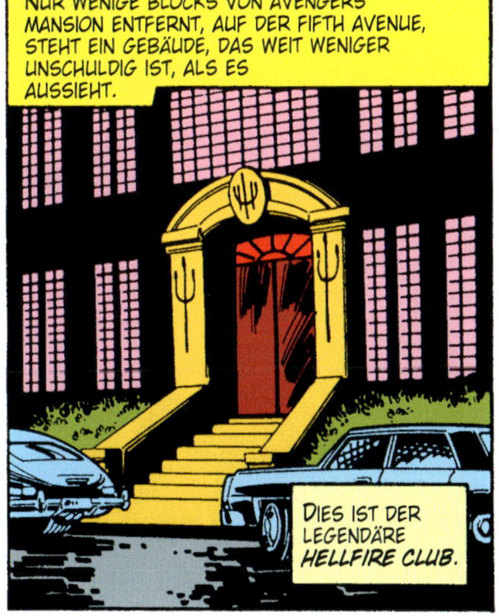
Nur wenige Blocks von Avengers Mansion entfernt, auf der Fifth Avenue, steht ein Gebäude, das weit weniger unschuldig ist, als es aussieht.
Dies ist der legendäre **Hellfire Club**.

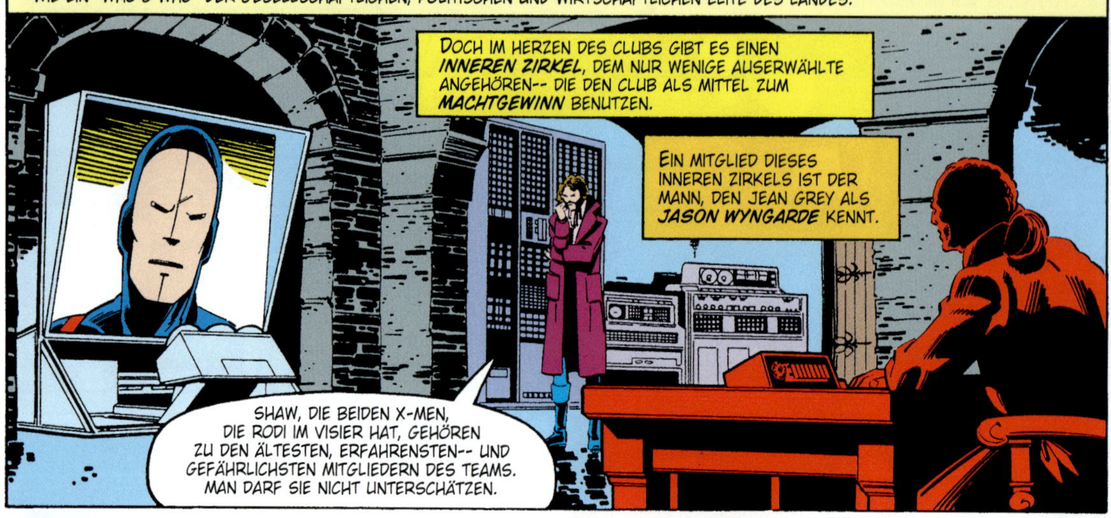
SEIT 150 JAHREN IST ER EINER VON AMERIKAS ÄLTESTEN, EXKLUSIVSTEN GENTLEMEN-CLUBS. DIE MITGLIEDERLISTE LIEST SICH WIE EIN "WHO'S WHO" DER GESELLSCHAFTLICHEN, POLITISCHEN UND WIRTSCHAFTLICHEN ELITE DES LANDES.
DOCH IM HERZEN DES CLUBS GIBT ES EINEN INNEREN ZIRKEL, DEM NUR WENIGE AUSERWÄHLTE ANGEHÖREN-- DIE DEN CLUB ALS MITTEL ZUM MACHTGEWINN BENUTZEN.
EIN MITGLIED DIESES INNEREN ZIRKELS IST DER MANN, DEN JEAN GREY ALS JASON WYNGARDE KENNT.
SHAW, DIE BEIDEN X-MEN, DIE RODI IM VISIER HAT, GEHÖREN ZU DEN ÄLTESTEN, ERFAHRENSTEN-- UND GEFÄHRLICHSTEN MITGLIEDERN DES TEAMS. MAN DARF SIE NICHT UNTERSCHÄTZEN.

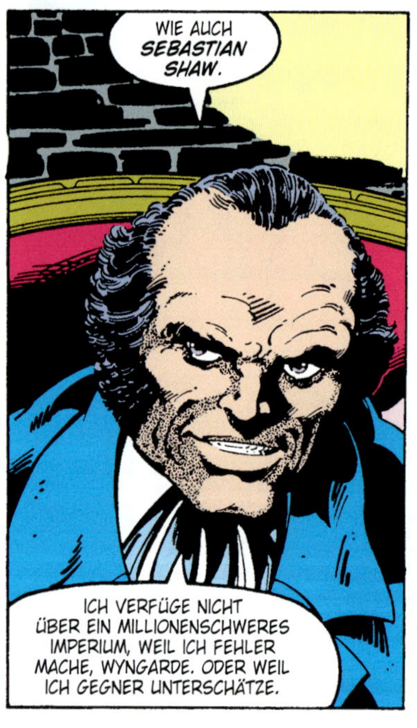
WIE AUCH SEBASTIAN SHAW.
ICH VERFÜGE NICHT ÜBER EIN MILLIONENSCHWERES IMPERIUM, WEIL ICH FEHLER MACHE, WYNGARDE. ODER WEIL ICH GEGNER UNTERSCHÄTZE.

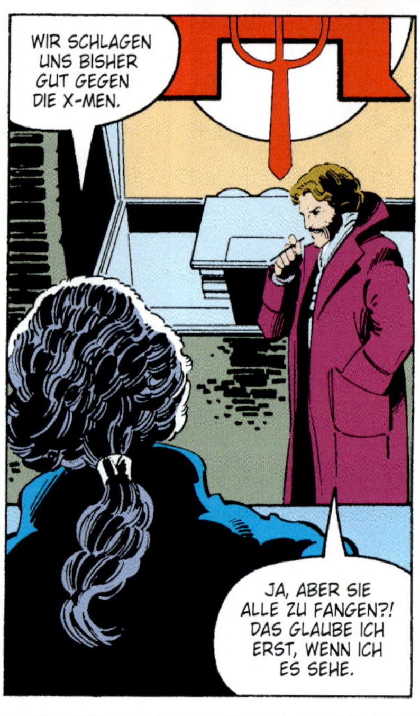
WIR SCHLAGEN UNS BISHER GUT GEGEN DIE X-MEN.
JA, ABER SIE ALLE ZU FANGEN?! DAS GLAUBE ICH ERST, WENN ICH ES SEHE.

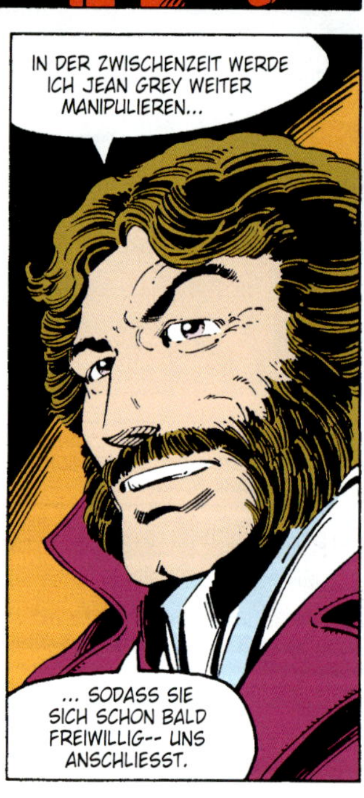
IN DER ZWISCHENZEIT WERDE ICH JEAN GREY WEITER MANIPULIEREN...
... SODASS SIE SICH SCHON BALD FREIWILLIG-- UNS ANSCHLIESST.

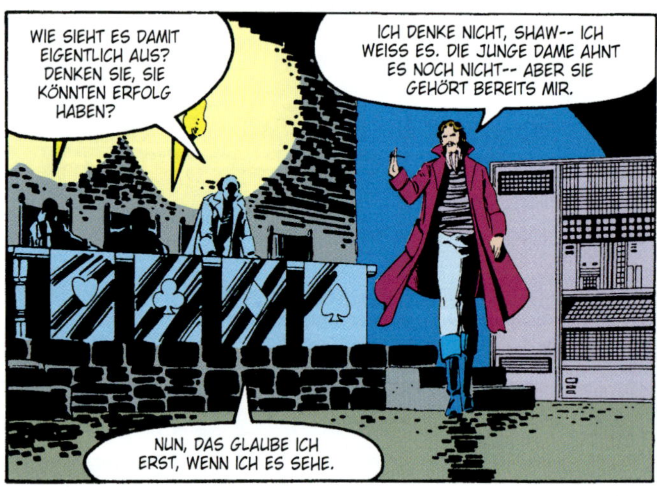
WIE SIEHT ES DAMIT EIGENTLICH AUS? DENKEN SIE, SIE KÖNNTEN ERFOLG HABEN?
ICH DENKE NICHT, SHAW-- ICH WEISS ES. DIE JUNGE DAME AHNT ES NOCH NICHT-- ABER SIE GEHÖRT BEREITS MIR.
NUN, DAS GLAUBE ICH ERST, WENN ICH ES SEHE.

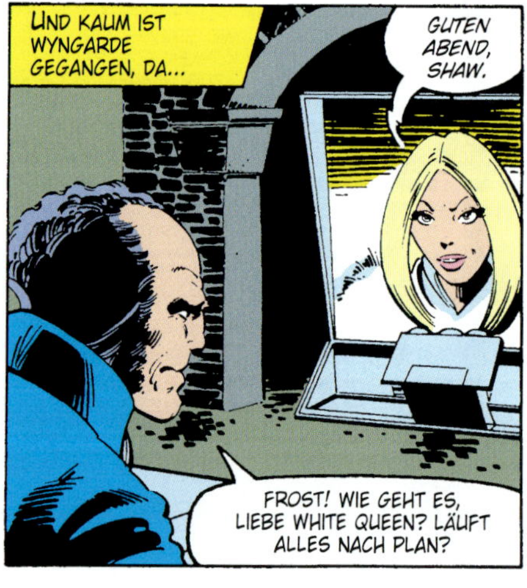
UND KAUM IST WYNGARDE GEGANGEN, DA...
GUTEN ABEND, SHAW.
FROST! WIE GEHT ES, LIEBE WHITE QUEEN? LÄUFT ALLES NACH PLAN?

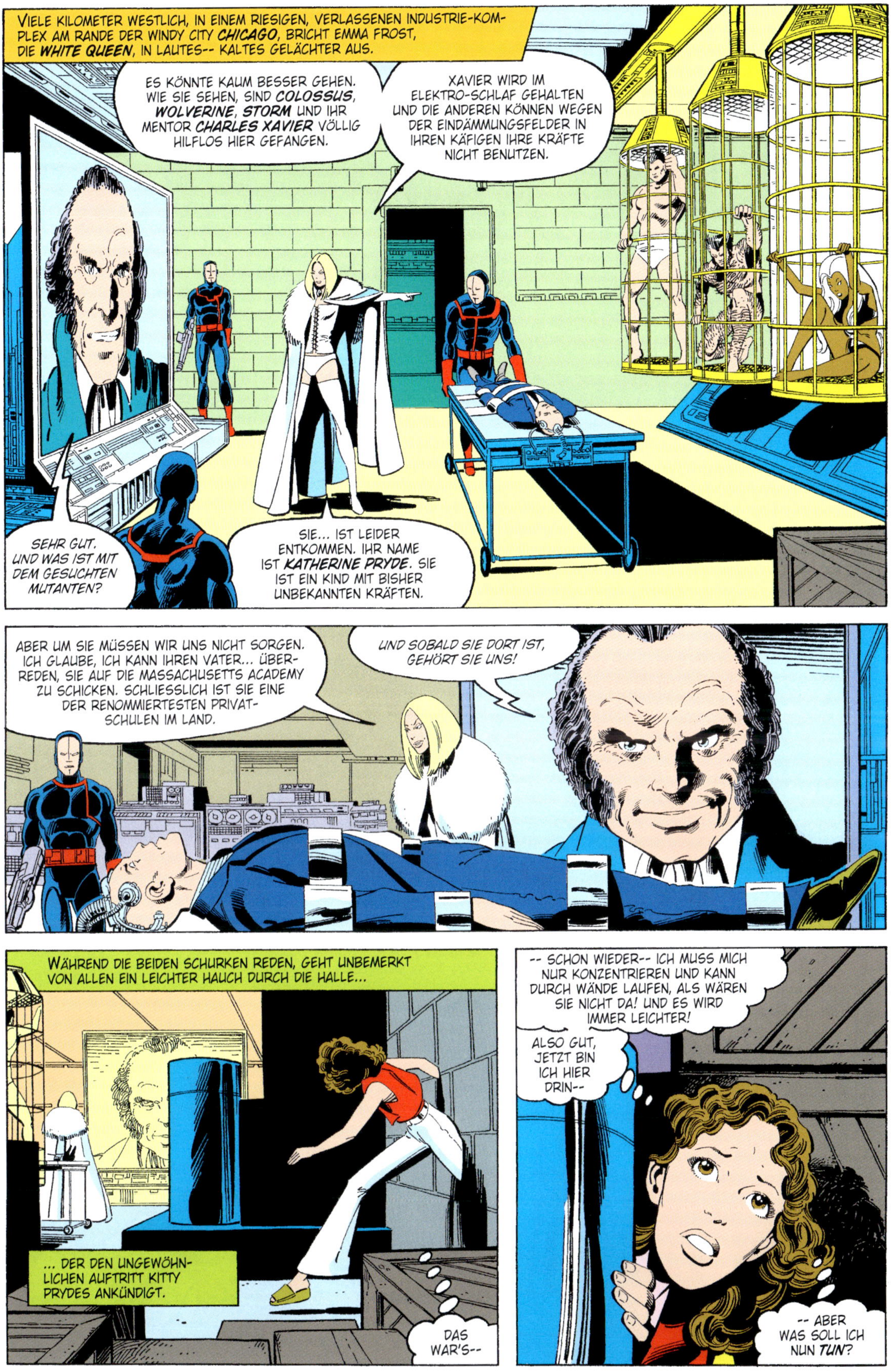

VIELE KILOMETER WESTLICH, IN EINEM RIESIGEN, VERLASSENEN INDUSTRIE-KOMPLEX AM RANDE DER WINDY CITY **CHICAGO**, BRICHT EMMA FROST, DIE **WHITE QUEEN**, IN LAUTES-- KALTES GELÄCHTER AUS.

ES KÖNNTE KAUM BESSER GEHEN. WIE SIE SEHEN, SIND **COLOSSUS**, **WOLVERINE**, **STORM** UND IHR MENTOR **CHARLES XAVIER** VÖLLIG HILFLOS HIER GEFANGEN.

XAVIER WIRD IM ELEKTRO-SCHLAF GEHALTEN UND DIE ANDEREN KÖNNEN WEGEN DER EINDÄMMUNGSFELDER IN IHREN KÄFIGEN IHRE KRÄFTE NICHT BENUTZEN.

SEHR GUT. UND WAS IST MIT DEM GESUCHTEN MUTANTEN?

SIE... IST LEIDER ENTKOMMEN. IHR NAME IST **KATHERINE PRYDE**. SIE IST EIN KIND MIT BISHER UNBEKANNTEN KRÄFTEN.

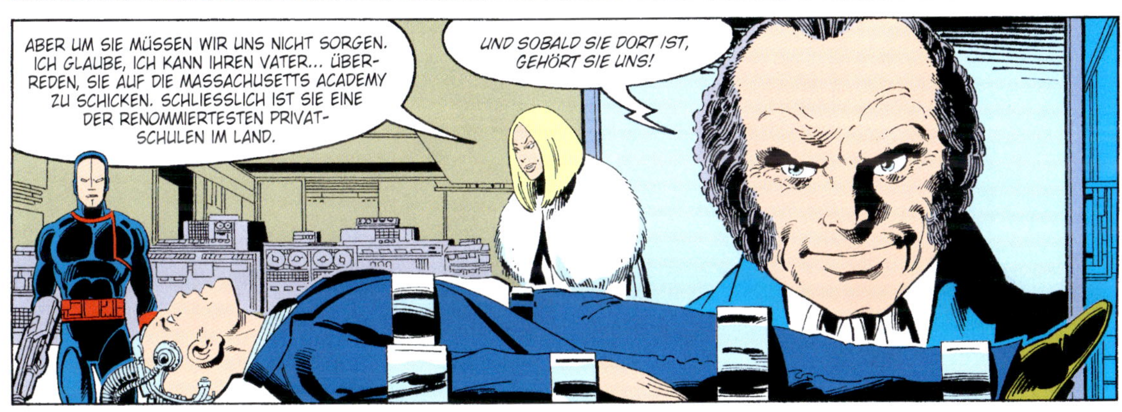

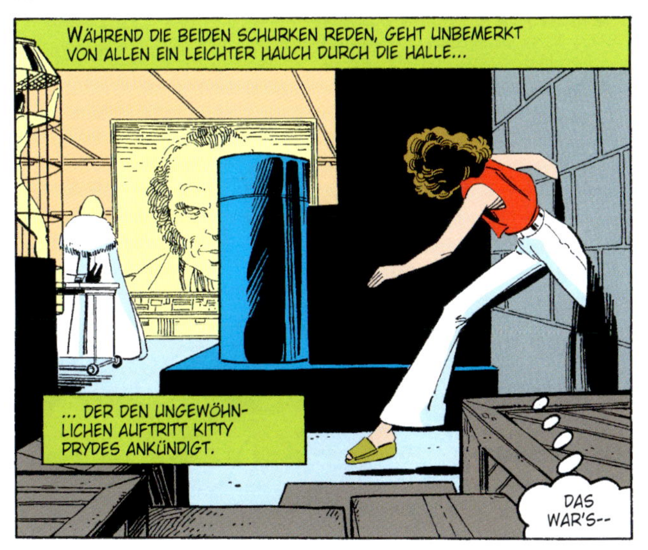

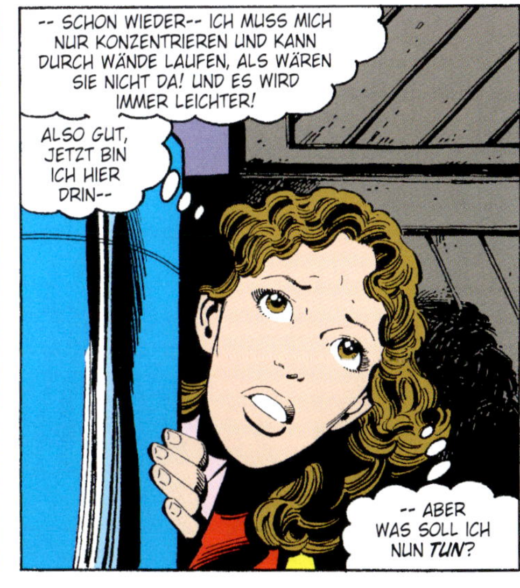

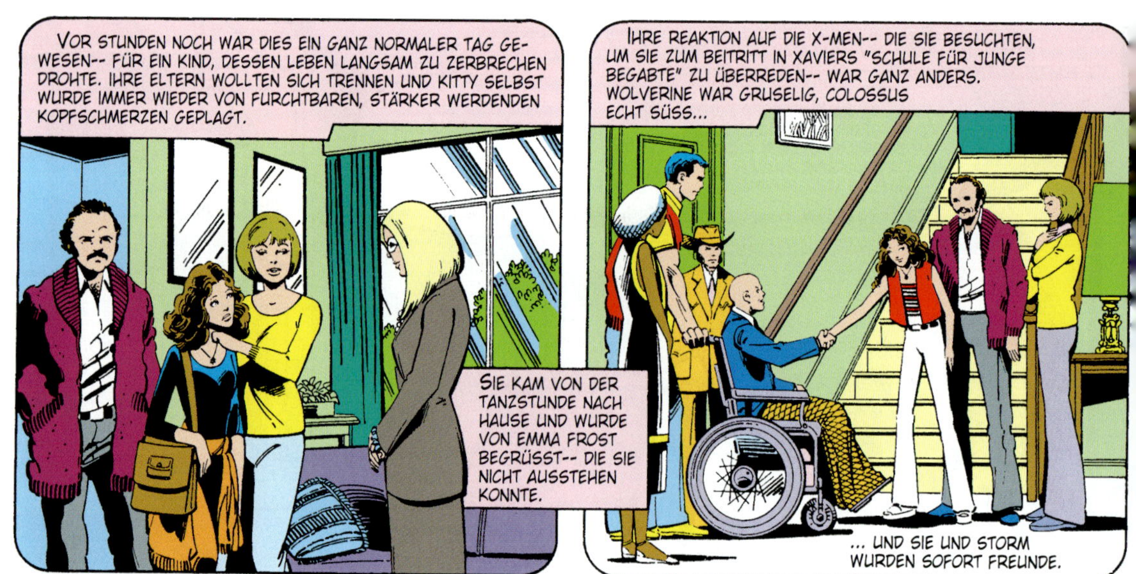
VOR STUNDEN NOCH WAR DIES EIN GANZ NORMALER TAG GEWESEN-- FÜR EIN KIND, DESSEN LEBEN LANGSAM ZU ZERBRECHEN DROHTE. IHRE ELTERN WOLLTEN SICH TRENNEN UND KITTY SELBST WURDE IMMER WIEDER VON FURCHTBAREN, STÄRKER WERDENDEN KOPFSCHMERZEN GEPLAGT.
SIE KAM VON DER TANZSTUNDE NACH HAUSE UND WURDE VON EMMA FROST BEGRÜSST-- DIE SIE NICHT AUSSTEHEN KONNTE.
IHRE REAKTION AUF DIE X-MEN-- DIE SIE BESUCHTEN, UM SIE ZUM BEITRITT IN XAVIERS "SCHULE FÜR JUNGE BEGABTE" ZU ÜBERREDEN-- WAR GANZ ANDERS. WOLVERINE WAR GRUSELIG, COLOSSUS ECHT SÜSS...
... UND SIE UND STORM WURDEN SOFORT FREUNDE.

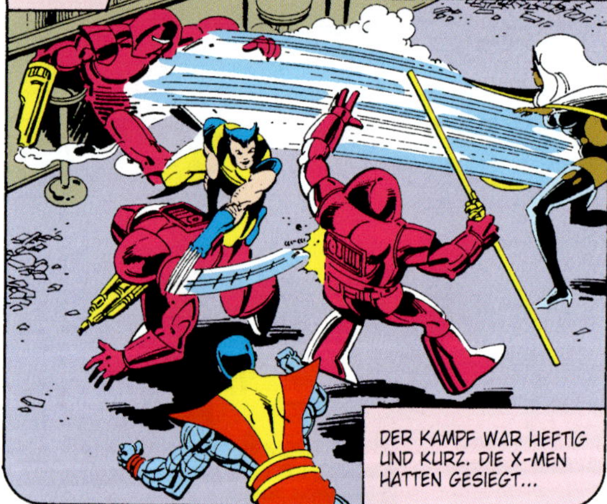
GEMEINSAM MIT KITTY BESUCHTEN DIE DREI X-MEN DEN MALT SHOPPE UND GENOSSEN IHR EIS-- WÄHREND DER PROFESSOR MIT KITTYS ELTERN SPRACH-- ALS ANGREIFER IN RÜSTUNGEN SIE ATTACKIERTEN.
DER KAMPF WAR HEFTIG UND KURZ. DIE X-MEN HATTEN GESIEGT...

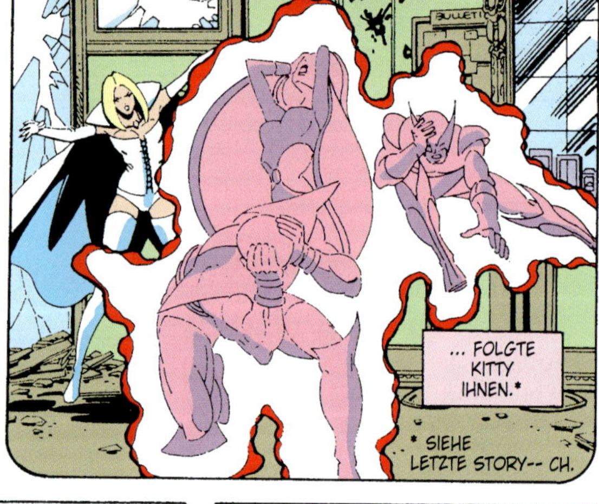
... DOCH PLÖTZLICH SCHLUG DIE WHITE QUEEN ZU. IHRE TELEPATHISCHE ATTACKE STÜRZTE DIE GEDANKEN DER X-MEN IN EINE WELT DER SCHMERZEN. ALS DIE BEWUSSTLOSEN X-MEN IN EIN HOVERCRAFT GEBRACHT WURDEN...
... FOLGTE KITTY IHNEN.*
* SIEHE LETZTE STORY-- CH.

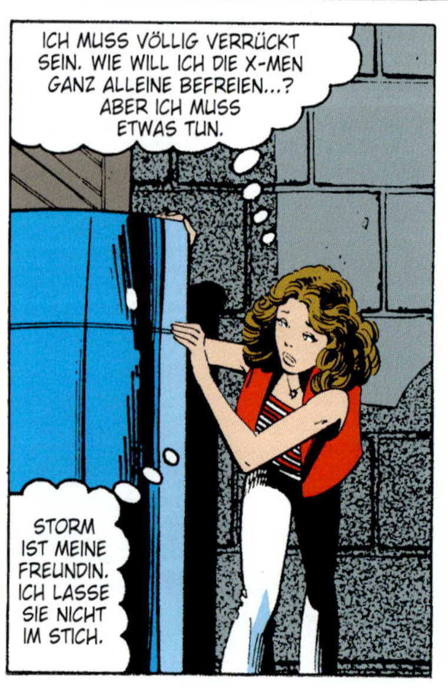
ICH MUSS VÖLLIG VERRÜCKT SEIN. WIE WILL ICH DIE X-MEN GANZ ALLEINE BEFREIEN...? ABER ICH MUSS ETWAS TUN.
STORM IST MEINE FREUNDIN. ICH LASSE SIE NICHT IM STICH.

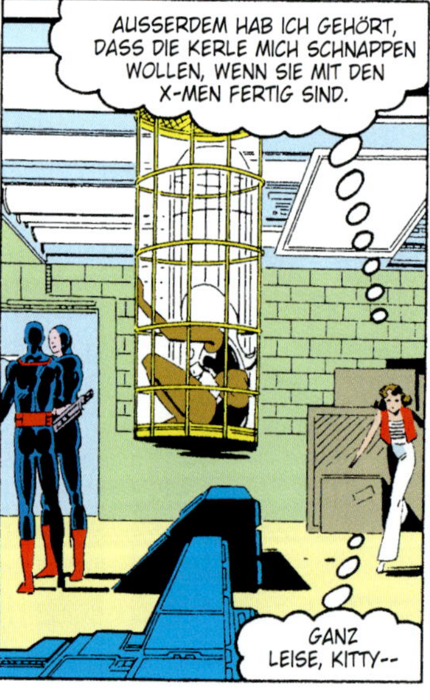
AUSSERDEM HAB ICH GEHÖRT, DASS DIE KERLE MICH SCHNAPPEN WOLLEN, WENN SIE MIT DEN X-MEN FERTIG SIND.
GANZ LEISE, KITTY--

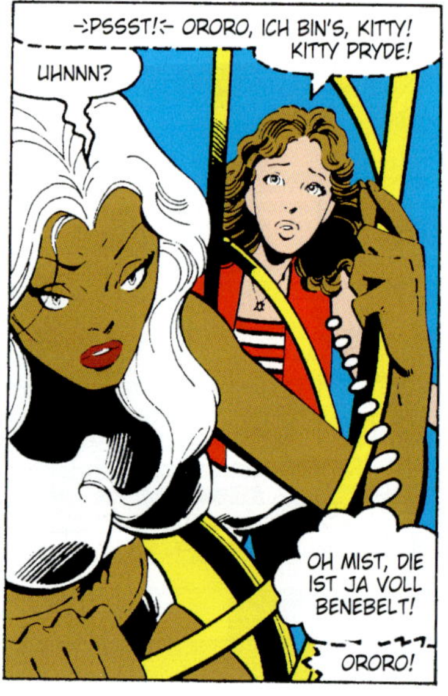
-PSSST!- ORORO, ICH BIN'S, KITTY! KITTY PRYDE!
UHNNN?
OH MIST, DIE IST JA VOLL BENEBELT!
ORORO!

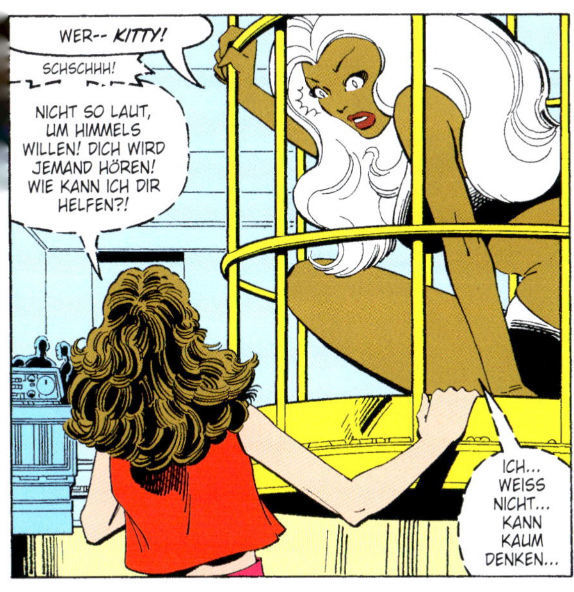
WER-- KITTY!
SCHSCHHH!
NICHT SO LAUT, UM HIMMELS WILLEN! DICH WIRD JEMAND HÖREN! WIE KANN ICH DIR HELFEN?!
ICH... WEISS NICHT... KANN KAUM DENKEN...

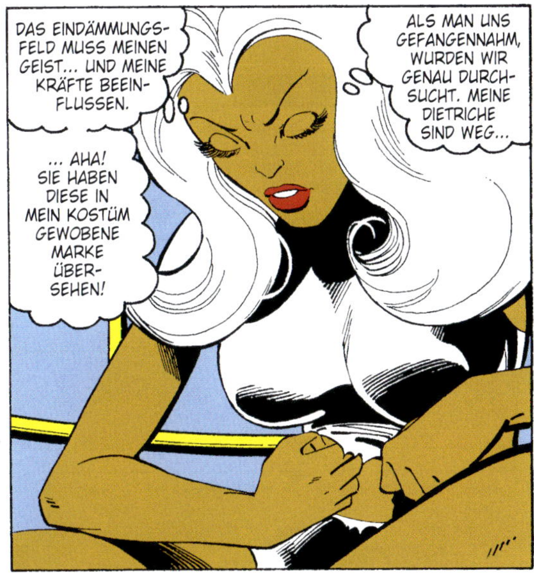
DAS EINDÄMMUNGSFELD MUSS MEINEN GEIST... UND MEINE KRÄFTE BEEINFLUSSEN.
ALS MAN UNS GEFANGENNAHM, WURDEN WIR GENAU DURCHSUCHT. MEINE DIETRICHE SIND WEG...
... AHA! SIE HABEN DIESE IN MEIN KOSTÜM GEWOBENE MARKE ÜBERSEHEN!

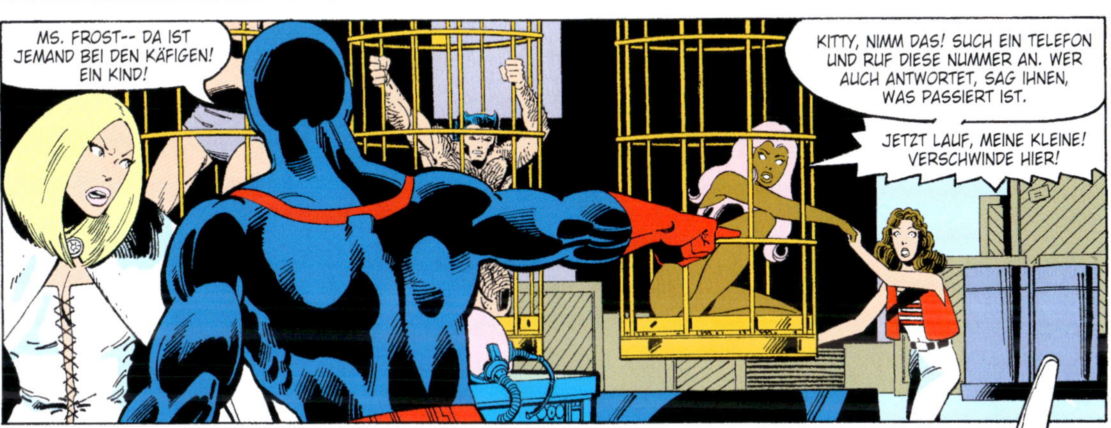
MS. FROST-- DA IST JEMAND BEI DEN KÄFIGEN! EIN KIND!
KITTY, NIMM DAS! SUCH EIN TELEFON UND RUF DIESE NUMMER AN. WER AUCH ANTWORTET, SAG IHNEN, WAS PASSIERT IST.
JETZT LAUF, MEINE KLEINE! VERSCHWINDE HIER!

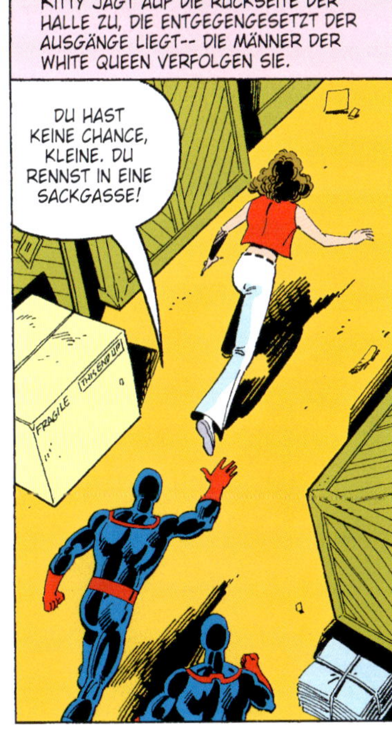
KITTY JAGT AUF DIE RÜCKSEITE DER HALLE ZU, DIE ENTGEGENGESETZT DER AUSGÄNGE LIEGT-- DIE MÄNNER DER WHITE QUEEN VERFOLGEN SIE.
DU HAST KEINE CHANCE, KLEINE. DU RENNST IN EINE SACKGASSE!
FRAGILE
THIS END UP

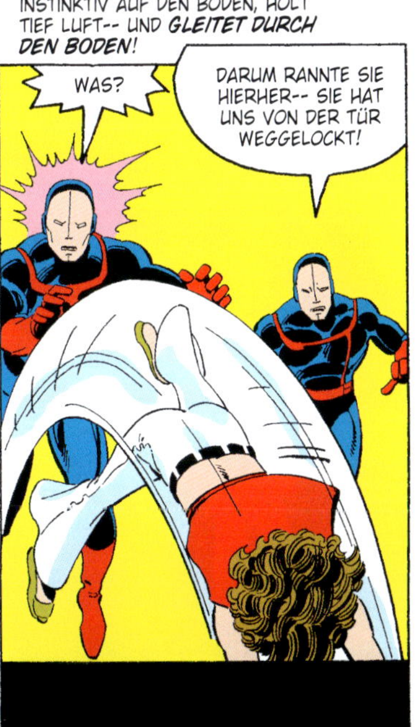
DOCH PLÖTZLICH WIRFT SICH KITTY INSTINKTIV AUF DEN BODEN, HOLT TIEF LUFT-- UND GLEITET DURCH DEN BODEN!
WAS?
DARUM RANNTE SIE HIERHER-- SIE HAT UNS VON DER TÜR WEGGELOCKT!

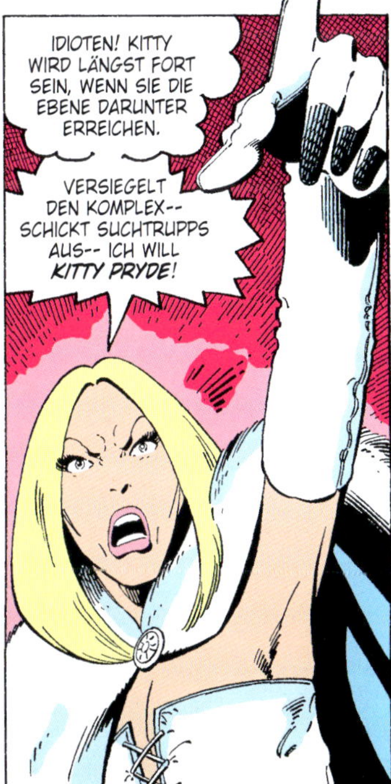
IDIOTEN! KITTY WIRD LÄNGST FORT SEIN, WENN SIE DIE EBENE DARUNTER ERREICHEN.
VERSIEGELT DEN KOMPLEX-- SCHICKT SUCHTRUPPS AUS-- ICH WILL KITTY PRYDE!

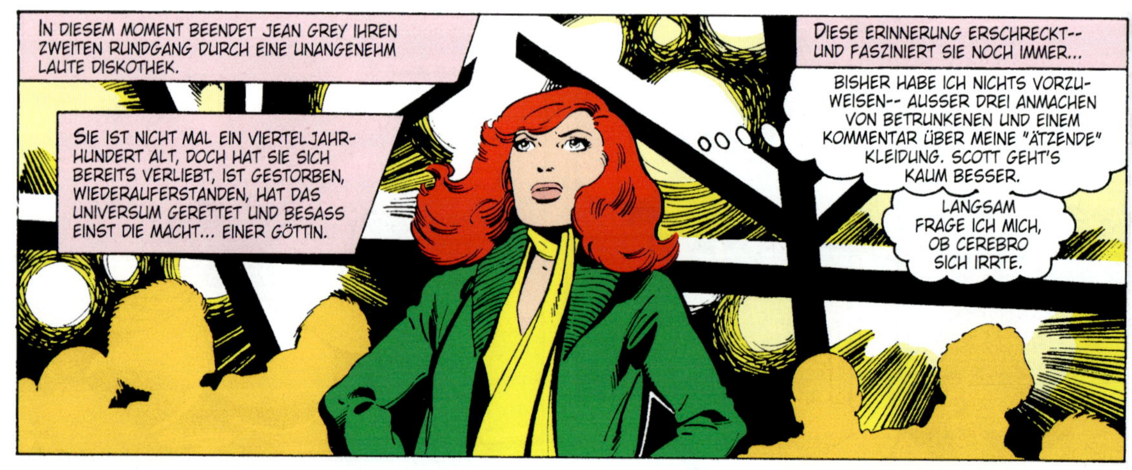

IN DIESEM MOMENT BEENDET JEAN GREY IHREN ZWEITEN RUNDGANG DURCH EINE UNANGENEHM LAUTE DISKOTHEK.
SIE IST NICHT MAL EIN VIERTELJAHRHUNDERT ALT, DOCH HAT SIE SICH BEREITS VERLIEBT, IST GESTORBEN, WIEDERAUFERSTANDEN, HAT DAS UNIVERSUM GERETTET UND BESASS EINST DIE MACHT... EINER GÖTTIN.
DIESE ERINNERUNG ERSCHRECKT-- UND FASZINIERT SIE NOCH IMMER...
BISHER HABE ICH NICHTS VORZUWEISEN-- AUSSER DREI ANMACHEN VON BETRUNKENEN UND EINEM KOMMENTAR ÜBER MEINE "ÄTZENDE" KLEIDUNG. SCOTT GEHT'S KAUM BESSER.
LANGSAM FRAGE ICH MICH, OB CEREBRO SICH IRRTE.

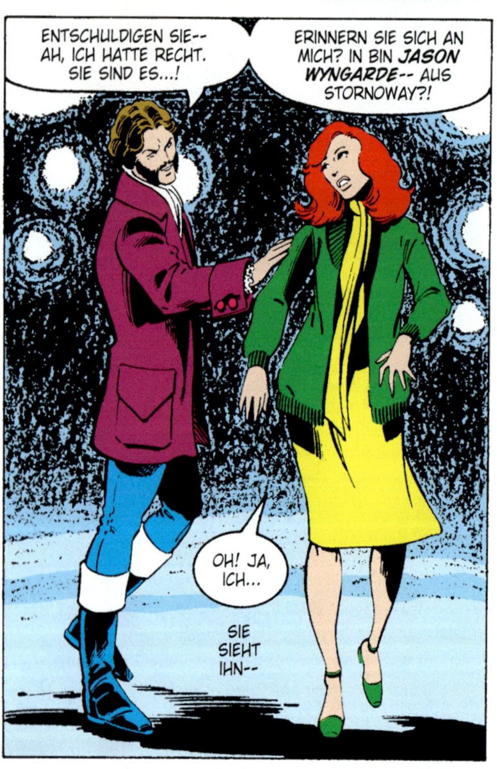

ENTSCHULDIGEN SIE-- AH, ICH HATTE RECHT. SIE SIND ES...!
ERINNERN SIE SICH AN MICH? IN BIN JASON WYNGARDE-- AUS STORNOWAY?!
OH! JA, ICH...
SIE SIEHT IHN--

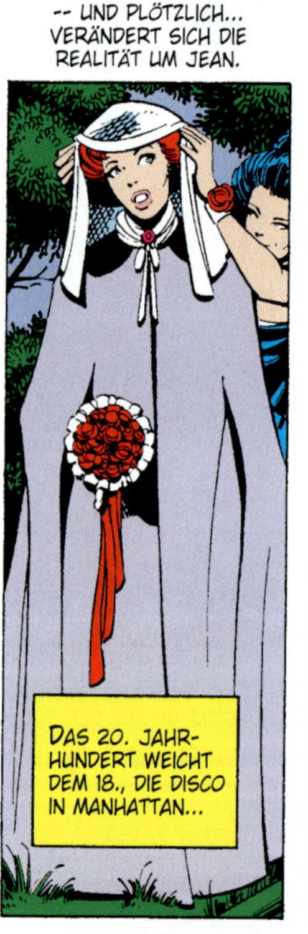

-- UND PLÖTZLICH... VERÄNDERT SICH DIE REALITÄT UM JEAN.
DAS 20. JAHRHUNDERT WEICHT DEM 18., DIE DISCO IN MANHATTAN...

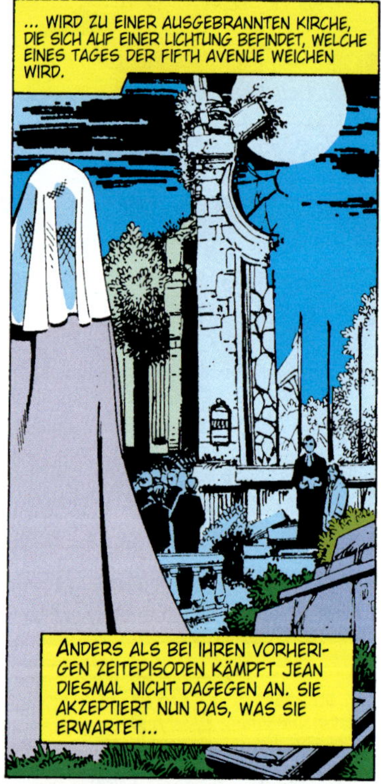

... WIRD ZU EINER AUSGEBRANNTEN KIRCHE, DIE SICH AUF EINER LICHTUNG BEFINDET, WELCHE EINES TAGES DER FIFTH AVENUE WEICHEN WIRD.
ANDERS ALS BEI IHREN VORHERIGEN ZEITEPISODEN KÄMPFT JEAN DIESMAL NICHT DAGEGEN AN. SIE AKZEPTIERT NUN DAS, WAS SIE ERWARTET...

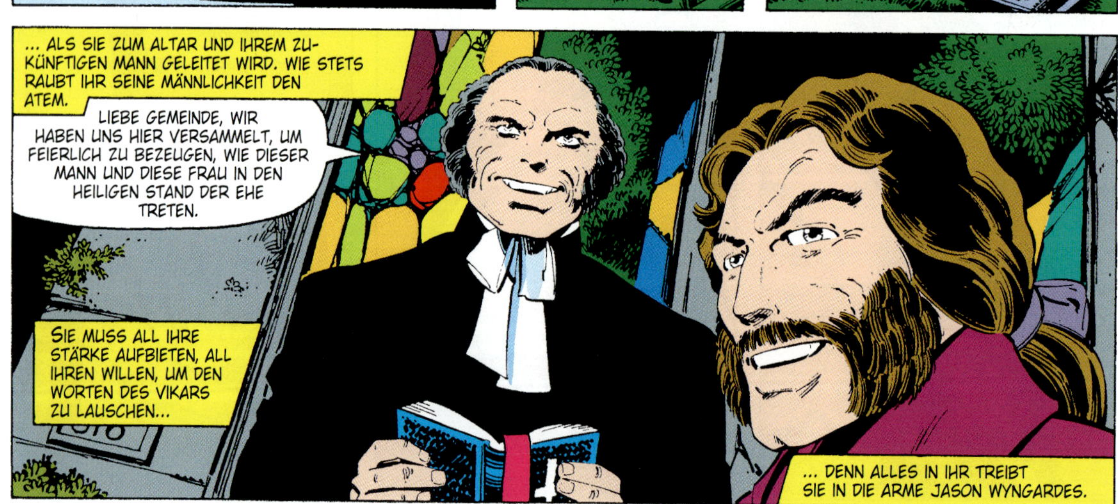

... ALS SIE ZUM ALTAR UND IHREM ZUKÜNFTIGEN MANN GELEITET WIRD. WIE STETS RAUBT IHR SEINE MÄNNLICHKEIT DEN ATEM.
LIEBE GEMEINDE, WIR HABEN UNS HIER VERSAMMELT, UM FEIERLICH ZU BEZEUGEN, WIE DIESER MANN UND DIESE FRAU IN DEN HEILIGEN STAND DER EHE TRETEN.
SIE MUSS ALL IHRE STÄRKE AUFBIETEN, ALL IHREN WILLEN, UM DEN WORTEN DES VIKARS ZU LAUSCHEN...
... DENN ALLES IN IHR TREIBT SIE IN DIE ARME JASON WYNGARDES.

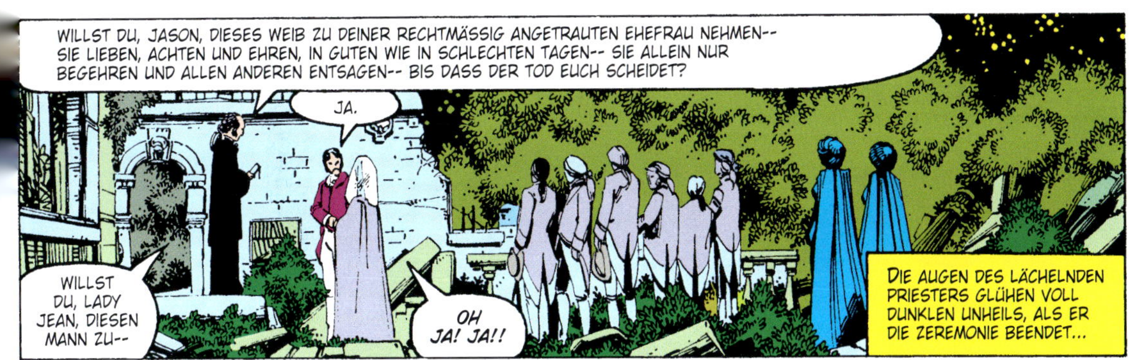
WILLST DU, JASON, DIESES WEIB ZU DEINER RECHTMÄSSIG ANGETRAUTEN EHEFRAU NEHMEN-- SIE LIEBEN, ACHTEN UND EHREN, IN GUTEN WIE IN SCHLECHTEN TAGEN-- SIE ALLEIN NUR BEGEHREN UND ALLEN ANDEREN ENTSAGEN-- BIS DASS DER TOD EUCH SCHEIDET?
JA.
WILLST DU, LADY JEAN, DIESEN MANN ZU--
OH JA! JA!!
DIE AUGEN DES LÄCHELNDEN PRIESTERS GLÜHEN VOLL DUNKLEN UNHEILS, ALS ER DIE ZEREMONIE BEENDET...

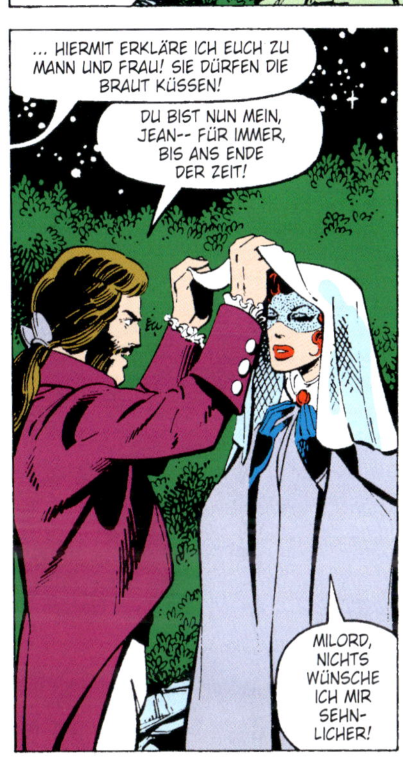
... HIERMIT ERKLÄRE ICH EUCH ZU MANN UND FRAU! SIE DÜRFEN DIE BRAUT KÜSSEN!
DU BIST NUN MEIN, JEAN-- FÜR IMMER, BIS ANS ENDE DER ZEIT!
MILORD, NICHTS WÜNSCHE ICH MIR SEHNLICHER!

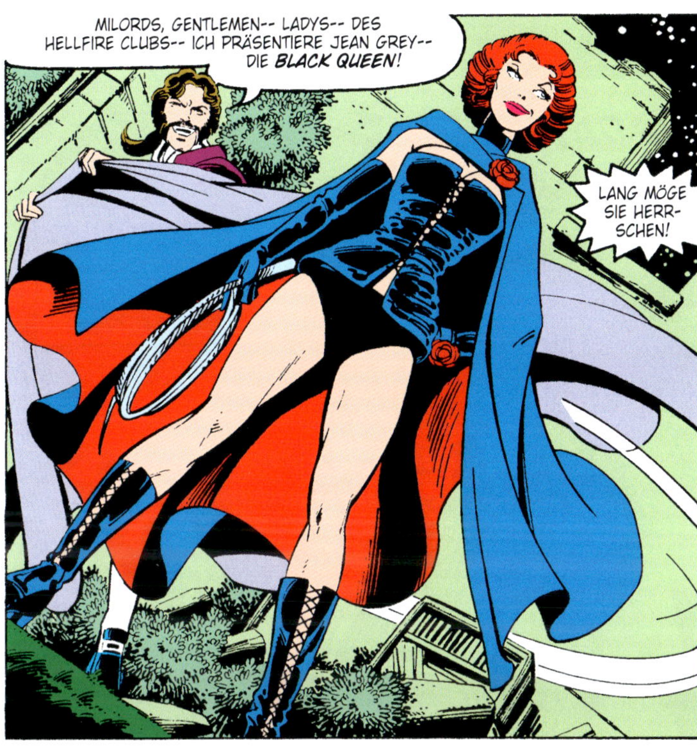
MILORDS, GENTLEMEN-- LADYS-- DES HELLFIRE CLUBS-- ICH PRÄSENTIERE JEAN GREY-- DIE BLACK QUEEN!
LANG MÖGE SIE HERRSCHEN!

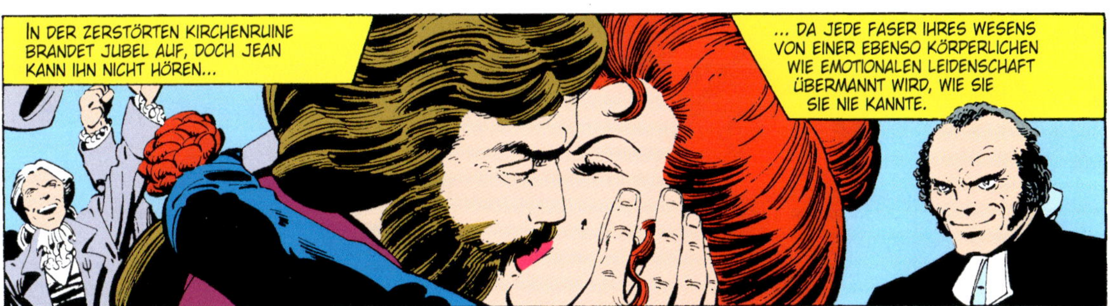
IN DER ZERSTÖRTEN KIRCHENRUINE BRANDET JUBEL AUF, DOCH JEAN KANN IHN NICHT HÖREN...
... DA JEDE FASER IHRES WESENS VON EINER EBENSO KÖRPERLICHEN WIE EMOTIONALEN LEIDENSCHAFT ÜBERMANNT WIRD, WIE SIE SIE NIE KANNTE.

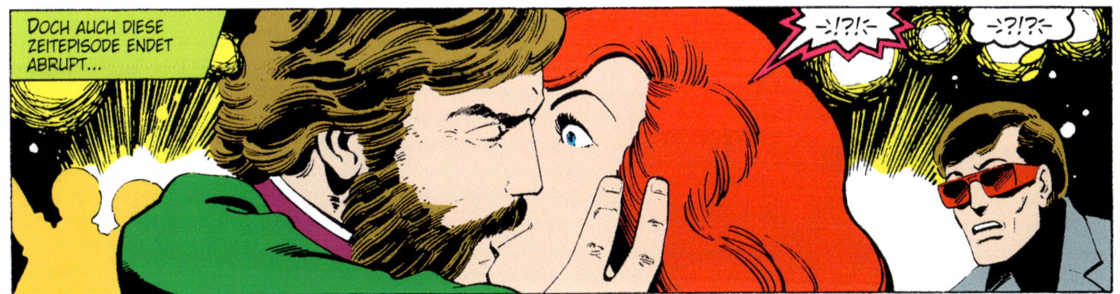
DOCH AUCH DIESE ZEITEPISODE ENDET ABRUPT...
-!?!-
-?!?-

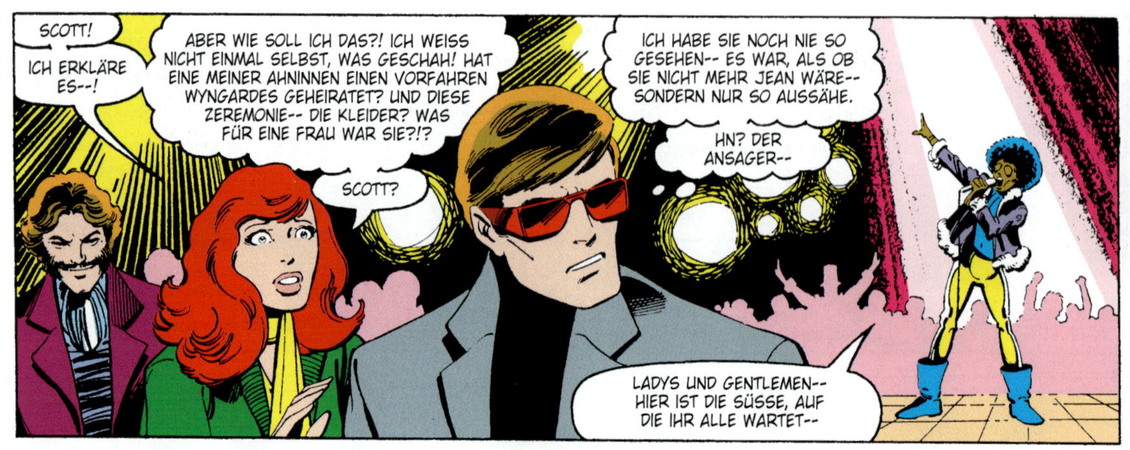

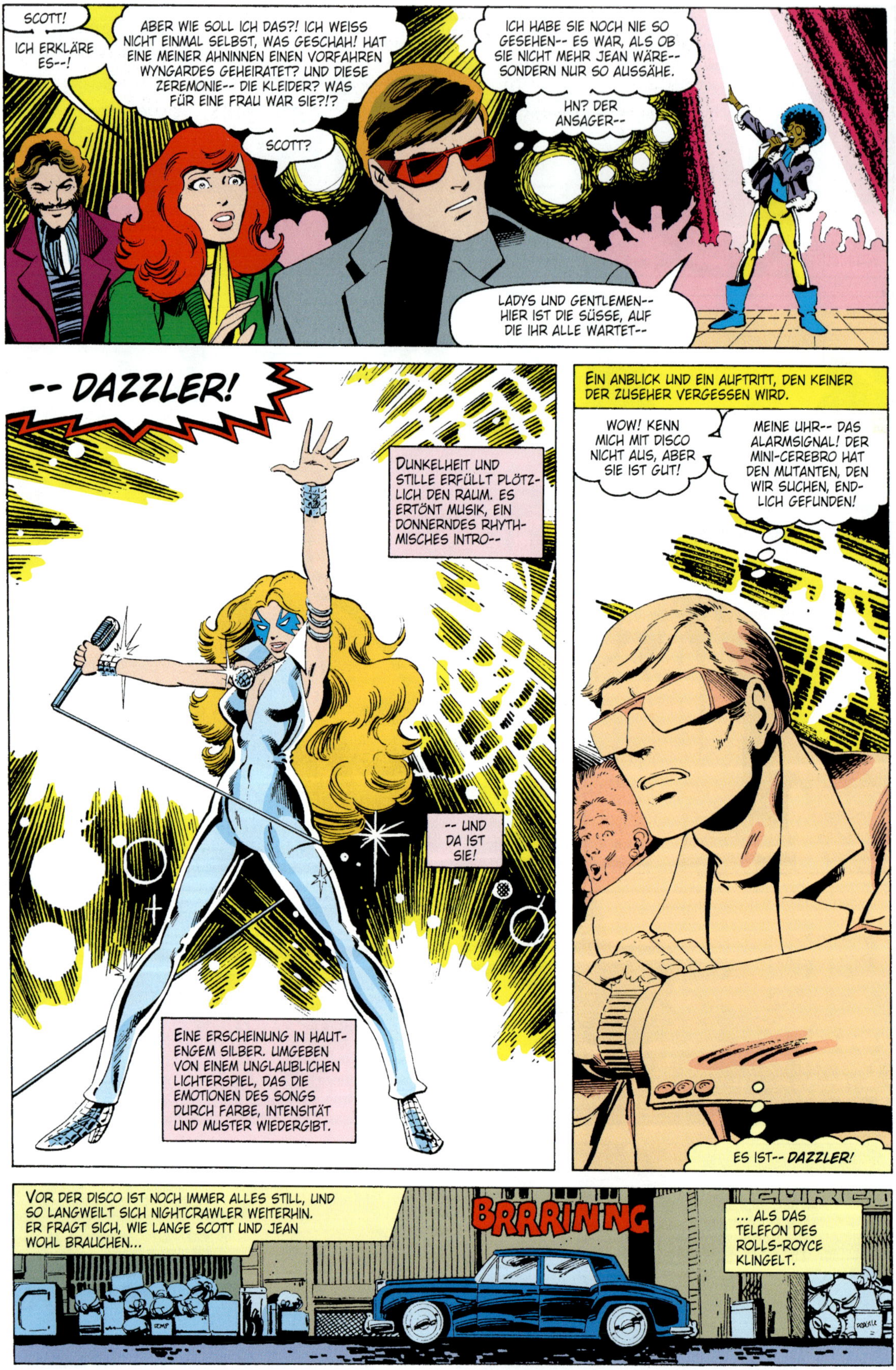

-- DAZZLER!

DUNKELHEIT UND STILLE ERFÜLLT PLÖTZLICH DEN RAUM. ES ERTÖNT MUSIK, EIN DONNERNDES RHYTHMISCHES INTRO--

-- UND DA IST SIE!

EINE ERSCHEINUNG IN HAUTENGEM SILBER. UMGEBEN VON EINEM UNGLAUBLICHEN LICHTERSPIEL, DAS DIE EMOTIONEN DES SONGS DURCH FARBE, INTENSITÄT UND MUSTER WIEDERGIBT.

EIN ANBLICK UND EIN AUFTRITT, DEN KEINER DER ZUSEHER VERGESSEN WIRD.

WOW! KENN MICH MIT DISCO NICHT AUS, ABER SIE IST GUT!

MEINE UHR-- DAS ALARMSIGNAL! DER MINI-CEREBRO HAT DEN MUTANTEN, DEN WIR SUCHEN, ENDLICH GEFUNDEN!

ES IST-- *DAZZLER!*

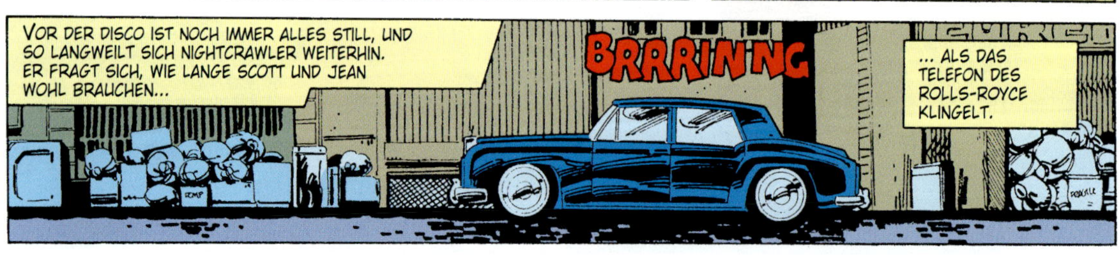

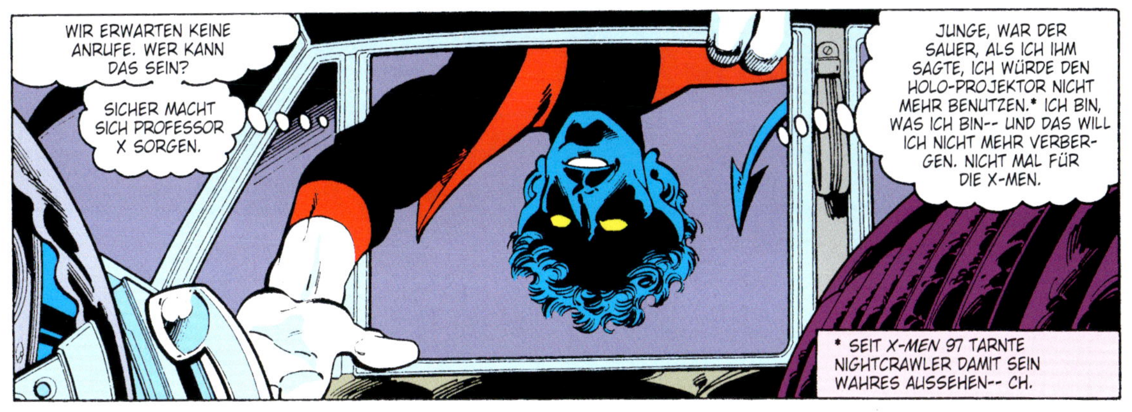
WIR ERWARTEN KEINE ANRUFE. WER KANN DAS SEIN?
SICHER MACHT SICH PROFESSOR X SORGEN.
JUNGE, WAR DER SAUER, ALS ICH IHM SAGTE, ICH WÜRDE DEN HOLO-PROJEKTOR NICHT MEHR BENUTZEN.* ICH BIN, WAS ICH BIN-- UND DAS WILL ICH NICHT MEHR VERBERGEN. NICHT MAL FÜR DIE X-MEN.
* SEIT X-MEN 97 TARNTE NIGHTCRAWLER DAMIT SEIN WAHRES AUSSEHEN-- CH.

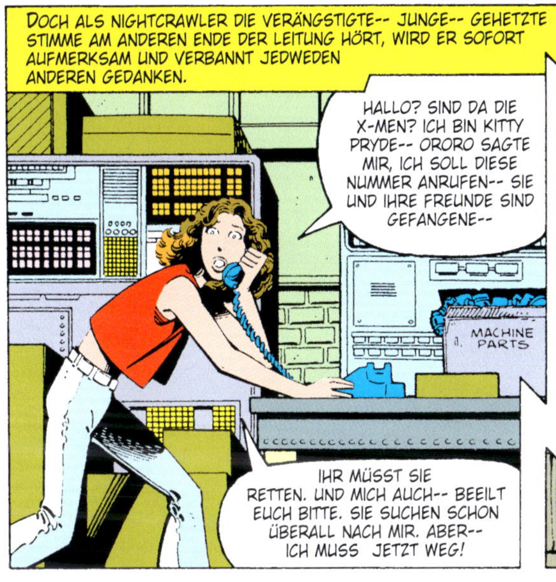
DOCH ALS NIGHTCRAWLER DIE VERÄNGSTIGTE-- JUNGE-- GEHETZTE STIMME AM ANDEREN ENDE DER LEITUNG HÖRT, WIRD ER SOFORT AUFMERKSAM UND VERBANNT JEDWEDEN ANDEREN GEDANKEN.
HALLO? SIND DA DIE X-MEN? ICH BIN KITTY PRYDE-- ORORO SAGTE MIR, ICH SOLL DIESE NUMMER ANRUFEN-- SIE UND IHRE FREUNDE SIND GEFANGENE--
MACHINE PARTS
IHR MÜSST SIE RETTEN. UND MICH AUCH-- BEEILT EUCH BITTE. SIE SUCHEN SCHON ÜBERALL NACH MIR. ABER-- ICH MUSS JETZT WEG!

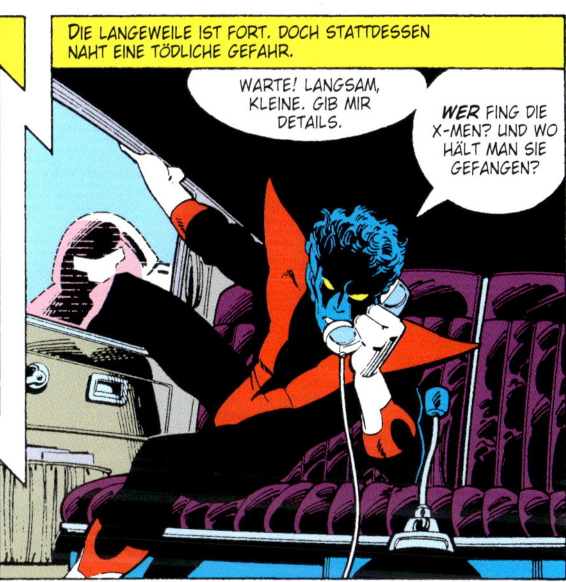
DIE LANGEWEILE IST FORT. DOCH STATTDESSEN NAHT EINE TÖDLICHE GEFAHR.
WARTE! LANGSAM, KLEINE. GIB MIR DETAILS.
WER FING DIE X-MEN? UND WO HÄLT MAN SIE GEFANGEN?

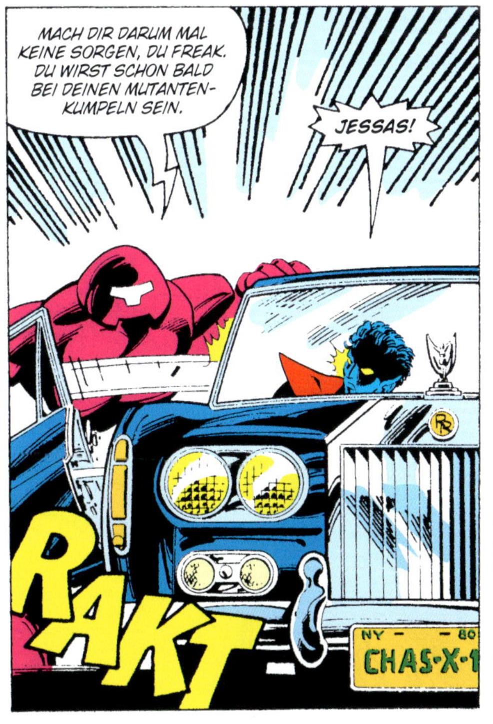
MACH DIR DARUM MAL KEINE SORGEN, DU FREAK. DU WIRST SCHON BALD BEI DEINEN MUTANTEN-KUMPELN SEIN.
JESSAS!
RAKT
NY 80
CHAS-X-1

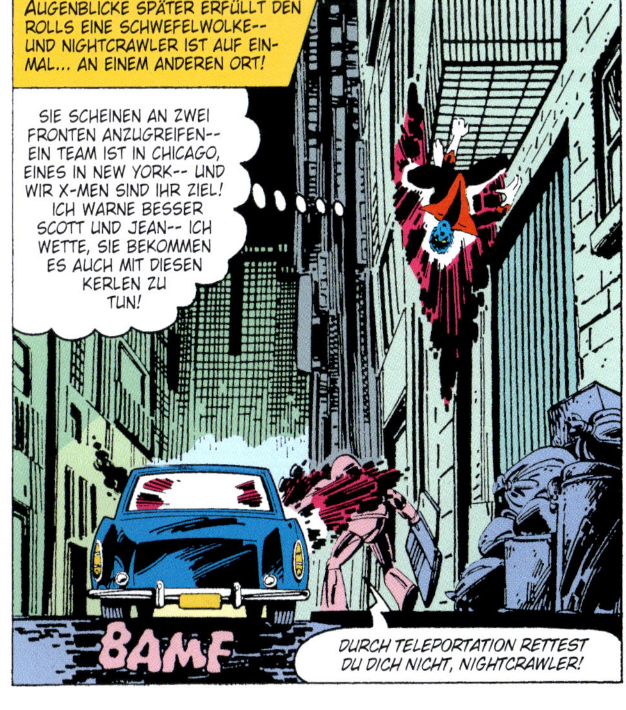
AUGENBLICKE SPÄTER ERFÜLLT DEN ROLLS EINE SCHWEFELWOLKE-- UND NIGHTCRAWLER IST AUF EINMAL... AN EINEM ANDEREN ORT!
SIE SCHEINEN AN ZWEI FRONTEN ANZUGREIFEN-- EIN TEAM IST IN CHICAGO, EINES IN NEW YORK-- UND WIR X-MEN SIND IHR ZIEL! ICH WARNE BESSER SCOTT UND JEAN-- ICH WETTE, SIE BEKOMMEN ES AUCH MIT DIESEN KERLEN ZU TUN!
BAMF
DURCH TELEPORTATION RETTEST DU DICH NICHT, NIGHTCRAWLER!

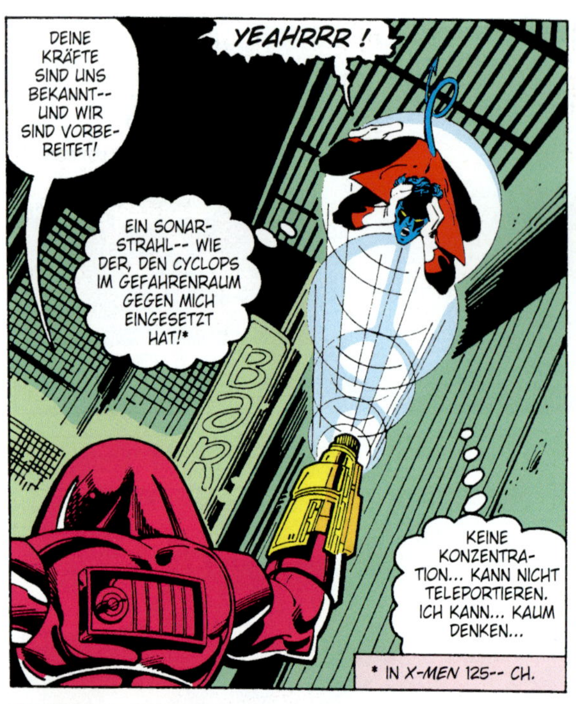
DEINE KRÄFTE SIND UNS BEKANNT-- UND WIR SIND VORBEREITET!
YEAHRRR!
EIN SONARSTRAHL-- WIE DER, DEN CYCLOPS IM GEFAHRENRAUM GEGEN MICH EINGESETZT HAT!*
KEINE KONZENTRATION... KANN NICHT TELEPORTIEREN. ICH KANN... KAUM DENKEN...
* IN X-MEN 125-- CH.

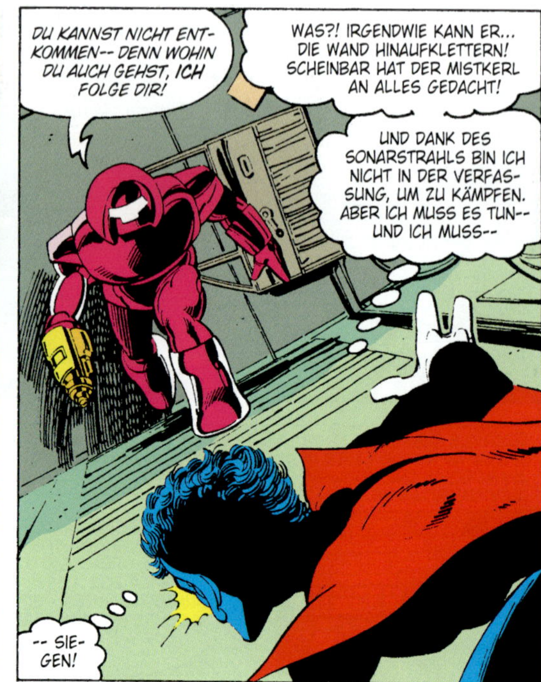
DU KANNST NICHT ENTKOMMEN-- DENN WOHIN DU AUCH GEHST, ICH FOLGE DIR!
WAS?! IRGENDWIE KANN ER... DIE WAND HINAUFKLETTERN! SCHEINBAR HAT DER MISTKERL AN ALLES GEDACHT!
UND DANK DES SONARSTRAHLS BIN ICH NICHT IN DER VERFASSUNG, UM ZU KÄMPFEN. ABER ICH MUSS ES TUN-- UND ICH MUSS--
-- SIEGEN!

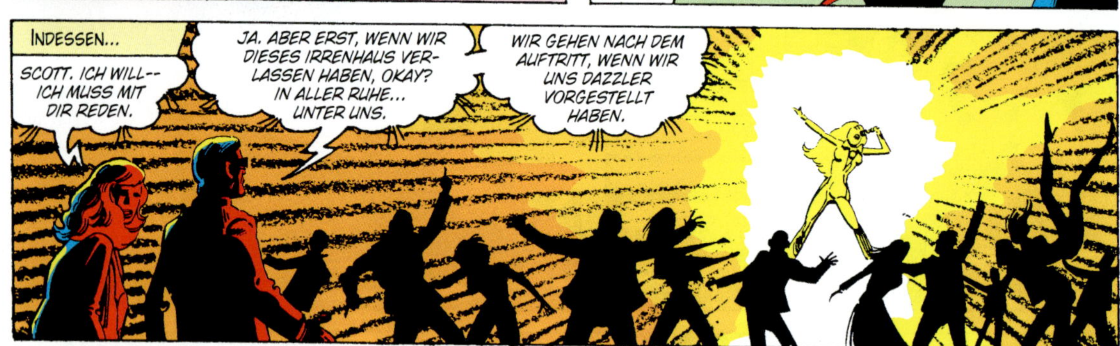
INDESSEN...
SCOTT. ICH WILL-- ICH MUSS MIT DIR REDEN.
JA. ABER ERST, WENN WIR DIESES IRRENHAUS VERLASSEN HABEN, OKAY? IN ALLER RUHE... UNTER UNS.
WIR GEHEN NACH DEM AUFTRITT, WENN WIR UNS DAZZLER VORGESTELLT HABEN.

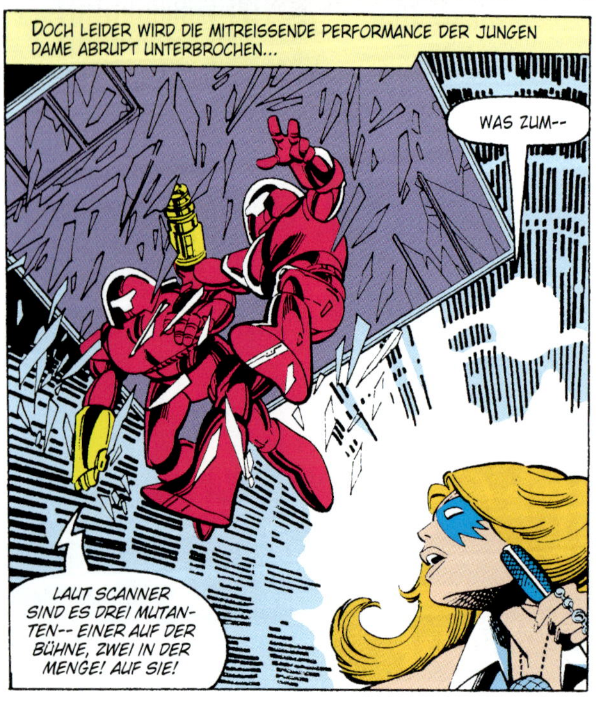
DOCH LEIDER WIRD DIE MITREISSENDE PERFORMANCE DER JUNGEN DAME ABRUPT UNTERBROCHEN...
WAS ZUM--
LAUT SCANNER SIND ES DREI MUTANTEN-- EINER AUF DER BÜHNE, ZWEI IN DER MENGE! AUF SIE!

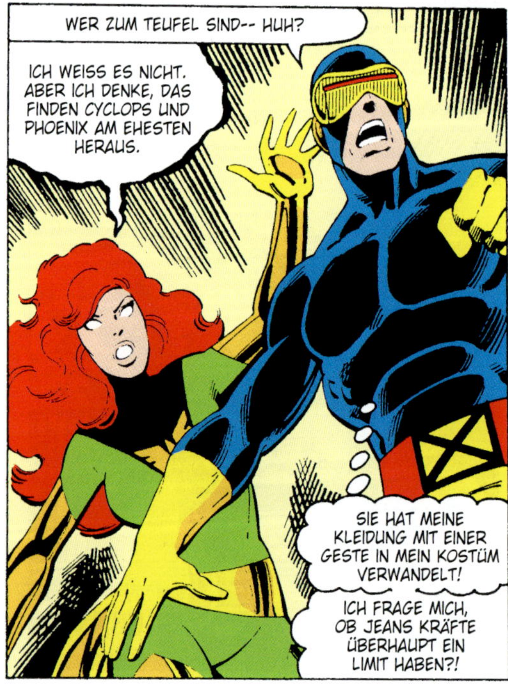
WER ZUM TEUFEL SIND-- HUH?
ICH WEISS ES NICHT. ABER ICH DENKE, DAS FINDEN CYCLOPS UND PHOENIX AM EHESTEN HERAUS.
SIE HAT MEINE KLEIDUNG MIT EINER GESTE IN MEIN KOSTÜM VERWANDELT!
ICH FRAGE MICH, OB JEANS KRÄFTE ÜBERHAUPT EIN LIMIT HABEN?!

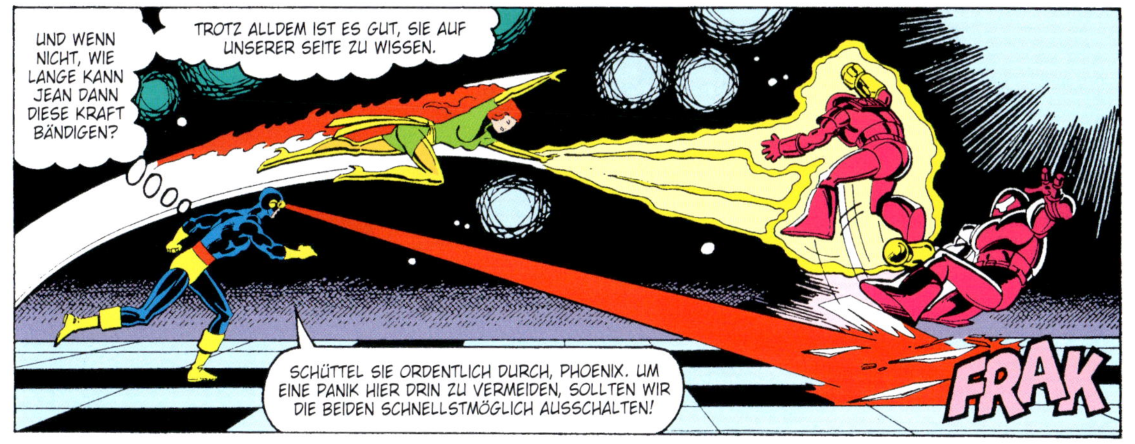
TROTZ ALLDEM IST ES GUT, SIE AUF UNSERER SEITE ZU WISSEN.
UND WENN NICHT, WIE LANGE KANN JEAN DANN DIESE KRAFT BÄNDIGEN?
SCHÜTTEL SIE ORDENTLICH DURCH, PHOENIX. UM EINE PANIK HIER DRIN ZU VERMEIDEN, SOLLTEN WIR DIE BEIDEN SCHNELLSTMÖGLICH AUSSCHALTEN!
FRAK

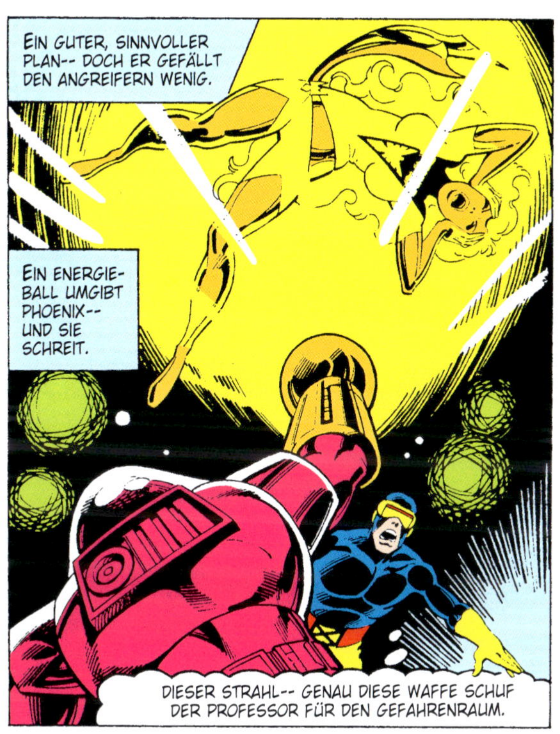
EIN GUTER, SINNVOLLER PLAN-- DOCH ER GEFÄLLT DEN ANGREIFERN WENIG.
EIN ENERGIEBALL UMGIBT PHOENIX-- UND SIE SCHREIT.
DIESER STRAHL-- GENAU DIESE WAFFE SCHUF DER PROFESSOR FÜR DEN GEFAHRENRAUM.

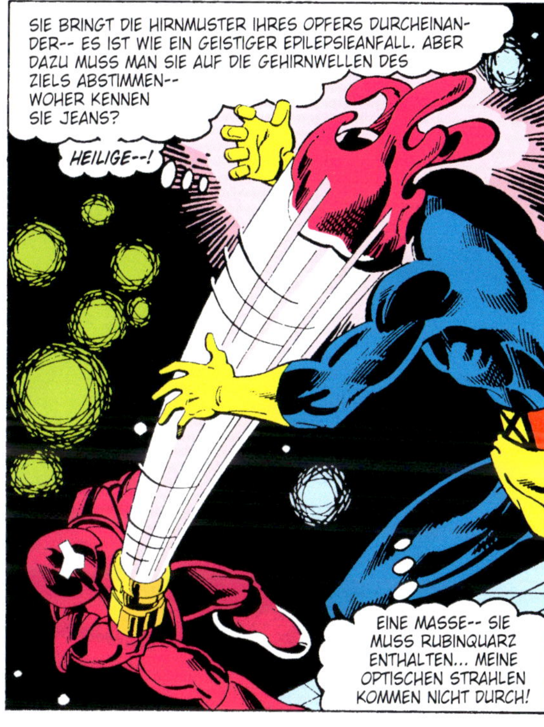
SIE BRINGT DIE HIRNMUSTER IHRES OPFERS DURCHEINANDER-- ES IST WIE EIN GEISTIGER EPILEPSIEANFALL. ABER DAZU MUSS MAN SIE AUF DIE GEHIRNWELLEN DES ZIELS ABSTIMMEN-- WOHER KENNEN SIE JEANS?
HEILIGE--!
EINE MASSE-- SIE MUSS RUBINQUARZ ENTHALTEN... MEINE OPTISCHEN STRAHLEN KOMMEN NICHT DURCH!

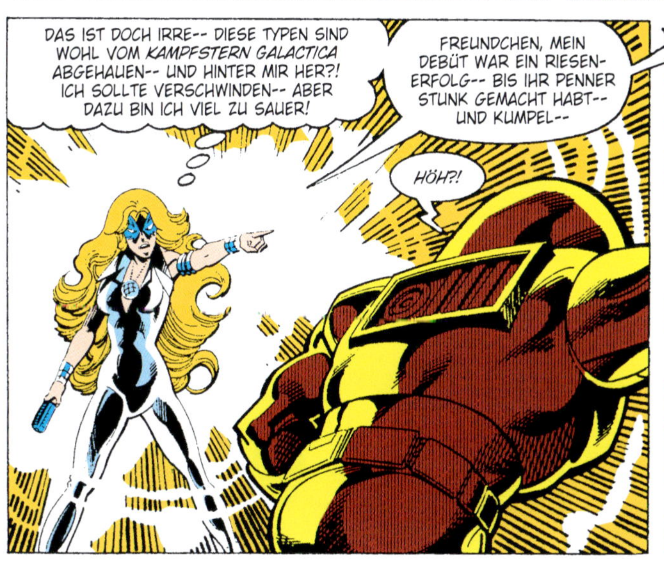
DAS IST DOCH IRRE-- DIESE TYPEN SIND WOHL VOM *KAMPFSTERN GALACTICA* ABGEHAUEN-- UND HINTER MIR HER?! ICH SOLLTE VERSCHWINDEN-- ABER DAZU BIN ICH VIEL ZU SAUER!
FREUNDCHEN, MEIN DEBÜT WAR EIN RIESENERFOLG-- BIS IHR PENNER STUNK GEMACHT HABT-- UND KUMPEL--
HÖH?!

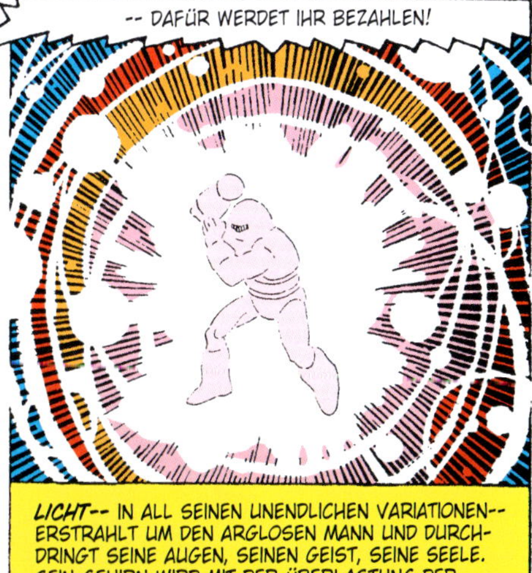
-- DAFÜR WERDET IHR BEZAHLEN!
LICHT-- IN ALL SEINEN UNENDLICHEN VARIATIONEN-- ERSTRAHLT UM DEN ARGLOSEN MANN UND DURCHDRINGT SEINE AUGEN, SEINEN GEIST, SEINE SEELE. SEIN GEHIRN WIRD MIT DER ÜBERLASTUNG DER SINNE NICHT FERTIG-- UND SCHALTET SICH AB.

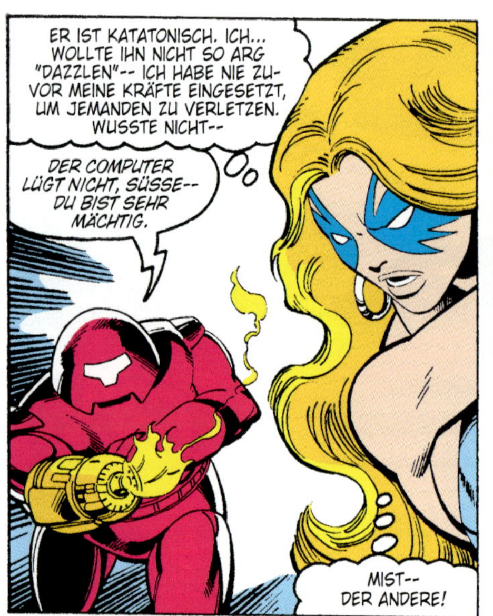
ER IST KATATONISCH. ICH... WOLLTE IHN NICHT SO ARG "DAZZLEN"-- ICH HABE NIE ZUVOR MEINE KRÄFTE EINGESETZT, UM JEMANDEN ZU VERLETZEN. WUSSTE NICHT--
DER COMPUTER LÜGT NICHT, SÜSSE-- DU BIST SEHR MÄCHTIG.
MIST-- DER ANDERE!
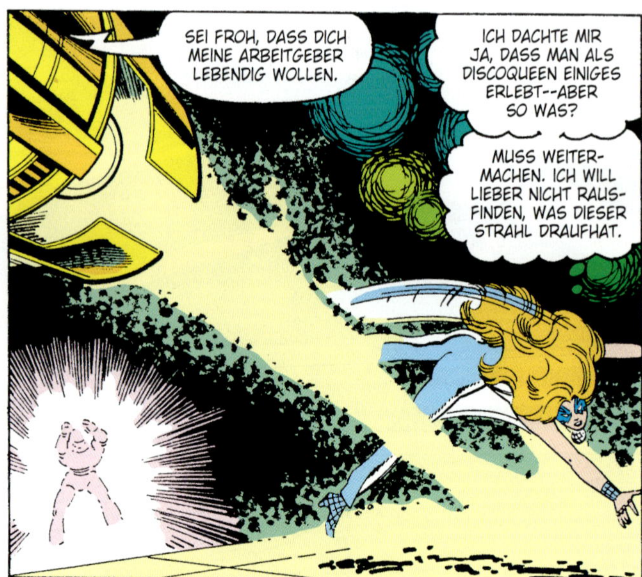
SEI FROH, DASS DICH MEINE ARBEITGEBER LEBENDIG WOLLEN.
ICH DACHTE MIR JA, DASS MAN ALS DISCOQUEEN EINIGES ERLEBT--ABER SO WAS?
MUSS WEITERMACHEN. ICH WILL LIEBER NICHT RAUSFINDEN, WAS DIESER STRAHL DRAUFHAT.
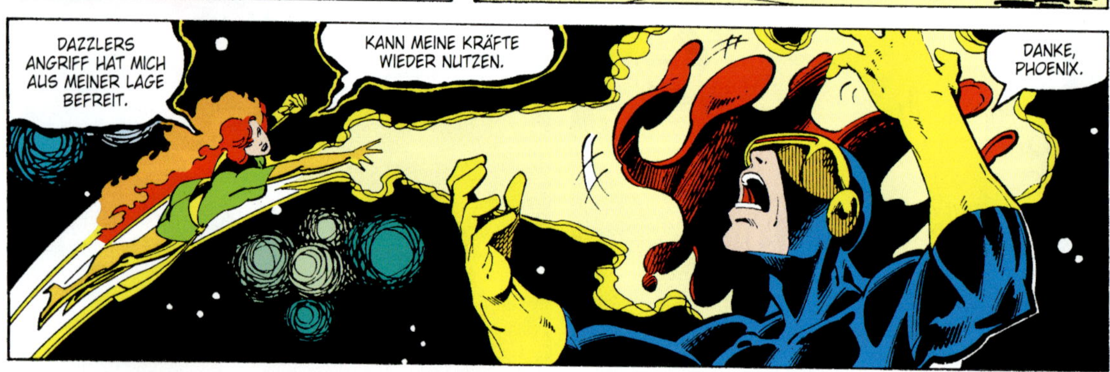
DAZZLERS ANGRIFF HAT MICH AUS MEINER LAGE BEFREIT.
KANN MEINE KRÄFTE WIEDER NUTZEN.
DANKE, PHOENIX.
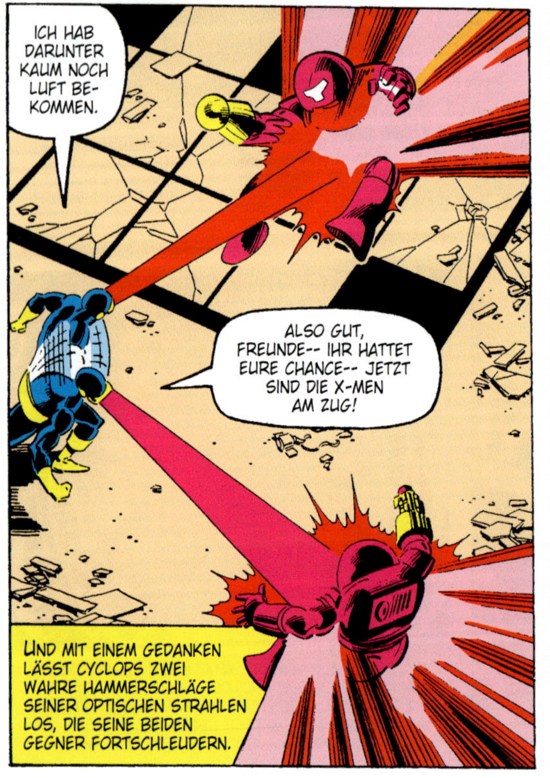
ICH HAB DARUNTER KAUM NOCH LUFT BEKOMMEN.
ALSO GUT, FREUNDE-- IHR HATTET EURE CHANCE-- JETZT SIND DIE X-MEN AM ZUG!
UND MIT EINEM GEDANKEN LÄSST CYCLOPS ZWEI WAHRE HAMMERSCHLÄGE SEINER OPTISCHEN STRAHLEN LOS, DIE SEINE BEIDEN GEGNER FORTSCHLEUDERN.
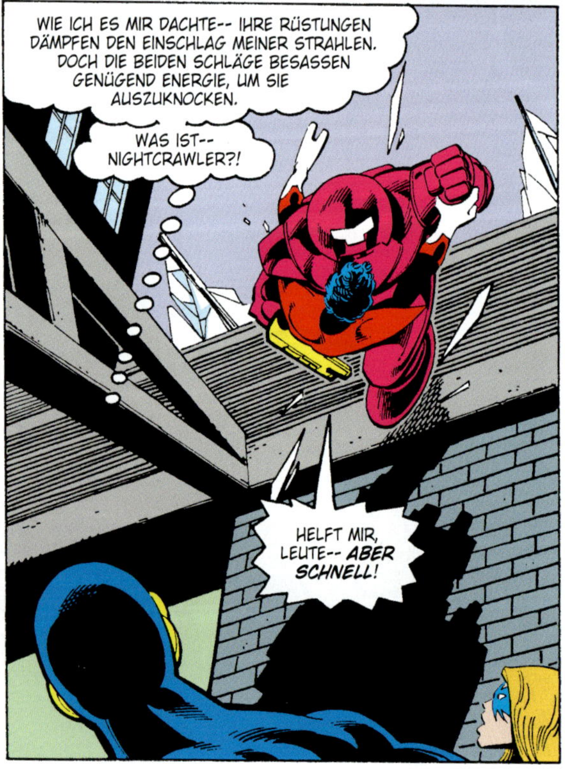
WIE ICH ES MIR DACHTE-- IHRE RÜSTUNGEN DÄMPFEN DEN EINSCHLAG MEINER STRAHLEN. DOCH DIE BEIDEN SCHLÄGE BESASSEN GENÜGEND ENERGIE, UM SIE AUSZUKNOCKEN.
WAS IST-- NIGHTCRAWLER?!
HELFT MIR, LEUTE-- ABER SCHNELL!

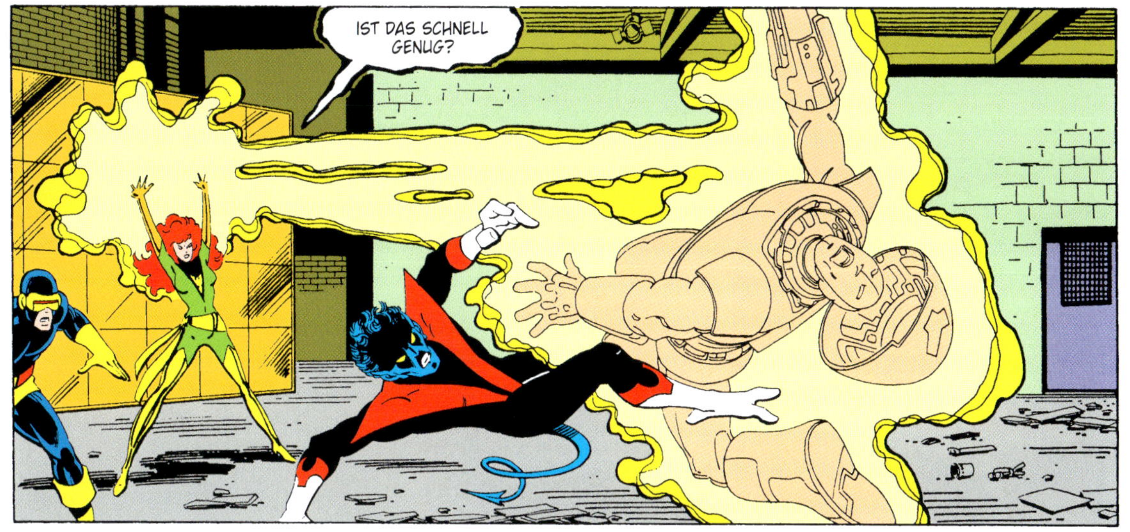
IST DAS SCHNELL GENUG?

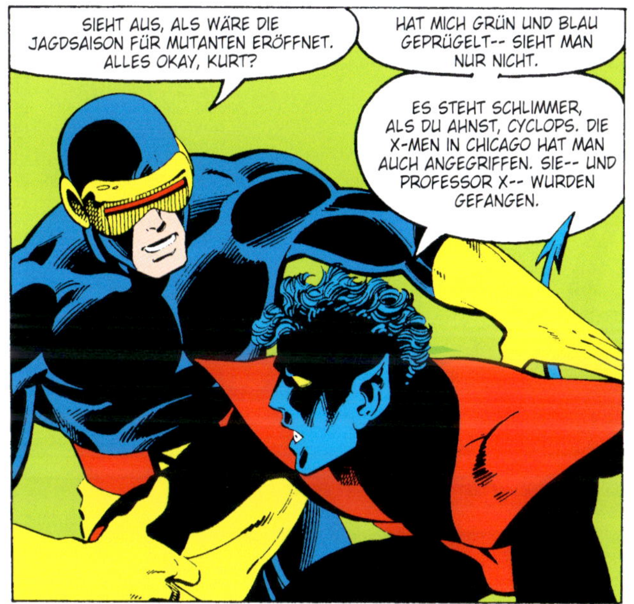
SIEHT AUS, ALS WÄRE DIE JAGDSAISON FÜR MUTANTEN ERÖFFNET. ALLES OKAY, KURT?
HAT MICH GRÜN UND BLAU GEPRÜGELT-- SIEHT MAN NUR NICHT.
ES STEHT SCHLIMMER, ALS DU AHNST, CYCLOPS. DIE X-MEN IN CHICAGO HAT MAN AUCH ANGEGRIFFEN. SIE-- UND PROFESSOR X-- WURDEN GEFANGEN.

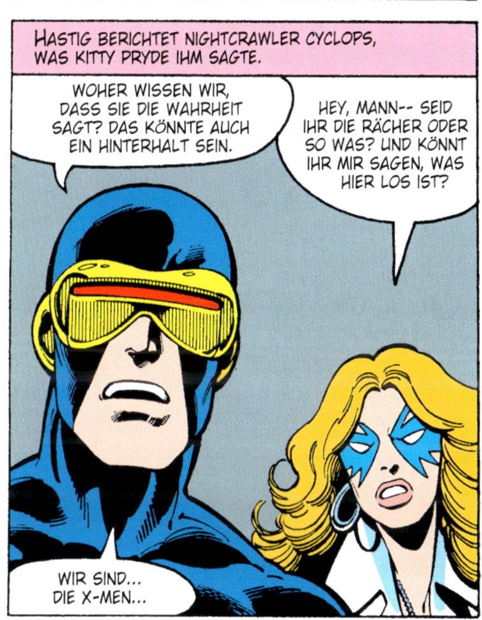
HASTIG BERICHTET NIGHTCRAWLER CYCLOPS, WAS KITTY PRYDE IHM SAGTE.
WOHER WISSEN WIR, DASS SIE DIE WAHRHEIT SAGT? DAS KÖNNTE AUCH EIN HINTERHALT SEIN.
HEY, MANN-- SEID IHR DIE RÄCHER ODER SO WAS? UND KÖNNT IHR MIR SAGEN, WAS HIER LOS IST?
WIR SIND... DIE X-MEN...

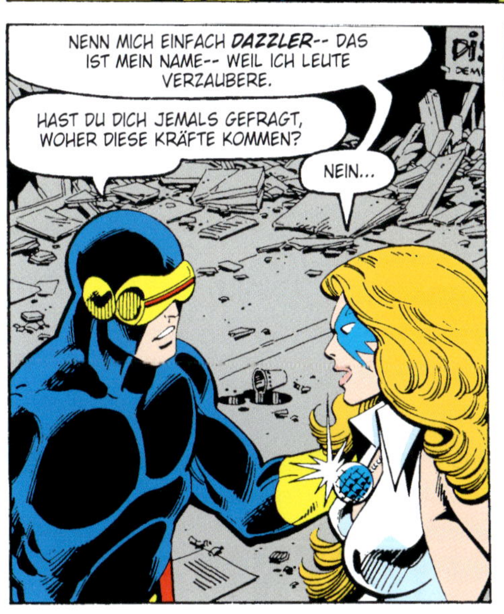
NENN MICH EINFACH **DAZZLER**-- DAS IST MEIN NAME-- WEIL ICH LEUTE VERZAUBERE.
HAST DU DICH JEMALS GEFRAGT, WOHER DIESE KRÄFTE KOMMEN?
NEIN...

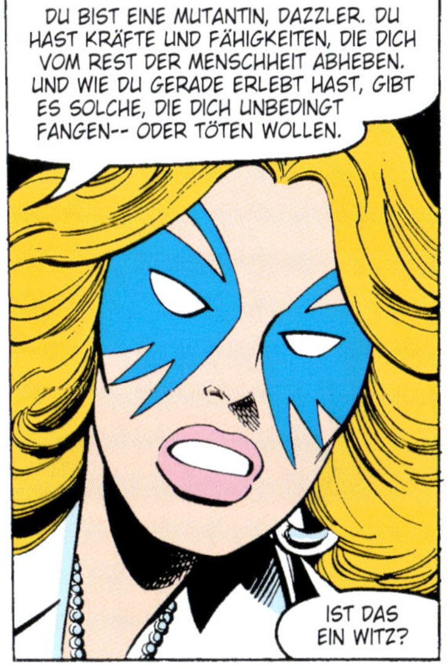
DU BIST EINE MUTANTIN, DAZZLER. DU HAST KRÄFTE UND FÄHIGKEITEN, DIE DICH VOM REST DER MENSCHHEIT ABHEBEN. UND WIE DU GERADE ERLEBT HAST, GIBT ES SOLCHE, DIE DICH UNBEDINGT FANGEN-- ODER TÖTEN WOLLEN.
IST DAS EIN WITZ?

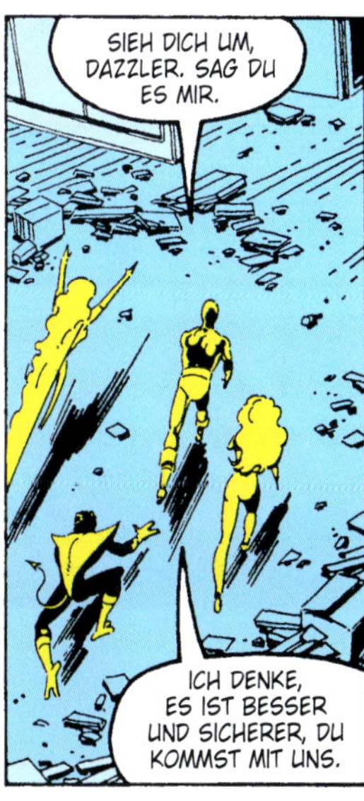
SIEH DICH UM, DAZZLER. SAG DU ES MIR.
ICH DENKE, ES IST BESSER UND SICHERER, DU KOMMST MIT UNS.

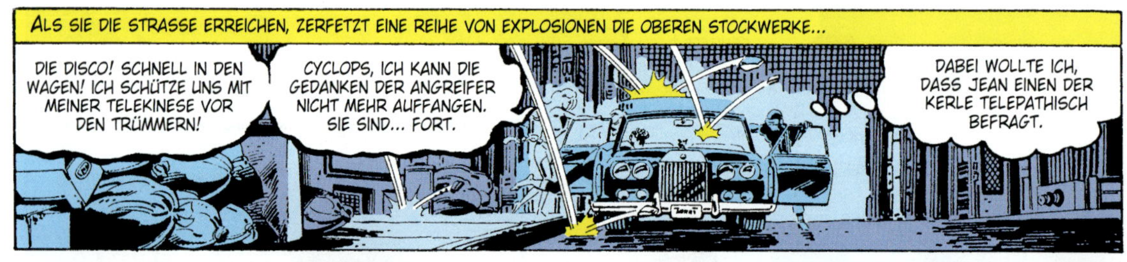

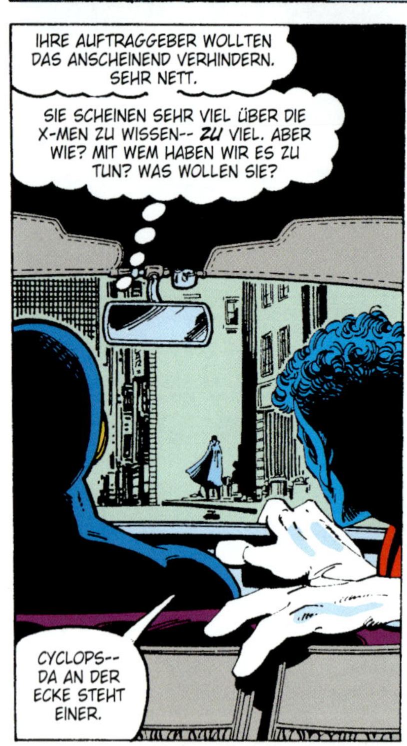

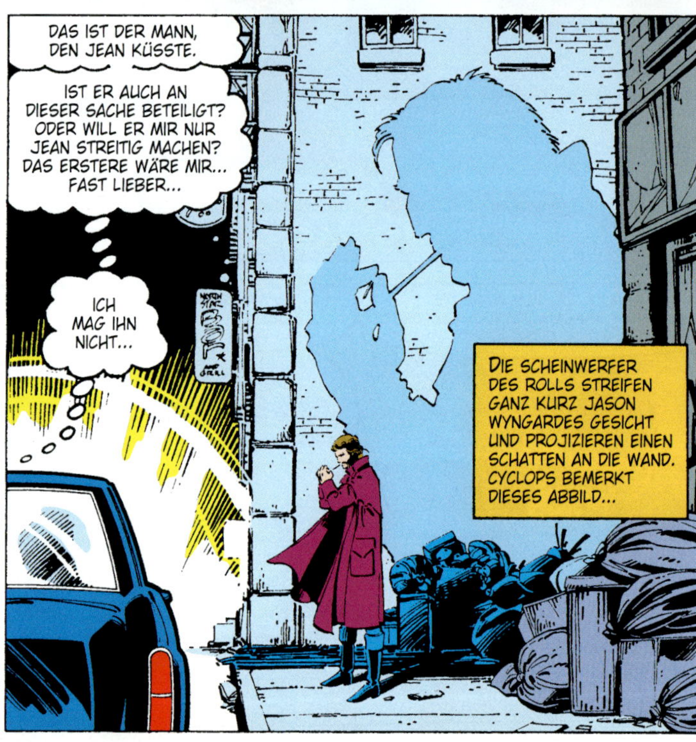

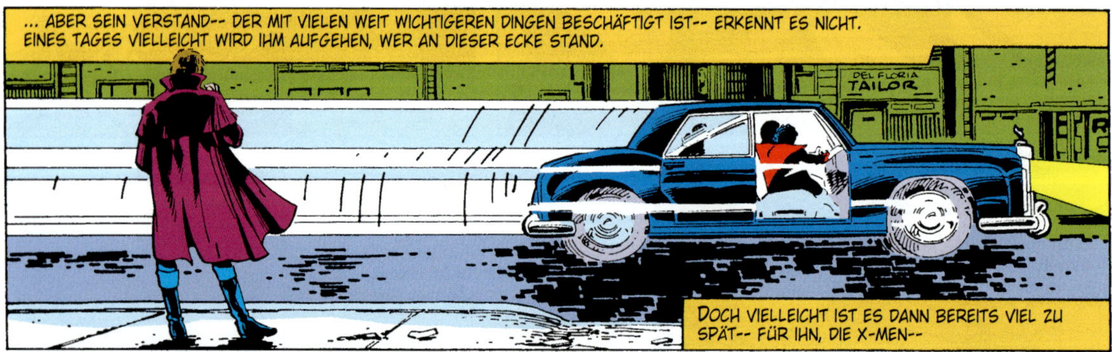

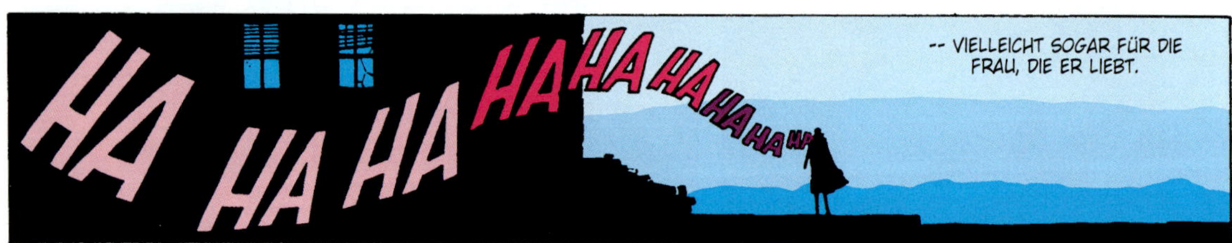

BALD

CYCLOPS, PHOENIX, NIGHTCRAWLER UND DAZZLER EILEN DEN X-MEN ZU HILFE. ABER KÖNNEN SIE SIE-- UND KITTY PRYDE-- NOCH RETTEN? LEST...

"LAUF UM DEIN LEBEN!"

LAUF UM DEIN LEBEN!

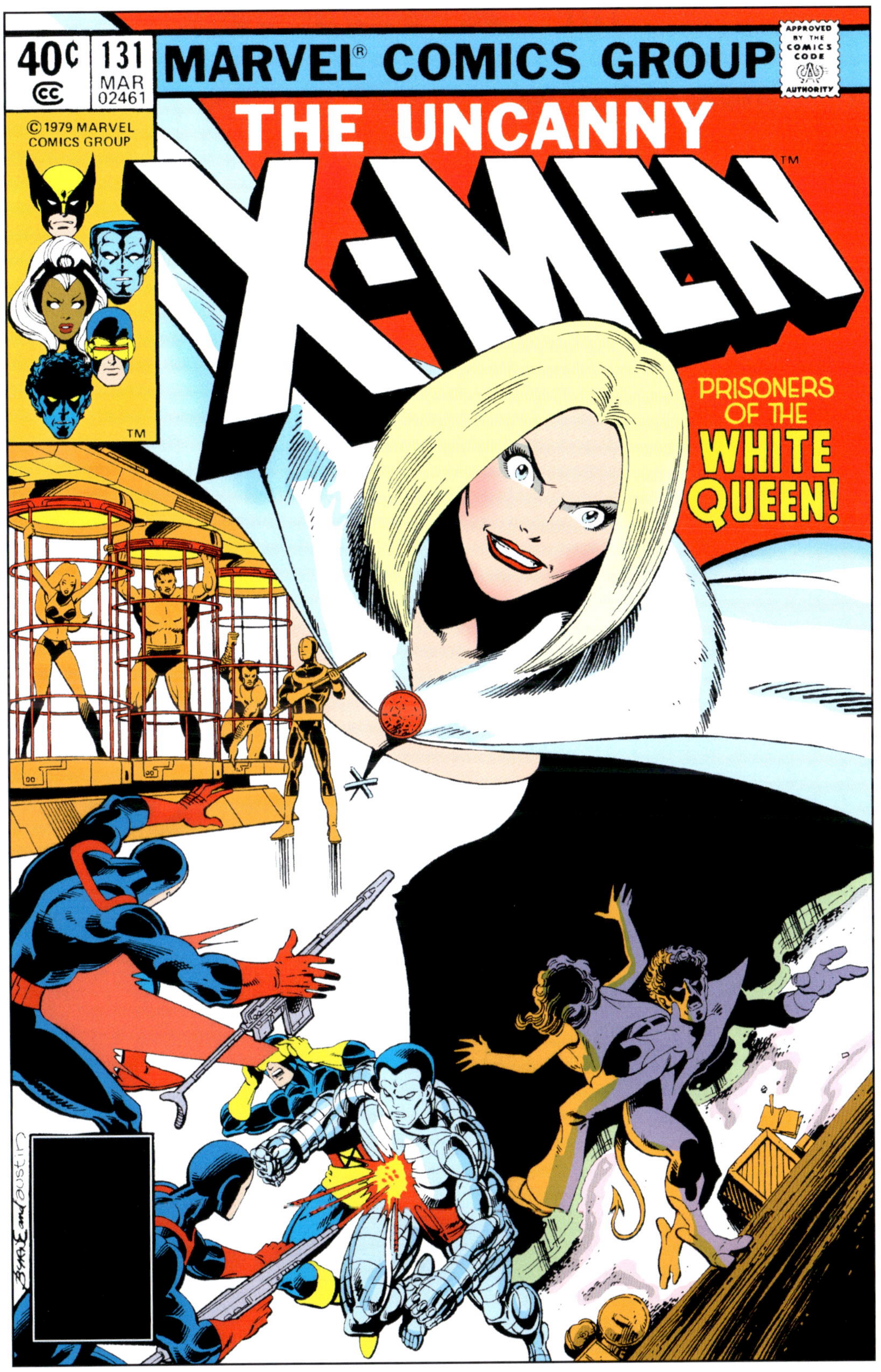

Uncanny X-Men (1963) 131

Cover von **JOHN BYRNE**

Stan Lee präsentiert: DIE X-MEN!™

RUN FOR YOUR LIFE!*

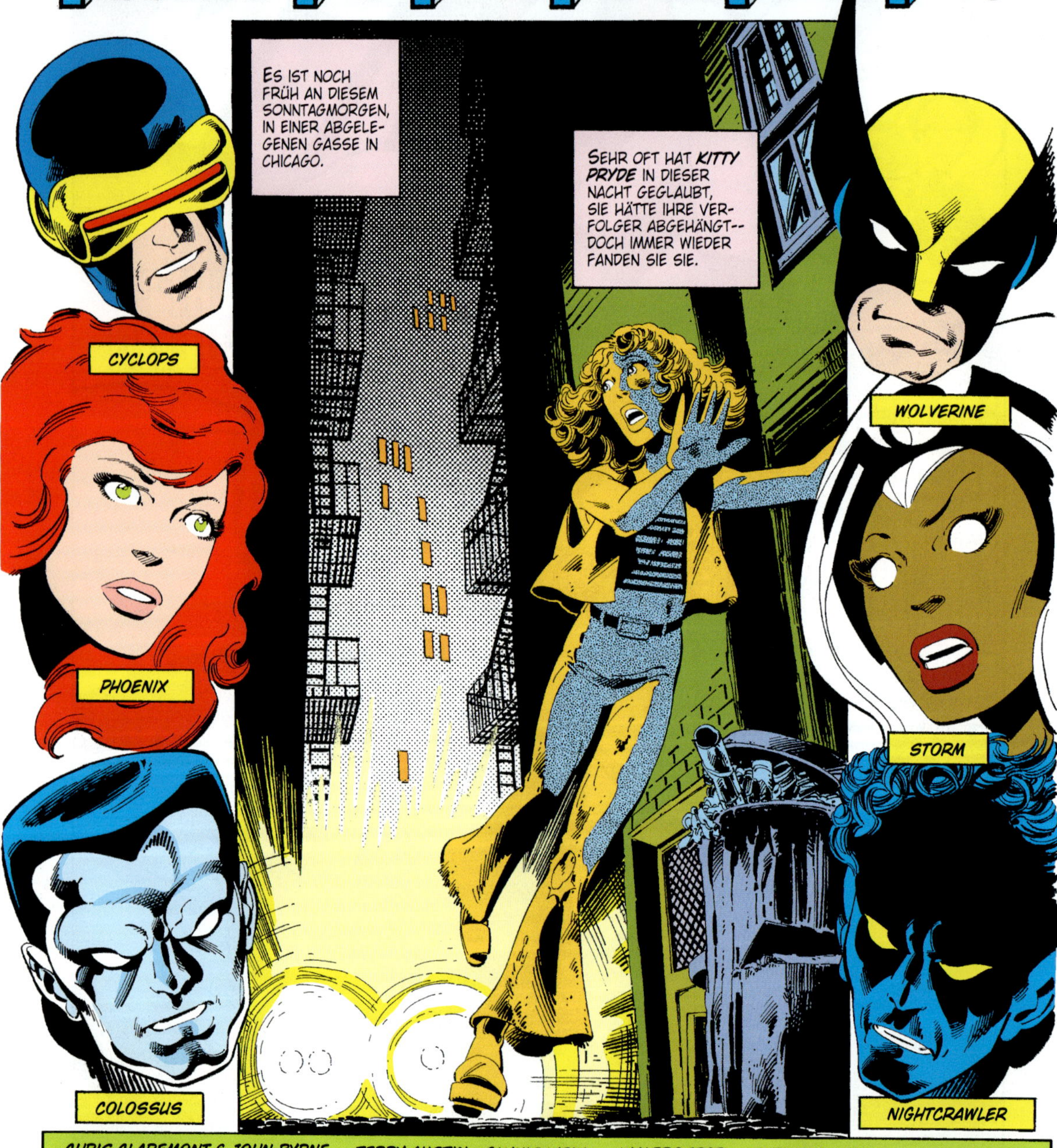

CHRIS CLAREMONT & JOHN BYRNE Erzähler / Co-Autoren / Zeichner · TERRY AUSTIN Tusche · GLYNIS WEIN Farben · WALPROJECT Relettering · CHRISTIAN HEISS Übersetzung · JIM SHOOTER Redaktion USA

* Lauf um dein Leben!

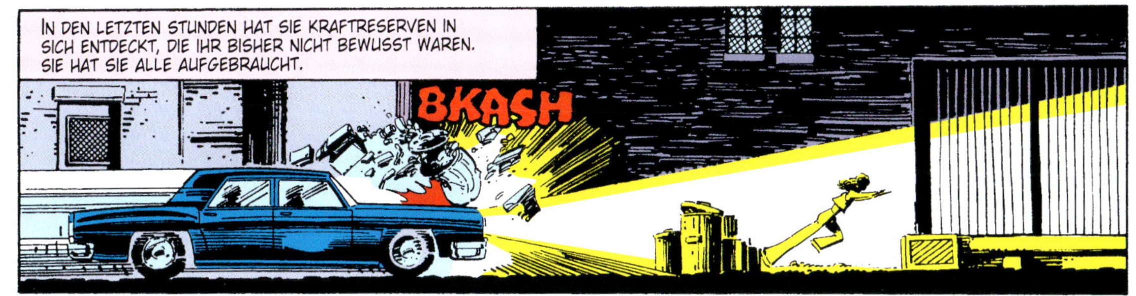
IN DEN LETZTEN STUNDEN HAT SIE KRAFTRESERVEN IN SICH ENTDECKT, DIE IHR BISHER NICHT BEWUSST WAREN. SIE HAT SIE ALLE AUFGEBRAUCHT.
BKASH

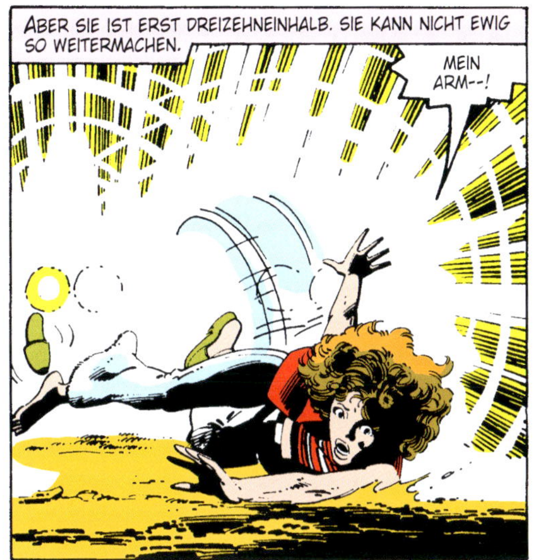
ABER SIE IST ERST DREIZEHNEINHALB. SIE KANN NICHT EWIG SO WEITERMACHEN.
MEIN ARM--!

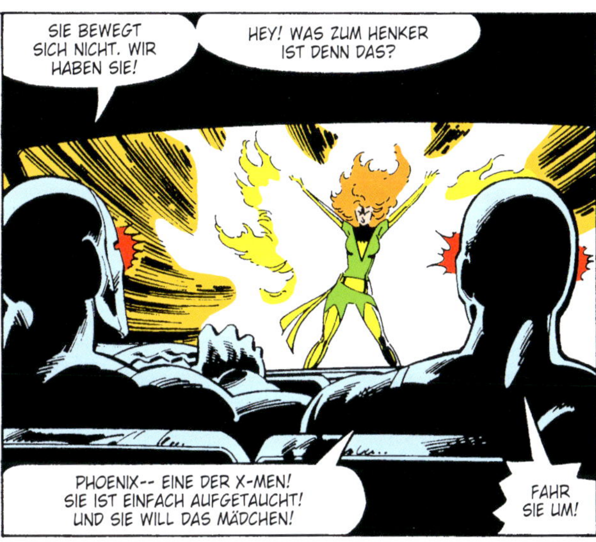
SIE BEWEGT SICH NICHT. WIR HABEN SIE!
HEY! WAS ZUM HENKER IST DENN DAS?
PHOENIX-- EINE DER X-MEN! SIE IST EINFACH AUFGETAUCHT! UND SIE WILL DAS MÄDCHEN!
FAHR SIE UM!

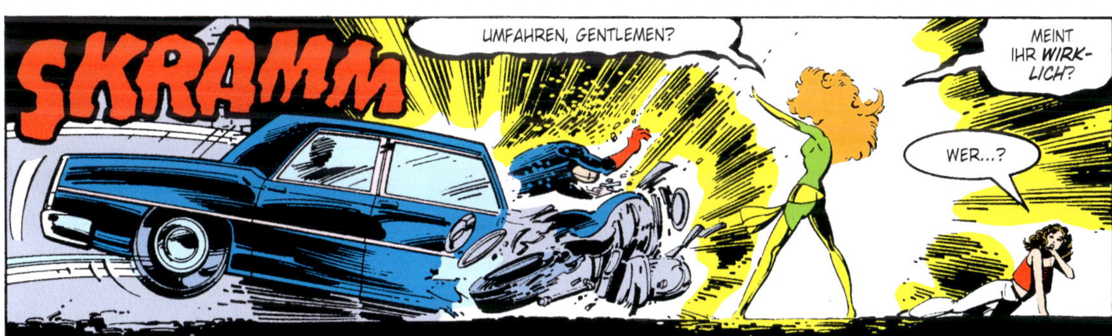
SKRAMM
UMFAHREN, GENTLEMEN?
MEINT IHR WIRKLICH?
WER...?

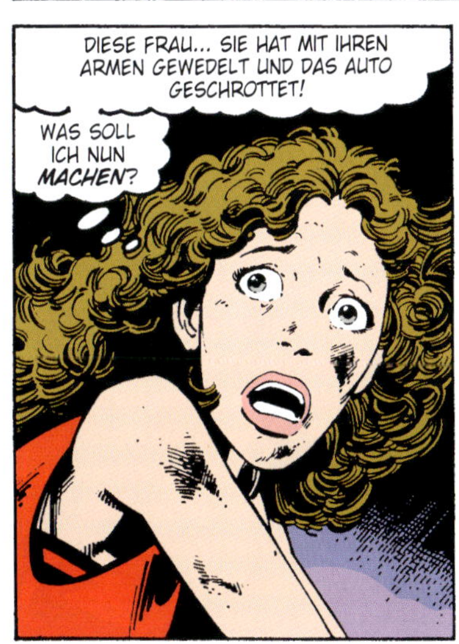
DIESE FRAU... SIE HAT MIT IHREN ARMEN GEWEDELT UND DAS AUTO GESCHROTTET!
WAS SOLL ICH NUN MACHEN?

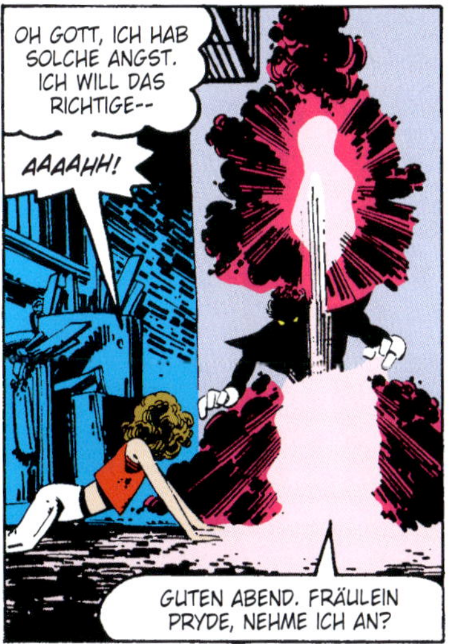
OH GOTT, ICH HAB SOLCHE ANGST. ICH WILL DAS RICHTIGE--
AAAAHH!
GUTEN ABEND. FRÄULEIN PRYDE, NEHME ICH AN?

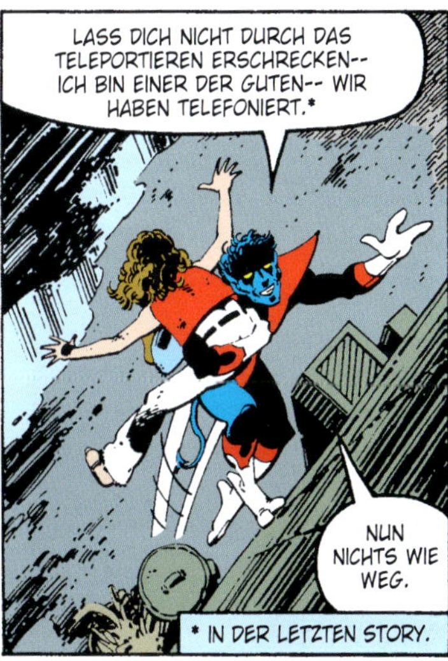
LASS DICH NICHT DURCH DAS TELEPORTIEREN ERSCHRECKEN-- ICH BIN EINER DER GUTEN-- WIR HABEN TELEFONIERT.*
NUN NICHTS WIE WEG.
* IN DER LETZTEN STORY.

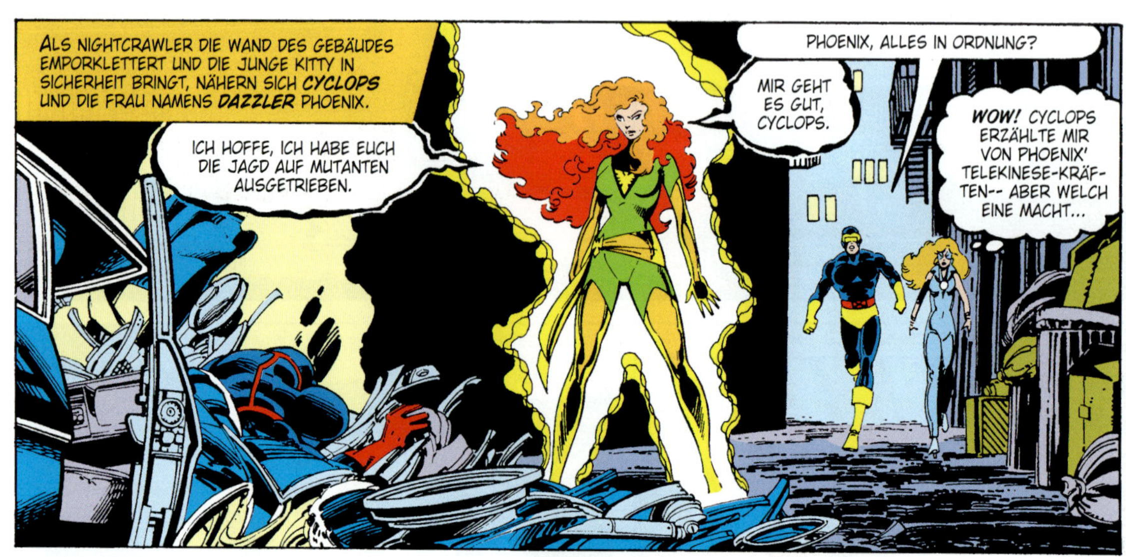
ALS NIGHTCRAWLER DIE WAND DES GEBÄUDES EMPORKLETTERT UND DIE JUNGE KITTY IN SICHERHEIT BRINGT, NÄHERN SICH CYCLOPS UND DIE FRAU NAMENS DAZZLER PHOENIX.
ICH HOFFE, ICH HABE EUCH DIE JAGD AUF MUTANTEN AUSGETRIEBEN.
PHOENIX, ALLES IN ORDNUNG?
MIR GEHT ES GUT, CYCLOPS.
WOW! CYCLOPS ERZÄHLTE MIR VON PHOENIX' TELEKINESE-KRÄFTEN-- ABER WELCH EINE MACHT...

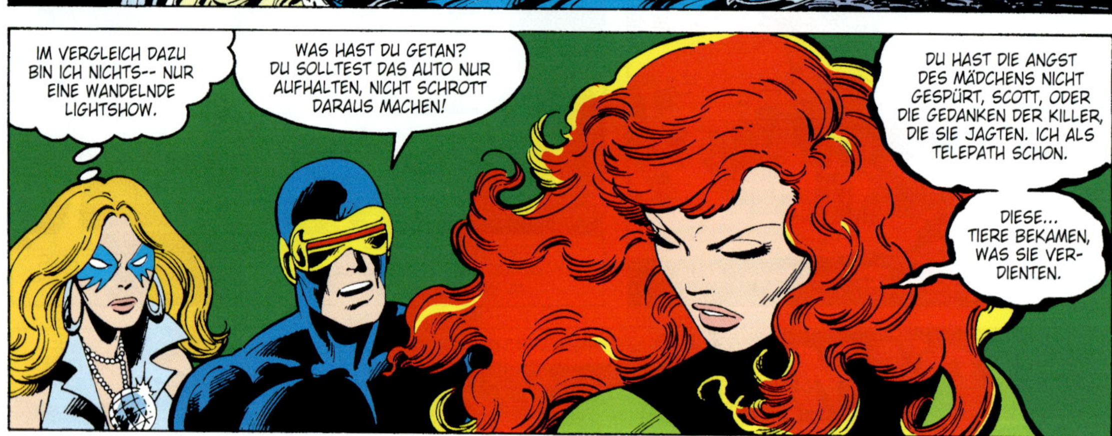
IM VERGLEICH DAZU BIN ICH NICHTS-- NUR EINE WANDELNDE LIGHTSHOW.
WAS HAST DU GETAN? DU SOLLTEST DAS AUTO NUR AUFHALTEN, NICHT SCHROTT DARAUS MACHEN!
DU HAST DIE ANGST DES MÄDCHENS NICHT GESPÜRT, SCOTT, ODER DIE GEDANKEN DER KILLER, DIE SIE JAGTEN. ICH ALS TELEPATH SCHON.
DIESE... TIERE BEKAMEN, WAS SIE VERDIENTEN.

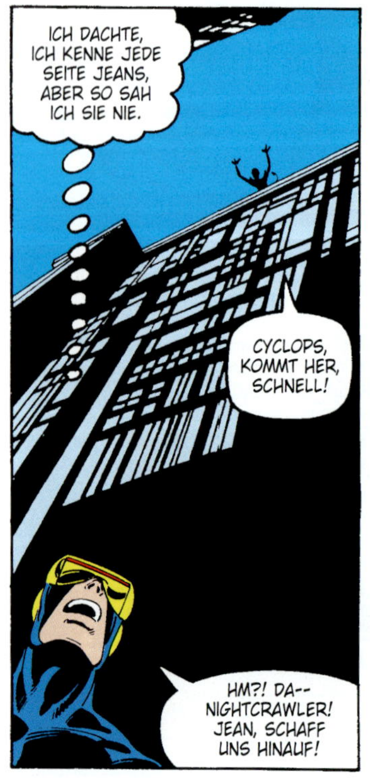
ICH DACHTE, ICH KENNE JEDE SEITE JEANS, ABER SO SAH ICH SIE NIE.
CYCLOPS, KOMMT HER, SCHNELL!
HM?! DA-- NIGHTCRAWLER! JEAN, SCHAFF UNS HINAUF!

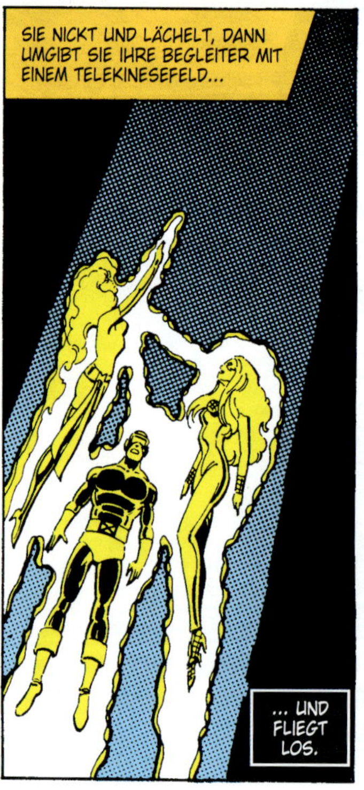
SIE NICKT UND LÄCHELT, DANN UMGIBT SIE IHRE BEGLEITER MIT EINEM TELEKINESEFELD...
... UND FLIEGT LOS.

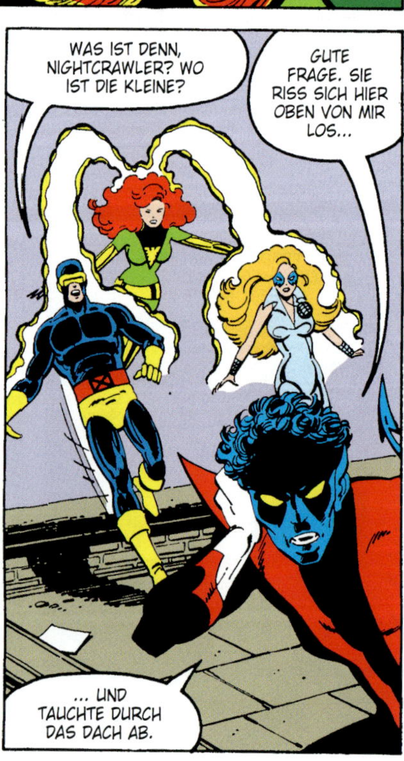
WAS IST DENN, NIGHTCRAWLER? WO IST DIE KLEINE?
GUTE FRAGE. SIE RISS SICH HIER OBEN VON MIR LOS...
... UND TAUCHTE DURCH DAS DACH AB.

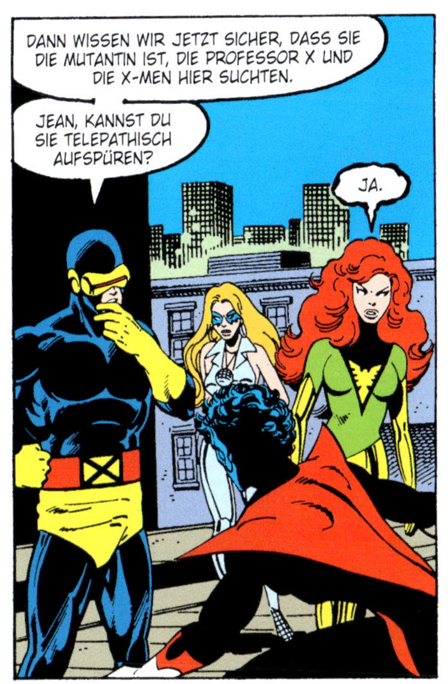
DANN WISSEN WIR JETZT SICHER, DASS SIE DIE MUTANTIN IST, DIE PROFESSOR X UND DIE X-MEN HIER SUCHTEN.
JEAN, KANNST DU SIE TELEPATHISCH AUFSPÜREN?
JA.

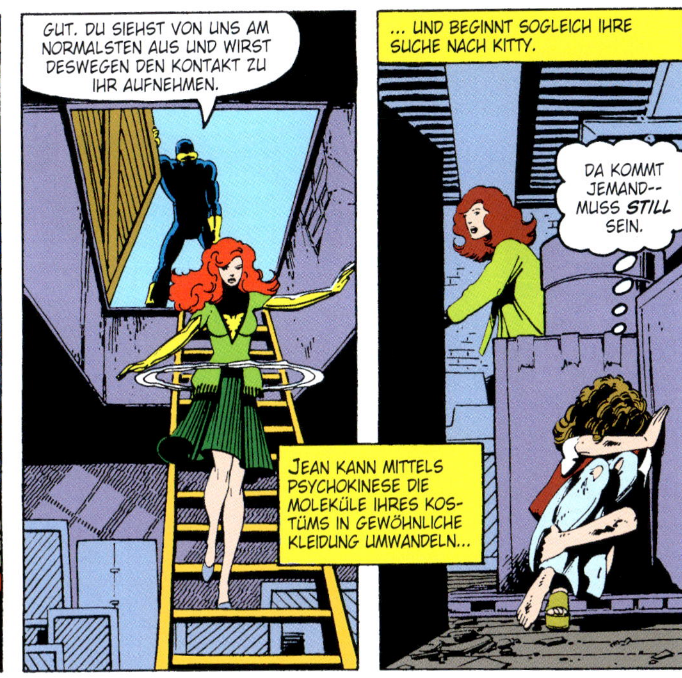
GUT. DU SIEHST VON UNS AM NORMALSTEN AUS UND WIRST DESWEGEN DEN KONTAKT ZU IHR AUFNEHMEN.
JEAN KANN MITTELS PSYCHOKINESE DIE MOLEKÜLE IHRES KOSTÜMS IN GEWÖHNLICHE KLEIDUNG UMWANDELN...
... UND BEGINNT SOGLEICH IHRE SUCHE NACH KITTY.
DA KOMMT JEMAND-- MUSS STILL SEIN.

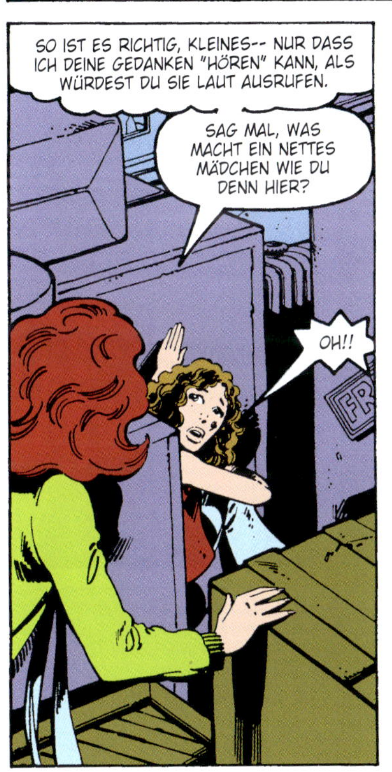
SO IST ES RICHTIG, KLEINES-- NUR DASS ICH DEINE GEDANKEN "HÖREN" KANN, ALS WÜRDEST DU SIE LAUT AUSRUFEN.
SAG MAL, WAS MACHT EIN NETTES MÄDCHEN WIE DU DENN HIER?
OH!!

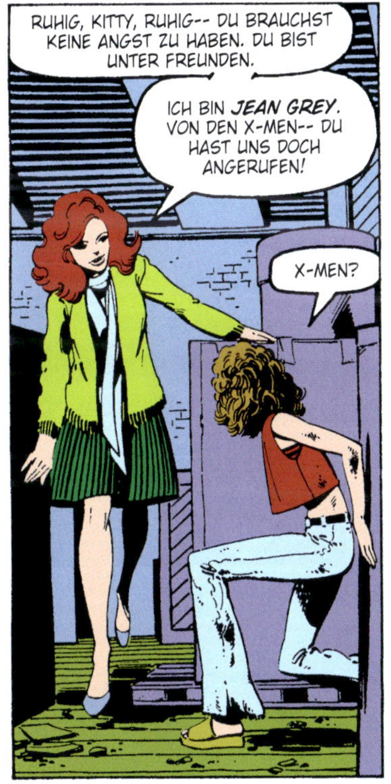
RUHIG, KITTY, RUHIG-- DU BRAUCHST KEINE ANGST ZU HABEN. DU BIST UNTER FREUNDEN.
ICH BIN JEAN GREY. VON DEN X-MEN-- DU HAST UNS DOCH ANGERUFEN!
X-MEN?

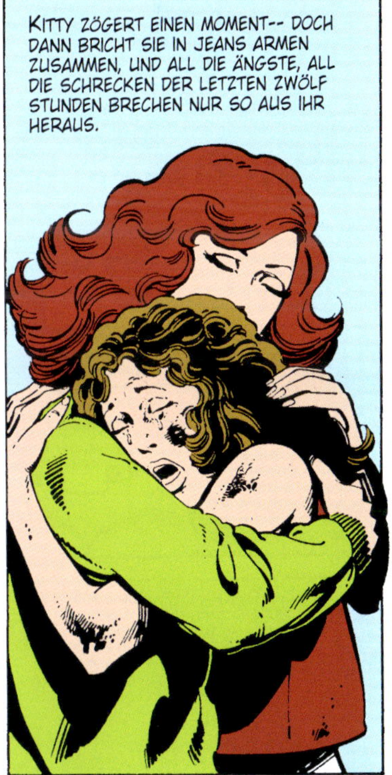
KITTY ZÖGERT EINEN MOMENT-- DOCH DANN BRICHT SIE IN JEANS ARMEN ZUSAMMEN, UND ALL DIE ÄNGSTE, ALL DIE SCHRECKEN DER LETZTEN ZWÖLF STUNDEN BRECHEN NUR SO AUS IHR HERAUS.

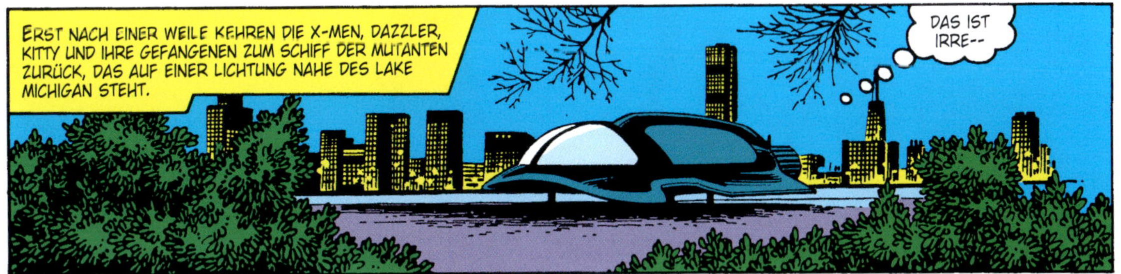
ERST NACH EINER WEILE KEHREN DIE X-MEN, DAZZLER, KITTY UND IHRE GEFANGENEN ZUM SCHIFF DER MUTANTEN ZURÜCK, DAS AUF EINER LICHTUNG NAHE DES LAKE MICHIGAN STEHT.
DAS IST IRRE--

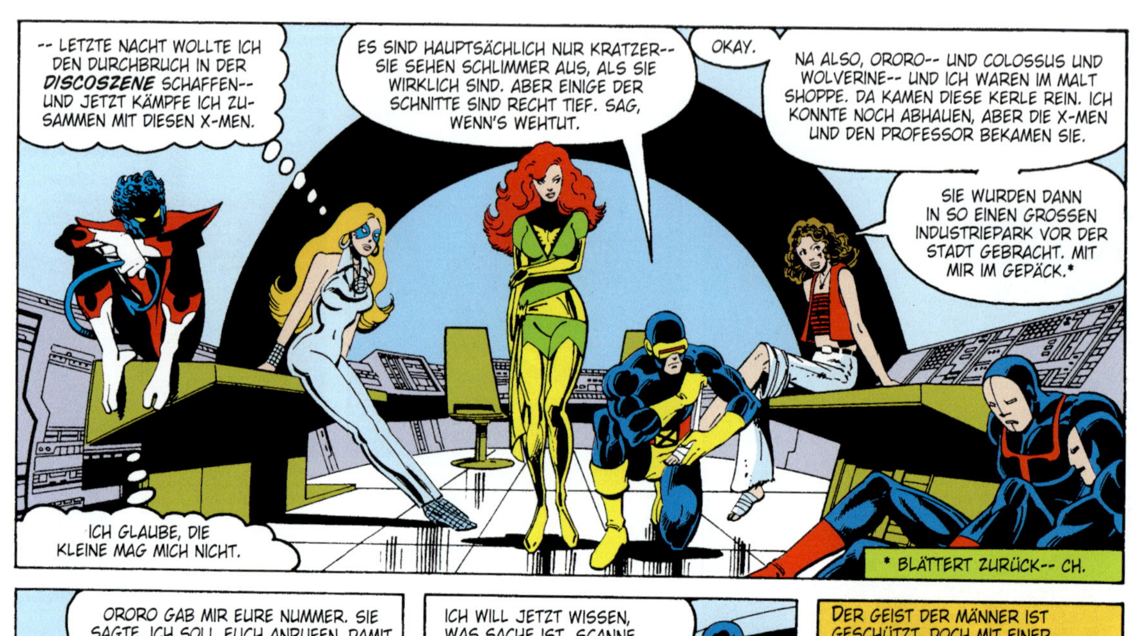
-- LETZTE NACHT WOLLTE ICH DEN DURCHBRUCH IN DER *DISCOSZENE* SCHAFFEN-- UND JETZT KÄMPFE ICH ZUSAMMEN MIT DIESEN X-MEN.
ES SIND HAUPTSÄCHLICH NUR KRATZER-- SIE SEHEN SCHLIMMER AUS, ALS SIE WIRKLICH SIND. ABER EINIGE DER SCHNITTE SIND RECHT TIEF. SAG, WENN'S WEHTUT.
OKAY.
NA ALSO, ORORO-- UND COLOSSUS UND WOLVERINE-- UND ICH WAREN IM MALT SHOPPE. DA KAMEN DIESE KERLE REIN. ICH KONNTE NOCH ABHAUEN, ABER DIE X-MEN UND DEN PROFESSOR BEKAMEN SIE.
SIE WURDEN DANN IN SO EINEN GROSSEN INDUSTRIEPARK VOR DER STADT GEBRACHT. MIT MIR IM GEPÄCK.*
ICH GLAUBE, DIE KLEINE MAG MICH NICHT.
* BLÄTTERT ZURÜCK-- CH.

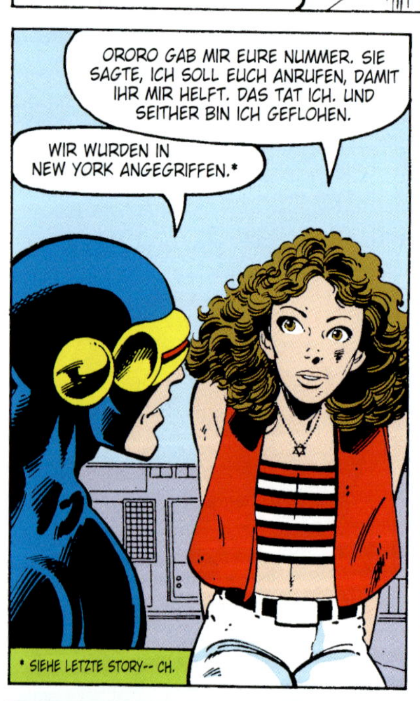
ORORO GAB MIR EURE NUMMER. SIE SAGTE, ICH SOLL EUCH ANRUFEN, DAMIT IHR MIR HELFT. DAS TAT ICH. UND SEITHER BIN ICH GEFLOHEN.
WIR WURDEN IN NEW YORK ANGEGRIFFEN.*
* SIEHE LETZTE STORY-- CH.

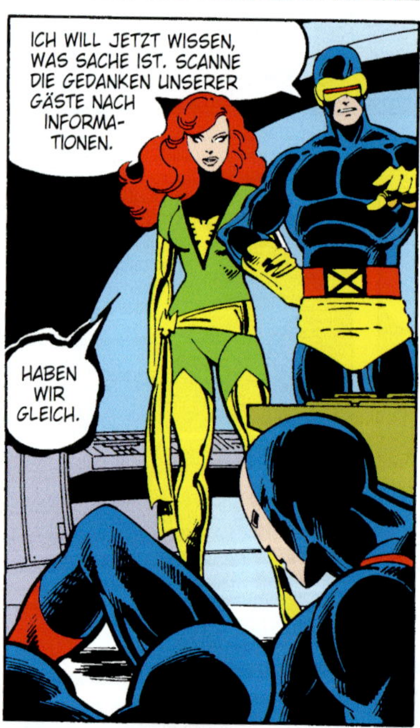
ICH WILL JETZT WISSEN, WAS SACHE IST. SCANNE DIE GEDANKEN UNSERER GÄSTE NACH INFORMATIONEN.
HABEN WIR GLEICH.

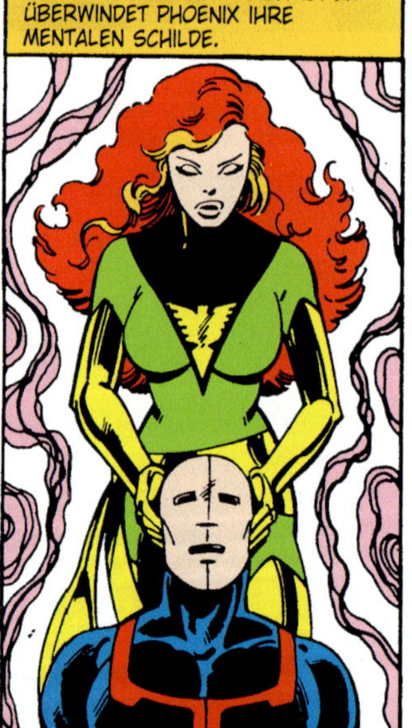
DER GEIST DER MÄNNER IST GESCHÜTZT, DOCH MIT EINER UNBESCHREIBLICHEN LEICHTIGKEIT ÜBERWINDET PHOENIX IHRE MENTALEN SCHILDE.

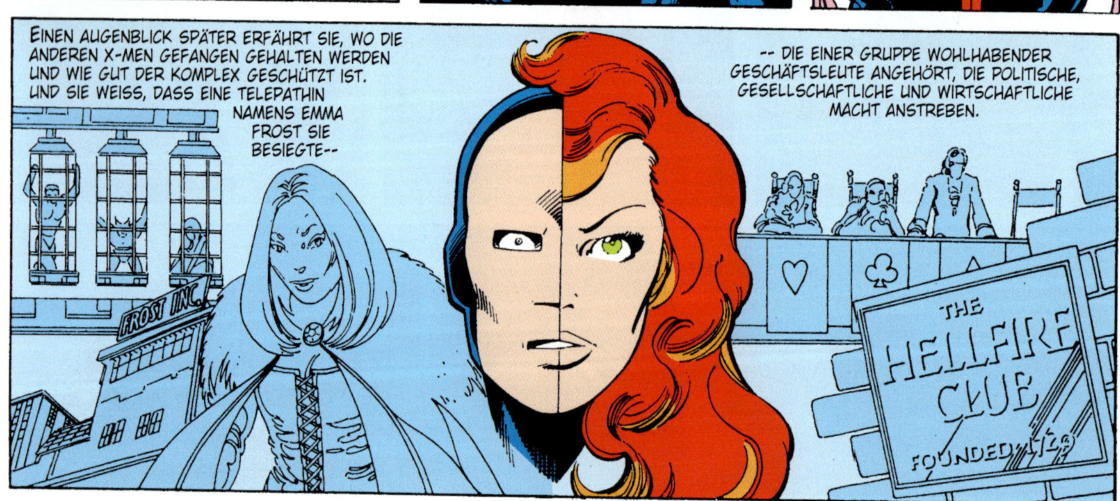
EINEN AUGENBLICK SPÄTER ERFÄHRT SIE, WO DIE ANDEREN X-MEN GEFANGEN GEHALTEN WERDEN UND WIE GUT DER KOMPLEX GESCHÜTZT IST. UND SIE WEISS, DASS EINE TELEPATHIN NAMENS EMMA FROST SIE BESIEGTE--
-- DIE EINER GRUPPE WOHLHABENDER GESCHÄFTSLEUTE ANGEHÖRT, DIE POLITISCHE, GESELLSCHAFTLICHE UND WIRTSCHAFTLICHE MACHT ANSTREBEN.
FROST INC.
THE HELLFIRE CLUB

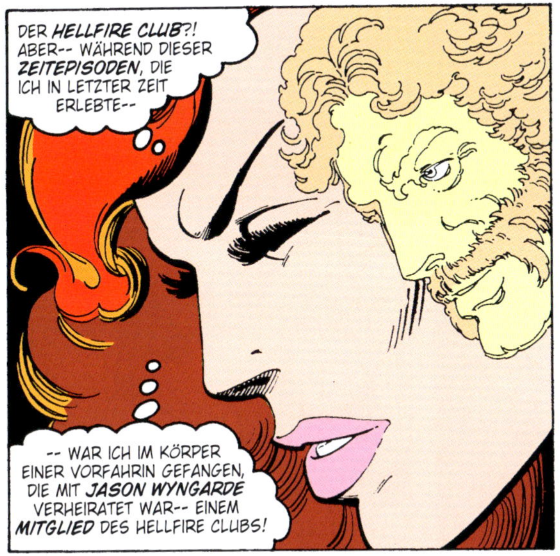
DER HELLFIRE CLUB?! ABER-- WÄHREND DIESER ZEITEPISODEN, DIE ICH IN LETZTER ZEIT ERLEBTE--
-- WAR ICH IM KÖRPER EINER VORFAHRIN GEFANGEN, DIE MIT JASON WYNGARDE VERHEIRATET WAR-- EINEM MITGLIED DES HELLFIRE CLUBS!
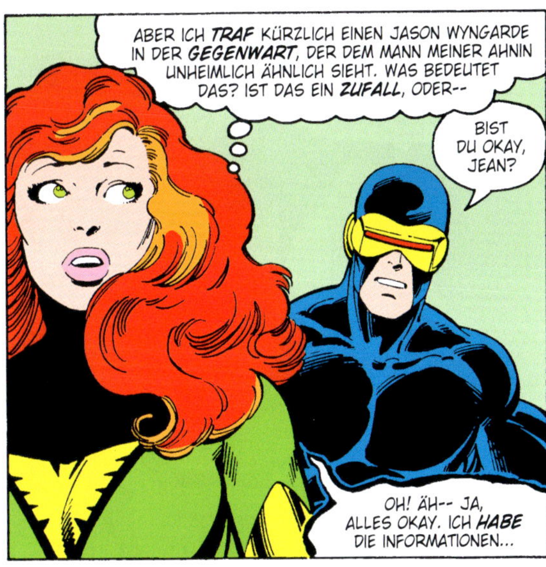
ABER ICH TRAF KÜRZLICH EINEN JASON WYNGARDE IN DER GEGENWART, DER DEM MANN MEINER AHNIN UNHEIMLICH ÄHNLICH SIEHT. WAS BEDEUTET DAS? IST DAS EIN ZUFALL, ODER--
BIST DU OKAY, JEAN?
OH! ÄH-- JA, ALLES OKAY. ICH HABE DIE INFORMATIONEN...
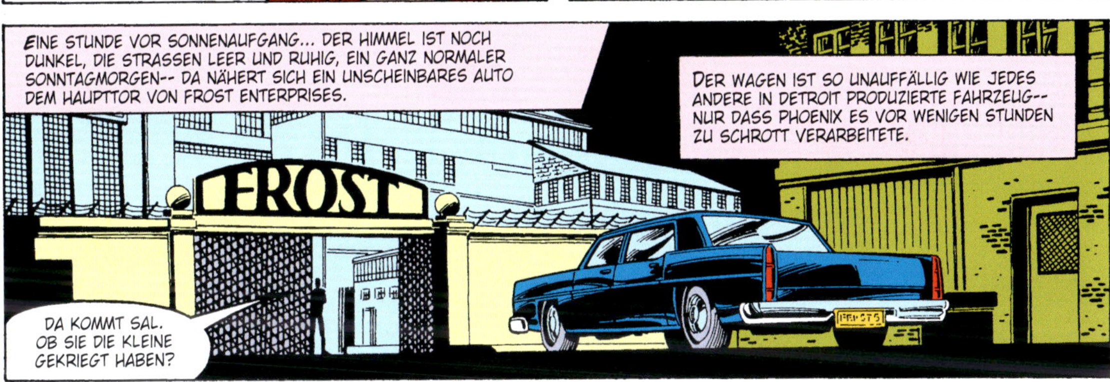
EINE STUNDE VOR SONNENAUFGANG... DER HIMMEL IST NOCH DUNKEL, DIE STRASSEN LEER UND RUHIG, EIN GANZ NORMALER SONNTAGMORGEN-- DA NÄHERT SICH EIN UNSCHEINBARES AUTO DEM HAUPTTOR VON FROST ENTERPRISES.
DER WAGEN IST SO UNAUFFÄLLIG WIE JEDES ANDERE IN DETROIT PRODUZIERTE FAHRZEUG-- NUR DASS PHOENIX ES VOR WENIGEN STUNDEN ZU SCHROTT VERARBEITETE.
FROST
DA KOMMT SAL. OB SIE DIE KLEINE GEKRIEGT HABEN?
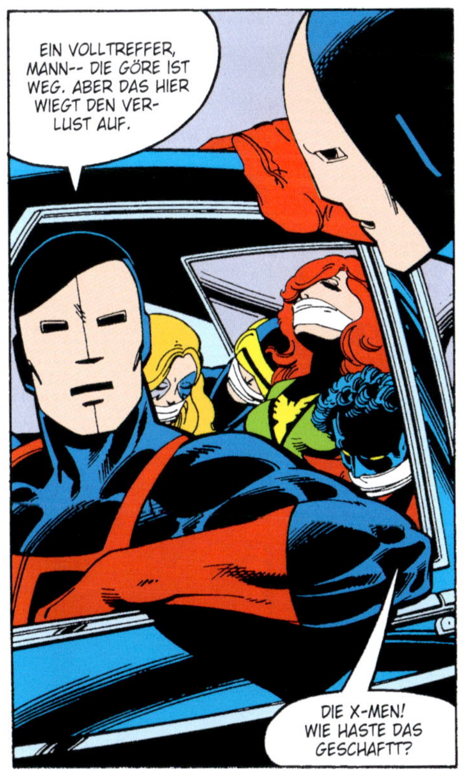
EIN VOLLTREFFER, MANN-- DIE GÖRE IST WEG. ABER DAS HIER WIEGT DEN VERLUST AUF.
DIE X-MEN! WIE HASTE DAS GESCHAFFT?
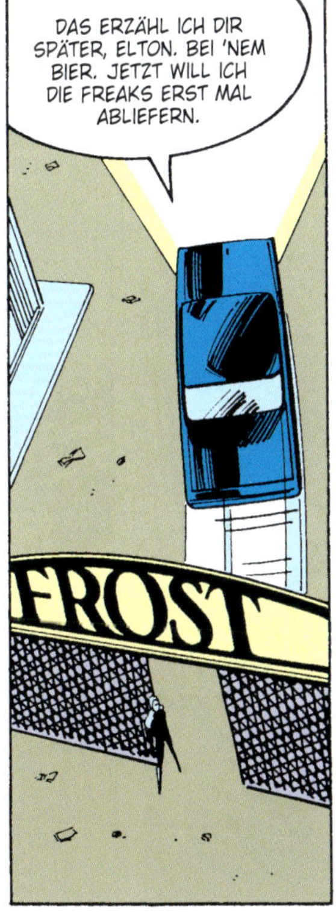
DAS ERZÄHL ICH DIR SPÄTER, ELTON. BEI 'NEM BIER. JETZT WILL ICH DIE FREAKS ERST MAL ABLIEFERN.
FROST
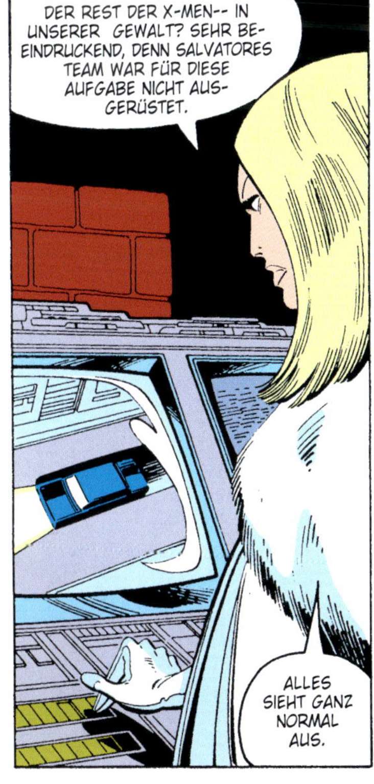
DER REST DER X-MEN-- IN UNSERER GEWALT? SEHR BEEINDRUCKEND, DENN SALVATORES TEAM WAR FÜR DIESE AUFGABE NICHT AUSGERÜSTET.
ALLES SIEHT GANZ NORMAL AUS.

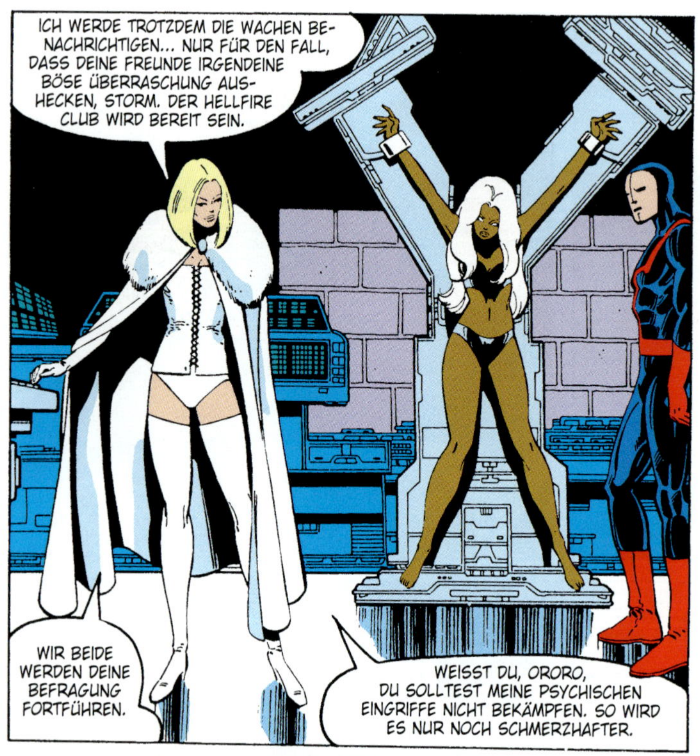
ICH WERDE TROTZDEM DIE WACHEN BENACHRICHTIGEN... NUR FÜR DEN FALL, DASS DEINE FREUNDE IRGENDEINE BÖSE ÜBERRASCHUNG AUSHECKEN, STORM. DER HELLFIRE CLUB WIRD BEREIT SEIN.
WIR BEIDE WERDEN DEINE BEFRAGUNG FORTFÜHREN.
WEISST DU, ORORO, DU SOLLTEST MEINE PSYCHISCHEN EINGRIFFE NICHT BEKÄMPFEN. SO WIRD ES NUR NOCH SCHMERZHAFTER.

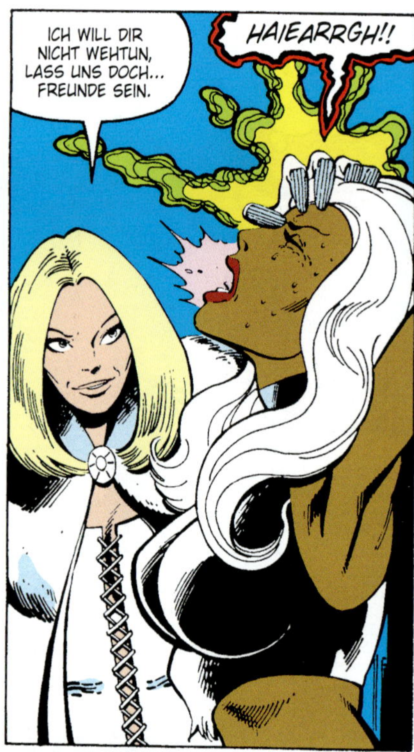
ICH WILL DIR NICHT WEHTUN, LASS UNS DOCH... FREUNDE SEIN.
HAIEARRGH!!

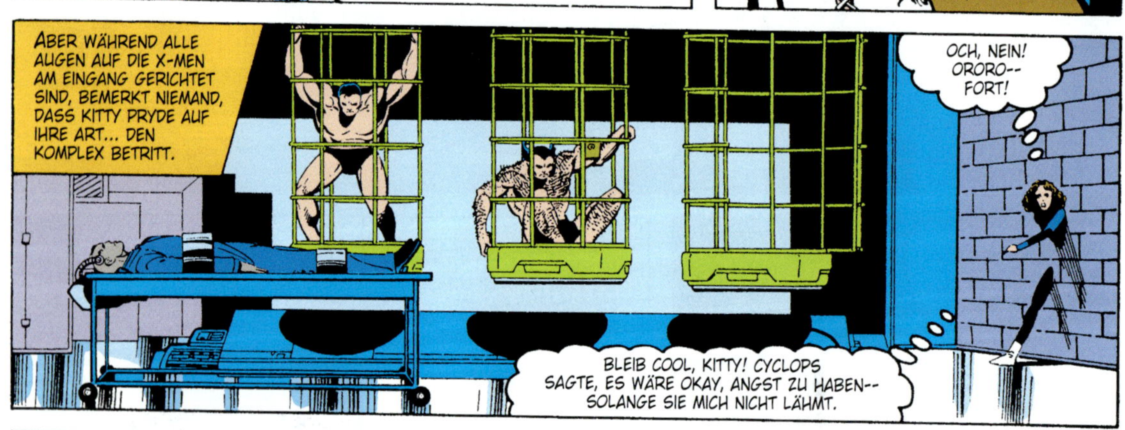
ABER WÄHREND ALLE AUGEN AUF DIE X-MEN AM EINGANG GERICHTET SIND, BEMERKT NIEMAND, DASS KITTY PRYDE AUF IHRE ART... DEN KOMPLEX BETRITT.
OCH, NEIN! ORORO-- FORT!
BLEIB COOL, KITTY! CYCLOPS SAGTE, ES WÄRE OKAY, ANGST ZU HABEN-- SOLANGE SIE MICH NICHT LÄHMT.

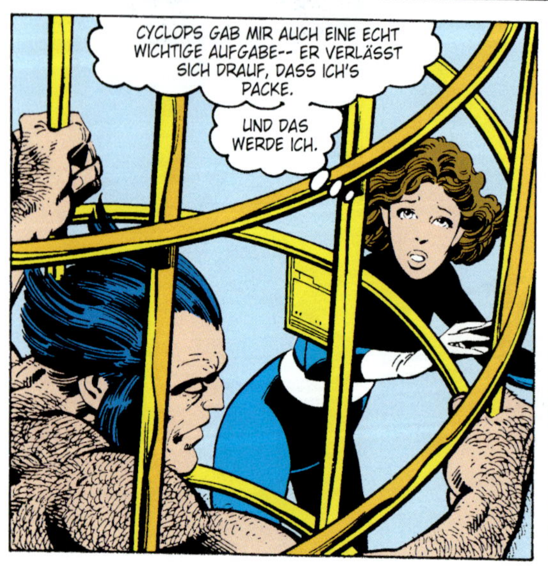
CYCLOPS GAB MIR AUCH EINE ECHT WICHTIGE AUFGABE-- ER VERLÄSST SICH DRAUF, DASS ICH'S PACKE.
UND DAS WERDE ICH.

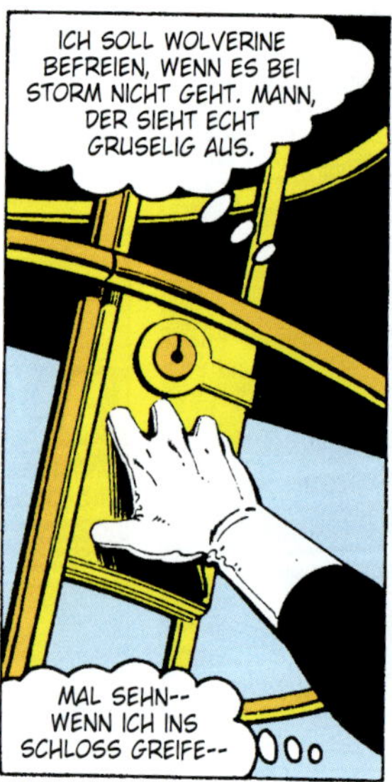
ICH SOLL WOLVERINE BEFREIEN, WENN ES BEI STORM NICHT GEHT. MANN, DER SIEHT ECHT GRUSELIG AUS.
MAL SEHN-- WENN ICH INS SCHLOSS GREIFE--

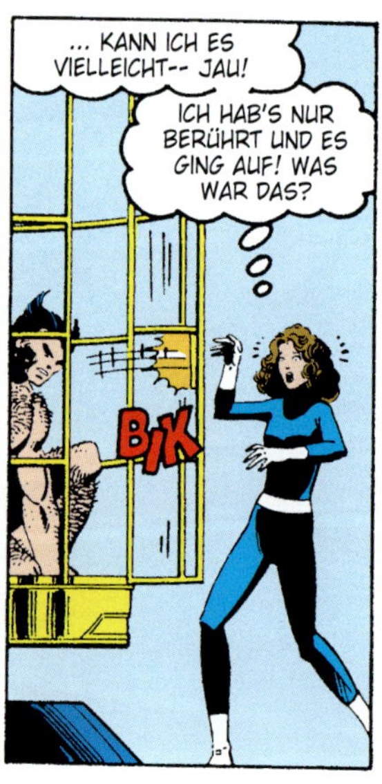
... KANN ICH ES VIELLEICHT-- JAU!
ICH HAB'S NUR BERÜHRT UND ES GING AUF! WAS WAR DAS?
BIK

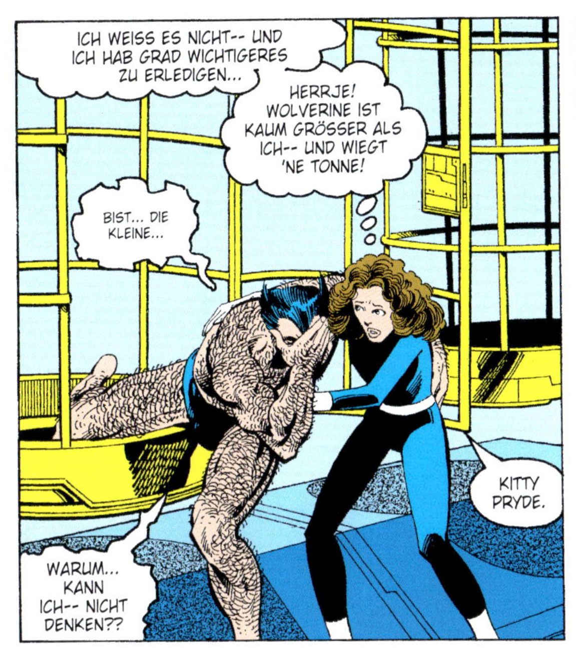
ICH WEISS ES NICHT-- UND ICH HAB GRAD WICHTIGERES ZU ERLEDIGEN...
HERRJE! WOLVERINE IST KAUM GRÖSSER ALS ICH-- UND WIEGT 'NE TONNE!
BIST... DIE KLEINE...
KITTY PRYDE.
WARUM... KANN ICH-- NICHT DENKEN??

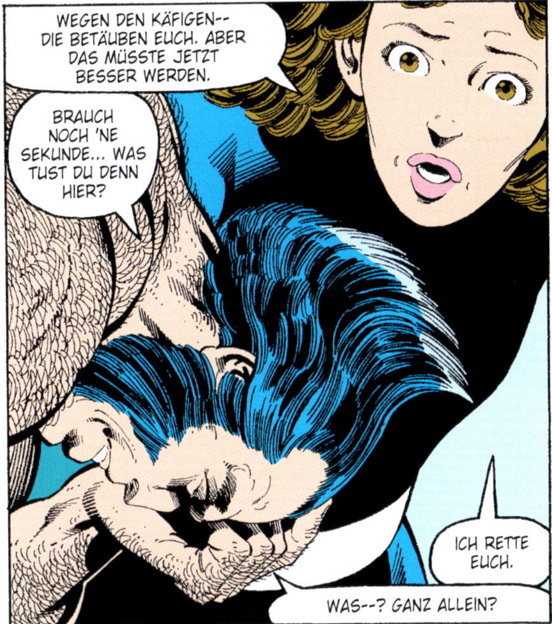
WEGEN DEN KÄFIGEN-- DIE BETÄUBEN EUCH. ABER DAS MÜSSTE JETZT BESSER WERDEN.
BRAUCH NOCH 'NE SEKUNDE... WAS TUST DU DENN HIER?
ICH RETTE EUCH.
WAS--? GANZ ALLEIN?

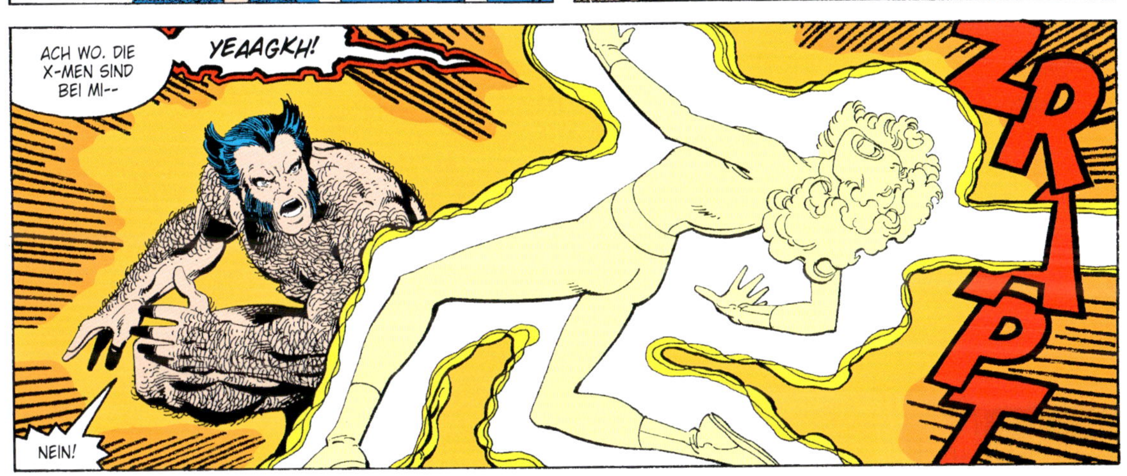
ACH WO. DIE X-MEN SIND BEI MI--
YEAAGKH!
ZRIPT
NEIN!

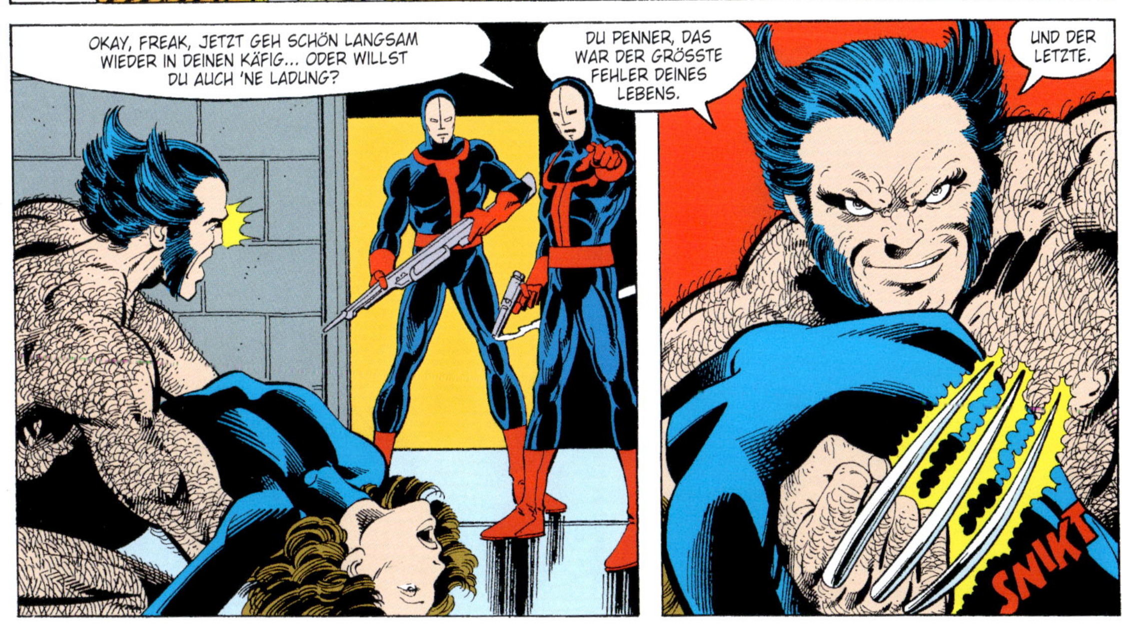
OKAY, FREAK, JETZT GEH SCHÖN LANGSAM WIEDER IN DEINEN KÄFIG... ODER WILLST DU AUCH 'NE LADUNG?
DU PENNER, DAS WAR DER GRÖSSTE FEHLER DEINES LEBENS.
UND DER LETZTE.
SNIKT

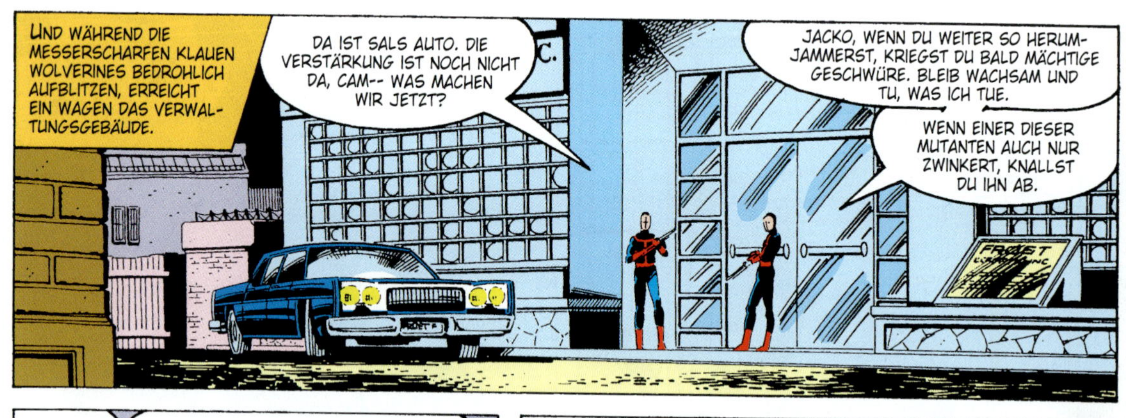
UND WÄHREND DIE MESSERSCHARFEN KLAUEN WOLVERINES BEDROHLICH AUFBLITZEN, ERREICHT EIN WAGEN DAS VERWALTUNGSGEBÄUDE.
DA IST SALS AUTO. DIE VERSTÄRKUNG IST NOCH NICHT DA, CAM-- WAS MACHEN WIR JETZT?
JACKO, WENN DU WEITER SO HERUMJAMMERST, KRIEGST DU BALD MÄCHTIGE GESCHWÜRE. BLEIB WACHSAM UND TU, WAS ICH TUE.
WENN EINER DIESER MUTANTEN AUCH NUR ZWINKERT, KNALLST DU IHN AB.
FROST

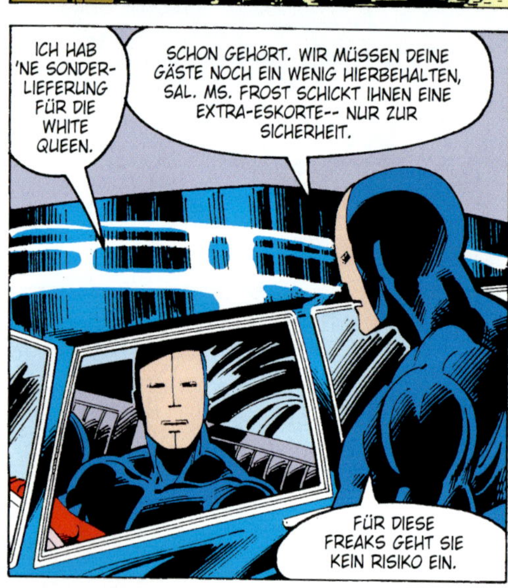
ICH HAB 'NE SONDERLIEFERUNG FÜR DIE WHITE QUEEN.
SCHON GEHÖRT. WIR MÜSSEN DEINE GÄSTE NOCH EIN WENIG HIERBEHALTEN, SAL. MS. FROST SCHICKT IHNEN EINE EXTRA-ESKORTE-- NUR ZUR SICHERHEIT.
FÜR DIESE FREAKS GEHT SIE KEIN RISIKO EIN.

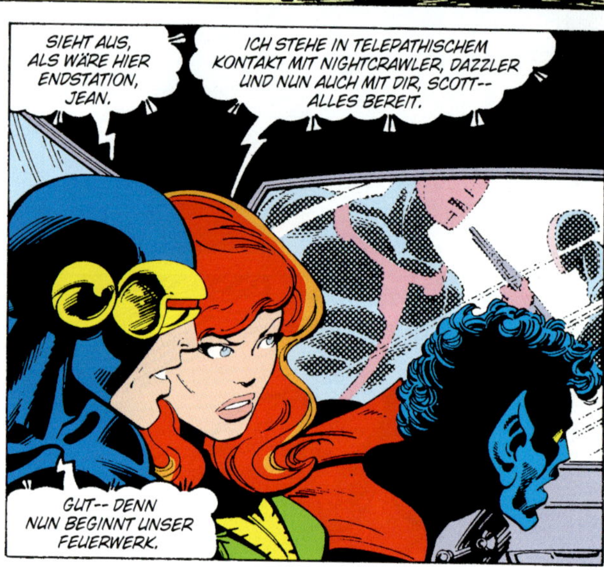
SIEHT AUS, ALS WÄRE HIER ENDSTATION, JEAN.
ICH STEHE IN TELEPATHISCHEM KONTAKT MIT NIGHTCRAWLER, DAZZLER UND NUN AUCH MIT DIR, SCOTT-- ALLES BEREIT.
GUT-- DENN NUN BEGINNT UNSER FEUERWERK.

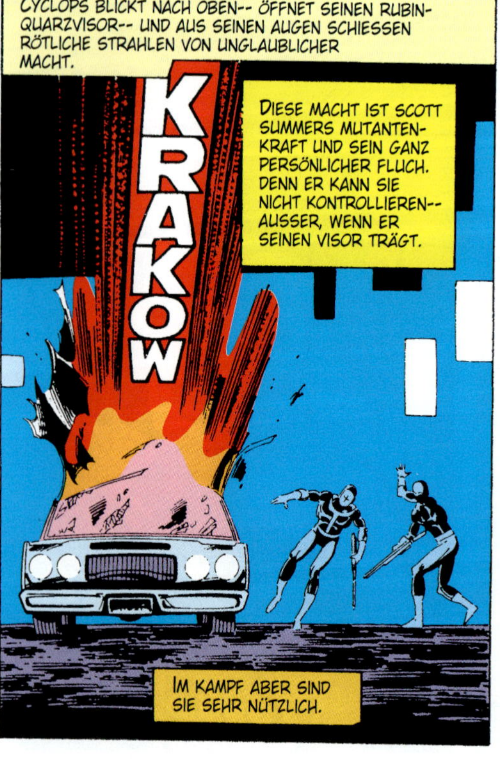
CYCLOPS BLICKT NACH OBEN-- ÖFFNET SEINEN RUBINQUARZVISOR-- UND AUS SEINEN AUGEN SCHIESSEN RÖTLICHE STRAHLEN VON UNGLAUBLICHER MACHT.
KRAKOW
DIESE MACHT IST SCOTT SUMMERS MUTANTENKRAFT UND SEIN GANZ PERSÖNLICHER FLUCH. DENN ER KANN SIE NICHT KONTROLLIEREN-- AUSSER, WENN ER SEINEN VISOR TRÄGT.
IM KAMPF ABER SIND SIE SEHR NÜTZLICH.

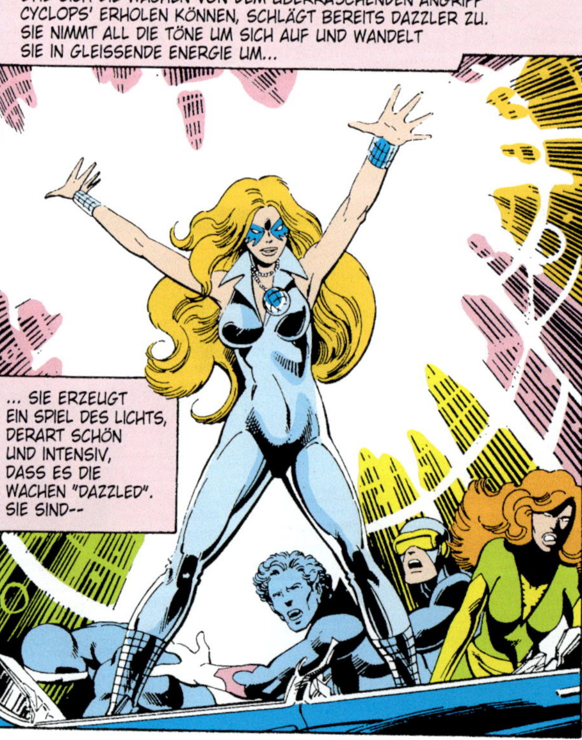
EHE SICH DIE WACHEN VON DEM ÜBERRASCHENDEN ANGRIFF CYCLOPS' ERHOLEN KÖNNEN, SCHLÄGT BEREITS DAZZLER ZU. SIE NIMMT ALL DIE TÖNE UM SICH AUF UND WANDELT SIE IN GLEISSENDE ENERGIE UM...
... SIE ERZEUGT EIN SPIEL DES LICHTS, DERART SCHÖN UND INTENSIV, DASS ES DIE WACHEN "DAZZLED". SIE SIND--

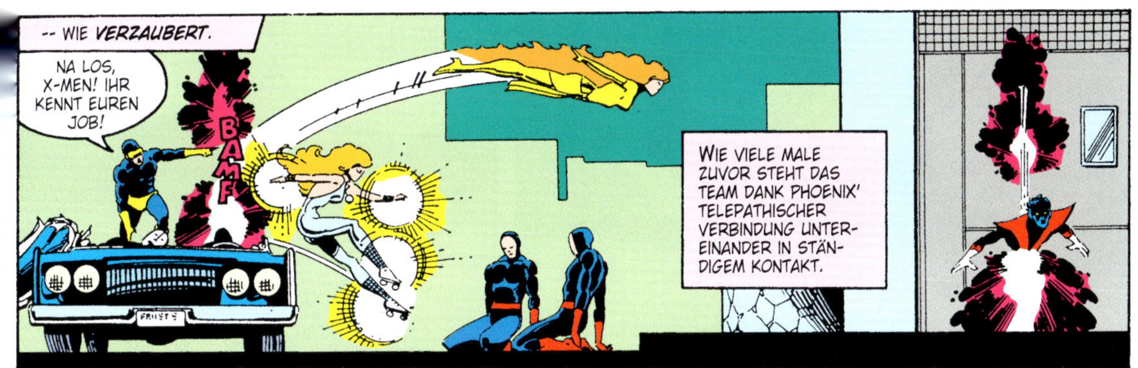
-- WIE *VERZAUBERT*.
NA LOS, X-MEN! IHR KENNT EUREN JOB!
BAMF
WIE VIELE MALE ZUVOR STEHT DAS TEAM DANK PHOENIX' TELEPATHISCHER VERBINDUNG UNTEREINANDER IN STÄNDIGEM KONTAKT.

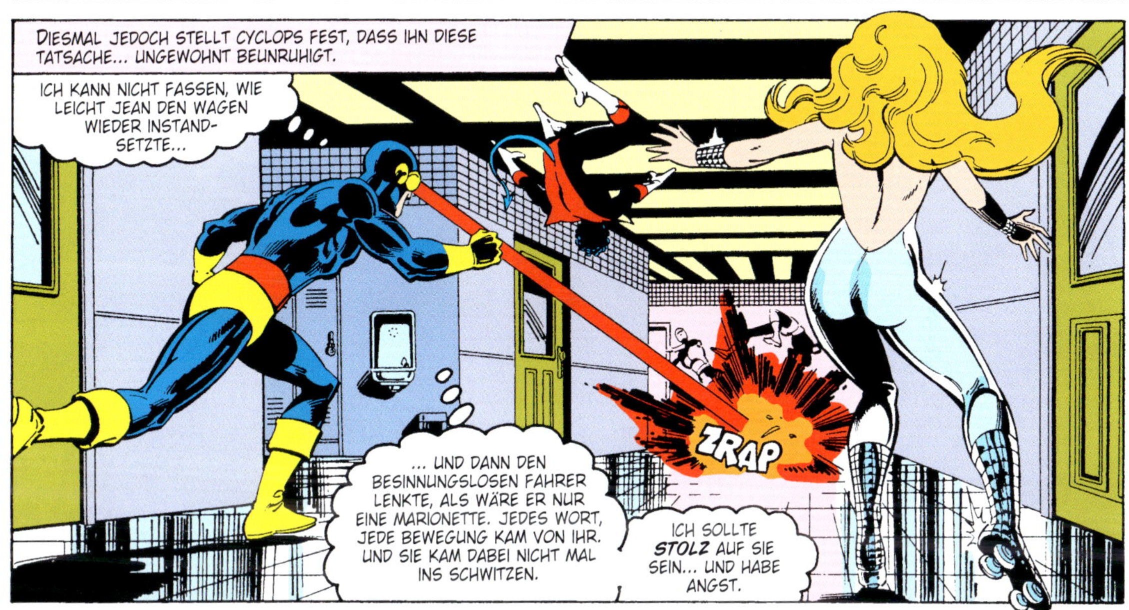
DIESMAL JEDOCH STELLT CYCLOPS FEST, DASS IHN DIESE TATSACHE... UNGEWOHNT BEUNRUHIGT.
ICH KANN NICHT FASSEN, WIE LEICHT JEAN DEN WAGEN WIEDER INSTANDSETZTE...
ZRAP
... UND DANN DEN BESINNUNGSLOSEN FAHRER LENKTE, ALS WÄRE ER NUR EINE MARIONETTE. JEDES WORT, JEDE BEWEGUNG KAM VON IHR. UND SIE KAM DABEI NICHT MAL INS SCHWITZEN.
ICH SOLLTE *STOLZ* AUF SIE SEIN... UND HABE ANGST.

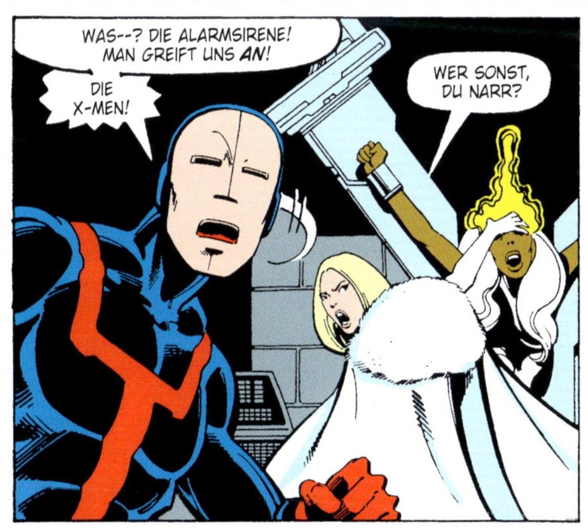
WAS--? DIE ALARMSIRENE! MAN GREIFT UNS *AN*!
DIE X-MEN!
WER SONST, DU NARR?

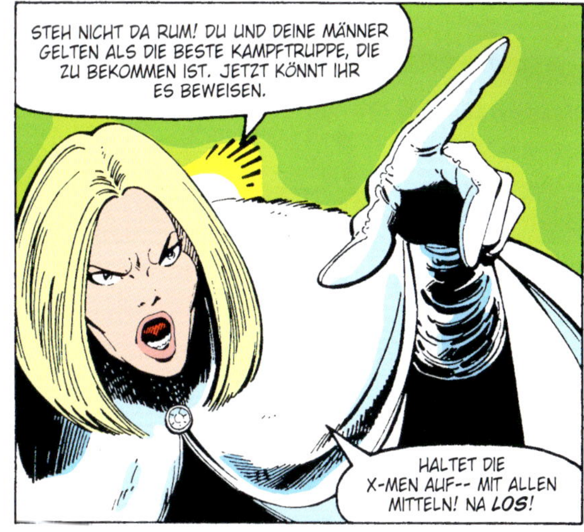
STEH NICHT DA RUM! DU UND DEINE MÄNNER GELTEN ALS DIE BESTE KAMPFTRUPPE, DIE ZU BEKOMMEN IST. JETZT KÖNNT IHR ES BEWEISEN.
HALTET DIE X-MEN AUF-- MIT ALLEN MITTELN! NA *LOS*!

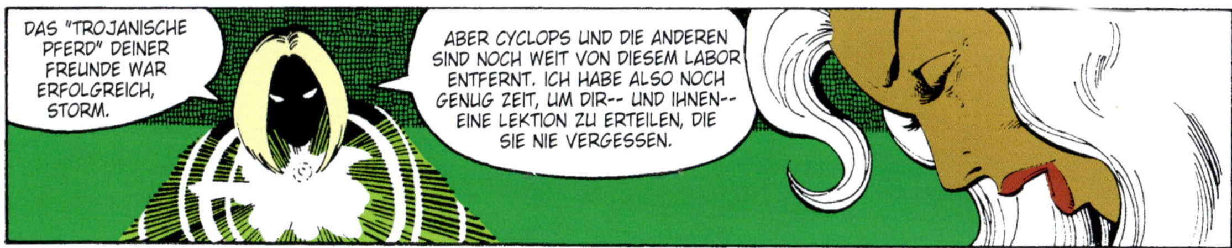
DAS "TROJANISCHE PFERD" DEINER FREUNDE WAR ERFOLGREICH, STORM.
ABER CYCLOPS UND DIE ANDEREN SIND NOCH WEIT VON DIESEM LABOR ENTFERNT. ICH HABE ALSO NOCH GENUG ZEIT, UM DIR-- UND IHNEN-- EINE LEKTION ZU ERTEILEN, DIE SIE NIE VERGESSEN.

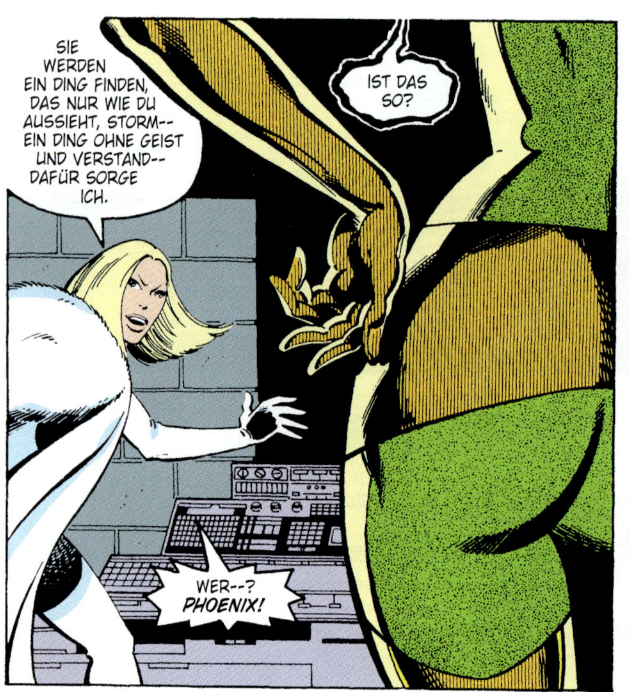
SIE WERDEN EIN DING FINDEN, DAS NUR WIE DU AUSSIEHT, STORM-- EIN DING OHNE GEIST UND VERSTAND-- DAFÜR SORGE ICH.
IST DAS SO?
WER--? *PHOENIX!*
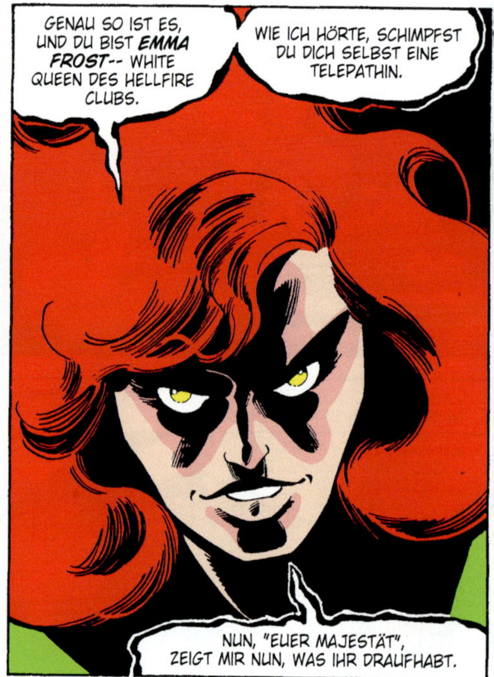
GENAU SO IST ES, UND DU BIST *EMMA FROST*-- WHITE QUEEN DES HELLFIRE CLUBS.
WIE ICH HÖRTE, SCHIMPFST DU DICH SELBST EINE TELEPATHIN.
NUN, "EUER MAJESTÄT", ZEIGT MIR NUN, WAS IHR DRAUFHABT.
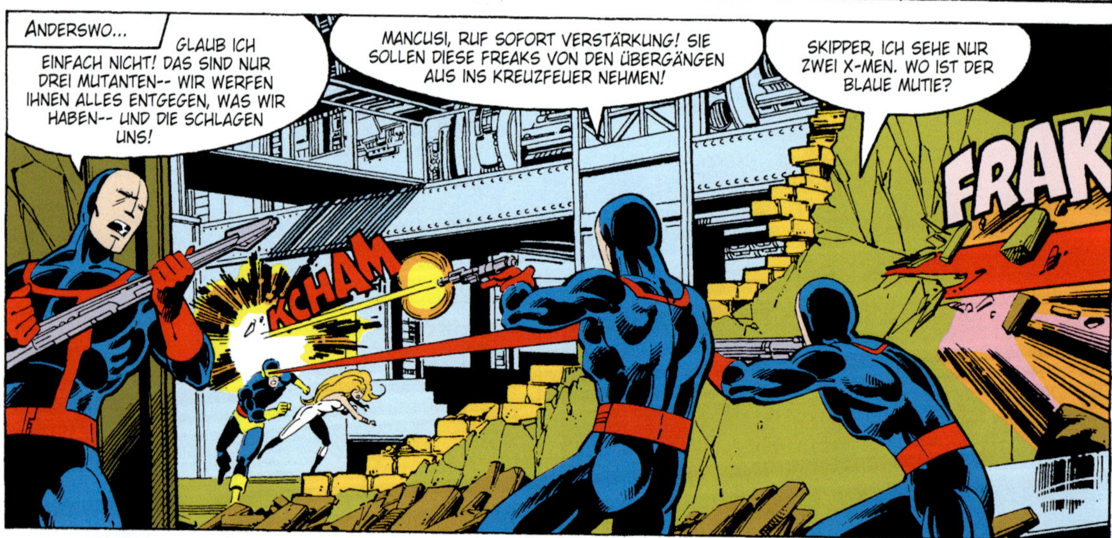
ANDERSWO...
GLAUB ICH EINFACH NICHT! DAS SIND NUR DREI MUTANTEN-- WIR WERFEN IHNEN ALLES ENTGEGEN, WAS WIR HABEN-- UND DIE SCHLAGEN UNS!
MANCUSI, RUF SOFORT VERSTÄRKUNG! SIE SOLLEN DIESE FREAKS VON DEN ÜBERGÄNGEN AUS INS KREUZFEUER NEHMEN!
SKIPPER, ICH SEHE NUR ZWEI X-MEN. WO IST DER BLAUE MUTIE?
FRAK
KCHAM
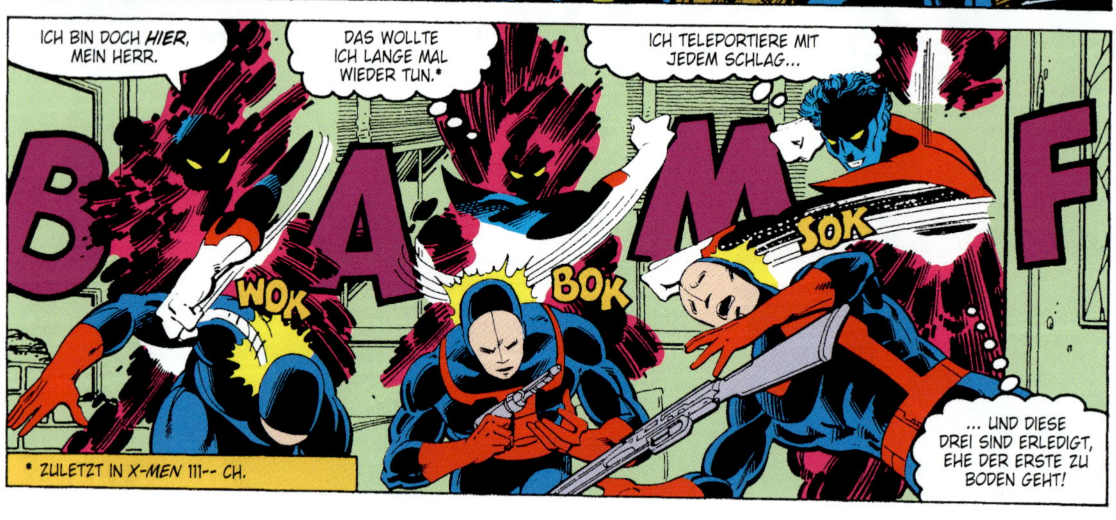
ICH BIN DOCH *HIER*, MEIN HERR.
DAS WOLLTE ICH LANGE MAL WIEDER TUN.*
ICH TELEPORTIERE MIT JEDEM SCHLAG...
BAMF
WOK
BOK
SOK
... UND DIESE DREI SIND ERLEDIGT, EHE DER ERSTE ZU BODEN GEHT!
* ZULETZT IN *X-MEN* 111-- CH.

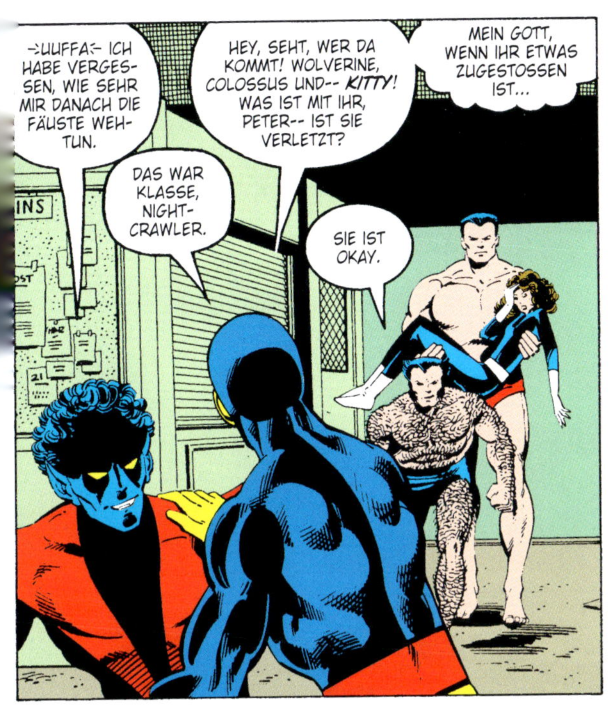
-HUFFA- ICH HABE VERGESSEN, WIE SEHR MIR DANACH DIE FÄUSTE WEHTUN.
DAS WAR KLASSE, NIGHTCRAWLER.
HEY, SEHT, WER DA KOMMT! WOLVERINE, COLOSSUS UND-- KITTY! WAS IST MIT IHR, PETER-- IST SIE VERLETZT?
SIE IST OKAY.
MEIN GOTT, WENN IHR ETWAS ZUGESTOSSEN IST...
INS

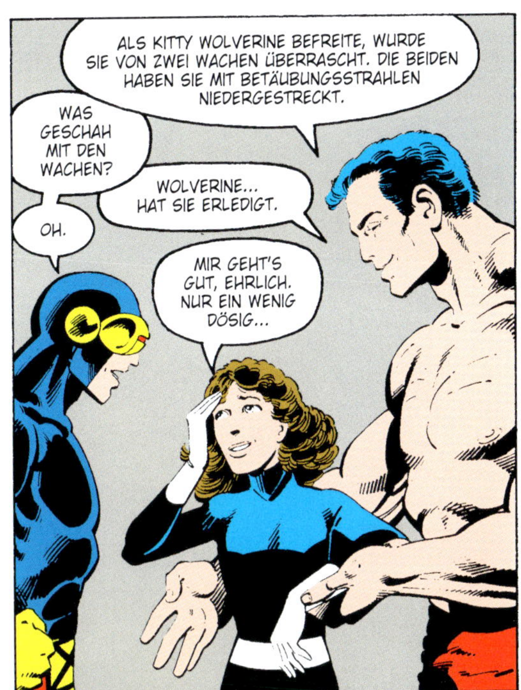
ALS KITTY WOLVERINE BEFREITE, WURDE SIE VON ZWEI WACHEN ÜBERRASCHT. DIE BEIDEN HABEN SIE MIT BETÄUBUNGSSTRAHLEN NIEDERGESTRECKT.
WAS GESCHAH MIT DEN WACHEN?
WOLVERINE... HAT SIE ERLEDIGT.
OH.
MIR GEHT'S GUT, EHRLICH. NUR EIN WENIG DÖSIG...

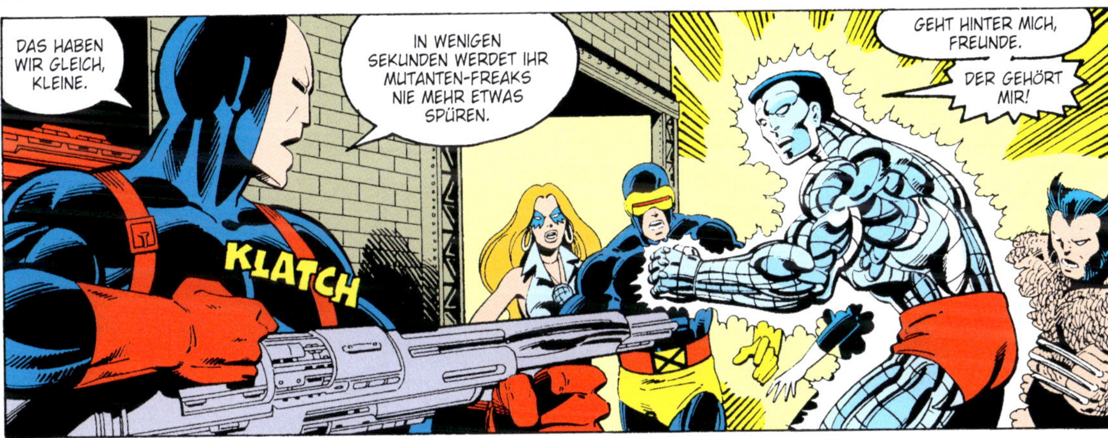
DAS HABEN WIR GLEICH, KLEINE.
KLATCH
IN WENIGEN SEKUNDEN WERDET IHR MUTANTEN-FREAKS NIE MEHR ETWAS SPÜREN.
GEHT HINTER MICH, FREUNDE.
DER GEHÖRT MIR!

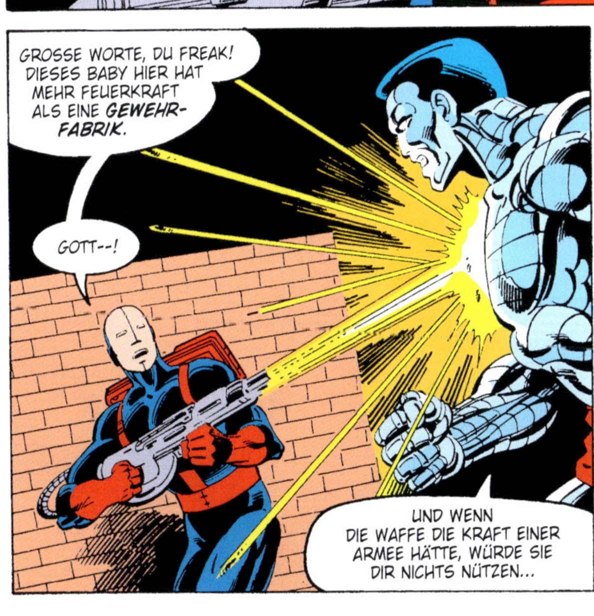
GROSSE WORTE, DU FREAK! DIESES BABY HIER HAT MEHR FEUERKRAFT ALS EINE GEWEHRFABRIK.
GOTT--!
UND WENN DIE WAFFE DIE KRAFT EINER ARMEE HÄTTE, WÜRDE SIE DIR NICHTS NÜTZEN...

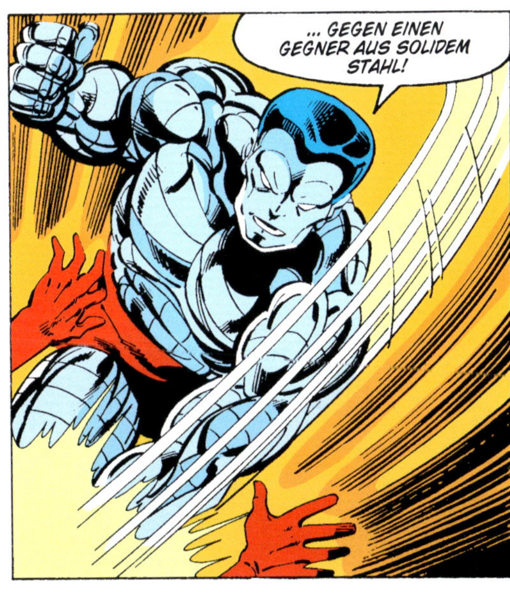
... GEGEN EINEN GEGNER AUS SOLIDEM STAHL!

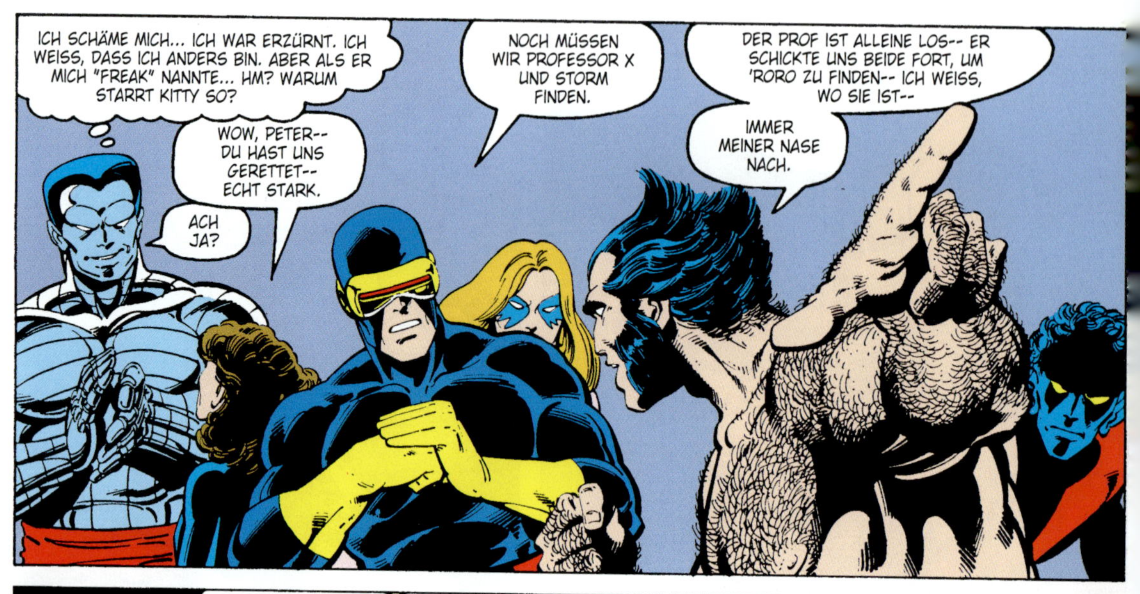

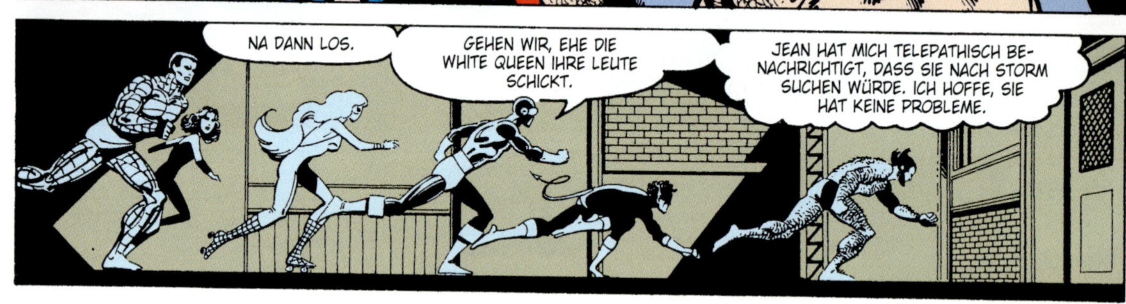

PROBLEME? NICHT GANZ.

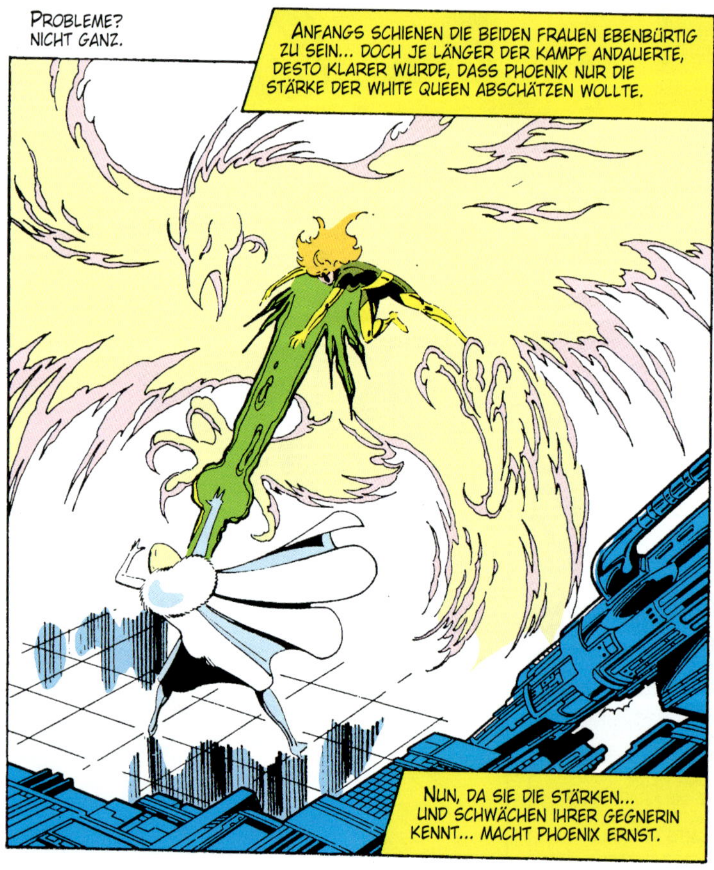

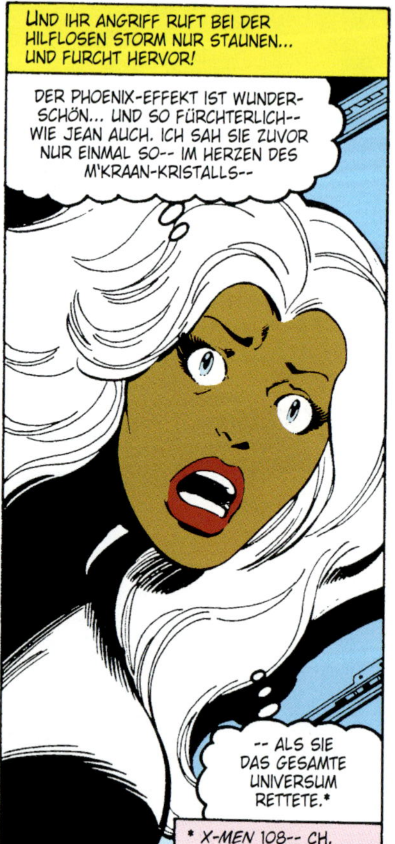

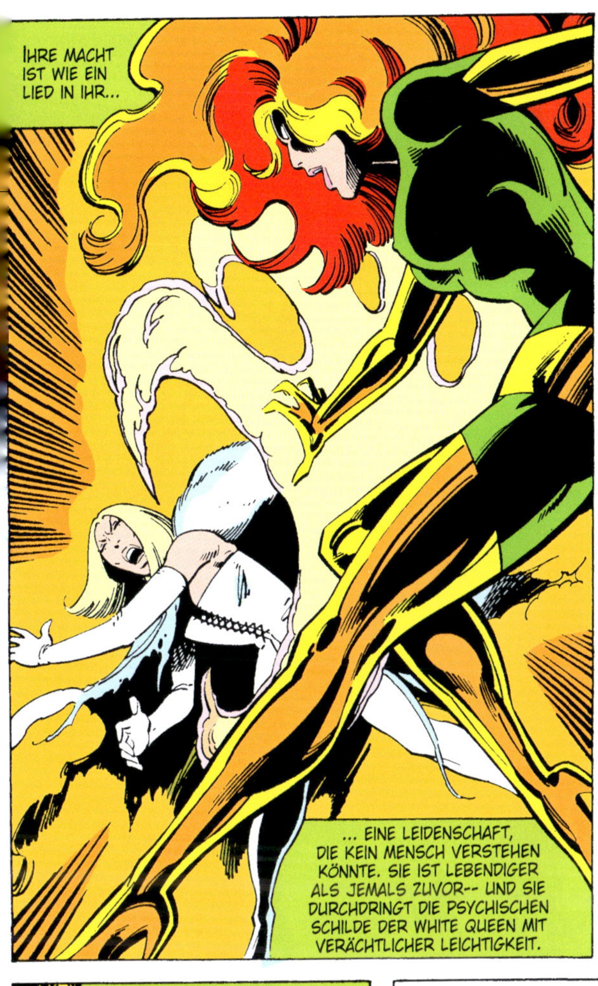
IHRE MACHT IST WIE EIN LIED IN IHR...
... EINE LEIDENSCHAFT, DIE KEIN MENSCH VERSTEHEN KÖNNTE. SIE IST LEBENDIGER ALS JEMALS ZUVOR-- UND SIE DURCHDRINGT DIE PSYCHISCHEN SCHILDE DER WHITE QUEEN MIT VERÄCHTLICHER LEICHTIGKEIT.

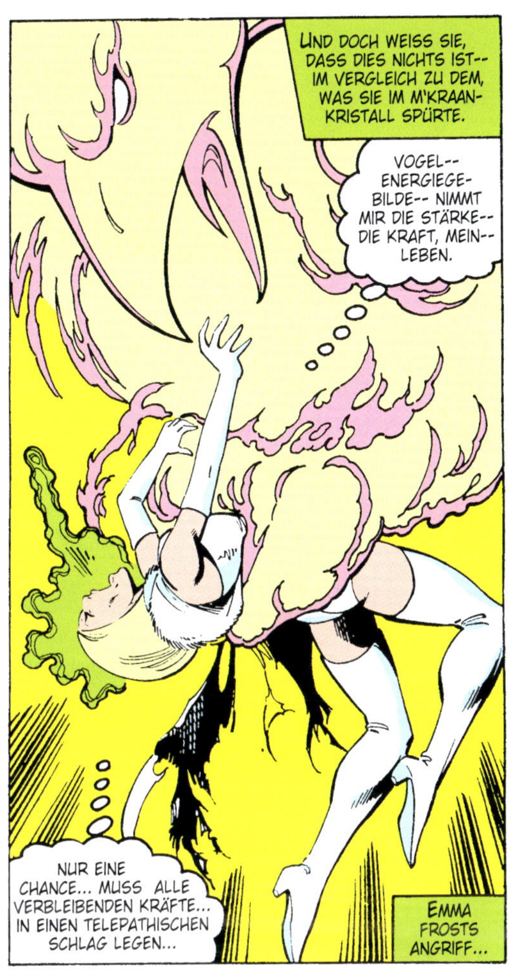
UND DOCH WEISS SIE, DASS DIES NICHTS IST-- IM VERGLEICH ZU DEM, WAS SIE IM M'KRAAN-KRISTALL SPÜRTE.
VOGEL-- ENERGIEGEBILDE-- NIMMT MIR DIE STÄRKE-- DIE KRAFT, MEIN-- LEBEN.
NUR EINE CHANCE... MUSS ALLE VERBLEIBENDEN KRÄFTE... IN EINEN TELEPATHISCHEN SCHLAG LEGEN...
EMMA FROSTS ANGRIFF...

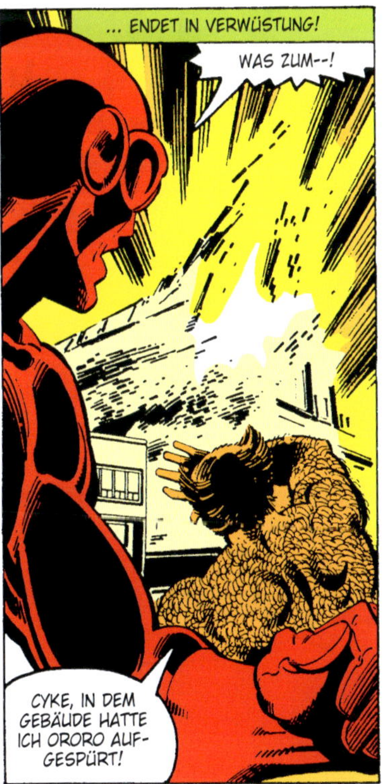
... ENDET IN VERWÜSTUNG!
WAS ZUM--!
CYKE, IN DEM GEBÄUDE HATTE ICH ORORO AUFGESPÜRT!

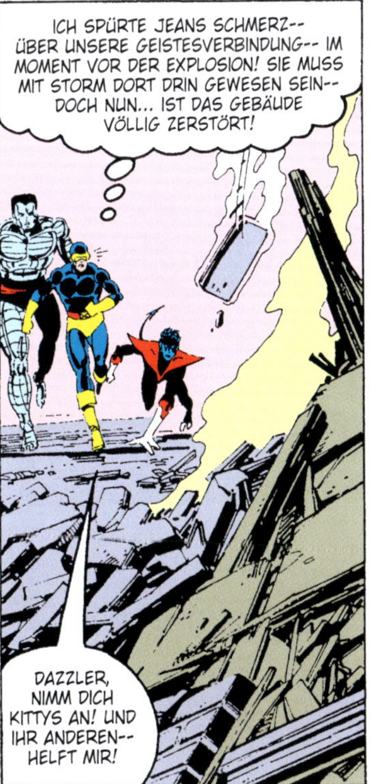
ICH SPÜRTE JEANS SCHMERZ-- ÜBER UNSERE GEISTESVERBINDUNG-- IM MOMENT VOR DER EXPLOSION! SIE MUSS MIT STORM DORT DRIN GEWESEN SEIN-- DOCH NUN... IST DAS GEBÄUDE VÖLLIG ZERSTÖRT!
DAZZLER, NIMM DICH KITTYS AN! UND IHR ANDEREN-- HELFT MIR!

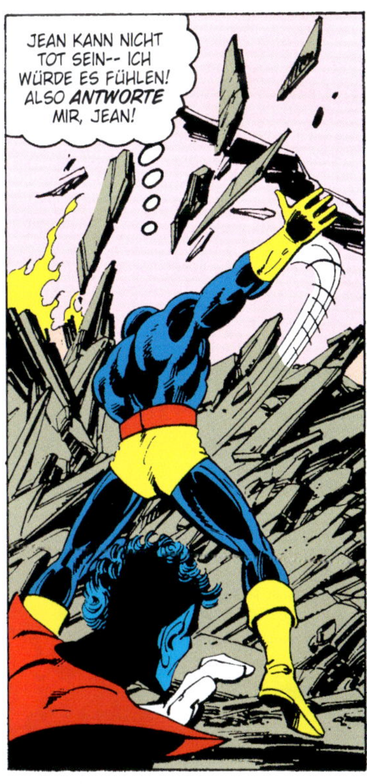
JEAN KANN NICHT TOT SEIN-- ICH WÜRDE ES FÜHLEN! ALSO ANTWORTE MIR, JEAN!

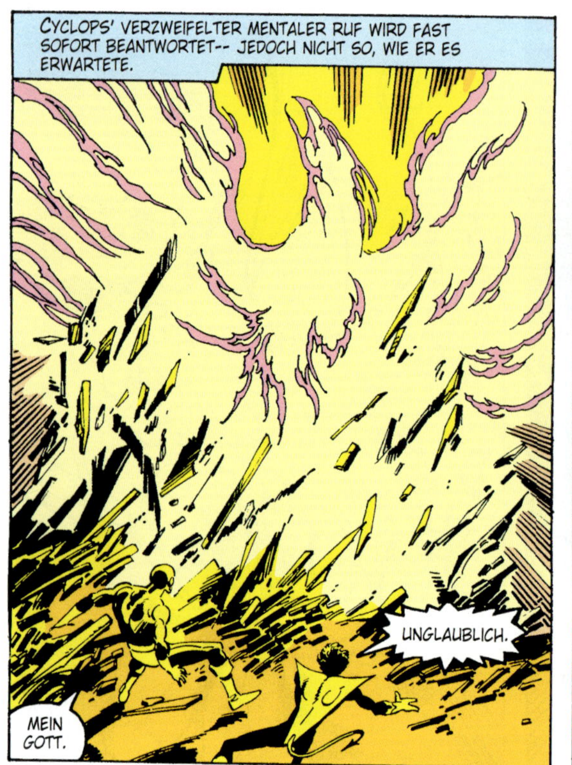
CYCLOPS' VERZWEIFELTER MENTALER RUF WIRD FAST SOFORT BEANTWORTET-- JEDOCH NICHT SO, WIE ER ES ERWARTETE.
UNGLAUBLICH.
MEIN GOTT.

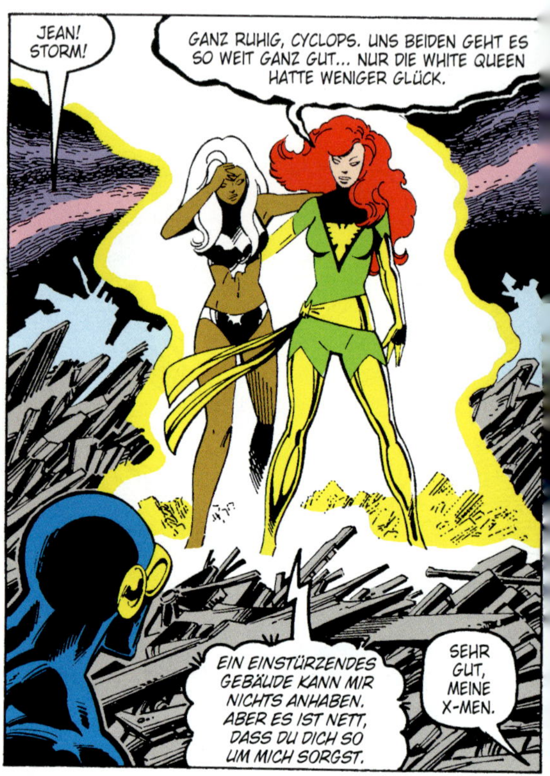
JEAN! STORM!
GANZ RUHIG, CYCLOPS. UNS BEIDEN GEHT ES SO WEIT GANZ GUT... NUR DIE WHITE QUEEN HATTE WENIGER GLÜCK.
EIN EINSTÜRZENDES GEBÄUDE KANN MIR NICHTS ANHABEN. ABER ES IST NETT, DASS DU DICH SO UM MICH SORGST.
SEHR GUT, MEINE X-MEN.

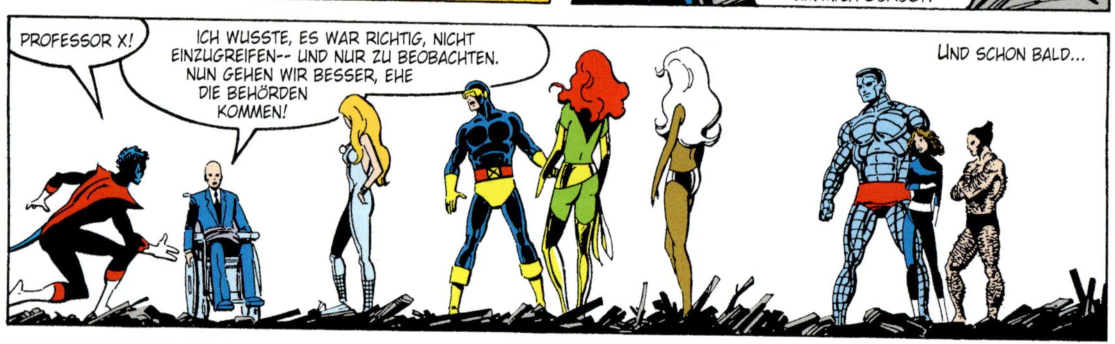
PROFESSOR X!
ICH WUSSTE, ES WAR RICHTIG, NICHT EINZUGREIFEN-- UND NUR ZU BEOBACHTEN. NUN GEHEN WIR BESSER, EHE DIE BEHÖRDEN KOMMEN!
UND SCHON BALD...

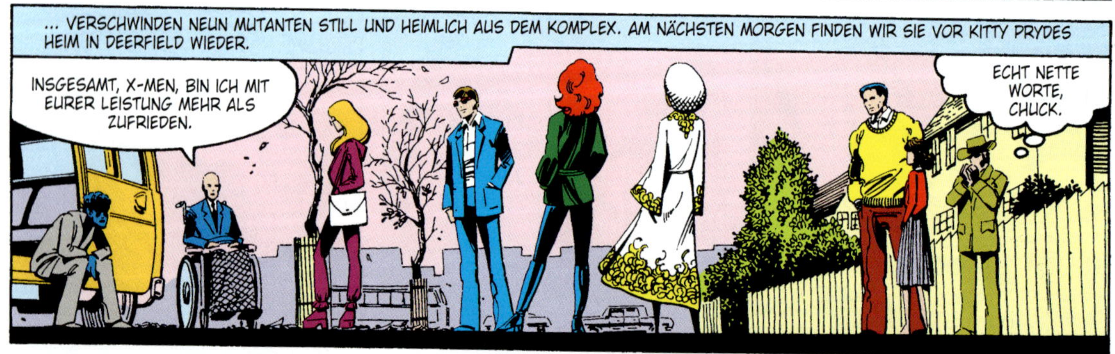
... VERSCHWINDEN NEUN MUTANTEN STILL UND HEIMLICH AUS DEM KOMPLEX. AM NÄCHSTEN MORGEN FINDEN WIR SIE VOR KITTY PRYDES HEIM IN DEERFIELD WIEDER.
INSGESAMT, X-MEN, BIN ICH MIT EURER LEISTUNG MEHR ALS ZUFRIEDEN.
ECHT NETTE WORTE, CHUCK.

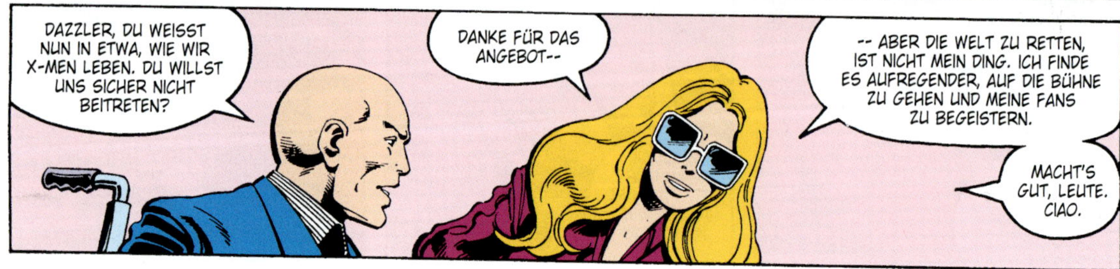
DAZZLER, DU WEISST NUN IN ETWA, WIE WIR X-MEN LEBEN. DU WILLST UNS SICHER NICHT BEITRETEN?
DANKE FÜR DAS ANGEBOT--
-- ABER DIE WELT ZU RETTEN, IST NICHT MEIN DING. ICH FINDE ES AUFREGENDER, AUF DIE BÜHNE ZU GEHEN UND MEINE FANS ZU BEGEISTERN.
MACHT'S GUT, LEUTE. CIAO.

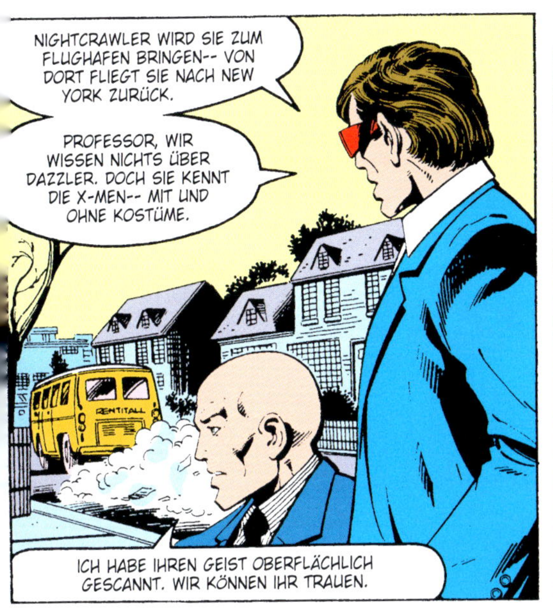
NIGHTCRAWLER WIRD SIE ZUM FLUGHAFEN BRINGEN-- VON DORT FLIEGT SIE NACH NEW YORK ZURÜCK.
PROFESSOR, WIR WISSEN NICHTS ÜBER DAZZLER. DOCH SIE KENNT DIE X-MEN-- MIT UND OHNE KOSTÜME.
RENTITALL
ICH HABE IHREN GEIST OBERFLÄCHLICH GESCANNT. WIR KÖNNEN IHR TRAUEN.

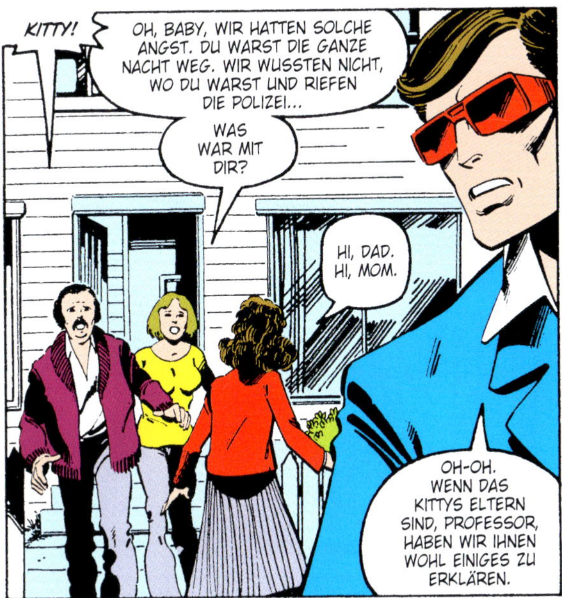
KITTY!
OH, BABY, WIR HATTEN SOLCHE ANGST. DU WARST DIE GANZE NACHT WEG. WIR WUSSTEN NICHT, WO DU WARST UND RIEFEN DIE POLIZEI...
WAS WAR MIT DIR?
HI, DAD. HI, MOM.
OH-OH. WENN DAS KITTYS ELTERN SIND, PROFESSOR, HABEN WIR IHNEN WOHL EINIGES ZU ERKLÄREN.

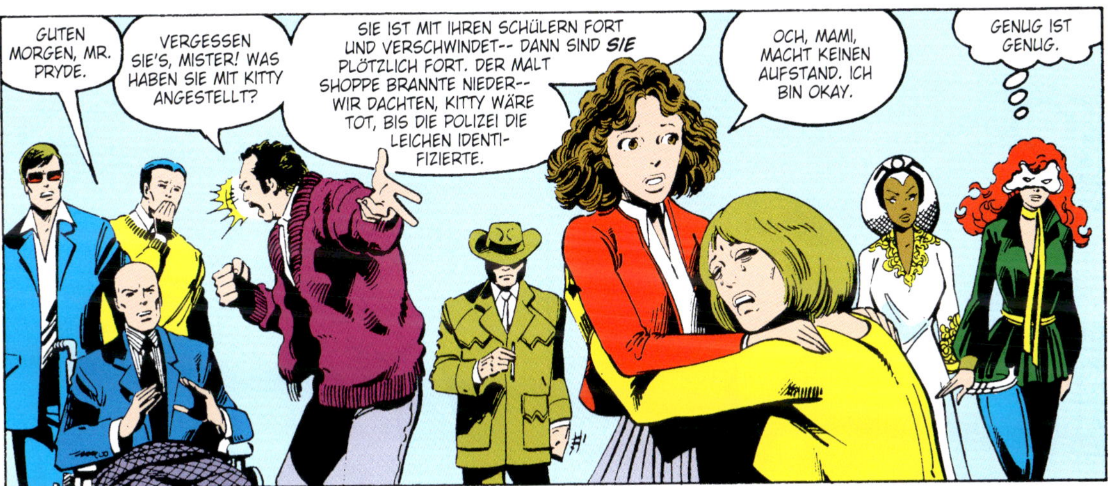
GUTEN MORGEN, MR. PRYDE.
VERGESSEN SIE'S, MISTER! WAS HABEN SIE MIT KITTY ANGESTELLT?
SIE IST MIT IHREN SCHÜLERN FORT UND VERSCHWINDET-- DANN SIND *SIE* PLÖTZLICH FORT. DER MALT SHOPPE BRANNTE NIEDER-- WIR DACHTEN, KITTY WÄRE TOT, BIS DIE POLIZEI DIE LEICHEN IDENTIFIZIERTE.
OCH, MAMI, MACHT KEINEN AUFSTAND. ICH BIN OKAY.
GENUG IST GENUG.

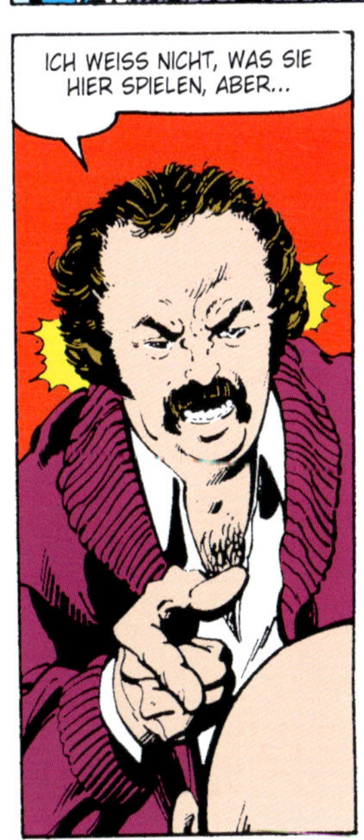
ICH WEISS NICHT, WAS SIE HIER SPIELEN, ABER...

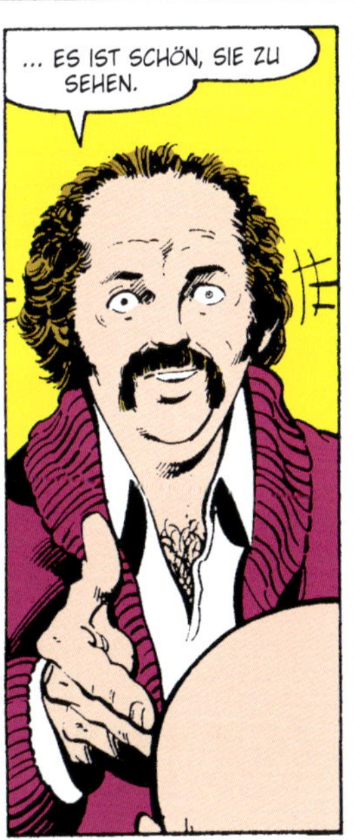
... ES IST SCHÖN, SIE ZU SEHEN.

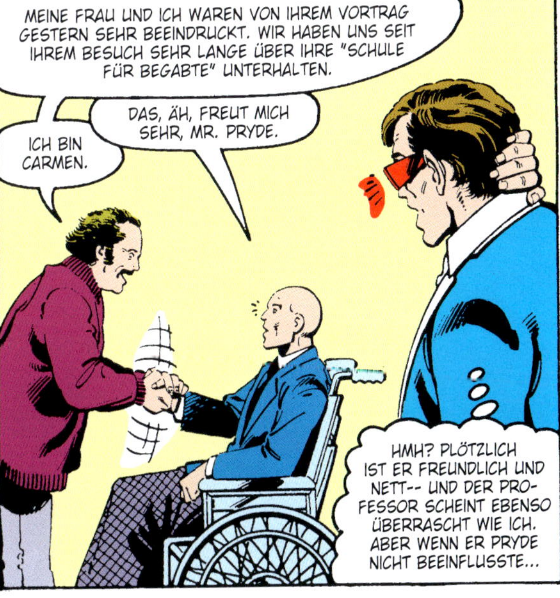
MEINE FRAU UND ICH WAREN VON IHREM VORTRAG GESTERN SEHR BEEINDRUCKT. WIR HABEN UNS SEIT IHREM BESUCH SEHR LANGE ÜBER IHRE "SCHULE FÜR BEGABTE" UNTERHALTEN.
ICH BIN CARMEN.
DAS, ÄH, FREUT MICH SEHR, MR. PRYDE.
HMH? PLÖTZLICH IST ER FREUNDLICH UND NETT-- UND DER PROFESSOR SCHEINT EBENSO ÜBERRASCHT WIE ICH. ABER WENN ER PRYDE NICHT BEEINFLUSSTE...

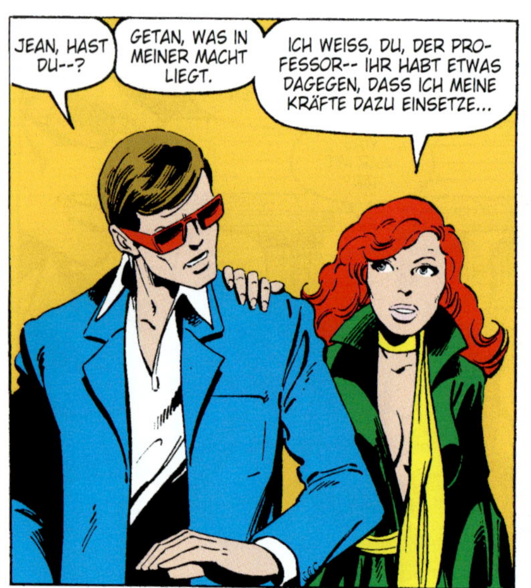

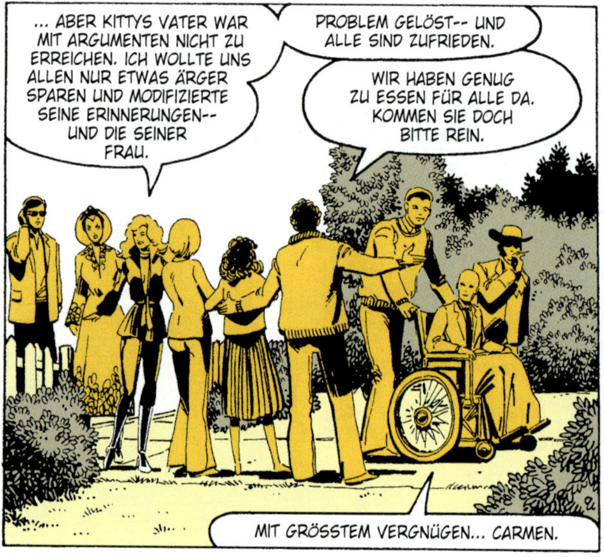

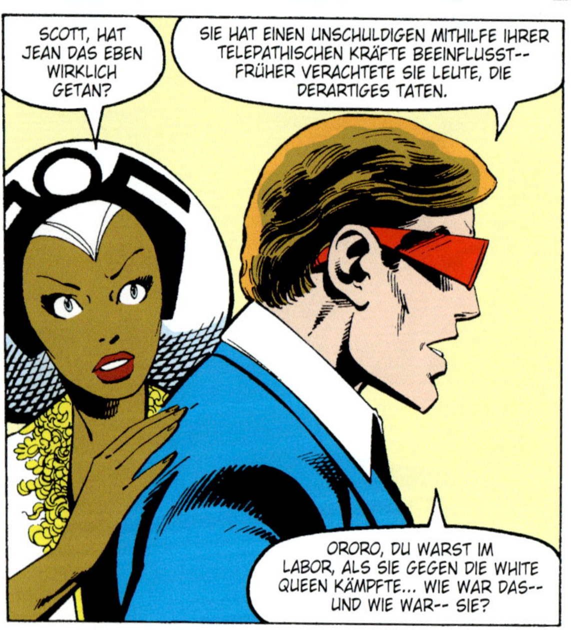

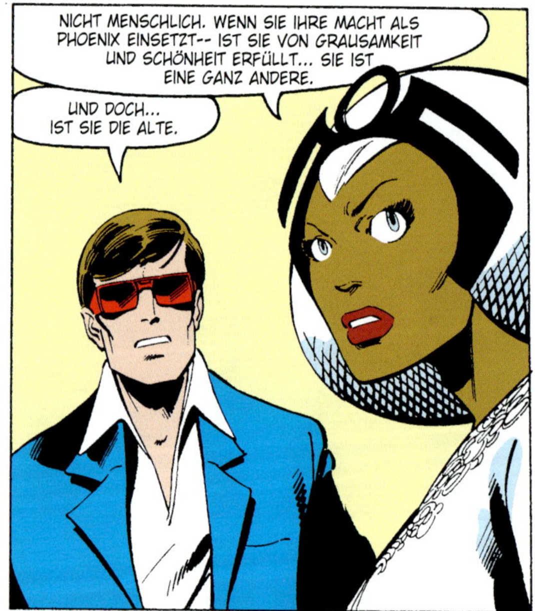

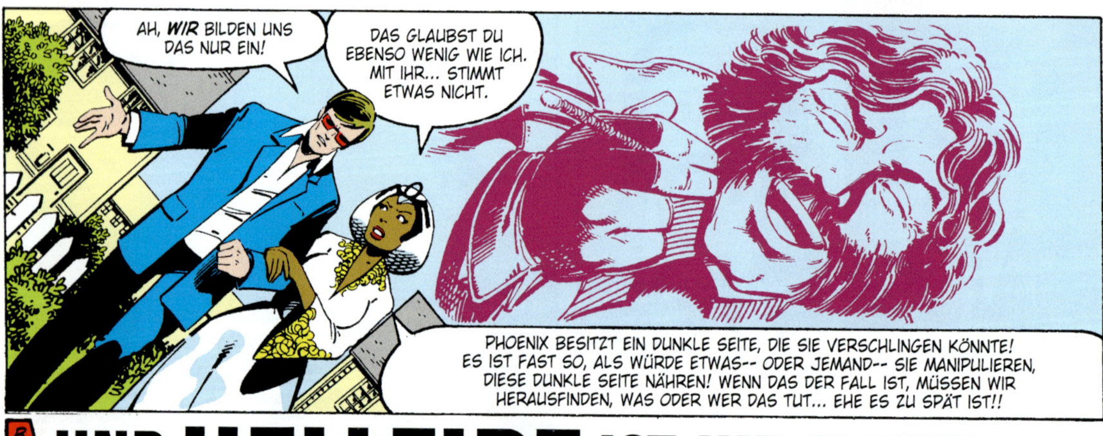

BALD UND **HELLFIRE** IST IHR NAME!

UND HELLFIRE IST IHR NAME!

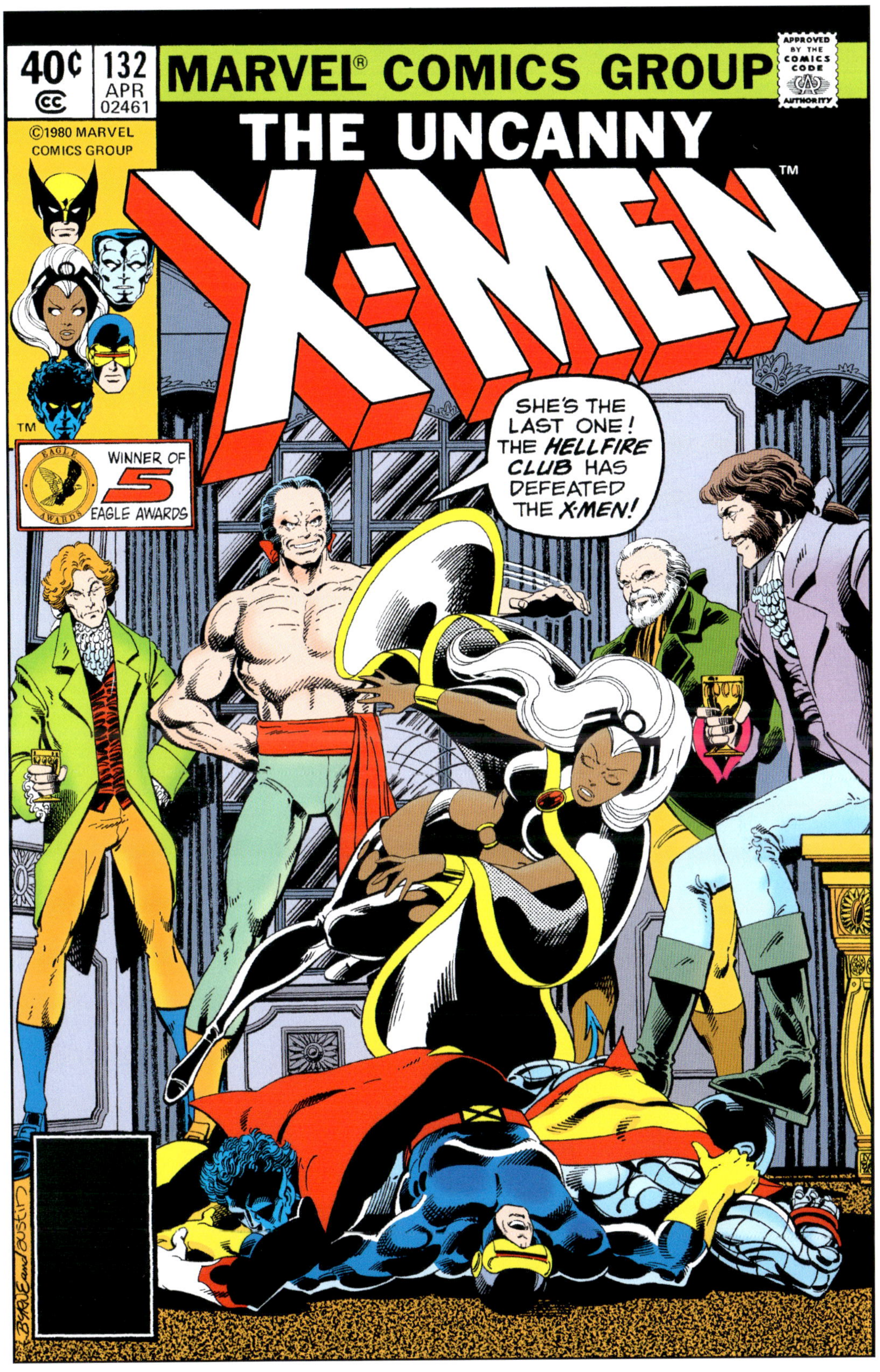

Uncanny X-Men (1963) 132
Cover von **JOHN BYRNE**

CYCLOPS, STORM, BANSHEE, NIGHTCRAWLER, WOLVERINE, COLOSSUS. KINDER DES ATOMS, SCHÜLER CHARLES XAVIERS, MUTANTEN– GEFÜRCHTET UND GEHASST VON DER WELT, DIE SIE BESCHÜTZEN. DIES SIND DIE UNGEWÖHNLICHSTEN HELDEN VON ALLEN– DIES SIND

Stan Lee PRÄSENTIERT:

DIE X-MEN!™

CHRIS CLAREMONT & JOHN BYRNE ERZÄHLER / CO-AUTOREN / ZEICHNER · TERRY AUSTIN TUSCHE · GLYNIS WEIN FARBEN · WALPROJECT RELETTERING · CHRISTIAN HEISS ÜBERSETZUNG · JIM SHOOTER REDAKTION USA

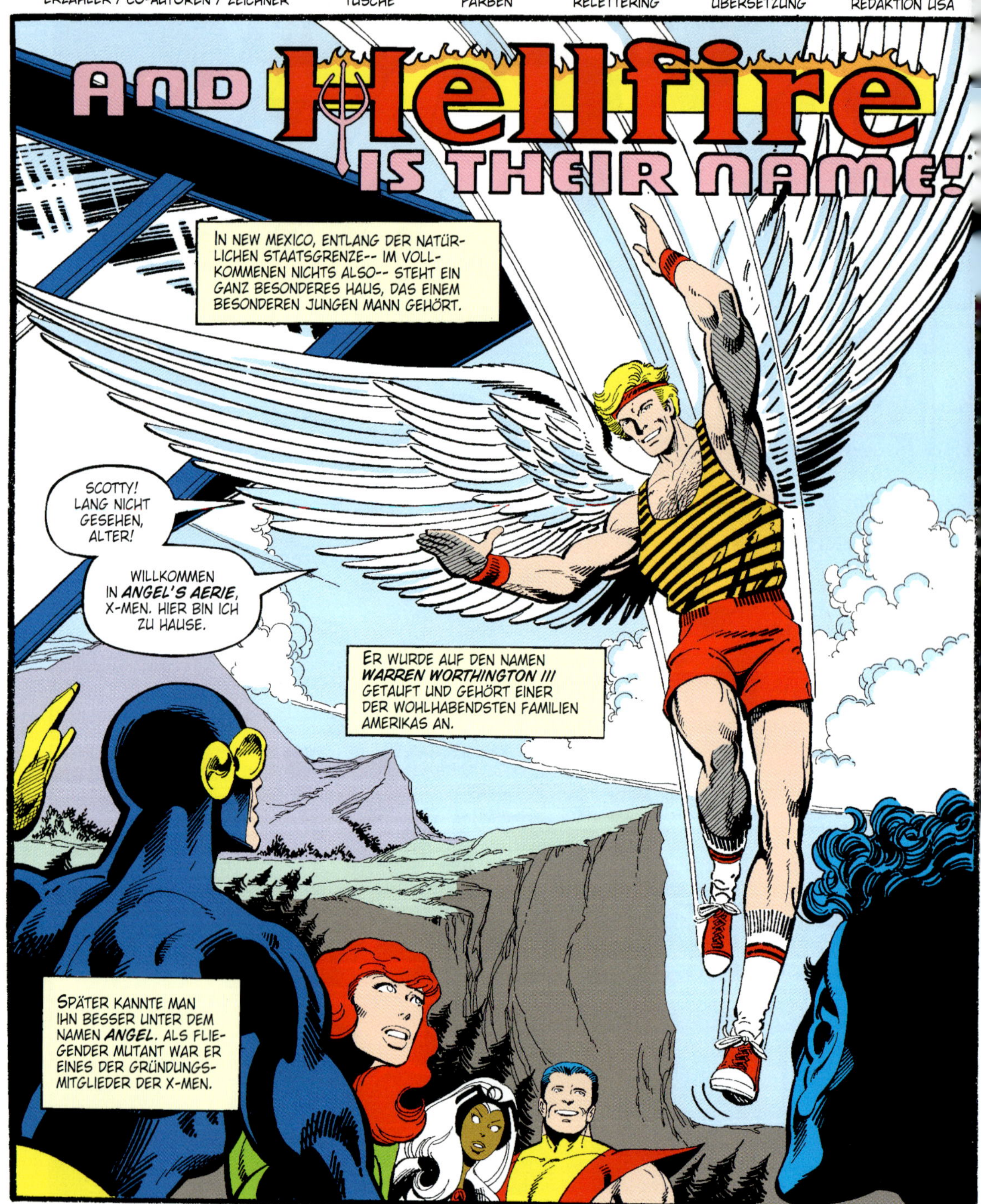

* UND HELLFIRE IST IHR NAME!

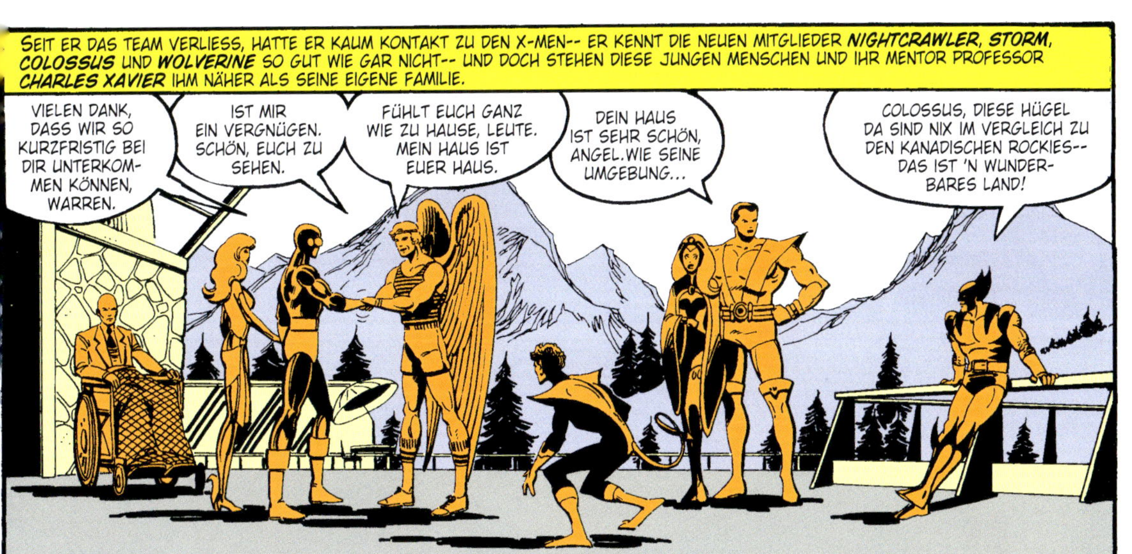
SEIT ER DAS TEAM VERLIESS, HATTE ER KAUM KONTAKT ZU DEN X-MEN-- ER KENNT DIE NEUEN MITGLIEDER NIGHTCRAWLER, STORM, COLOSSUS UND WOLVERINE SO GUT WIE GAR NICHT-- UND DOCH STEHEN DIESE JUNGEN MENSCHEN UND IHR MENTOR PROFESSOR CHARLES XAVIER IHM NÄHER ALS SEINE EIGENE FAMILIE.
VIELEN DANK, DASS WIR SO KURZFRISTIG BEI DIR UNTERKOMMEN KÖNNEN, WARREN.
IST MIR EIN VERGNÜGEN. SCHÖN, EUCH ZU SEHEN.
FÜHLT EUCH GANZ WIE ZU HAUSE, LEUTE. MEIN HAUS IST EUER HAUS.
DEIN HAUS IST SEHR SCHÖN, ANGEL. WIE SEINE UMGEBUNG...
COLOSSUS, DIESE HÜGEL DA SIND NIX IM VERGLEICH ZU DEN KANADISCHEN ROCKIES-- DAS IST 'N WUNDERBARES LAND!

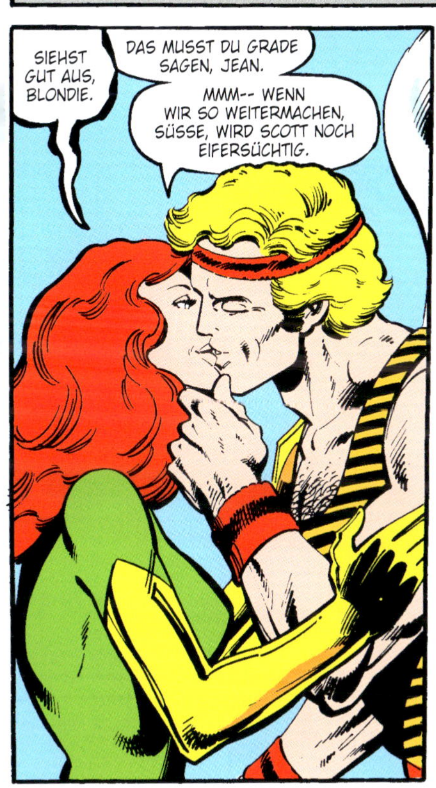
SIEHST GUT AUS, BLONDIE.
DAS MUSST DU GRADE SAGEN, JEAN.
MMM-- WENN WIR SO WEITERMACHEN, SÜSSE, WIRD SCOTT NOCH EIFERSÜCHTIG.

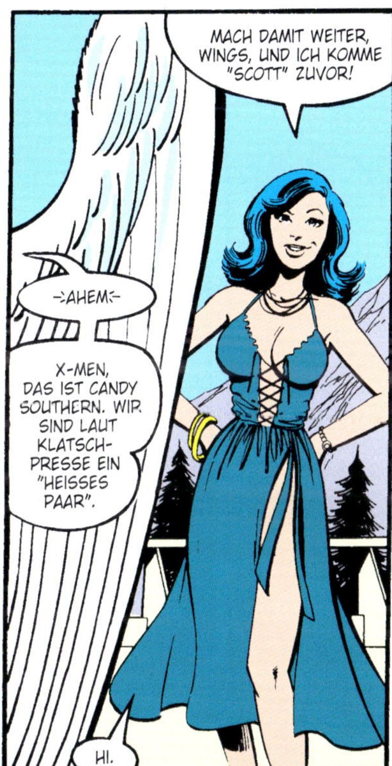
MACH DAMIT WEITER, WINGS, UND ICH KOMME "SCOTT" ZUVOR!
-AHEM-
X-MEN, DAS IST CANDY SOUTHERN. WIR SIND LAUT KLATSCHPRESSE EIN "HEISSES PAAR".
HI.

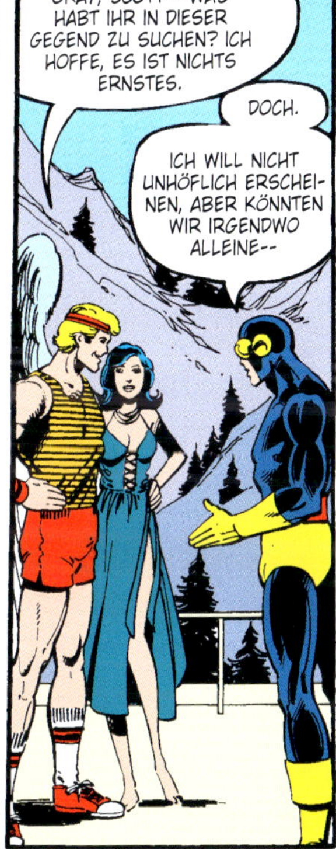
OKAY, SCOTT-- WAS HABT IHR IN DIESER GEGEND ZU SUCHEN? ICH HOFFE, ES IST NICHTS ERNSTES.
DOCH.
ICH WILL NICHT UNHÖFLICH ERSCHEINEN, ABER KÖNNTEN WIR IRGENDWO ALLEINE--

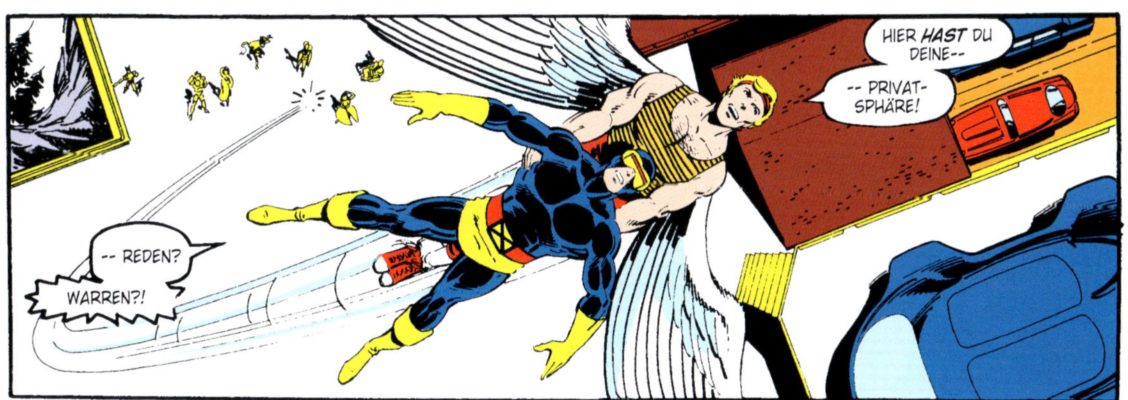
-- REDEN?
WARREN?!
HIER HAST DU DEINE--
-- PRIVATSPHÄRE!

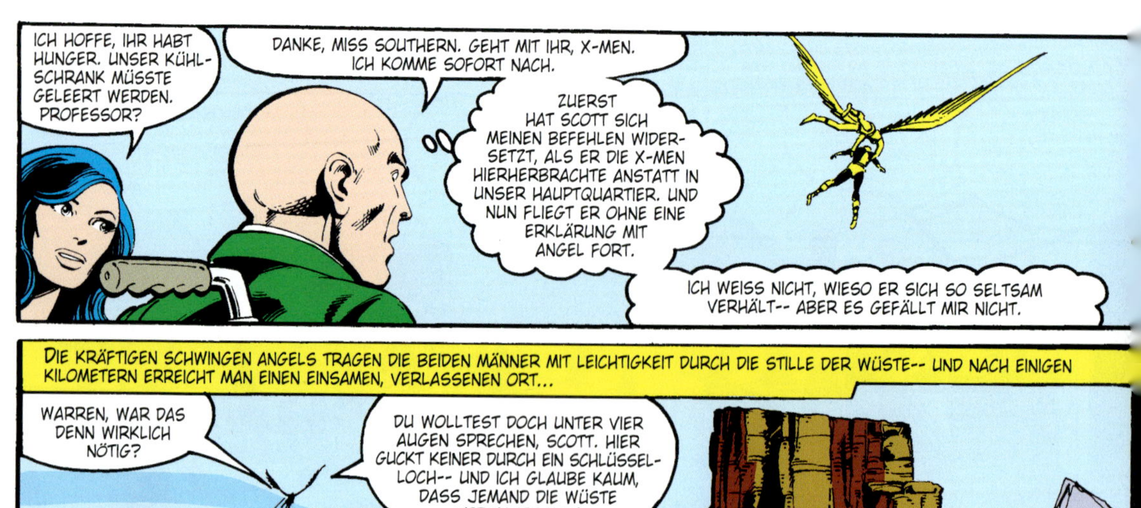
ICH HOFFE, IHR HABT HUNGER. UNSER KÜHLSCHRANK MÜSSTE GELEERT WERDEN. PROFESSOR?
DANKE, MISS SOUTHERN. GEHT MIT IHR, X-MEN. ICH KOMME SOFORT NACH.
ZUERST HAT SCOTT SICH MEINEN BEFEHLEN WIDERSETZT, ALS ER DIE X-MEN HIERHERBRACHTE ANSTATT IN UNSER HAUPTQUARTIER. UND NUN FLIEGT ER OHNE EINE ERKLÄRUNG MIT ANGEL FORT.
ICH WEISS NICHT, WIESO ER SICH SO SELTSAM VERHÄLT-- ABER ES GEFÄLLT MIR NICHT.
DIE KRÄFTIGEN SCHWINGEN ANGELS TRAGEN DIE BEIDEN MÄNNER MIT LEICHTIGKEIT DURCH DIE STILLE DER WÜSTE-- UND NACH EINIGEN KILOMETERN ERREICHT MAN EINEN EINSAMEN, VERLASSENEN ORT...
WARREN, WAR DAS DENN WIRKLICH NÖTIG?
DU WOLLTEST DOCH UNTER VIER AUGEN SPRECHEN, SCOTT. HIER GUCKT KEINER DURCH EIN SCHLÜSSELLOCH-- UND ICH GLAUBE KAUM, DASS JEMAND DIE WÜSTE VERWANZT HAT!

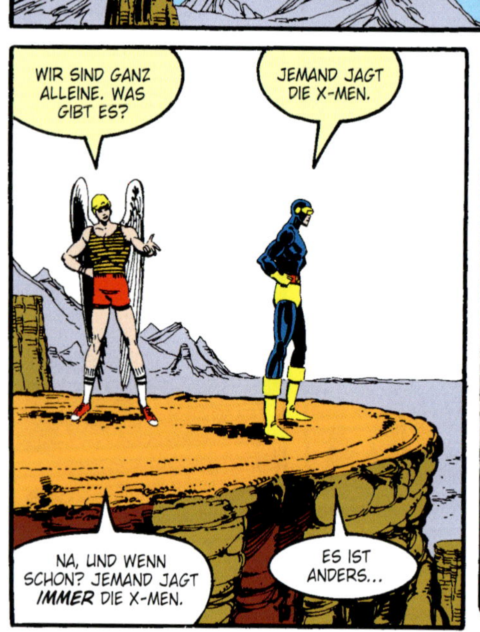
WIR SIND GANZ ALLEINE. WAS GIBT ES?
JEMAND JAGT DIE X-MEN.
NA, UND WENN SCHON? JEMAND JAGT *IMMER* DIE X-MEN.
ES IST ANDERS...

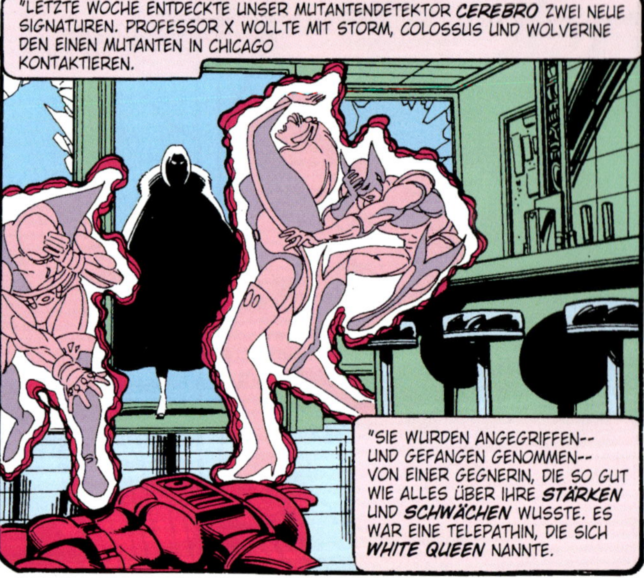
"LETZTE WOCHE ENTDECKTE UNSER MUTANTENDETEKTOR ***CEREBRO*** ZWEI NEUE SIGNATUREN. PROFESSOR X WOLLTE MIT STORM, COLOSSUS UND WOLVERINE DEN EINEN MUTANTEN IN CHICAGO KONTAKTIEREN.
"SIE WURDEN ANGEGRIFFEN-- UND GEFANGEN GENOMMEN-- VON EINER GEGNERIN, DIE SO GUT WIE ALLES ÜBER IHRE ***STÄRKEN*** UND ***SCHWÄCHEN*** WUSSTE. ES WAR EINE TELEPATHIN, DIE SICH ***WHITE QUEEN*** NANNTE.

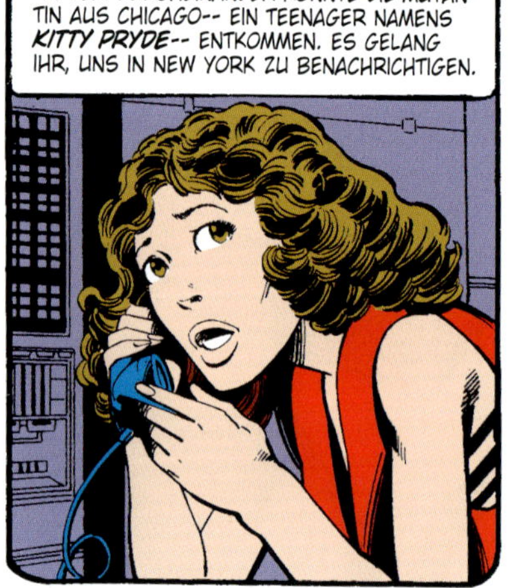
"IN DEM DURCHEINANDER KONNTE DIE MUTANTIN AUS CHICAGO-- EIN TEENAGER NAMENS ***KITTY PRYDE***-- ENTKOMMEN. ES GELANG IHR, UNS IN NEW YORK ZU BENACHRICHTIGEN.

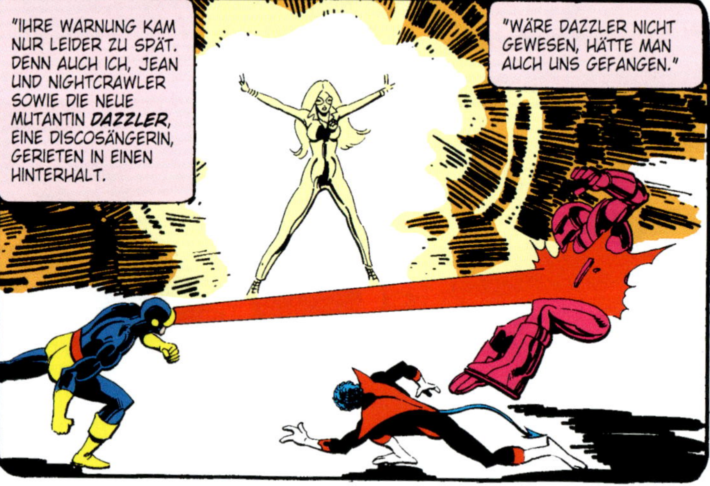
"IHRE WARNUNG KAM NUR LEIDER ZU SPÄT. DENN AUCH ICH, JEAN UND NIGHTCRAWLER SOWIE DIE NEUE MUTANTIN ***DAZZLER***, EINE DISCOSÄNGERIN, GERIETEN IN EINEN HINTERHALT.
"WÄRE DAZZLER NICHT GEWESEN, HÄTTE MAN AUCH UNS GEFANGEN."

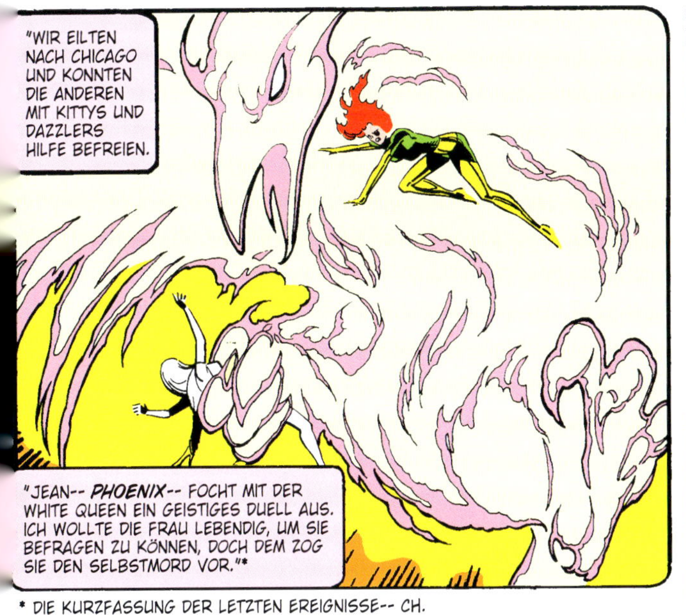

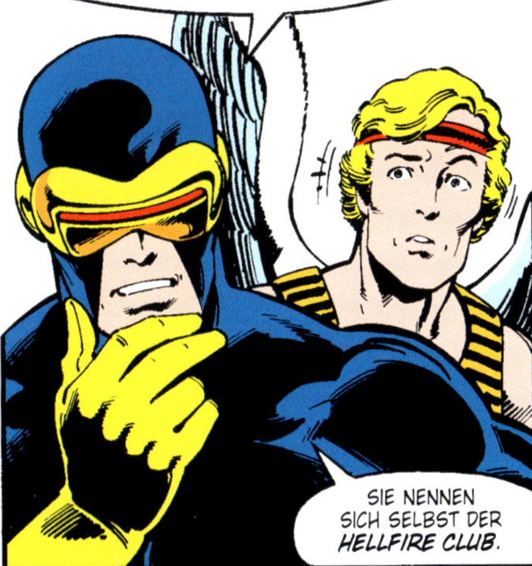

* DIE KURZFASSUNG DER LETZTEN EREIGNISSE-- CH.

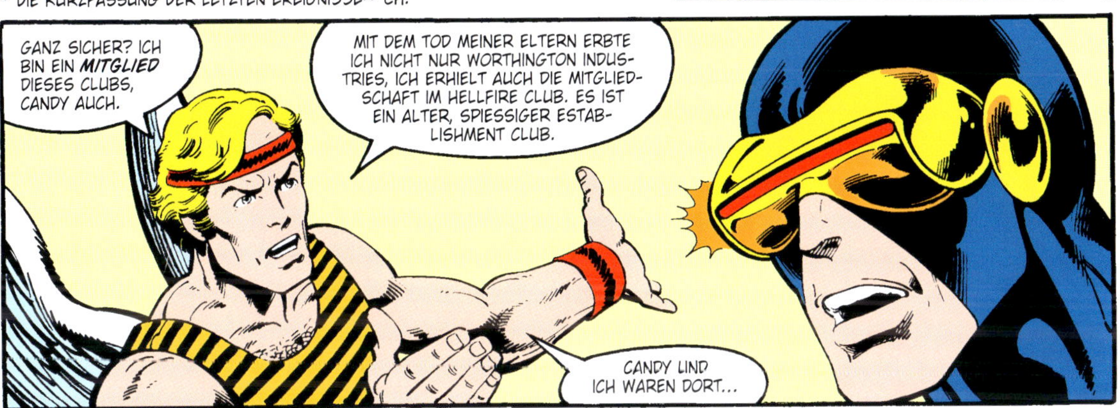

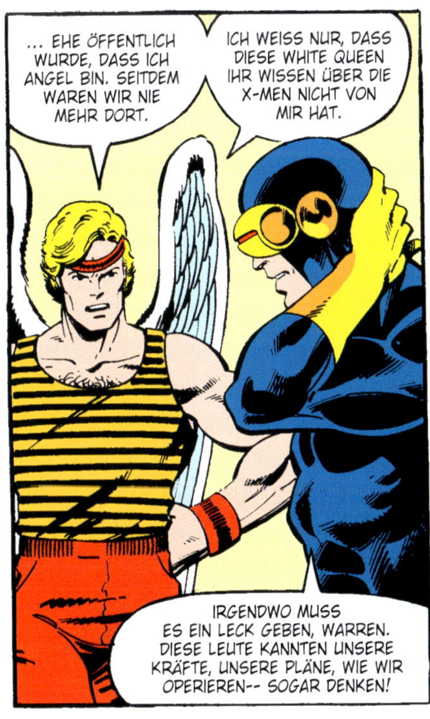

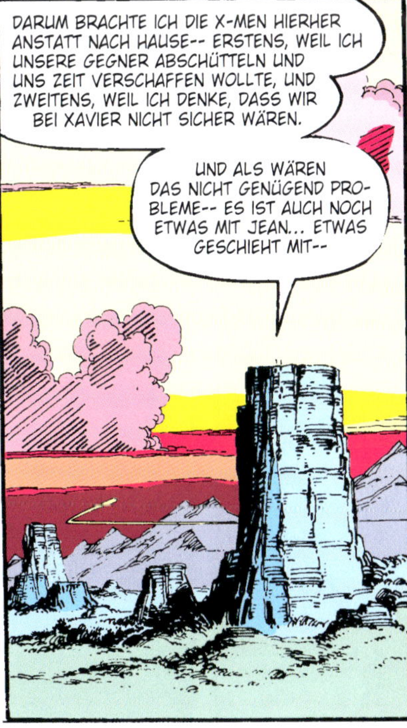

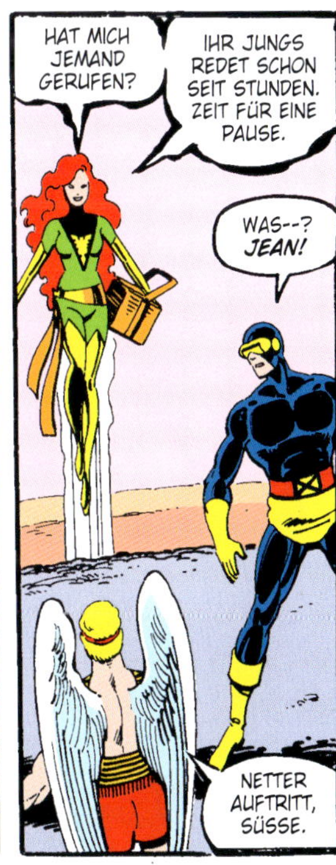

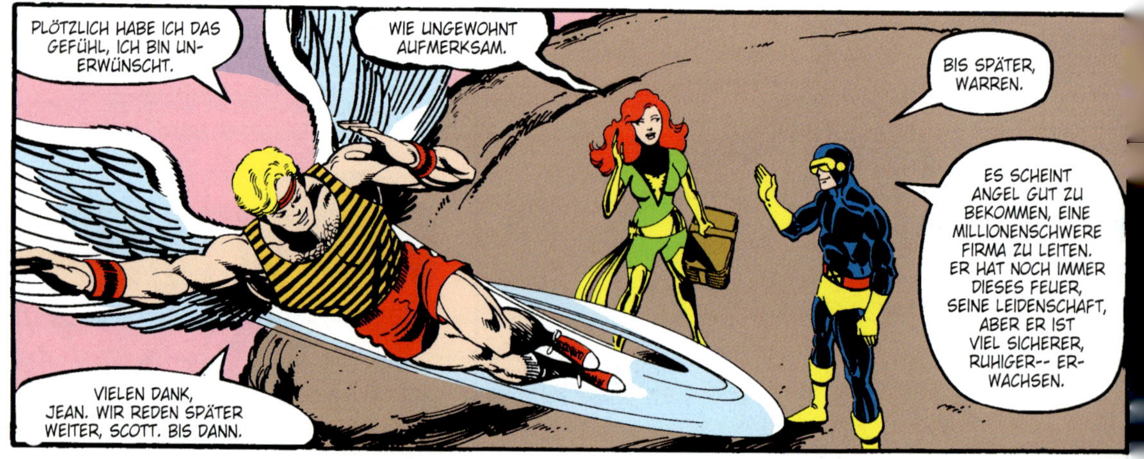
PLÖTZLICH HABE ICH DAS GEFÜHL, ICH BIN UNERWÜNSCHT.
WIE UNGEWOHNT AUFMERKSAM.
BIS SPÄTER, WARREN.
ES SCHEINT ANGEL GUT ZU BEKOMMEN, EINE MILLIONENSCHWERE FIRMA ZU LEITEN. ER HAT NOCH IMMER DIESES FEUER, SEINE LEIDENSCHAFT, ABER ER IST VIEL SICHERER, RUHIGER-- ERWACHSEN.
VIELEN DANK, JEAN. WIR REDEN SPÄTER WEITER, SCOTT. BIS DANN.

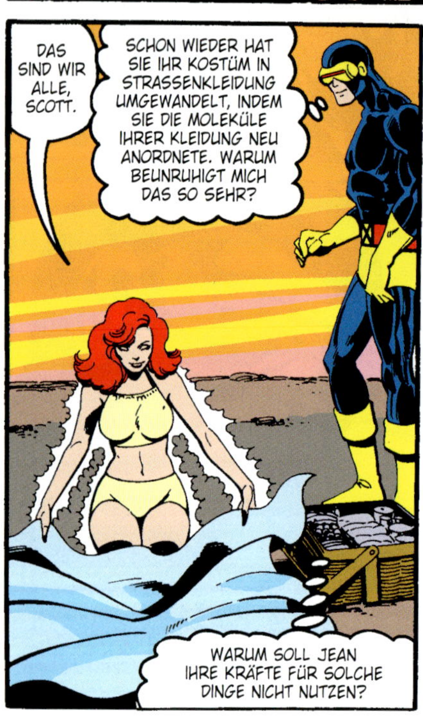
DAS SIND WIR ALLE, SCOTT.
SCHON WIEDER HAT SIE IHR KOSTÜM IN STRASSENKLEIDUNG UMGEWANDELT, INDEM SIE DIE MOLEKÜLE IHRER KLEIDUNG NEU ANORDNETE. WARUM BEUNRUHIGT MICH DAS SO SEHR?
WARUM SOLL JEAN IHRE KRÄFTE FÜR SOLCHE DINGE NICHT NUTZEN?

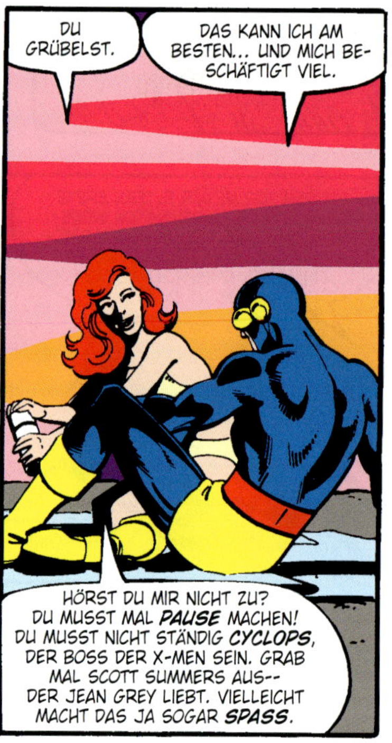
DU GRÜBELST.
DAS KANN ICH AM BESTEN... UND MICH BESCHÄFTIGT VIEL.
HÖRST DU MIR NICHT ZU? DU MUSST MAL PAUSE MACHEN! DU MUSST NICHT STÄNDIG CYCLOPS, DER BOSS DER X-MEN SEIN. GRAB MAL SCOTT SUMMERS AUS-- DER JEAN GREY LIEBT. VIELLEICHT MACHT DAS JA SOGAR SPASS.

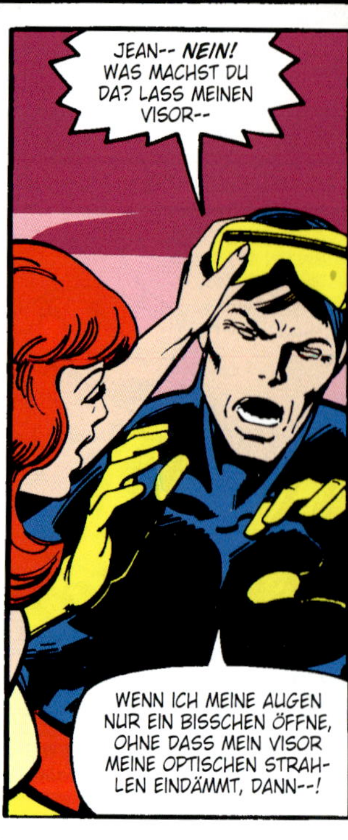
JEAN-- NEIN! WAS MACHST DU DA? LASS MEINEN VISOR--
WENN ICH MEINE AUGEN NUR EIN BISSCHEN ÖFFNE, OHNE DASS MEIN VISOR MEINE OPTISCHEN STRAHLEN EINDÄMMT, DANN--!

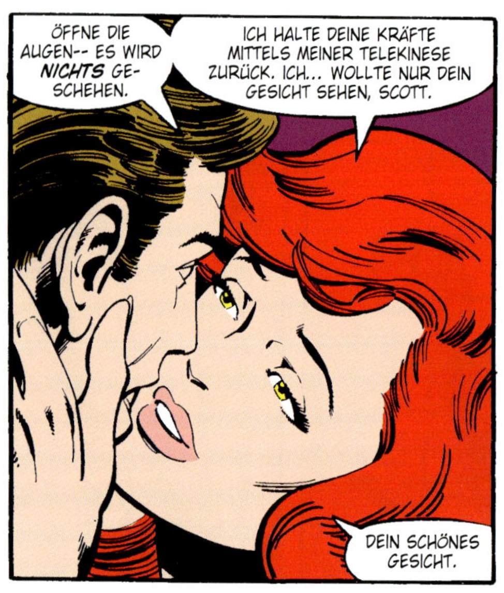
ÖFFNE DIE AUGEN-- ES WIRD NICHTS GESCHEHEN.
ICH HALTE DEINE KRÄFTE MITTELS MEINER TELEKINESE ZURÜCK. ICH... WOLLTE NUR DEIN GESICHT SEHEN, SCOTT.
DEIN SCHÖNES GESICHT.

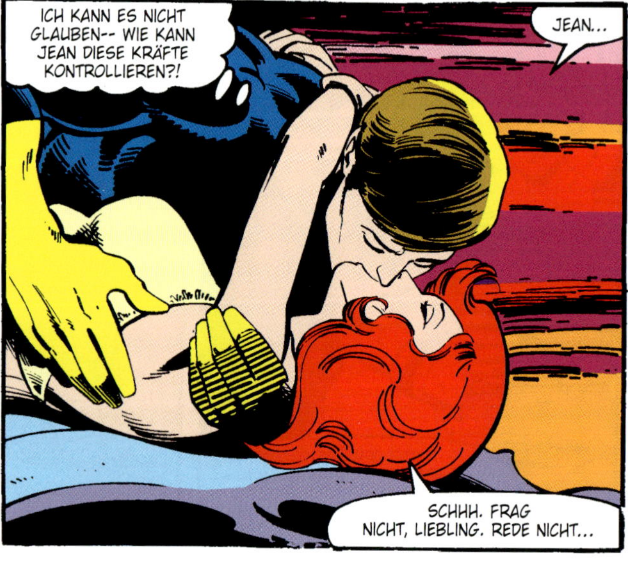
ICH KANN ES NICHT GLAUBEN-- WIE KANN JEAN DIESE KRÄFTE KONTROLLIEREN?!
JEAN...
SCHHH. FRAG NICHT, LIEBLING. REDE NICHT...

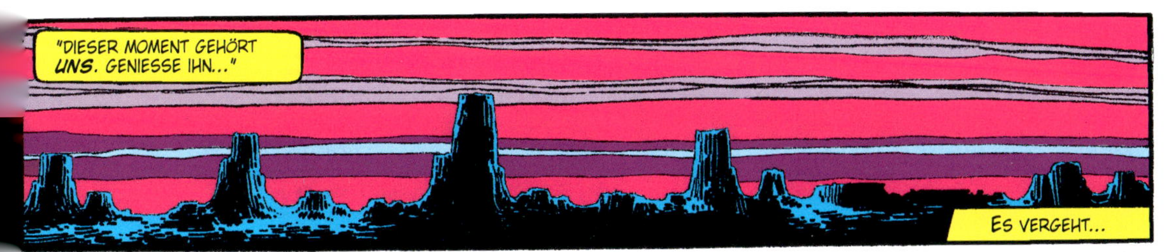
"DIESER MOMENT GEHÖRT UNS. GENIESSE IHN..."
ES VERGEHT...

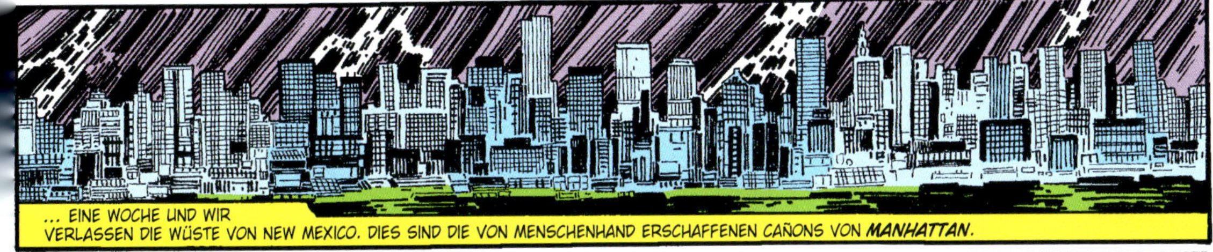
... EINE WOCHE UND WIR VERLASSEN DIE WÜSTE VON NEW MEXICO. DIES SIND DIE VON MENSCHENHAND ERSCHAFFENEN CAÑONS VON MANHATTAN.

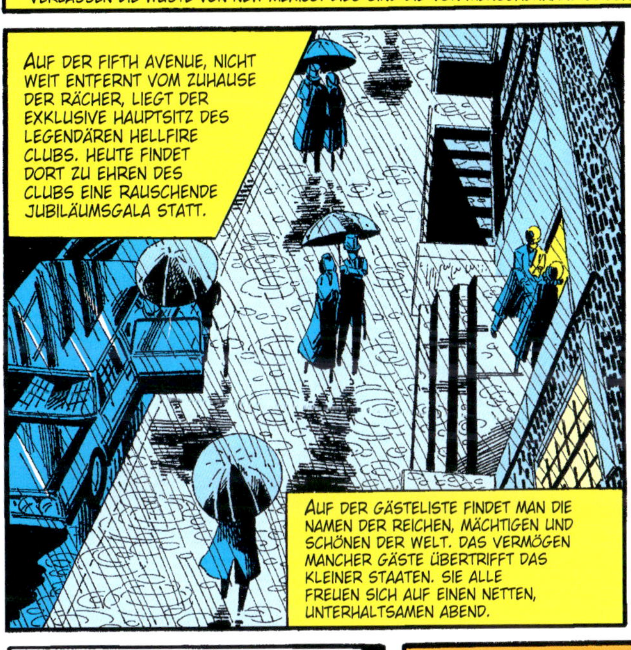
AUF DER FIFTH AVENUE, NICHT WEIT ENTFERNT VOM ZUHAUSE DER RÄCHER, LIEGT DER EXKLUSIVE HAUPTSITZ DES LEGENDÄREN HELLFIRE CLUBS. HEUTE FINDET DORT ZU EHREN DES CLUBS EINE RAUSCHENDE JUBILÄUMSGALA STATT.
AUF DER GÄSTELISTE FINDET MAN DIE NAMEN DER REICHEN, MÄCHTIGEN UND SCHÖNEN DER WELT. DAS VERMÖGEN MANCHER GÄSTE ÜBERTRIFFT DAS KLEINER STAATEN. SIE ALLE FREUEN SICH AUF EINEN NETTEN, UNTERHALTSAMEN ABEND.

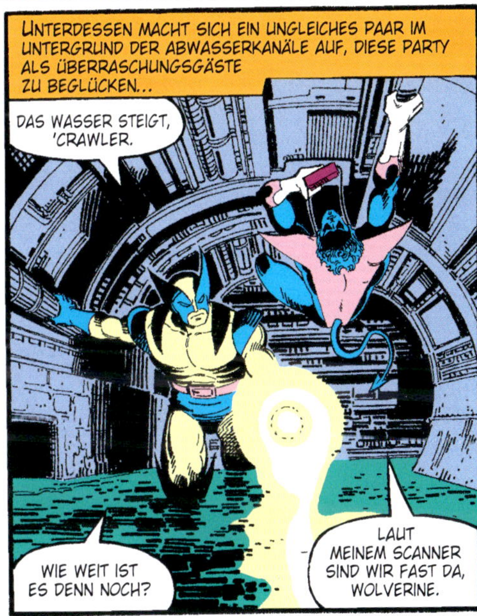
UNTERDESSEN MACHT SICH EIN UNGLEICHES PAAR IM UNTERGRUND DER ABWASSERKANÄLE AUF, DIESE PARTY ALS ÜBERRASCHUNGSGÄSTE ZU BEGLÜCKEN...
DAS WASSER STEIGT, 'CRAWLER.
WIE WEIT IST ES DENN NOCH?
LAUT MEINEM SCANNER SIND WIR FAST DA, WOLVERINE.

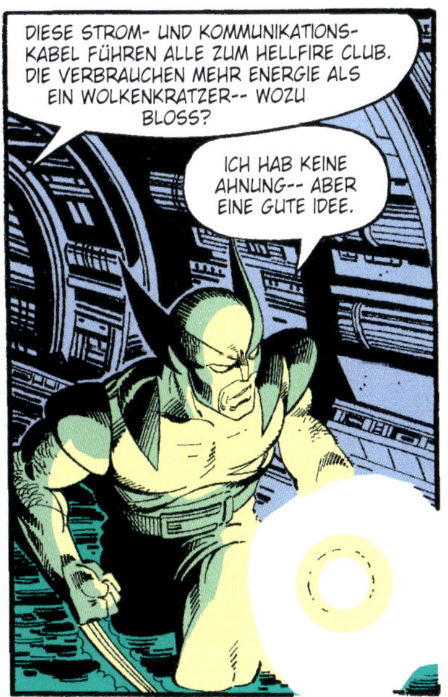
DIESE STROM- UND KOMMUNIKATIONS-KABEL FÜHREN ALLE ZUM HELLFIRE CLUB. DIE VERBRAUCHEN MEHR ENERGIE ALS EIN WOLKENKRATZER-- WOZU BLOSS?
ICH HAB KEINE AHNUNG-- ABER EINE GUTE IDEE.

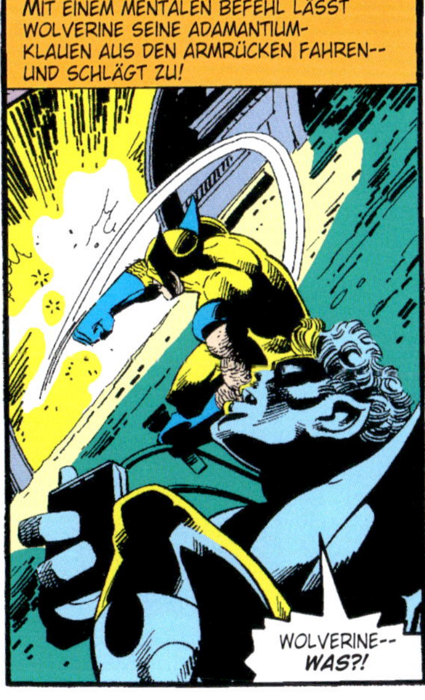
MIT EINEM MENTALEN BEFEHL LÄSST WOLVERINE SEINE ADAMANTIUM-KLAUEN AUS DEN ARMRÜCKEN FAHREN-- UND SCHLÄGT ZU!
WOLVERINE-- WAS?!

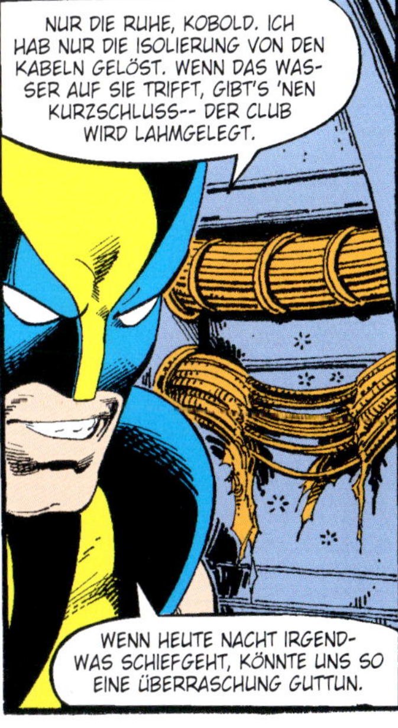
NUR DIE RUHE, KOBOLD. ICH HAB NUR DIE ISOLIERUNG VON DEN KABELN GELÖST. WENN DAS WASSER AUF SIE TRIFFT, GIBT'S 'NEN KURZSCHLUSS-- DER CLUB WIRD LAHMGELEGT.
WENN HEUTE NACHT IRGENDWAS SCHIEFGEHT, KÖNNTE UNS SO EINE ÜBERRASCHUNG GUTTUN.

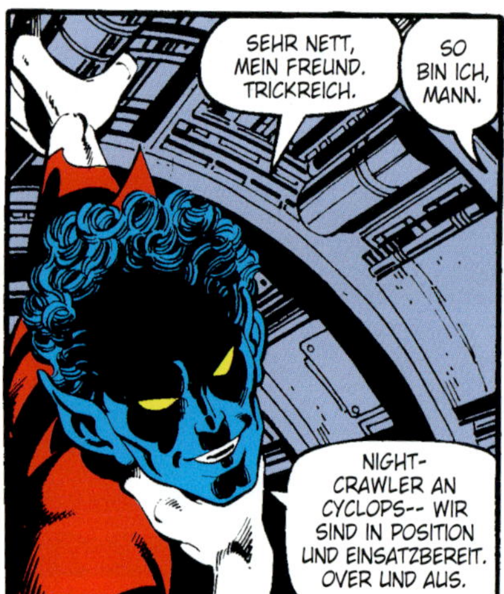
SEHR NETT, MEIN FREUND. TRICKREICH.
SO BIN ICH, MANN.
NIGHT-CRAWLER AN CYCLOPS-- WIR SIND IN POSITION UND EINSATZBEREIT. OVER UND AUS.

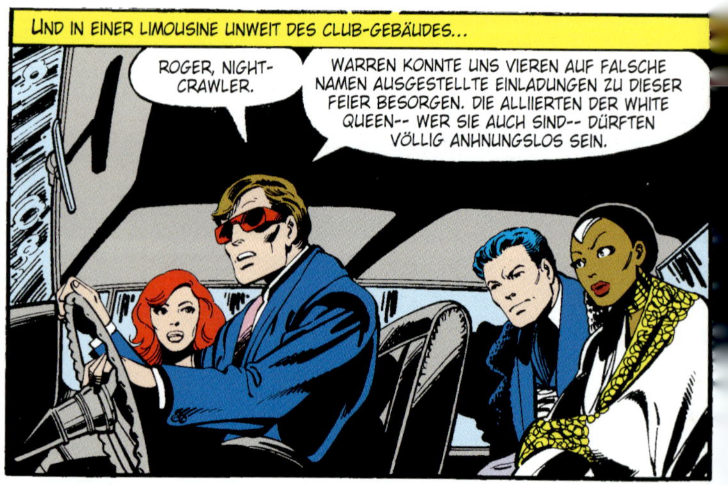
UND IN EINER LIMOUSINE UNWEIT DES CLUB-GEBÄUDES...
ROGER, NIGHT-CRAWLER.
WARREN KONNTE UNS VIEREN AUF FALSCHE NAMEN AUSGESTELLTE EINLADUNGEN ZU DIESER FEIER BESORGEN. DIE ALLIIERTEN DER WHITE QUEEN-- WER SIE AUCH SIND-- DÜRFTEN VÖLLIG ANHNUNGSLOS SEIN.

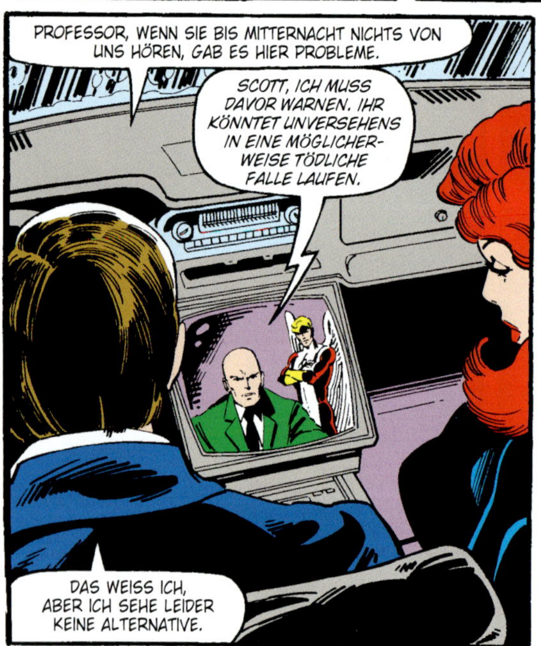
PROFESSOR, WENN SIE BIS MITTERNACHT NICHTS VON UNS HÖREN, GAB ES HIER PROBLEME.
SCOTT, ICH MUSS DAVOR WARNEN. IHR KÖNNTET UNVERSEHENS IN EINE MÖGLICHERWEISE TÖDLICHE FALLE LAUFEN.
DAS WEISS ICH, ABER ICH SEHE LEIDER KEINE ALTERNATIVE.

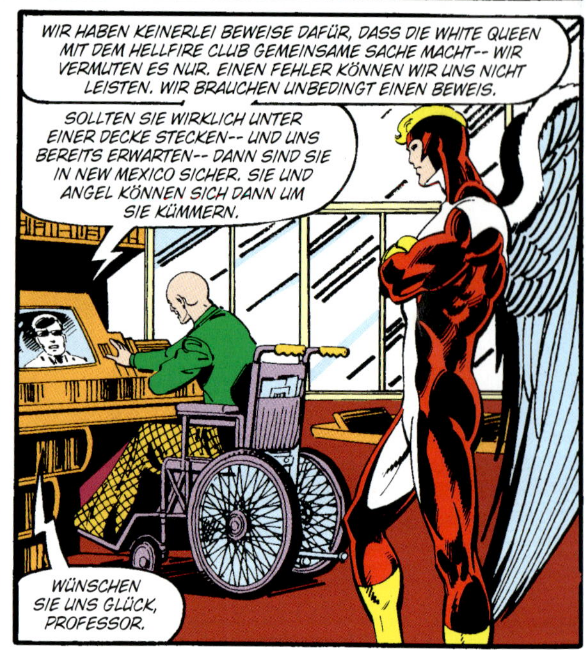
WIR HABEN KEINERLEI BEWEISE DAFÜR, DASS DIE WHITE QUEEN MIT DEM HELLFIRE CLUB GEMEINSAME SACHE MACHT-- WIR VERMUTEN ES NUR. EINEN FEHLER KÖNNEN WIR UNS NICHT LEISTEN. WIR BRAUCHEN UNBEDINGT EINEN BEWEIS.
SOLLTEN SIE WIRKLICH UNTER EINER DECKE STECKEN-- UND UNS BEREITS ERWARTEN-- DANN SIND SIE IN NEW MEXICO SICHER. SIE UND ANGEL KÖNNEN SICH DANN UM SIE KÜMMERN.
WÜNSCHEN SIE UNS GLÜCK, PROFESSOR.

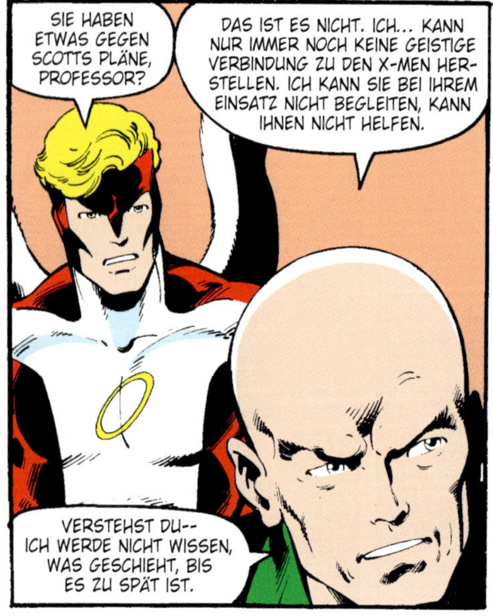
SIE HABEN ETWAS GEGEN SCOTTS PLÄNE, PROFESSOR?
DAS IST ES NICHT. ICH... KANN NUR IMMER NOCH KEINE GEISTIGE VERBINDUNG ZU DEN X-MEN HERSTELLEN. ICH KANN SIE BEI IHREM EINSATZ NICHT BEGLEITEN, KANN IHNEN NICHT HELFEN.
VERSTEHST DU-- ICH WERDE NICHT WISSEN, WAS GESCHIEHT, BIS ES ZU SPÄT IST.

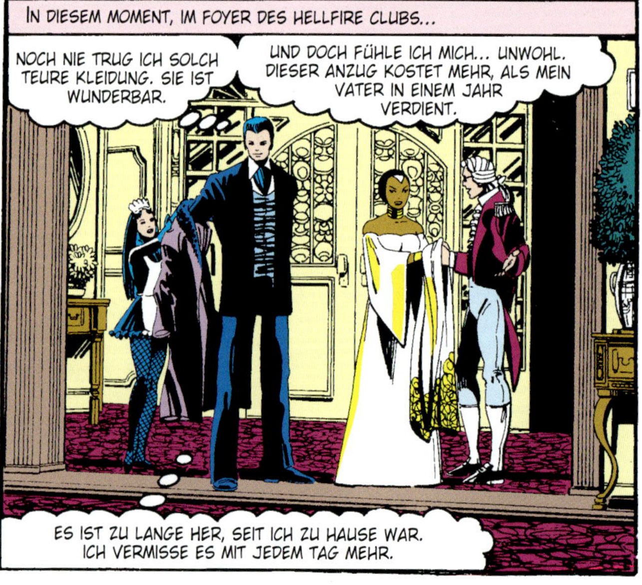
IN DIESEM MOMENT, IM FOYER DES HELLFIRE CLUBS...
NOCH NIE TRUG ICH SOLCH TEURE KLEIDUNG. SIE IST WUNDERBAR.
UND DOCH FÜHLE ICH MICH... UNWOHL. DIESER ANZUG KOSTET MEHR, ALS MEIN VATER IN EINEM JAHR VERDIENT.
ES IST ZU LANGE HER, SEIT ICH ZU HAUSE WAR. ICH VERMISSE ES MIT JEDEM TAG MEHR.

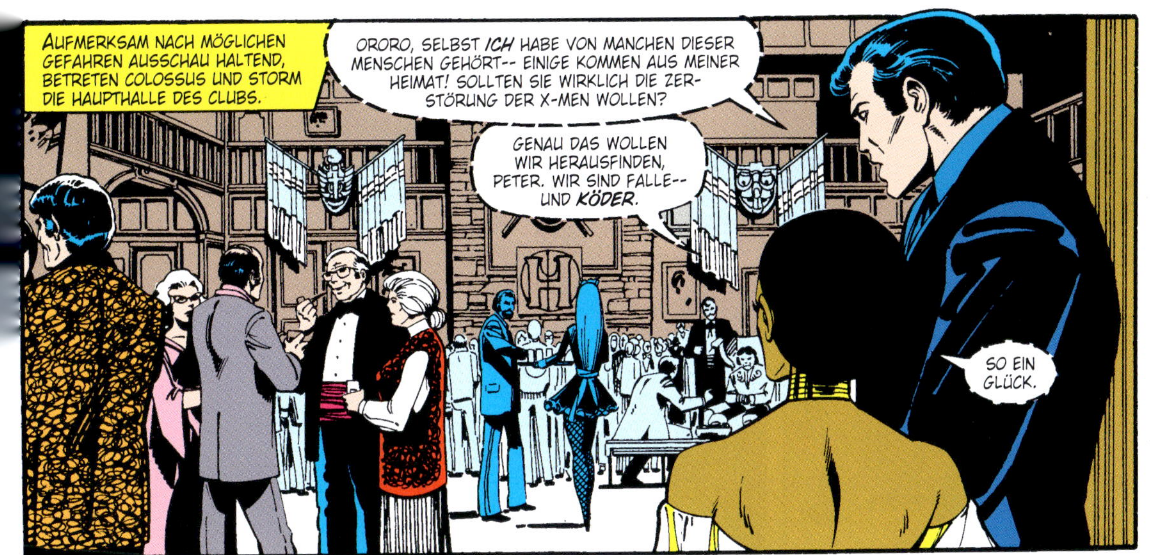

Aufmerksam nach möglichen Gefahren Ausschau haltend, betreten Colossus und Storm die Haupthalle des Clubs.
Ororo, selbst *ich* habe von manchen dieser Menschen gehört-- einige kommen aus meiner Heimat! Sollten sie wirklich die Zerstörung der X-Men wollen?
Genau das wollen wir herausfinden, Peter. Wir sind Falle-- und *Köder*.
So ein Glück.

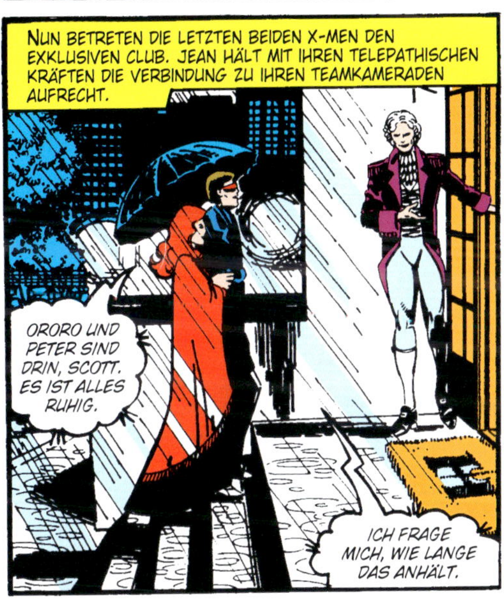

Nun betreten die letzten beiden X-Men den exklusiven Club. Jean hält mit ihren telepathischen Kräften die Verbindung zu ihren Teamkameraden aufrecht.
Ororo und Peter sind drin, Scott. Es ist alles ruhig.
Ich frage mich, wie lange das anhält.

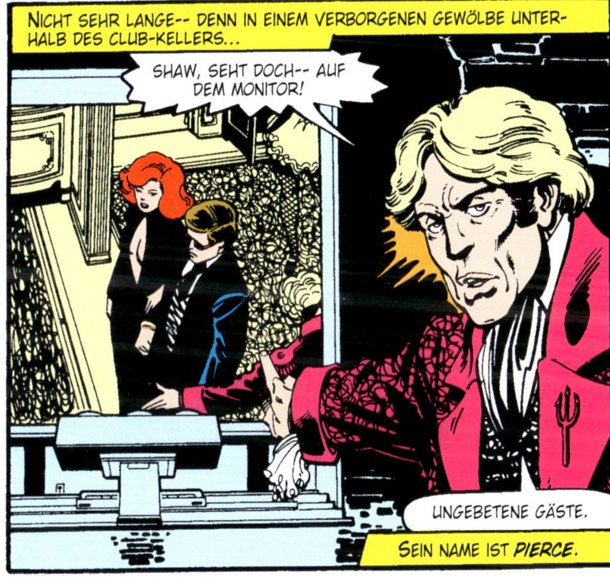

Nicht sehr lange-- denn in einem verborgenen Gewölbe unterhalb des Club-Kellers...
Shaw, seht doch-- auf dem Monitor!
Ungebetene Gäste.
Sein Name ist *Pierce*.

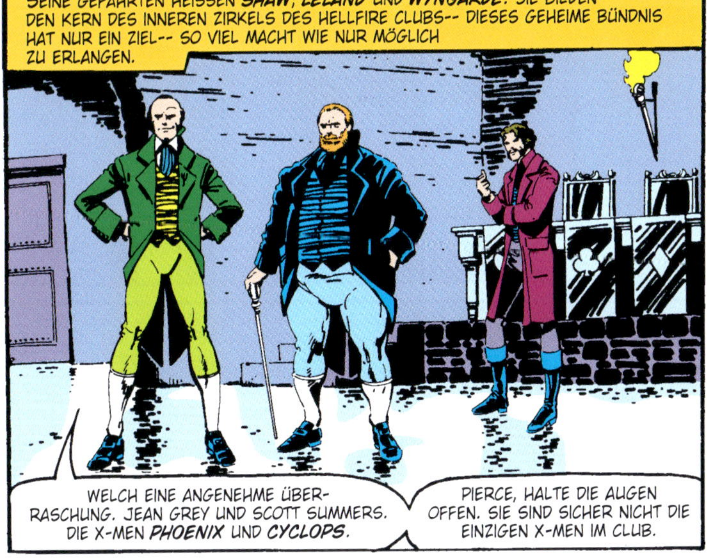

Seine Gefährten heissen *Shaw*, *Leland* und *Wyngarde*. Sie bilden den Kern des Inneren Zirkels des Hellfire Clubs-- dieses geheime Bündnis hat nur ein Ziel-- so viel Macht wie nur möglich zu erlangen.
Welch eine angenehme Überraschung. Jean Grey und Scott Summers. Die X-Men *Phoenix* und *Cyclops*.
Pierce, halte die Augen offen. Sie sind sicher nicht die einzigen X-Men im Club.

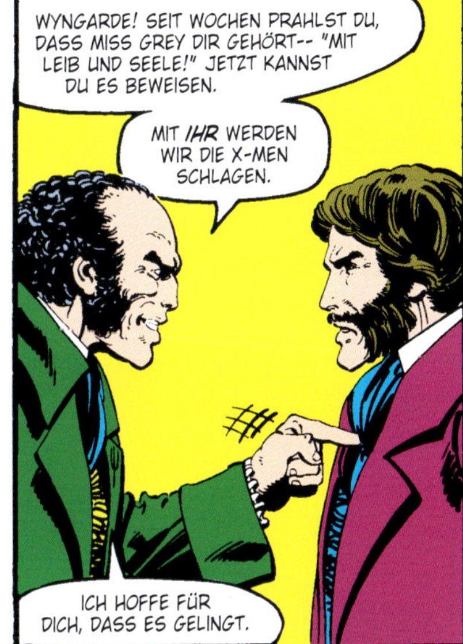

Wyngarde! Seit Wochen prahlst du, dass Miss Grey dir gehört-- "Mit Leib und Seele!" Jetzt kannst du es beweisen.
Mit *ihr* werden wir die X-Men schlagen.
Ich hoffe für dich, dass es gelingt.

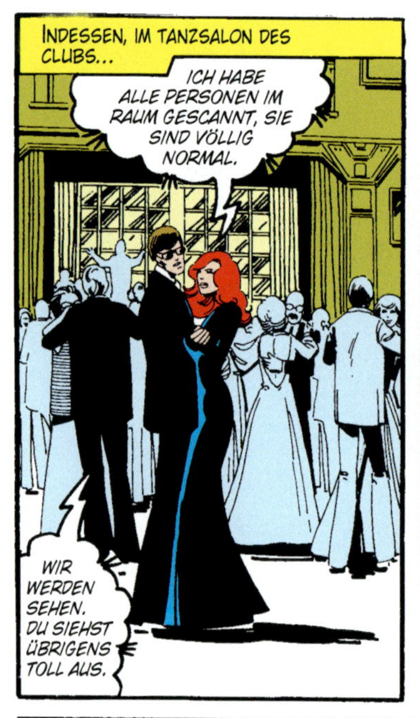
INDESSEN, IM TANZSALON DES CLUBS...
ICH HABE ALLE PERSONEN IM RAUM GESCANNT, SIE SIND VÖLLIG NORMAL.
WIR WERDEN SEHEN. DU SIEHST ÜBRIGENS TOLL AUS.

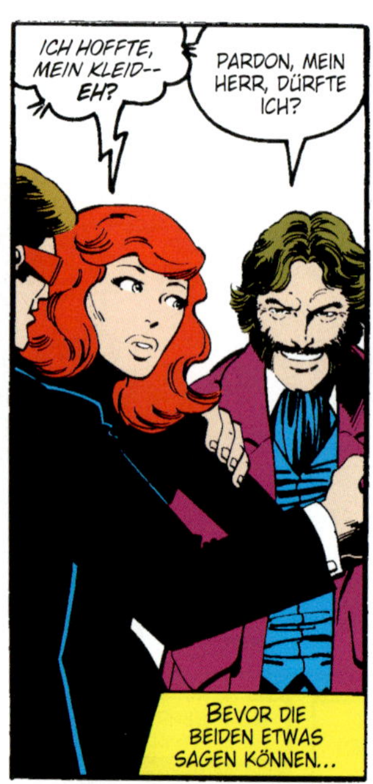
ICH HOFFTE, MEIN KLEID-- EH?
PARDON, MEIN HERR, DÜRFTE ICH?
BEVOR DIE BEIDEN ETWAS SAGEN KÖNNEN...

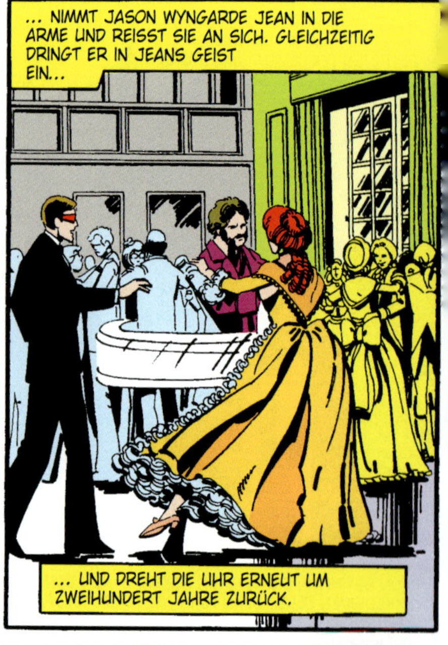
... NIMMT JASON WYNGARDE JEAN IN DIE ARME UND REISST SIE AN SICH. GLEICHZEITIG DRINGT ER IN JEANS GEIST EIN...
... UND DREHT DIE UHR ERNEUT UM ZWEIHUNDERT JAHRE ZURÜCK.

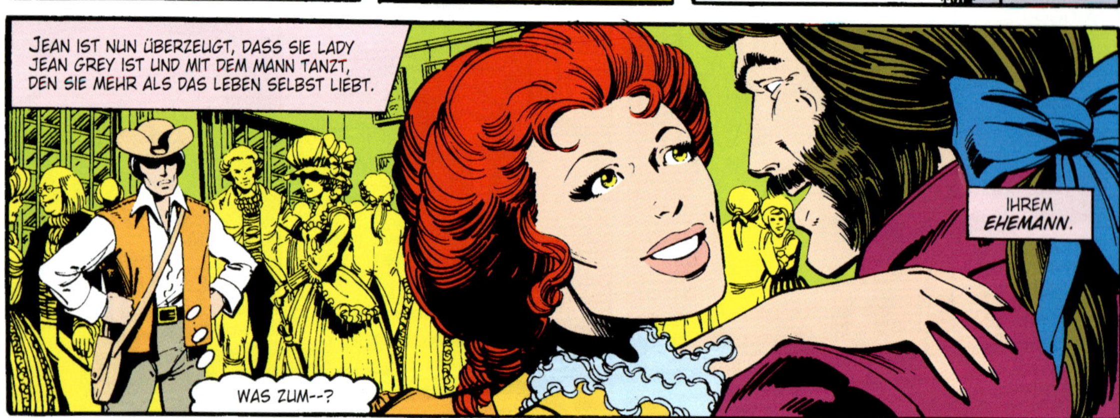
JEAN IST NUN ÜBERZEUGT, DASS SIE LADY JEAN GREY IST UND MIT DEM MANN TANZT, DEN SIE MEHR ALS DAS LEBEN SELBST LIEBT.
IHREM EHEMANN.
WAS ZUM--?

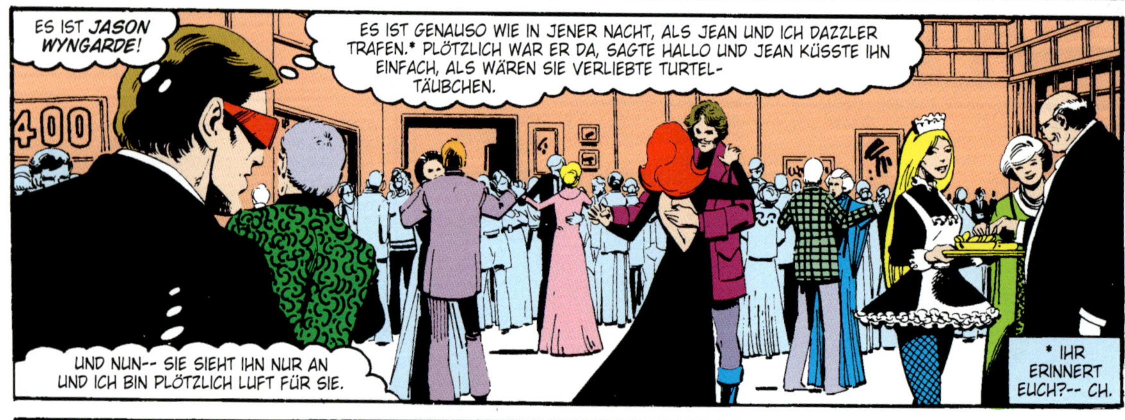
ES IST JASON WYNGARDE!
ES IST GENAUSO WIE IN JENER NACHT, ALS JEAN UND ICH DAZZLER TRAFEN.* PLÖTZLICH WAR ER DA, SAGTE HALLO UND JEAN KÜSSTE IHN EINFACH, ALS WÄREN SIE VERLIEBTE TURTEL-TÄUBCHEN.
400
UND NUN-- SIE SIEHT IHN NUR AN UND ICH BIN PLÖTZLICH LUFT FÜR SIE.
* IHR ERINNERT EUCH?-- CH.

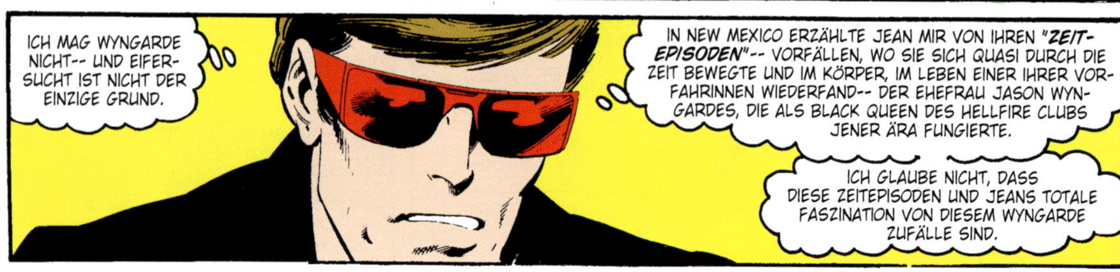
ICH MAG WYNGARDE NICHT-- UND EIFERSUCHT IST NICHT DER EINZIGE GRUND.
IN NEW MEXICO ERZÄHLTE JEAN MIR VON IHREN "ZEITEPISODEN"-- VORFÄLLEN, WO SIE SICH QUASI DURCH DIE ZEIT BEWEGTE UND IM KÖRPER, IM LEBEN EINER IHRER VORFAHRINNEN WIEDERFAND-- DER EHEFRAU JASON WYNGARDES, DIE ALS BLACK QUEEN DES HELLFIRE CLUBS JENER ÄRA FUNGIERTE.
ICH GLAUBE NICHT, DASS DIESE ZEITEPISODEN UND JEANS TOTALE FASZINATION VON DIESEM WYNGARDE ZUFÄLLE SIND.

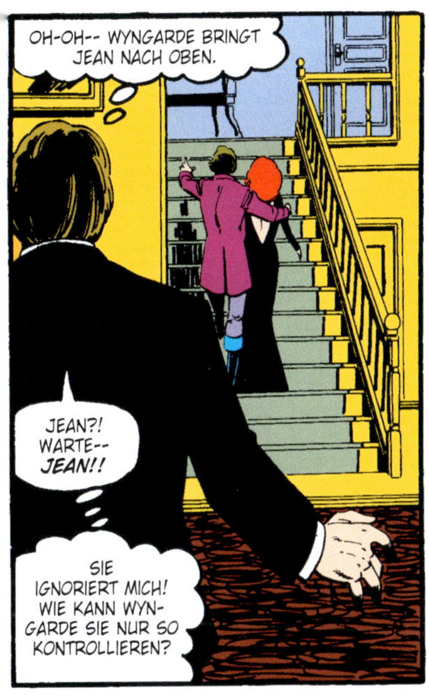
OH-OH-- WYNGARDE BRINGT JEAN NACH OBEN.
JEAN?! WARTE-- JEAN!!
SIE IGNORIERT MICH! WIE KANN WYNGARDE SIE NUR SO KONTROLLIEREN?

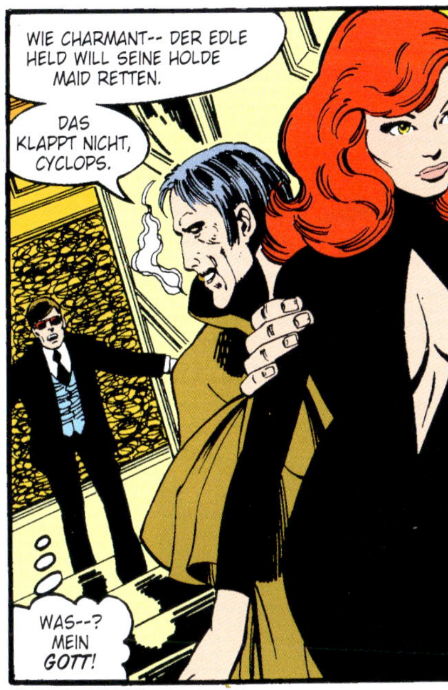
WIE CHARMANT-- DER EDLE HELD WILL SEINE HOLDE MAID RETTEN.
DAS KLAPPT NICHT, CYCLOPS.
WAS--? MEIN GOTT!

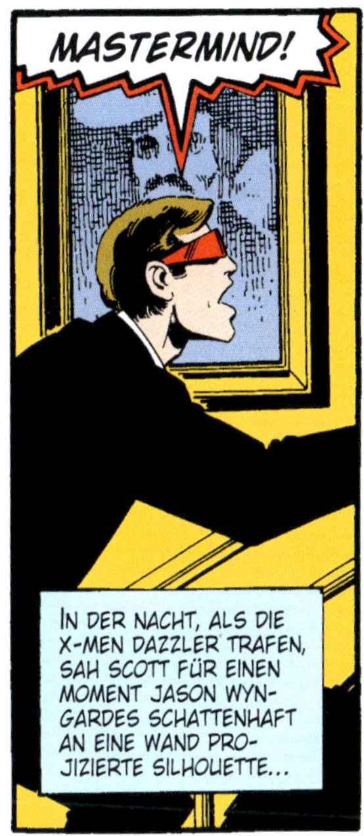
MASTERMIND!
IN DER NACHT, ALS DIE X-MEN DAZZLER TRAFEN, SAH SCOTT FÜR EINEN MOMENT JASON WYNGARDES SCHATTENHAFT AN EINE WAND PROJIZIERTE SILHOUETTE…

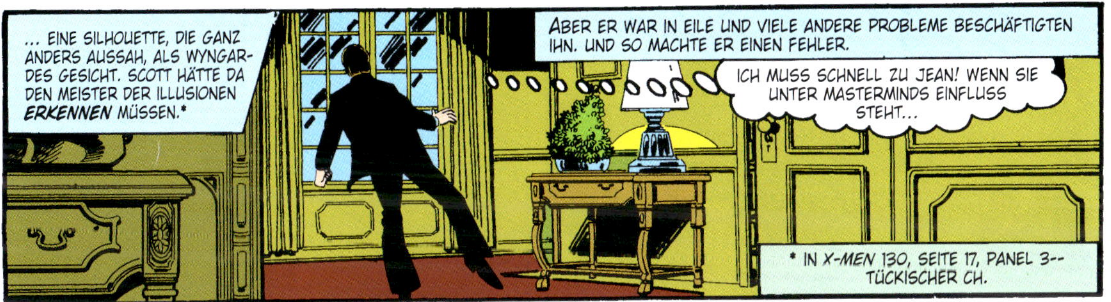
… EINE SILHOUETTE, DIE GANZ ANDERS AUSSAH, ALS WYNGARDES GESICHT. SCOTT HÄTTE DA DEN MEISTER DER ILLUSIONEN ERKENNEN MÜSSEN.*
ABER ER WAR IN EILE UND VIELE ANDERE PROBLEME BESCHÄFTIGTEN IHN. UND SO MACHTE ER EINEN FEHLER.
ICH MUSS SCHNELL ZU JEAN! WENN SIE UNTER MASTERMINDS EINFLUSS STEHT…
* IN X-MEN 130, SEITE 17, PANEL 3-- TÜCKISCHER CH.

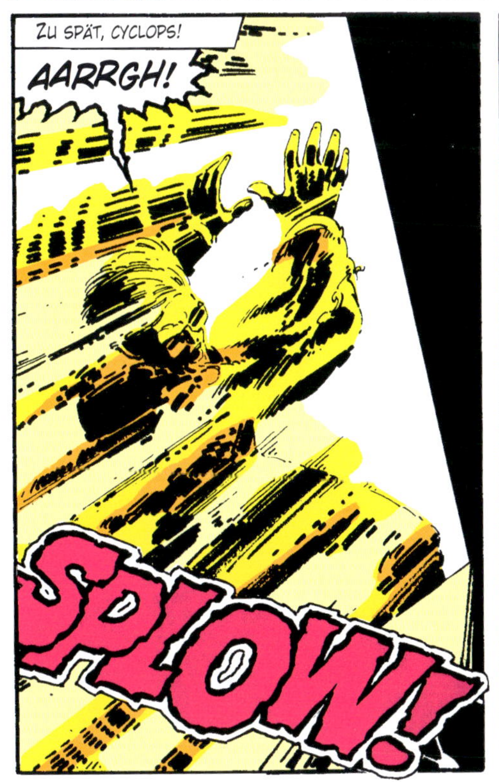
ZU SPÄT, CYCLOPS!
AARRGH!
SPLOW!

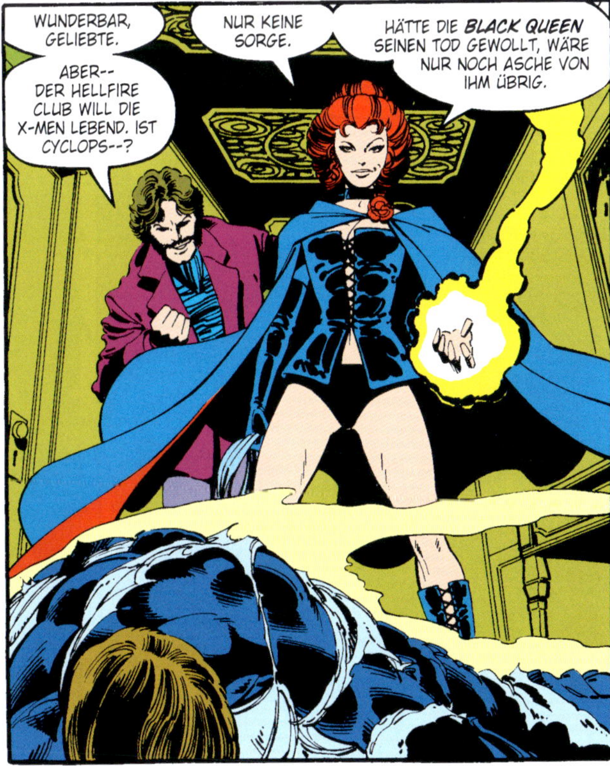
WUNDERBAR, GELIEBTE.
ABER-- DER HELLFIRE CLUB WILL DIE X-MEN LEBEND. IST CYCLOPS--?
NUR KEINE SORGE.
HÄTTE DIE BLACK QUEEN SEINEN TOD GEWOLLT, WÄRE NUR NOCH ASCHE VON IHM ÜBRIG.

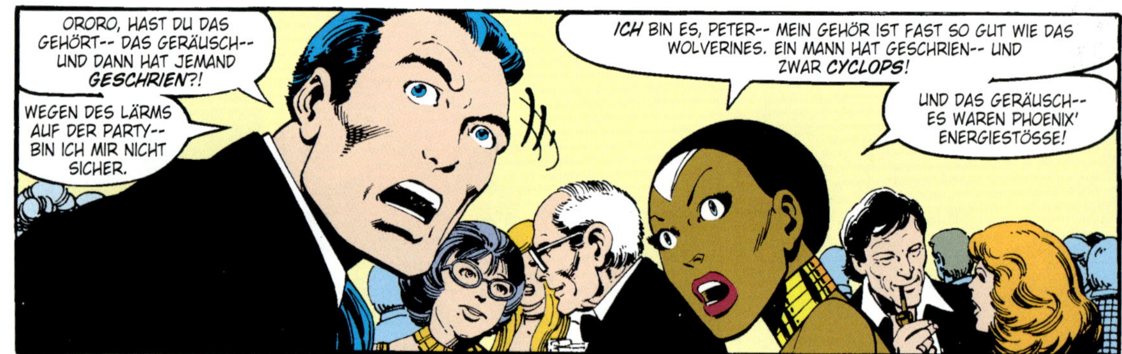
ORORO, HAST DU DAS GEHÖRT-- DAS GERÄUSCH-- UND DANN HAT JEMAND **GESCHRIEN**?!
WEGEN DES LÄRMS AUF DER PARTY-- BIN ICH MIR NICHT SICHER.
ICH BIN ES, PETER-- MEIN GEHÖR IST FAST SO GUT WIE DAS WOLVERINES. EIN MANN HAT GESCHRIEN-- UND ZWAR ***CYCLOPS***!
UND DAS GERÄUSCH-- ES WAREN PHOENIX' ENERGIESTÖSSE!

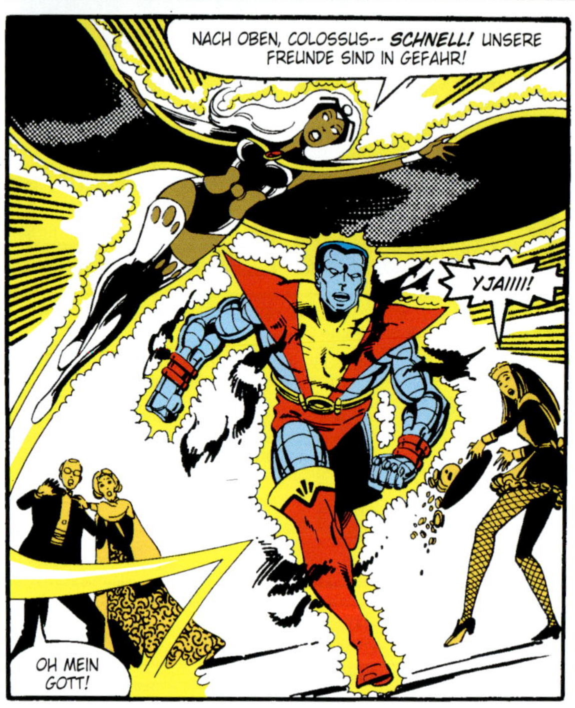
NACH OBEN, COLOSSUS-- ***SCHNELL!*** UNSERE FREUNDE SIND IN GEFAHR!
YJAI!!!!
OH MEIN GOTT!

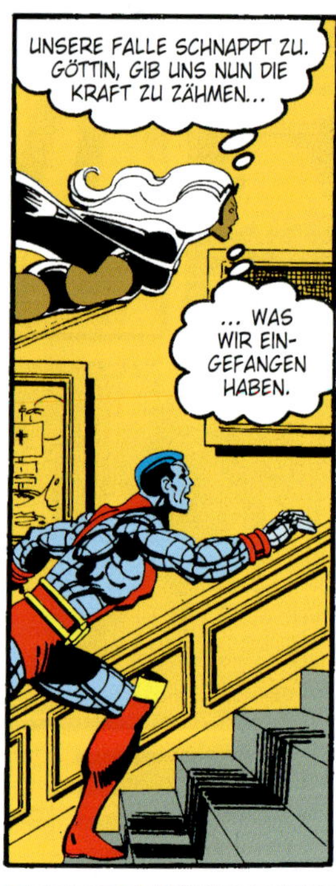
UNSERE FALLE SCHNAPPT ZU. GÖTTIN, GIB UNS NUN DIE KRAFT ZU ZÄHMEN...
... WAS WIR EINGEFANGEN HABEN.

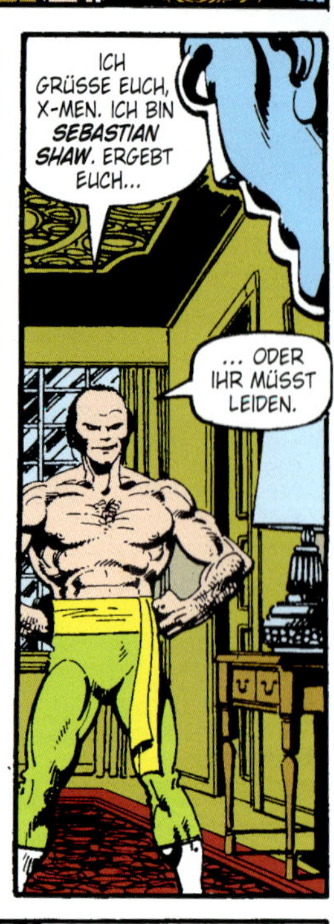
ICH GRÜSSE EUCH, X-MEN. ICH BIN ***SEBASTIAN SHAW.*** ERGEBT EUCH...
... ODER IHR MÜSST LEIDEN.

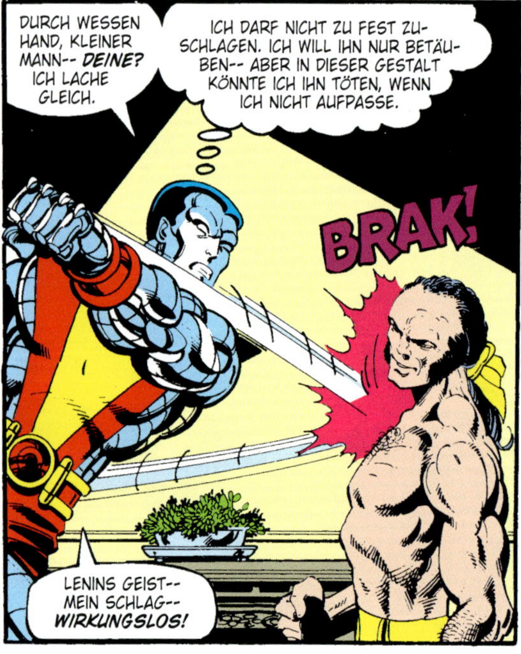
DURCH WESSEN HAND, KLEINER MANN-- ***DEINE?*** ICH LACHE GLEICH.
ICH DARF NICHT ZU FEST ZUSCHLAGEN. ICH WILL IHN NUR BETÄUBEN-- ABER IN DIESER GESTALT KÖNNTE ICH IHN TÖTEN, WENN ICH NICHT AUFPASSE.
BRAK!
LENINS GEIST-- MEIN SCHLAG-- ***WIRKUNGSLOS!***

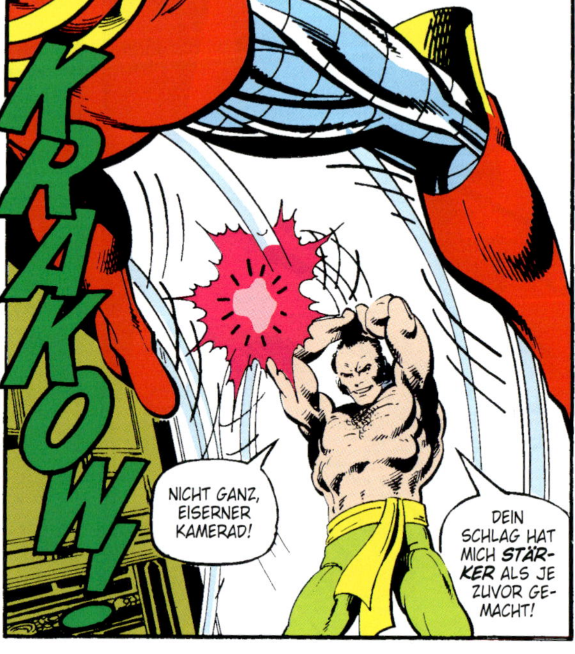
KRAKOW!
NICHT GANZ, EISERNER KAMERAD!
DEIN SCHLAG HAT MICH ***STÄRKER*** ALS JE ZUVOR GEMACHT!

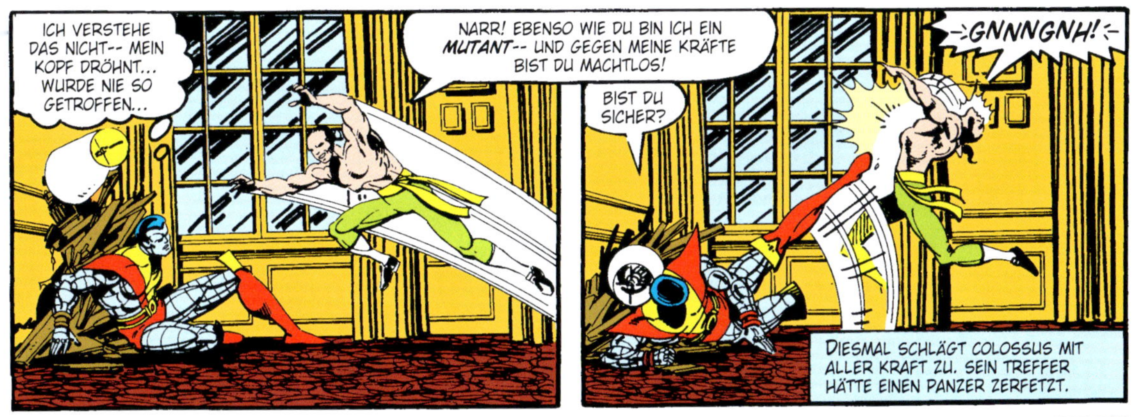
ICH VERSTEHE DAS NICHT-- MEIN KOPF DRÖHNT... WURDE NIE SO GETROFFEN...
NARR! EBENSO WIE DU BIN ICH EIN MUTANT-- UND GEGEN MEINE KRÄFTE BIST DU MACHTLOS!
BIST DU SICHER?
-GNNNGNH!-
DIESMAL SCHLÄGT COLOSSUS MIT ALLER KRAFT ZU. SEIN TREFFER HÄTTE EINEN PANZER ZERFETZT.

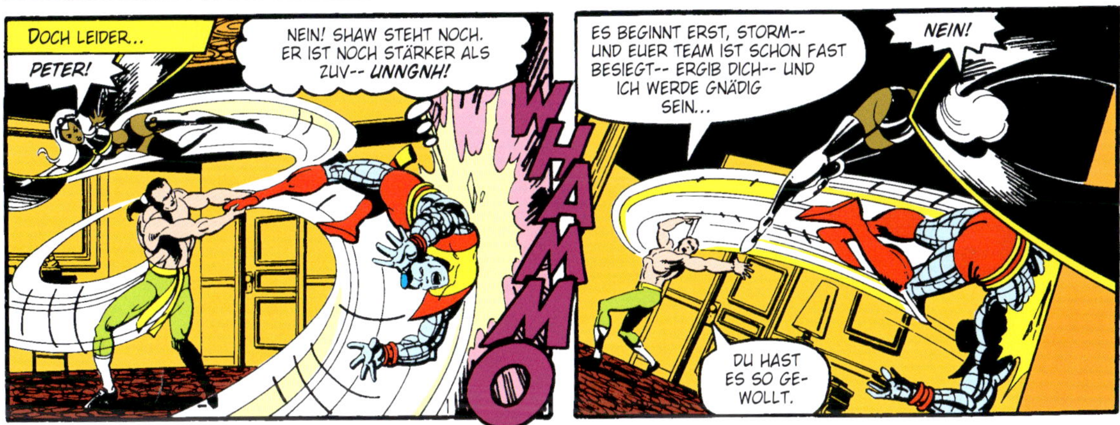
DOCH LEIDER...
PETER!
NEIN! SHAW STEHT NOCH. ER IST NOCH STÄRKER ALS ZUV-- UNNGNH!
WHAMMO
ES BEGINNT ERST, STORM-- UND EUER TEAM IST SCHON FAST BESIEGT-- ERGIB DICH-- UND ICH WERDE GNÄDIG SEIN...
NEIN!
DU HAST ES SO GE-WOLLT.

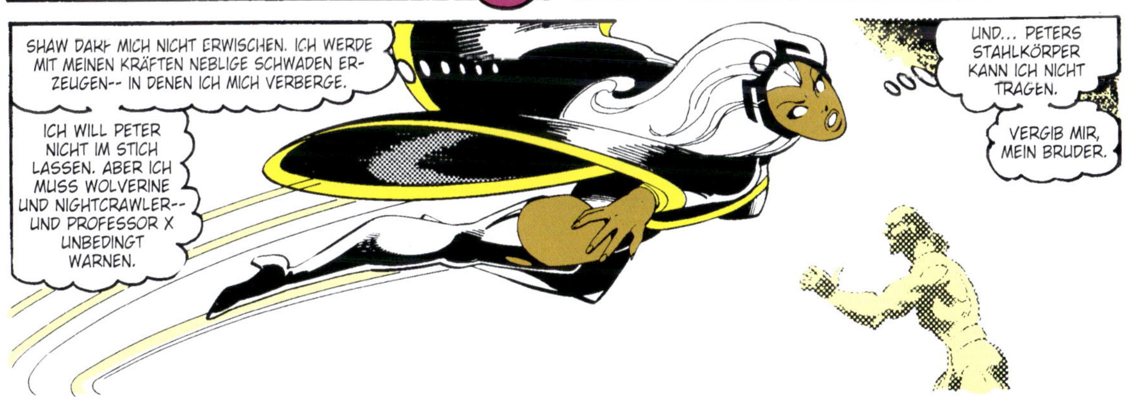
SHAW DARF MICH NICHT ERWISCHEN. ICH WERDE MIT MEINEN KRÄFTEN NEBLIGE SCHWADEN ER-ZEUGEN-- IN DENEN ICH MICH VERBERGE.
ICH WILL PETER NICHT IM STICH LASSEN. ABER ICH MUSS WOLVERINE UND NIGHTCRAWLER-- UND PROFESSOR X UNBEDINGT WARNEN.
UND... PETERS STAHLKÖRPER KANN ICH NICHT TRAGEN.
VERGIB MIR, MEIN BRUDER.

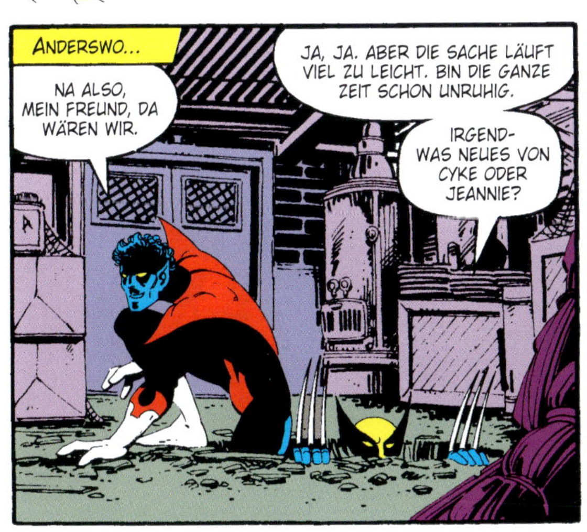
ANDERSWO...
NA ALSO, MEIN FREUND, DA WÄREN WIR.
JA, JA. ABER DIE SACHE LÄUFT VIEL ZU LEICHT. BIN DIE GANZE ZEIT SCHON UNRUHIG.
IRGEND-WAS NEUES VON CYKE ODER JEANNIE?

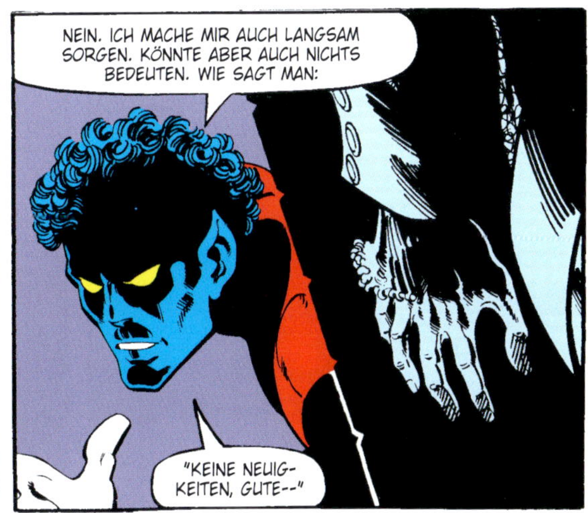
NEIN. ICH MACHE MIR AUCH LANGSAM SORGEN. KÖNNTE ABER AUCH NICHTS BEDEUTEN. WIE SAGT MAN:
"KEINE NEUIG-KEITEN, GUTE--"

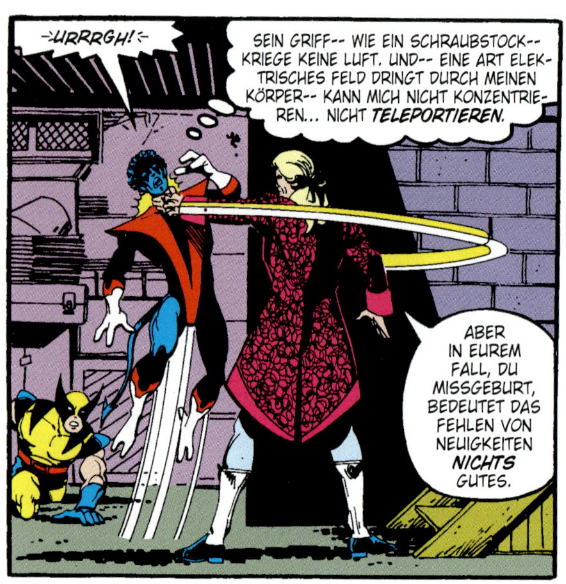
URRRGH!
SEIN GRIFF-- WIE EIN SCHRAUBSTOCK-- KRIEGE KEINE LUFT. UND-- EINE ART ELEKTRISCHES FELD DRINGT DURCH MEINEN KÖRPER-- KANN MICH NICHT KONZENTRIEREN... NICHT TELEPORTIEREN.
ABER IN EUREM FALL, DU MISSGEBURT, BEDEUTET DAS FEHLEN VON NEUIGKEITEN NICHTS GUTES.

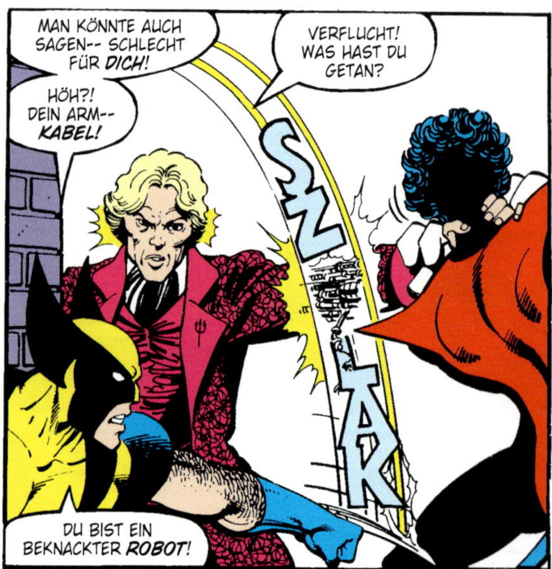
MAN KÖNNTE AUCH SAGEN-- SCHLECHT FÜR DICH!
HÖH?! DEIN ARM-- KABEL!
VERFLUCHT! WAS HAST DU GETAN?
SZZZAK
DU BIST EIN BEKNACKTER ROBOT!

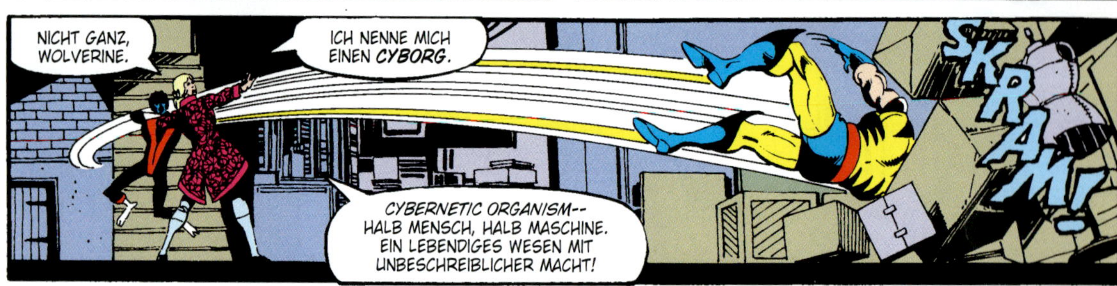
NICHT GANZ, WOLVERINE.
ICH NENNE MICH EINEN CYBORG.
SKRAM!
CYBERNETIC ORGANISM-- HALB MENSCH, HALB MASCHINE. EIN LEBENDIGES WESEN MIT UNBESCHREIBLICHER MACHT!

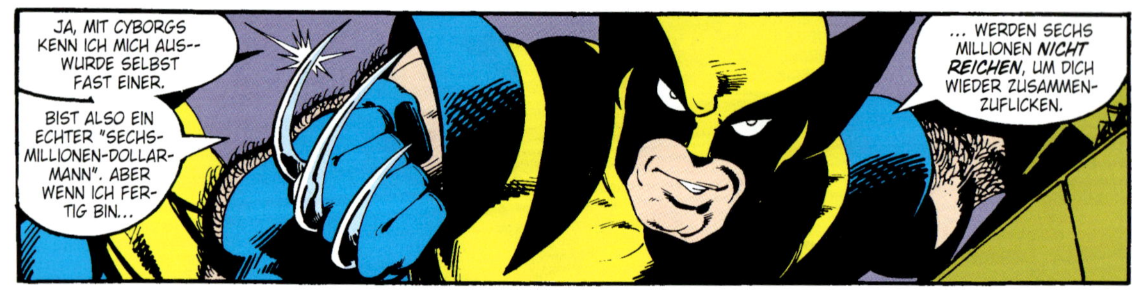
JA, MIT CYBORGS KENN ICH MICH AUS-- WURDE SELBST FAST EINER.
BIST ALSO EIN ECHTER "SECHS-MILLIONEN-DOLLAR-MANN". ABER WENN ICH FERTIG BIN...
... WERDEN SECHS MILLIONEN NICHT REICHEN, UM DICH WIEDER ZUSAMMENZUFLICKEN.

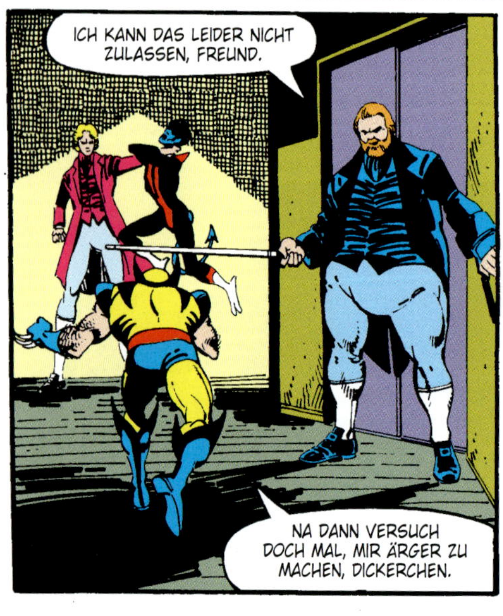
ICH KANN DAS LEIDER NICHT ZULASSEN, FREUND.
NA DANN VERSUCH DOCH MAL, MIR ÄRGER ZU MACHEN, DICKERCHEN.

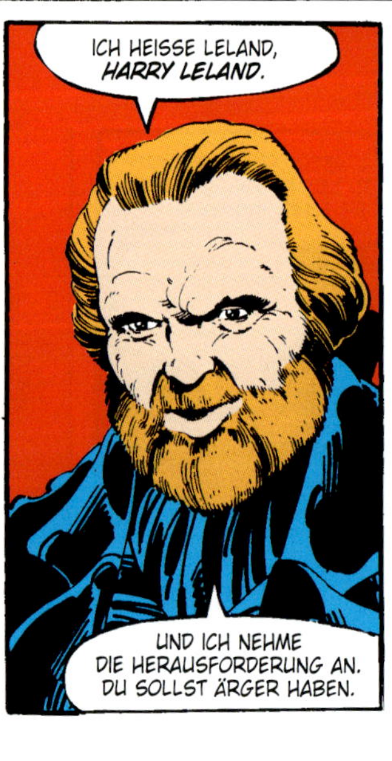
ICH HEISSE LELAND, HARRY LELAND.
UND ICH NEHME DIE HERAUSFORDERUNG AN. DU SOLLST ÄRGER HABEN.

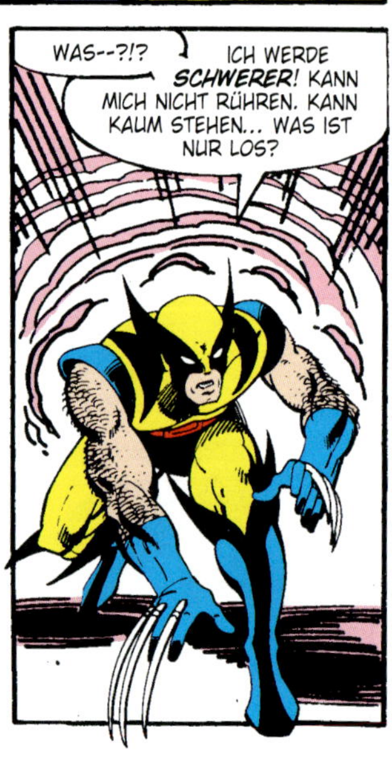
WAS--?!?
ICH WERDE SCHWERER! KANN MICH NICHT RÜHREN. KANN KAUM STEHEN... WAS IST NUR LOS?

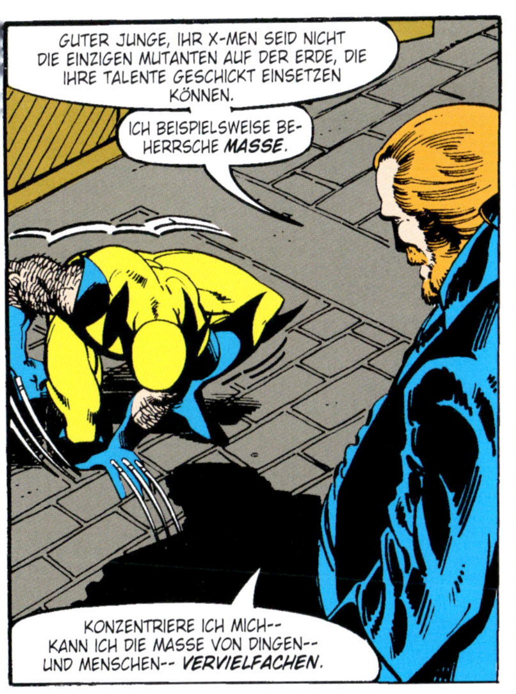
GUTER JUNGE, IHR X-MEN SEID NICHT DIE EINZIGEN MUTANTEN AUF DER ERDE, DIE IHRE TALENTE GESCHICKT EINSETZEN KÖNNEN.
ICH BEISPIELSWEISE BEHERRSCHE MASSE.
KONZENTRIERE ICH MICH-- KANN ICH DIE MASSE VON DINGEN-- UND MENSCHEN-- VERVIELFACHEN.

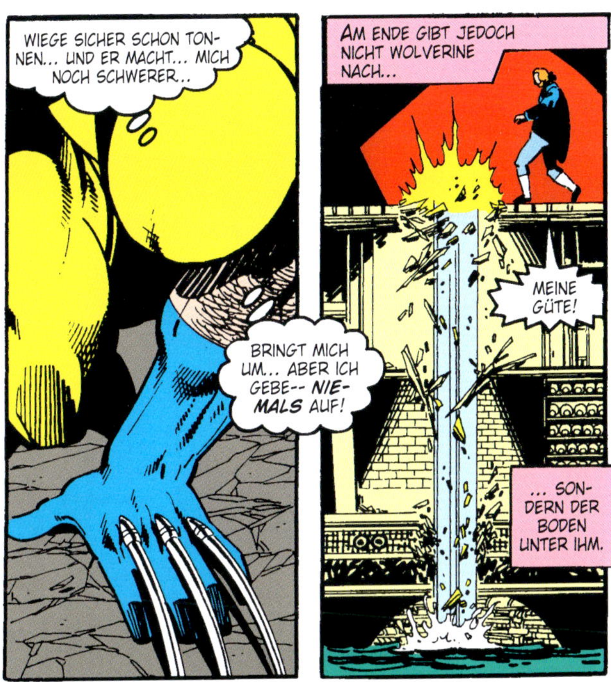
WIEGE SICHER SCHON TONNEN... UND ER MACHT... MICH NOCH SCHWERER...
BRINGT MICH UM... ABER ICH GEBE-- NIEMALS AUF!
AM ENDE GIBT JEDOCH NICHT WOLVERINE NACH...
MEINE GÜTE!
... SONDERN DER BODEN UNTER IHM.

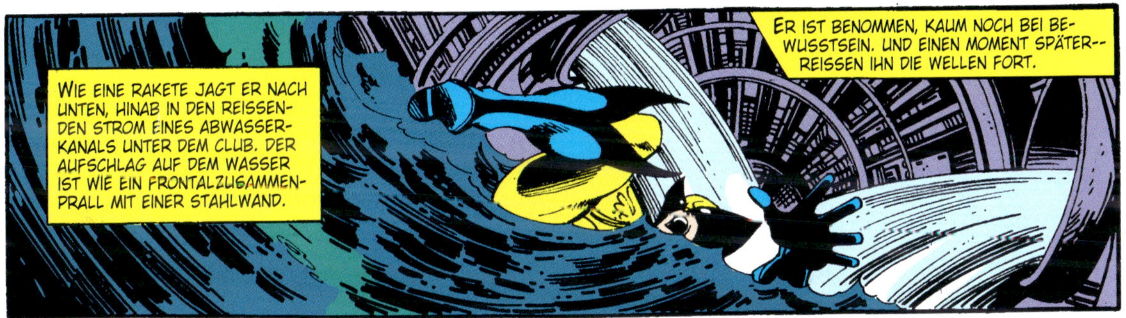
WIE EINE RAKETE JAGT ER NACH UNTEN, HINAB IN DEN REISSENDEN STROM EINES ABWASSERKANALS UNTER DEM CLUB. DER AUFSCHLAG AUF DEM WASSER IST WIE EIN FRONTALZUSAMMENPRALL MIT EINER STAHLWAND.
ER IST BENOMMEN, KAUM NOCH BEI BEWUSSTSEIN. UND EINEN MOMENT SPÄTER-- REISSEN IHN DIE WELLEN FORT.

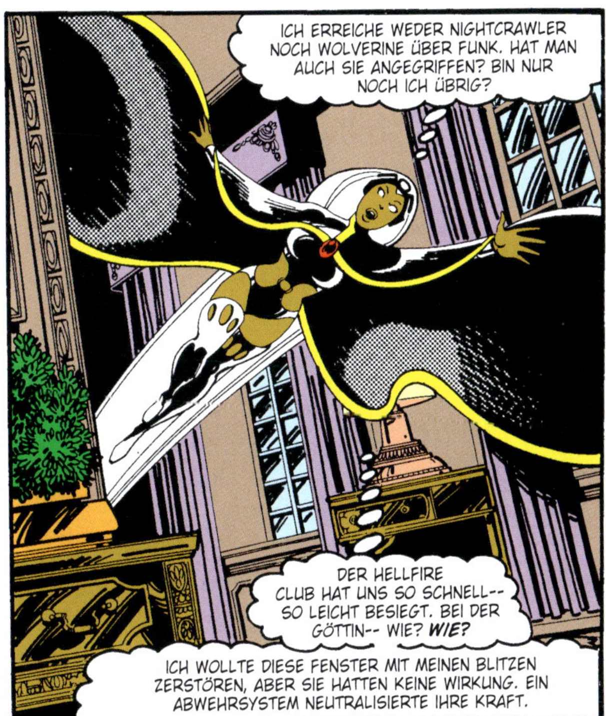
ICH ERREICHE WEDER NIGHTCRAWLER NOCH WOLVERINE ÜBER FUNK. HAT MAN AUCH SIE ANGEGRIFFEN? BIN NUR NOCH ICH ÜBRIG?
DER HELLFIRE CLUB HAT UNS SO SCHNELL-- SO LEICHT BESIEGT. BEI DER GÖTTIN-- WIE? WIE?
ICH WOLLTE DIESE FENSTER MIT MEINEN BLITZEN ZERSTÖREN, ABER SIE HATTEN KEINE WIRKUNG. EIN ABWEHRSYSTEM NEUTRALISIERTE IHRE KRAFT.

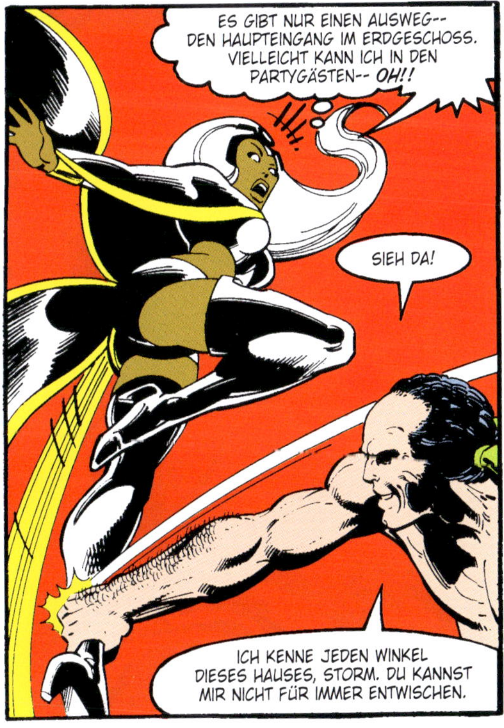
ES GIBT NUR EINEN AUSWEG-- DEN HAUPTEINGANG IM ERDGESCHOSS. VIELLEICHT KANN ICH IN DEN PARTYGÄSTEN-- OH!!
SIEH DA!
ICH KENNE JEDEN WINKEL DIESES HAUSES, STORM. DU KANNST MIR NICHT FÜR IMMER ENTWISCHEN.

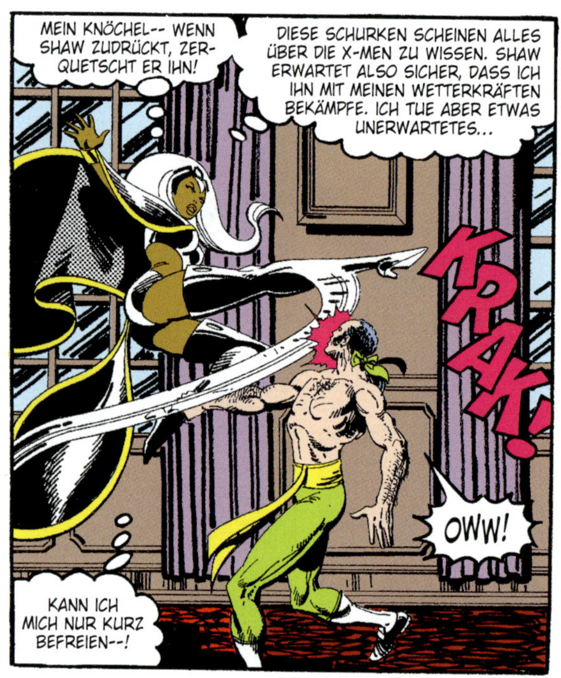
MEIN KNÖCHEL-- WENN SHAW ZUDRÜCKT, ZERQUETSCHT ER IHN!
DIESE SCHURKEN SCHEINEN ALLES ÜBER DIE X-MEN ZU WISSEN. SHAW ERWARTET ALSO SICHER, DASS ICH IHN MIT MEINEN WETTERKRÄFTEN BEKÄMPFE. ICH TUE ABER ETWAS UNERWARTETES...
KRAK!
OWW!
KANN ICH MICH NUR KURZ BEFREIEN--!

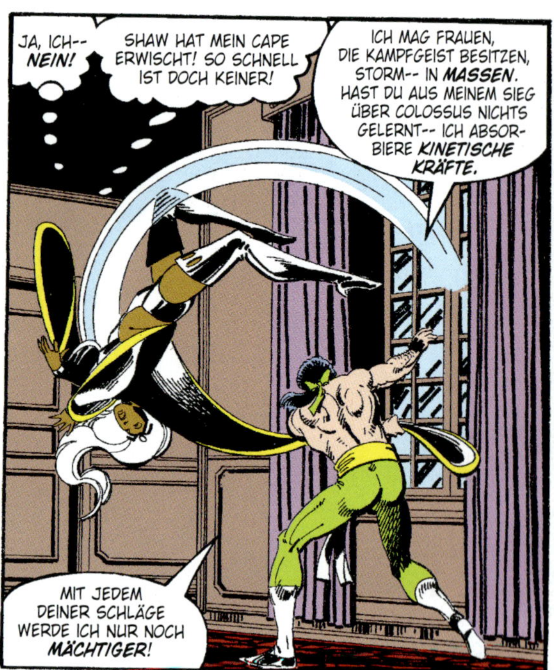
JA, ICH-- NEIN!
SHAW HAT MEIN CAPE ERWISCHT! SO SCHNELL IST DOCH KEINER!
ICH MAG FRAUEN, DIE KAMPFGEIST BESITZEN, STORM-- IN MASSEN. HAST DU AUS MEINEM SIEG ÜBER COLOSSUS NICHTS GELERNT-- ICH ABSORBIERE KINETISCHE KRÄFTE.
MIT JEDEM DEINER SCHLÄGE WERDE ICH NUR NOCH MÄCHTIGER!

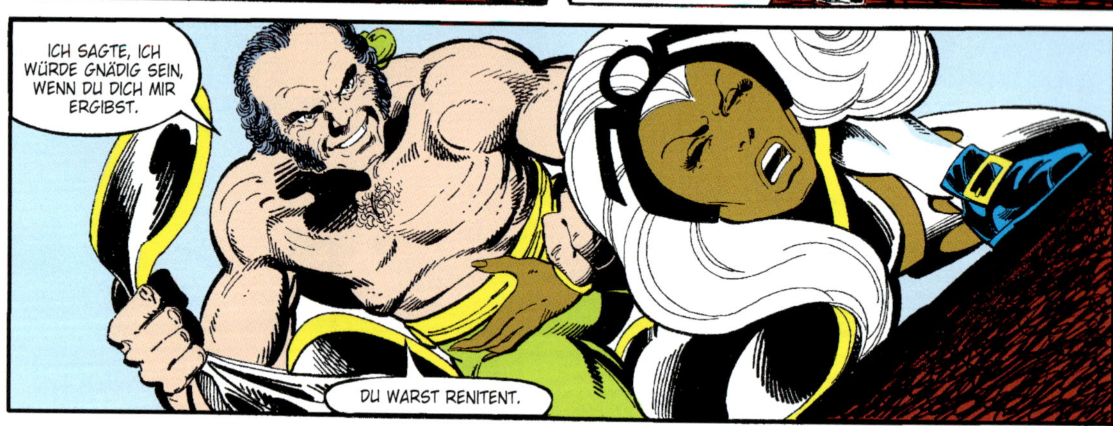
ICH SAGTE, ICH WÜRDE GNÄDIG SEIN, WENN DU DICH MIR ERGIBST.
DU WARST RENITENT.

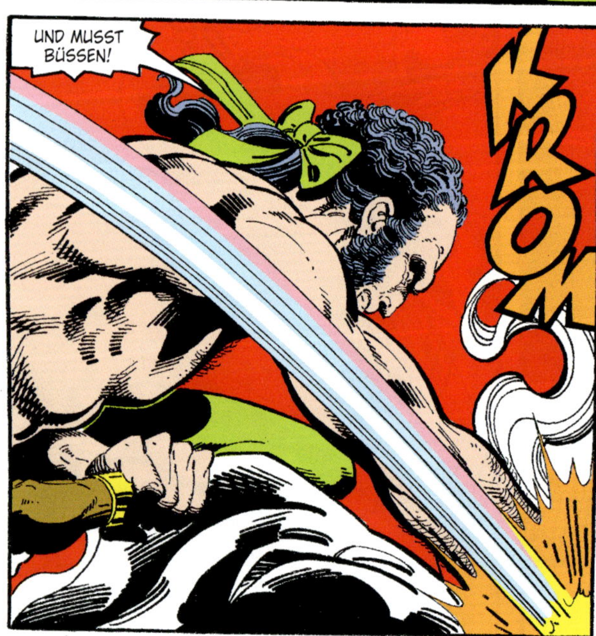
UND MUSST BÜSSEN!
KROM

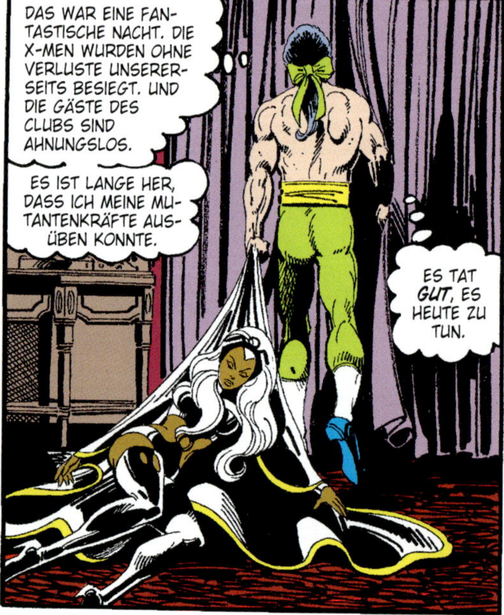
DAS WAR EINE FANTASTISCHE NACHT. DIE X-MEN WURDEN OHNE VERLUSTE UNSERERSEITS BESIEGT. UND DIE GÄSTE DES CLUBS SIND AHNUNGSLOS.
ES IST LANGE HER, DASS ICH MEINE MUTANTENKRÄFTE AUSÜBEN KONNTE.
ES TAT GUT, ES HEUTE ZU TUN.

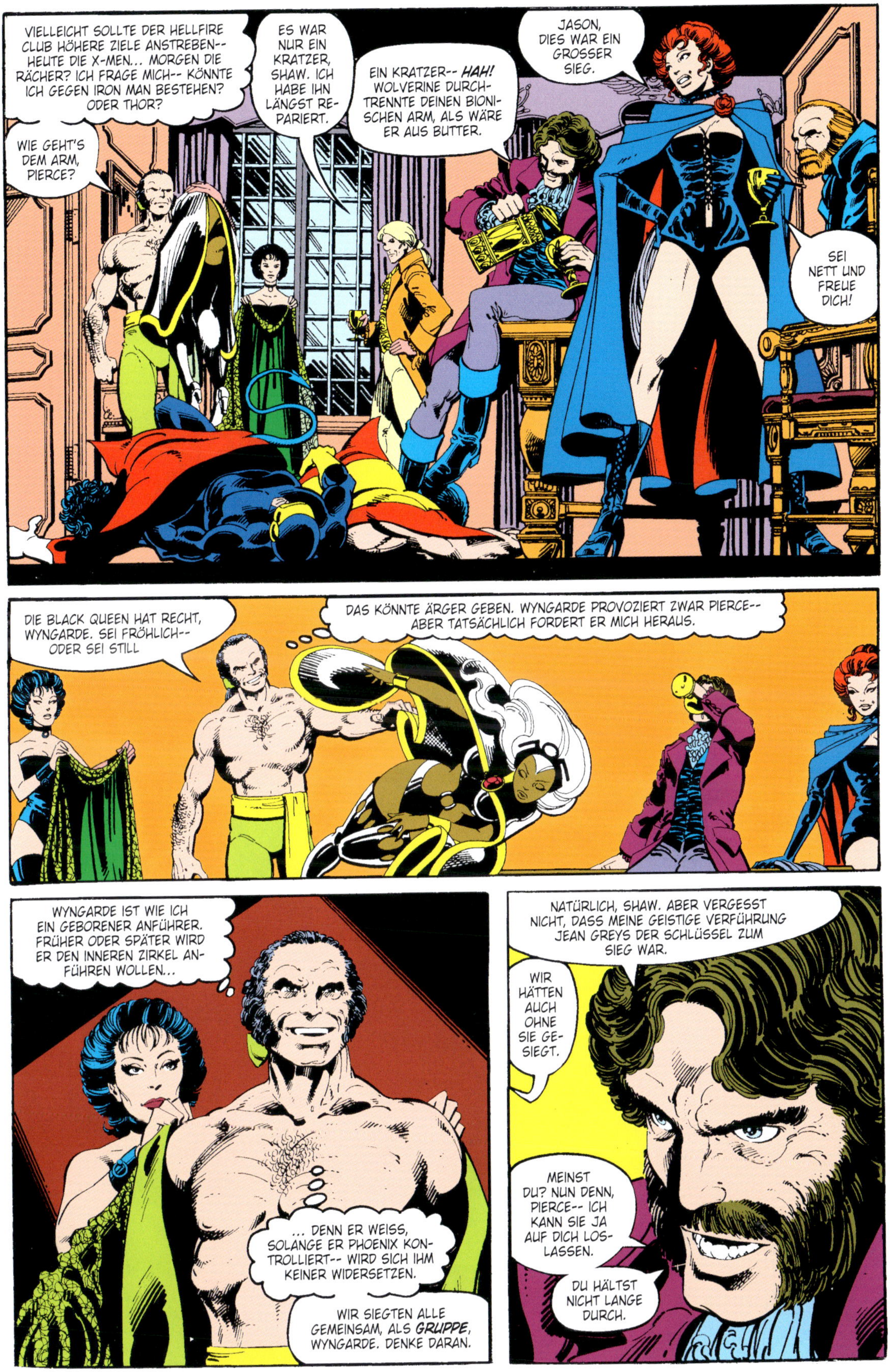

VIELLEICHT SOLLTE DER HELLFIRE CLUB HÖHERE ZIELE ANSTREBEN-- HEUTE DIE X-MEN... MORGEN DIE RÄCHER? ICH FRAGE MICH-- KÖNNTE ICH GEGEN IRON MAN BESTEHEN? ODER THOR?
WIE GEHT'S DEM ARM, PIERCE?
ES WAR NUR EIN KRATZER, SHAW. ICH HABE IHN LÄNGST REPARIERT.
EIN KRATZER-- ***HAH!*** WOLVERINE DURCHTRENNTE DEINEN BIONISCHEN ARM, ALS WÄRE ER AUS BUTTER.
JASON, DIES WAR EIN GROSSER SIEG.
SEI NETT UND FREUE DICH!

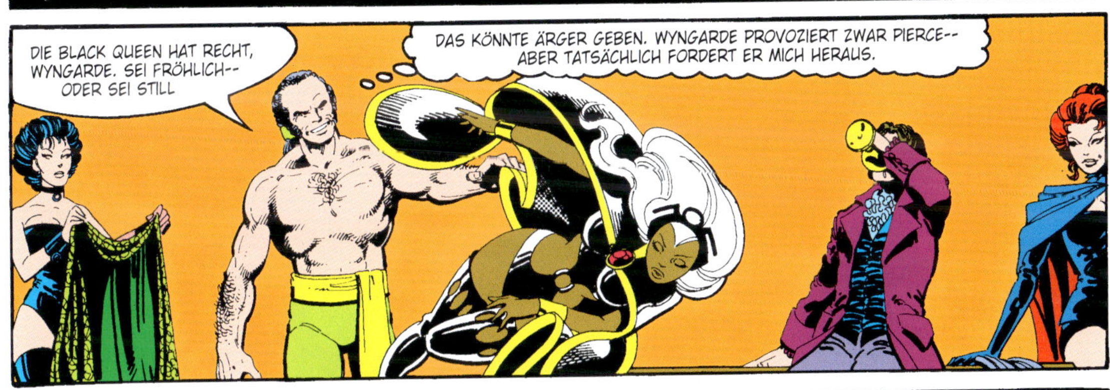

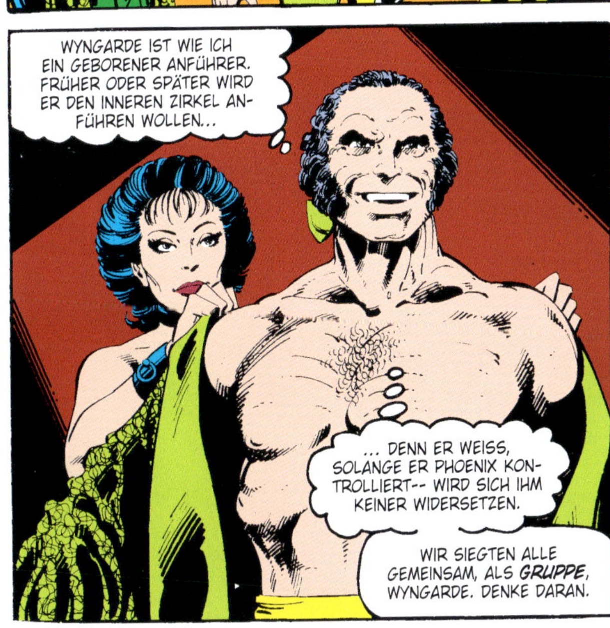

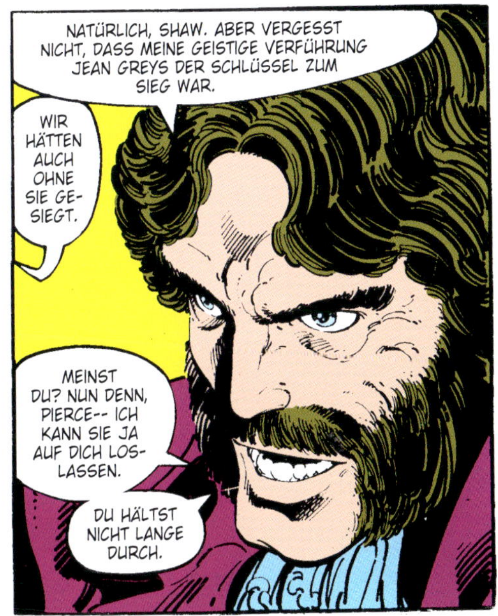

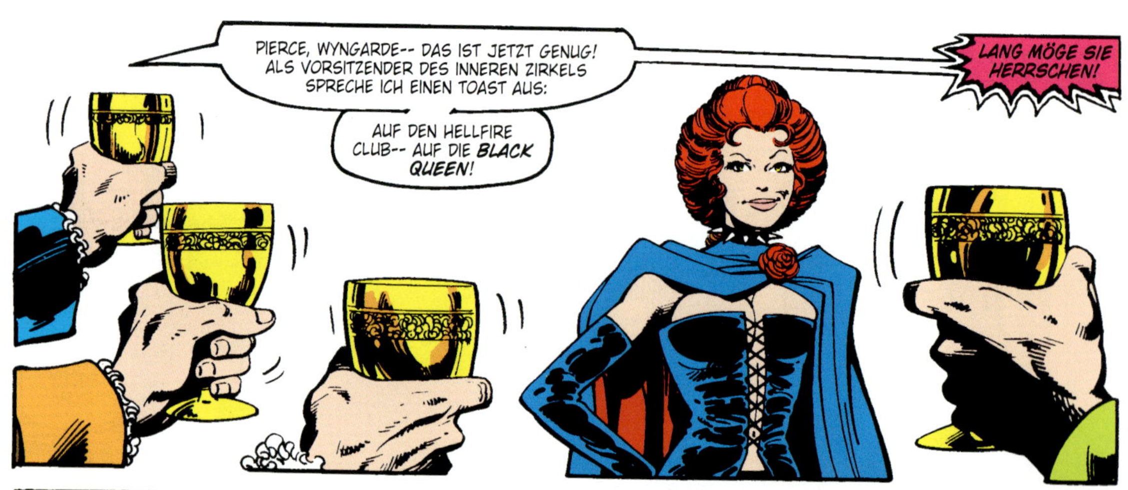

"UND WENN WIR MIT UNSEREN GESCHLAGENEN GEGNERN FERTIG SIND-- WERDEN SICH DIE X-MEN WÜNSCHEN, SIE WÄREN WIE WOLVERINE UNTERGEGANGEN!"

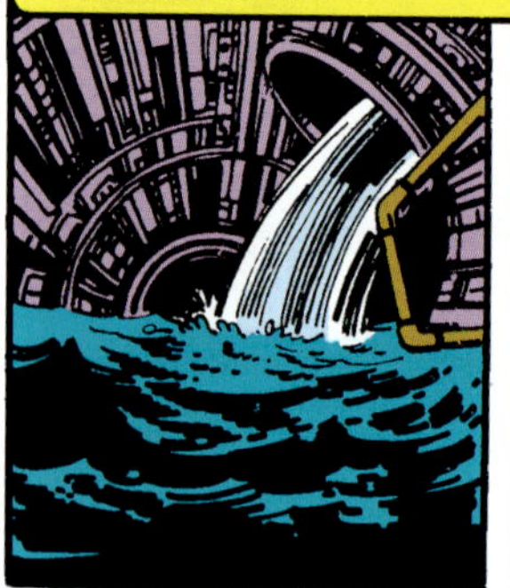

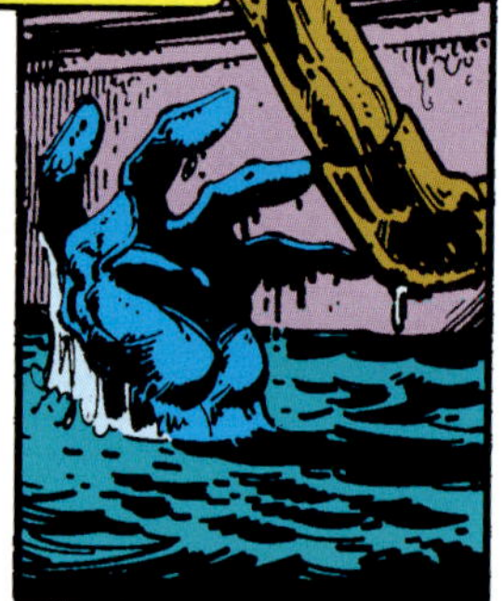

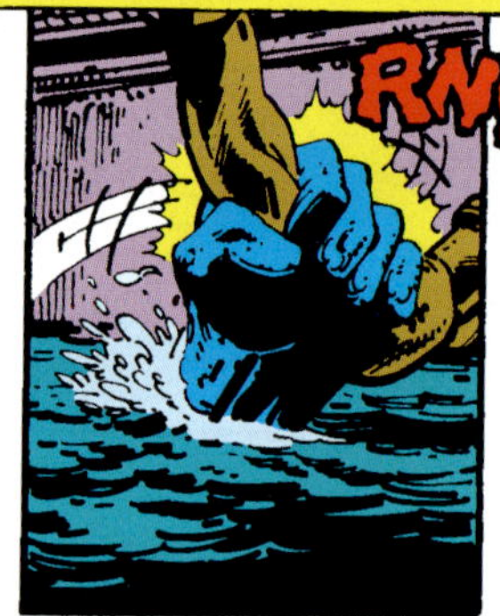

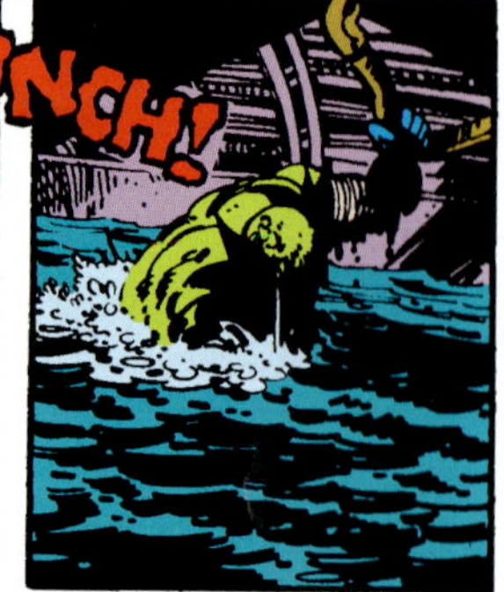

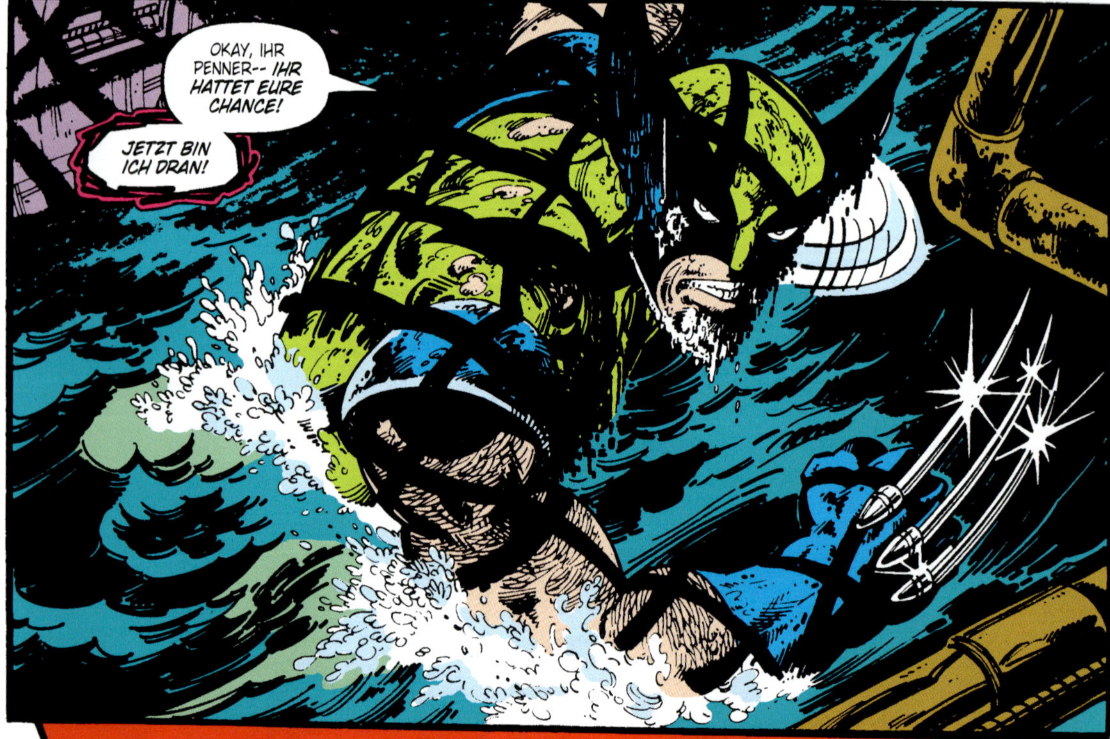

BALD

WOLVERINE: ALLEIN!

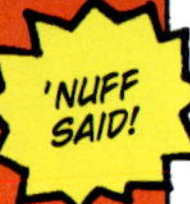

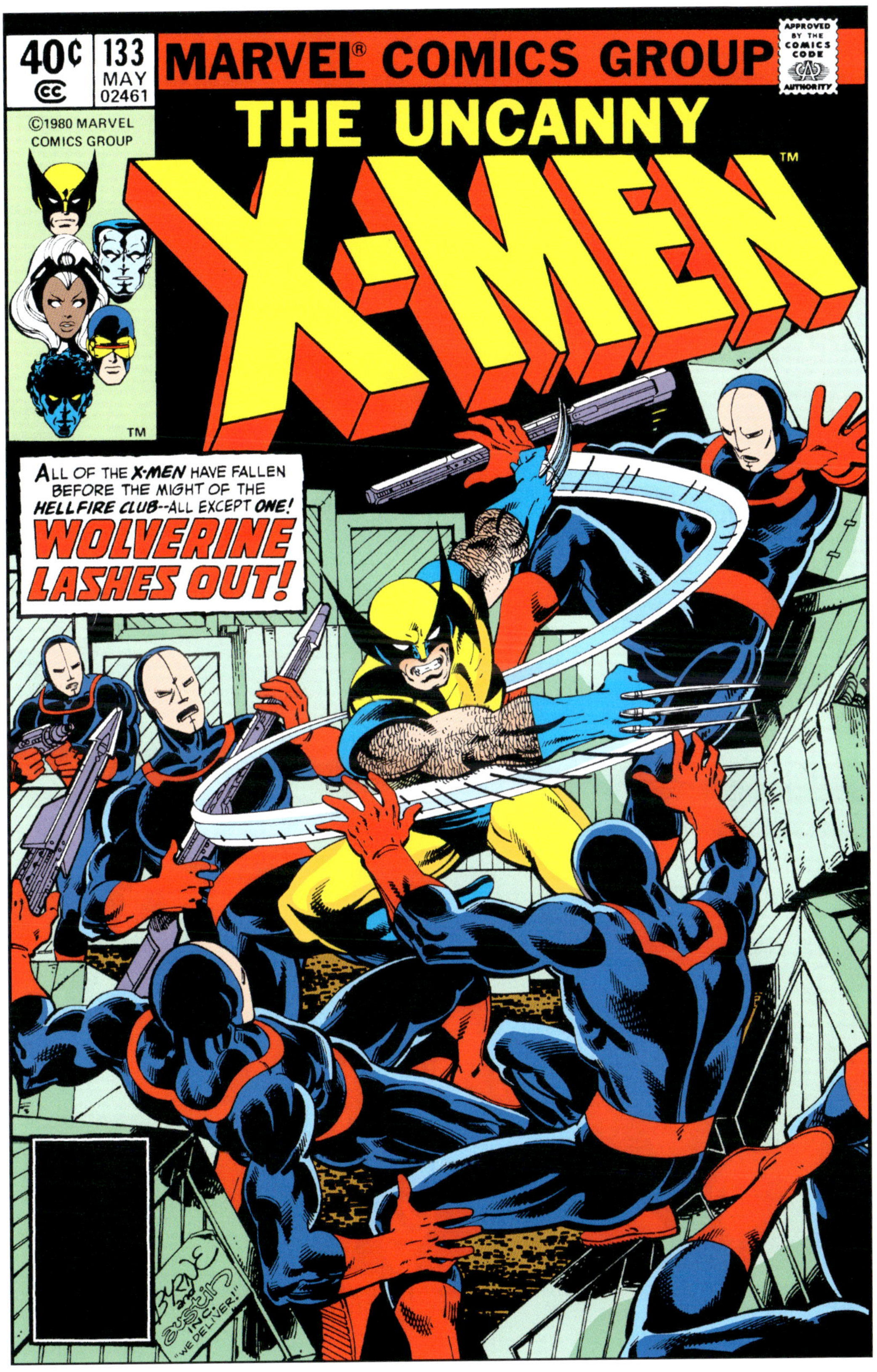

Uncanny X-Men (1963) 133
Cover von **JOHN BYRNE**

CYCLOPS, STORM, BANSHEE, NIGHTCRAWLER, WOLVERINE, COLOSSUS. KINDER DES ATOMS, SCHÜLER CHARLES XAVIERS, MUTANTEN– GEFÜRCHTET UND GEHASST VON DER WELT, DIE SIE BESCHÜTZEN. DIES SIND DIE UNGEWÖHNLICHSTEN HELDEN VON ALLEN– DIES SIND

Stan Lee PRÄSENTIERT:

DIE X-MEN!™

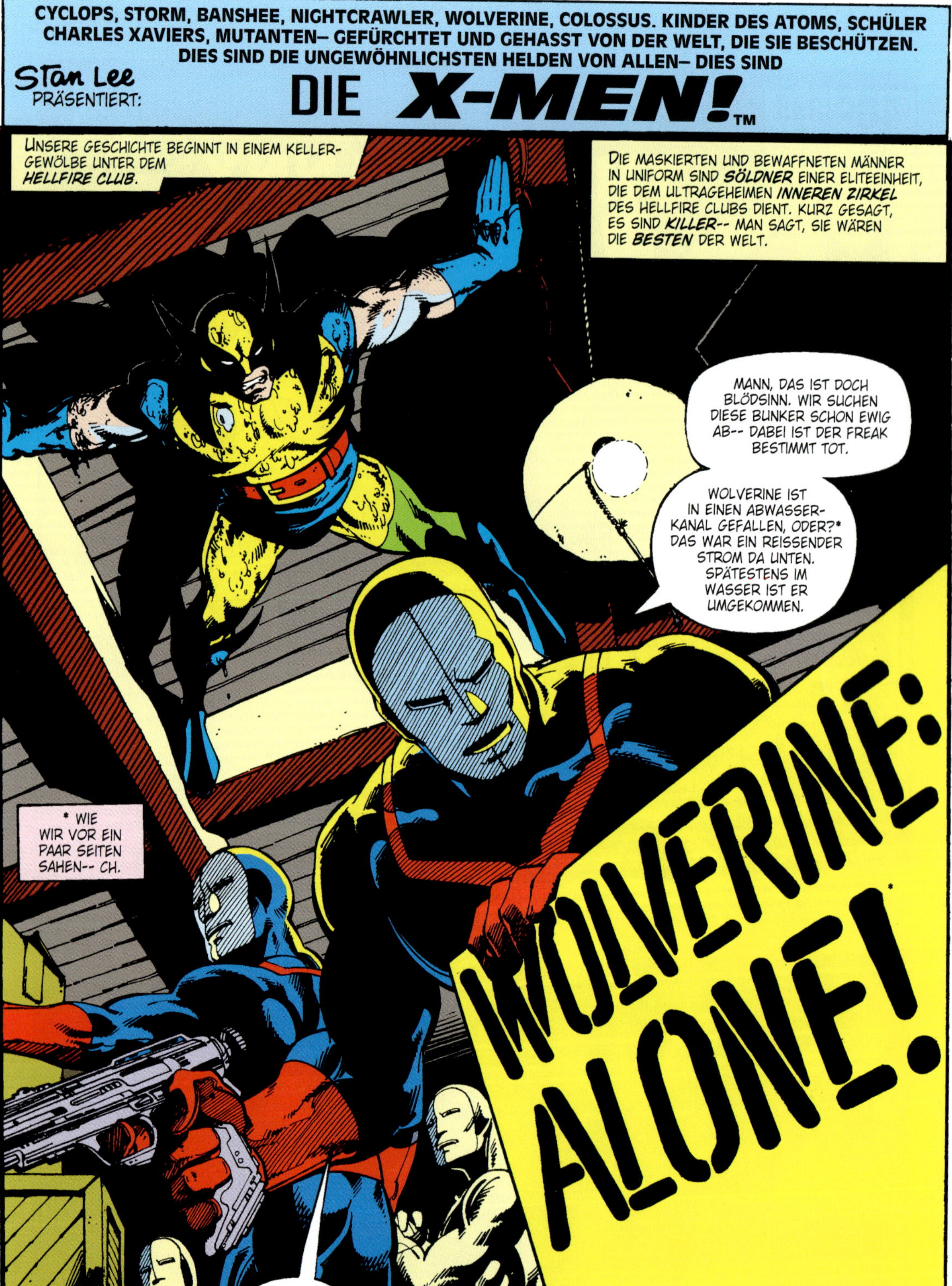

CHRIS CLAREMONT & JOHN BYRNE ERZÄHLER / CO-AUTOREN / ZEICHNER | TERRY AUSTIN TUSCHE | GLYNIS WEIN FARBEN | WALPROJECT RELETTERING | CHRISTIAN HEISS ÜBERSETZUNG | JIM SHOOTER REDAKTION USA

* WOLVERINE: ALLEIN!

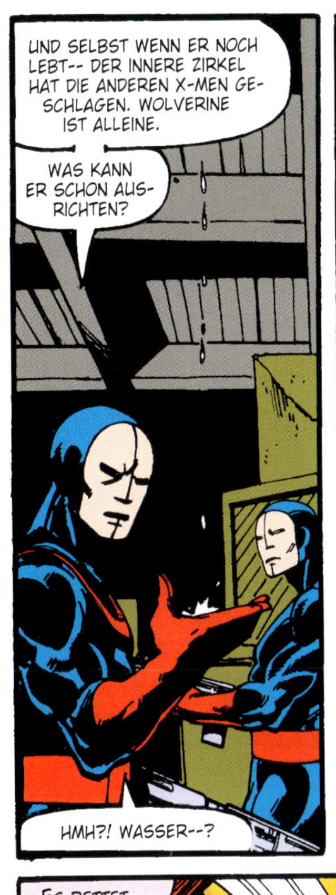

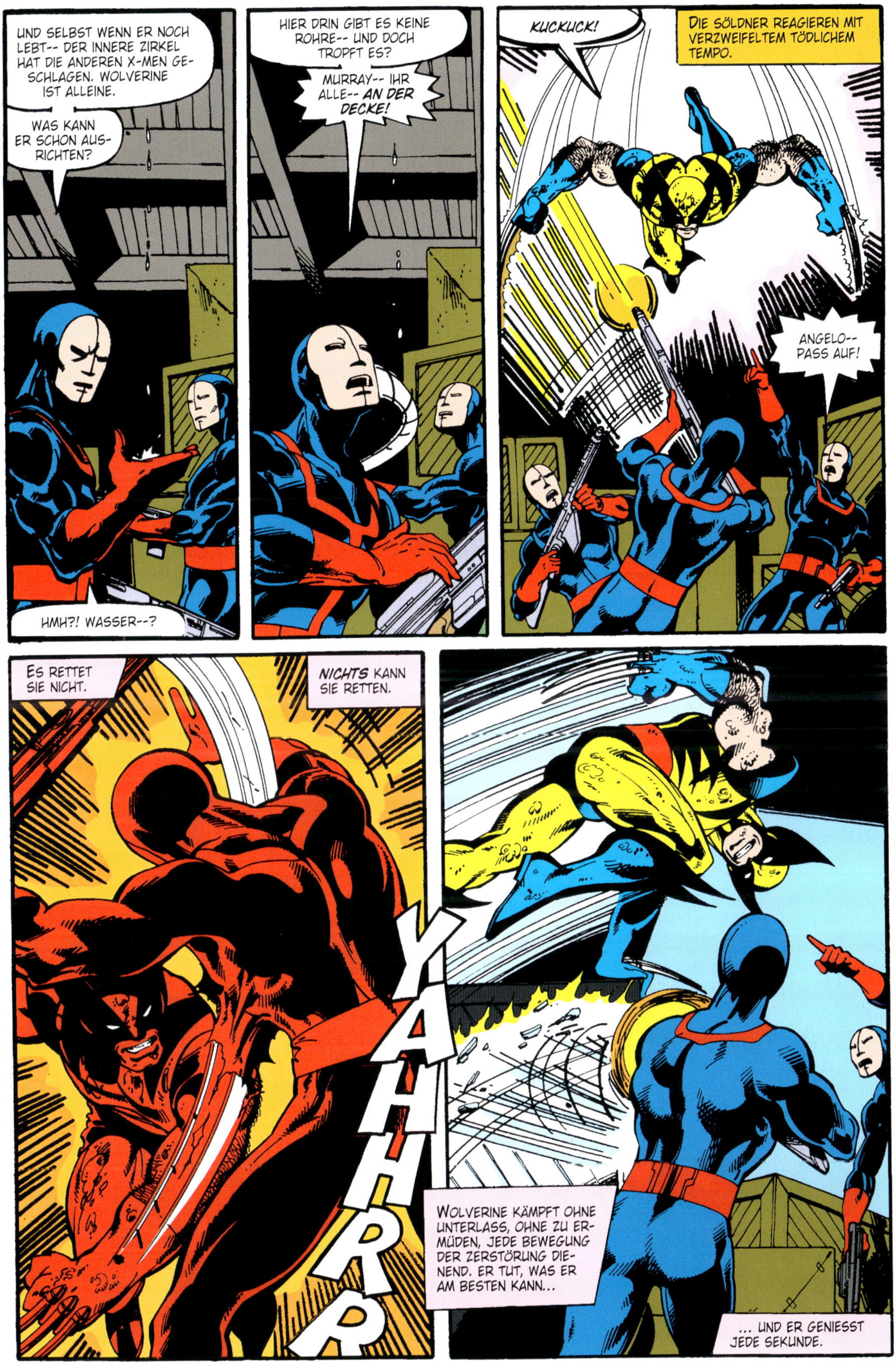

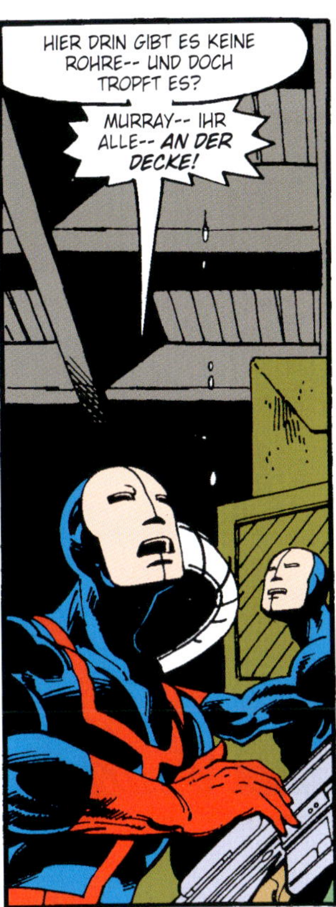

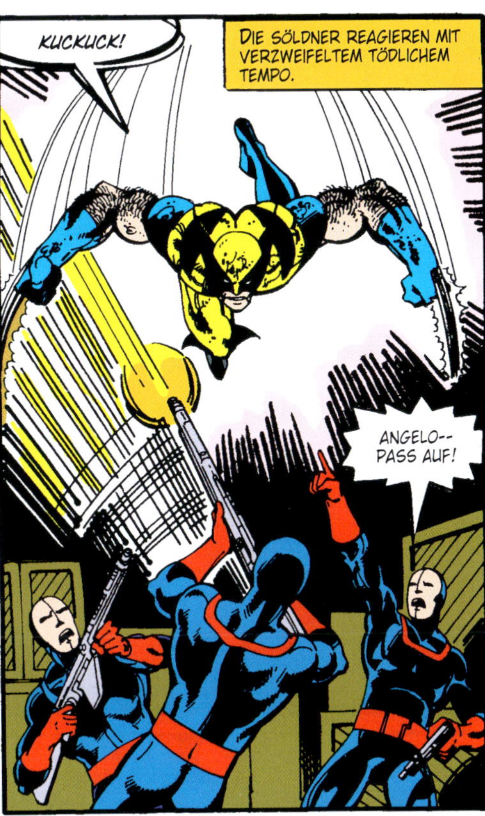

ES RETTET SIE NICHT.

NICHTS KANN SIE RETTEN.

YAHHRR

WOLVERINE KÄMPFT OHNE UNTERLASS, OHNE ZU ERMÜDEN, JEDE BEWEGUNG DER ZERSTÖRUNG DIENEND. ER TUT, WAS ER AM BESTEN KANN...

... UND ER GENIESST JEDE SEKUNDE.

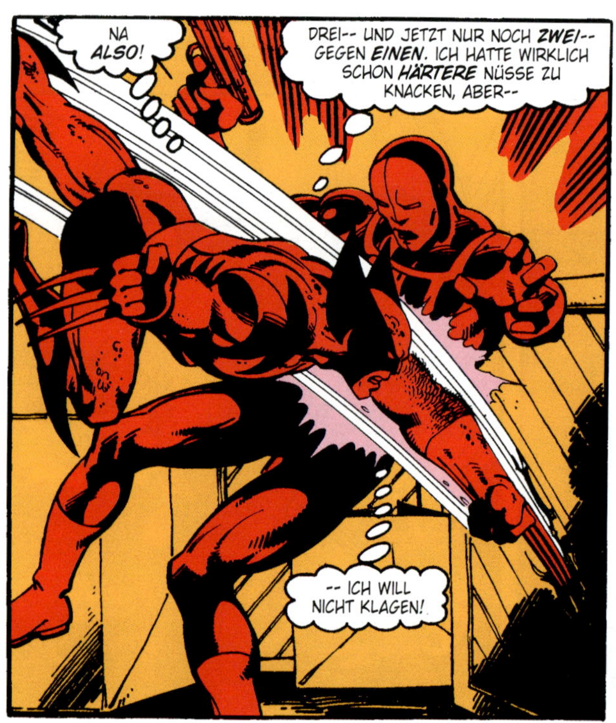
NA ALSO!
DREI-- UND JETZT NUR NOCH ZWEI-- GEGEN EINEN. ICH HATTE WIRKLICH SCHON HÄRTERE NÜSSE ZU KNACKEN, ABER--
-- ICH WILL NICHT KLAGEN!

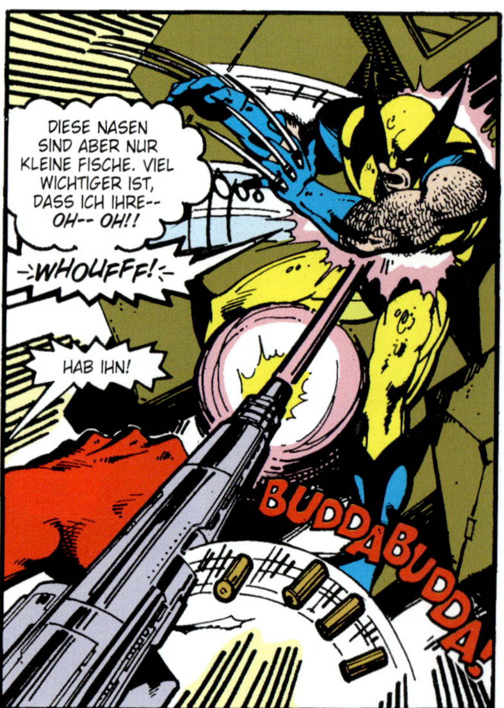
DIESE NASEN SIND ABER NUR KLEINE FISCHE. VIEL WICHTIGER IST, DASS ICH IHRE-- OH-- OH!!
WHOUFFF!
HAB IHN!
BUDDABUDDA!

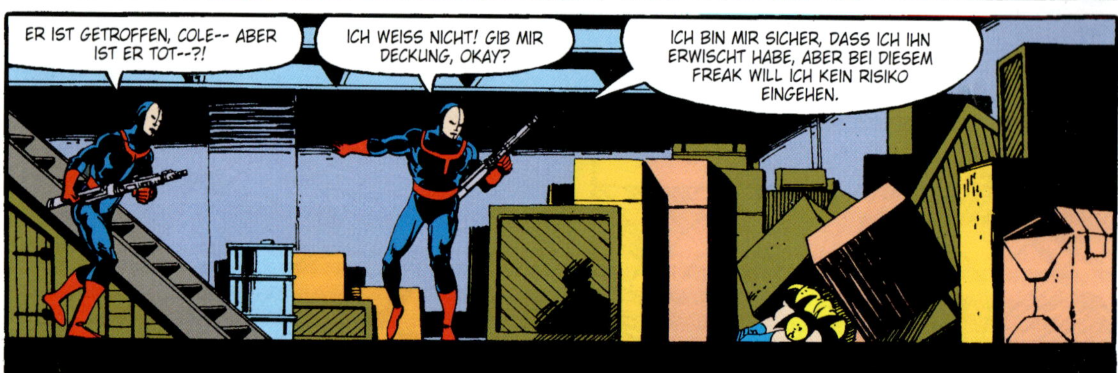
ER IST GETROFFEN, COLE-- ABER IST ER TOT--?!
ICH WEISS NICHT! GIB MIR DECKUNG, OKAY?
ICH BIN MIR SICHER, DASS ICH IHN ERWISCHT HABE, ABER BEI DIESEM FREAK WILL ICH KEIN RISIKO EINGEHEN.

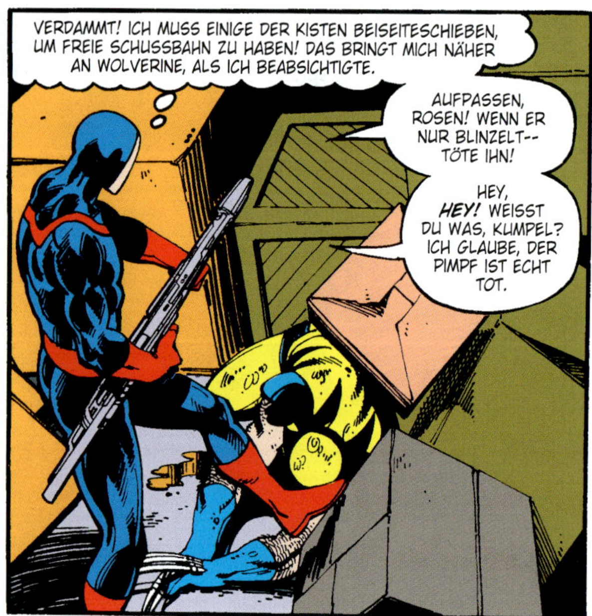
VERDAMMT! ICH MUSS EINIGE DER KISTEN BEISEITESCHIEBEN, UM FREIE SCHUSSBAHN ZU HABEN! DAS BRINGT MICH NÄHER AN WOLVERINE, ALS ICH BEABSICHTIGTE.
AUFPASSEN, ROSEN! WENN ER NUR BLINZELT-- TÖTE IHN!
HEY, HEY! WEISST DU WAS, KUMPEL? ICH GLAUBE, DER PIMPF IST ECHT TOT.

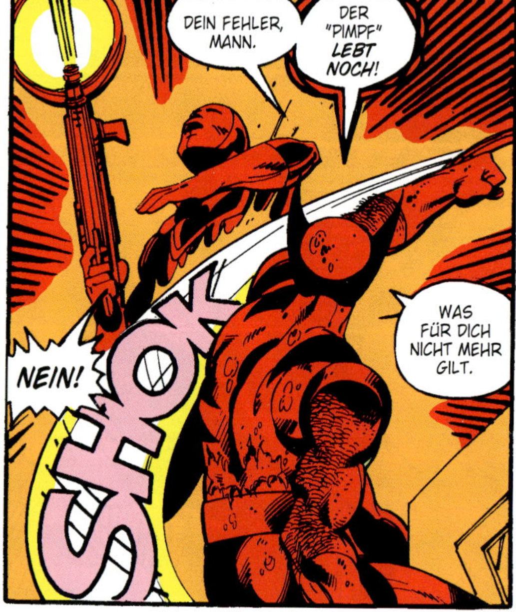
DEIN FEHLER, MANN.
DER "PIMPF" LEBT NOCH!
NEIN!
SHOK
WAS FÜR DICH NICHT MEHR GILT.

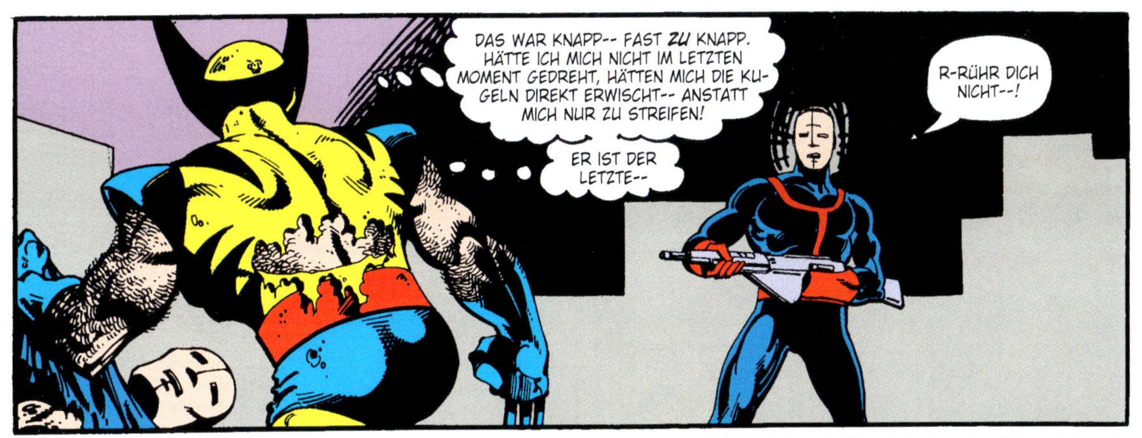
DAS WAR KNAPP-- FAST ZU KNAPP. HÄTTE ICH MICH NICHT IM LETZTEN MOMENT GEDREHT, HÄTTEN MICH DIE KUGELN DIREKT ERWISCHT-- ANSTATT MICH NUR ZU STREIFEN!
ER IST DER LETZTE--
R-RÜHR DICH NICHT--!

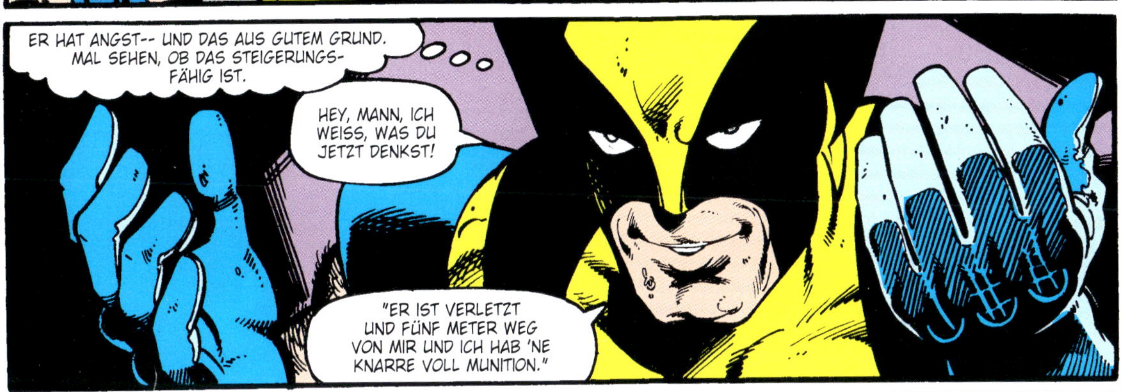
ER HAT ANGST-- UND DAS AUS GUTEM GRUND. MAL SEHEN, OB DAS STEIGERUNGSFÄHIG IST.
HEY, MANN, ICH WEISS, WAS DU JETZT DENKST!
"ER IST VERLETZT UND FÜNF METER WEG VON MIR UND ICH HAB 'NE KNARRE VOLL MUNITION."

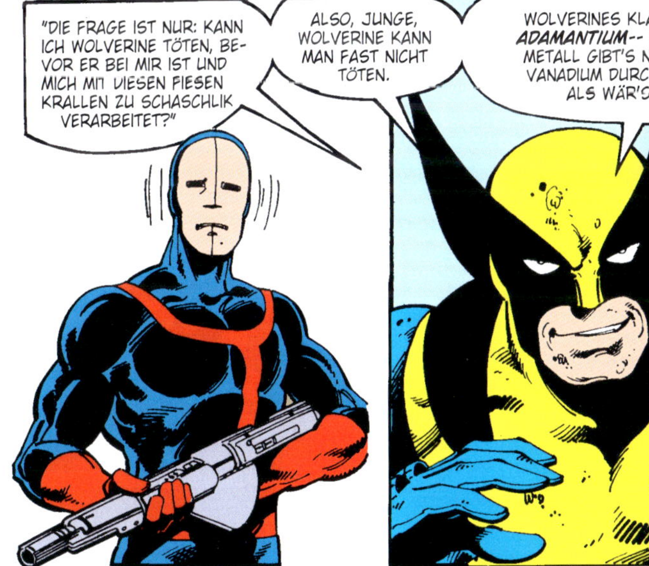
"DIE FRAGE IST NUR: KANN ICH WOLVERINE TÖTEN, BEVOR ER BEI MIR IST UND MICH MIT DIESEN FIESEN KRALLEN ZU SCHASCHLIK VERARBEITET?"
ALSO, JUNGE, WOLVERINE KANN MAN FAST NICHT TÖTEN.
WOLVERINES KLAUEN SIND AUS ADAMANTIUM-- EIN STÄRKERES METALL GIBT'S NICHT-- SELBST VANADIUM DURCHTRENNEN DIE, ALS WÄR'S BUTTER.

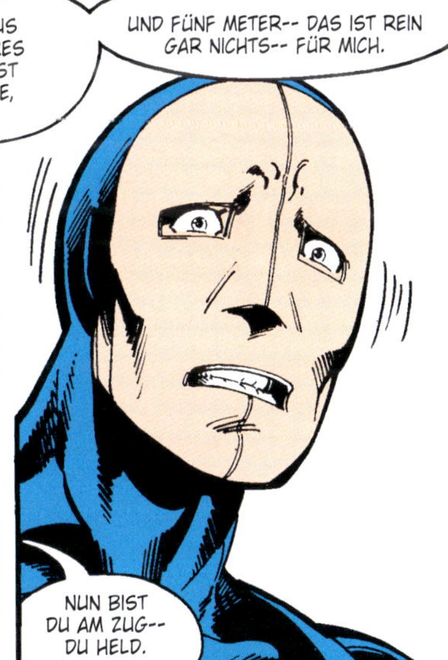
UND FÜNF METER-- DAS IST REIN GAR NICHTS-- FÜR MICH.
NUN BIST DU AM ZUG-- DU HELD.

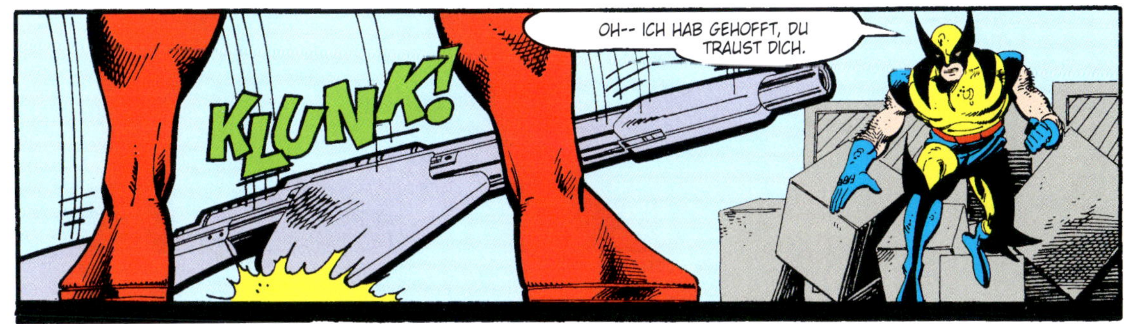
OH-- ICH HAB GEHOFFT, DU TRAUST DICH.
KLUNK!

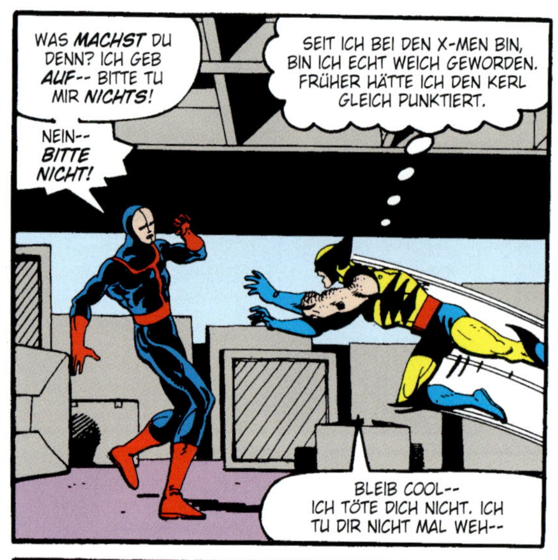

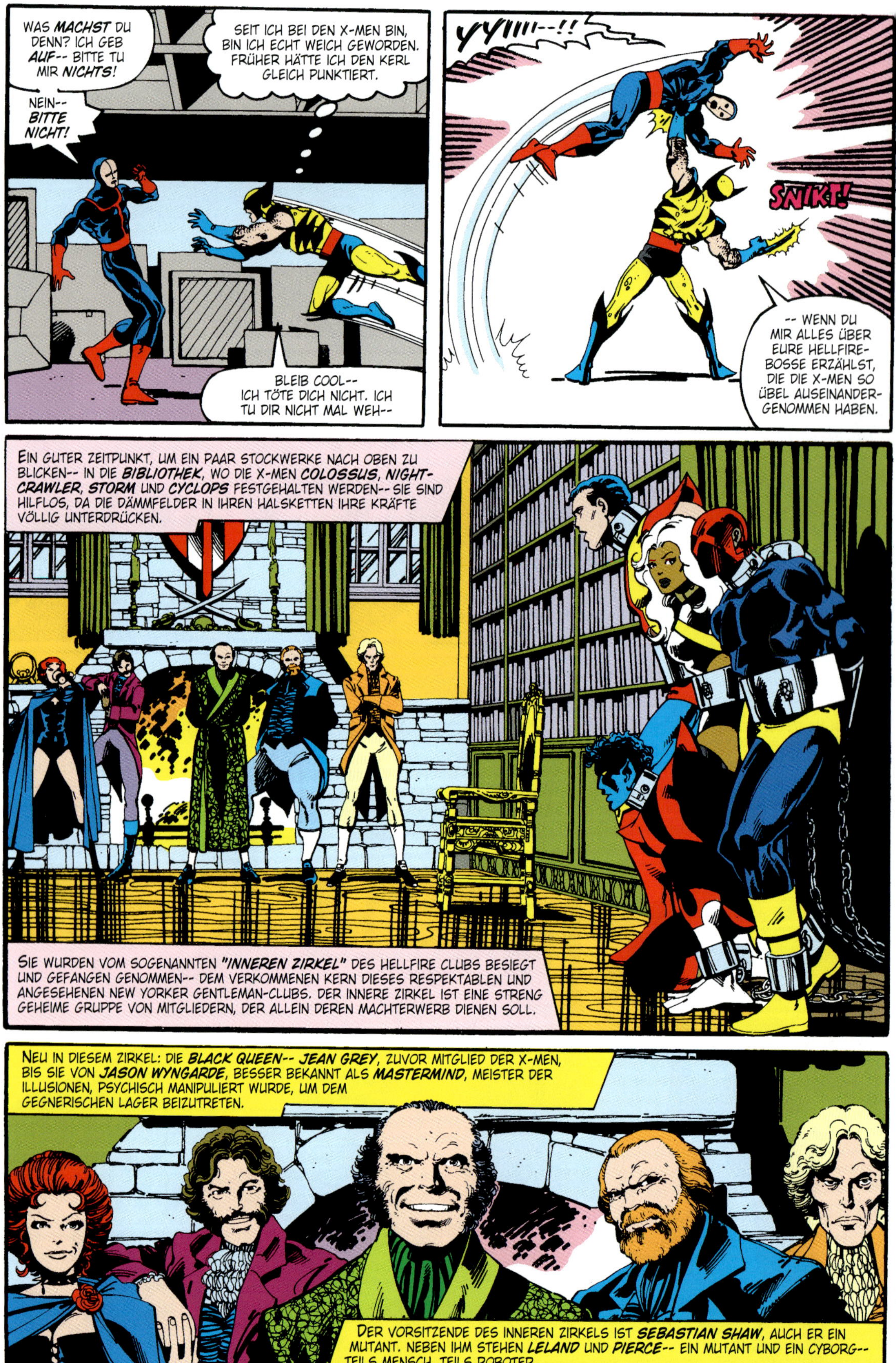

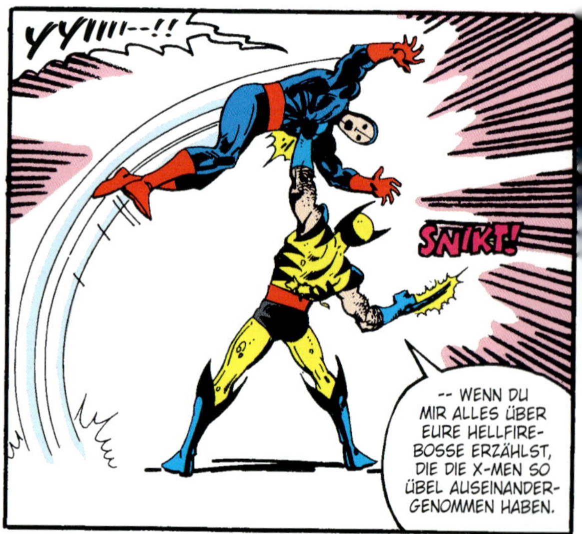

EIN GUTER ZEITPUNKT, UM EIN PAAR STOCKWERKE NACH OBEN ZU BLICKEN-- IN DIE **BIBLIOTHEK**, WO DIE X-MEN **COLOSSUS**, **NIGHTCRAWLER**, **STORM** UND **CYCLOPS** FESTGEHALTEN WERDEN-- SIE SIND HILFLOS, DA DIE DÄMMFELDER IN IHREN HALSKETTEN IHRE KRÄFTE VÖLLIG UNTERDRÜCKEN.

SIE WURDEN VOM SOGENANNTEN **"INNEREN ZIRKEL"** DES HELLFIRE CLUBS BESIEGT UND GEFANGEN GENOMMEN-- DEM VERKOMMENEN KERN DIESES RESPEKTABLEN UND ANGESEHENEN NEW YORKER GENTLEMAN-CLUBS. DER INNERE ZIRKEL IST EINE STRENG GEHEIME GRUPPE VON MITGLIEDERN, DER ALLEIN DEREN MACHTERWERB DIENEN SOLL.

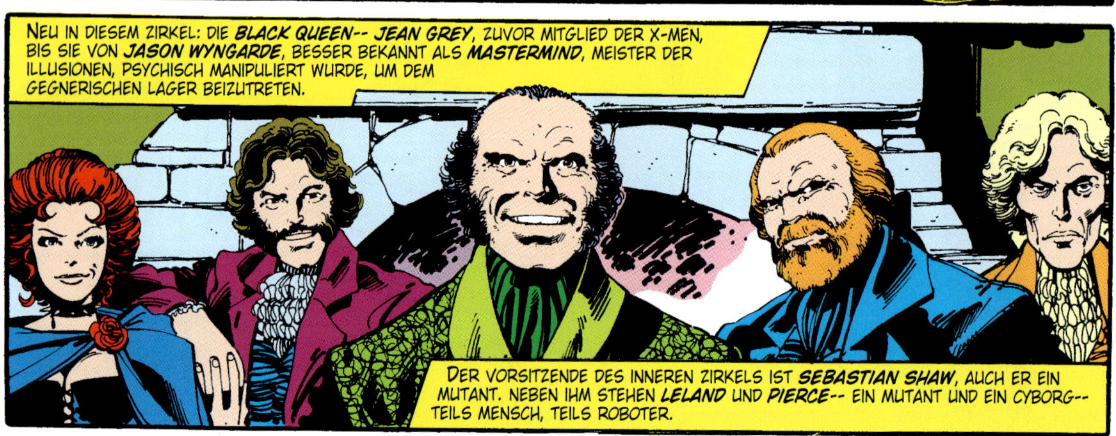

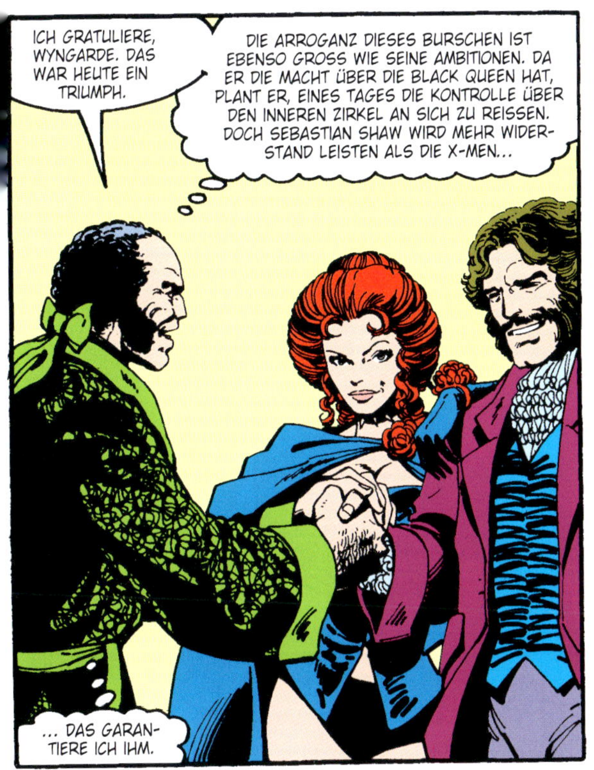
ICH GRATULIERE, WYNGARDE. DAS WAR HEUTE EIN TRIUMPH.
DIE ARROGANZ DIESES BURSCHEN IST EBENSO GROSS WIE SEINE AMBITIONEN. DA ER DIE MACHT ÜBER DIE BLACK QUEEN HAT, PLANT ER, EINES TAGES DIE KONTROLLE ÜBER DEN INNEREN ZIRKEL AN SICH ZU REISSEN. DOCH SEBASTIAN SHAW WIRD MEHR WIDERSTAND LEISTEN ALS DIE X-MEN...
... DAS GARANTIERE ICH IHM.

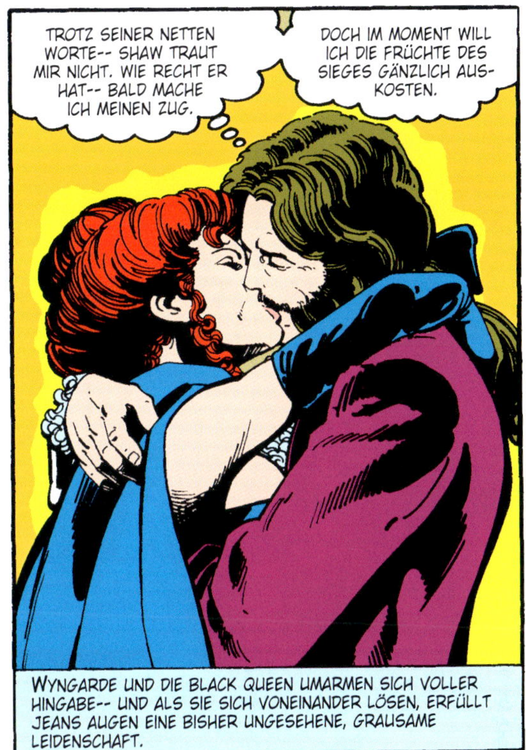
TROTZ SEINER NETTEN WORTE-- SHAW TRAUT MIR NICHT. WIE RECHT ER HAT-- BALD MACHE ICH MEINEN ZUG.
DOCH IM MOMENT WILL ICH DIE FRÜCHTE DES SIEGES GÄNZLICH AUSKOSTEN.
WYNGARDE UND DIE BLACK QUEEN UMARMEN SICH VOLLER HINGABE-- UND ALS SIE SICH VONEINANDER LÖSEN, ERFÜLLT JEANS AUGEN EINE BISHER UNGESEHENE, GRAUSAME LEIDENSCHAFT.

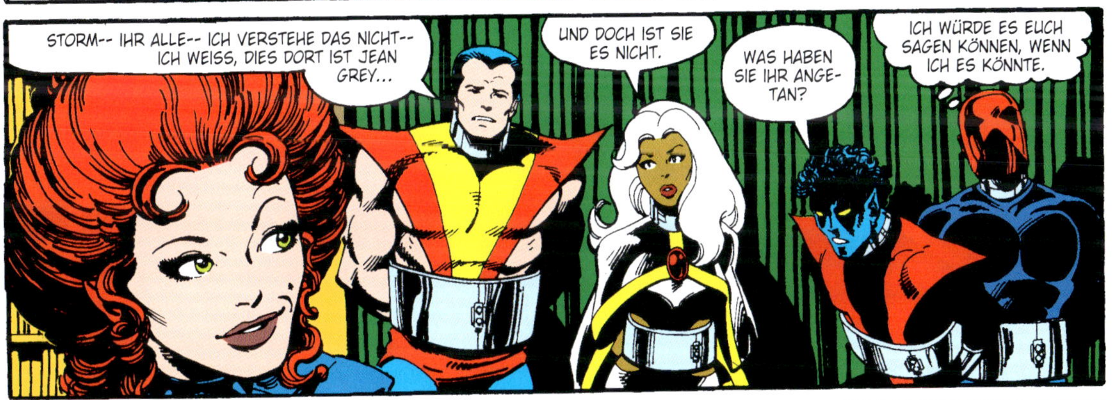
STORM-- IHR ALLE-- ICH VERSTEHE DAS NICHT-- ICH WEISS, DIES DORT IST JEAN GREY...
UND DOCH IST SIE ES NICHT.
WAS HABEN SIE IHR ANGETAN?
ICH WÜRDE ES EUCH SAGEN KÖNNEN, WENN ICH ES KÖNNTE.

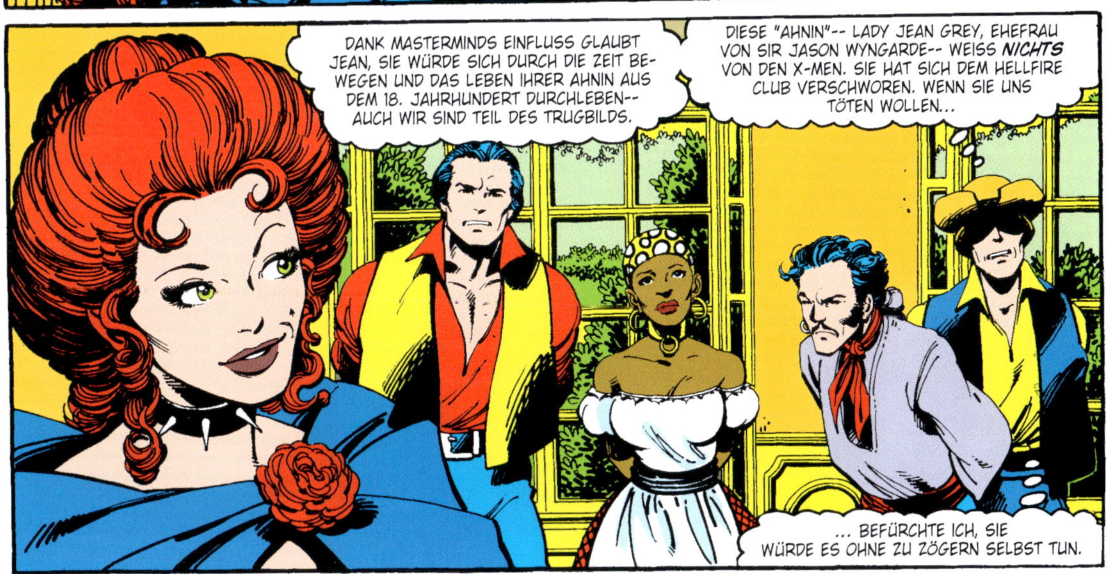
DANK MASTERMINDS EINFLUSS GLAUBT JEAN, SIE WÜRDE SICH DURCH DIE ZEIT BEWEGEN UND DAS LEBEN IHRER AHNIN AUS DEM 18. JAHRHUNDERT DURCHLEBEN-- AUCH WIR SIND TEIL DES TRUGBILDS.
DIESE "AHNIN"-- LADY JEAN GREY, EHEFRAU VON SIR JASON WYNGARDE-- WEISS ***NICHTS*** VON DEN X-MEN. SIE HAT SICH DEM HELLFIRE CLUB VERSCHWOREN. WENN SIE UNS TÖTEN WOLLEN...
... BEFÜRCHTE ICH, SIE WÜRDE ES OHNE ZU ZÖGERN SELBST TUN.

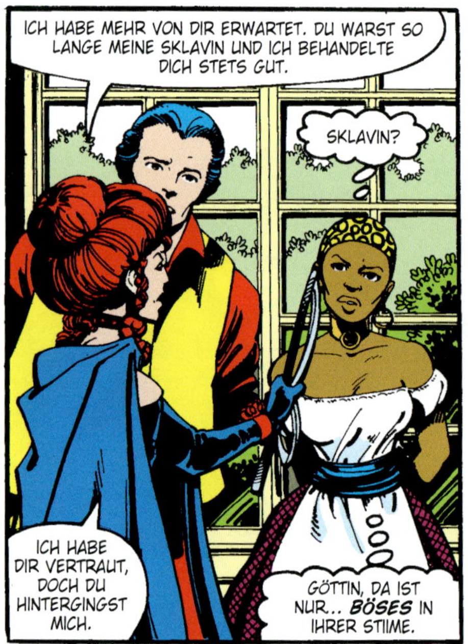
ICH HABE MEHR VON DIR ERWARTET. DU WARST SO LANGE MEINE SKLAVIN UND ICH BEHANDELTE DICH STETS GUT.
SKLAVIN?
ICH HABE DIR VERTRAUT, DOCH DU HINTERGINGST MICH.
GÖTTIN, DA IST NUR... BÖSES IN IHRER STIMME.

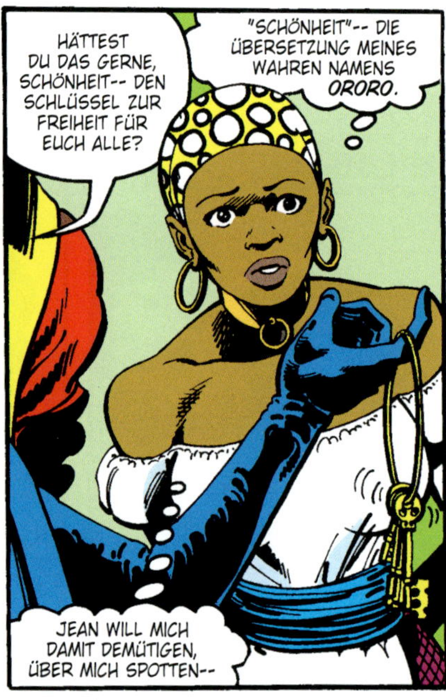
HÄTTEST DU DAS GERNE, SCHÖNHEIT-- DEN SCHLÜSSEL ZUR FREIHEIT FÜR EUCH ALLE?
"SCHÖNHEIT"-- DIE ÜBERSETZUNG MEINES WAHREN NAMENS ORORO.
JEAN WILL MICH DAMIT DEMÜTIGEN, ÜBER MICH SPOTTEN--

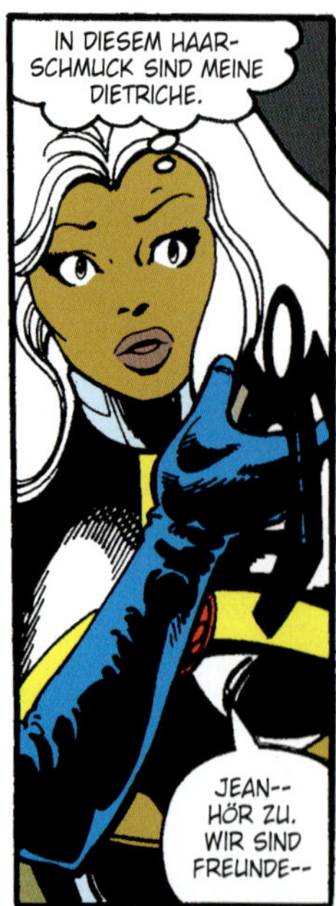
IN DIESEM HAARSCHMUCK SIND MEINE DIETRICHE.
JEAN-- HÖR ZU. WIR SIND FREUNDE--

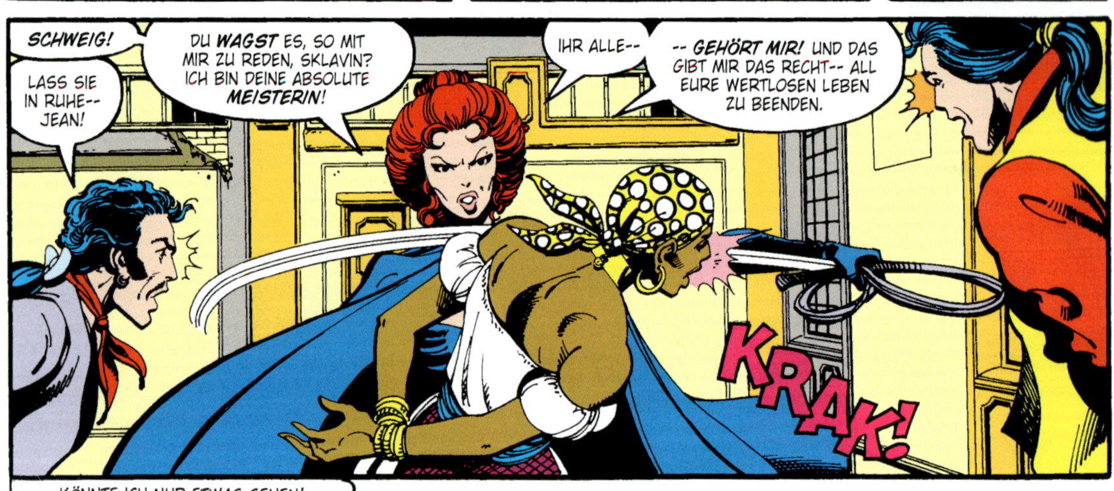
SCHWEIG!
LASS SIE IN RUHE-- JEAN!
DU WAGST ES, SO MIT MIR ZU REDEN, SKLAVIN? ICH BIN DEINE ABSOLUTE MEISTERIN!
IHR ALLE--
-- GEHÖRT MIR! UND DAS GIBT MIR DAS RECHT-- ALL EURE WERTLOSEN LEBEN ZU BEENDEN.
KRAK!

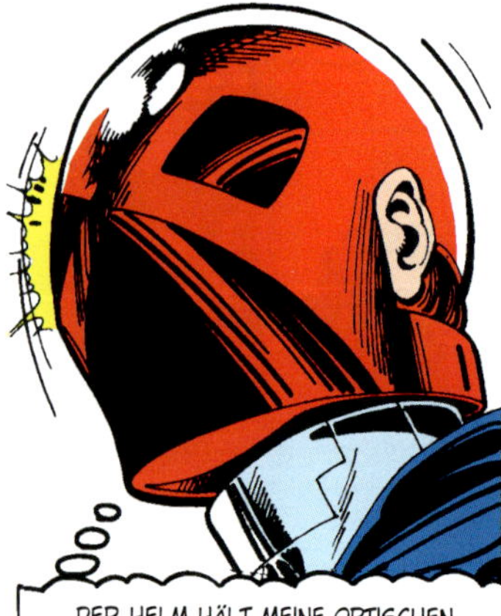
KÖNNTE ICH NUR ETWAS SEHEN! DANK DIESES RUBINQUARZHELMS KANN ICH NUR RATEN, WAS VOR SICH GEHT!
DER HELM HÄLT MEINE OPTISCHEN STRAHLEN IN SCHACH-- ICH KANN NICHT HANDELN, ABER NOCH KANN ICH DENKEN!

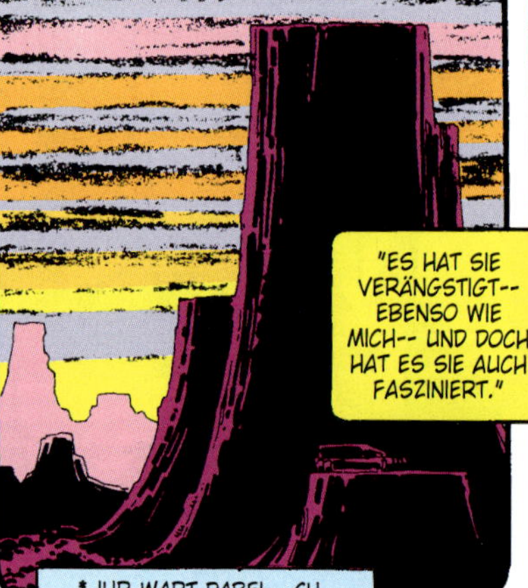
"ICH ERINNERE MICH AN DEN FELSEN IN ARIZONA-- ALS WIR ANGEL VOR EINER WOCHE BESUCHTEN.* JEAN ERZÄHLTE MIR VON IHREN ZEITEPISODEN UND IHRER STETIG ANWACHSENDEN MACHT.
"ES HAT SIE VERÄNGSTIGT-- EBENSO WIE MICH-- UND DOCH HAT ES SIE AUCH FASZINIERT."
* IHR WART DABEI-- CH.

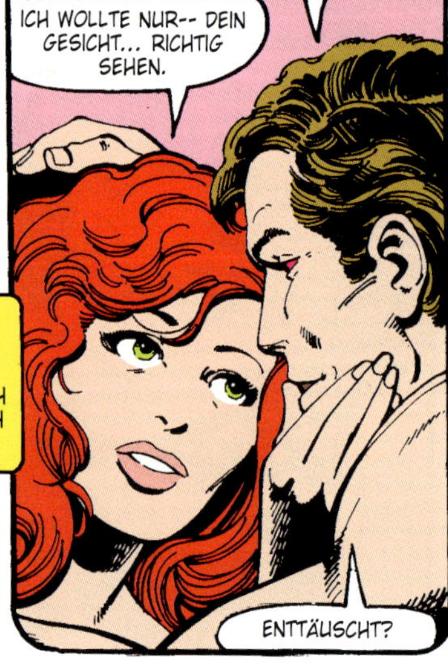
ES IST SELTSAM ZU SPÜREN, WIE DU MIT DEINEN KRÄFTEN MEINE OPTISCHEN STRAHLEN KONTROLLIERST.
ICH WOLLTE NUR-- DEIN GESICHT... RICHTIG SEHEN.
ENTTÄUSCHT?

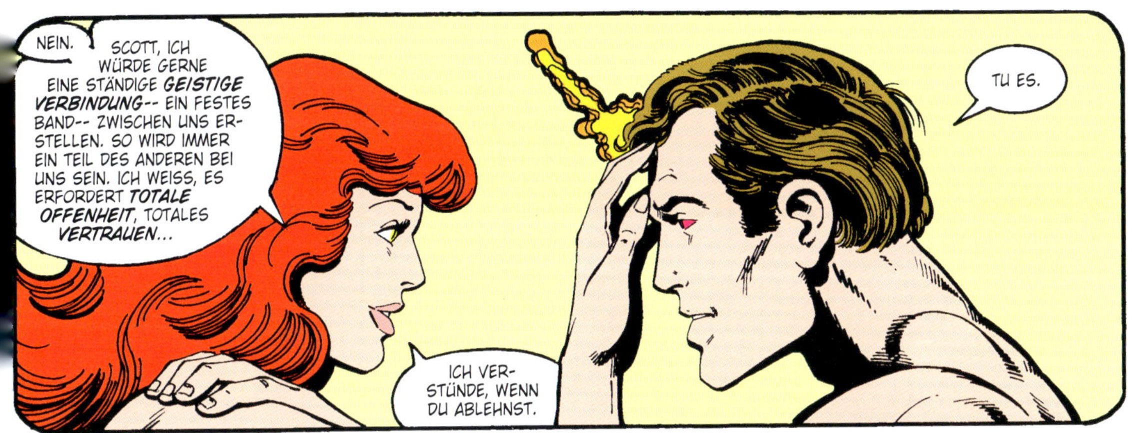
NEIN.
SCOTT, ICH WÜRDE GERNE EINE STÄNDIGE **GEISTIGE VERBINDUNG**-- EIN FESTES BAND-- ZWISCHEN UNS ERSTELLEN. SO WIRD IMMER EIN TEIL DES ANDEREN BEI UNS SEIN. ICH WEISS, ES ERFORDERT **TOTALE OFFENHEIT**, TOTALES **VERTRAUEN**...
ICH VERSTÜNDE, WENN DU ABLEHNST.
TU ES.

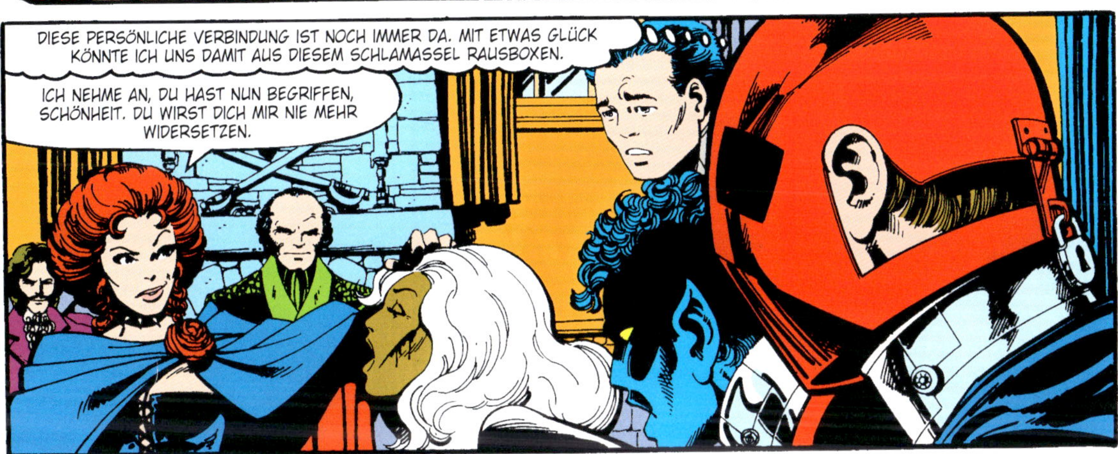
DIESE PERSÖNLICHE VERBINDUNG IST NOCH IMMER DA. MIT ETWAS GLÜCK KÖNNTE ICH UNS DAMIT AUS DIESEM SCHLAMASSEL RAUSBOXEN.
ICH NEHME AN, DU HAST NUN BEGRIFFEN, SCHÖNHEIT. DU WIRST DICH MIR NIE MEHR WIDERSETZEN.

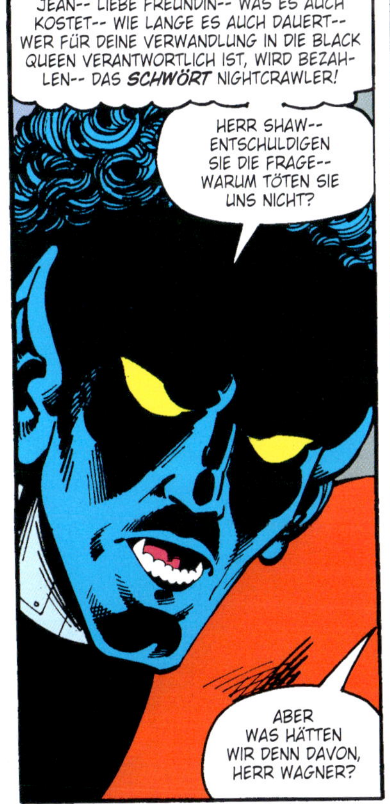
JEAN-- LIEBE FREUNDIN-- WAS ES AUCH KOSTET-- WIE LANGE ES AUCH DAUERT-- WER FÜR DEINE VERWANDLUNG IN DIE BLACK QUEEN VERANTWORTLICH IST, WIRD BEZAHLEN-- DAS **SCHWÖRT** NIGHTCRAWLER!
HERR SHAW-- ENTSCHULDIGEN SIE DIE FRAGE-- WARUM TÖTEN SIE UNS NICHT?
ABER WAS HÄTTEN WIR DENN DAVON, HERR WAGNER?

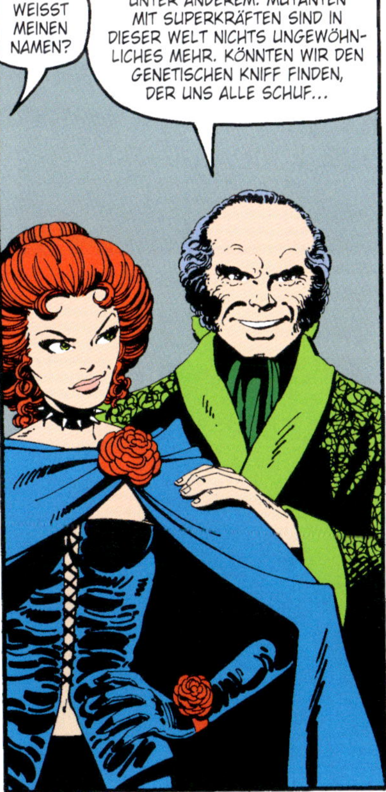
DU WEISST MEINEN NAMEN?
UNTER ANDEREM. MUTANTEN MIT SUPERKRÄFTEN SIND IN DIESER WELT NICHTS UNGEWÖHNLICHES MEHR. KÖNNTEN WIR DEN GENETISCHEN KNIFF FINDEN, DER UNS ALLE SCHUF...

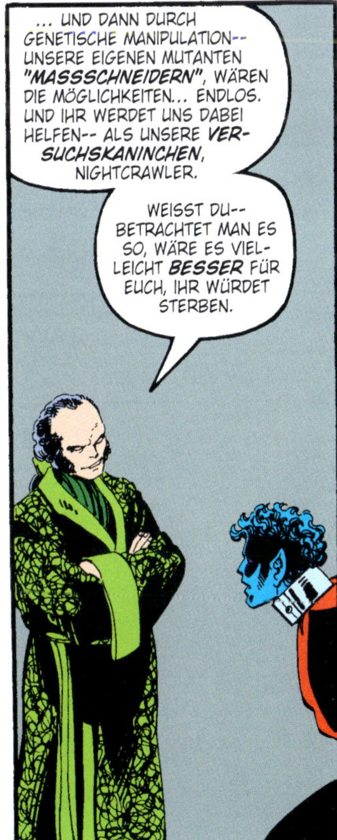
... UND DANN DURCH GENETISCHE MANIPULATION-- UNSERE EIGENEN MUTANTEN **"MASSSCHNEIDERN"**, WÄREN DIE MÖGLICHKEITEN... ENDLOS. UND IHR WERDET UNS DABEI HELFEN-- ALS UNSERE **VERSUCHSKANINCHEN**, NIGHTCRAWLER.
WEISST DU-- BETRACHTET MAN ES SO, WÄRE ES VIELLEICHT **BESSER** FÜR EUCH, IHR WÜRDET STERBEN.

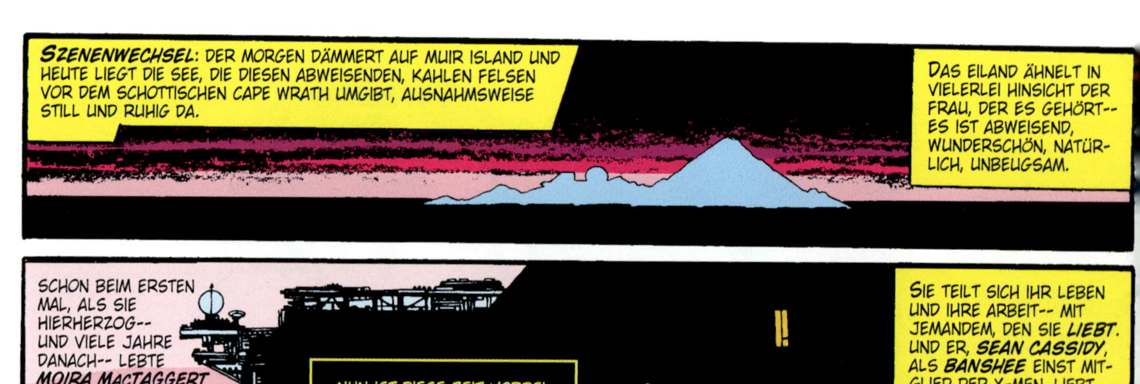
SZENENWECHSEL: DER MORGEN DÄMMERT AUF MUIR ISLAND UND HEUTE LIEGT DIE SEE, DIE DIESEN ABWEISENDEN, KAHLEN FELSEN VOR DEM SCHOTTISCHEN CAPE WRATH UMGIBT, AUSNAHMSWEISE STILL UND RUHIG DA.
DAS EILAND ÄHNELT IN VIELERLEI HINSICHT DER FRAU, DER ES GEHÖRT-- ES IST ABWEISEND, WUNDERSCHÖN, NATÜRLICH, UNBEUGSAM.
SCHON BEIM ERSTEN MAL, ALS SIE HIERHERZOG-- UND VIELE JAHRE DANACH-- LEBTE MOIRA MACTAGGERT ALLEINE.
NUN IST DIESE ZEIT VORBEI.
SIE TEILT SICH IHR LEBEN UND IHRE ARBEIT-- MIT JEMANDEM, DEN SIE LIEBT. UND ER, SEAN CASSIDY, ALS BANSHEE EINST MITGLIED DER X-MEN, LIEBT AUCH SIE.

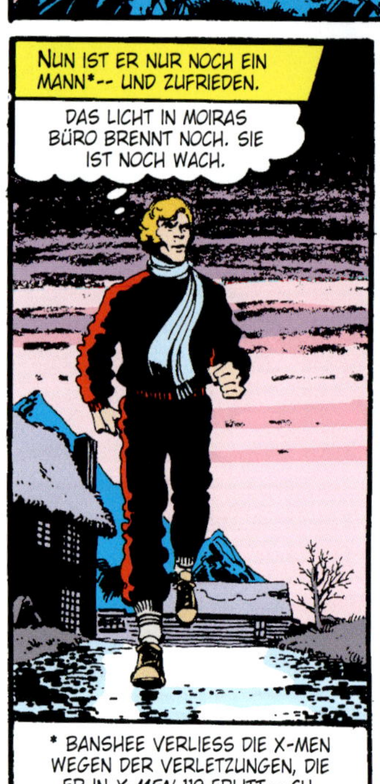
NUN IST ER NUR NOCH EIN MANN*-- UND ZUFRIEDEN.
DAS LICHT IN MOIRAS BÜRO BRENNT NOCH. SIE IST NOCH WACH.
* BANSHEE VERLIESS DIE X-MEN WEGEN DER VERLETZUNGEN, DIE ER IN X-MEN 119 ERLITT-- CH.

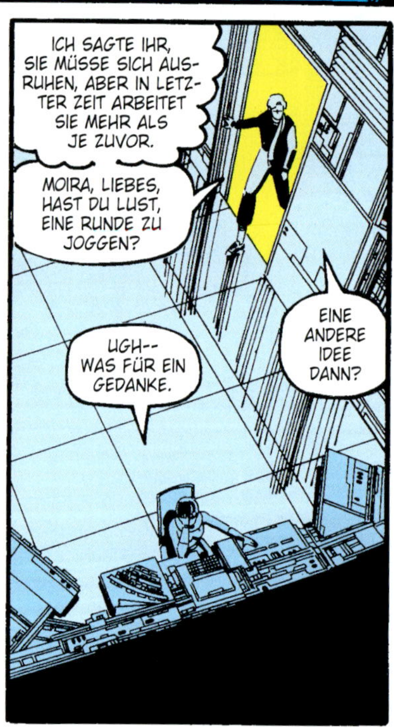
ICH SAGTE IHR, SIE MÜSSE SICH AUSRUHEN, ABER IN LETZTER ZEIT ARBEITET SIE MEHR ALS JE ZUVOR.
MOIRA, LIEBES, HAST DU LUST, EINE RUNDE ZU JOGGEN?
UGH-- WAS FÜR EIN GEDANKE.
EINE ANDERE IDEE DANN?

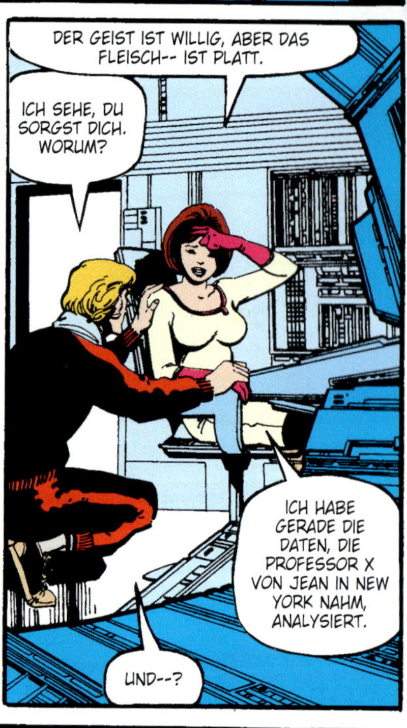
DER GEIST IST WILLIG, ABER DAS FLEISCH-- IST PLATT.
ICH SEHE, DU SORGST DICH. WORUM?
ICH HABE GERADE DIE DATEN, DIE PROFESSOR X VON JEAN IN NEW YORK NAHM, ANALYSIERT.
UND--?

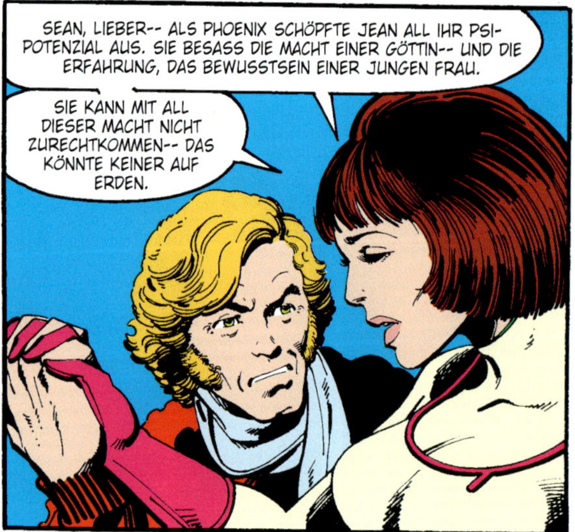
SEAN, LIEBER-- ALS PHOENIX SCHÖPFTE JEAN ALL IHR PSI-POTENZIAL AUS. SIE BESASS DIE MACHT EINER GÖTTIN-- UND DIE ERFAHRUNG, DAS BEWUSSTSEIN EINER JUNGEN FRAU.
SIE KANN MIT ALL DIESER MACHT NICHT ZURECHTKOMMEN-- DAS KÖNNTE KEINER AUF ERDEN.

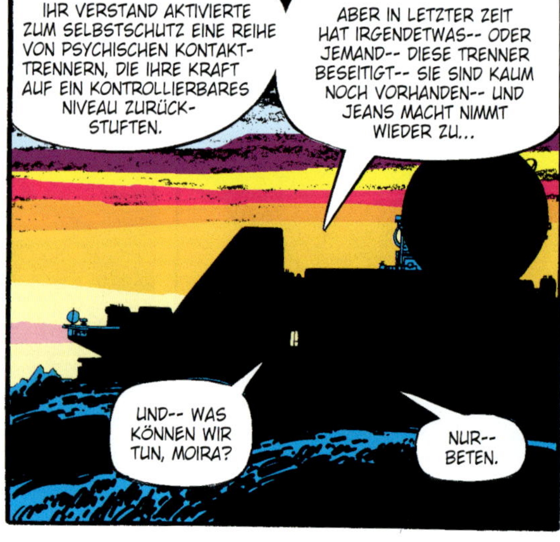
IHR VERSTAND AKTIVIERTE ZUM SELBSTSCHUTZ EINE REIHE VON PSYCHISCHEN KONTAKTTRENNERN, DIE IHRE KRAFT AUF EIN KONTROLLIERBARES NIVEAU ZURÜCKSTUFTEN.
ABER IN LETZTER ZEIT HAT IRGENDETWAS-- ODER JEMAND-- DIESE TRENNER BESEITIGT-- SIE SIND KAUM NOCH VORHANDEN-- UND JEANS MACHT NIMMT WIEDER ZU...
UND-- WAS KÖNNEN WIR TUN, MOIRA?
NUR-- BETEN.

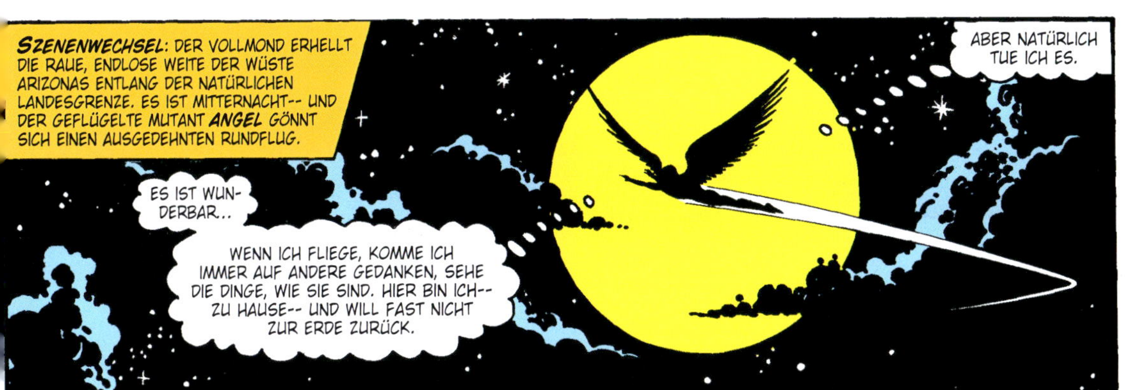
SZENENWECHSEL: DER VOLLMOND ERHELLT DIE RAUE, ENDLOSE WEITE DER WÜSTE ARIZONAS ENTLANG DER NATÜRLICHEN LANDESGRENZE. ES IST MITTERNACHT-- UND DER GEFLÜGELTE MUTANT ANGEL GÖNNT SICH EINEN AUSGEDEHNTEN RUNDFLUG.
ES IST WUNDERBAR...
WENN ICH FLIEGE, KOMME ICH IMMER AUF ANDERE GEDANKEN, SEHE DIE DINGE, WIE SIE SIND. HIER BIN ICH-- ZU HAUSE-- UND WILL FAST NICHT ZUR ERDE ZURÜCK.
ABER NATÜRLICH TUE ICH ES.

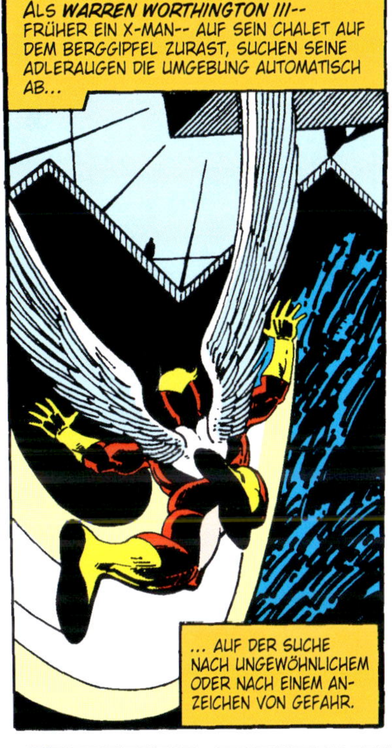
ALS WARREN WORTHINGTON III-- FRÜHER EIN X-MAN-- AUF SEIN CHALET AUF DEM BERGGIPFEL ZURAST, SUCHEN SEINE ADLERAUGEN DIE UMGEBUNG AUTOMATISCH AB...
... AUF DER SUCHE NACH UNGEWÖHNLICHEM ODER NACH EINEM ANZEICHEN VON GEFAHR.

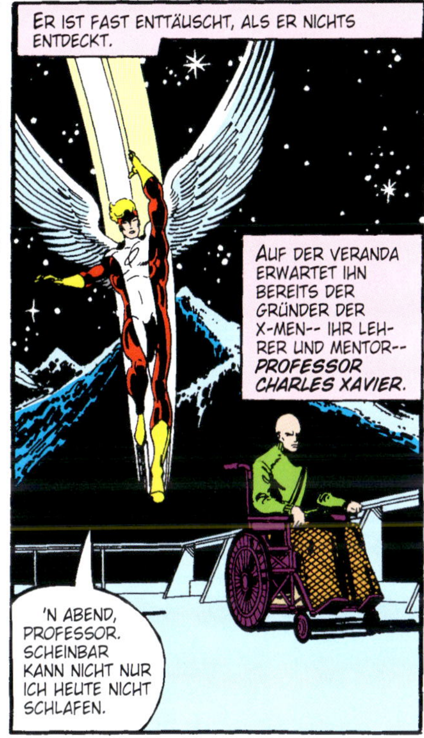
ER IST FAST ENTTÄUSCHT, ALS ER NICHTS ENTDECKT.
AUF DER VERANDA ERWARTET IHN BEREITS DER GRÜNDER DER X-MEN-- IHR LEHRER UND MENTOR-- PROFESSOR CHARLES XAVIER.
'N ABEND, PROFESSOR. SCHEINBAR KANN NICHT NUR ICH HEUTE NICHT SCHLAFEN.

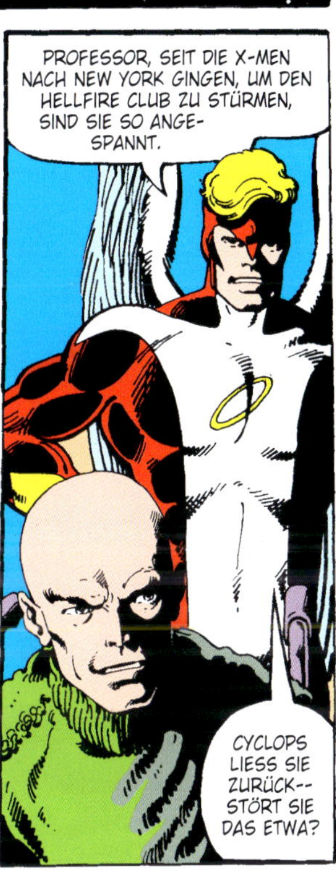
PROFESSOR, SEIT DIE X-MEN NACH NEW YORK GINGEN, UM DEN HELLFIRE CLUB ZU STÜRMEN, SIND SIE SO ANGESPANNT.
CYCLOPS LIESS SIE ZURÜCK-- STÖRT SIE DAS ETWA?

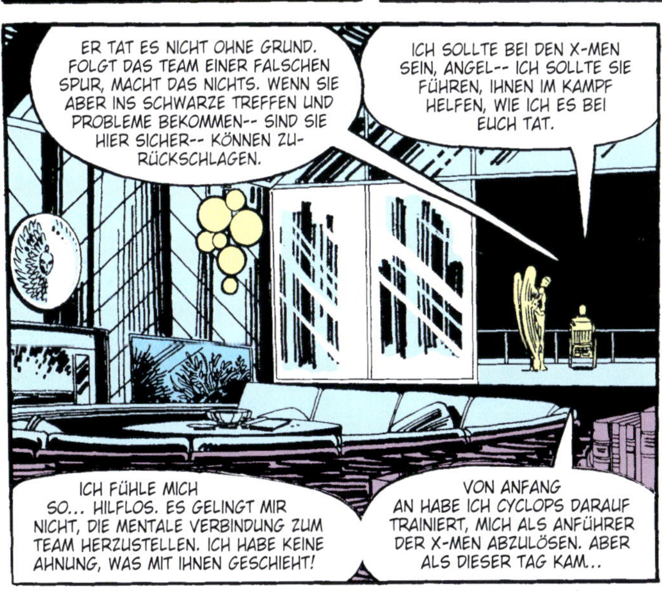
ER TAT ES NICHT OHNE GRUND. FOLGT DAS TEAM EINER FALSCHEN SPUR, MACHT DAS NICHTS. WENN SIE ABER INS SCHWARZE TREFFEN UND PROBLEME BEKOMMEN-- SIND SIE HIER SICHER-- KÖNNEN ZURÜCKSCHLAGEN.
ICH SOLLTE BEI DEN X-MEN SEIN, ANGEL-- ICH SOLLTE SIE FÜHREN, IHNEN IM KAMPF HELFEN, WIE ICH ES BEI EUCH TAT.
ICH FÜHLE MICH SO... HILFLOS. ES GELINGT MIR NICHT, DIE MENTALE VERBINDUNG ZUM TEAM HERZUSTELLEN. ICH HABE KEINE AHNUNG, WAS MIT IHNEN GESCHIEHT!
VON ANFANG AN HABE ICH CYCLOPS DARAUF TRAINIERT, MICH ALS ANFÜHRER DER X-MEN ABZULÖSEN. ABER ALS DIESER TAG KAM..

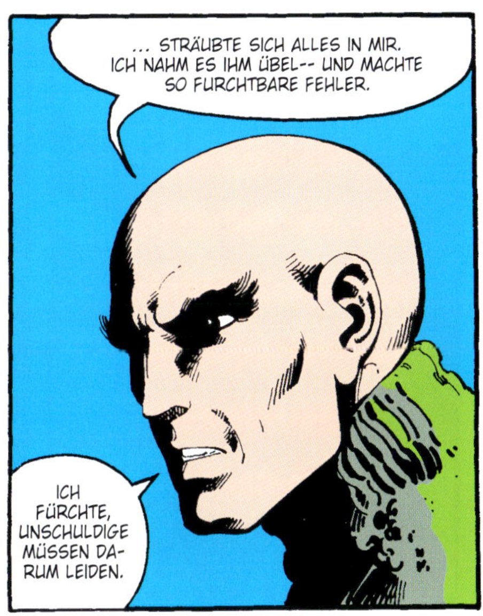
... STRÄUBTE SICH ALLES IN MIR. ICH NAHM ES IHM ÜBEL-- UND MACHTE SO FURCHTBARE FEHLER.
ICH FÜRCHTE, UNSCHULDIGE MÜSSEN DARUM LEIDEN.

Unheilvolle Worte-- deren Bedeutung bald klar werden wird. Doch nun kehren wir zum Hellfire Club zurück, wo die Feier zum Jubiläum dieser Institution, der einige der reichsten und einflussreichsten Menschen Amerikas, wenn nicht der Welt, beiwohnen, noch immer tobt...

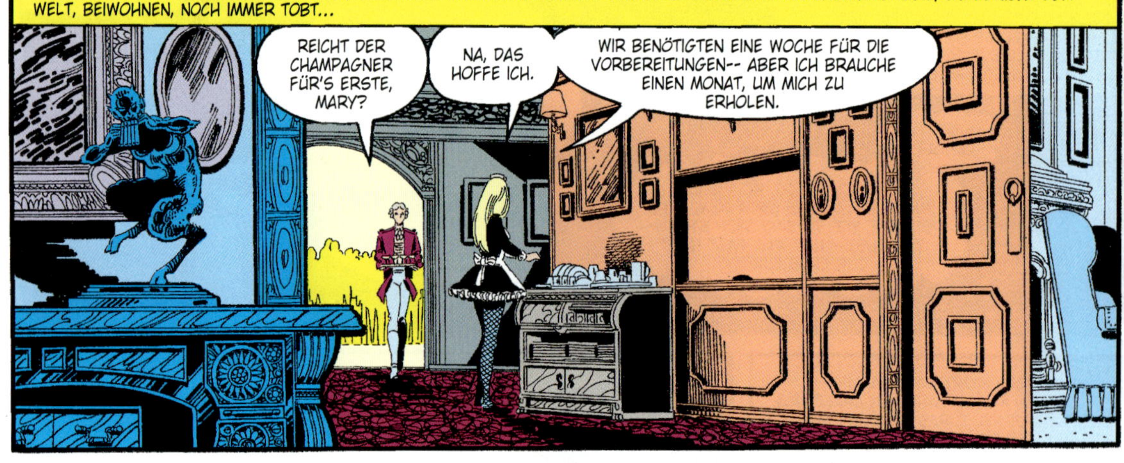

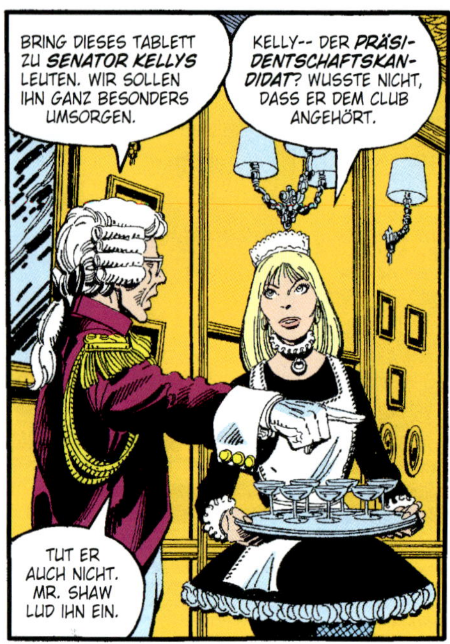

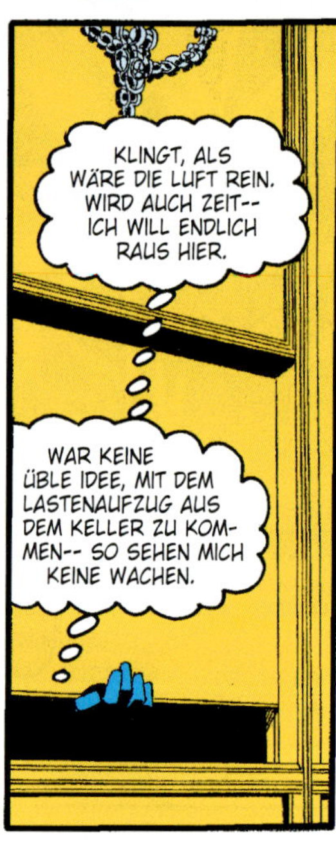

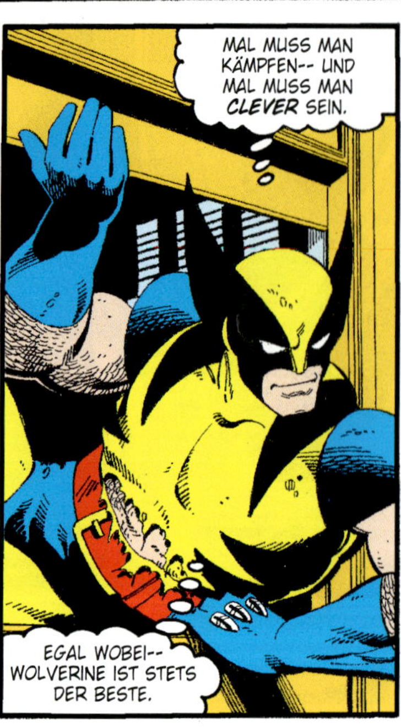

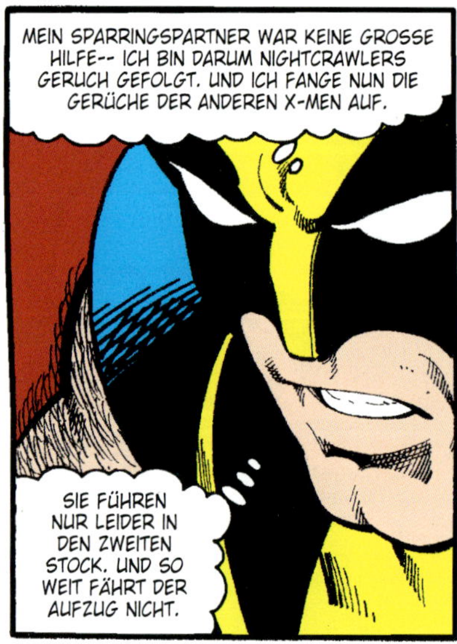

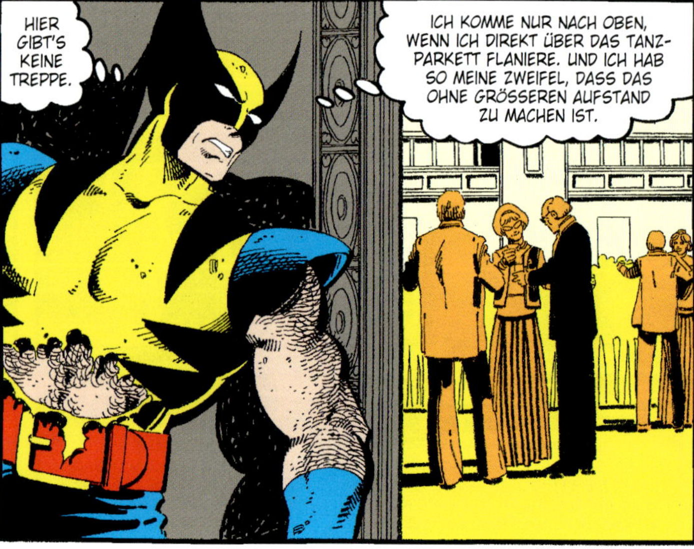

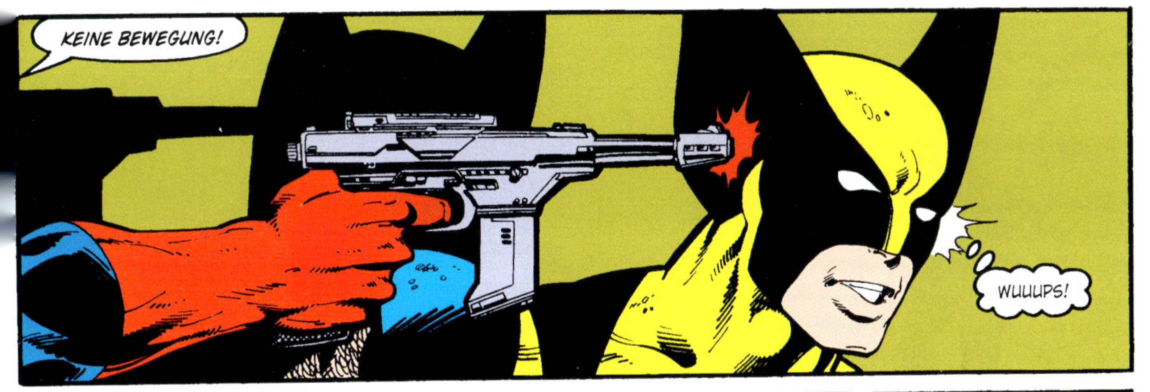
KEINE BEWEGUNG!
WUUUPS!

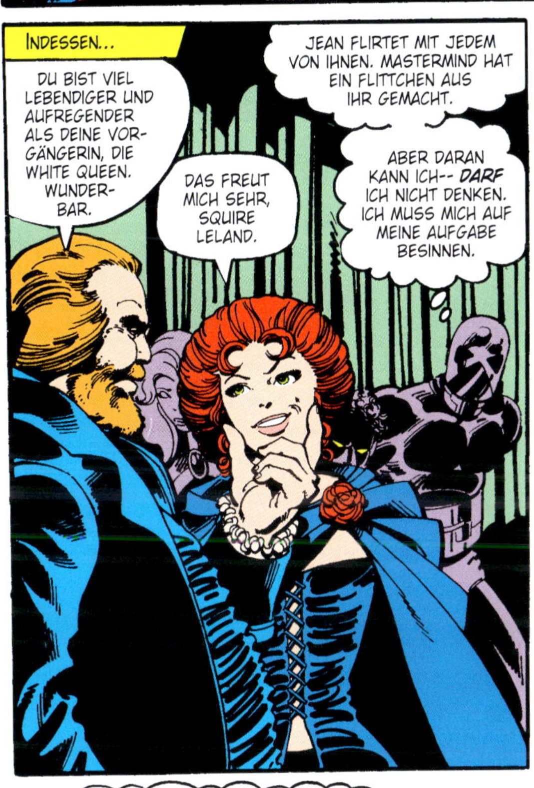
INDESSEN...
DU BIST VIEL LEBENDIGER UND AUFREGENDER ALS DEINE VORGÄNGERIN, DIE WHITE QUEEN. WUNDERBAR.
DAS FREUT MICH SEHR, SQUIRE LELAND.
JEAN FLIRTET MIT JEDEM VON IHNEN. MASTERMIND HAT EIN FLITTCHEN AUS IHR GEMACHT.
ABER DARAN KANN ICH-- DARF ICH NICHT DENKEN. ICH MUSS MICH AUF MEINE AUFGABE BESINNEN.

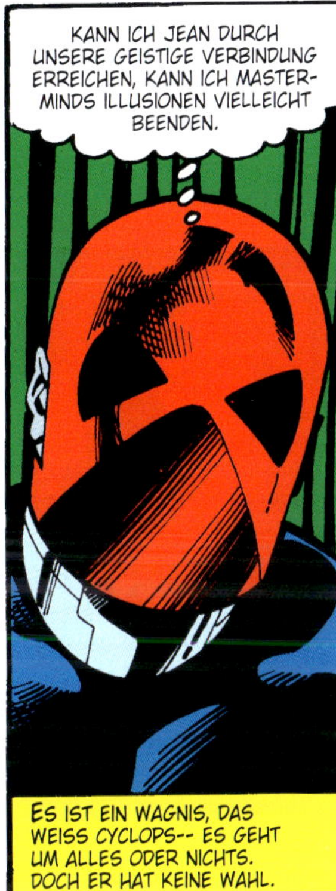
KANN ICH JEAN DURCH UNSERE GEISTIGE VERBINDUNG ERREICHEN, KANN ICH MASTERMINDS ILLUSIONEN VIELLEICHT BEENDEN.
ES IST EIN WAGNIS, DAS WEISS CYCLOPS-- ES GEHT UM ALLES ODER NICHTS. DOCH ER HAT KEINE WAHL.

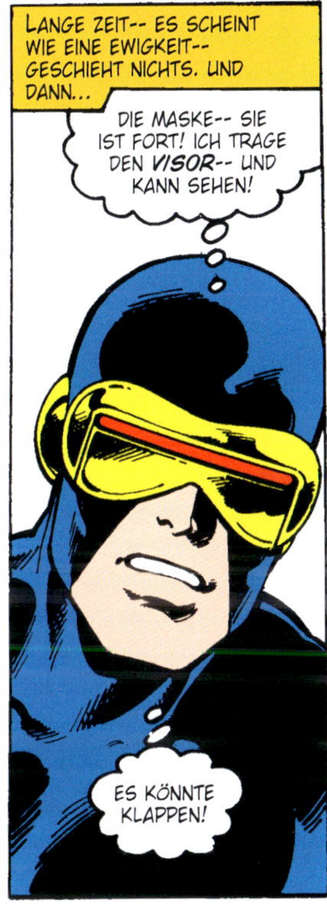
LANGE ZEIT-- ES SCHEINT WIE EINE EWIGKEIT-- GESCHIEHT NICHTS. UND DANN...
DIE MASKE-- SIE IST FORT! ICH TRAGE DEN VISOR-- UND KANN SEHEN!
ES KÖNNTE KLAPPEN!

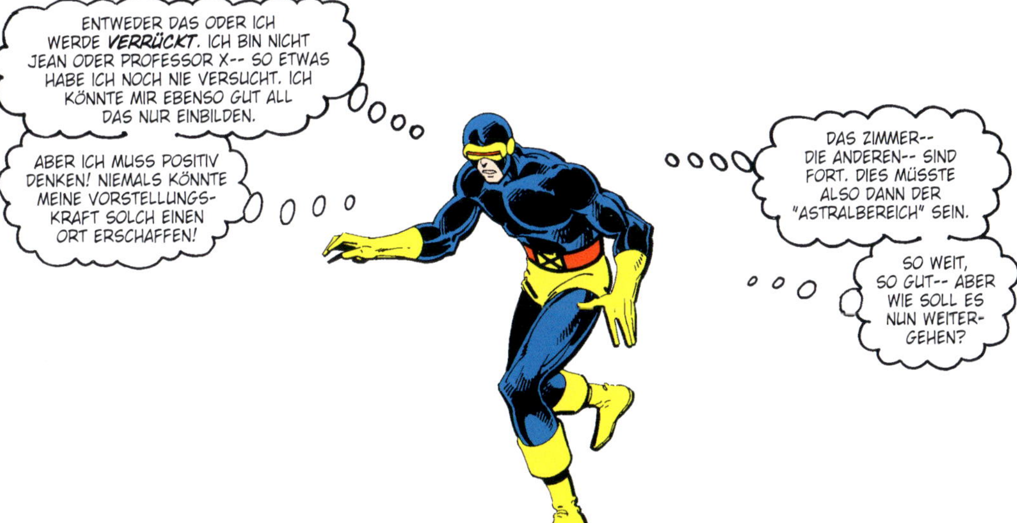
ENTWEDER DAS ODER ICH WERDE VERRÜCKT. ICH BIN NICHT JEAN ODER PROFESSOR X-- SO ETWAS HABE ICH NOCH NIE VERSUCHT. ICH KÖNNTE MIR EBENSO GUT ALL DAS NUR EINBILDEN.
ABER ICH MUSS POSITIV DENKEN! NIEMALS KÖNNTE MEINE VORSTELLUNGSKRAFT SOLCH EINEN ORT ERSCHAFFEN!
DAS ZIMMER-- DIE ANDEREN-- SIND FORT. DIES MÜSSTE ALSO DANN DER "ASTRALBEREICH" SEIN.
SO WEIT, SO GUT-- ABER WIE SOLL ES NUN WEITERGEHEN?

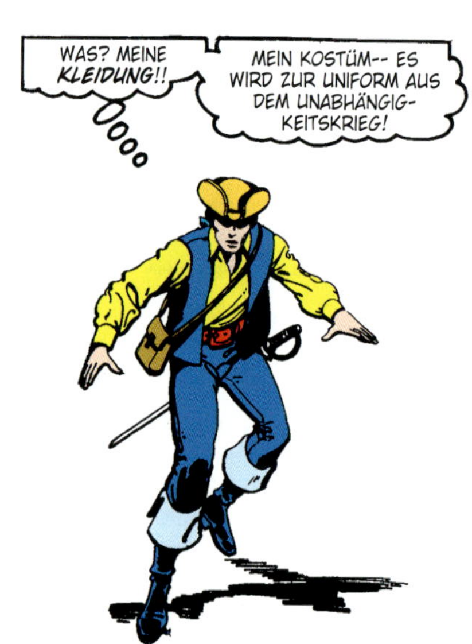
WAS? MEINE **KLEIDUNG**!!
MEIN KOSTÜM-- ES WIRD ZUR UNIFORM AUS DEM UNABHÄNGIG-KEITSKRIEG!

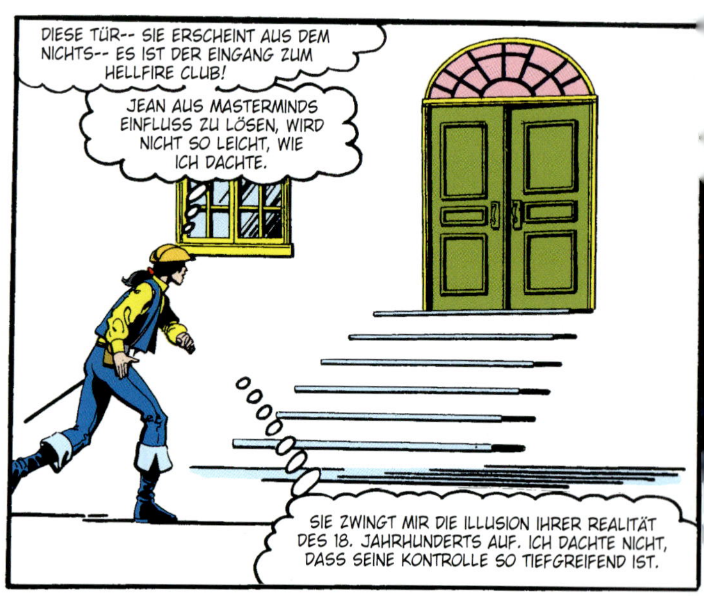
DIESE TÜR-- SIE ERSCHEINT AUS DEM NICHTS-- ES IST DER EINGANG ZUM HELLFIRE CLUB!
JEAN AUS MASTERMINDS EINFLUSS ZU LÖSEN, WIRD NICHT SO LEICHT, WIE ICH DACHTE.
SIE ZWINGT MIR DIE ILLUSION IHRER REALITÄT DES 18. JAHRHUNDERTS AUF. ICH DACHTE NICHT, DASS SEINE KONTROLLE SO TIEFGREIFEND IST.

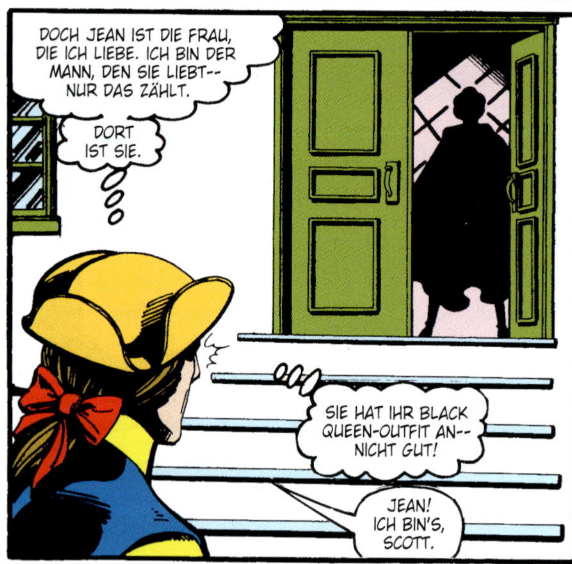
DOCH JEAN IST DIE FRAU, DIE ICH LIEBE. ICH BIN DER MANN, DEN SIE LIEBT-- NUR DAS ZÄHLT.
DORT IST SIE.
SIE HAT IHR BLACK QUEEN-OUTFIT AN-- NICHT GUT!
JEAN! ICH BIN'S, SCOTT.

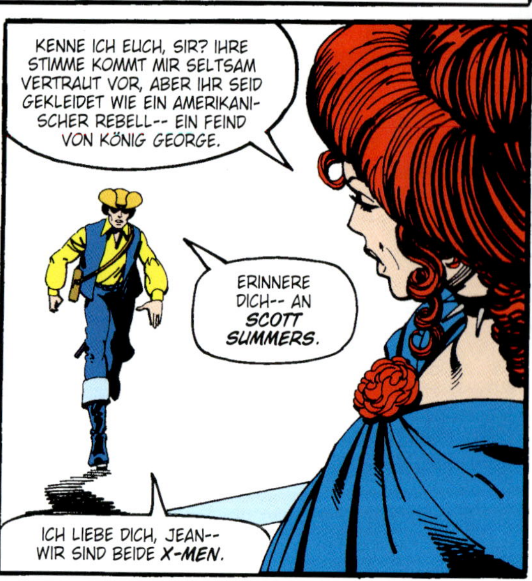
KENNE ICH EUCH, SIR? IHRE STIMME KOMMT MIR SELTSAM VERTRAUT VOR, ABER IHR SEID GEKLEIDET WIE EIN AMERIKANI-SCHER REBELL-- EIN FEIND VON KÖNIG GEORGE.
ERINNERE DICH-- AN **SCOTT SUMMERS**.
ICH LIEBE DICH, JEAN-- WIR SIND BEIDE **X-MEN**.

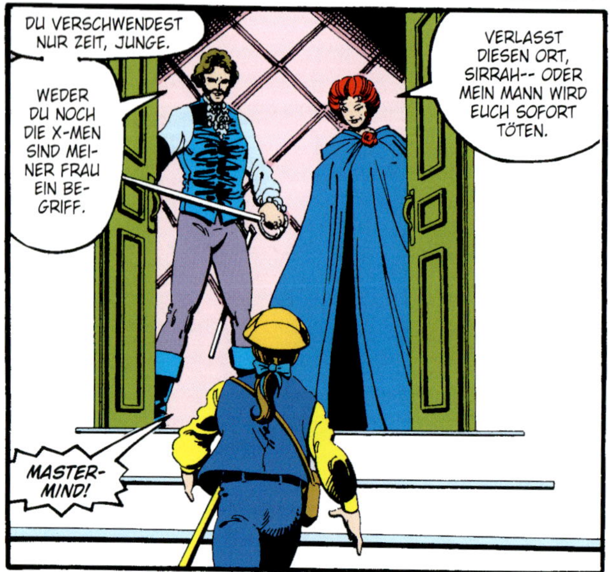
DU VERSCHWENDEST NUR ZEIT, JUNGE.
WEDER DU NOCH DIE X-MEN SIND MEI-NER FRAU EIN BE-GRIFF.
VERLASST DIESEN ORT, SIRRAH-- ODER MEIN MANN WIRD EUCH SOFORT TÖTEN.
MASTER-MIND!

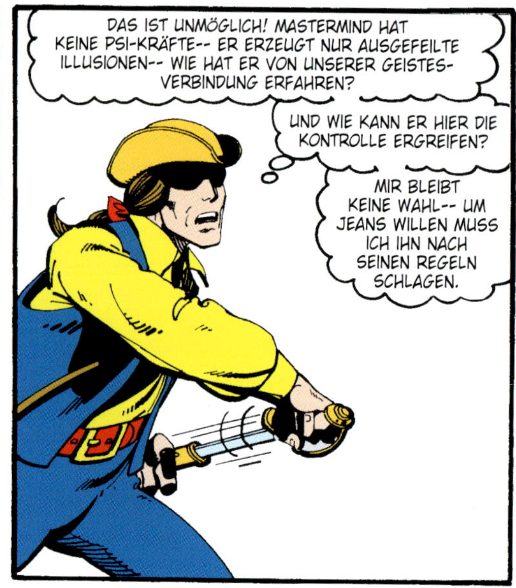
DAS IST UNMÖGLICH! MASTERMIND HAT KEINE PSI-KRÄFTE-- ER ERZEUGT NUR AUSGEFEILTE ILLUSIONEN-- WIE HAT ER VON UNSERER GEISTES-VERBINDUNG ERFAHREN?
UND WIE KANN ER HIER DIE KONTROLLE ERGREIFEN?
MIR BLEIBT KEINE WAHL-- UM JEANS WILLEN MUSS ICH IHN NACH SEINEN REGELN SCHLAGEN.

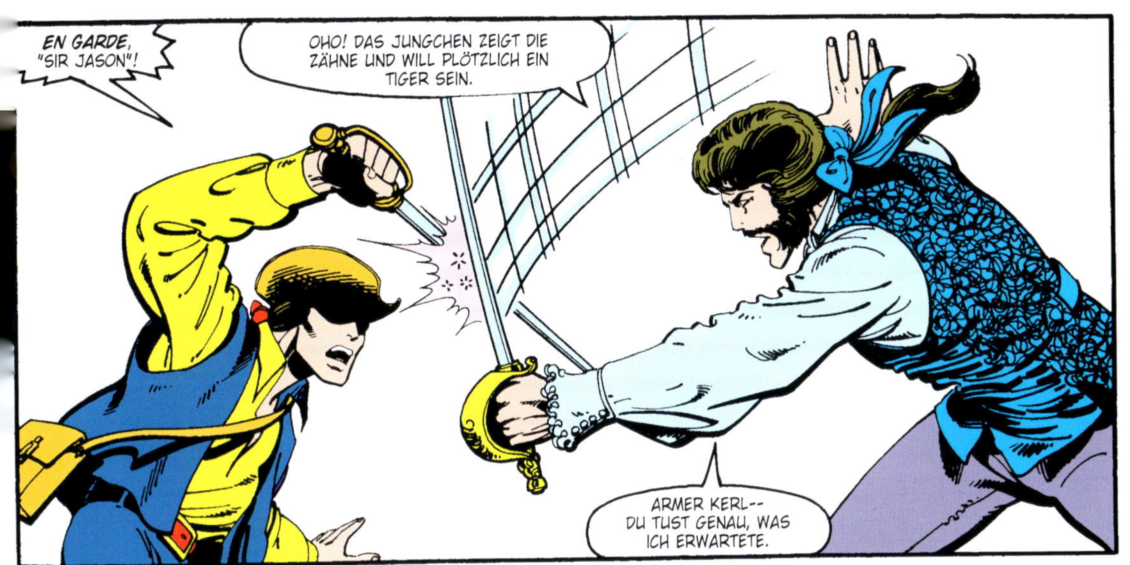
EN GARDE, "SIR JASON"!
OHO! DAS JUNGCHEN ZEIGT DIE ZÄHNE UND WILL PLÖTZLICH EIN TIGER SEIN.
ARMER KERL-- DU TUST GENAU, WAS ICH ERWARTETE.

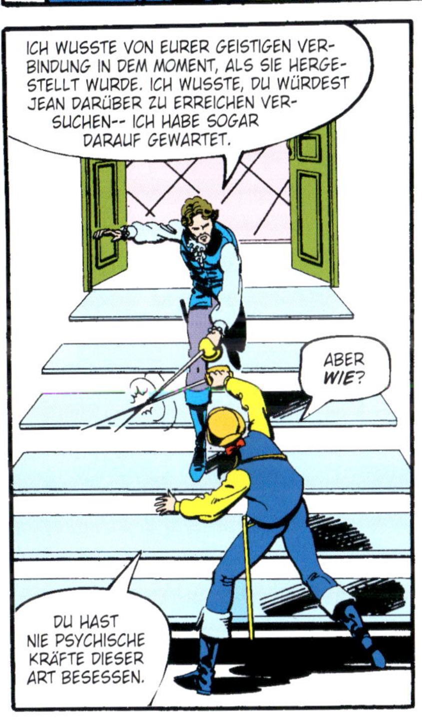
ICH WUSSTE VON EURER GEISTIGEN VERBINDUNG IN DEM MOMENT, ALS SIE HERGESTELLT WURDE. ICH WUSSTE, DU WÜRDEST JEAN DARÜBER ZU ERREICHEN VERSUCHEN-- ICH HABE SOGAR DARAUF GEWARTET.
ABER WIE?
DU HAST NIE PSYCHISCHE KRÄFTE DIESER ART BESESSEN.

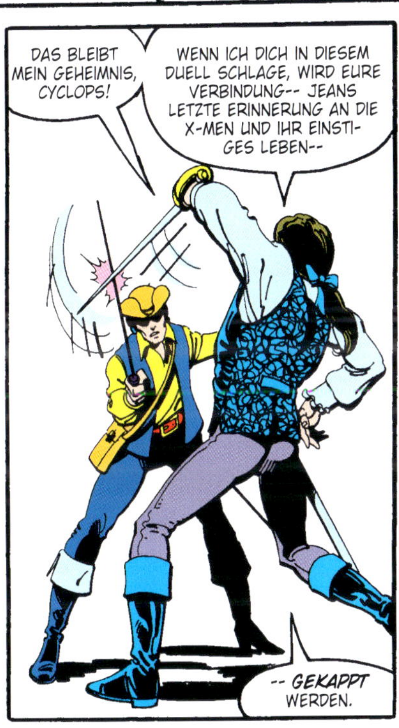
DAS BLEIBT MEIN GEHEIMNIS, CYCLOPS!
WENN ICH DICH IN DIESEM DUELL SCHLAGE, WIRD EURE VERBINDUNG-- JEANS LETZTE ERINNERUNG AN DIE X-MEN UND IHR EINSTIGES LEBEN--
-- GEKAPPT WERDEN.

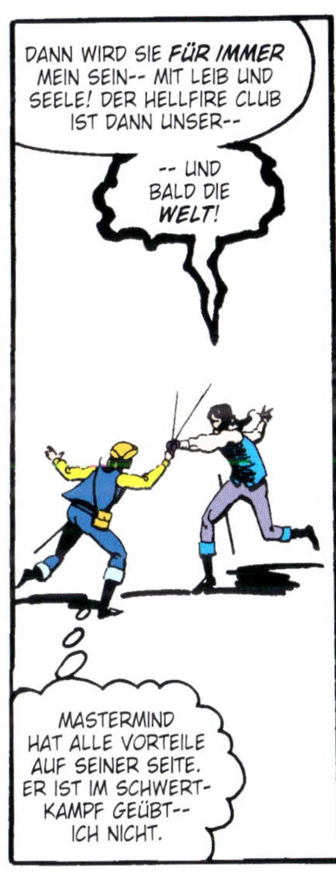
DANN WIRD SIE FÜR IMMER MEIN SEIN-- MIT LEIB UND SEELE! DER HELLFIRE CLUB IST DANN UNSER--
-- UND BALD DIE WELT!
MASTERMIND HAT ALLE VORTEILE AUF SEINER SEITE. ER IST IM SCHWERTKAMPF GEÜBT-- ICH NICHT.

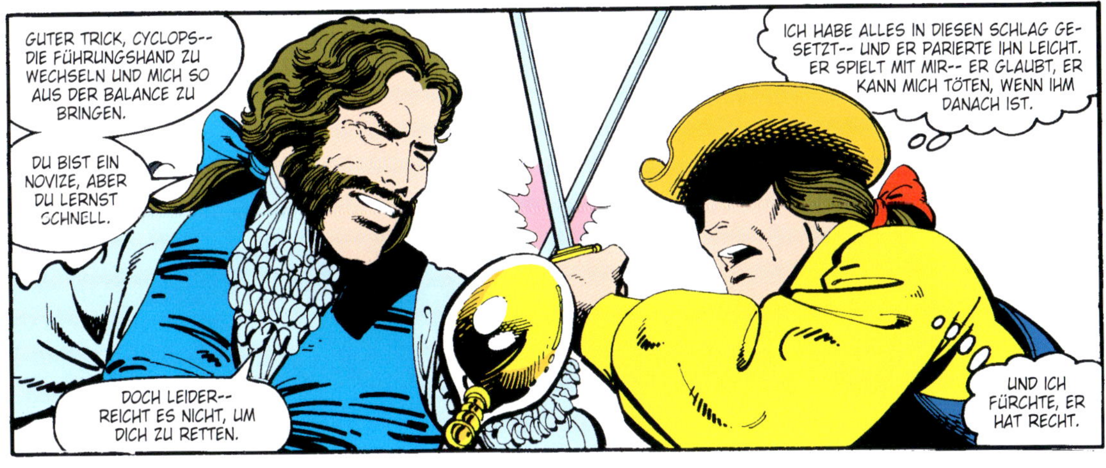
GUTER TRICK, CYCLOPS-- DIE FÜHRUNGSHAND ZU WECHSELN UND MICH SO AUS DER BALANCE ZU BRINGEN.
DU BIST EIN NOVIZE, ABER DU LERNST SCHNELL.
ICH HABE ALLES IN DIESEN SCHLAG GESETZT-- UND ER PARIERTE IHN LEICHT. ER SPIELT MIT MIR-- ER GLAUBT, ER KANN MICH TÖTEN, WENN IHM DANACH IST.
DOCH LEIDER-- REICHT ES NICHT, UM DICH ZU RETTEN.
UND ICH FÜRCHTE, ER HAT RECHT.

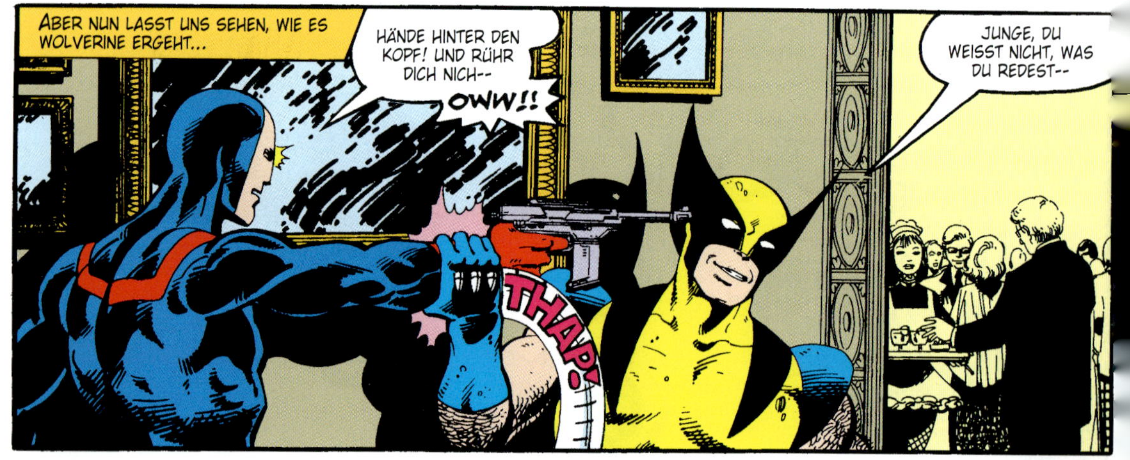
ABER NUN LASST UNS SEHEN, WIE ES WOLVERINE ERGEHT...
HÄNDE HINTER DEN KOPF! UND RÜHR DICH NICH--
OWW!!
THAP!
JUNGE, DU WEISST NICHT, WAS DU REDEST--

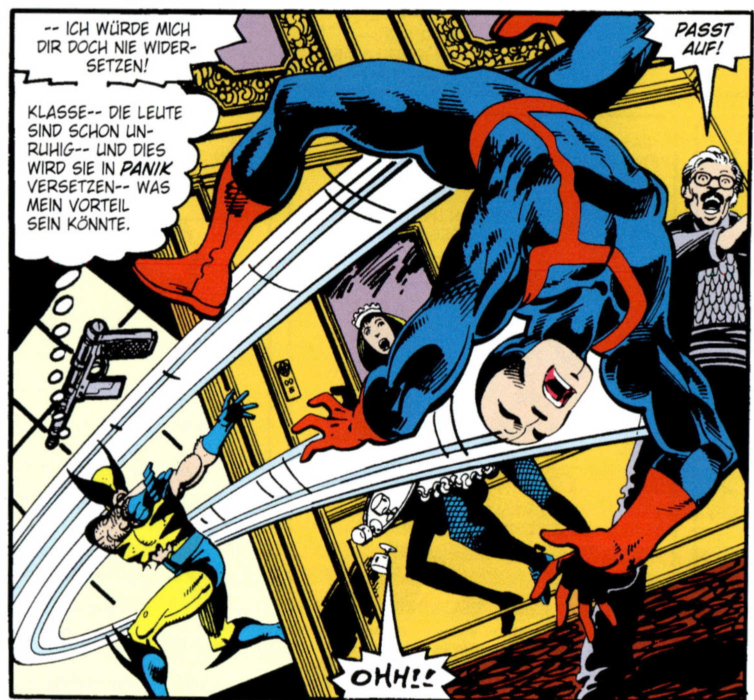
-- ICH WÜRDE MICH DIR DOCH NIE WIDERSETZEN!
KLASSE-- DIE LEUTE SIND SCHON UNRUHIG-- UND DIES WIRD SIE IN *PANIK* VERSETZEN-- WAS MEIN VORTEIL SEIN KÖNNTE.
PASST AUF!
OHH!!

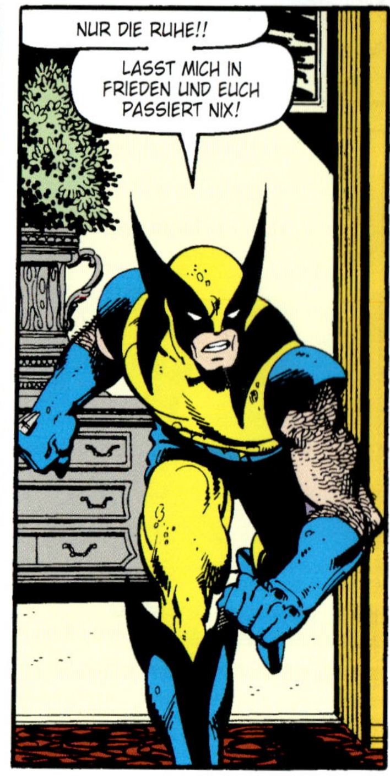
NUR DIE RUHE!!
LASST MICH IN FRIEDEN UND EUCH PASSIERT NIX!

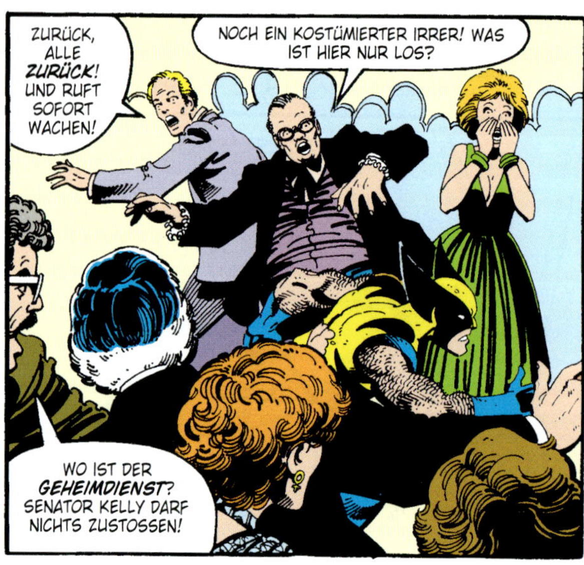
ZURÜCK, ALLE *ZURÜCK*! UND RUFT SOFORT WACHEN!
NOCH EIN KOSTÜMIERTER IRRER! WAS IST HIER NUR LOS?
WO IST DER *GEHEIMDIENST*? SENATOR KELLY DARF NICHTS ZUSTOSSEN!

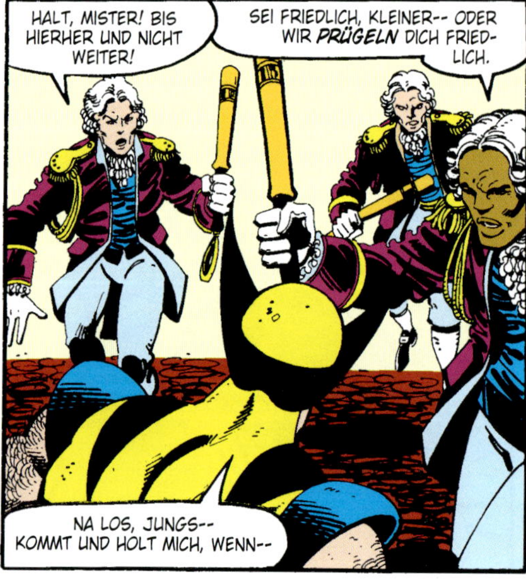
HALT, MISTER! BIS HIERHER UND NICHT WEITER!
SEI FRIEDLICH, KLEINER-- ODER WIR *PRÜGELN* DICH FRIEDLICH.
NA LOS, JUNGS-- KOMMT UND HOLT MICH, WENN--

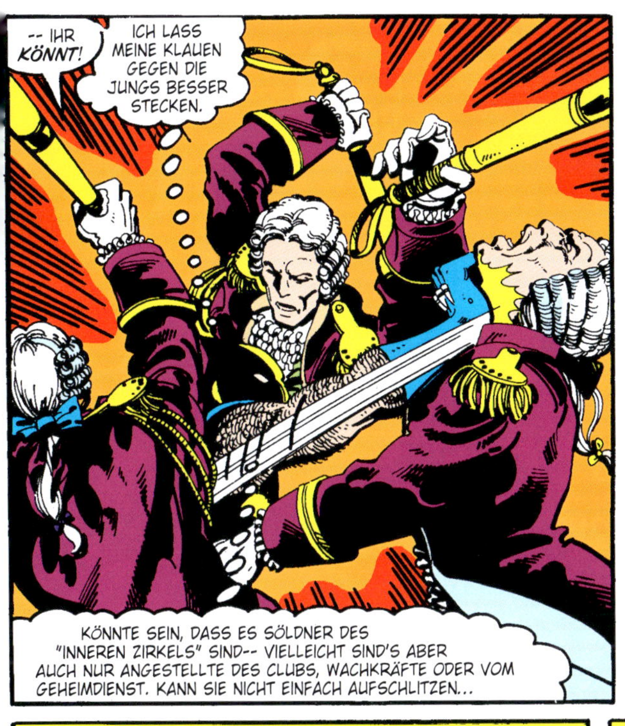
-- IHR *KÖNNT!*
ICH LASS MEINE KLAUEN GEGEN DIE JUNGS BESSER STECKEN.
KÖNNTE SEIN, DASS ES SÖLDNER DES "INNEREN ZIRKELS" SIND-- VIELLEICHT SIND'S ABER AUCH NUR ANGESTELLTE DES CLUBS, WACHKRÄFTE ODER VOM GEHEIMDIENST. KANN SIE NICHT EINFACH AUFSCHLITZEN...

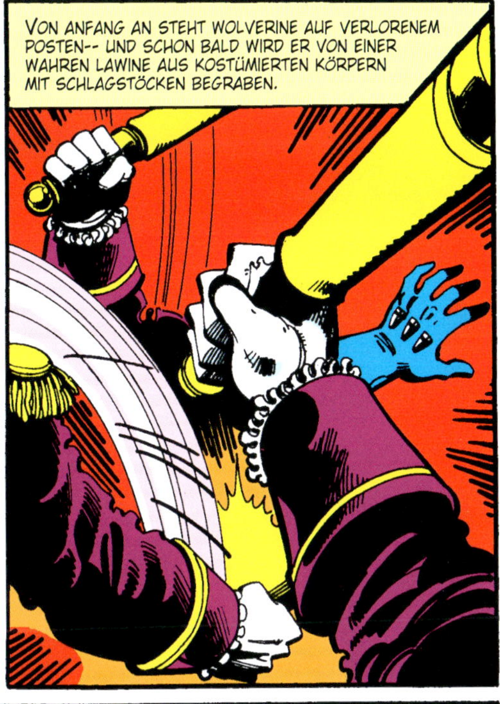
VON ANFANG AN STEHT WOLVERINE AUF VERLORENEM POSTEN-- UND SCHON BALD WIRD ER VON EINER WAHREN LAWINE AUS KOSTÜMIERTEN KÖRPERN MIT SCHLAGSTÖCKEN BEGRABEN.

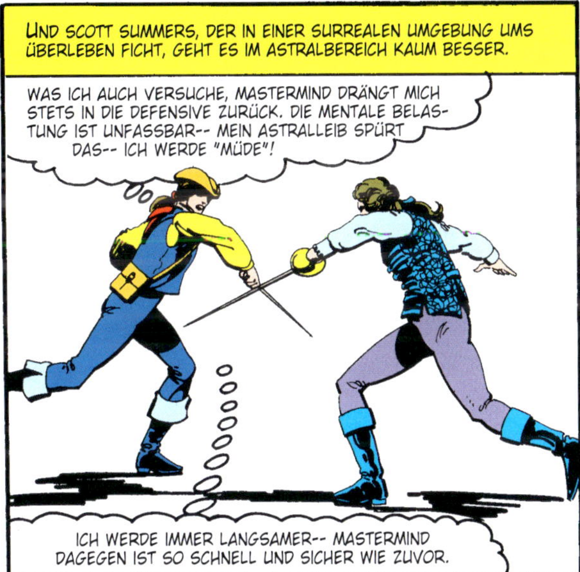
UND SCOTT SUMMERS, DER IN EINER SURREALEN UMGEBUNG UMS ÜBERLEBEN FICHT, GEHT ES IM ASTRALBEREICH KAUM BESSER.
WAS ICH AUCH VERSUCHE, MASTERMIND DRÄNGT MICH STETS IN DIE DEFENSIVE ZURÜCK. DIE MENTALE BELASTUNG IST UNFASSBAR-- MEIN ASTRALLEIB SPÜRT DAS-- ICH WERDE "MÜDE"!
ICH WERDE IMMER LANGSAMER-- MASTERMIND DAGEGEN IST SO SCHNELL UND SICHER WIE ZUVOR.

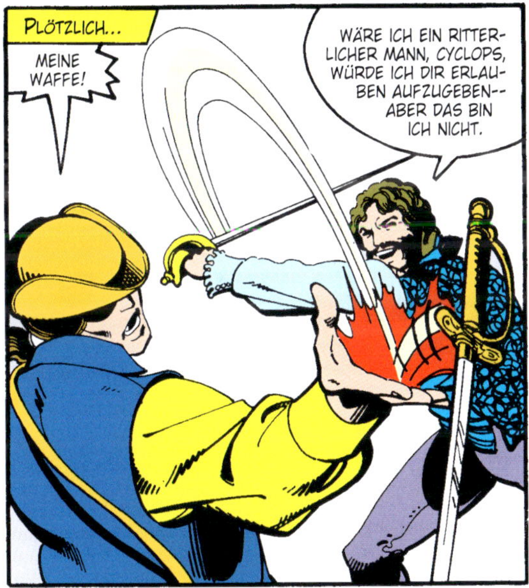
PLÖTZLICH...
MEINE WAFFE!
WÄRE ICH EIN RITTERLICHER MANN, CYCLOPS, WÜRDE ICH DIR ERLAUBEN AUFZUGEBEN-- ABER DAS BIN ICH NICHT.

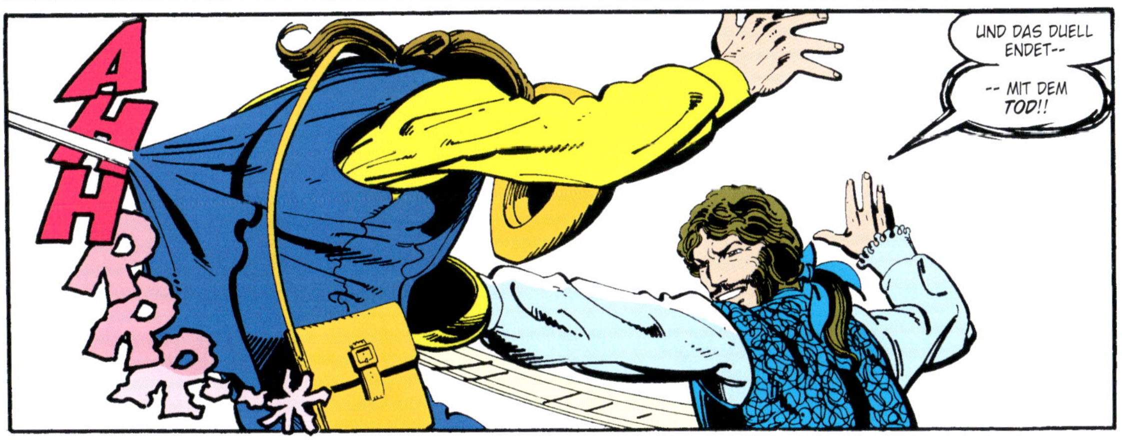
AAHHRRR--
UND DAS DUELL ENDET--
-- MIT DEM *TOD!!*

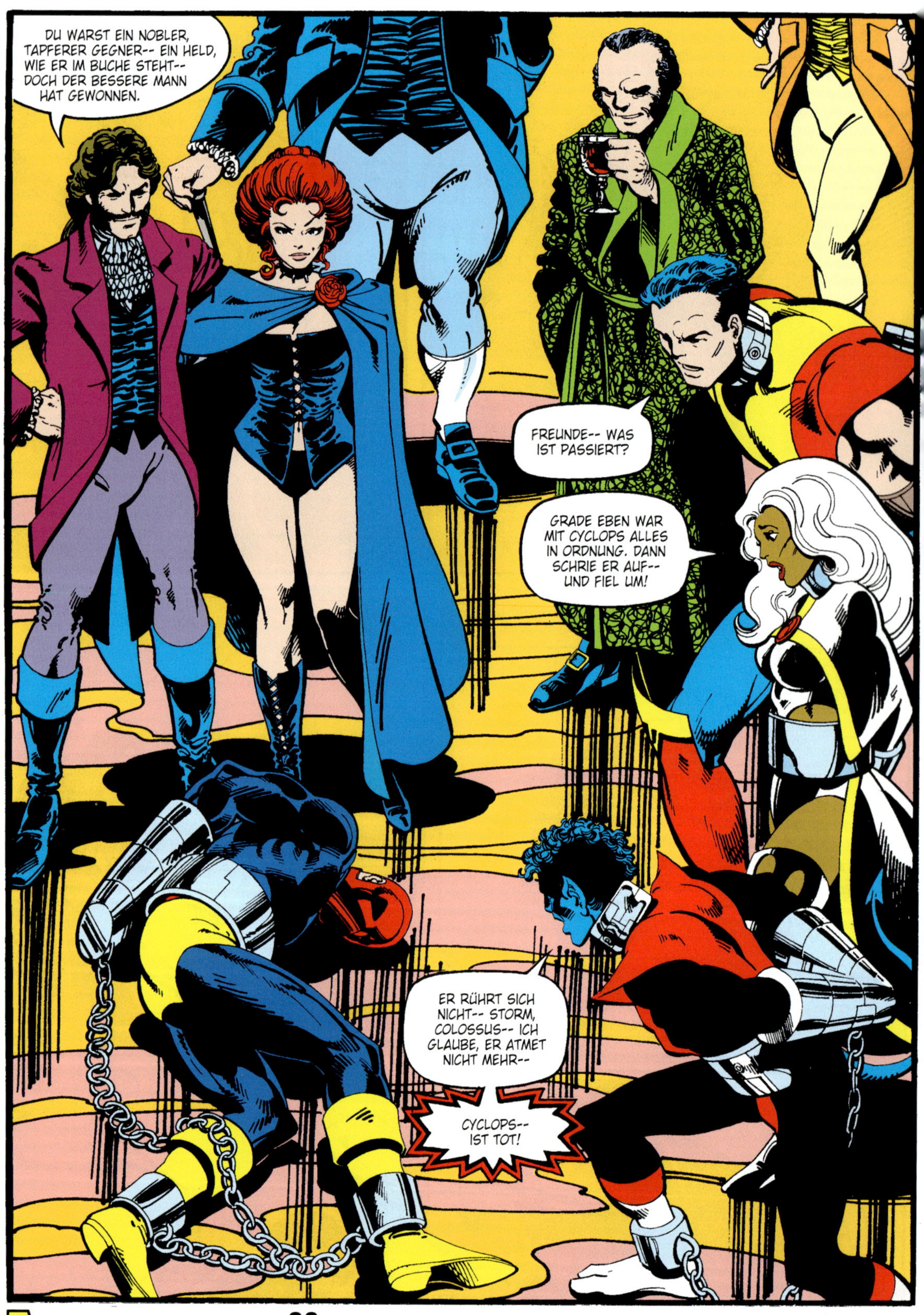

BALD

ZU SPÄT, IHR HELDEN!

ZU SPÄT, IHR HELDEN!

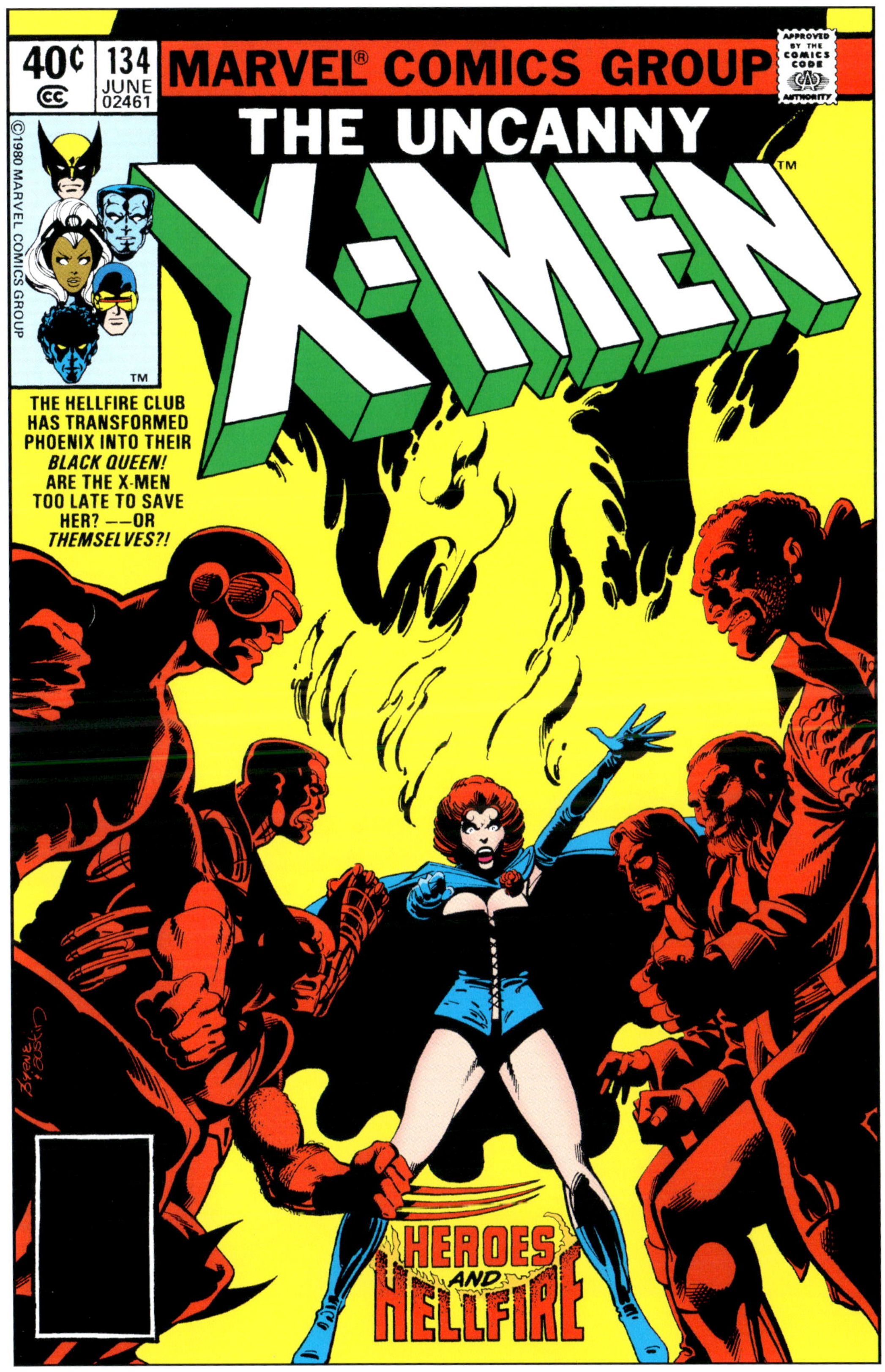

Uncanny X-Men (1963) 134
Cover von **JOHN BYRNE**

CYCLOPS, STORM, BANSHEE, NIGHTCRAWLER, WOLVERINE, COLOSSUS. KINDER DES ATOMS, SCHÜLER CHARLES XAVIERS, MUTANTEN– GEFÜRCHTET UND GEHASST VON DER WELT, DIE SIE BESCHÜTZEN. DIES SIND DIE UNGEWÖHNLICHSTEN HELDEN VON ALLEN– DIES SIND

Stan Lee PRÄSENTIERT:

DIE X-MEN!™

CHRIS CLAREMONT & JOHN BYRNE ERZÄHLER / CO-AUTOREN / ZEICHNER · *TERRY AUSTIN* TUSCHE · *BOB SHAREN* FARBEN · *WALPROJECT* RELETTERING · *CHRISTIAN HEISS* ÜBERSETZUNG · *JIM SHOOTER* REDAKTION USA

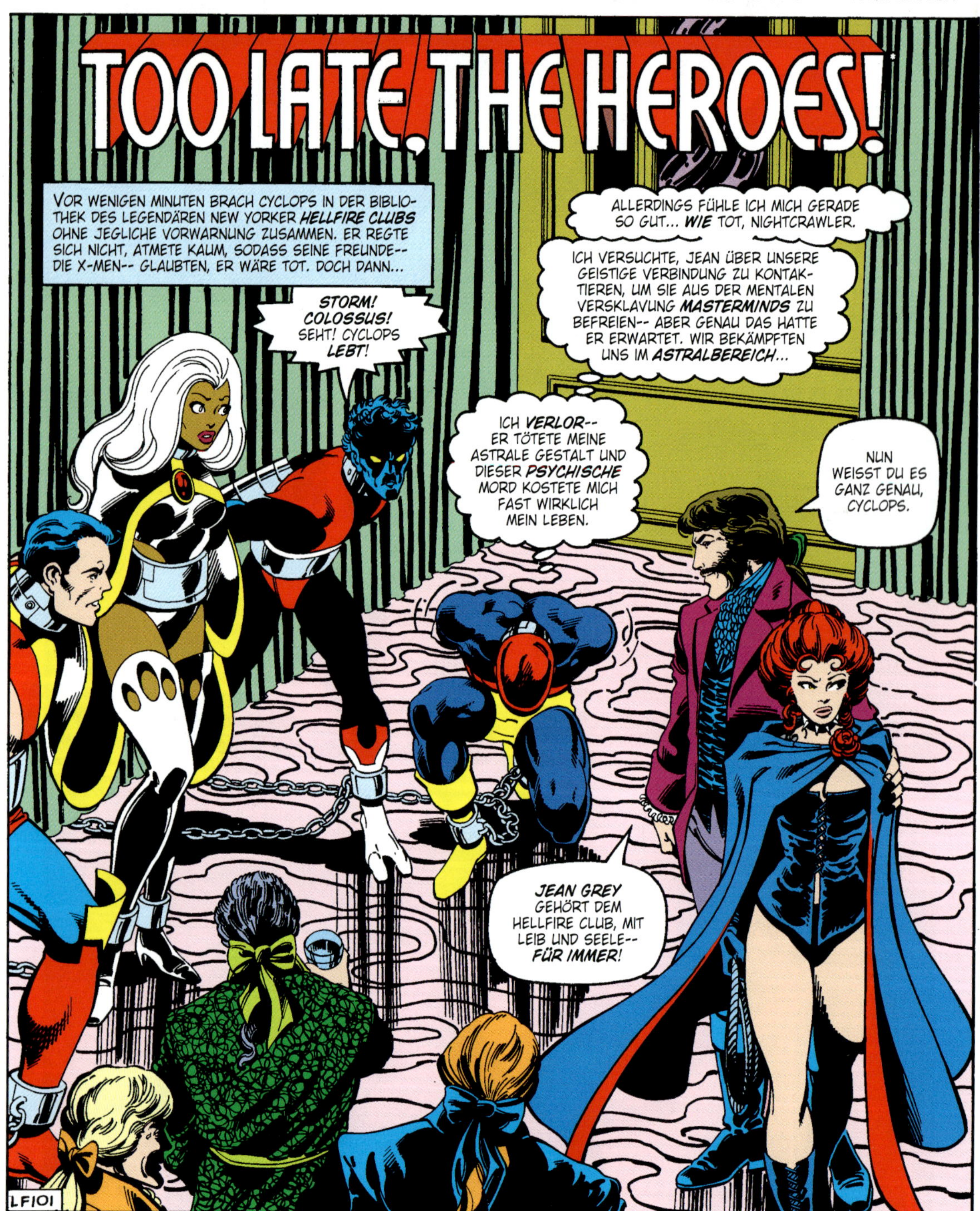

* ZU SPÄT, IHR HELDEN!

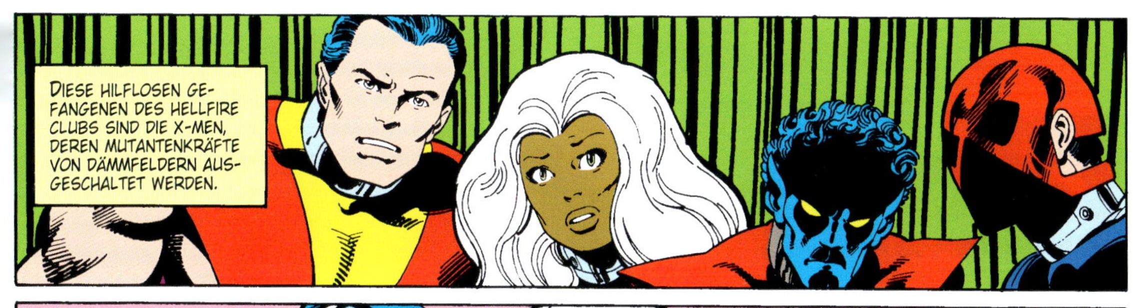

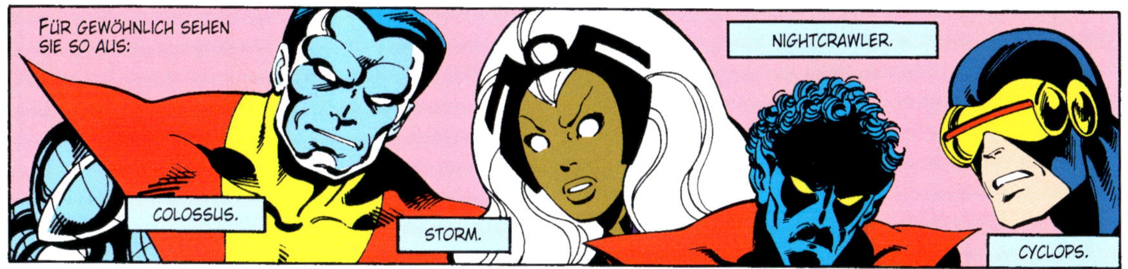

ABER DANK MASTERMINDS ILLUSIONSKRÄFTEN ERSCHEINEN SIE WIE DREI SOLDATEN AUS WASHINGTONS KONTINENTAL-ARMEE SOWIE EINE UNGEHORSAME SKLAVIN...

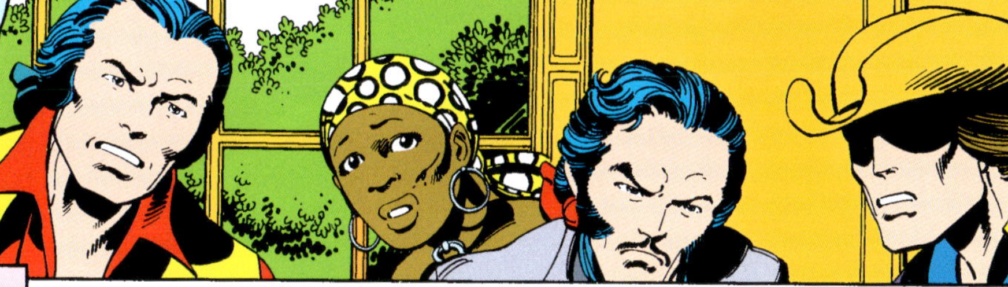

... ABER NUR FÜR DIESE FRAU-- HELLFIRES **BLACK QUEEN**.

SIE IST TATSÄCHLICH **JEAN GREY** VON DEN X-MEN--

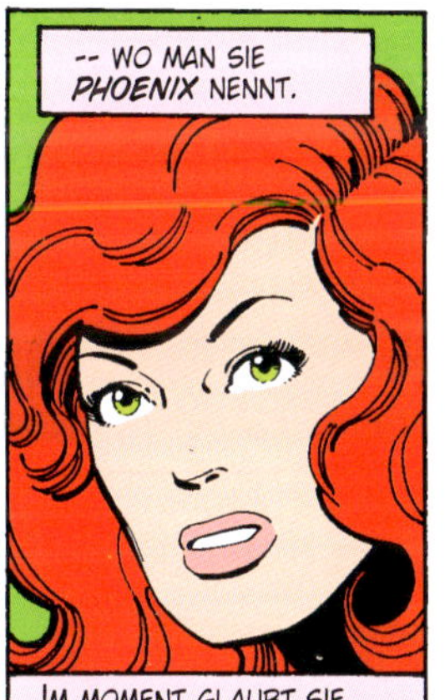

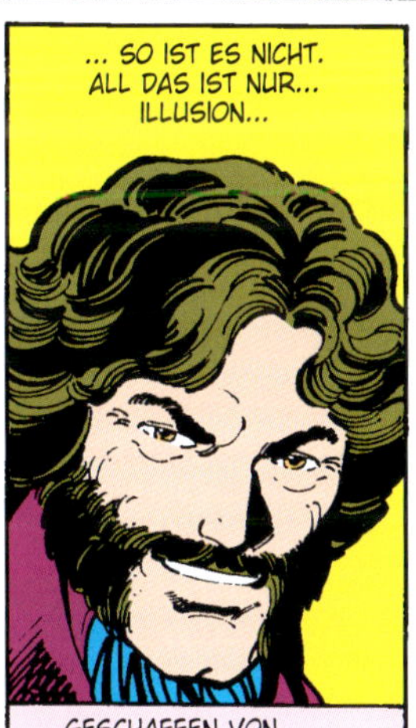

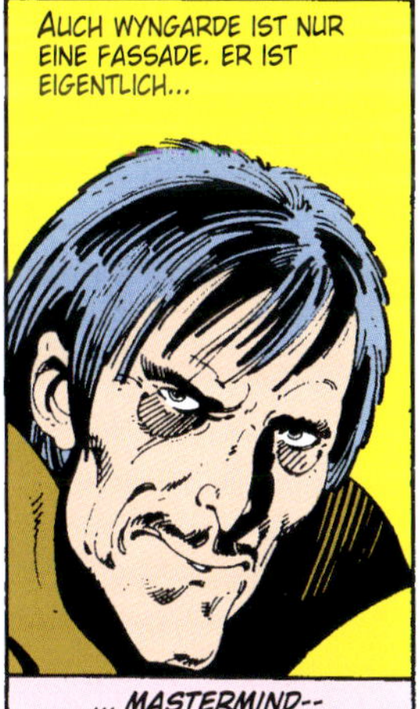

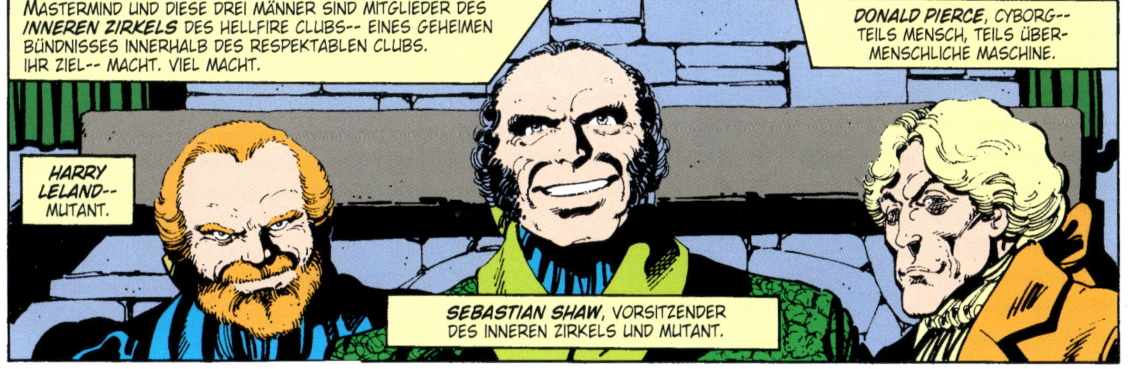

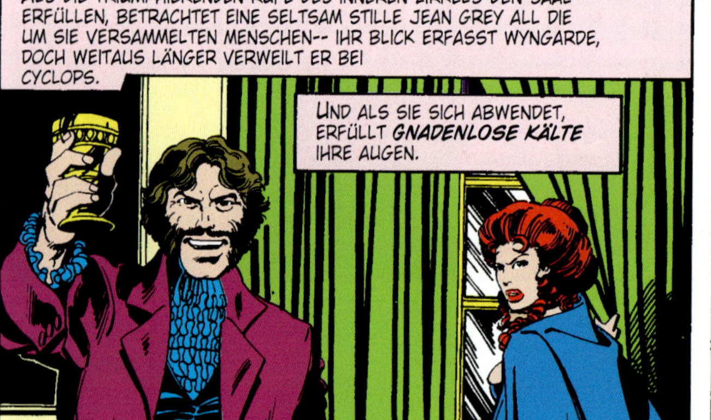

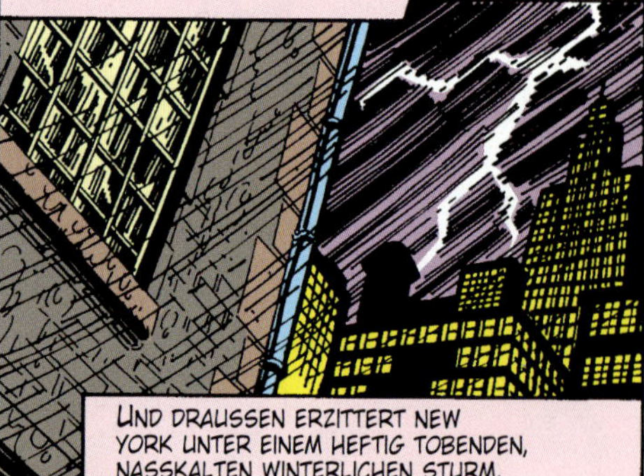

SCHON SEIT SONNENAUFGANG REGNET ES UNABLÄSSIG-- DAS WASSERNIVEAU IN DEN ABWASSERKANÄLEN STEIGT STETIG-- SICH LANGSAM EINEM DICKEN STRANG VON STROMLEITUNGEN NÄHERND, DEREN ISOLIERUNG VON WOLVERINE ZERFETZT WURDE, ALS DIE X-MEN IN DEN CLUB EINDRANGEN.*

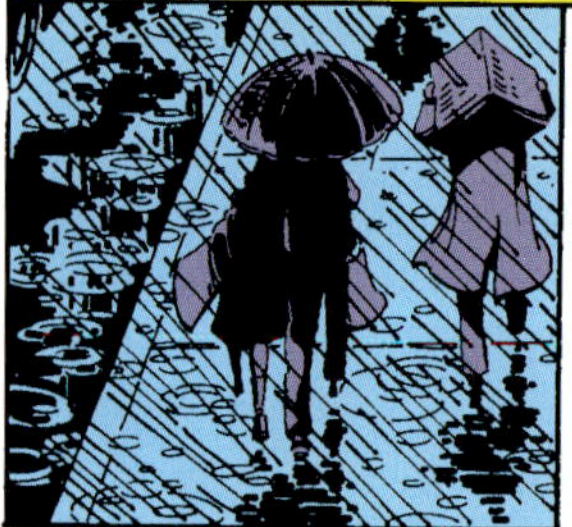

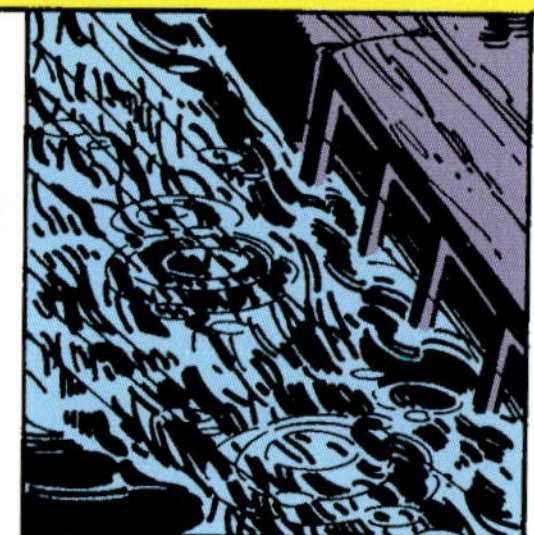

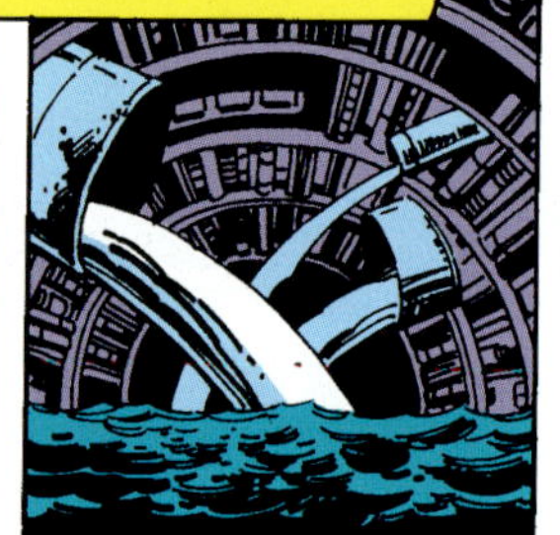

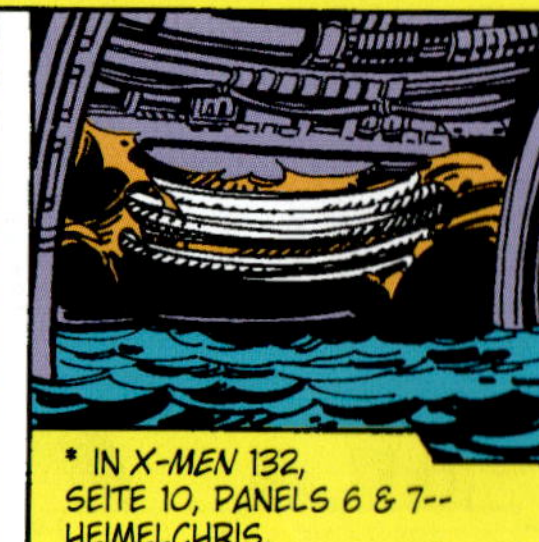

* IN X-MEN 132, SEITE 10, PANELS 6 & 7-- HEIMELCHRIS.

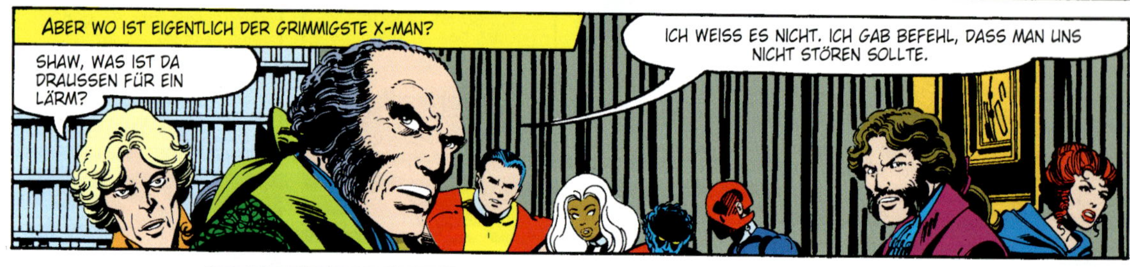

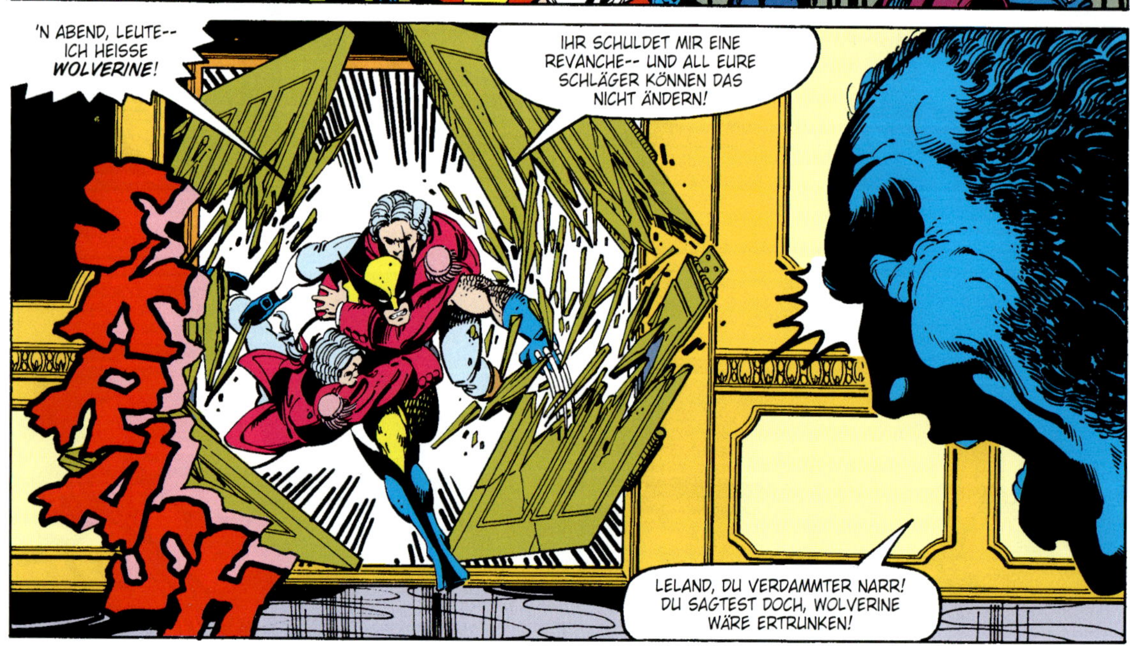

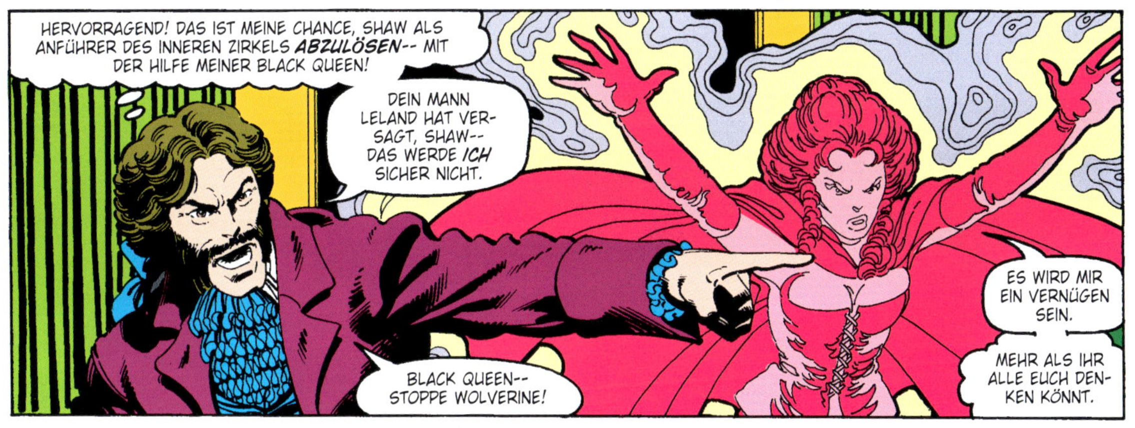
HERVORRAGEND! DAS IST MEINE CHANCE, SHAW ALS ANFÜHRER DES INNEREN ZIRKELS ABZULÖSEN-- MIT DER HILFE MEINER BLACK QUEEN!
DEIN MANN LELAND HAT VERSAGT, SHAW-- DAS WERDE ICH SICHER NICHT.
BLACK QUEEN-- STOPPE WOLVERINE!
ES WIRD MIR EIN VERNÜGEN SEIN.
MEHR ALS IHR ALLE EUCH DENKEN KÖNNT.

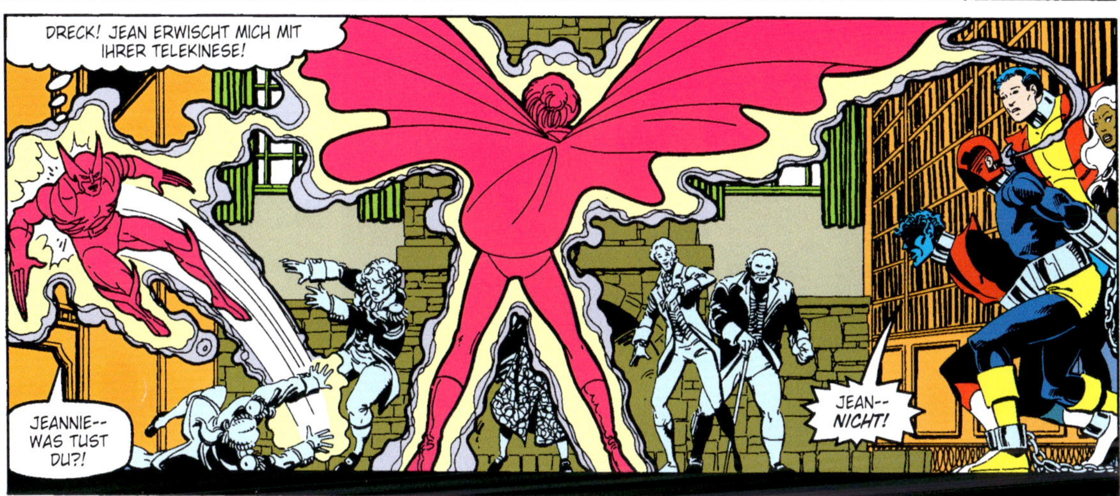
DRECK! JEAN ERWISCHT MICH MIT IHRER TELEKINESE!
JEANNIE-- WAS TUST DU?!
JEAN-- NICHT!

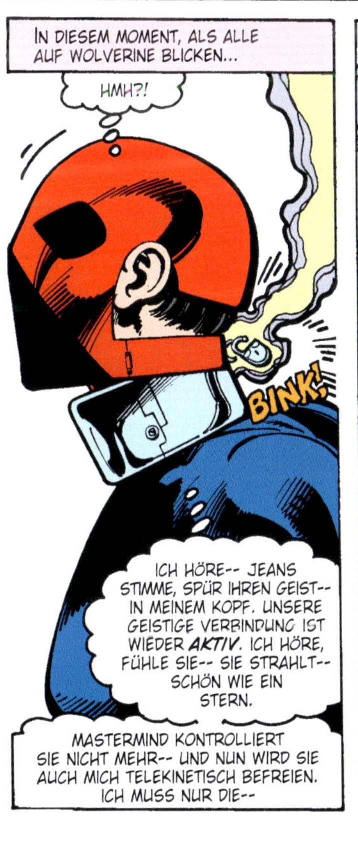
IN DIESEM MOMENT, ALS ALLE AUF WOLVERINE BLICKEN...
HMH?!
BINK!
ICH HÖRE-- JEANS STIMME, SPÜR IHREN GEIST-- IN MEINEM KOPF. UNSERE GEISTIGE VERBINDUNG IST WIEDER AKTIV. ICH HÖRE, FÜHLE SIE-- SIE STRAHLT-- SCHÖN WIE EIN STERN.
MASTERMIND KONTROLLIERT SIE NICHT MEHR-- UND NUN WIRD SIE AUCH MICH TELEKINETISCH BEFREIEN. ICH MUSS NUR DIE--

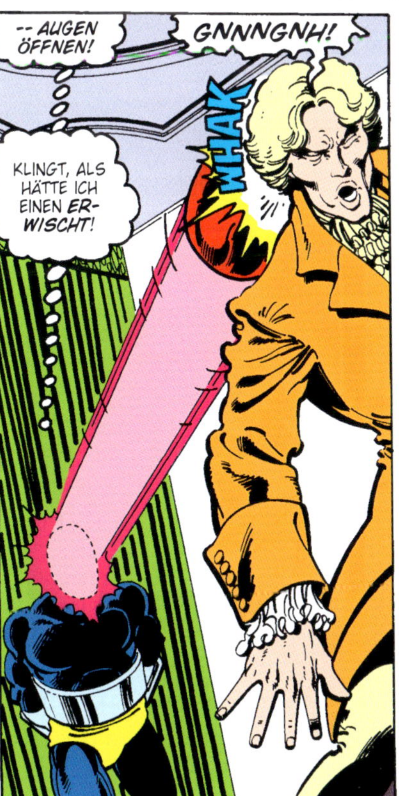
-- AUGEN ÖFFNEN!
GNNNGNH!
WHAK
KLINGT, ALS HÄTTE ICH EINEN ERWISCHT!

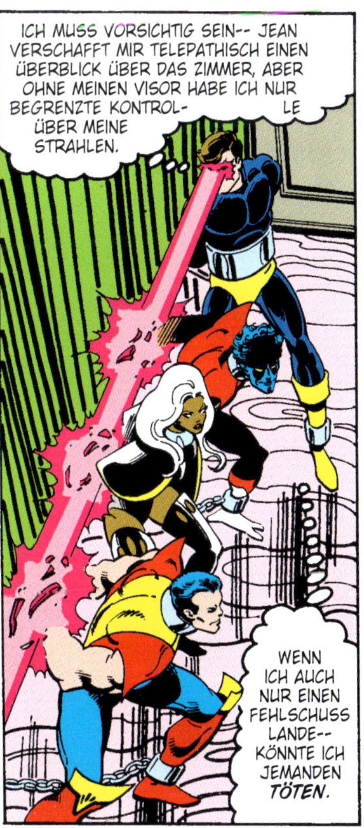
ICH MUSS VORSICHTIG SEIN-- JEAN VERSCHAFFT MIR TELEPATHISCH EINEN ÜBERBLICK ÜBER DAS ZIMMER, ABER OHNE MEINEN VISOR HABE ICH NUR BEGRENZTE KONTROLLE ÜBER MEINE STRAHLEN.
WENN ICH AUCH NUR EINEN FEHLSCHUSS LANDE-- KÖNNTE ICH JEMANDEN TÖTEN.

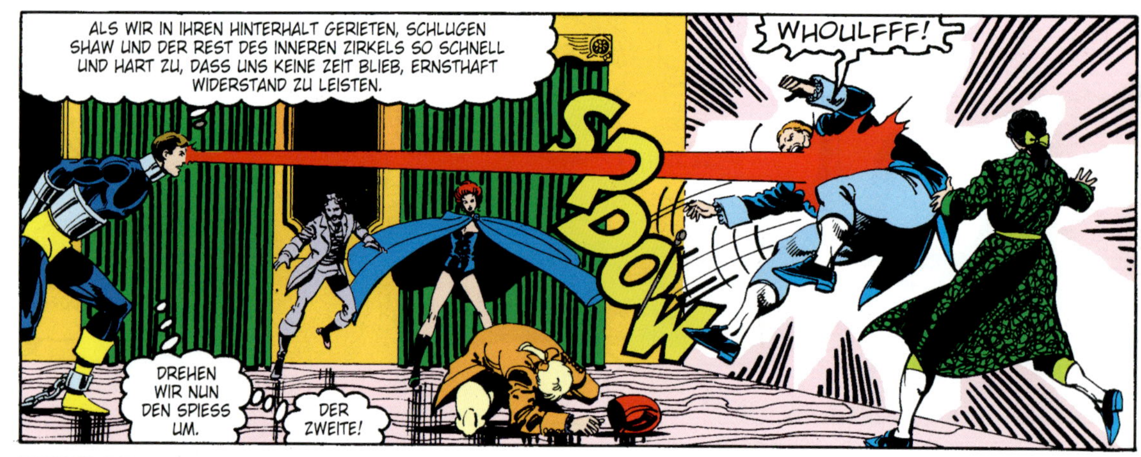

ALS WIR IN IHREN HINTERHALT GERIETEN, SCHLUGEN SHAW UND DER REST DES INNEREN ZIRKELS SO SCHNELL UND HART ZU, DASS UNS KEINE ZEIT BLIEB, ERNSTHAFT WIDERSTAND ZU LEISTEN.
DREHEN WIR NUN DEN SPIESS UM.
DER ZWEITE!
SPDOW
WHOULFFF!

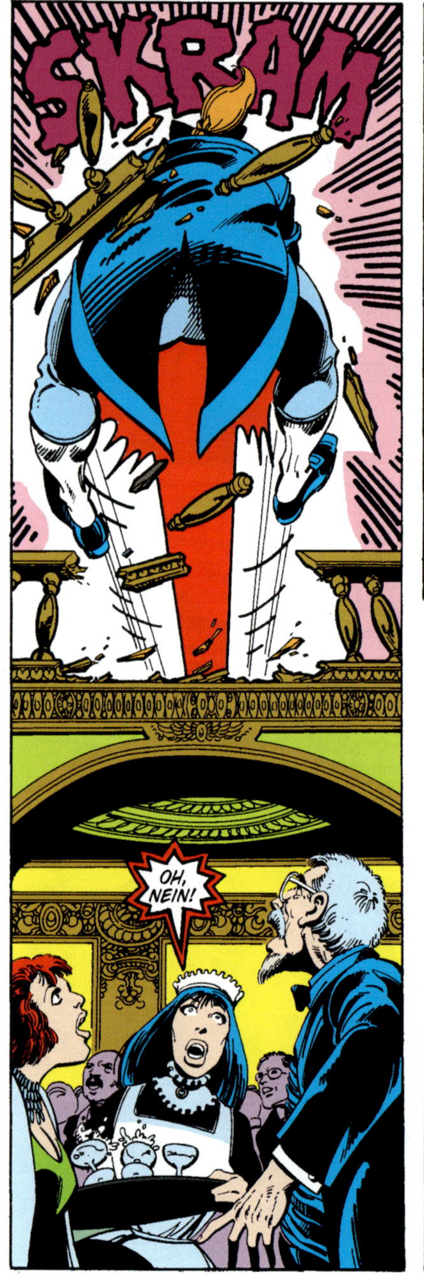

SKRAM
OH, NEIN!

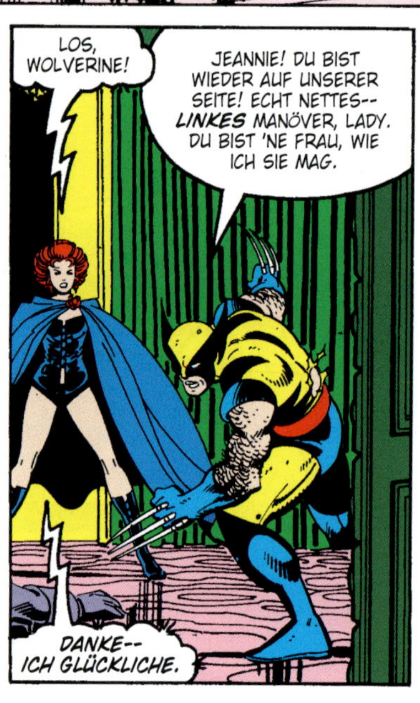

LOS, WOLVERINE!
JEANNIE! DU BIST WIEDER AUF UNSERER SEITE! ECHT NETTES-- **LINKES** MANÖVER, LADY. DU BIST 'NE FRAU, WIE ICH SIE MAG.
DANKE-- ICH GLÜCKLICHE.

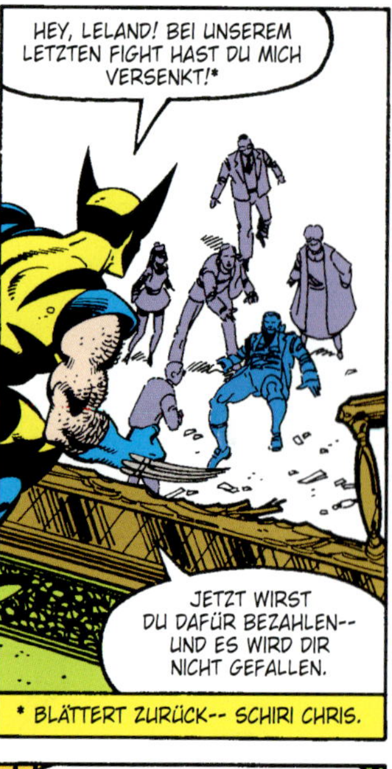

HEY, LELAND! BEI UNSEREM LETZTEN FIGHT HAST DU MICH VERSENKT!*
JETZT WIRST DU DAFÜR BEZAHLEN-- UND ES WIRD DIR NICHT GEFALLEN.
* BLÄTTERT ZURÜCK-- SCHIRI CHRIS.

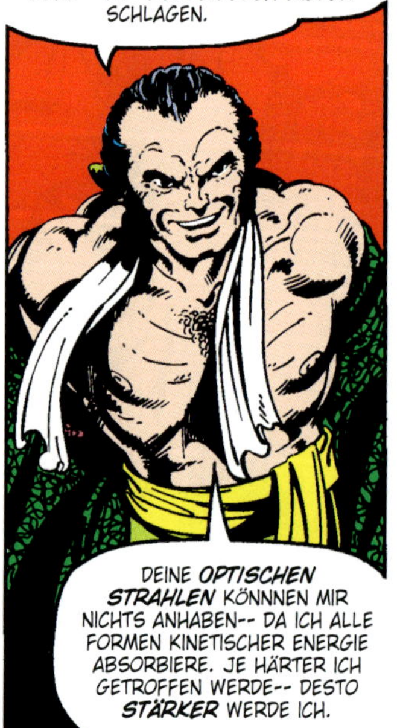

IHR GEBT WOHL NIE AUF, CYCLOPS. EGAL-- WIR WERDEN EUCH WIEDER SCHLAGEN.
DEINE **OPTISCHEN STRAHLEN** KÖNNNEN MIR NICHTS ANHABEN-- DA ICH ALLE FORMEN KINETISCHER ENERGIE ABSORBIERE. JE HÄRTER ICH GETROFFEN WERDE-- DESTO **STÄRKER** WERDE ICH.

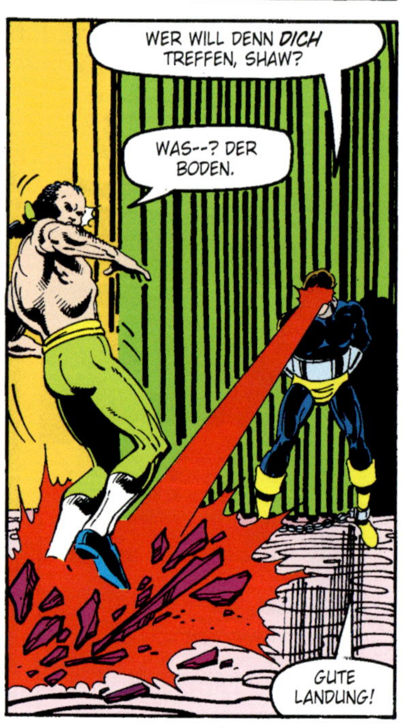

WER WILL DENN *DICH* TREFFEN, SHAW?
WAS--? DER BODEN.
GUTE LANDUNG!

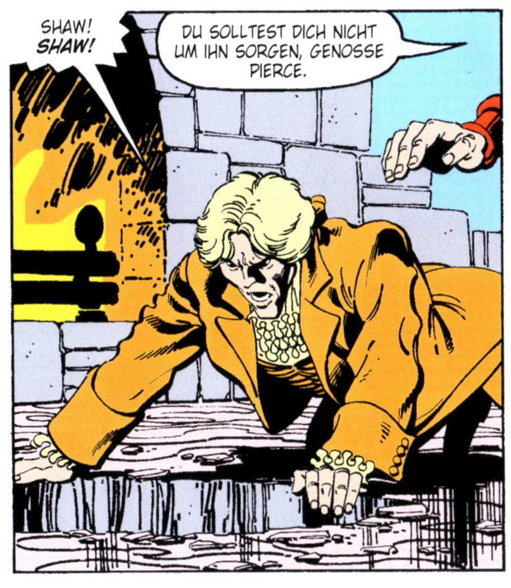
SHAW! SHAW!
DU SOLLTEST DICH NICHT UM IHN SORGEN, GENOSSE PIERCE.

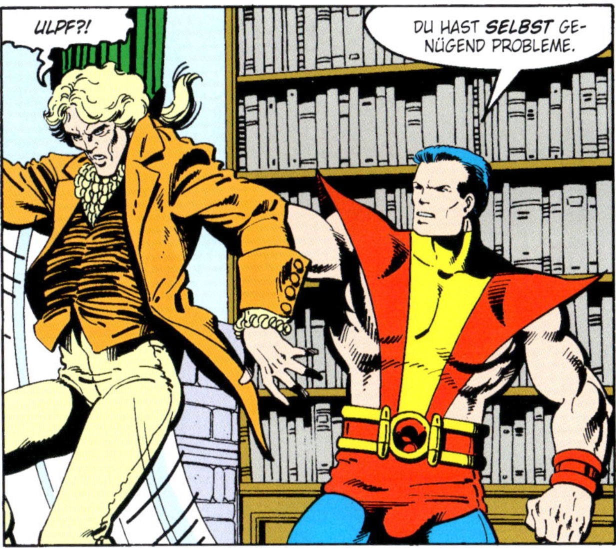
ULPF?!
DU HAST SELBST GENÜGEND PROBLEME.

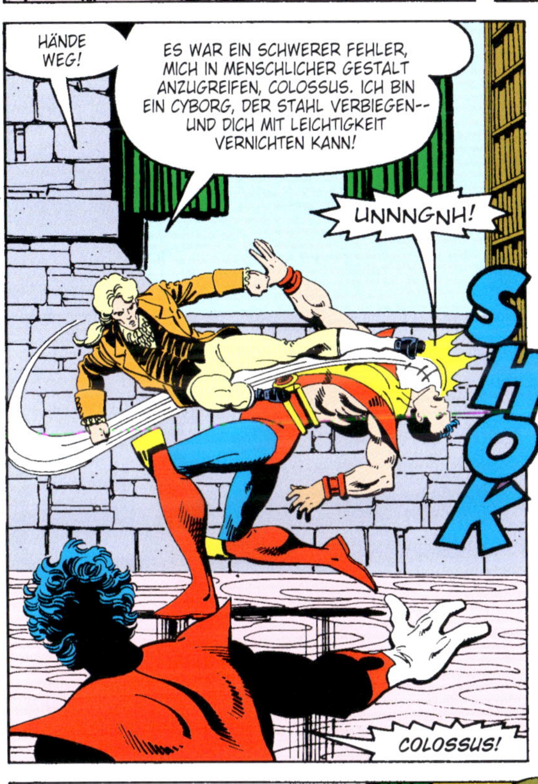
HÄNDE WEG!
ES WAR EIN SCHWERER FEHLER, MICH IN MENSCHLICHER GESTALT ANZUGREIFEN, COLOSSUS. ICH BIN EIN CYBORG, DER STAHL VERBIEGEN-- UND DICH MIT LEICHTIGKEIT VERNICHTEN KANN!
UNNNGNH!
SHOK
COLOSSUS!

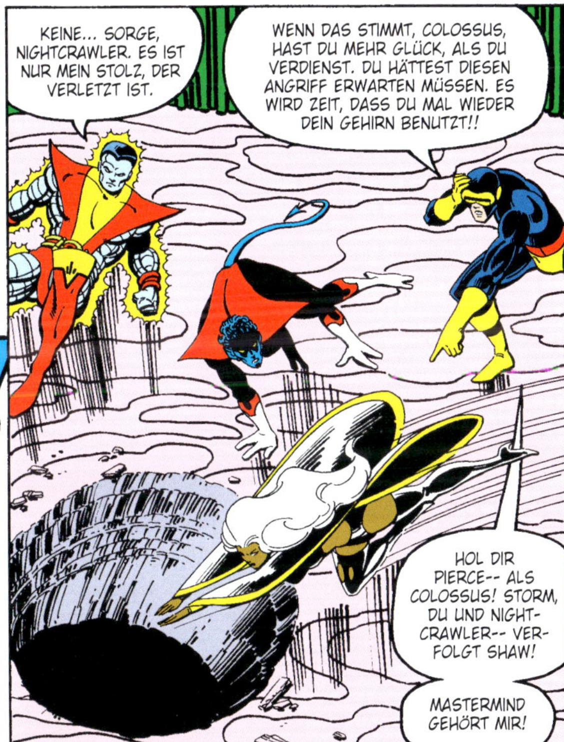
KEINE... SORGE, NIGHTCRAWLER. ES IST NUR MEIN STOLZ, DER VERLETZT IST.
WENN DAS STIMMT, COLOSSUS, HAST DU MEHR GLÜCK, ALS DU VERDIENST. DU HÄTTEST DIESEN ANGRIFF ERWARTEN MÜSSEN. ES WIRD ZEIT, DASS DU MAL WIEDER DEIN GEHIRN BENUTZT!!
HOL DIR PIERCE-- ALS COLOSSUS! STORM, DU UND NIGHTCRAWLER-- VERFOLGT SHAW!
MASTERMIND GEHÖRT MIR!

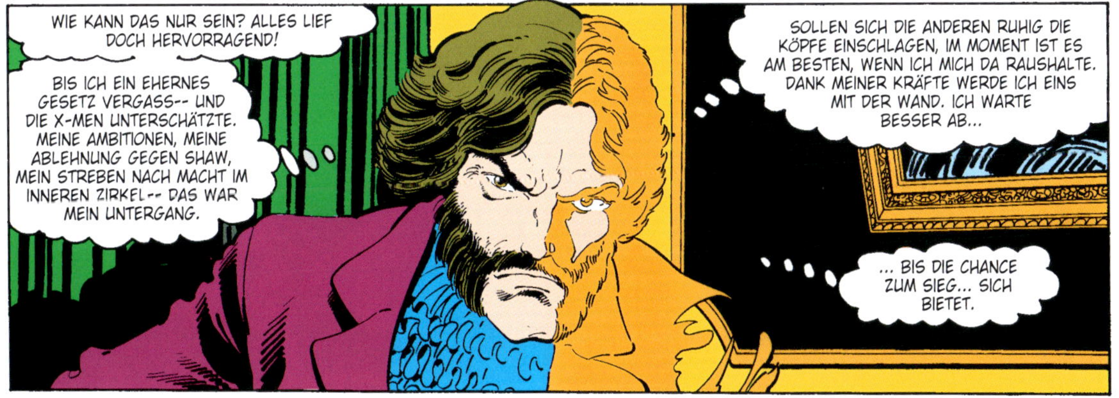
WIE KANN DAS NUR SEIN? ALLES LIEF DOCH HERVORRAGEND!
BIS ICH EIN EHERNES GESETZ VERGASS-- UND DIE X-MEN UNTERSCHÄTZTE. MEINE AMBITIONEN, MEINE ABLEHNUNG GEGEN SHAW, MEIN STREBEN NACH MACHT IM INNEREN ZIRKEL-- DAS WAR MEIN UNTERGANG.
SOLLEN SICH DIE ANDEREN RUHIG DIE KÖPFE EINSCHLAGEN, IM MOMENT IST ES AM BESTEN, WENN ICH MICH DA RAUSHALTE. DANK MEINER KRÄFTE WERDE ICH EINS MIT DER WAND. ICH WARTE BESSER AB...
... BIS DIE CHANCE ZUM SIEG... SICH BIETET.

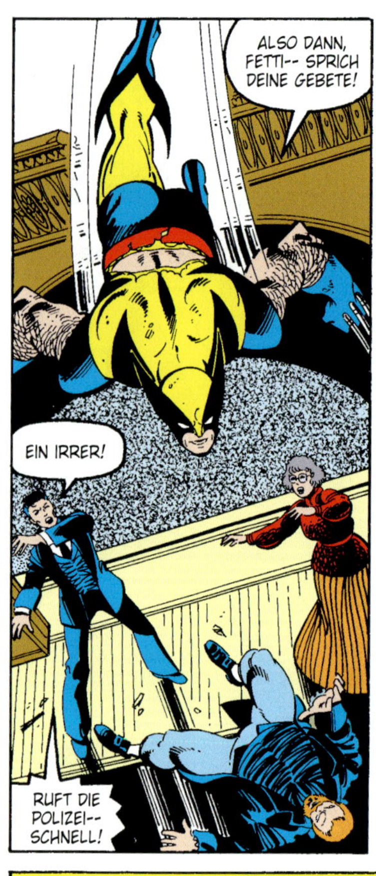
ALSO DANN, FETTI-- SPRICH DEINE GEBETE!
EIN IRRER!
RUFT DIE POLIZEI-- SCHNELL!

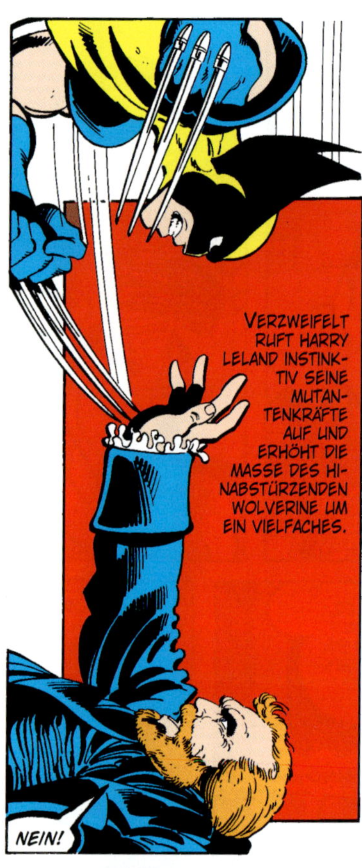
VERZWEIFELT RUFT HARRY LELAND INSTINKTIV SEINE MUTANTENKRÄFTE AUF UND ERHÖHT DIE MASSE DES HINABSTÜRZENDEN WOLVERINE UM EIN VIELFACHES.
NEIN!

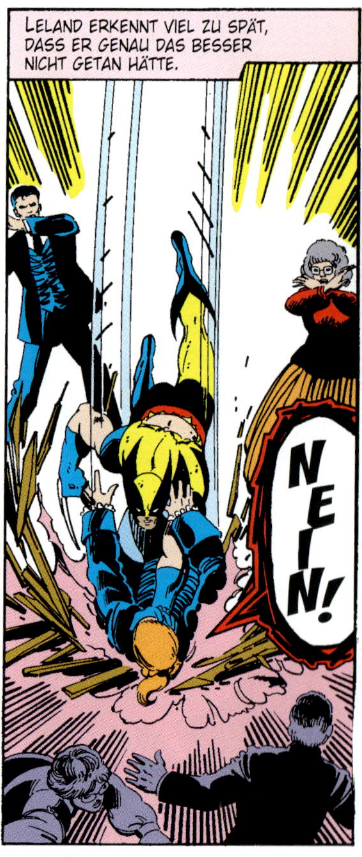
LELAND ERKENNT VIEL ZU SPÄT, DASS ER GENAU DAS BESSER NICHT GETAN HÄTTE.
NEIN!

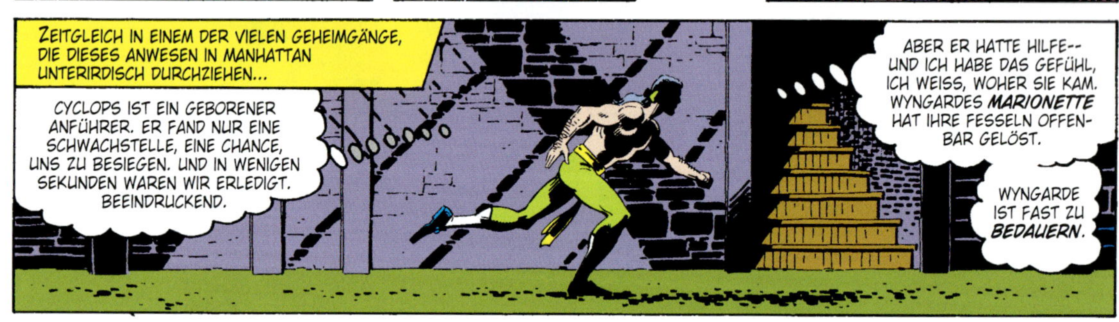
ZEITGLEICH IN EINEM DER VIELEN GEHEIMGÄNGE, DIE DIESES ANWESEN IN MANHATTAN UNTERIRDISCH DURCHZIEHEN...
CYCLOPS IST EIN GEBORENER ANFÜHRER. ER FAND NUR EINE SCHWACHSTELLE, EINE CHANCE, UNS ZU BESIEGEN. UND IN WENIGEN SEKUNDEN WAREN WIR ERLEDIGT. BEEINDRUCKEND.
ABER ER HATTE HILFE-- UND ICH HABE DAS GEFÜHL, ICH WEISS, WOHER SIE KAM. WYNGARDES MARIONETTE HAT IHRE FESSELN OFFENBAR GELÖST.
WYNGARDE IST FAST ZU BEDAUERN.

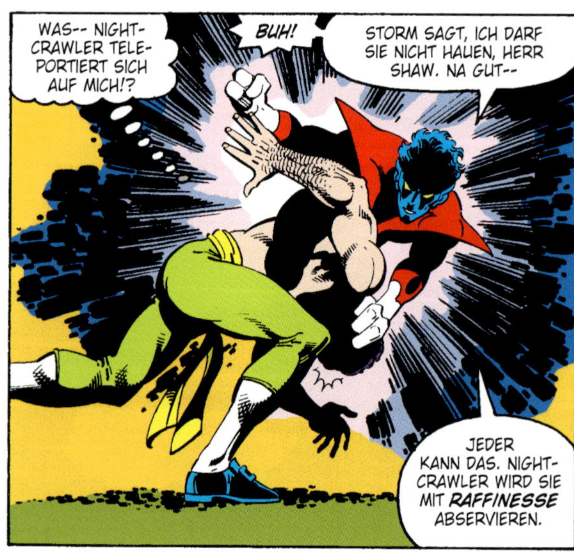
WAS-- NIGHTCRAWLER TELEPORTIERT SICH AUF MICH!?
BUH!
STORM SAGT, ICH DARF SIE NICHT HAUEN, HERR SHAW. NA GUT--
JEDER KANN DAS. NIGHTCRAWLER WIRD SIE MIT RAFFINESSE ABSERVIEREN.

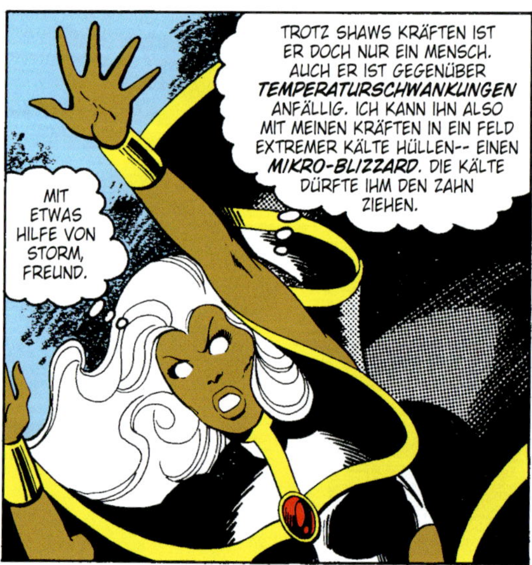
MIT ETWAS HILFE VON STORM, FREUND.
TROTZ SHAWS KRÄFTEN IST ER DOCH NUR EIN MENSCH. AUCH ER IST GEGENÜBER TEMPERATURSCHWANKUNGEN ANFÄLLIG. ICH KANN IHN ALSO MIT MEINEN KRÄFTEN IN EIN FELD EXTREMER KÄLTE HÜLLEN-- EINEN MIKRO-BLIZZARD. DIE KÄLTE DÜRFTE IHM DEN ZAHN ZIEHEN.

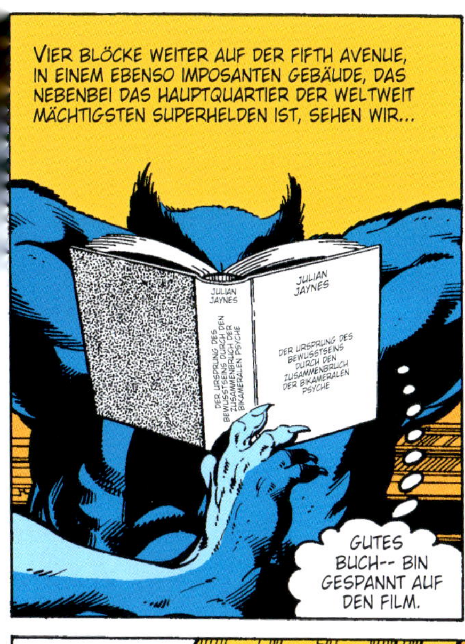
VIER BLÖCKE WEITER AUF DER FIFTH AVENUE, IN EINEM EBENSO IMPOSANTEN GEBÄUDE, DAS NEBENBEI DAS HAUPTQUARTIER DER WELTWEIT MÄCHTIGSTEN SUPERHELDEN IST, SEHEN WIR...
JULIAN JAYNES
DER URSPRUNG DES BEWUSSTSEINS DURCH DEN ZUSAMMENBRUCH DER BIKAMERALEN PSYCHE
GUTES BUCH-- BIN GESPANNT AUF DEN FILM.

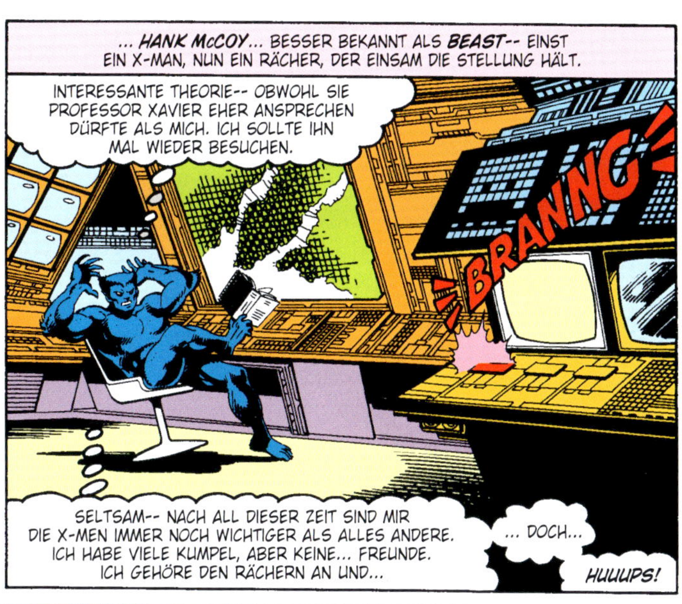
... HANK McCOY... BESSER BEKANNT ALS BEAST-- EINST EIN X-MAN, NUN EIN RÄCHER, DER EINSAM DIE STELLUNG HÄLT.
INTERESSANTE THEORIE-- OBWOHL SIE PROFESSOR XAVIER EHER ANSPRECHEN DÜRFTE ALS MICH. ICH SOLLTE IHN MAL WIEDER BESUCHEN.
BRANNG
SELTSAM-- NACH ALL DIESER ZEIT SIND MIR DIE X-MEN IMMER NOCH WICHTIGER ALS ALLES ANDERE. ICH HABE VIELE KUMPEL, ABER KEINE... FREUNDE. ICH GEHÖRE DEN RÄCHERN AN UND...
... DOCH...
HUUUPS!

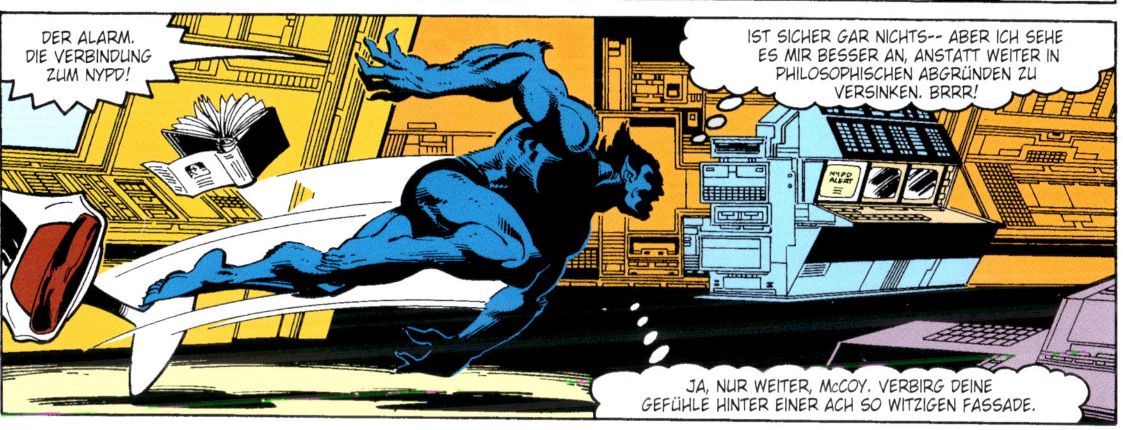
DER ALARM. DIE VERBINDUNG ZUM NYPD!
IST SICHER GAR NICHTS-- ABER ICH SEHE ES MIR BESSER AN, ANSTATT WEITER IN PHILOSOPHISCHEN ABGRÜNDEN ZU VERSINKEN. BRRR!
NYPD ALERT
JA, NUR WEITER, McCOY. VERBIRG DEINE GEFÜHLE HINTER EINER ACH SO WITZIGEN FASSADE.

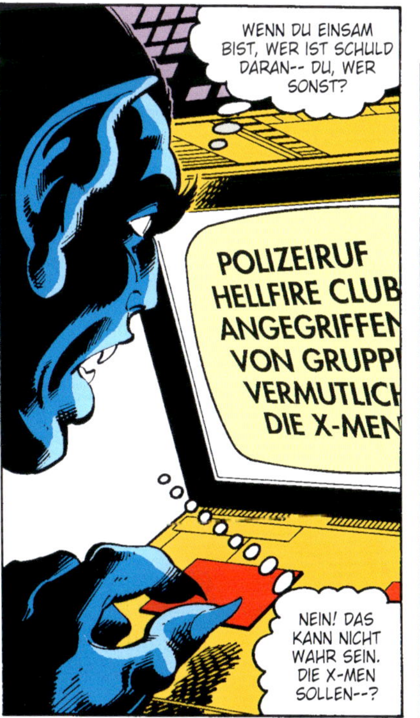
WENN DU EINSAM BIST, WER IST SCHULD DARAN-- DU, WER SONST?
POLIZEIRUF HELLFIRE CLUB ANGEGRIFFEN VON GRUPPE VERMUTLICH DIE X-MEN
NEIN! DAS KANN NICHT WAHR SEIN. DIE X-MEN SOLLEN--?

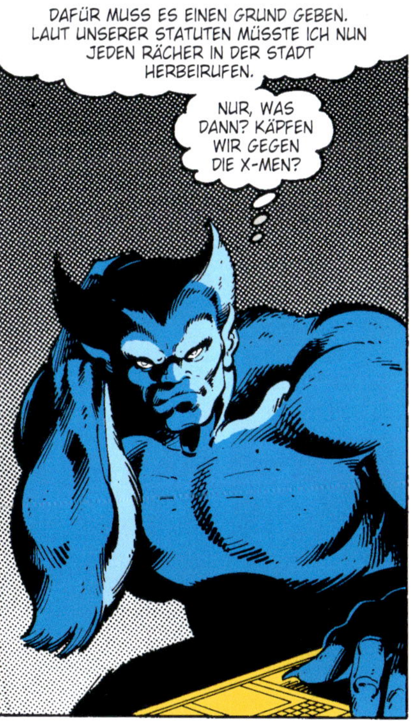
DAFÜR MUSS ES EINEN GRUND GEBEN. LAUT UNSERER STATUTEN MÜSSTE ICH NUN JEDEN RÄCHER IN DER STADT HERBEIRUFEN.
NUR, WAS DANN? KÄPFEN WIR GEGEN DIE X-MEN?

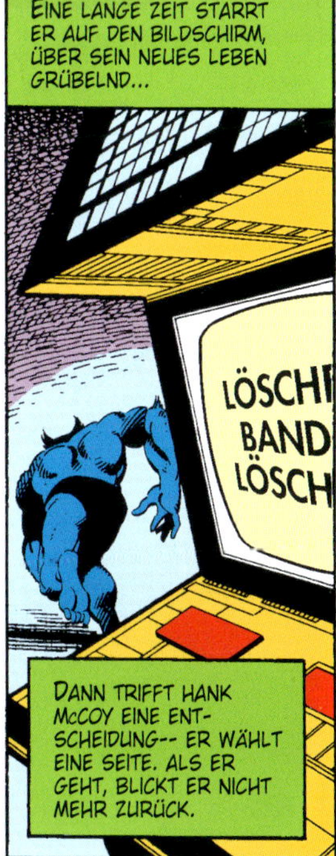
EINE LANGE ZEIT STARRT ER AUF DEN BILDSCHIRM, ÜBER SEIN NEUES LEBEN GRÜBELND...
LÖSCH BAND LÖSCH
DANN TRIFFT HANK McCOY EINE ENTSCHEIDUNG-- ER WÄHLT EINE SEITE. ALS ER GEHT, BLICKT ER NICHT MEHR ZURÜCK.

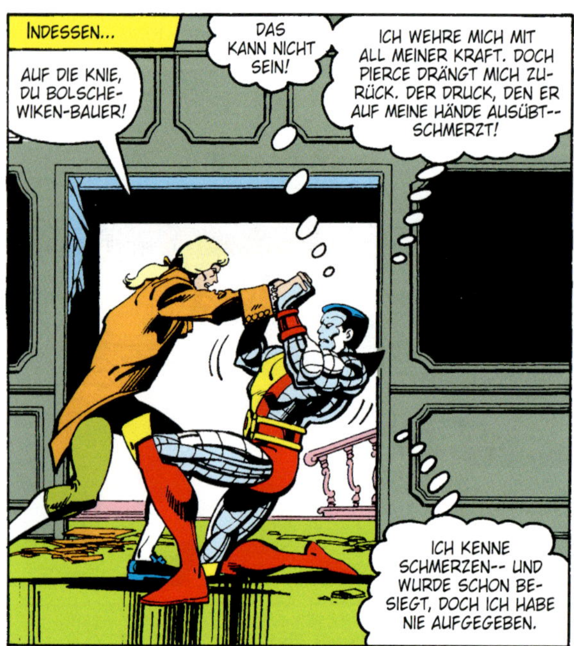
INDESSEN...
AUF DIE KNIE, DU BOLSCHE-WIKEN-BAUER!
DAS KANN NICHT SEIN!
ICH WEHRE MICH MIT ALL MEINER KRAFT. DOCH PIERCE DRÄNGT MICH ZURÜCK. DER DRUCK, DEN ER AUF MEINE HÄNDE AUSÜBT--SCHMERZT!
ICH KENNE SCHMERZEN-- UND WURDE SCHON BESIEGT, DOCH ICH HABE NIE AUFGEGEBEN.

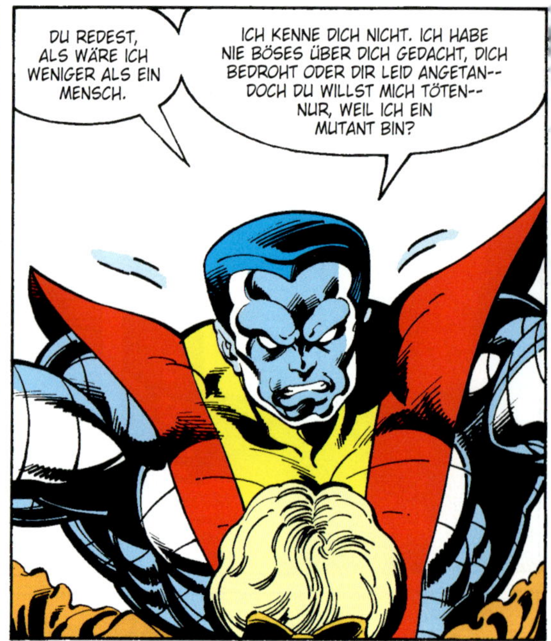
DU REDEST, ALS WÄRE ICH WENIGER ALS EIN MENSCH.
ICH KENNE DICH NICHT. ICH HABE NIE BÖSES ÜBER DICH GEDACHT, DICH BEDROHT ODER DIR LEID ANGETAN-- DOCH DU WILLST MICH TÖTEN-- NUR, WEIL ICH EIN MUTANT BIN?

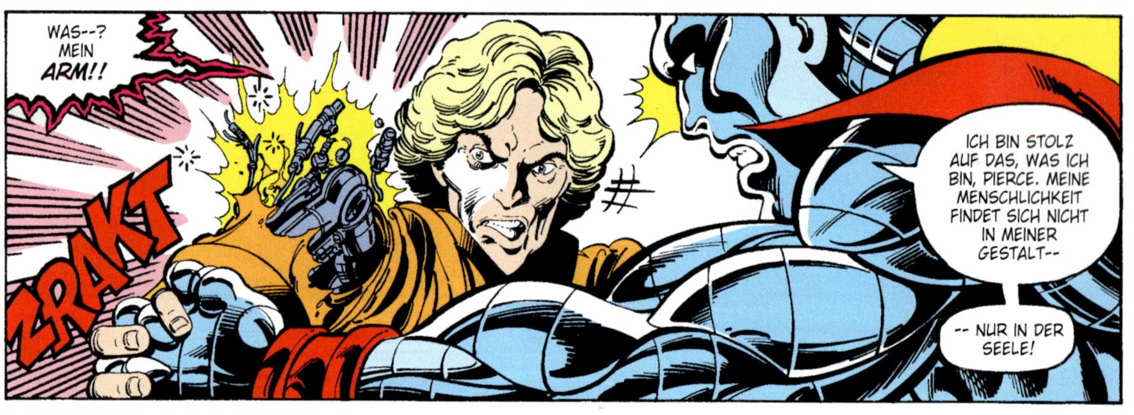
WAS--? MEIN ARM!!
ZRAKT
ICH BIN STOLZ AUF DAS, WAS ICH BIN, PIERCE. MEINE MENSCHLICHKEIT FINDET SICH NICHT IN MEINER GESTALT--
-- NUR IN DER SEELE!

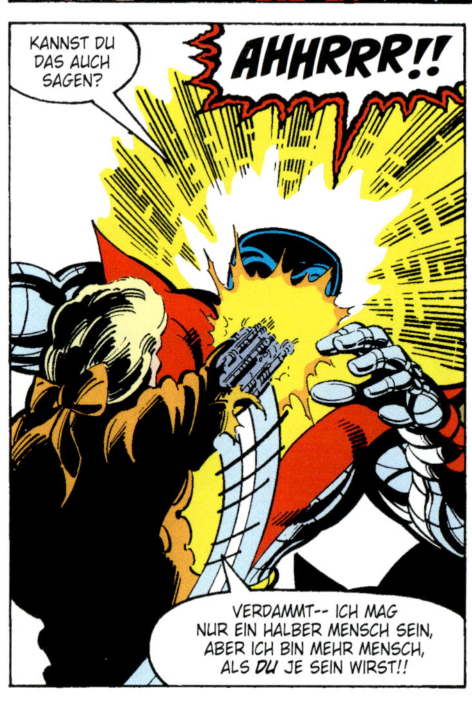
KANNST DU DAS AUCH SAGEN?
AHHRRR!!
VERDAMMT-- ICH MAG NUR EIN HALBER MENSCH SEIN, ABER ICH BIN MEHR MENSCH, ALS DU JE SEIN WIRST!!

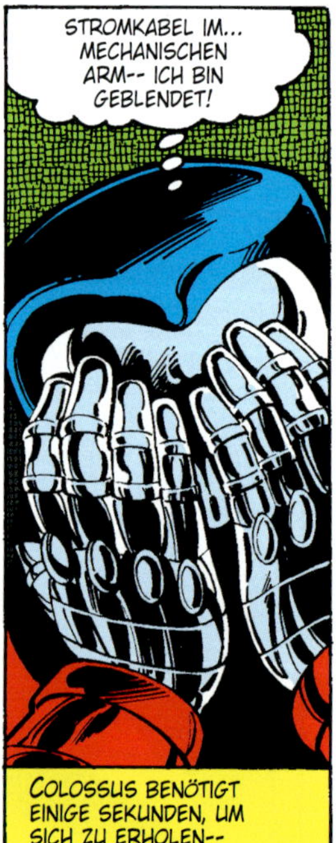
STROMKABEL IM... MECHANISCHEN ARM-- ICH BIN GEBLENDET!

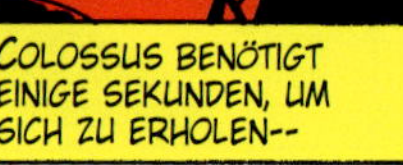
COLOSSUS BENÖTIGT EINIGE SEKUNDEN, UM SICH ZU ERHOLEN--

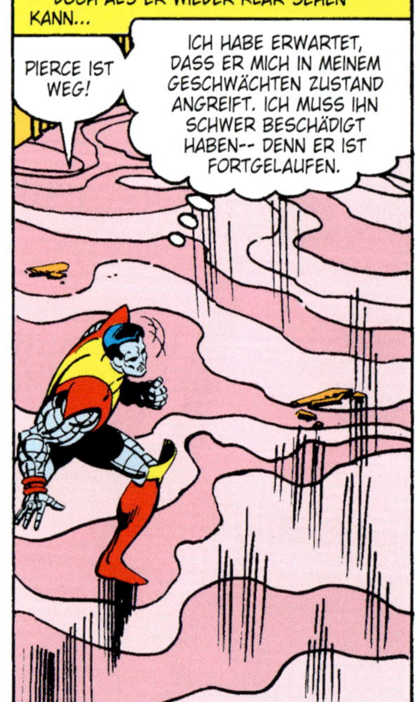
-- DOCH ALS ER WIEDER KLAR SEHEN KANN...
PIERCE IST WEG!
ICH HABE ERWARTET, DASS ER MICH IN MEINEM GESCHWÄCHTEN ZUSTAND ANGREIFT. ICH MUSS IHN SCHWER BESCHÄDIGT HABEN-- DENN ER IST FORTGELAUFEN.

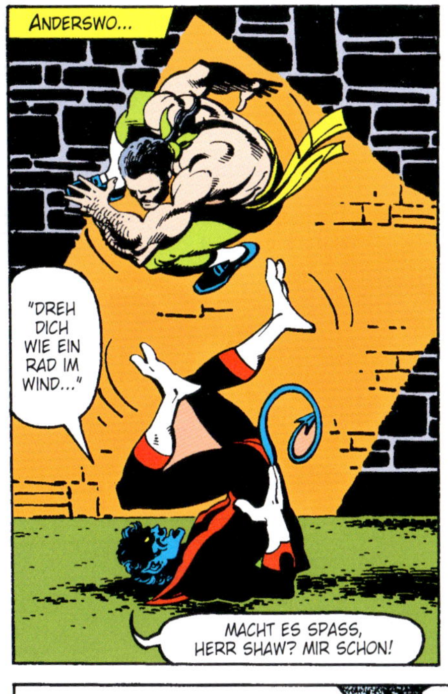
ANDERSWO...
"DREH DICH WIE EIN RAD IM WIND..."
MACHT ES SPASS, HERR SHAW? MIR SCHON!

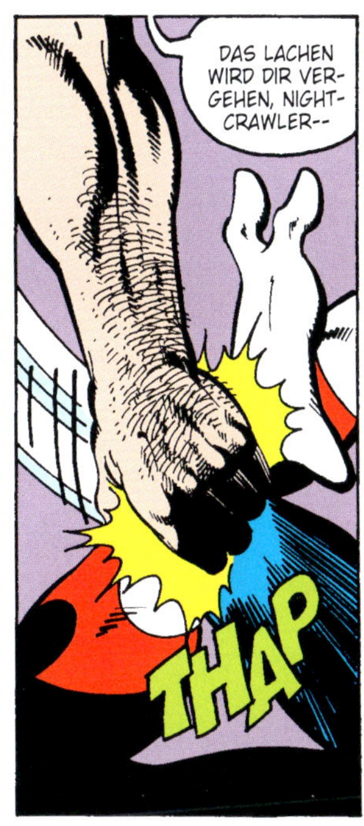
DAS LACHEN WIRD DIR VERGEHEN, NIGHTCRAWLER--
THAP

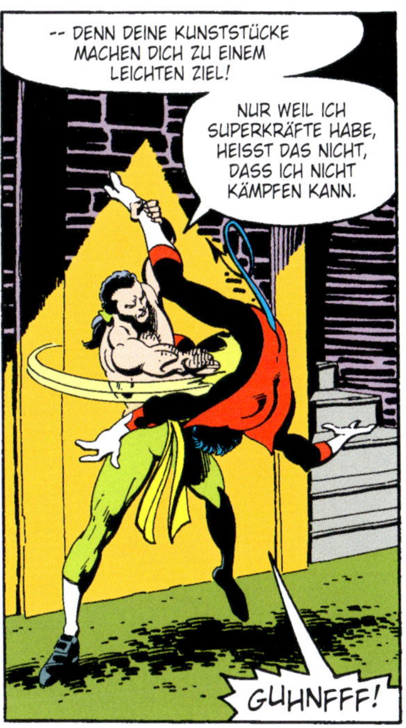
-- DENN DEINE KUNSTSTÜCKE MACHEN DICH ZU EINEM LEICHTEN ZIEL!
NUR WEIL ICH SUPERKRÄFTE HABE, HEISST DAS NICHT, DASS ICH NICHT KÄMPFEN KANN.
GUHNFFF!

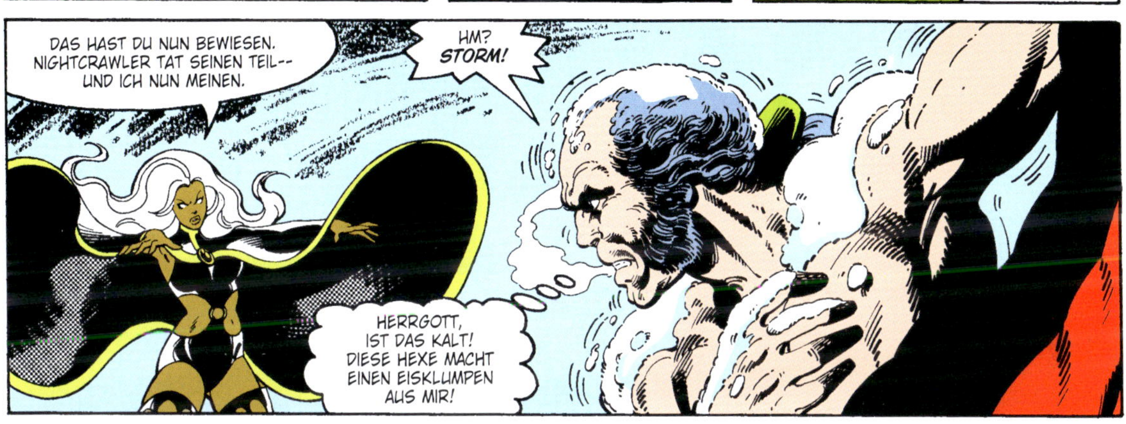
DAS HAST DU NUN BEWIESEN. NIGHTCRAWLER TAT SEINEN TEIL-- UND ICH NUN MEINEN.
HM? STORM!
HERRGOTT, IST DAS KALT! DIESE HEXE MACHT EINEN EISKLUMPEN AUS MIR!

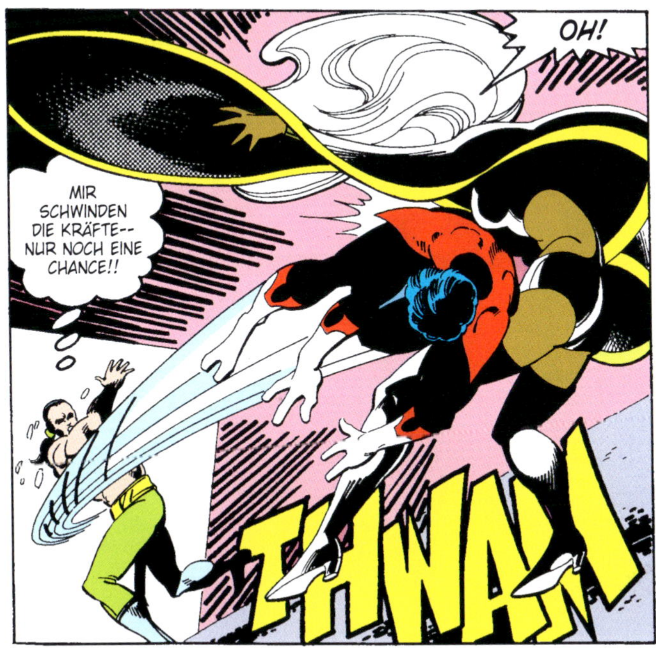
OH!
MIR SCHWINDEN DIE KRÄFTE-- NUR NOCH EINE CHANCE!!
THWAK

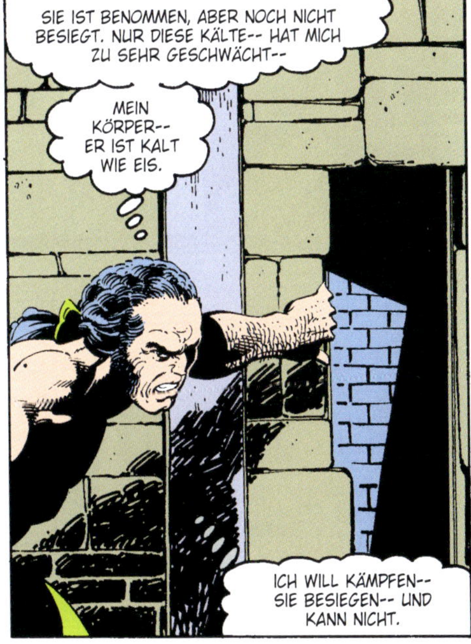
SIE IST BENOMMEN, ABER NOCH NICHT BESIEGT. NUR DIESE KÄLTE-- HAT MICH ZU SEHR GESCHWÄCHT--
MEIN KÖRPER-- ER IST KALT WIE EIS.
ICH WILL KÄMPFEN-- SIE BESIEGEN-- UND KANN NICHT.

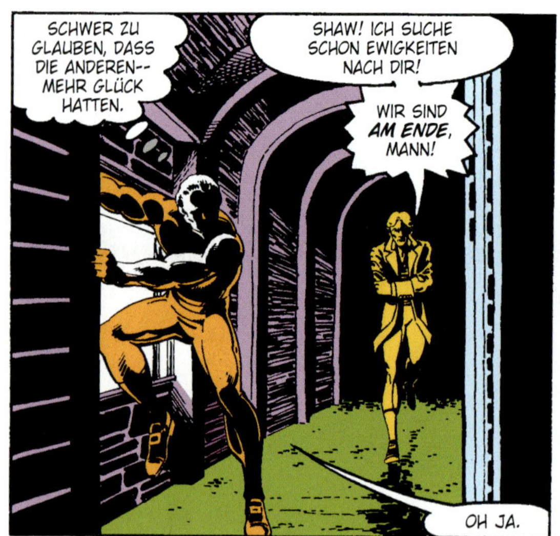
SCHWER ZU GLAUBEN, DASS DIE ANDEREN-- MEHR GLÜCK HATTEN.
SHAW! ICH SUCHE SCHON EWIGKEITEN NACH DIR!
WIR SIND AM ENDE, MANN!
OH JA.

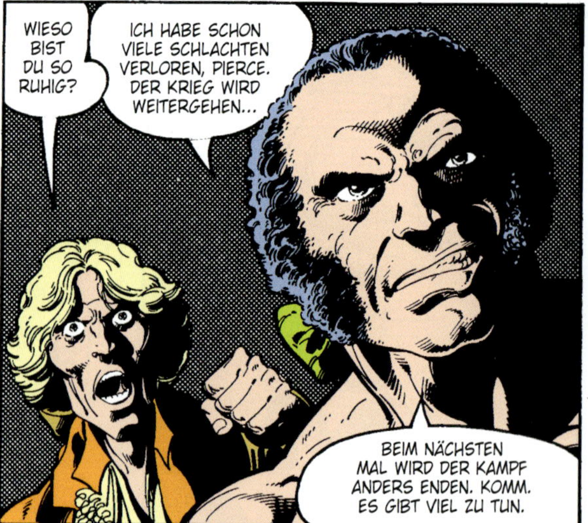
WIESO BIST DU SO RUHIG?
ICH HABE SCHON VIELE SCHLACHTEN VERLOREN, PIERCE. DER KRIEG WIRD WEITERGEHEN...
BEIM NÄCHSTEN MAL WIRD DER KAMPF ANDERS ENDEN. KOMM. ES GIBT VIEL ZU TUN.

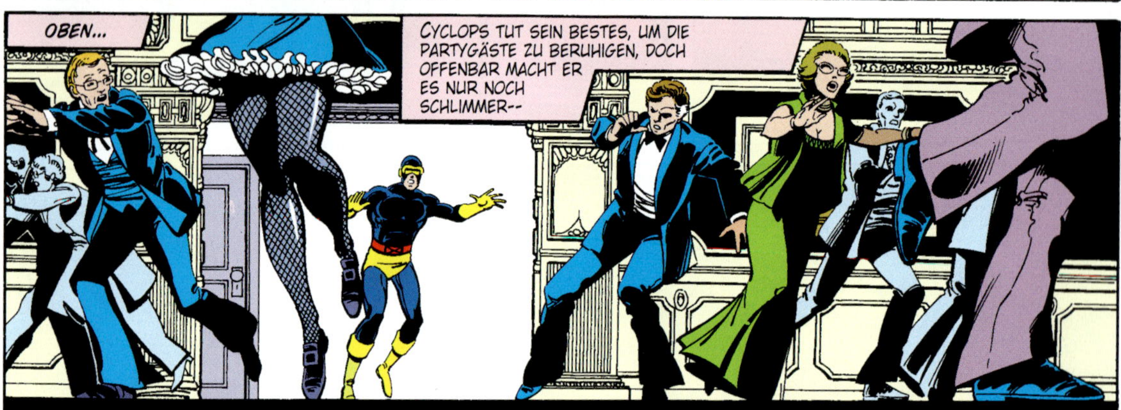
OBEN...
CYCLOPS TUT SEIN BESTES, UM DIE PARTYGÄSTE ZU BERUHIGEN, DOCH OFFENBAR MACHT ER ES NUR NOCH SCHLIMMER--

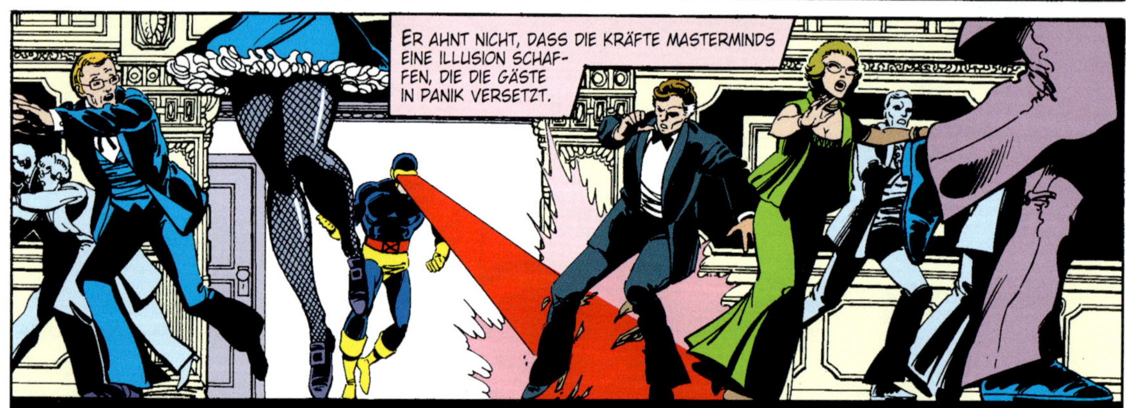
ER AHNT NICHT, DASS DIE KRÄFTE MASTERMINDS EINE ILLUSION SCHAFFEN, DIE DIE GÄSTE IN PANIK VERSETZT.

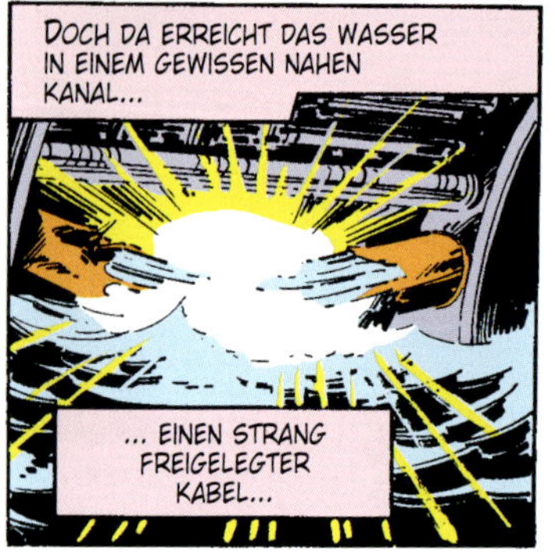
DOCH DA ERREICHT DAS WASSER IN EINEM GEWISSEN NAHEN KANAL...
... EINEN STRANG FREIGELEGTER KABEL...

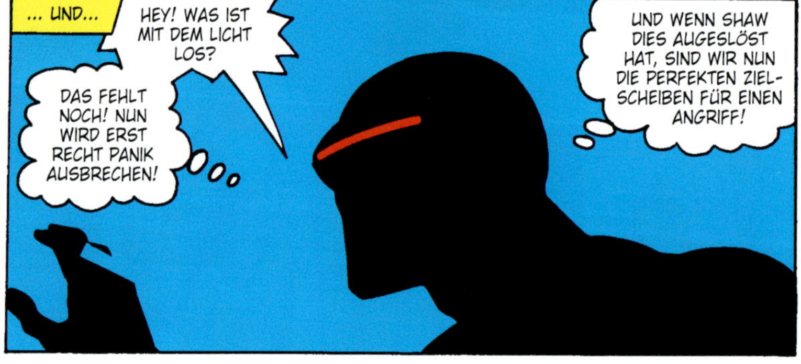
... UND...
HEY! WAS IST MIT DEM LICHT LOS?
DAS FEHLT NOCH! NUN WIRD ERST RECHT PANIK AUSBRECHEN!
UND WENN SHAW DIES AUSGELÖST HAT, SIND WIR NUN DIE PERFEKTEN ZIELSCHEIBEN FÜR EINEN ANGRIFF!

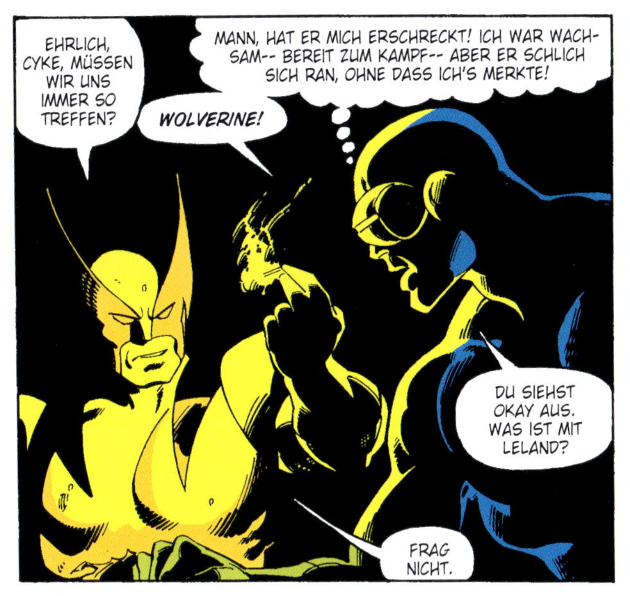
EHRLICH, CYKE, MÜSSEN WIR UNS IMMER SO TREFFEN?
WOLVERINE!
MANN, HAT ER MICH ERSCHRECKT! ICH WAR WACHSAM-- BEREIT ZUM KAMPF-- ABER ER SCHLICH SICH RAN, OHNE DASS ICH'S MERKTE!
DU SIEHST OKAY AUS. WAS IST MIT LELAND?
FRAG NICHT.

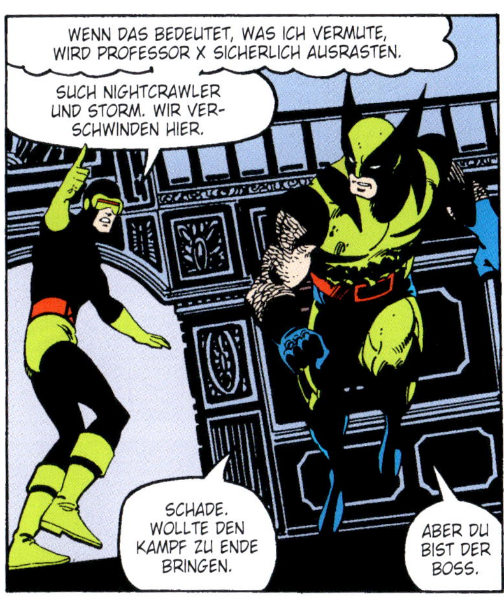
WENN DAS BEDEUTET, WAS ICH VERMUTE, WIRD PROFESSOR X SICHERLICH AUSRASTEN.
SUCH NIGHTCRAWLER UND STORM. WIR VERSCHWINDEN HIER.
SCHADE. WOLLTE DEN KAMPF ZU ENDE BRINGEN.
ABER DU BIST DER BOSS.

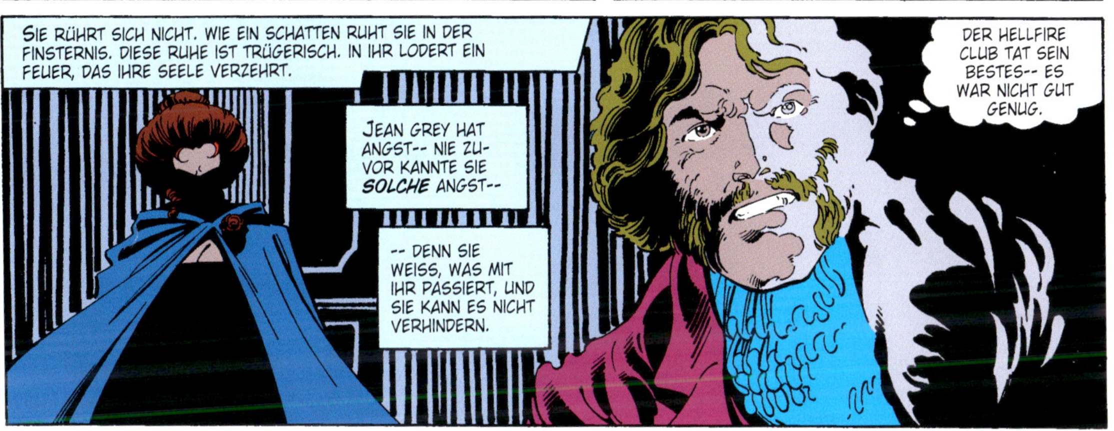
SIE RÜHRT SICH NICHT. WIE EIN SCHATTEN RUHT SIE IN DER FINSTERNIS. DIESE RUHE IST TRÜGERISCH. IN IHR LODERT EIN FEUER, DAS IHRE SEELE VERZEHRT.
JEAN GREY HAT ANGST-- NIE ZUVOR KANNTE SIE SOLCHE ANGST--
-- DENN SIE WEISS, WAS MIT IHR PASSIERT, UND SIE KANN ES NICHT VERHINDERN.
DER HELLFIRE CLUB TAT SEIN BESTES-- ES WAR NICHT GUT GENUG.

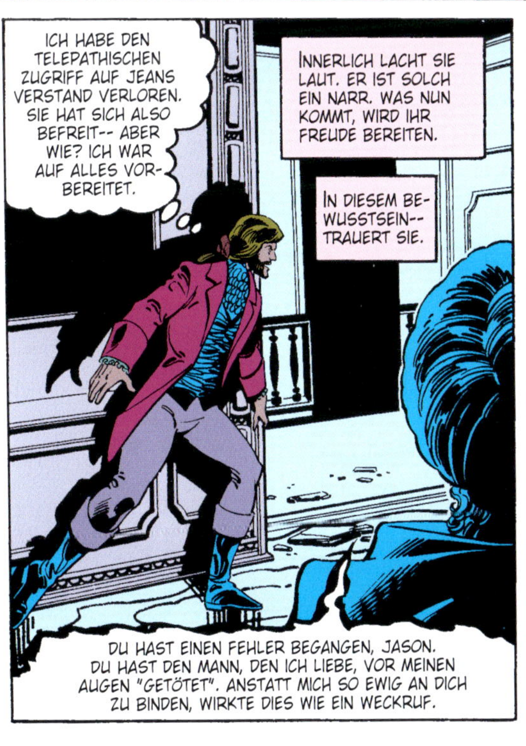
ICH HABE DEN TELEPATHISCHEN ZUGRIFF AUF JEANS VERSTAND VERLOREN. SIE HAT SICH ALSO BEFREIT-- ABER WIE? ICH WAR AUF ALLES VORBEREITET.
INNERLICH LACHT SIE LAUT. ER IST SOLCH EIN NARR. WAS NUN KOMMT, WIRD IHR FREUDE BEREITEN.
IN DIESEM BEWUSSTSEIN-- TRAUERT SIE.
DU HAST EINEN FEHLER BEGANGEN, JASON. DU HAST DEN MANN, DEN ICH LIEBE, VOR MEINEN AUGEN "GETÖTET". ANSTATT MICH SO EWIG AN DICH ZU BINDEN, WIRKTE DIES WIE EIN WECKRUF.

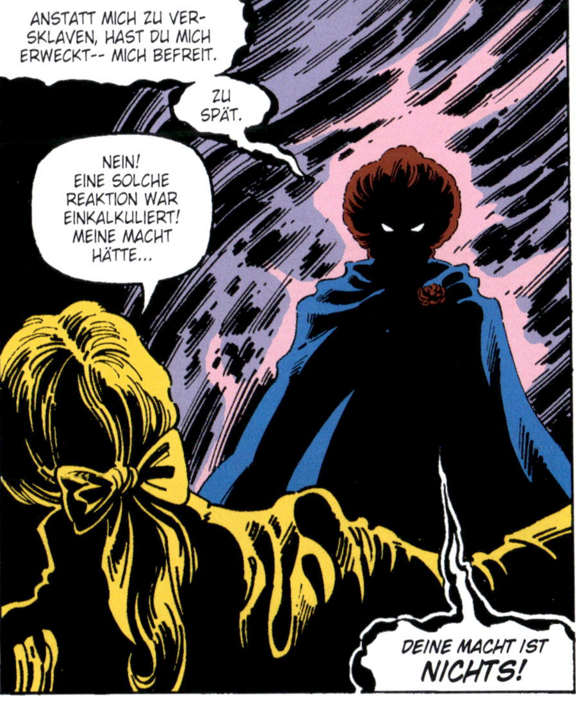
ANSTATT MICH ZU VERSKLAVEN, HAST DU MICH ERWECKT-- MICH BEFREIT.
ZU SPÄT.
NEIN! EINE SOLCHE REAKTION WAR EINKALKULIERT! MEINE MACHT HÄTTE...
DEINE MACHT IST NICHTS!

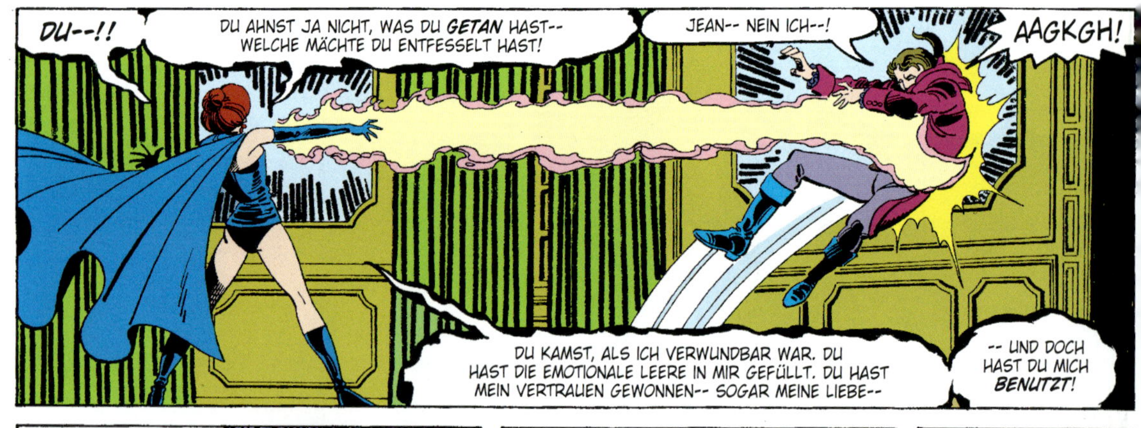
DU--!!
DU AHNST JA NICHT, WAS DU GETAN HAST-- WELCHE MÄCHTE DU ENTFESSELT HAST!
JEAN-- NEIN ICH--!
AAGKGH!
DU KAMST, ALS ICH VERWUNDBAR WAR. DU HAST DIE EMOTIONALE LEERE IN MIR GEFÜLLT. DU HAST MEIN VERTRAUEN GEWONNEN-- SOGAR MEINE LIEBE--
-- UND DOCH HAST DU MICH BENUTZT!

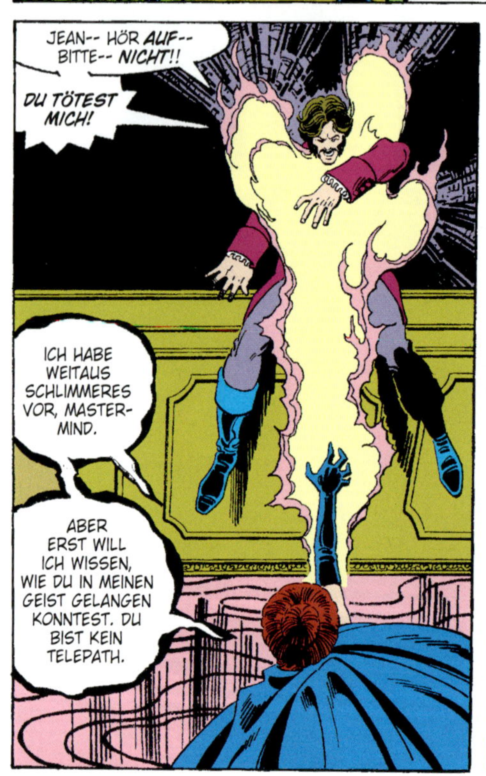
JEAN-- HÖR AUF-- BITTE-- NICHT!!
DU TÖTEST MICH!
ICH HABE WEITAUS SCHLIMMERES VOR, MASTER-MIND.
ABER ERST WILL ICH WISSEN, WIE DU IN MEINEN GEIST GELANGEN KONNTEST. DU BIST KEIN TELEPATH.

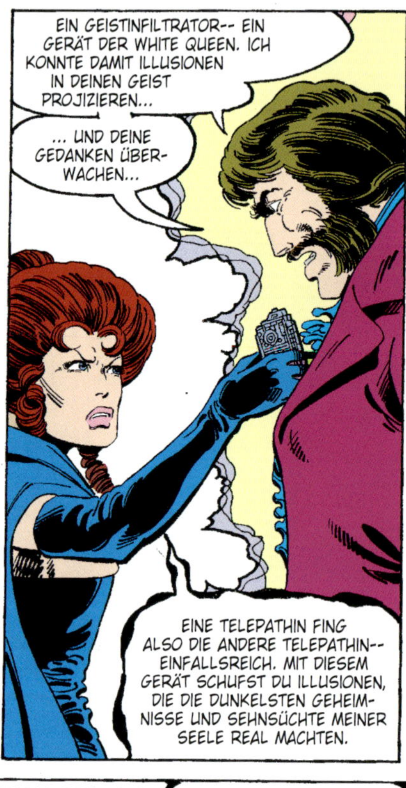
EIN GEISTINFILTRATOR-- EIN GERÄT DER WHITE QUEEN. ICH KONNTE DAMIT ILLUSIONEN IN DEINEN GEIST PROJIZIEREN...
... UND DEINE GEDANKEN ÜBER-WACHEN...
EINE TELEPATHIN FING ALSO DIE ANDERE TELEPATHIN-- EINFALLSREICH. MIT DIESEM GERÄT SCHUFST DU ILLUSIONEN, DIE DIE DUNKELSTEN GEHEIM-NISSE UND SEHNSÜCHTE MEINER SEELE REAL MACHTEN.

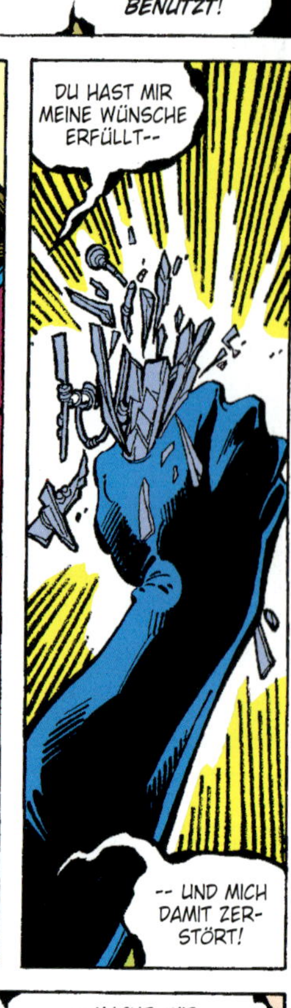
DU HAST MIR MEINE WÜNSCHE ERFÜLLT--
-- UND MICH DAMIT ZER-STÖRT!

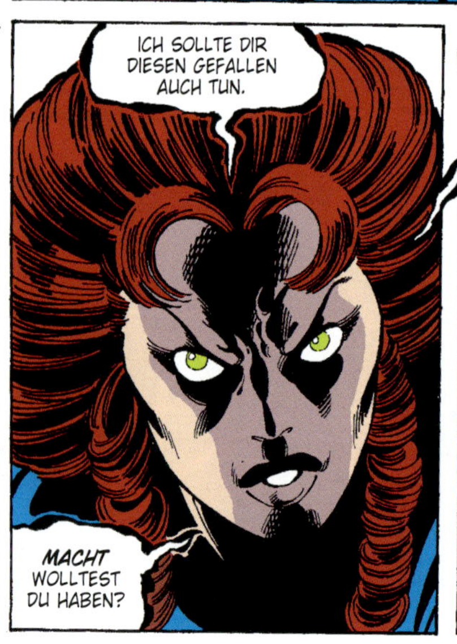
ICH SOLLTE DIR DIESEN GEFALLEN AUCH TUN.
MACHT WOLLTEST DU HABEN?

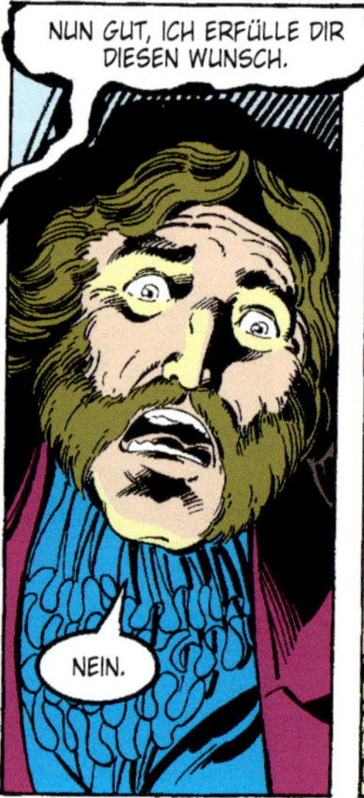
NUN GUT, ICH ERFÜLLE DIR DIESEN WUNSCH.
NEIN.

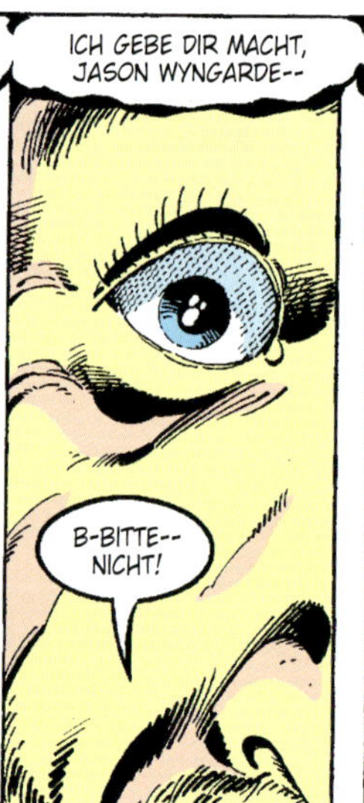
ICH GEBE DIR MACHT, JASON WYNGARDE--
B-BITTE-- NICHT!

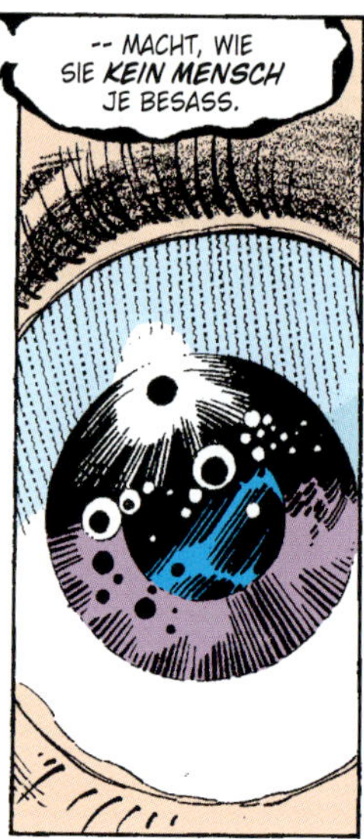
-- MACHT, WIE SIE KEIN MENSCH JE BESASS.

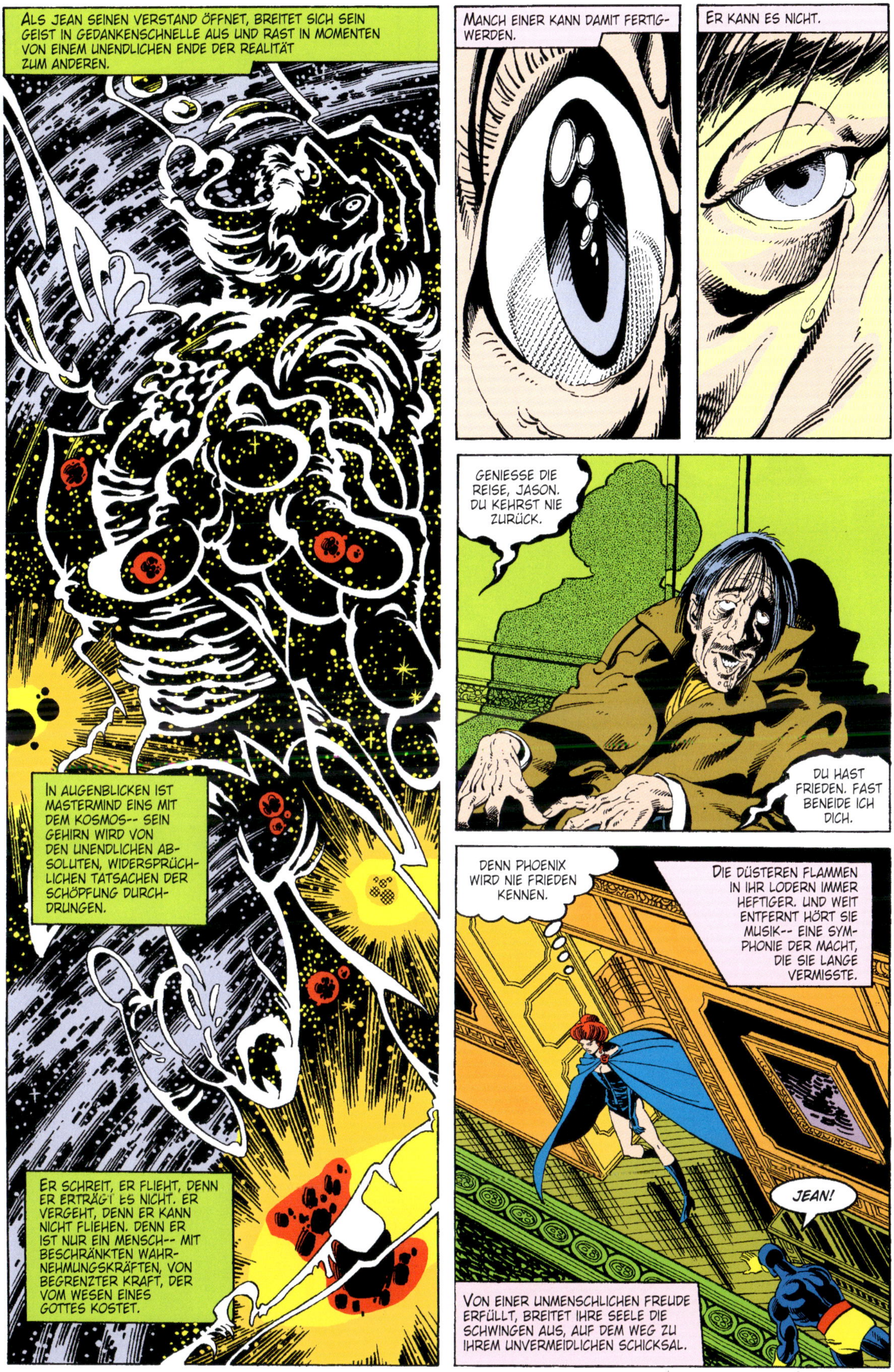

ALS JEAN SEINEN VERSTAND ÖFFNET, BREITET SICH SEIN GEIST IN GEDANKENSCHNELLE AUS UND RAST IN MOMENTEN VON EINEM UNENDLICHEN ENDE DER REALITÄT ZUM ANDEREN.

IN AUGENBLICKEN IST MASTERMIND EINS MIT DEM KOSMOS-- SEIN GEHIRN WIRD VON DEN UNENDLICHEN ABSOLUTEN, WIDERSPRÜCHLICHEN TATSACHEN DER SCHÖPFUNG DURCHDRUNGEN.

ER SCHREIT, ER FLIEHT, DENN ER ERTRÄGT ES NICHT. ER VERGEHT, DENN ER KANN NICHT FLIEHEN. DENN ER IST NUR EIN MENSCH-- MIT BESCHRÄNKTEN WAHRNEHMUNGSKRÄFTEN, VON BEGRENZTER KRAFT, DER VOM WESEN EINES GOTTES KOSTET.

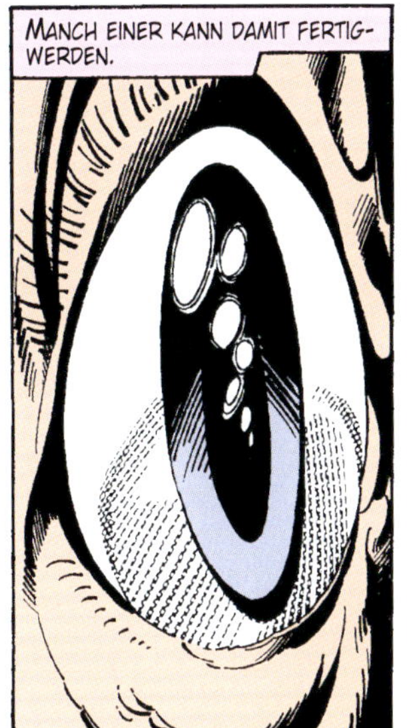

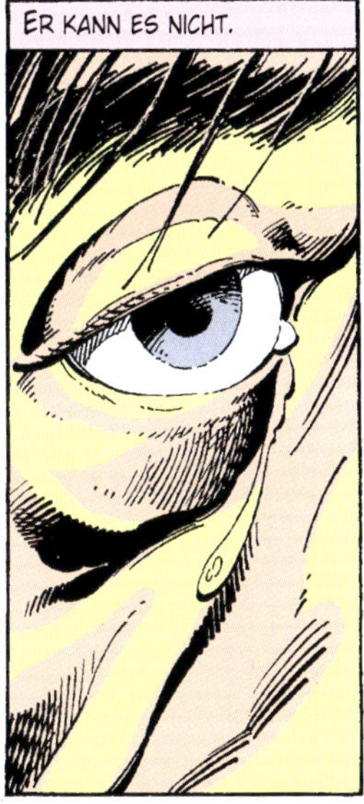

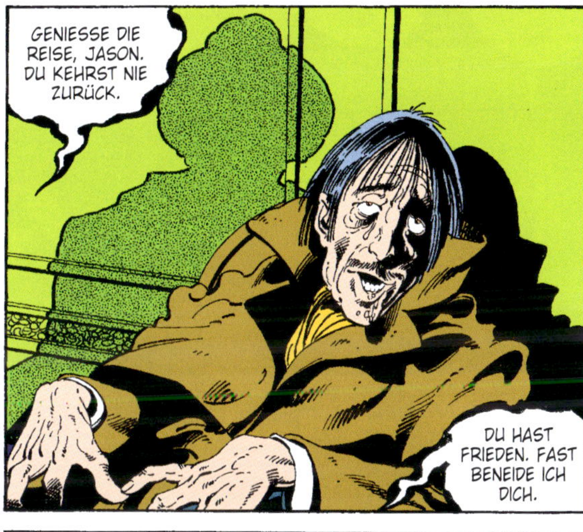

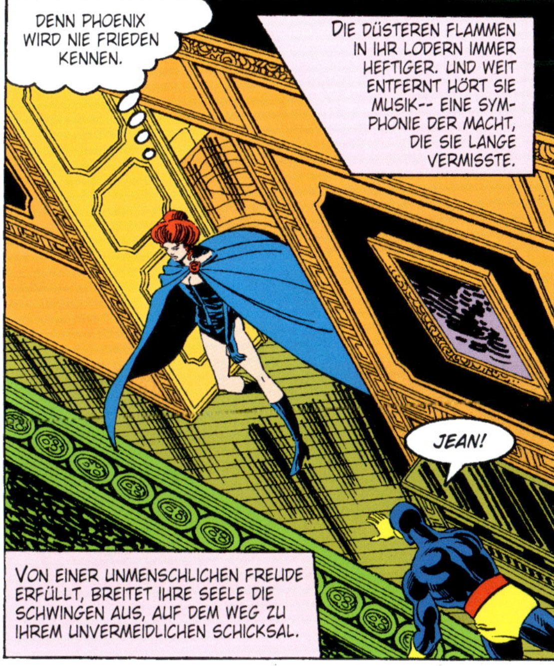

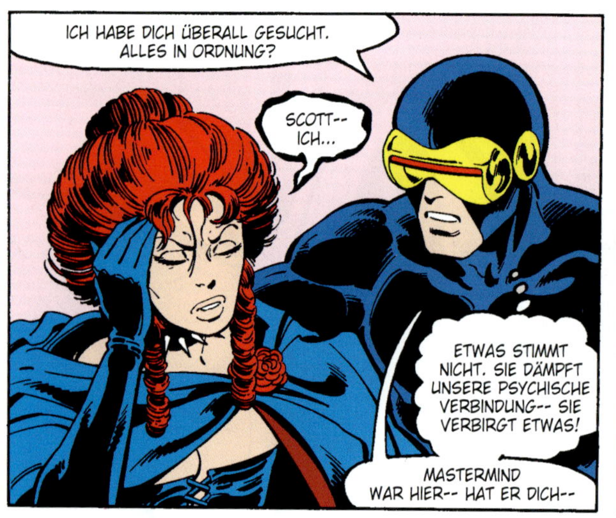
ICH HABE DICH ÜBERALL GESUCHT. ALLES IN ORDNUNG?
SCOTT-- ICH...
ETWAS STIMMT NICHT. SIE DÄMPFT UNSERE PSYCHISCHE VERBINDUNG-- SIE VERBIRGT ETWAS!
MASTERMIND WAR HIER-- HAT ER DICH--

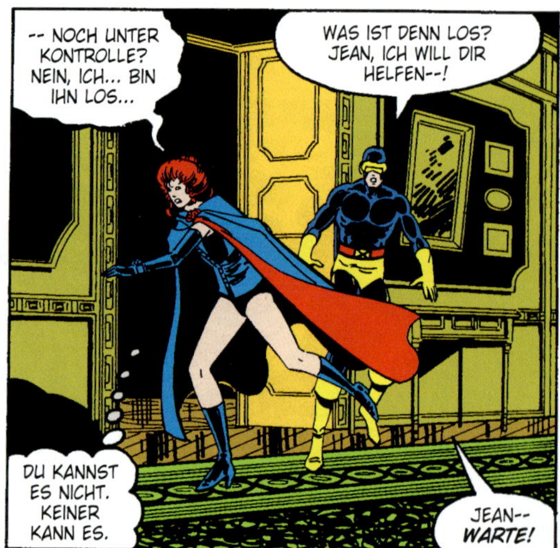
-- NOCH UNTER KONTROLLE? NEIN, ICH... BIN IHN LOS...
WAS IST DENN LOS? JEAN, ICH WILL DIR HELFEN--!
DU KANNST ES NICHT. KEINER KANN ES.
JEAN-- WARTE!

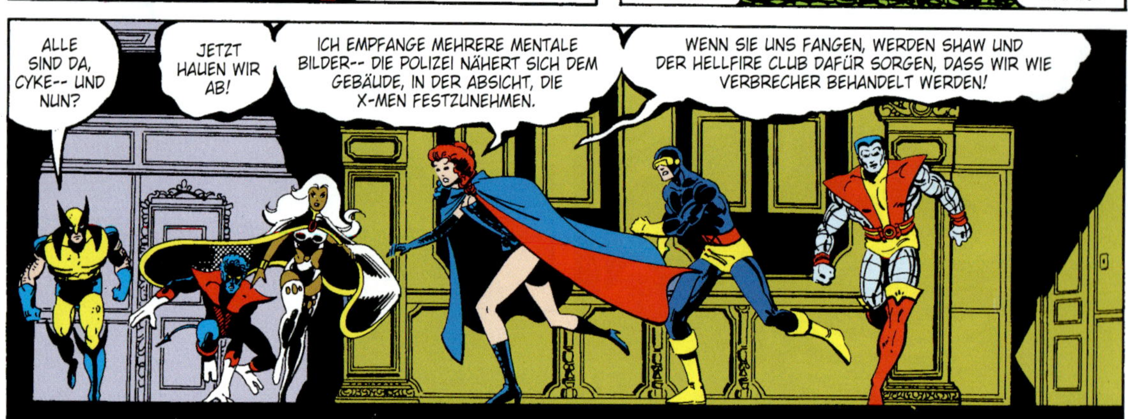
ALLE SIND DA, CYKE-- UND NUN?
JETZT HAUEN WIR AB!
ICH EMPFANGE MEHRERE MENTALE BILDER-- DIE POLIZEI NÄHERT SICH DEM GEBÄUDE, IN DER ABSICHT, DIE X-MEN FESTZUNEHMEN.
WENN SIE UNS FANGEN, WERDEN SHAW UND DER HELLFIRE CLUB DAFÜR SORGEN, DASS WIR WIE VERBRECHER BEHANDELT WERDEN!

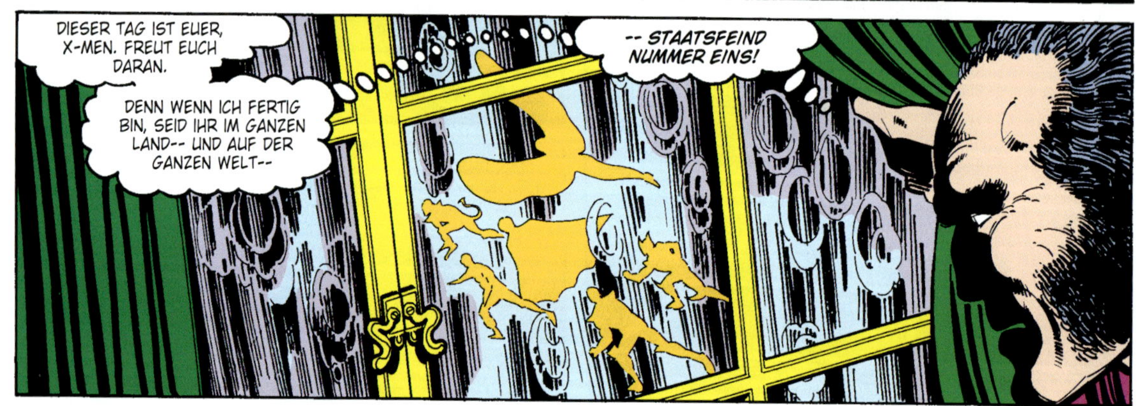
DIESER TAG IST EUER, X-MEN. FREUT EUCH DARAN.
DENN WENN ICH FERTIG BIN, SEID IHR IM GANZEN LAND-- UND AUF DER GANZEN WELT--
-- STAATSFEIND NUMMER EINS!

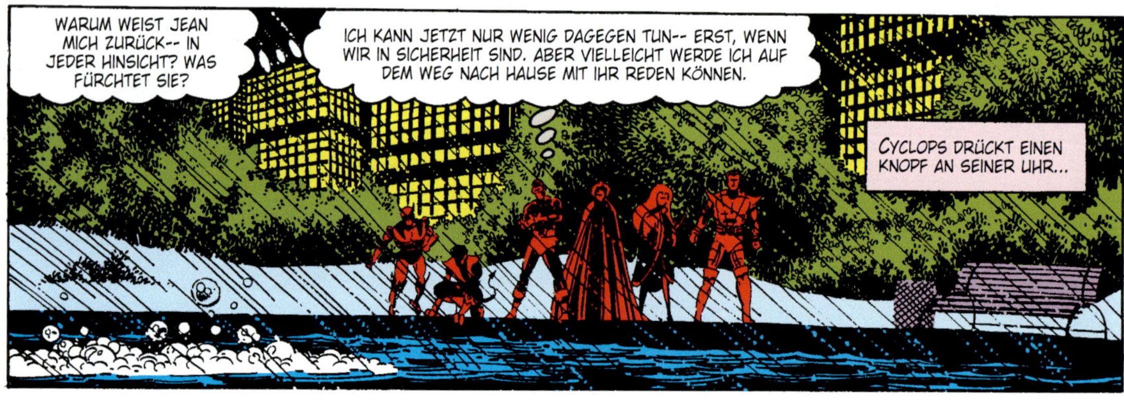
WARUM WEIST JEAN MICH ZURÜCK-- IN JEDER HINSICHT? WAS FÜRCHTET SIE?
ICH KANN JETZT NUR WENIG DAGEGEN TUN-- ERST, WENN WIR IN SICHERHEIT SIND. ABER VIELLEICHT WERDE ICH AUF DEM WEG NACH HAUSE MIT IHR REDEN KÖNNEN.
CYCLOPS DRÜCKT EINEN KNOPF AN SEINER UHR...

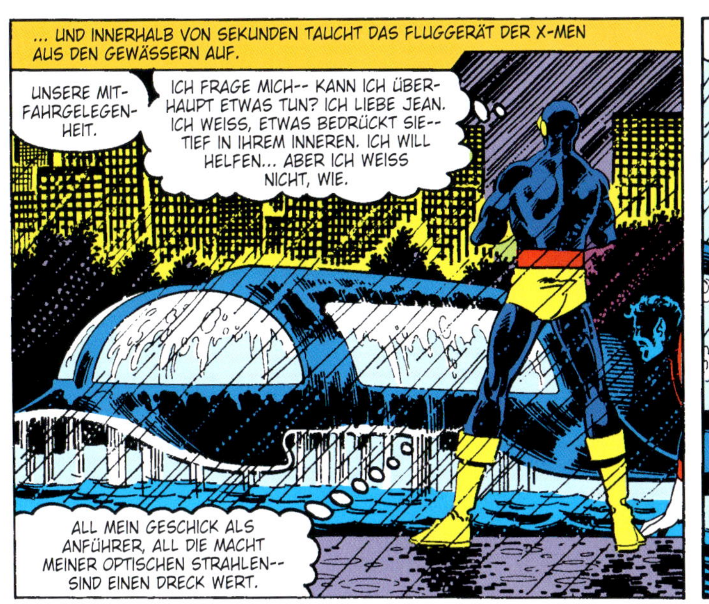
... UND INNERHALB VON SEKUNDEN TAUCHT DAS FLUGGERÄT DER X-MEN AUS DEN GEWÄSSERN AUF.
UNSERE MIT-FAHRGELEGEN-HEIT.
ICH FRAGE MICH-- KANN ICH ÜBER-HAUPT ETWAS TUN? ICH LIEBE JEAN. ICH WEISS, ETWAS BEDRÜCKT SIE-- TIEF IN IHREM INNEREN. ICH WILL HELFEN... ABER ICH WEISS NICHT, WIE.
ALL MEIN GESCHICK ALS ANFÜHRER, ALL DIE MACHT MEINER OPTISCHEN STRAHLEN-- SIND EINEN DRECK WERT.

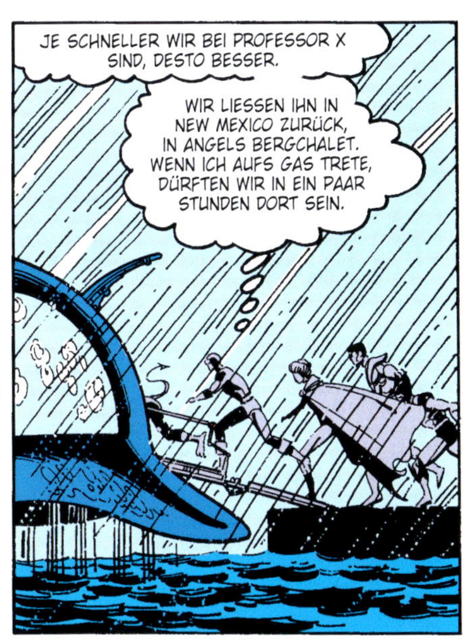
JE SCHNELLER WIR BEI PROFESSOR X SIND, DESTO BESSER.
WIR LIESSEN IHN IN NEW MEXICO ZURÜCK, IN ANGELS BERGCHALET. WENN ICH AUFS GAS TRETE, DÜRFTEN WIR IN EIN PAAR STUNDEN DORT SEIN.

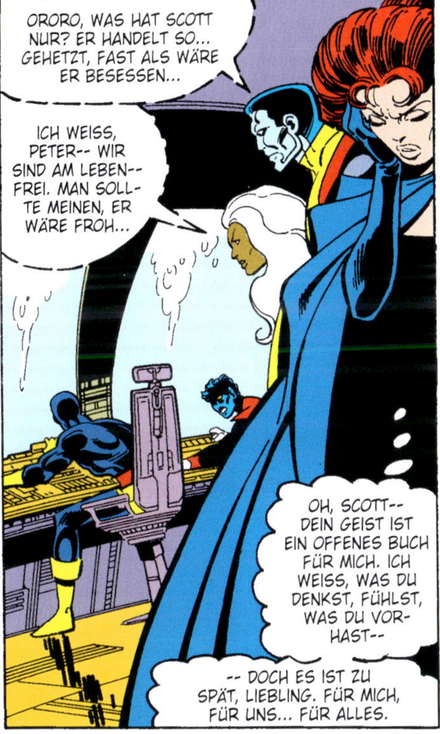
ORORO, WAS HAT SCOTT NUR? ER HANDELT SO... GEHETZT, FAST ALS WÄRE ER BESESSEN...
ICH WEISS, PETER-- WIR SIND AM LEBEN-- FREI. MAN SOLL-TE MEINEN, ER WÄRE FROH...
OH, SCOTT-- DEIN GEIST IST EIN OFFENES BUCH FÜR MICH. ICH WEISS, WAS DU DENKST, FÜHLST, WAS DU VOR-HAST--
-- DOCH ES IST ZU SPÄT, LIEBLING. FÜR MICH, FÜR UNS... FÜR ALLES.

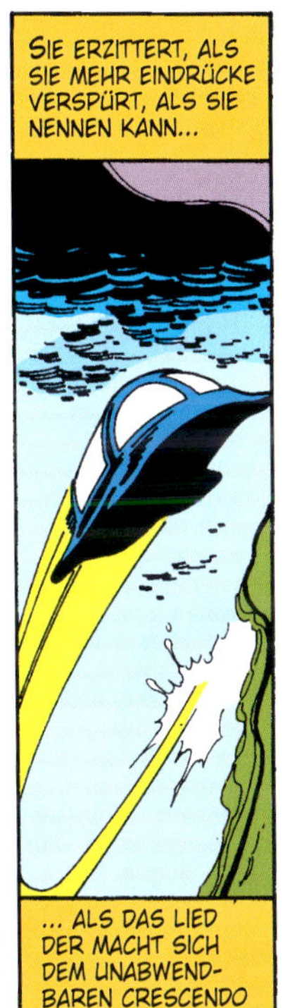
SIE ERZITTERT, ALS SIE MEHR EINDRÜCKE VERSPÜRT, ALS SIE NENNEN KANN...
... ALS DAS LIED DER MACHT SICH DEM UNABWEND-BAREN CRESCENDO NÄHERT.

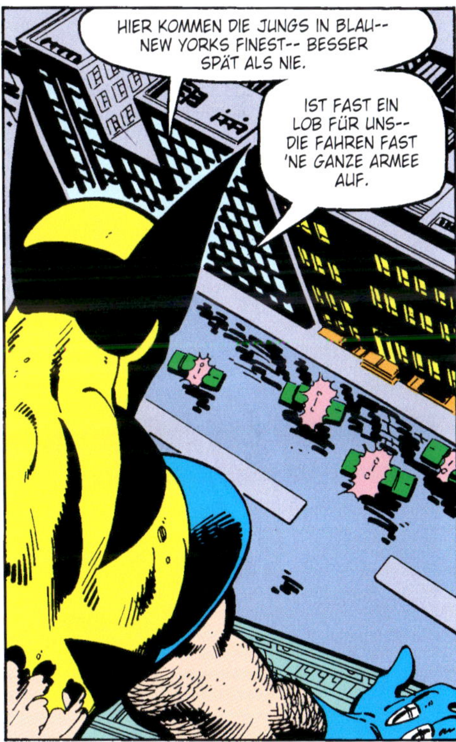
HIER KOMMEN DIE JUNGS IN BLAU-- NEW YORKS FINEST-- BESSER SPÄT ALS NIE.
IST FAST EIN LOB FÜR UNS-- DIE FAHREN FAST 'NE GANZE ARMEE AUF.

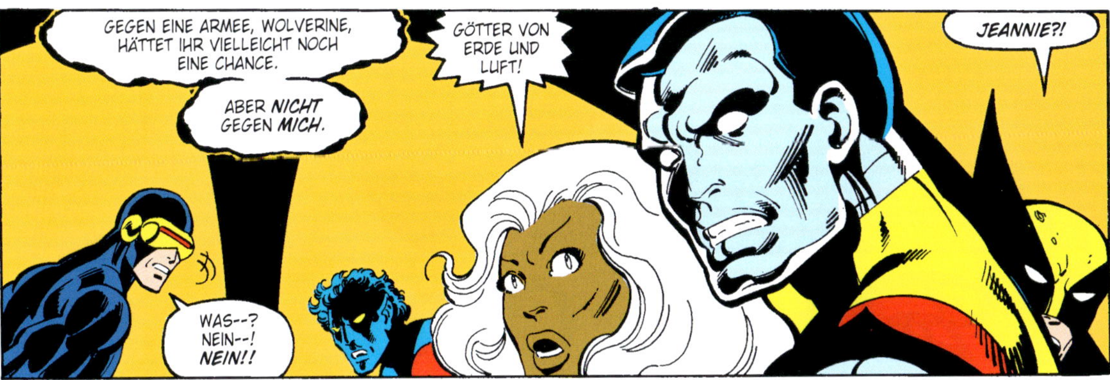
GEGEN EINE ARMEE, WOLVERINE, HÄTTET IHR VIELLEICHT NOCH EINE CHANCE.
ABER *NICHT* GEGEN *MICH*.
GÖTTER VON ERDE UND LUFT!
JEANNIE?!
WAS--? NEIN--! *NEIN!!*

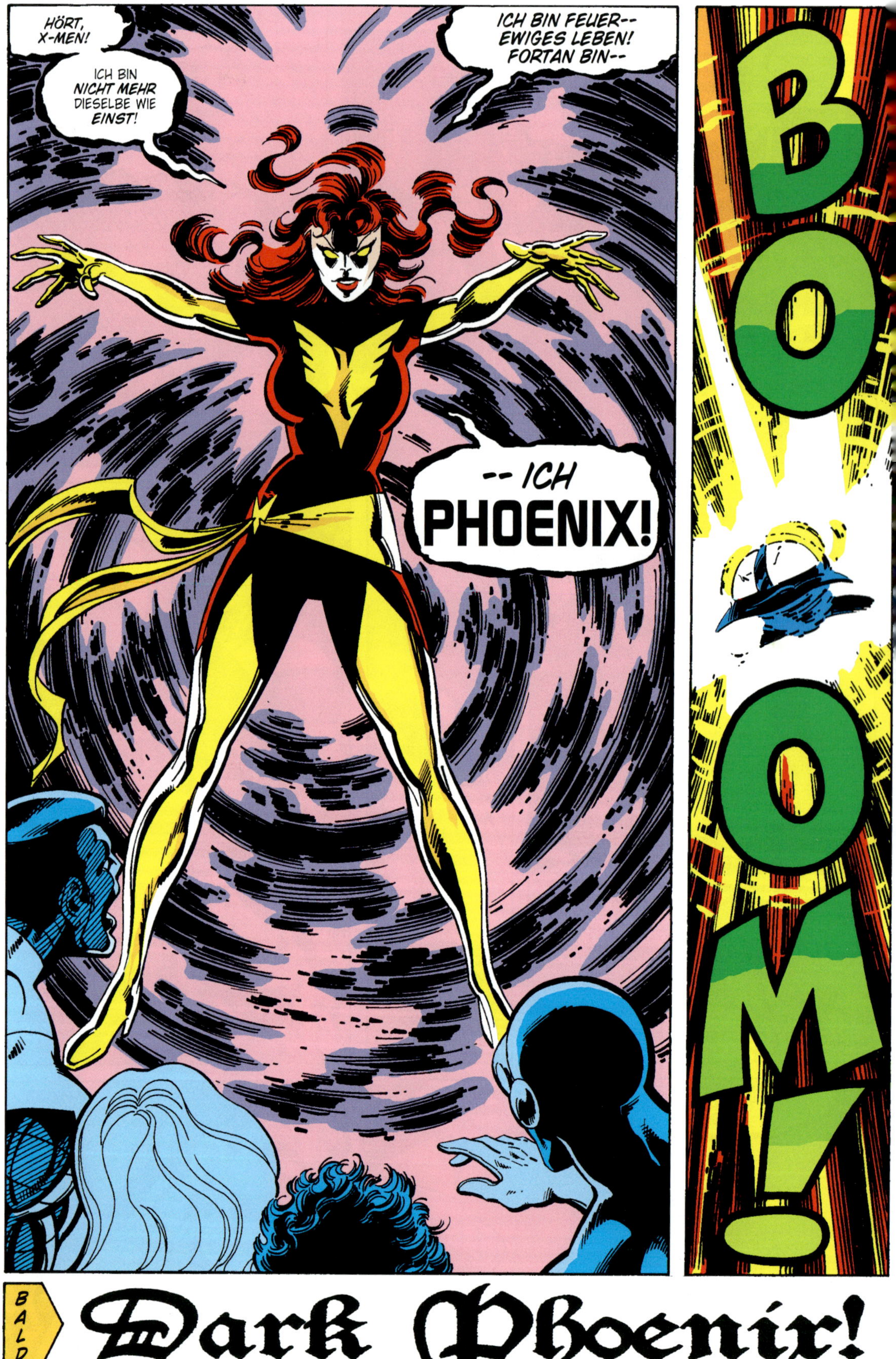

HÖRT, X-MEN!

ICH BIN *NICHT MEHR* DIESELBE WIE *EINST!*

ICH BIN FEUER-- EWIGES LEBEN! FORTAN BIN--

-- ICH **PHOENIX!**

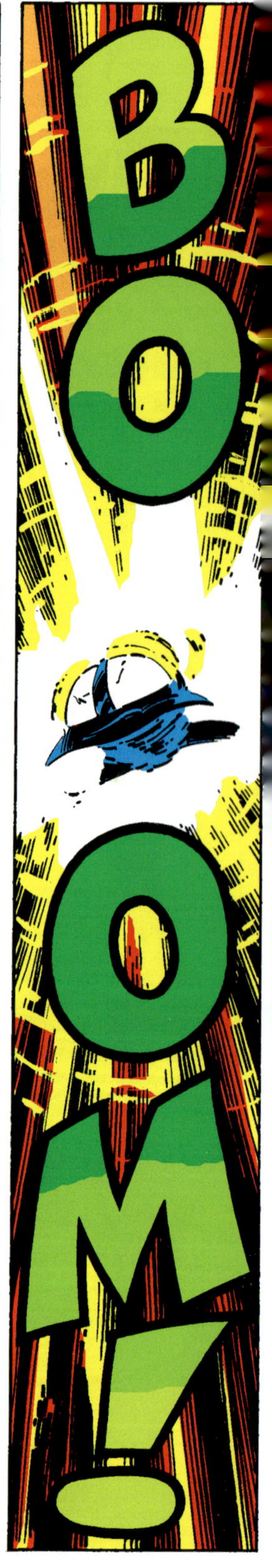

BALD **Dark Phoenix!**

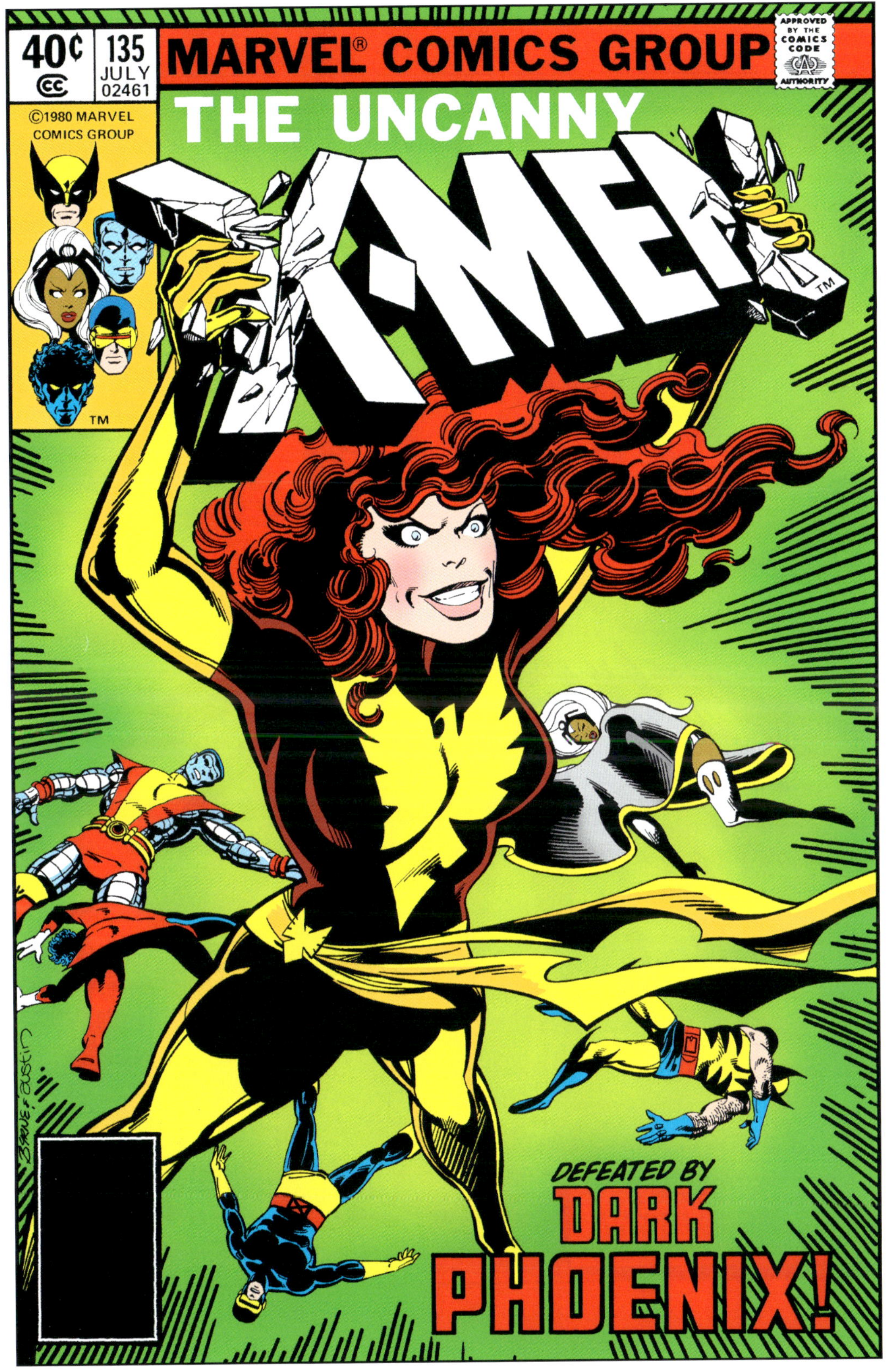

Uncanny X-Men (1963) 135
Cover von **JOHN BYRNE**

CYCLOPS, STORM, BANSHEE, NIGHTCRAWLER, WOLVERINE, COLOSSUS. KINDER DES ATOMS, SCHÜLER CHARLES XAVIERS, MUTANTEN– GEFÜRCHTET UND GEHASST VON DER WELT, DIE SIE BESCHÜTZEN. DIES SIND DIE UNGEWÖHNLICHSTEN HELDEN VON ALLEN– DIES SIND

Stan Lee PRÄSENTIERT:

DIE X-MEN!™

CHRIS CLAREMONT & JOHN BYRNE ERZÄHLER / CO-AUTOREN / ZEICHNER
TERRY AUSTIN TUSCHE
BOB SHAREN FARBEN
WALPROJECT RELETTERING
CHRISTIAN HEISS ÜBERSETZUNG
JIM SHOOTER REDAKTION USA

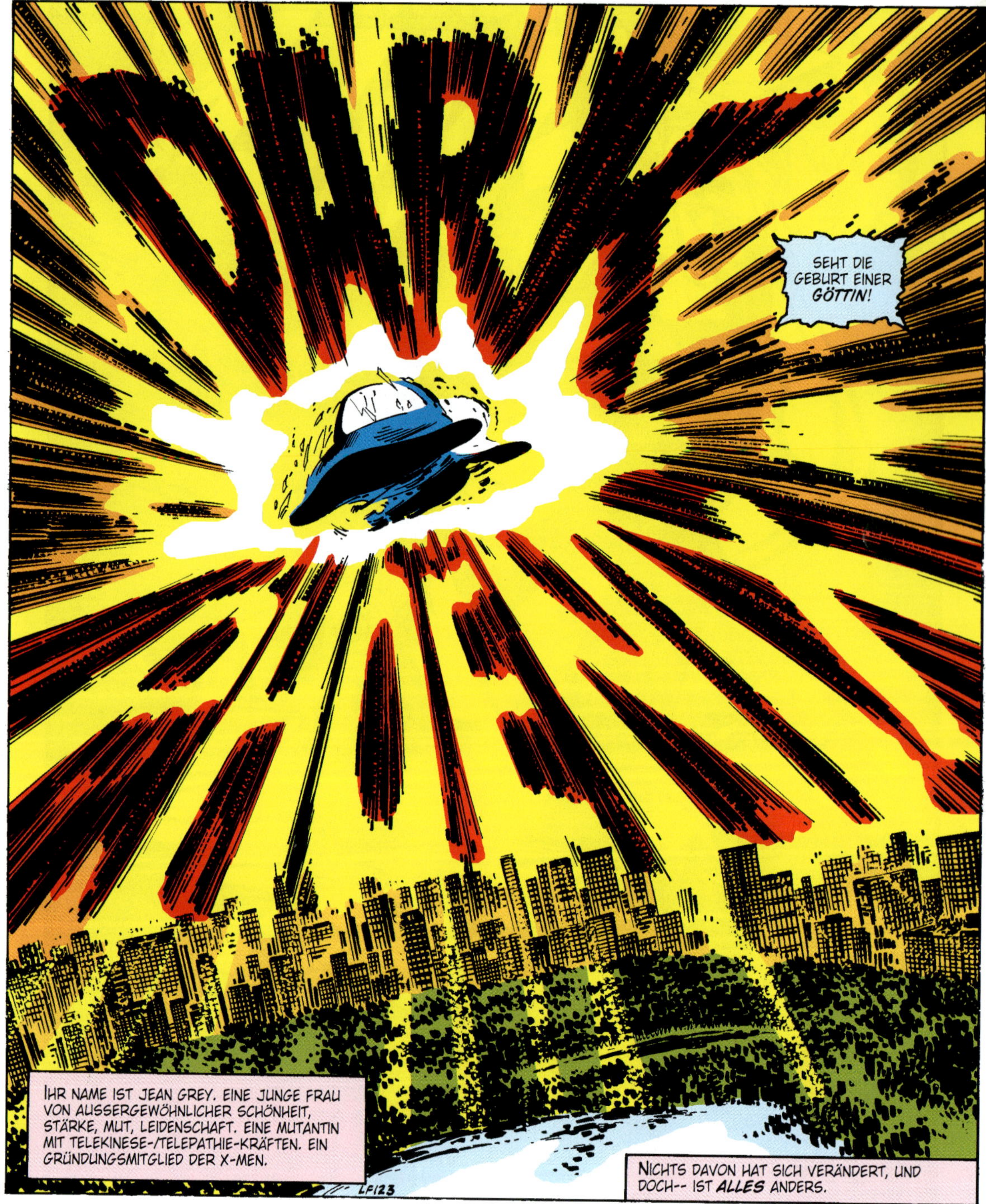

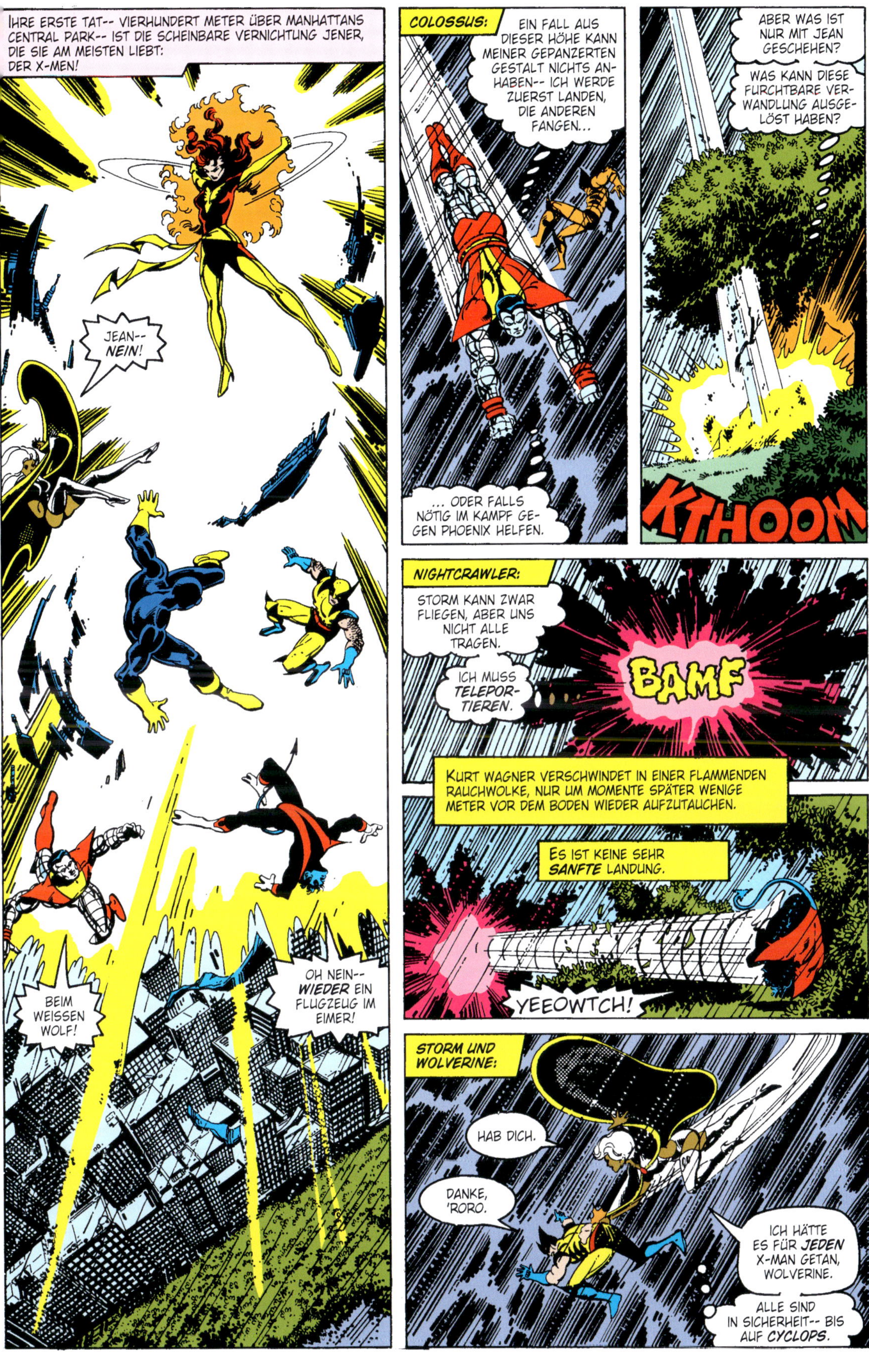
IHRE ERSTE TAT-- VIERHUNDERT METER ÜBER MANHATTANS CENTRAL PARK-- IST DIE SCHEINBARE VERNICHTUNG JENER, DIE SIE AM MEISTEN LIEBT: DER X-MEN!
JEAN-- NEIN!
BEIM WEISSEN WOLF!
OH NEIN-- WIEDER EIN FLUGZEUG IM EIMER!
COLOSSUS:
EIN FALL AUS DIESER HÖHE KANN MEINER GEPANZERTEN GESTALT NICHTS ANHABEN-- ICH WERDE ZUERST LANDEN, DIE ANDEREN FANGEN...
... ODER FALLS NÖTIG IM KAMPF GEGEN PHOENIX HELFEN.
ABER WAS IST NUR MIT JEAN GESCHEHEN?
WAS KANN DIESE FURCHTBARE VERWANDLUNG AUSGELÖST HABEN?
KTHOOM
NIGHTCRAWLER:
STORM KANN ZWAR FLIEGEN, ABER UNS NICHT ALLE TRAGEN.
ICH MUSS TELEPORTIEREN.
BAMF
KURT WAGNER VERSCHWINDET IN EINER FLAMMENDEN RAUCHWOLKE, NUR UM MOMENTE SPÄTER WENIGE METER VOR DEM BODEN WIEDER AUFZUTAUCHEN.
ES IST KEINE SEHR SANFTE LANDUNG.
YEEOWTCH!
STORM UND WOLVERINE:
HAB DICH.
DANKE, 'RORO.
ICH HÄTTE ES FÜR JEDEN X-MAN GETAN, WOLVERINE.
ALLE SIND IN SICHERHEIT-- BIS AUF CYCLOPS.

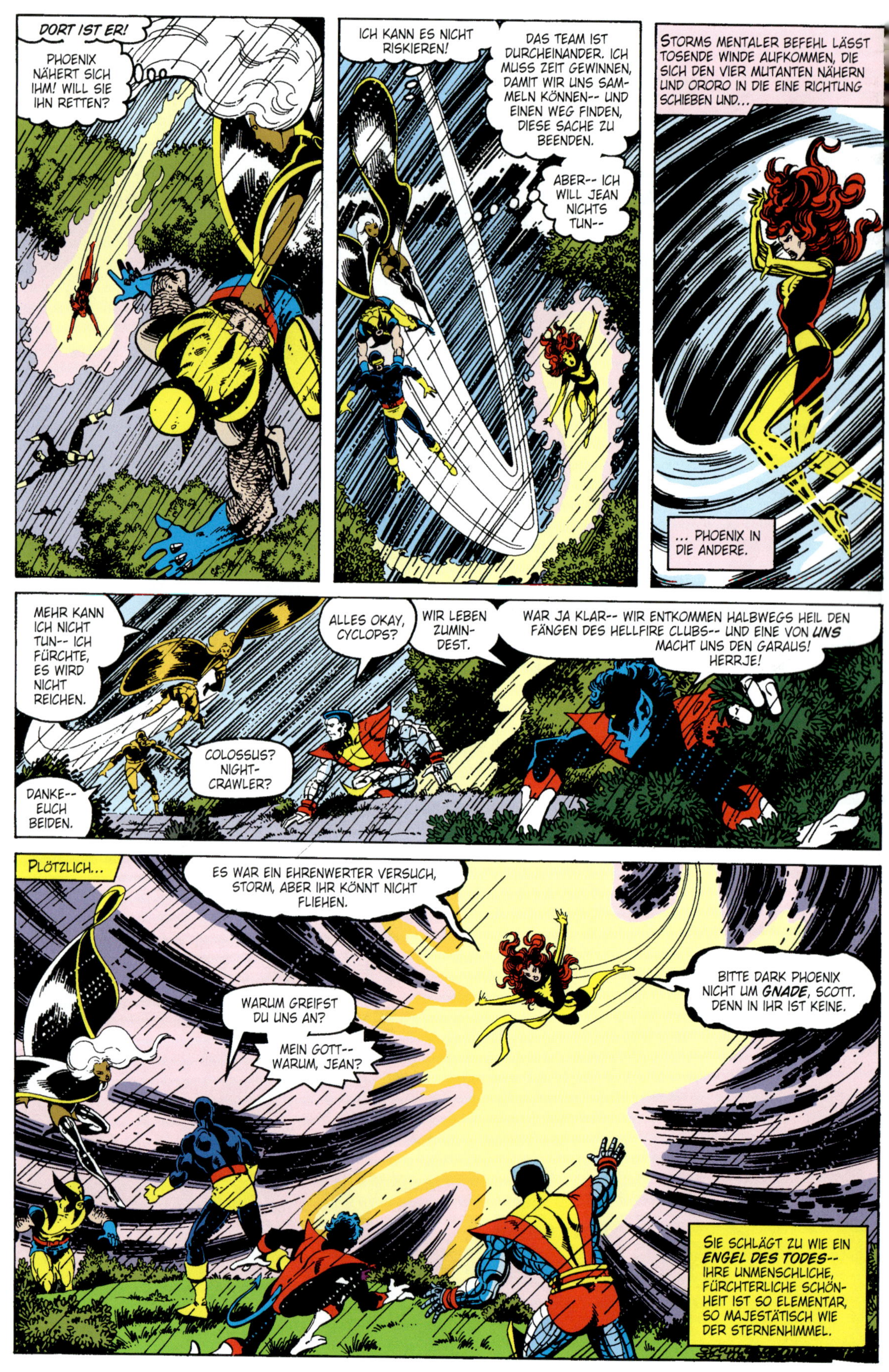
DORT IST ER!
PHOENIX NÄHERT SICH IHM! WILL SIE IHN RETTEN?
ICH KANN ES NICHT RISKIEREN!
DAS TEAM IST DURCHEINANDER. ICH MUSS ZEIT GEWINNEN, DAMIT WIR UNS SAMMELN KÖNNEN-- UND EINEN WEG FINDEN, DIESE SACHE ZU BEENDEN.
ABER-- ICH WILL JEAN NICHTS TUN--
STORMS MENTALER BEFEHL LÄSST TOSENDE WINDE AUFKOMMEN, DIE SICH DEN VIER MUTANTEN NÄHERN UND ORORO IN DIE EINE RICHTUNG SCHIEBEN UND...
... PHOENIX IN DIE ANDERE.
MEHR KANN ICH NICHT TUN-- ICH FÜRCHTE, ES WIRD NICHT REICHEN.
ALLES OKAY, CYCLOPS?
WIR LEBEN ZUMINDEST.
WAR JA KLAR-- WIR ENTKOMMEN HALBWEGS HEIL DEN FÄNGEN DES HELLFIRE CLUBS-- UND EINE VON UNS MACHT UNS DEN GARAUS! HERRJE!
COLOSSUS? NIGHTCRAWLER?
DANKE-- EUCH BEIDEN.
PLÖTZLICH...
ES WAR EIN EHRENWERTER VERSUCH, STORM, ABER IHR KÖNNT NICHT FLIEHEN.
BITTE DARK PHOENIX NICHT UM GNADE, SCOTT. DENN IN IHR IST KEINE.
WARUM GREIFST DU UNS AN?
MEIN GOTT-- WARUM, JEAN?
SIE SCHLÄGT ZU WIE EIN ENGEL DES TODES-- IHRE UNMENSCHLICHE, FÜRCHTERLICHE SCHÖNHEIT IST SO ELEMENTAR, SO MAJESTÄTISCH WIE DER STERNENHIMMEL.

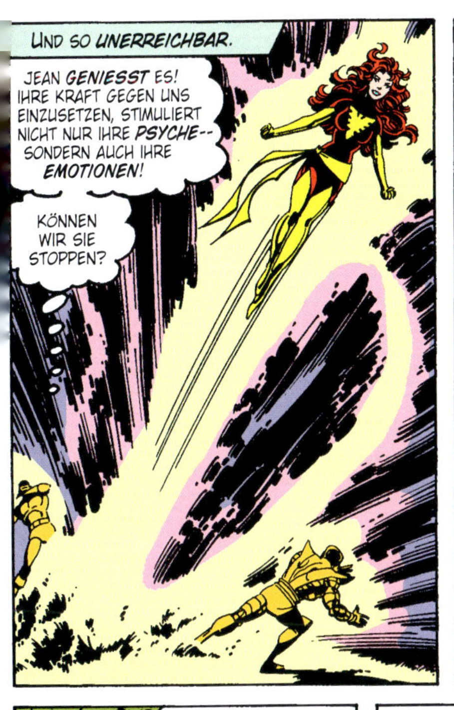
UND SO UNERREICHBAR.
JEAN GENIESST ES! IHRE KRAFT GEGEN UNS EINZUSETZEN, STIMULIERT NICHT NUR IHRE PSYCHE-- SONDERN AUCH IHRE EMOTIONEN!
KÖNNEN WIR SIE STOPPEN?

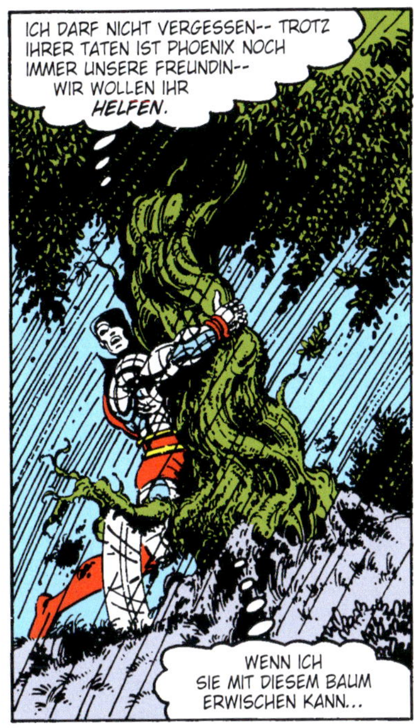
ICH DARF NICHT VERGESSEN-- TROTZ IHRER TATEN IST PHOENIX NOCH IMMER UNSERE FREUNDIN-- WIR WOLLEN IHR HELFEN.
WENN ICH SIE MIT DIESEM BAUM ERWISCHEN KANN...

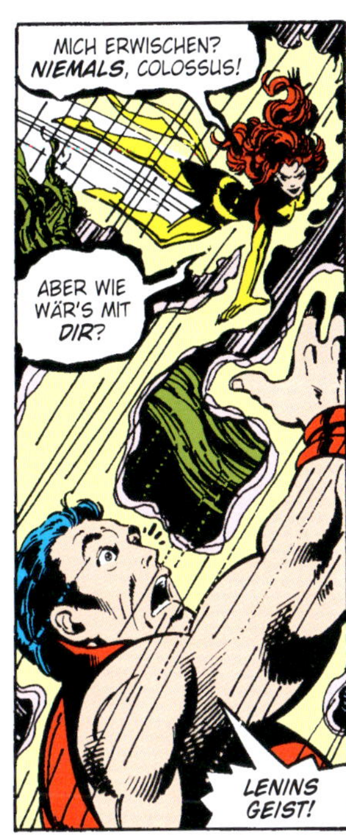
MICH ERWISCHEN? NIEMALS, COLOSSUS!
ABER WIE WÄR'S MIT DIR?
LENINS GEIST!

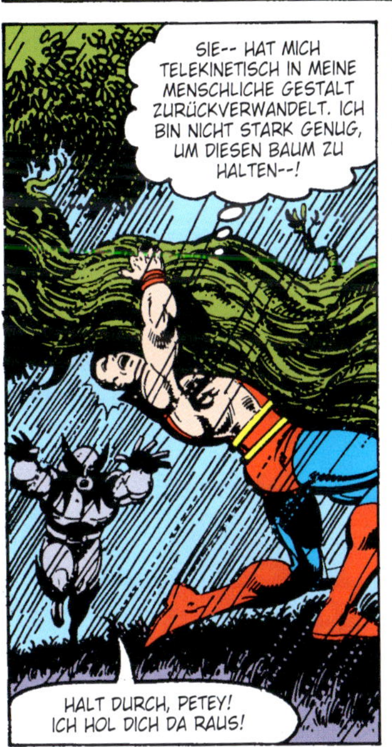
SIE-- HAT MICH TELEKINETISCH IN MEINE MENSCHLICHE GESTALT ZURÜCKVERWANDELT. ICH BIN NICHT STARK GENUG, UM DIESEN BAUM ZU HALTEN--!
HALT DURCH, PETEY! ICH HOL DICH DA RAUS!

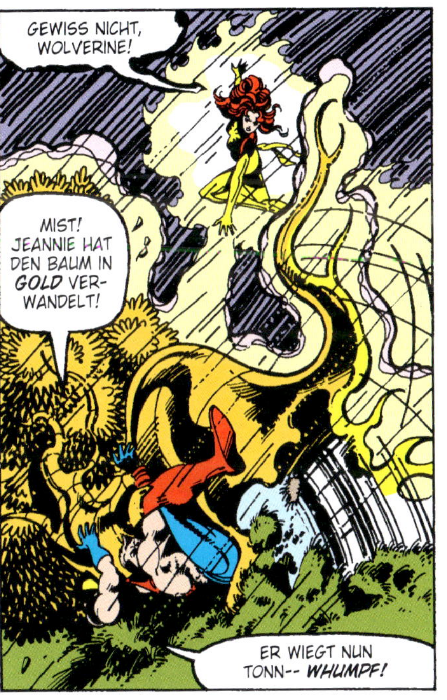
GEWISS NICHT, WOLVERINE!
MIST! JEANNIE HAT DEN BAUM IN GOLD VERWANDELT!
ER WIEGT NUN TONN-- WHUMPF!

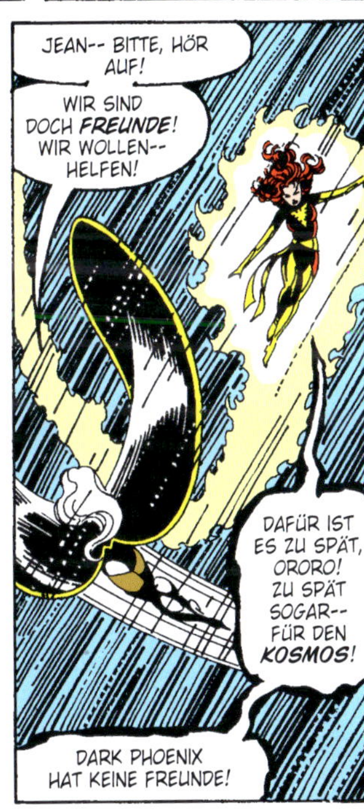
JEAN-- BITTE, HÖR AUF!
WIR SIND DOCH FREUNDE! WIR WOLLEN-- HELFEN!
DAFÜR IST ES ZU SPÄT, ORORO! ZU SPÄT SOGAR-- FÜR DEN KOSMOS!
DARK PHOENIX HAT KEINE FREUNDE!

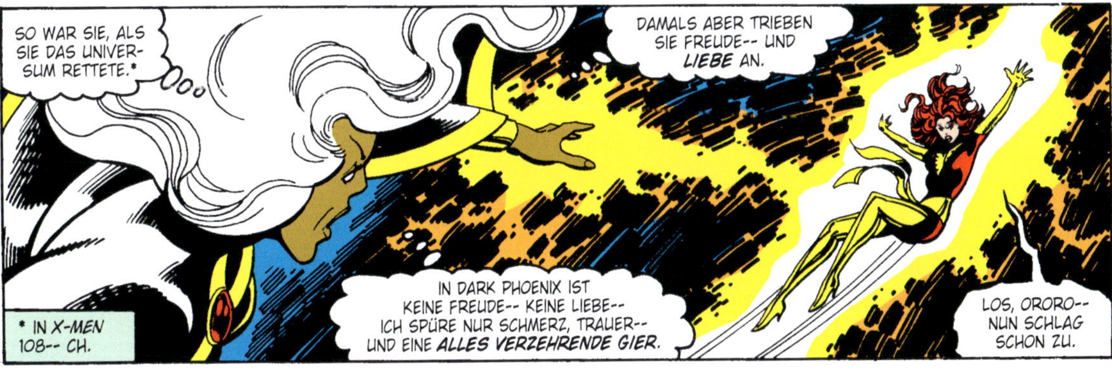
SO WAR SIE, ALS SIE DAS UNIVERSUM RETTETE.*
DAMALS ABER TRIEBEN SIE FREUDE-- UND LIEBE AN.
IN DARK PHOENIX IST KEINE FREUDE-- KEINE LIEBE-- ICH SPÜRE NUR SCHMERZ, TRAUER-- UND EINE ALLES VERZEHRENDE GIER.
LOS, ORORO-- NUN SCHLAG SCHON ZU.
* IN X-MEN 108-- CH.

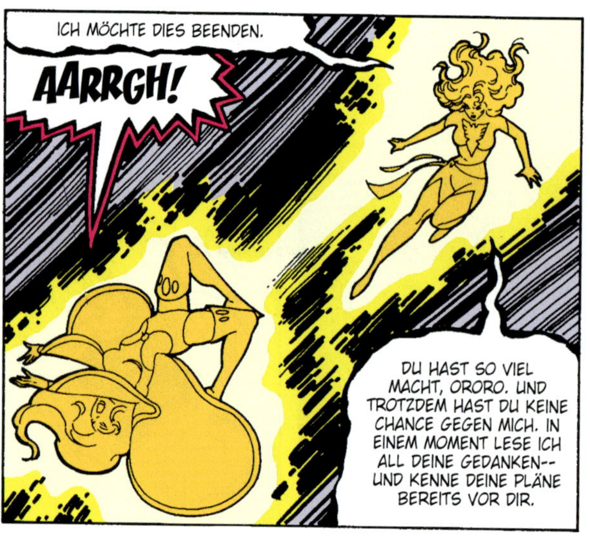

ICH MÖCHTE DIES BEENDEN.
AARRGH!
DU HAST SO VIEL MACHT, ORORO. UND TROTZDEM HAST DU KEINE CHANCE GEGEN MICH. IN EINEM MOMENT LESE ICH ALL DEINE GEDANKEN-- UND KENNE DEINE PLÄNE BEREITS VOR DIR.

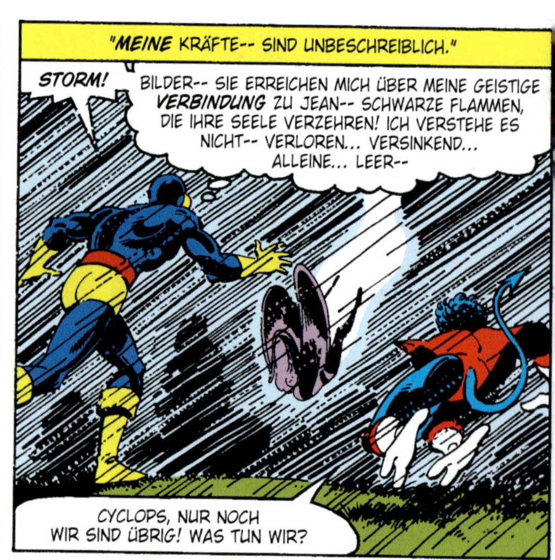

"MEINE KRÄFTE-- SIND UNBESCHREIBLICH."
STORM!
BILDER-- SIE ERREICHEN MICH ÜBER MEINE GEISTIGE VERBINDUNG ZU JEAN-- SCHWARZE FLAMMEN, DIE IHRE SEELE VERZEHREN! ICH VERSTEHE ES NICHT-- VERLOREN... VERSINKEND... ALLEINE... LEER--
CYCLOPS, NUR NOCH WIR SIND ÜBRIG! WAS TUN WIR?

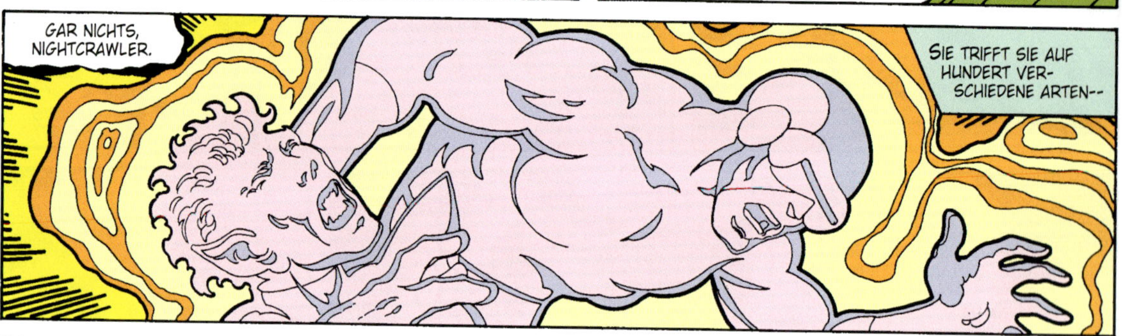

GAR NICHTS, NIGHTCRAWLER.
SIE TRIFFT SIE AUF HUNDERT VERSCHIEDENE ARTEN--

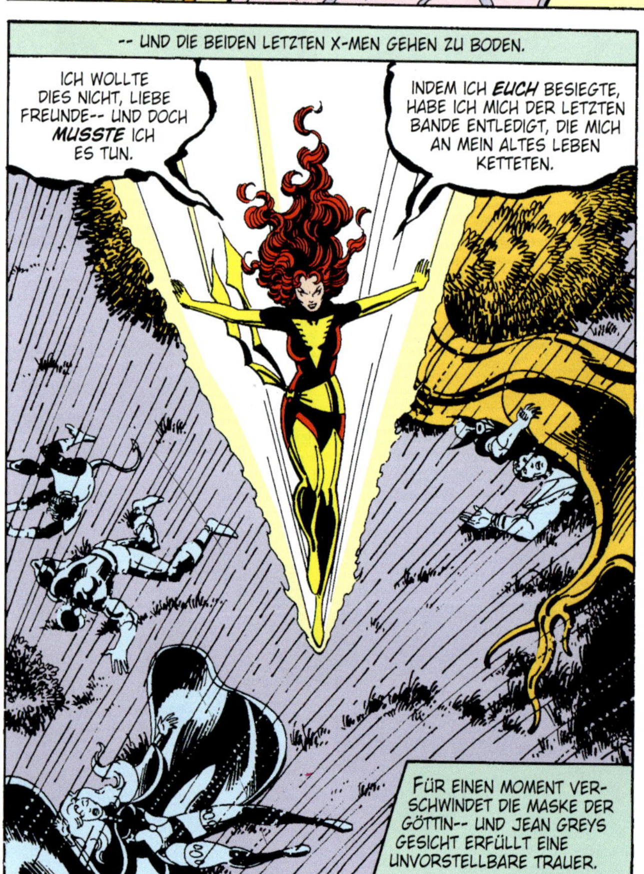

-- UND DIE BEIDEN LETZTEN X-MEN GEHEN ZU BODEN.
ICH WOLLTE DIES NICHT, LIEBE FREUNDE-- UND DOCH MUSSTE ICH ES TUN.
INDEM ICH EUCH BESIEGTE, HABE ICH MICH DER LETZTEN BANDE ENTLEDIGT, DIE MICH AN MEIN ALTES LEBEN KETTETEN.
FÜR EINEN MOMENT VERSCHWINDET DIE MASKE DER GÖTTIN-- UND JEAN GREYS GESICHT ERFÜLLT EINE UNVORSTELLBARE TRAUER.

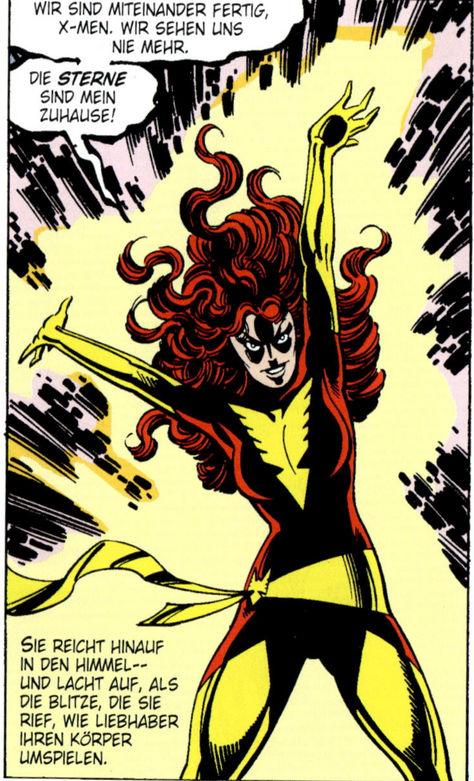

DOCH DER MOMENT VERGEHT UND MIT IHM DIE MENSCHLICHKEIT-- VIELLEICHT FÜR IMMER-- UND NUR DARK PHOENIX BLEIBT ZURÜCK.
WIR SIND MITEINANDER FERTIG, X-MEN. WIR SEHEN UNS NIE MEHR.
DIE STERNE SIND MEIN ZUHAUSE!
SIE REICHT HINAUF IN DEN HIMMEL-- UND LACHT AUF, ALS DIE BLITZE, DIE SIE RIEF, WIE LIEBHABER IHREN KÖRPER UMSPIELEN.

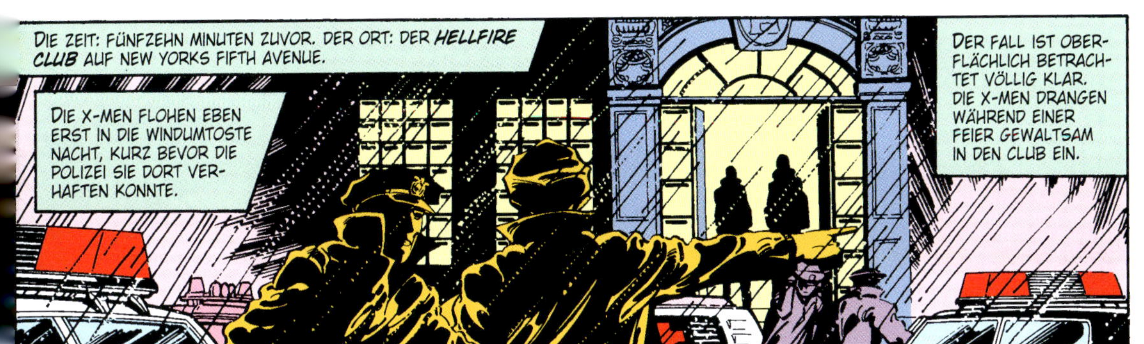
DIE ZEIT: FÜNFZEHN MINUTEN ZUVOR. DER ORT: DER HELLFIRE CLUB AUF NEW YORKS FIFTH AVENUE.
DIE X-MEN FLOHEN EBEN ERST IN DIE WINDUMTOSTE NACHT, KURZ BEVOR DIE POLIZEI SIE DORT VERHAFTEN KONNTE.
DER FALL IST OBERFLÄCHLICH BETRACHTET VÖLLIG KLAR. DIE X-MEN DRANGEN WÄHREND EINER FEIER GEWALTSAM IN DEN CLUB EIN.

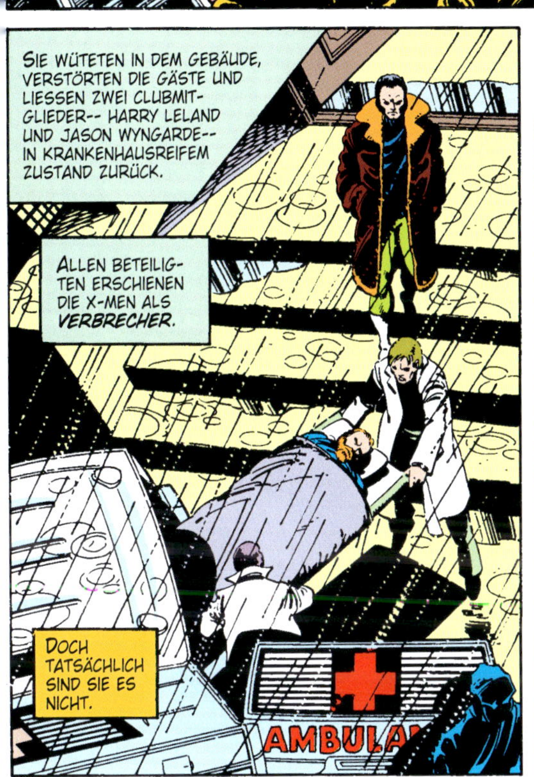
SIE WÜTETEN IN DEM GEBÄUDE, VERSTÖRTEN DIE GÄSTE UND LIESSEN ZWEI CLUBMITGLIEDER-- HARRY LELAND UND JASON WYNGARDE-- IN KRANKENHAUSREIFEM ZUSTAND ZURÜCK.
ALLEN BETEILIGTEN ERSCHIENEN DIE X-MEN ALS VERBRECHER.
DOCH TATSÄCHLICH SIND SIE ES NICHT.
AMBULA

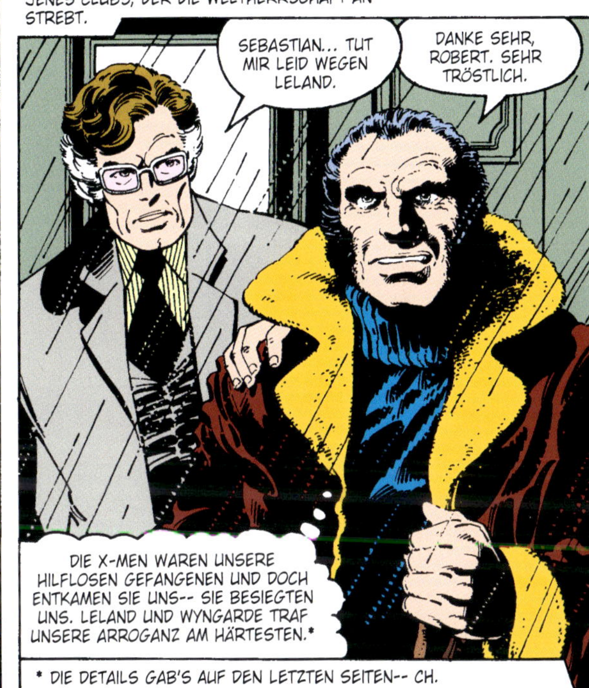
TATSÄCHLICH SIND SIE DIE OPFER-- DER MACHENSCHAFTEN SEBASTIAN SHAWS. ER IST DER LEITER DES INNEREN ZIRKELS JENES CLUBS, DER DIE WELTHERRSCHAFT ANSTREBT.
SEBASTIAN... TUT MIR LEID WEGEN LELAND.
DANKE SEHR, ROBERT. SEHR TRÖSTLICH.
DIE X-MEN WAREN UNSERE HILFLOSEN GEFANGENEN UND DOCH ENTKAMEN SIE UNS-- SIE BESIEGTEN UNS. LELAND UND WYNGARDE TRAF UNSERE ARROGANZ AM HÄRTESTEN.*
* DIE DETAILS GAB'S AUF DEN LETZTEN SEITEN-- CH.

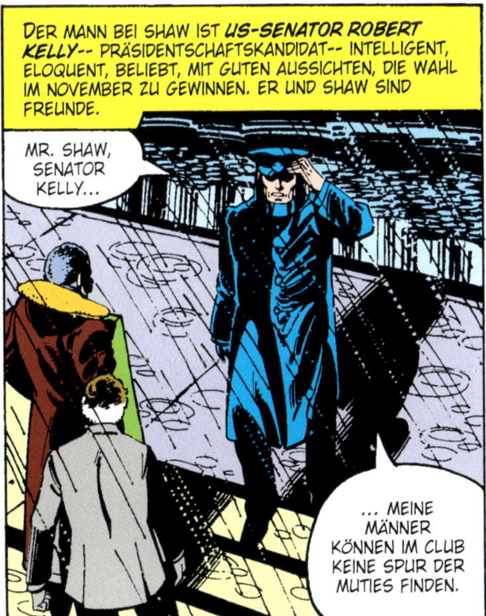
DER MANN BEI SHAW IST US-SENATOR ROBERT KELLY-- PRÄSIDENTSCHAFTSKANDIDAT-- INTELLIGENT, ELOQUENT, BELIEBT, MIT GUTEN AUSSICHTEN, DIE WAHL IM NOVEMBER ZU GEWINNEN. ER UND SHAW SIND FREUNDE.
MR. SHAW, SENATOR KELLY...
... MEINE MÄNNER KÖNNEN IM CLUB KEINE SPUR DER MUTIES FINDEN.

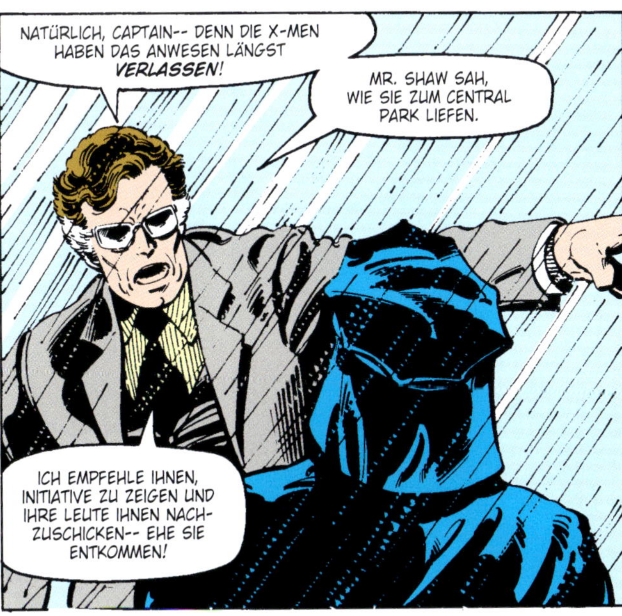
NATÜRLICH, CAPTAIN-- DENN DIE X-MEN HABEN DAS ANWESEN LÄNGST VERLASSEN!
MR. SHAW SAH, WIE SIE ZUM CENTRAL PARK LIEFEN.
ICH EMPFEHLE IHNEN, INITIATIVE ZU ZEIGEN UND IHRE LEUTE IHNEN NACHZUSCHICKEN-- EHE SIE ENTKOMMEN!

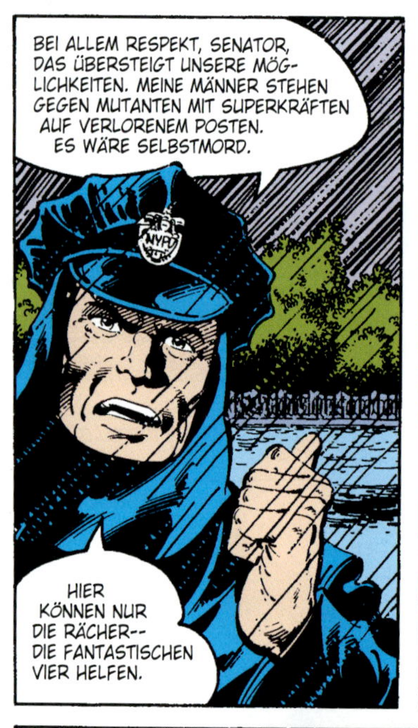
BEI ALLEM RESPEKT, SENATOR, DAS ÜBERSTEIGT UNSERE MÖG-LICHKEITEN. MEINE MÄNNER STEHEN GEGEN MUTANTEN MIT SUPERKRÄFTEN AUF VERLORENEM POSTEN. ES WÄRE SELBSTMORD.
HIER KÖNNEN NUR DIE RÄCHER-- DIE FANTASTISCHEN VIER HELFEN.

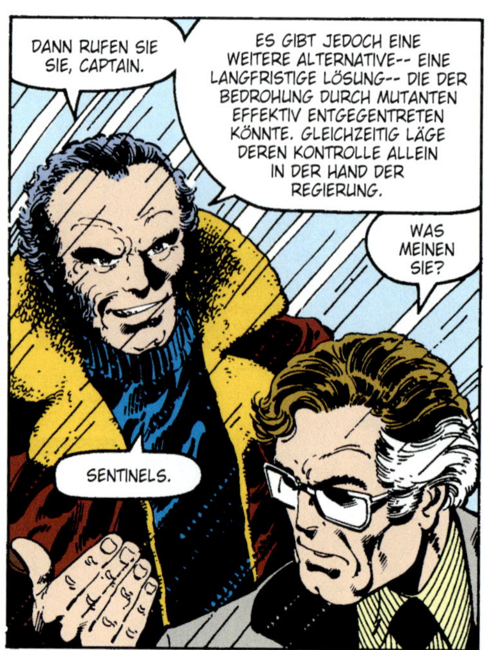
DANN RUFEN SIE SIE, CAPTAIN.
ES GIBT JEDOCH EINE WEITERE ALTERNATIVE-- EINE LANGFRISTIGE LÖSUNG-- DIE DER BEDROHUNG DURCH MUTANTEN EFFEKTIV ENTGEGENTRETEN KÖNNTE. GLEICHZEITIG LÄGE DEREN KONTROLLE ALLEIN IN DER HAND DER REGIERUNG.
WAS MEINEN SIE?
SENTINELS.

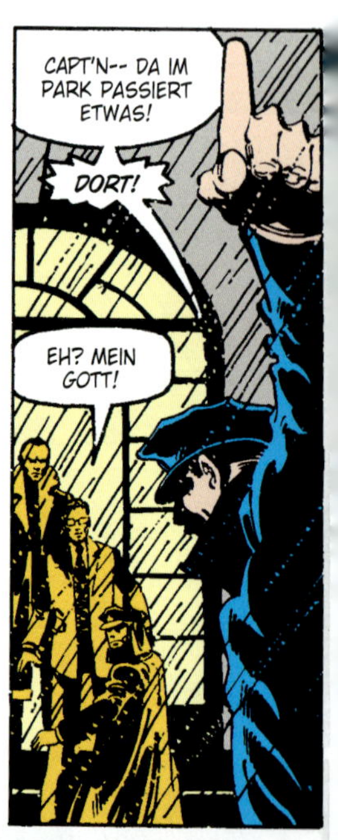
CAPT'N-- DA IM PARK PASSIERT ETWAS!
DORT!
EH? MEIN GOTT!

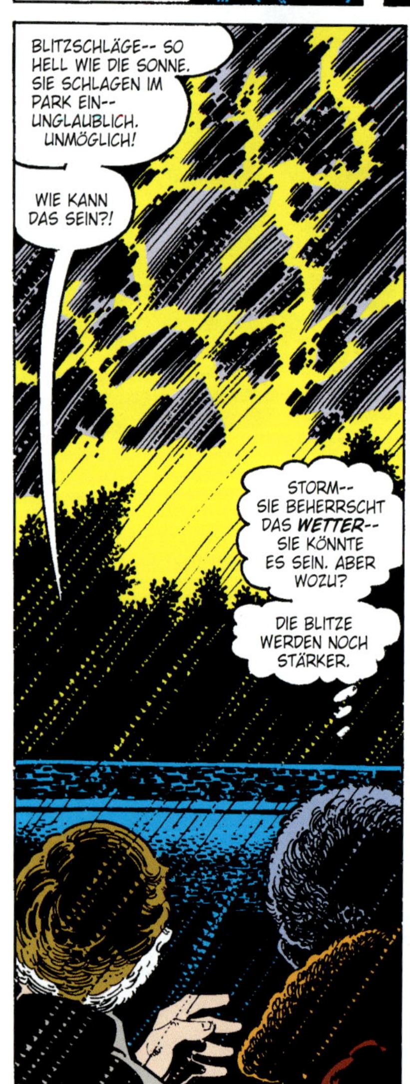
BLITZSCHLÄGE-- SO HELL WIE DIE SONNE. SIE SCHLAGEN IM PARK EIN-- UNGLAUBLICH. UNMÖGLICH!
WIE KANN DAS SEIN?!
STORM-- SIE BEHERRSCHT DAS WETTER-- SIE KÖNNTE ES SEIN. ABER WOZU?
DIE BLITZE WERDEN NOCH STÄRKER.

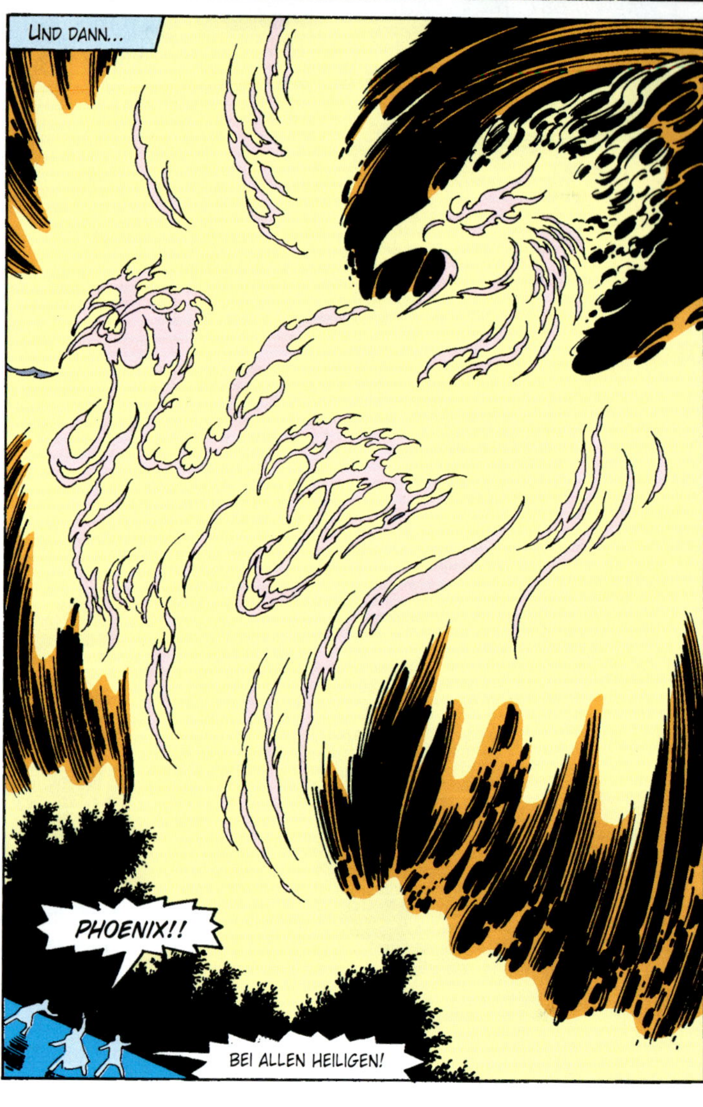
UND DANN...
PHOENIX!!
BEI ALLEN HEILIGEN!

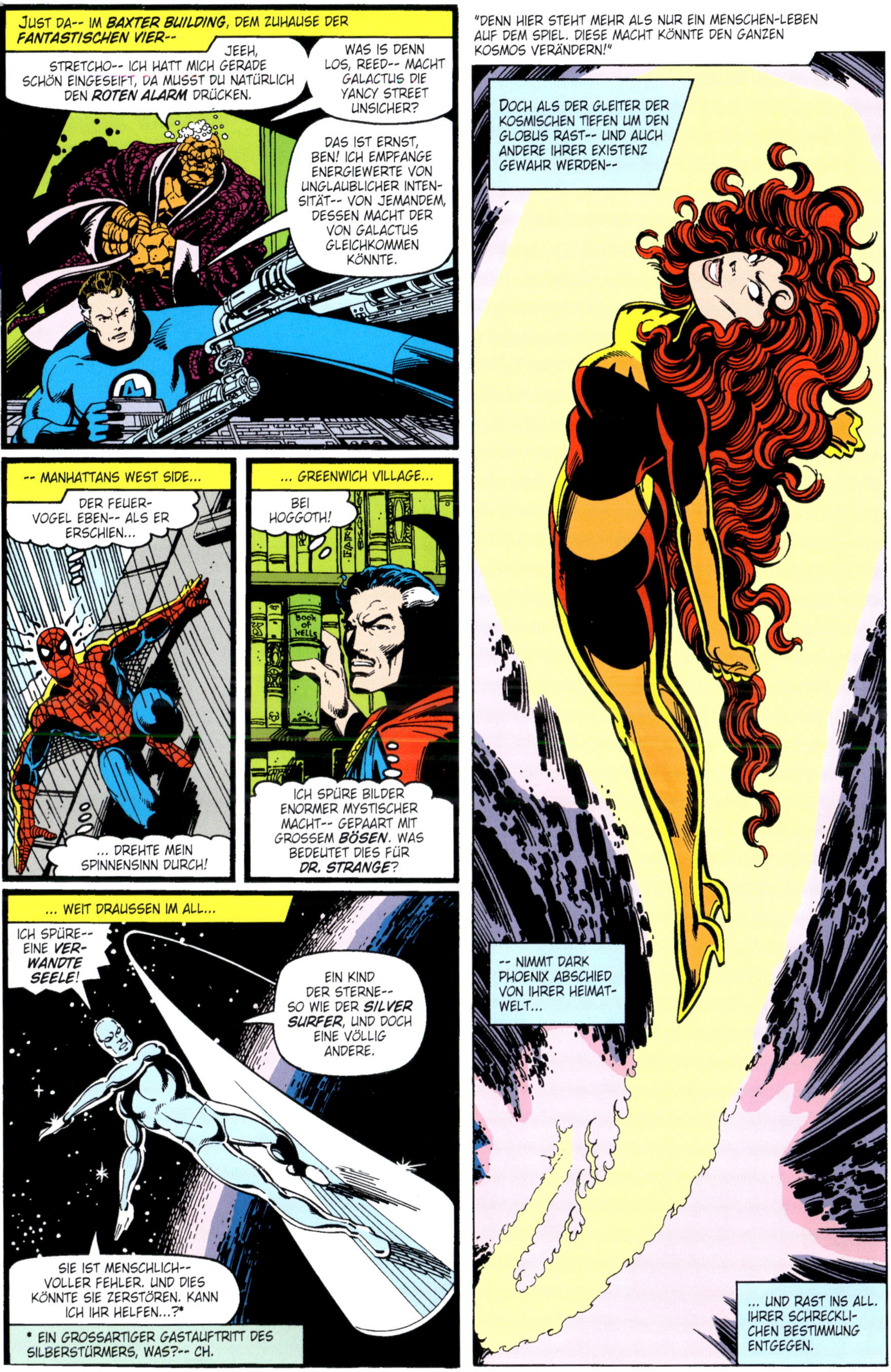

JUST DA-- IM **BAXTER BUILDING**, DEM ZUHAUSE DER **FANTASTISCHEN VIER**--

JEEH, STRETCHO-- ICH HATT MICH GERADE SCHÖN EINGESEIFT, DA MUSST DU NATÜRLICH DEN **ROTEN ALARM** DRÜCKEN.

WAS IS DENN LOS, REED-- MACHT GALACTUS DIE YANCY STREET UNSICHER?

DAS IST ERNST, BEN! ICH EMPFANGE ENERGIEWERTE VON UNGLAUBLICHER INTENSITÄT-- VON JEMANDEM, DESSEN MACHT DER VON GALACTUS GLEICHKOMMEN KÖNNTE.

-- MANHATTANS WEST SIDE...

DER FEUERVOGEL EBEN-- ALS ER ERSCHIEN...

... DREHTE MEIN SPINNENSINN DURCH!

... GREENWICH VILLAGE...

BEI HOGGOTH!

ICH SPÜRE BILDER ENORMER MYSTISCHER MACHT-- GEPAART MIT GROSSEM **BÖSEN**. WAS BEDEUTET DIES FÜR **DR. STRANGE**?

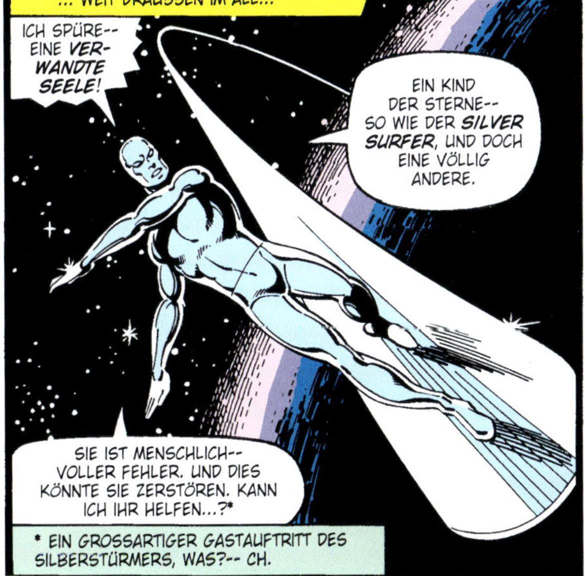

* EIN GROSSARTIGER GASTAUFTRITT DES SILBERSTÜRMERS, WAS?-- CH.

"DENN HIER STEHT MEHR ALS NUR EIN MENSCHEN-LEBEN AUF DEM SPIEL. DIESE MACHT KÖNNTE DEN GANZEN KOSMOS VERÄNDERN!"

DOCH ALS DER GLEITER DER KOSMISCHEN TIEFEN UM DEN GLOBUS RAST-- UND AUCH ANDERE IHRER EXISTENZ GEWAHR WERDEN--

-- NIMMT DARK PHOENIX ABSCHIED VON IHRER HEIMATWELT...

... UND RAST INS ALL. IHRER SCHRECKLICHEN BESTIMMUNG ENTGEGEN.

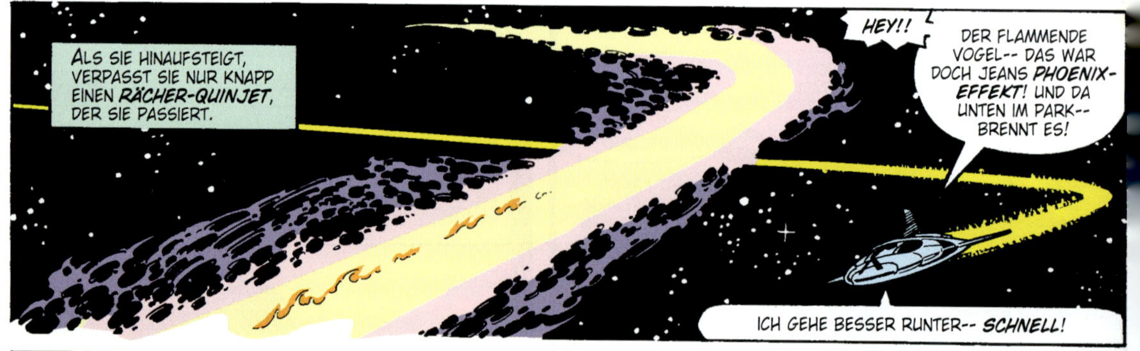
ALS SIE HINAUFSTEIGT, VERPASST SIE NUR KNAPP EINEN RÄCHER-QUINJET, DER SIE PASSIERT.
HEY!!
DER FLAMMENDE VOGEL-- DAS WAR DOCH JEANS PHOENIX-EFFEKT! UND DA UNTEN IM PARK-- BRENNT ES!
ICH GEHE BESSER RUNTER-- SCHNELL!

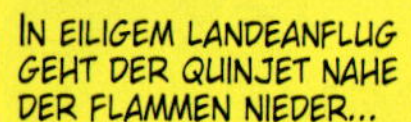
IN EILIGEM LANDEANFLUG GEHT DER QUINJET NAHE DER FLAMMEN NIEDER...

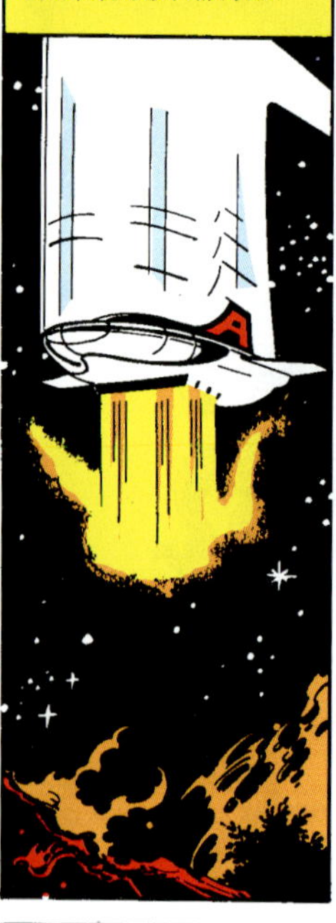

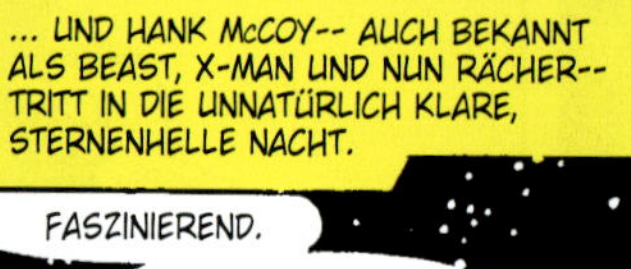
... UND HANK McCOY-- AUCH BEKANNT ALS BEAST, X-MAN UND NUN RÄCHER-- TRITT IN DIE UNNATÜRLICH KLARE, STERNENHELLE NACHT.

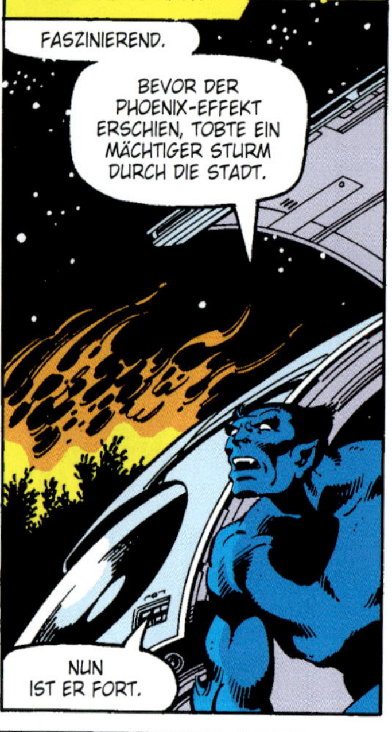
FASZINIEREND.
BEVOR DER PHOENIX-EFFEKT ERSCHIEN, TOBTE EIN MÄCHTIGER STURM DURCH DIE STADT.
NUN IST ER FORT.

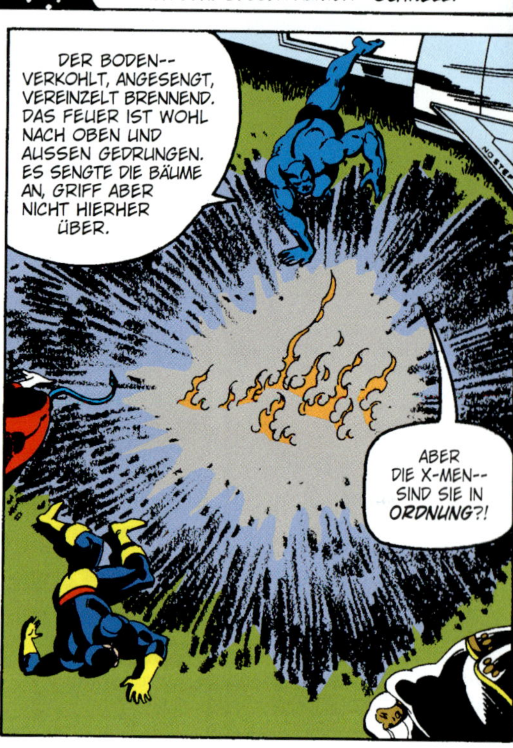
DER BODEN-- VERKOHLT, ANGESENGT, VEREINZELT BRENNEND. DAS FEUER IST WOHL NACH OBEN UND AUSSEN GEDRUNGEN. ES SENGTE DIE BÄUME AN, GRIFF ABER NICHT HIERHER ÜBER.
ABER DIE X-MEN-- SIND SIE IN ORDNUNG?!

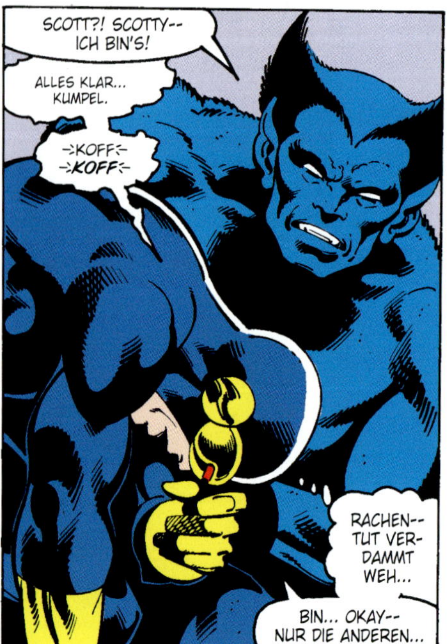
SCOTT?! SCOTTY-- ICH BIN'S!
ALLES KLAR... KUMPEL.
KOFF KOFF
RACHEN-- TUT VERDAMMT WEH...
BIN... OKAY-- NUR DIE ANDEREN...

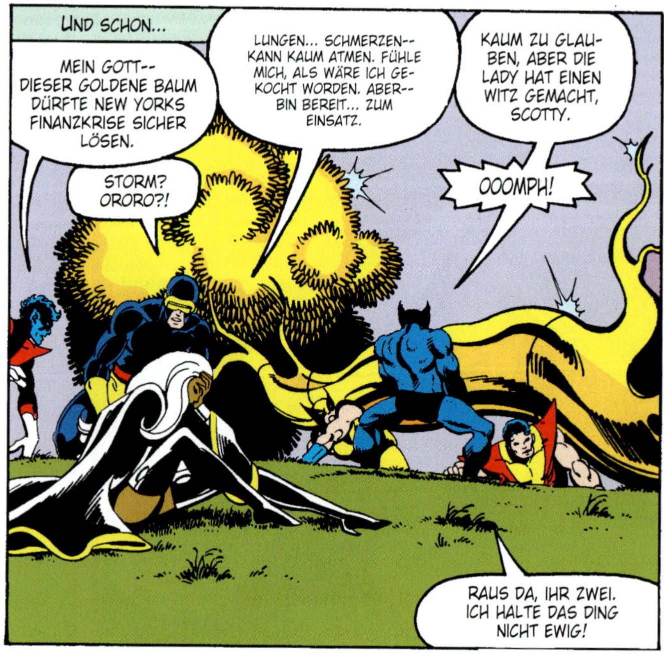
UND SCHON...
MEIN GOTT-- DIESER GOLDENE BAUM DÜRFTE NEW YORKS FINANZKRISE SICHER LÖSEN.
STORM? ORORO?!
LUNGEN... SCHMERZEN-- KANN KAUM ATMEN. FÜHLE MICH, ALS WÄRE ICH GEKOCHT WORDEN. ABER-- BIN BEREIT... ZUM EINSATZ.
KAUM ZU GLAUBEN, ABER DIE LADY HAT EINEN WITZ GEMACHT, SCOTTY.
OOOMPH!
RAUS DA, IHR ZWEI. ICH HALTE DAS DING NICHT EWIG!

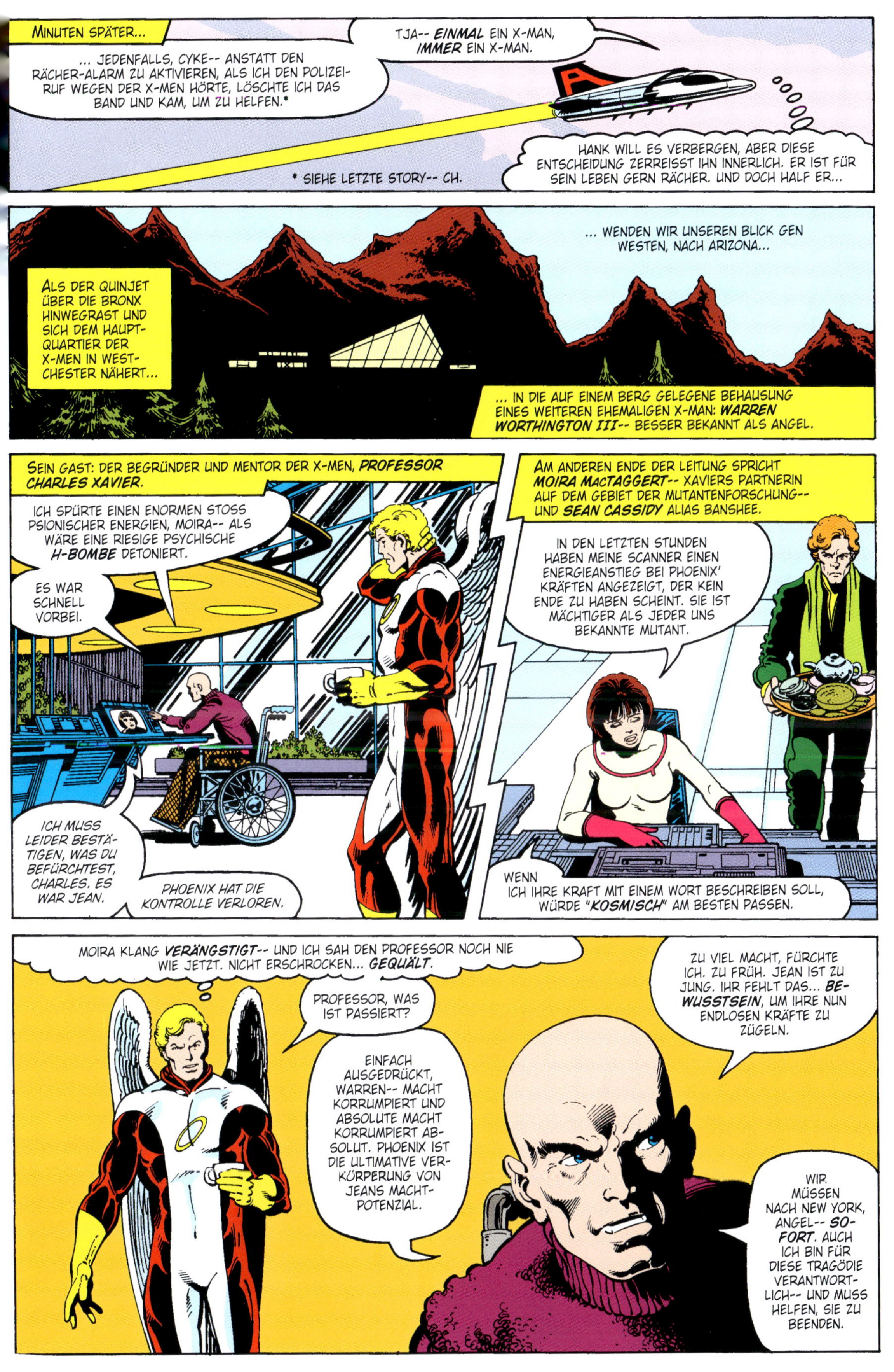

MINUTEN SPÄTER...
... JEDENFALLS, CYKE-- ANSTATT DEN RÄCHER-ALARM ZU AKTIVIEREN, ALS ICH DEN POLIZEIRUF WEGEN DER X-MEN HÖRTE, LÖSCHTE ICH DAS BAND UND KAM, UM ZU HELFEN.*
TJA-- EINMAL EIN X-MAN, IMMER EIN X-MAN.
* SIEHE LETZTE STORY-- CH.
HANK WILL ES VERBERGEN, ABER DIESE ENTSCHEIDUNG ZERREISST IHN INNERLICH. ER IST FÜR SEIN LEBEN GERN RÄCHER. UND DOCH HALF ER...
ALS DER QUINJET ÜBER DIE BRONX HINWEGRAST UND SICH DEM HAUPTQUARTIER DER X-MEN IN WESTCHESTER NÄHERT...
... WENDEN WIR UNSEREN BLICK GEN WESTEN, NACH ARIZONA...
... IN DIE AUF EINEM BERG GELEGENE BEHAUSUNG EINES WEITEREN EHEMALIGEN X-MAN: WARREN WORTHINGTON III-- BESSER BEKANNT ALS ANGEL.
SEIN GAST: DER BEGRÜNDER UND MENTOR DER X-MEN, PROFESSOR CHARLES XAVIER.
ICH SPÜRTE EINEN ENORMEN STOSS PSIONISCHER ENERGIEN, MOIRA-- ALS WÄRE EINE RIESIGE PSYCHISCHE H-BOMBE DETONIERT.
ES WAR SCHNELL VORBEI.
ICH MUSS LEIDER BESTÄTIGEN, WAS DU BEFÜRCHTEST, CHARLES. ES WAR JEAN.
PHOENIX HAT DIE KONTROLLE VERLOREN.
AM ANDEREN ENDE DER LEITUNG SPRICHT MOIRA MacTAGGERT-- XAVIERS PARTNERIN AUF DEM GEBIET DER MUTANTENFORSCHUNG-- UND SEAN CASSIDY ALIAS BANSHEE.
IN DEN LETZTEN STUNDEN HABEN MEINE SCANNER EINEN ENERGIEANSTIEG BEI PHOENIX' KRÄFTEN ANGEZEIGT, DER KEIN ENDE ZU HABEN SCHEINT. SIE IST MÄCHTIGER ALS JEDER UNS BEKANNTE MUTANT.
WENN ICH IHRE KRAFT MIT EINEM WORT BESCHREIBEN SOLL, WÜRDE "KOSMISCH" AM BESTEN PASSEN.
MOIRA KLANG VERÄNGSTIGT-- UND ICH SAH DEN PROFESSOR NOCH NIE WIE JETZT. NICHT ERSCHROCKEN... GEQUÄLT.
PROFESSOR, WAS IST PASSIERT?
EINFACH AUSGEDRÜCKT, WARREN-- MACHT KORRUMPIERT UND ABSOLUTE MACHT KORRUMPIERT ABSOLUT. PHOENIX IST DIE ULTIMATIVE VERKÖRPERUNG VON JEANS MACHTPOTENZIAL.
ZU VIEL MACHT, FÜRCHTE ICH. ZU FRÜH. JEAN IST ZU JUNG. IHR FEHLT DAS... BEWUSSTSEIN, UM IHRE NUN ENDLOSEN KRÄFTE ZU ZÜGELN.
WIR MÜSSEN NACH NEW YORK, ANGEL-- SOFORT. AUCH ICH BIN FÜR DIESE TRAGÖDIE VERANTWORTLICH-- UND MUSS HELFEN, SIE ZU BEENDEN.

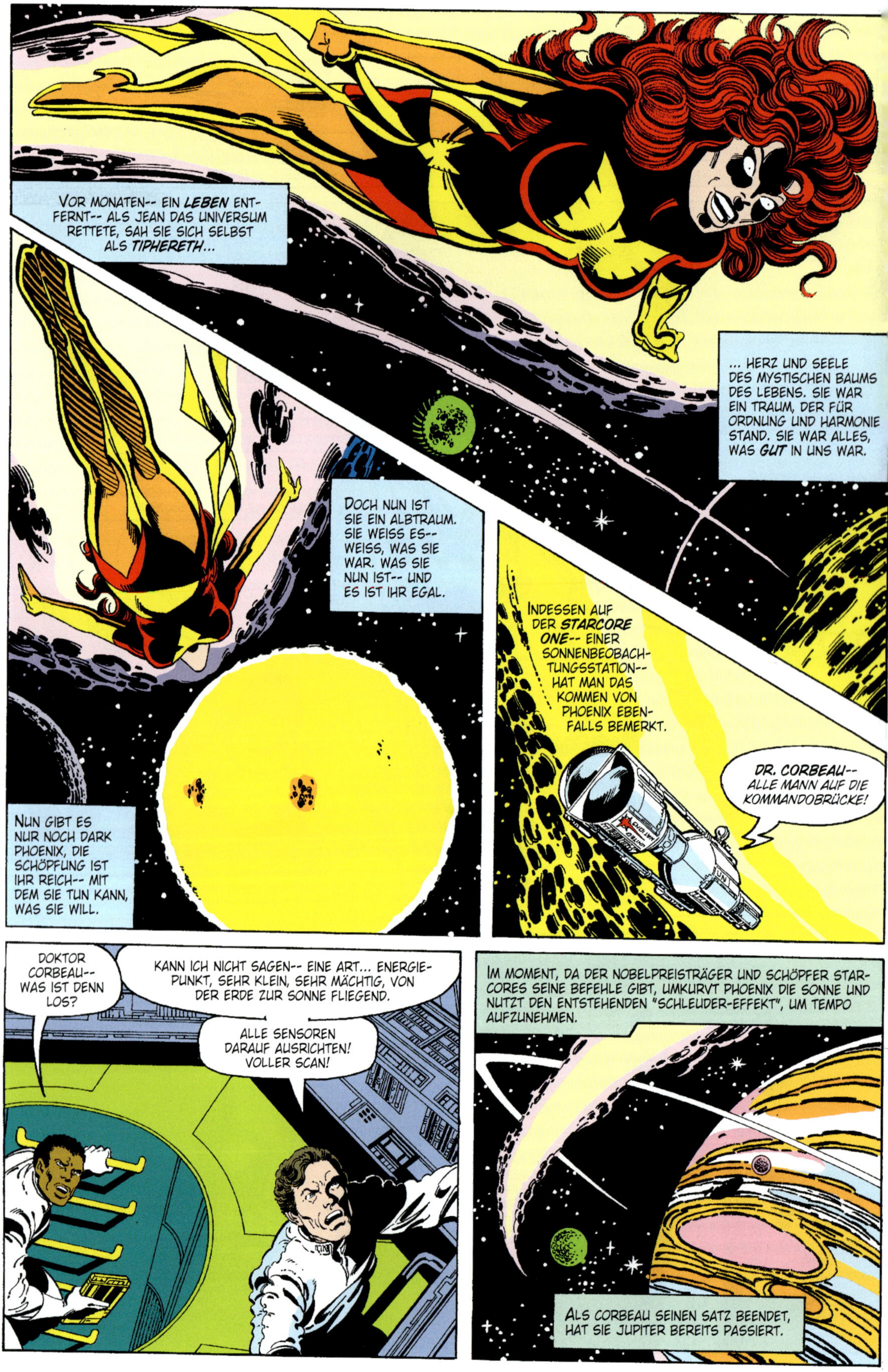

VOR MONATEN-- EIN *LEBEN* ENTFERNT-- ALS JEAN DAS UNIVERSUM RETTETE, SAH SIE SICH SELBST ALS *TIPHERETH*...

... HERZ UND SEELE DES MYSTISCHEN BAUMS DES LEBENS. SIE WAR EIN TRAUM, DER FÜR ORDNUNG UND HARMONIE STAND. SIE WAR ALLES, WAS *GUT* IN UNS WAR.

DOCH NUN IST SIE EIN ALBTRAUM. SIE WEISS ES-- WEISS, WAS SIE WAR. WAS SIE NUN IST-- UND ES IST IHR EGAL.

NUN GIBT ES NUR NOCH DARK PHOENIX, DIE SCHÖPFUNG IST IHR REICH-- MIT DEM SIE TUN KANN, WAS SIE WILL.

INDESSEN AUF DER *STARCORE ONE*-- EINER SONNENBEOBACHTUNGSSTATION-- HAT MAN DAS KOMMEN VON PHOENIX EBENFALLS BEMERKT.

DR. CORBEAU-- ALLE MANN AUF DIE KOMMANDOBRÜCKE!

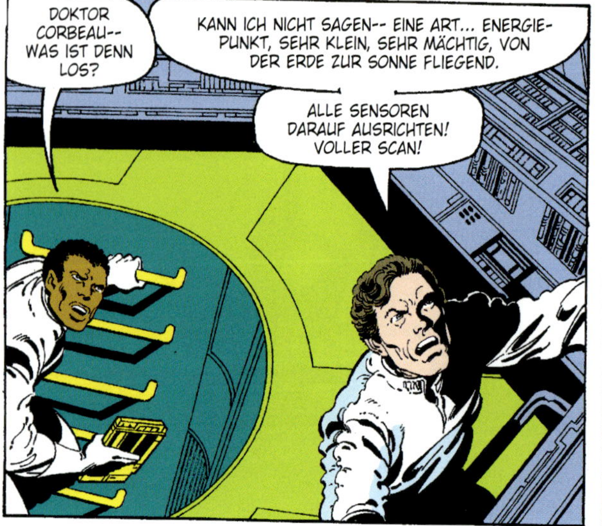

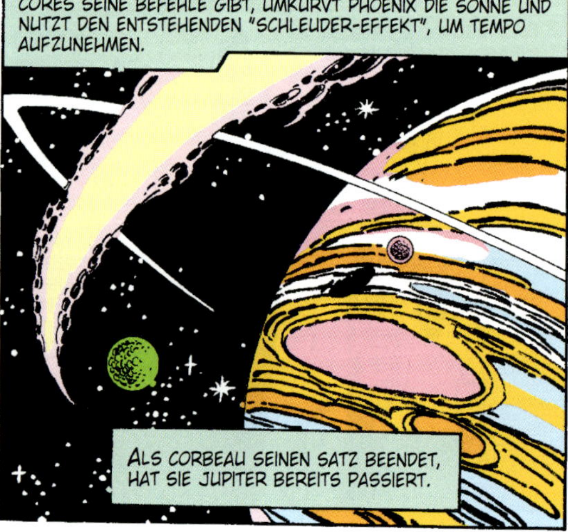

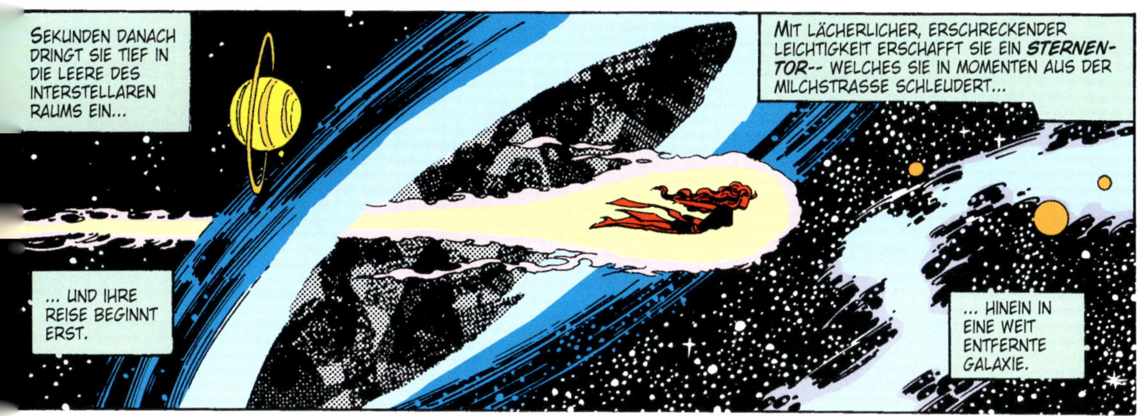
SEKUNDEN DANACH DRINGT SIE TIEF IN DIE LEERE DES INTERSTELLAREN RAUMS EIN...
... UND IHRE REISE BEGINNT ERST.
MIT LÄCHERLICHER, ERSCHRECKENDER LEICHTIGKEIT ERSCHAFFT SIE EIN **STERNENTOR**-- WELCHES SIE IN MOMENTEN AUS DER MILCHSTRASSE SCHLEUDERT...
... HINEIN IN EINE WEIT ENTFERNTE GALAXIE.

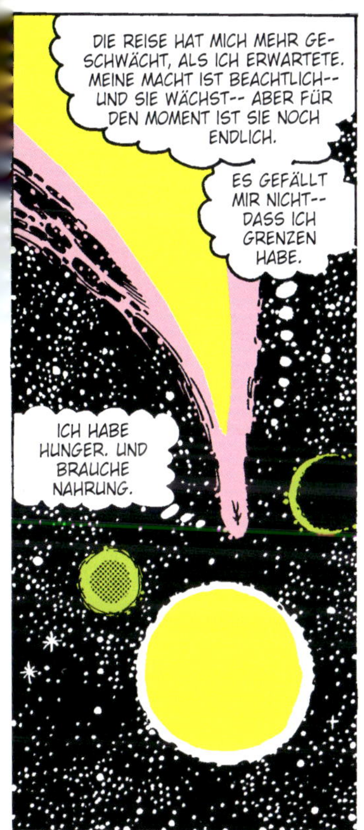
DIE REISE HAT MICH MEHR GESCHWÄCHT, ALS ICH ERWARTETE. MEINE MACHT IST BEACHTLICH-- UND SIE WÄCHST-- ABER FÜR DEN MOMENT IST SIE NOCH ENDLICH.
ES GEFÄLLT MIR NICHT-- DASS ICH GRENZEN HABE.
ICH HABE HUNGER. UND BRAUCHE NAHRUNG.

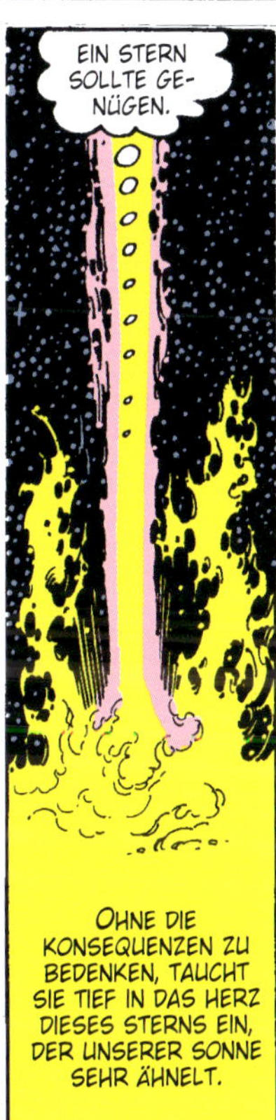
EIN STERN SOLLTE GENÜGEN.
OHNE DIE KONSEQUENZEN ZU BEDENKEN, TAUCHT SIE TIEF IN DAS HERZ DIESES STERNS EIN, DER UNSERER SONNE SEHR ÄHNELT.

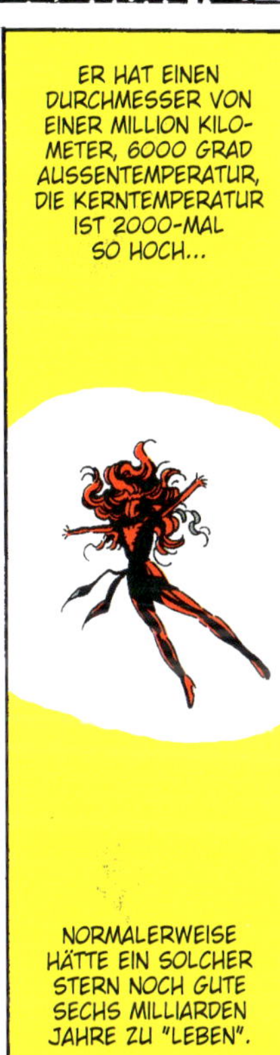
ER HAT EINEN DURCHMESSER VON EINER MILLION KILOMETER, 6000 GRAD AUSSENTEMPERATUR, DIE KERNTEMPERATUR IST 2000-MAL SO HOCH...
NORMALERWEISE HÄTTE EIN SOLCHER STERN NOCH GUTE SECHS MILLIARDEN JAHRE ZU "LEBEN".

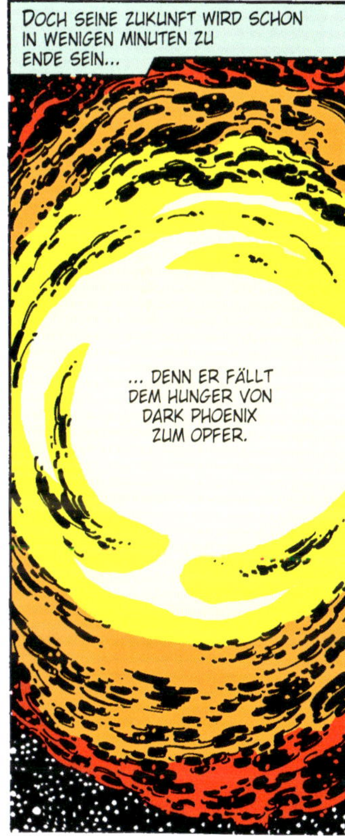
DOCH SEINE ZUKUNFT WIRD SCHON IN WENIGEN MINUTEN ZU ENDE SEIN...
... DENN ER FÄLLT DEM HUNGER VON DARK PHOENIX ZUM OPFER.

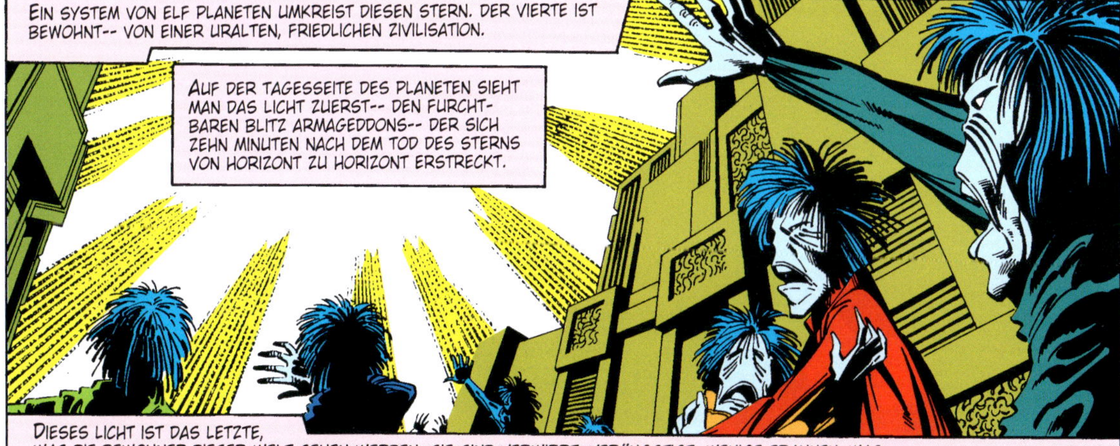
EIN SYSTEM VON ELF PLANETEN UMKREIST DIESEN STERN. DER VIERTE IST BEWOHNT-- VON EINER URALTEN, FRIEDLICHEN ZIVILISATION.
AUF DER TAGESSEITE DES PLANETEN SIEHT MAN DAS LICHT ZUERST-- DEN FURCHTBAREN BLITZ ARMAGEDDONS-- DER SICH ZEHN MINUTEN NACH DEM TOD DES STERNS VON HORIZONT ZU HORIZONT ERSTRECKT.
DIESES LICHT IST DAS LETZTE, WAS DIE BEWOHNER DIESER WELT SEHEN WERDEN. SIE SIND VERWIRRT, VERÄNGSTIGT. WENIGE ERAHNEN, WAS GESCHEHEN WIRD-- UND VERFLUCHEN IHR SCHICKSAL ODER MACHEN IHREN FRIEDEN MIT GOTT. DANN STERBEN SIE ALLE.

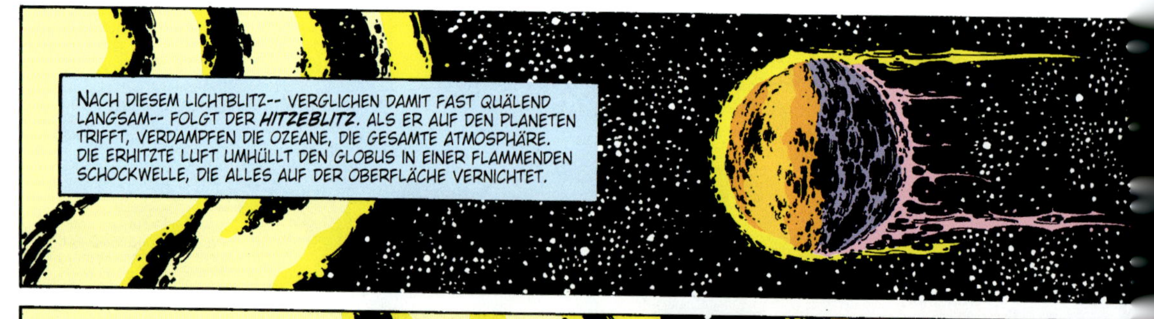

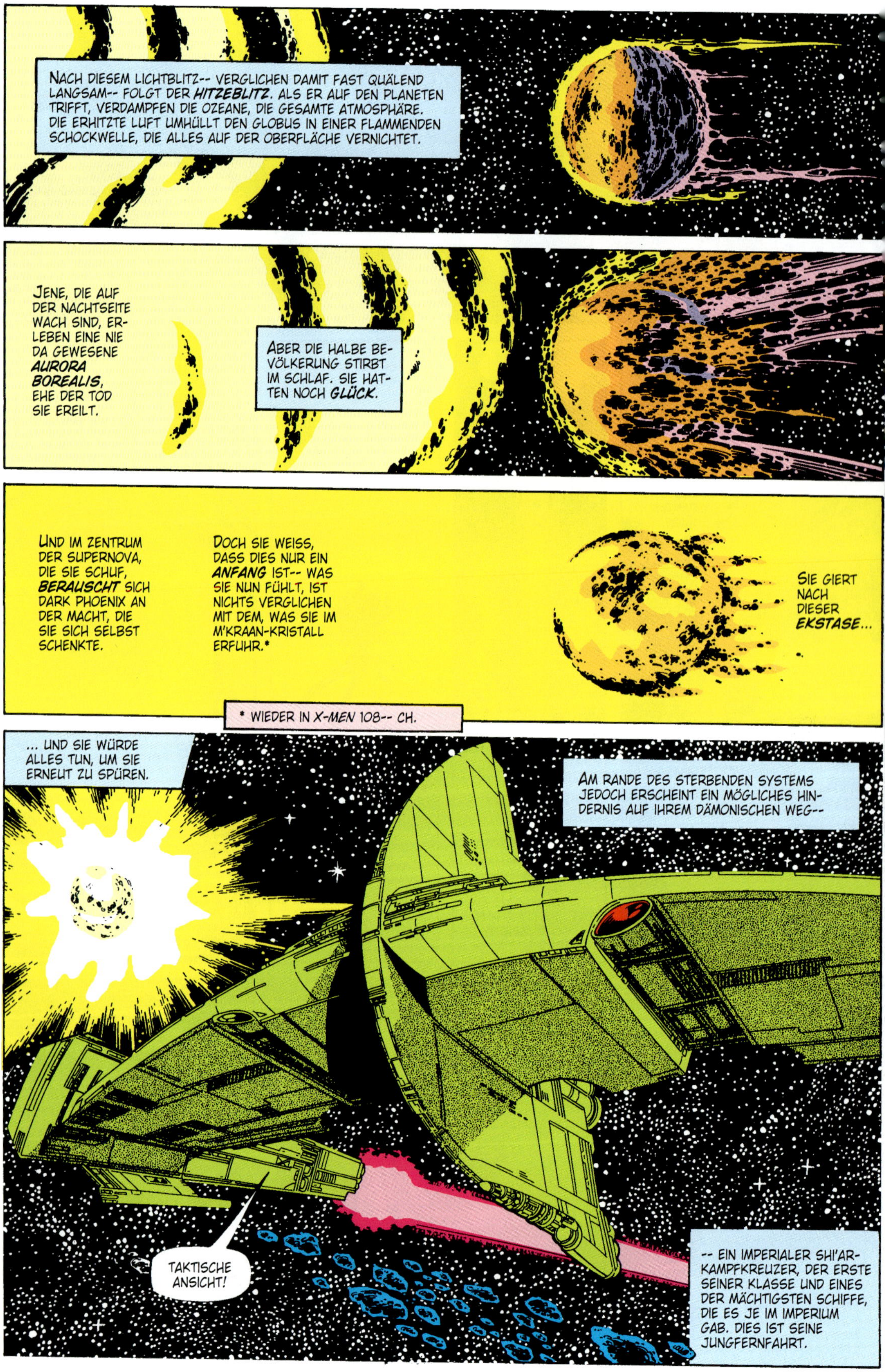

JENE, DIE AUF DER NACHTSEITE WACH SIND, ERLEBEN EINE NIE DA GEWESENE ***AURORA BOREALIS***, EHE DER TOD SIE EREILT.

ABER DIE HALBE BEVÖLKERUNG STIRBT IM SCHLAF. SIE HATTEN NOCH ***GLÜCK***.

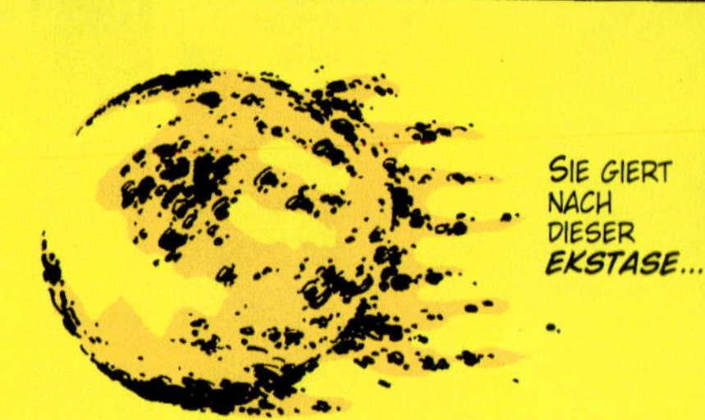

UND IM ZENTRUM DER SUPERNOVA, DIE SIE SCHUF, ***BERAUSCHT*** SICH DARK PHOENIX AN DER MACHT, DIE SIE SICH SELBST SCHENKTE.

DOCH SIE WEISS, DASS DIES NUR EIN ***ANFANG*** IST-- WAS SIE NUN FÜHLT, IST NICHTS VERGLICHEN MIT DEM, WAS SIE IM M'KRAAN-KRISTALL ERFUHR.*

SIE GIERT NACH DIESER ***EKSTASE***...

* WIEDER IN *X-MEN* 108-- CH.

... UND SIE WÜRDE ALLES TUN, UM SIE ERNEUT ZU SPÜREN.

AM RANDE DES STERBENDEN SYSTEMS JEDOCH ERSCHEINT EIN MÖGLICHES HINDERNIS AUF IHREM DÄMONISCHEN WEG--

TAKTISCHE ANSICHT!

-- EIN IMPERIALER SHI'AR-KAMPFKREUZER, DER ERSTE SEINER KLASSE UND EINES DER MÄCHTIGSTEN SCHIFFE, DIE ES JE IM IMPERIUM GAB. DIES IST SEINE JUNGFERNFAHRT.

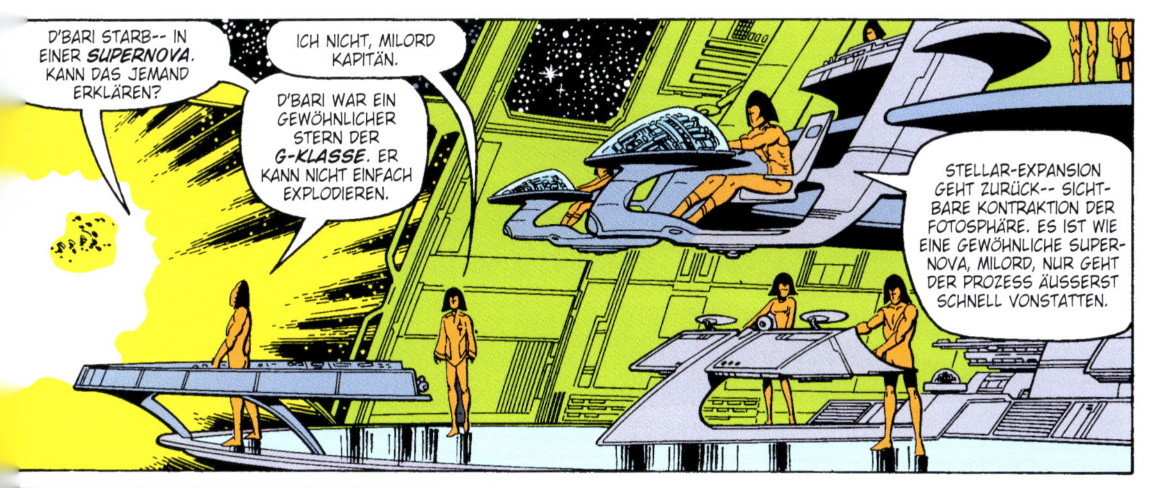
D'BARI STARB-- IN EINER SUPERNOVA. KANN DAS JEMAND ERKLÄREN?
ICH NICHT, MILORD KAPITÄN.
D'BARI WAR EIN GEWÖHNLICHER STERN DER G-KLASSE. ER KANN NICHT EINFACH EXPLODIEREN.
STELLAR-EXPANSION GEHT ZURÜCK-- SICHTBARE KONTRAKTION DER FOTOSPHÄRE. ES IST WIE EINE GEWÖHNLICHE SUPERNOVA, MILORD, NUR GEHT DER PROZESS ÄUSSERST SCHNELL VONSTATTEN.

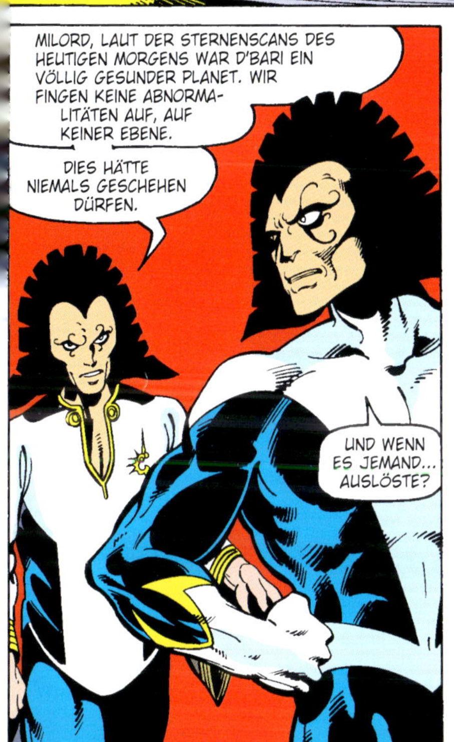
MILORD, LAUT DER STERNENSCANS DES HEUTIGEN MORGENS WAR D'BARI EIN VÖLLIG GESUNDER PLANET. WIR FINGEN KEINE ABNORMALITÄTEN AUF, AUF KEINER EBENE.
DIES HÄTTE NIEMALS GESCHEHEN DÜRFEN.
UND WENN ES JEMAND... AUSLÖSTE?

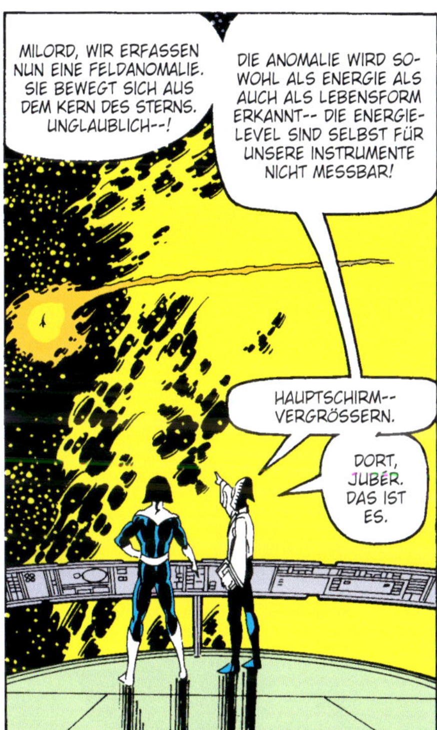
MILORD, WIR ERFASSEN NUN EINE FELDANOMALIE. SIE BEWEGT SICH AUS DEM KERN DES STERNS. UNGLAUBLICH--!
DIE ANOMALIE WIRD SOWOHL ALS ENERGIE ALS AUCH ALS LEBENSFORM ERKANNT-- DIE ENERGIELEVEL SIND SELBST FÜR UNSERE INSTRUMENTE NICHT MESSBAR!
HAUPTSCHIRM-- VERGRÖSSERN.
DORT, JUBER. DAS IST ES.

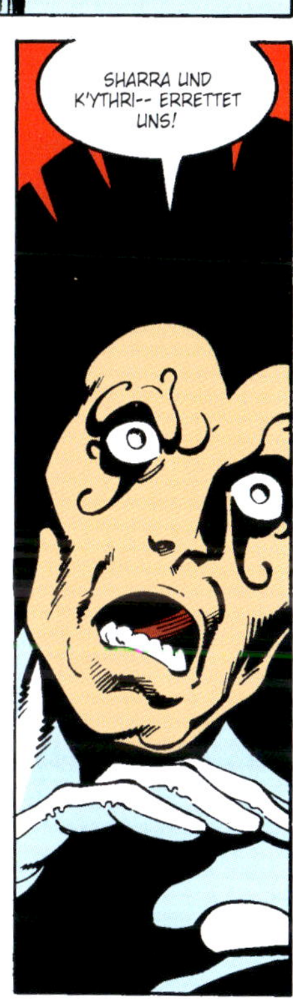
SHARRA UND K'YTHRI-- ERRETTET UNS!

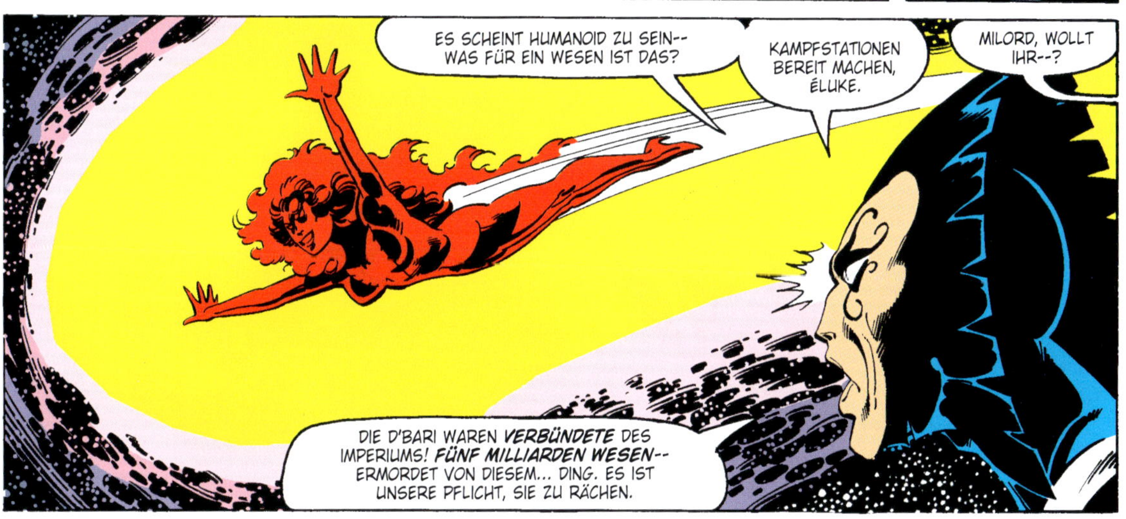
ES SCHEINT HUMANOID ZU SEIN-- WAS FÜR EIN WESEN IST DAS?
KAMPFSTATIONEN BEREIT MACHEN, ÉLUKE.
MILORD, WOLLT IHR--?
DIE D'BARI WAREN VERBÜNDETE DES IMPERIUMS! FÜNF MILLIARDEN WESEN-- ERMORDET VON DIESEM... DING. ES IST UNSERE PFLICHT, SIE ZU RÄCHEN.

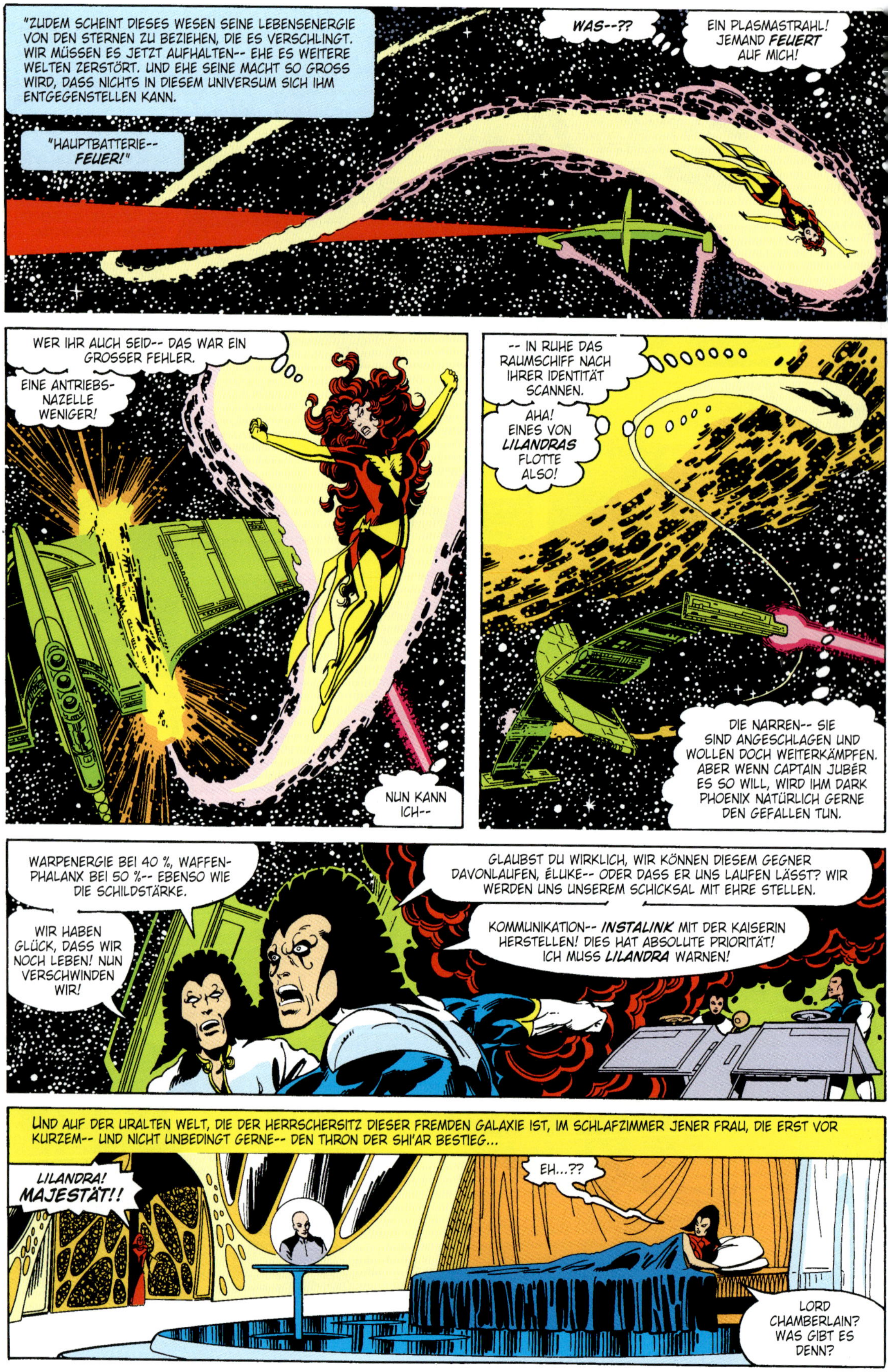

"ZUDEM SCHEINT DIESES WESEN SEINE LEBENSENERGIE VON DEN STERNEN ZU BEZIEHEN, DIE ES VERSCHLINGT. WIR MÜSSEN ES JETZT AUFHALTEN-- EHE ES WEITERE WELTEN ZERSTÖRT. UND EHE SEINE MACHT SO GROSS WIRD, DASS NICHTS IN DIESEM UNIVERSUM SICH IHM ENTGEGENSTELLEN KANN.

"HAUPTBATTERIE-- ***FEUER!***"

WAS--??

EIN PLASMASTRAHL! JEMAND ***FEUERT*** AUF MICH!

WER IHR AUCH SEID-- DAS WAR EIN GROSSER FEHLER.

EINE ANTRIEBS-NAZELLE WENIGER!

NUN KANN ICH--

-- IN RUHE DAS RAUMSCHIFF NACH IHRER IDENTITÄT SCANNEN.

AHA! EINES VON ***LILANDRAS*** FLOTTE ALSO!

DIE NARREN-- SIE SIND ANGESCHLAGEN UND WOLLEN DOCH WEITERKÄMPFEN. ABER WENN CAPTAIN JUBÉR ES SO WILL, WIRD IHM DARK PHOENIX NATÜRLICH GERNE DEN GEFALLEN TUN.

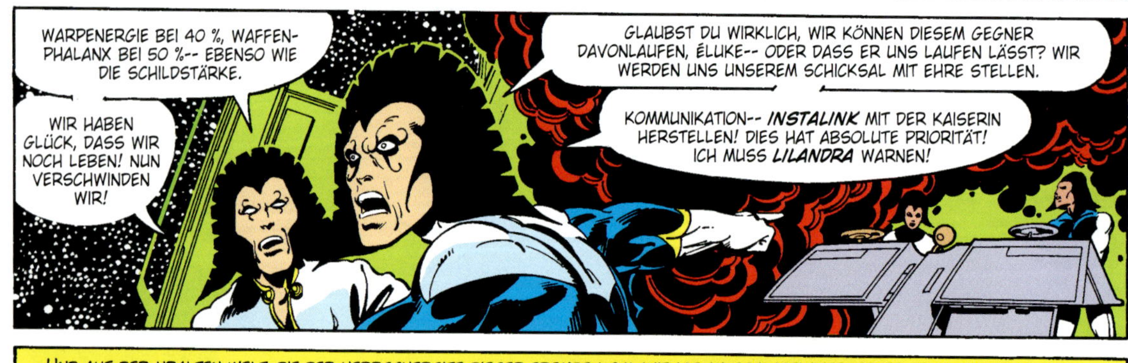

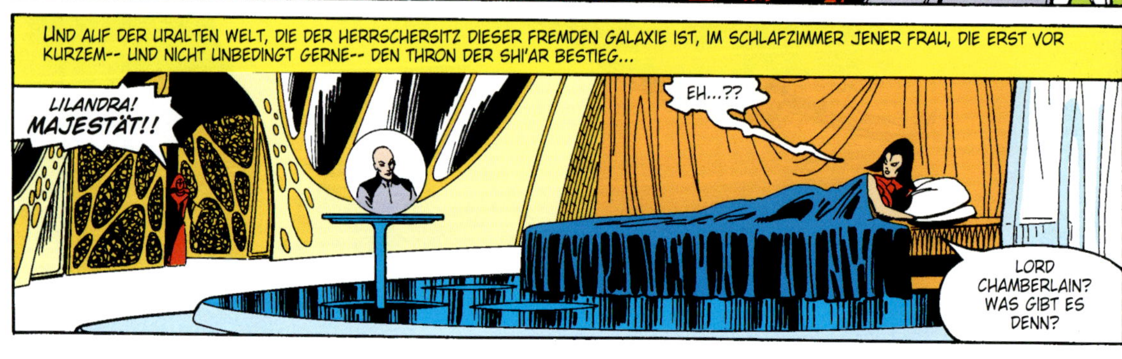

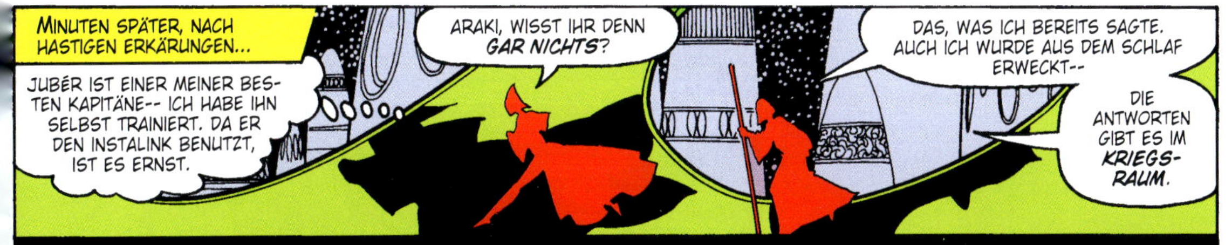
MINUTEN SPÄTER, NACH HASTIGEN ERKÄRUNGEN...
JUBÉR IST EINER MEINER BESTEN KAPITÄNE-- ICH HABE IHN SELBST TRAINIERT. DA ER DEN INSTALINK BENUTZT, IST ES ERNST.
ARAKI, WISST IHR DENN GAR NICHTS?
DAS, WAS ICH BEREITS SAGTE. AUCH ICH WURDE AUS DEM SCHLAF ERWECKT--
DIE ANTWORTEN GIBT ES IM KRIEGSRAUM.

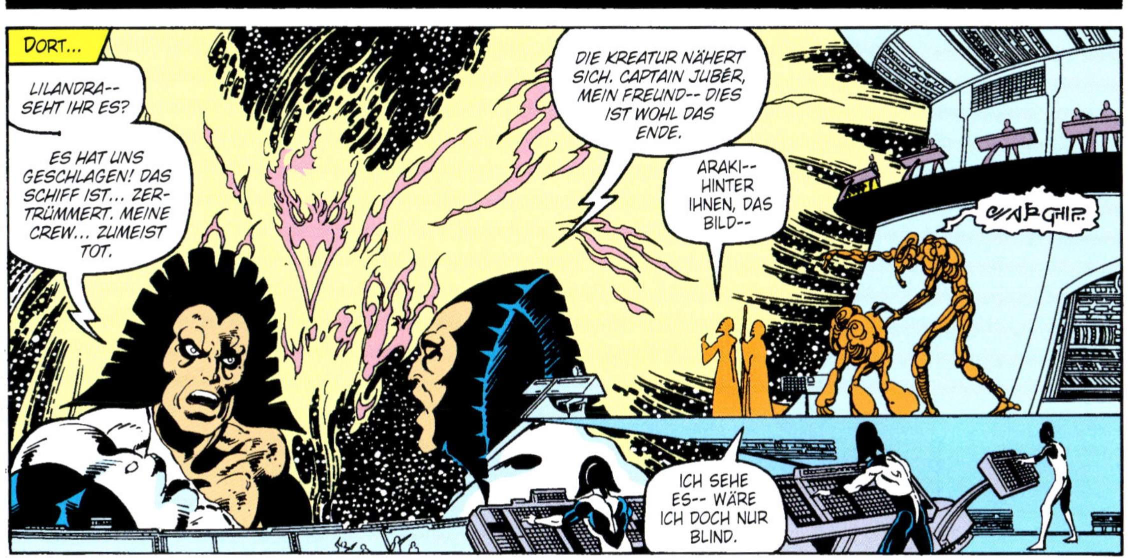
DORT...
LILANDRA-- SEHT IHR ES?
ES HAT UNS GESCHLAGEN! DAS SCHIFF IST... ZERTRÜMMERT. MEINE CREW... ZUMEIST TOT.
DIE KREATUR NÄHERT SICH. CAPTAIN JUBÉR, MEIN FREUND-- DIES IST WOHL DAS ENDE.
ARAKI-- HINTER IHNEN, DAS BILD--
ICH SEHE ES-- WÄRE ICH DOCH NUR BLIND.

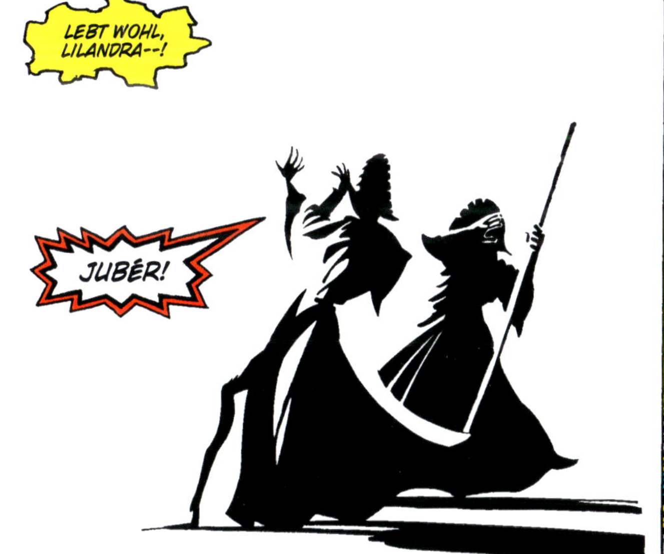
LEBT WOHL, LILANDRA--!
JUBÉR!

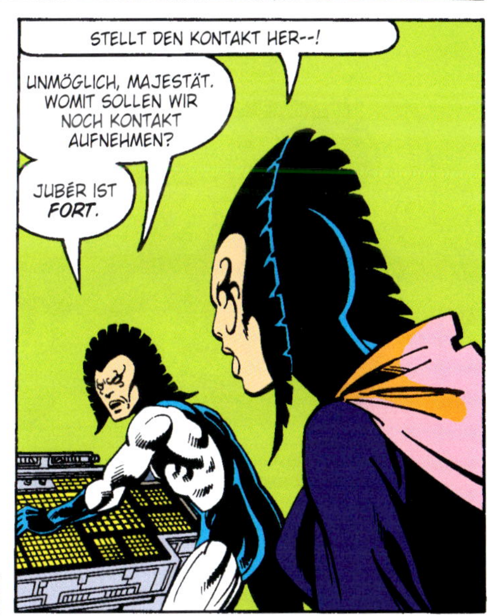
STELLT DEN KONTAKT HER--!
UNMÖGLICH, MAJESTÄT. WOMIT SOLLEN WIR NOCH KONTAKT AUFNEHMEN?
JUBÉR IST FORT.

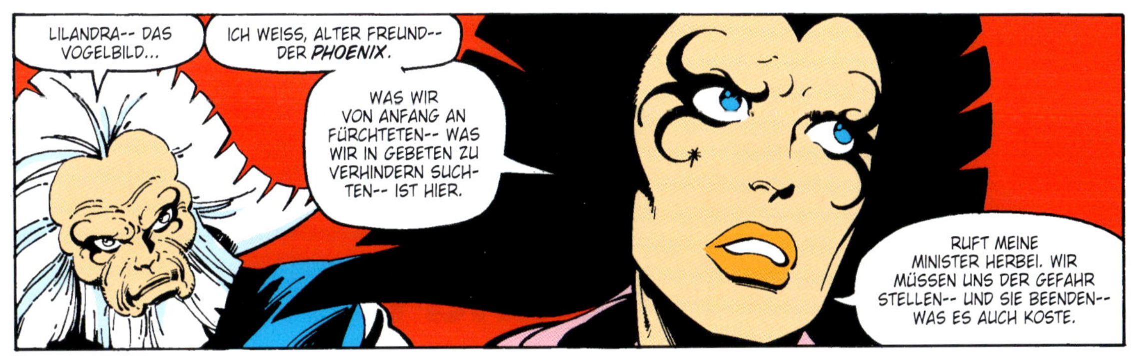
LILANDRA-- DAS VOGELBILD...
ICH WEISS, ALTER FREUND-- DER PHOENIX.
WAS WIR VON ANFANG AN FÜRCHTETEN-- WAS WIR IN GEBETEN ZU VERHINDERN SUCHTEN-- IST HIER.
RUFT MEINE MINISTER HERBEI. WIR MÜSSEN UNS DER GEFAHR STELLEN-- UND SIE BEENDEN-- WAS ES AUCH KOSTE.

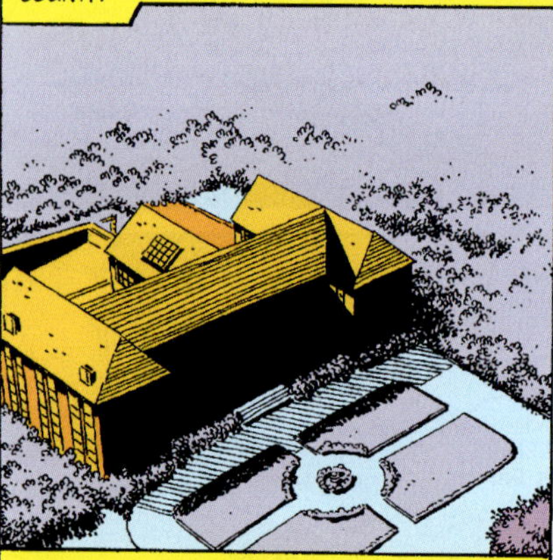

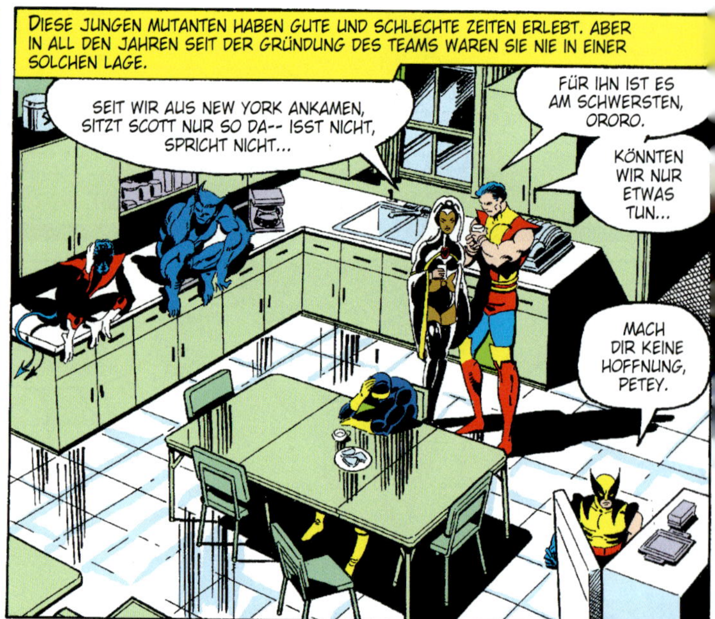

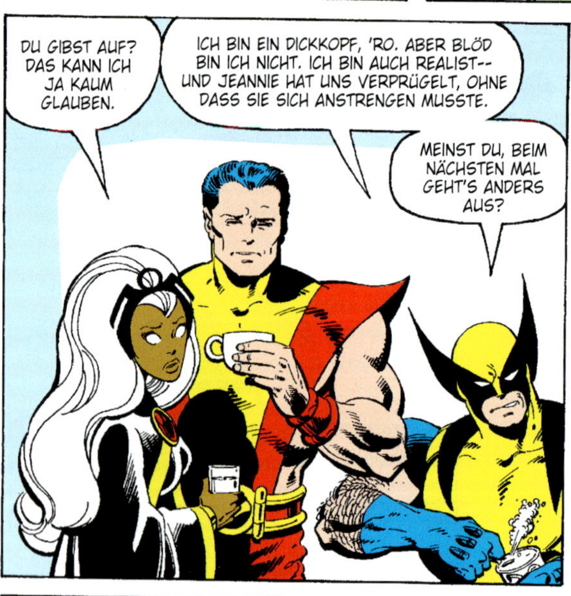

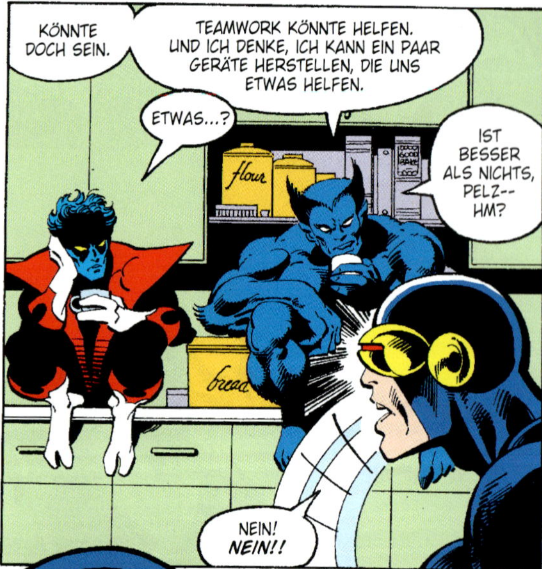

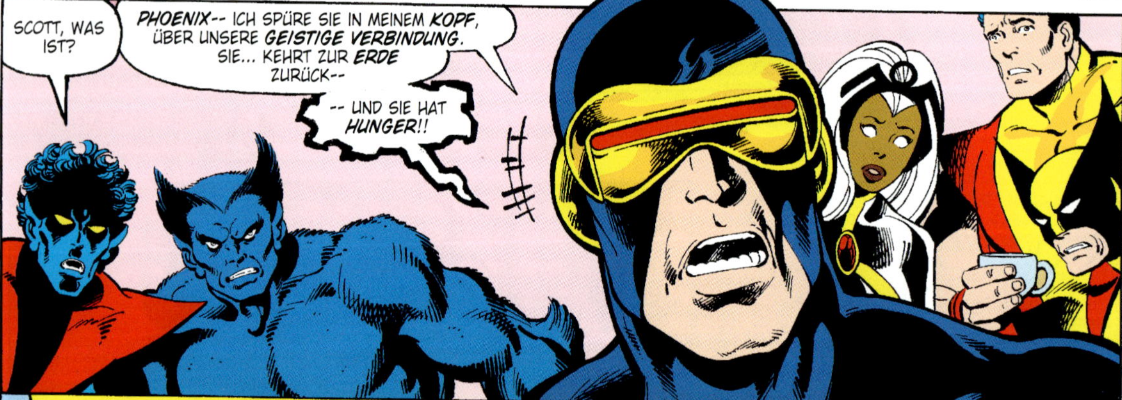

BALD

Kind von Licht und Finsternis!

KIND VON LICHT UND FINSTERNIS!

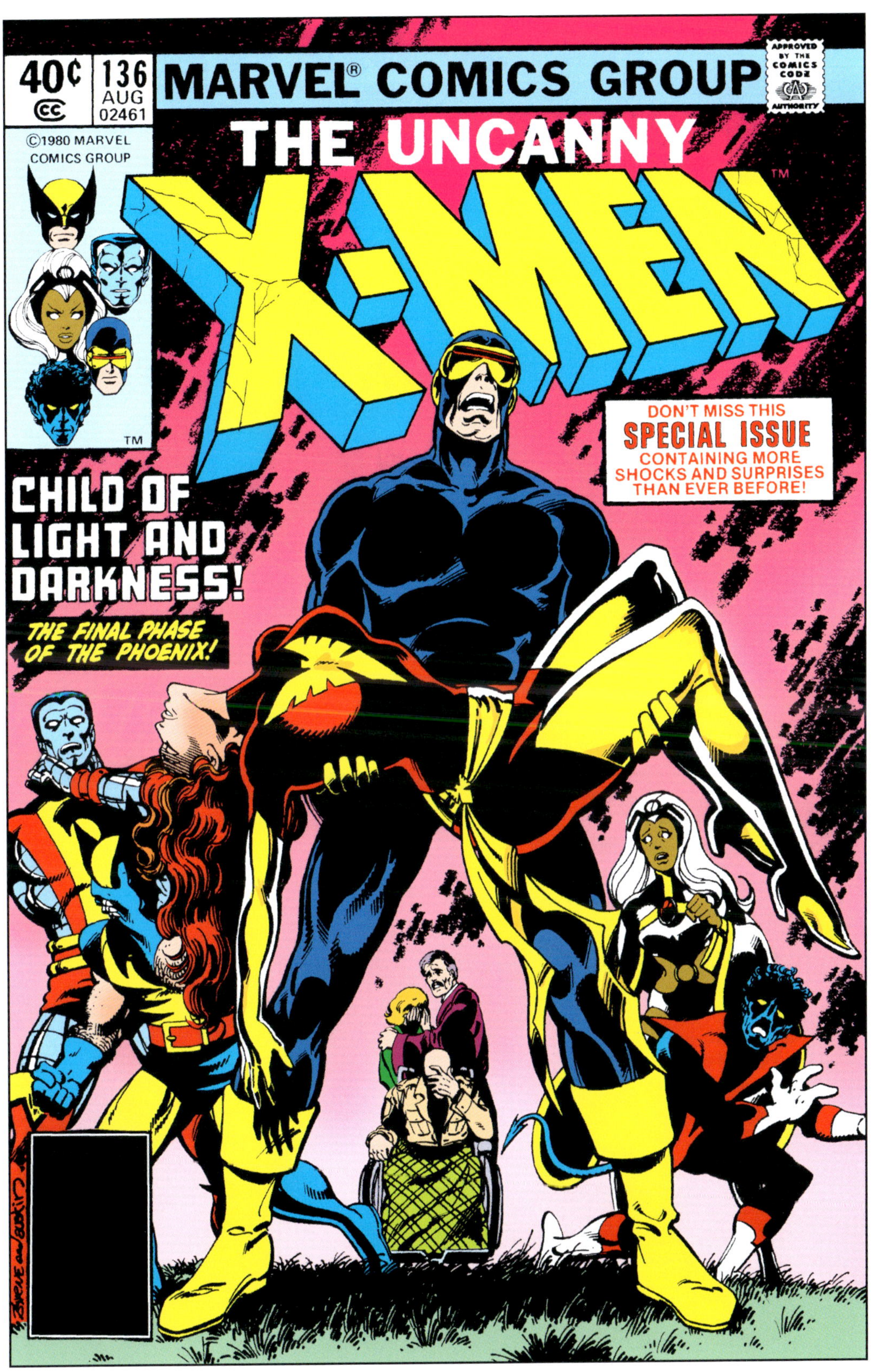

Uncanny X-Men (1963) 136
Cover von **JOHN BYRNE**

CYCLOPS, STORM, BANSHEE, NIGHTCRAWLER, WOLVERINE, COLOSSUS. KINDER DES ATOMS, SCHÜLER CHARLES XAVIERS, MUTANTEN– GEFÜRCHTET UND GEHASST VON DER WELT, DIE SIE BESCHÜTZEN. DIES SIND DIE UNGEWÖHNLICHSTEN HELDEN VON ALLEN– DIES SIND

STAN LEE PRÄSENTIERT:

DIE X-MEN!™

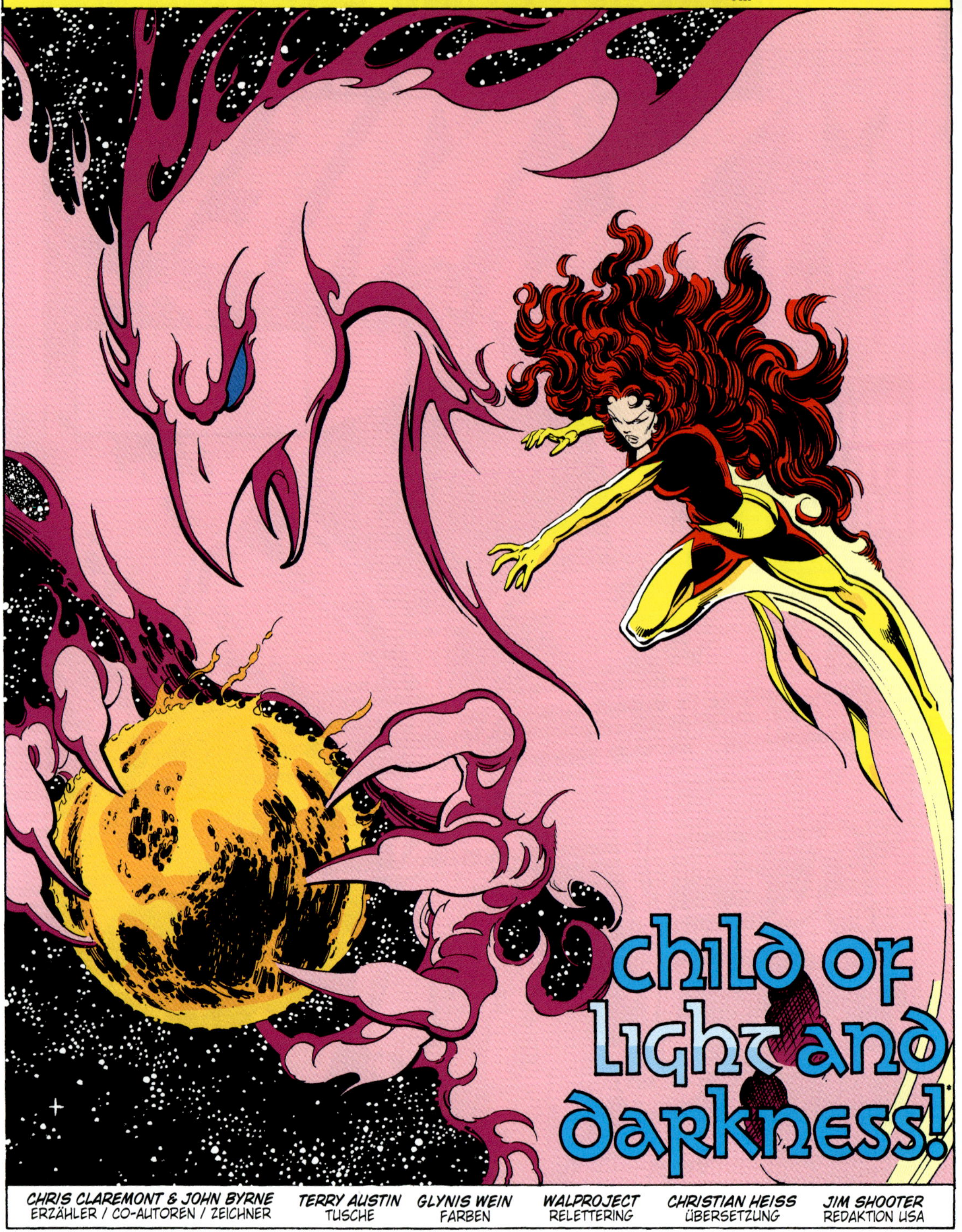

CHRIS CLAREMONT & JOHN BYRNE ERZÄHLER / CO-AUTOREN / ZEICHNER
TERRY AUSTIN TUSCHE
GLYNIS WEIN FARBEN
WALPROJECT RELETTERING
CHRISTIAN HEISS ÜBERSETZUNG
JIM SHOOTER REDAKTION USA

* KIND VON LICHT UND FINSTERNIS!

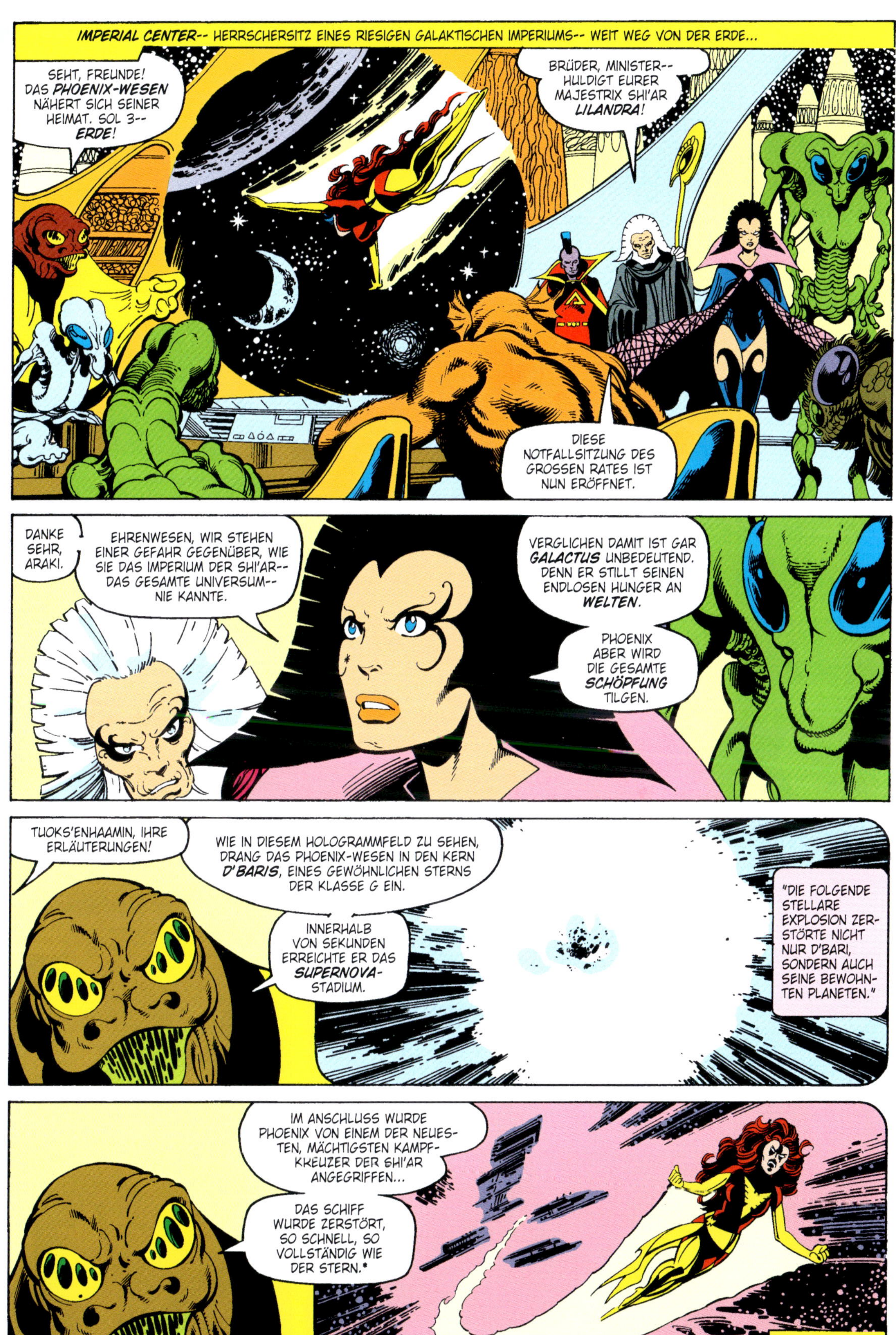
IMPERIAL CENTER-- HERRSCHERSITZ EINES RIESIGEN GALAKTISCHEN IMPERIUMS-- WEIT WEG VON DER ERDE...
SEHT, FREUNDE! DAS PHOENIX-WESEN NÄHERT SICH SEINER HEIMAT. SOL 3-- ERDE!
BRÜDER, MINISTER-- HULDIGT EURER MAJESTRIX SHI'AR LILANDRA!
DIESE NOTFALLSITZUNG DES GROSSEN RATES IST NUN ERÖFFNET.
DANKE SEHR, ARAKI.
EHRENWESEN, WIR STEHEN EINER GEFAHR GEGENÜBER, WIE SIE DAS IMPERIUM DER SHI'AR-- DAS GESAMTE UNIVERSUM-- NIE KANNTE.
VERGLICHEN DAMIT IST GAR GALACTUS UNBEDEUTEND. DENN ER STILLT SEINEN ENDLOSEN HUNGER AN WELTEN.
PHOENIX ABER WIRD DIE GESAMTE SCHÖPFUNG TILGEN.
TUOKS'ENHAAMIN, IHRE ERLÄUTERUNGEN!
WIE IN DIESEM HOLOGRAMMFELD ZU SEHEN, DRANG DAS PHOENIX-WESEN IN DEN KERN D'BARIS, EINES GEWÖHNLICHEN STERNS DER KLASSE G EIN.
INNERHALB VON SEKUNDEN ERREICHTE ER DAS SUPERNOVA-STADIUM.
"DIE FOLGENDE STELLARE EXPLOSION ZERSTÖRTE NICHT NUR D'BARI, SONDERN AUCH SEINE BEWOHNTEN PLANETEN."
IM ANSCHLUSS WURDE PHOENIX VON EINEM DER NEUESTEN, MÄCHTIGSTEN KAMPFKREUZER DER SHI'AR ANGEGRIFFEN...
DAS SCHIFF WURDE ZERSTÖRT, SO SCHNELL, SO VOLLSTÄNDIG WIE DER STERN.*
* WISST IHR NOCH?-- CH.

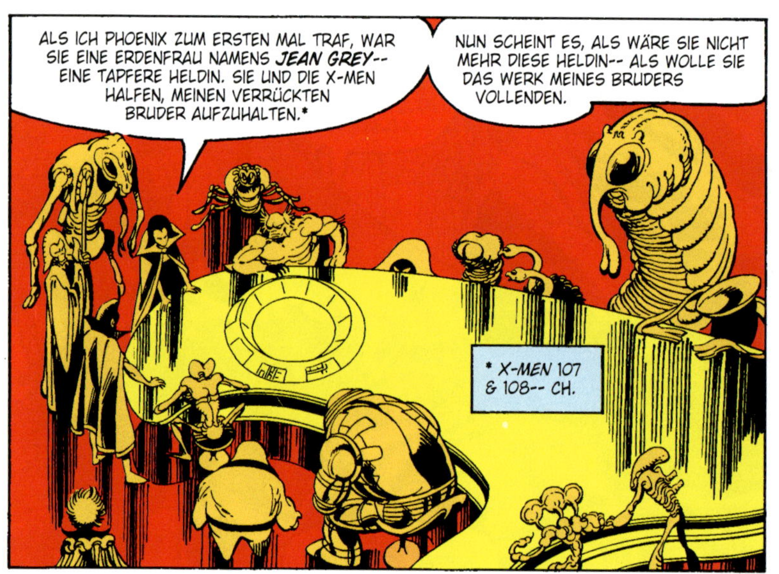
ALS ICH PHOENIX ZUM ERSTEN MAL TRAF, WAR SIE EINE ERDENFRAU NAMENS JEAN GREY-- EINE TAPFERE HELDIN. SIE UND DIE X-MEN HALFEN, MEINEN VERRÜCKTEN BRUDER AUFZUHALTEN.*
NUN SCHEINT ES, ALS WÄRE SIE NICHT MEHR DIESE HELDIN-- ALS WOLLE SIE DAS WERK MEINES BRUDERS VOLLENDEN.
* X-MEN 107 & 108-- CH.

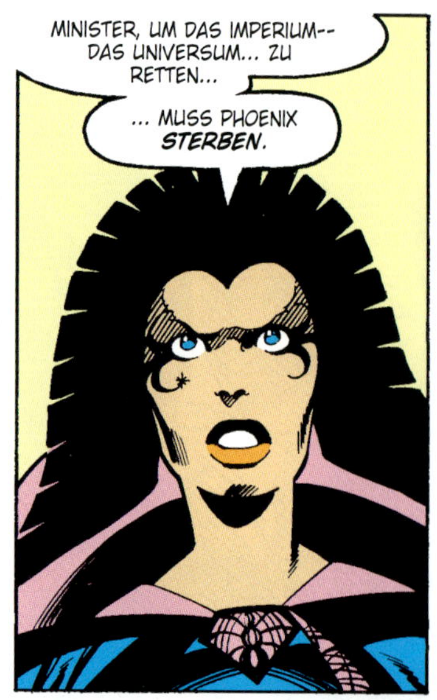
MINISTER, UM DAS IMPERIUM-- DAS UNIVERSUM... ZU RETTEN...
... MUSS PHOENIX STERBEN.

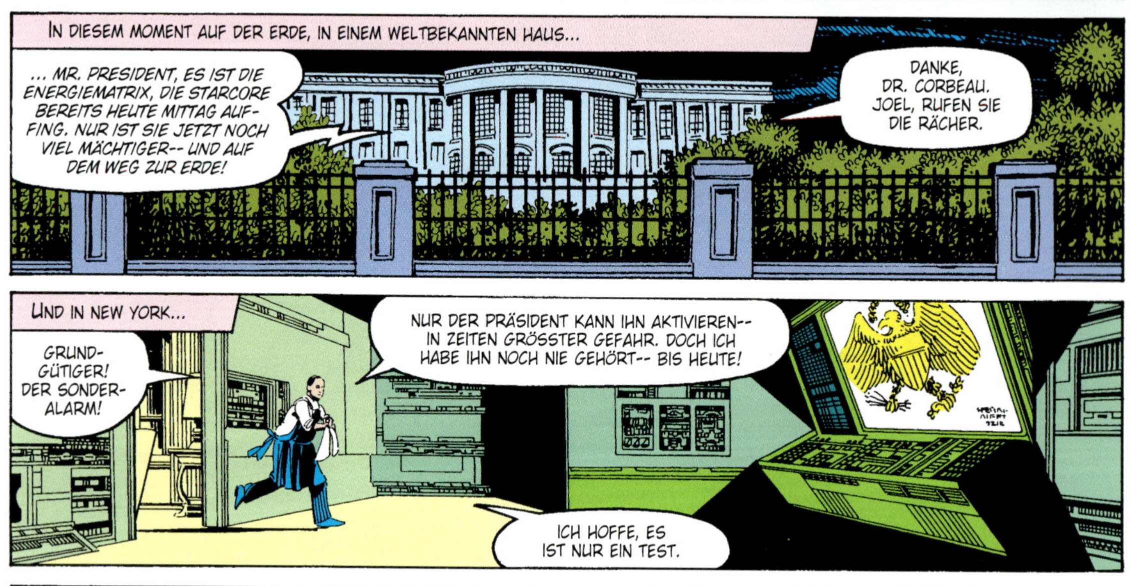
IN DIESEM MOMENT AUF DER ERDE, IN EINEM WELTBEKANNTEN HAUS...
... MR. PRESIDENT, ES IST DIE ENERGIEMATRIX, DIE STARCORE BEREITS HEUTE MITTAG AUFFING. NUR IST SIE JETZT NOCH VIEL MÄCHTIGER-- UND AUF DEM WEG ZUR ERDE!
DANKE, DR. CORBEAU. JOEL, RUFEN SIE DIE RÄCHER.
UND IN NEW YORK...
GRUNDGÜTIGER! DER SONDERALARM!
NUR DER PRÄSIDENT KANN IHN AKTIVIEREN-- IN ZEITEN GRÖSSTER GEFAHR. DOCH ICH HABE IHN NOCH NIE GEHÖRT-- BIS HEUTE!
ICH HOFFE, ES IST NUR EIN TEST.

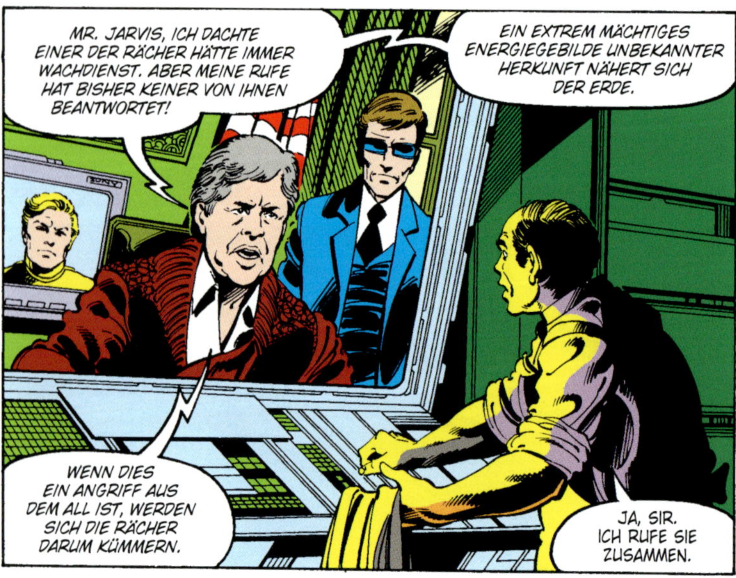
MR. JARVIS, ICH DACHTE EINER DER RÄCHER HÄTTE IMMER WACHDIENST. ABER MEINE RUFE HAT BISHER KEINER VON IHNEN BEANTWORTET!
EIN EXTREM MÄCHTIGES ENERGIEGEBILDE UNBEKANNTER HERKUNFT NÄHERT SICH DER ERDE.
WENN DIES EIN ANGRIFF AUS DEM ALL IST, WERDEN SICH DIE RÄCHER DARUM KÜMMERN.
JA, SIR. ICH RUFE SIE ZUSAMMEN.

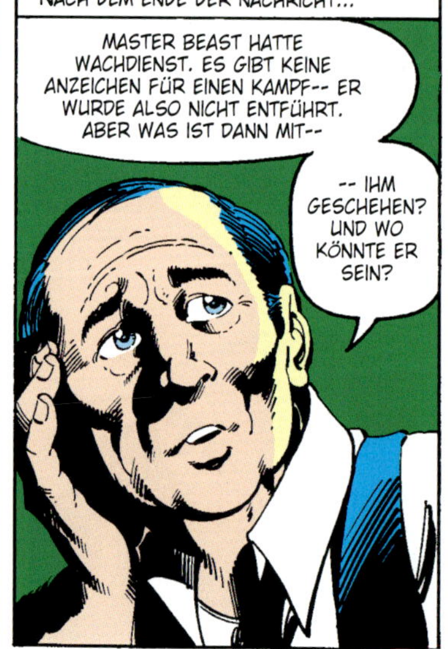
NACH DEM ENDE DER NACHRICHT...
MASTER BEAST HATTE WACHDIENST. ES GIBT KEINE ANZEICHEN FÜR EINEN KAMPF-- ER WURDE ALSO NICHT ENTFÜHRT. ABER WAS IST DANN MIT--
-- IHM GESCHEHEN? UND WO KÖNNTE ER SEIN?

ANTWORT: BEAST HAT SICH ENTSCHLOSSEN, DEN X-MEN IN DIESER SCHWEREN STUNDE ZU HELFEN. ER IST IN SEINE ALTE ***ALMA MATER*** ZURÜCKGEKEHRT-- PROFESSOR XAVIERS ***SCHULE FÜR JUNGE BEGABTE***... ZUGLEICH DAS HAUPTQUARTIER DER ***X-MEN***.

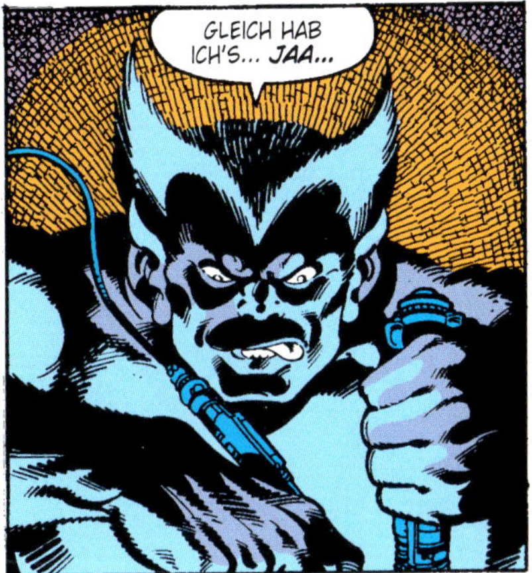

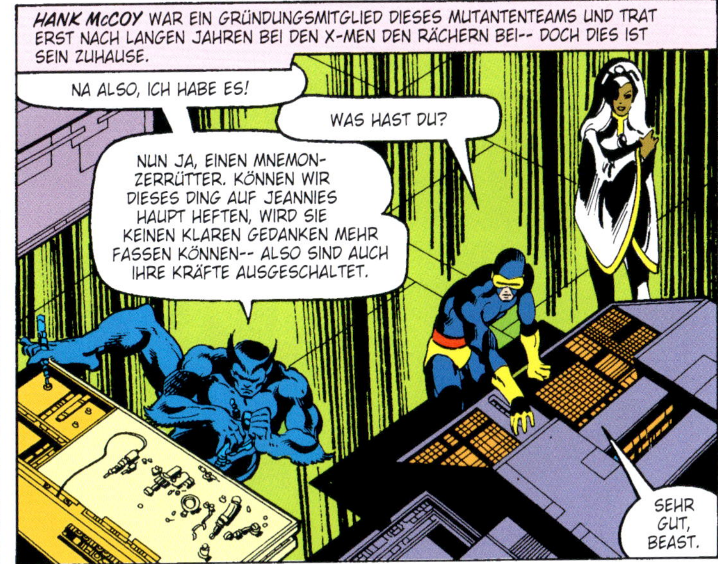

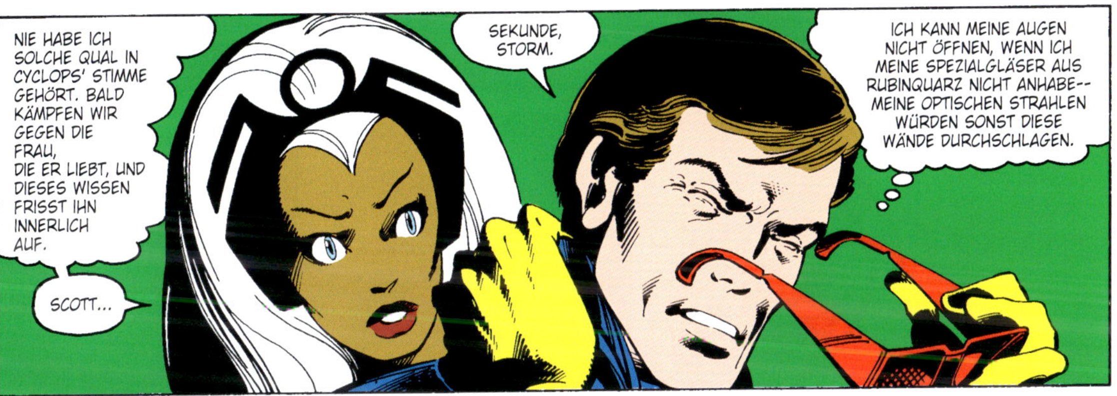

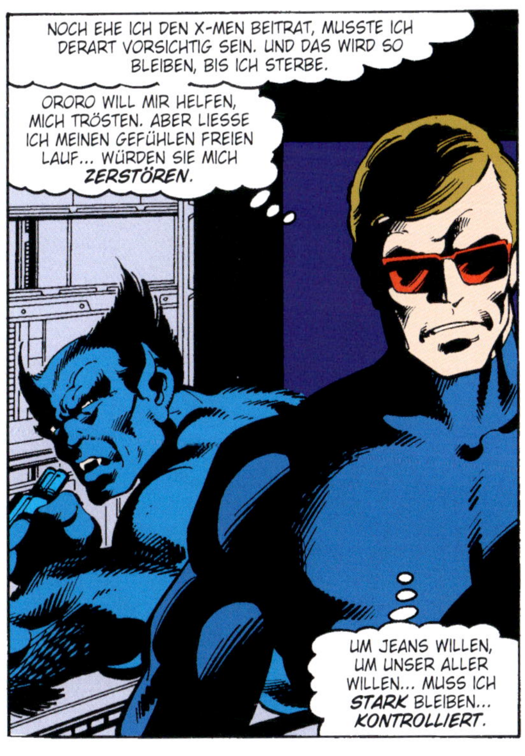

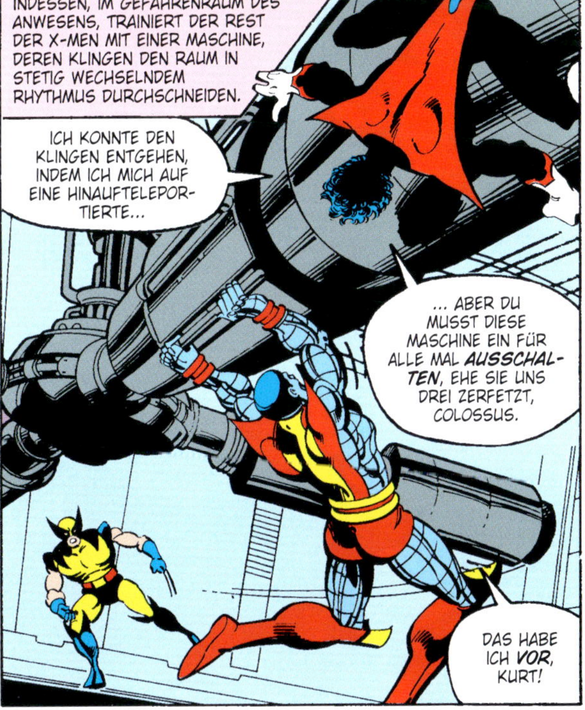

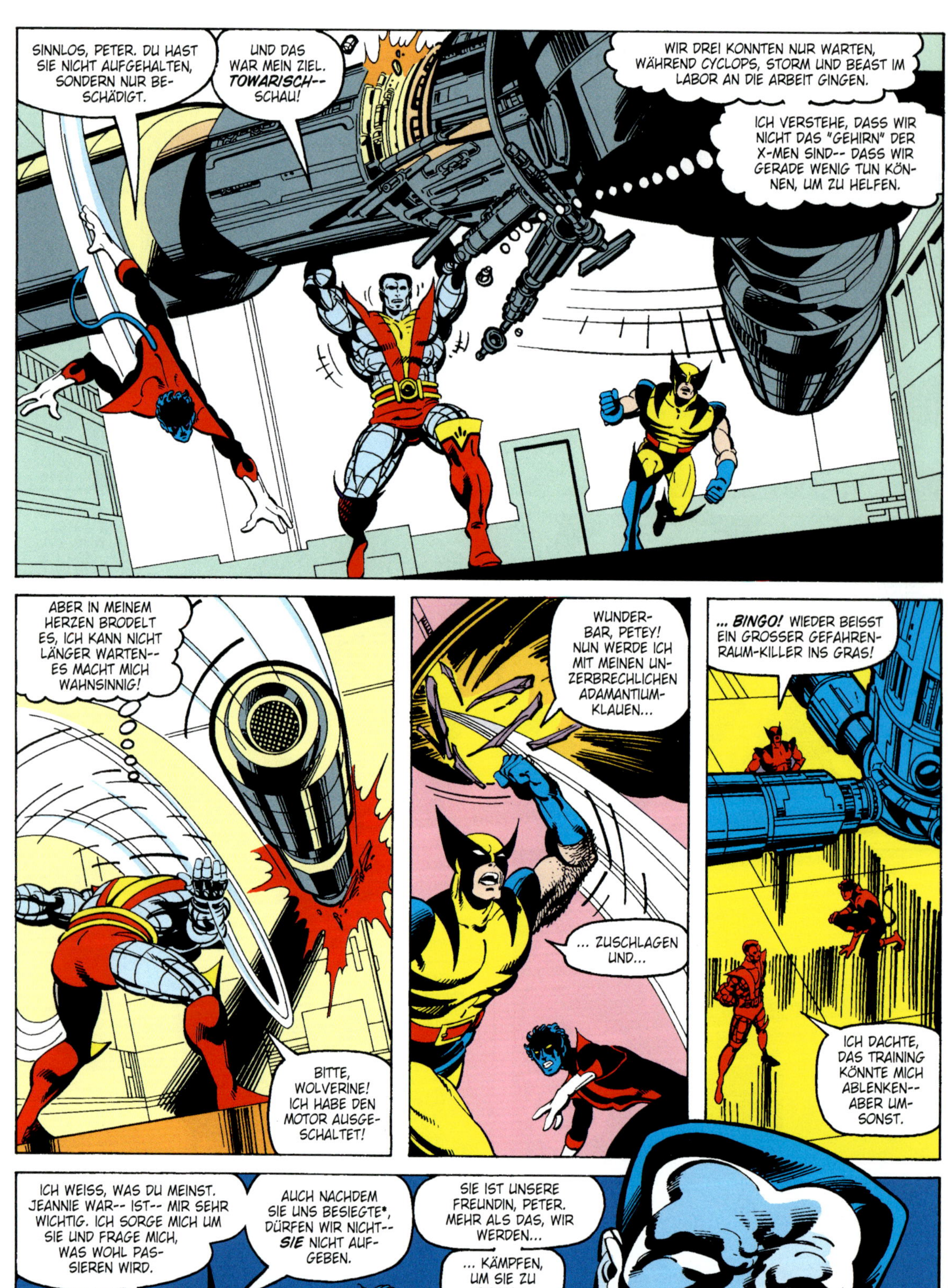

SINNLOS, PETER. DU HAST SIE NICHT AUFGEHALTEN, SONDERN NUR BESCHÄDIGT.
UND DAS WAR MEIN ZIEL. TOWARISCH-- SCHAU!
WIR DREI KONNTEN NUR WARTEN, WÄHREND CYCLOPS, STORM UND BEAST IM LABOR AN DIE ARBEIT GINGEN.
ICH VERSTEHE, DASS WIR NICHT DAS "GEHIRN" DER X-MEN SIND-- DASS WIR GERADE WENIG TUN KÖNNEN, UM ZU HELFEN.
ABER IN MEINEM HERZEN BRODELT ES, ICH KANN NICHT LÄNGER WARTEN-- ES MACHT MICH WAHNSINNIG!
BITTE, WOLVERINE! ICH HABE DEN MOTOR AUSGESCHALTET!
WUNDERBAR, PETEY! NUN WERDE ICH MIT MEINEN UNZERBRECHLICHEN ADAMANTIUM-KLAUEN...
... ZUSCHLAGEN UND...
... BINGO! WIEDER BEISST EIN GROSSER GEFAHREN-RAUM-KILLER INS GRAS!
ICH DACHTE, DAS TRAINING KÖNNTE MICH ABLENKEN-- ABER UMSONST.
ICH WEISS, WAS DU MEINST. JEANNIE WAR-- IST-- MIR SEHR WICHTIG. ICH SORGE MICH UM SIE UND FRAGE MICH, WAS WOHL PASSIEREN WIRD.
AUCH NACHDEM SIE UNS BESIEGTE*, DÜRFEN WIR NICHT-- SIE NICHT AUFGEBEN.
SIE IST UNSERE FREUNDIN, PETER. MEHR ALS DAS, WIR WERDEN...
... KÄMPFEN, UM SIE ZU RETTEN.
* LETZTE STORY-- CH.

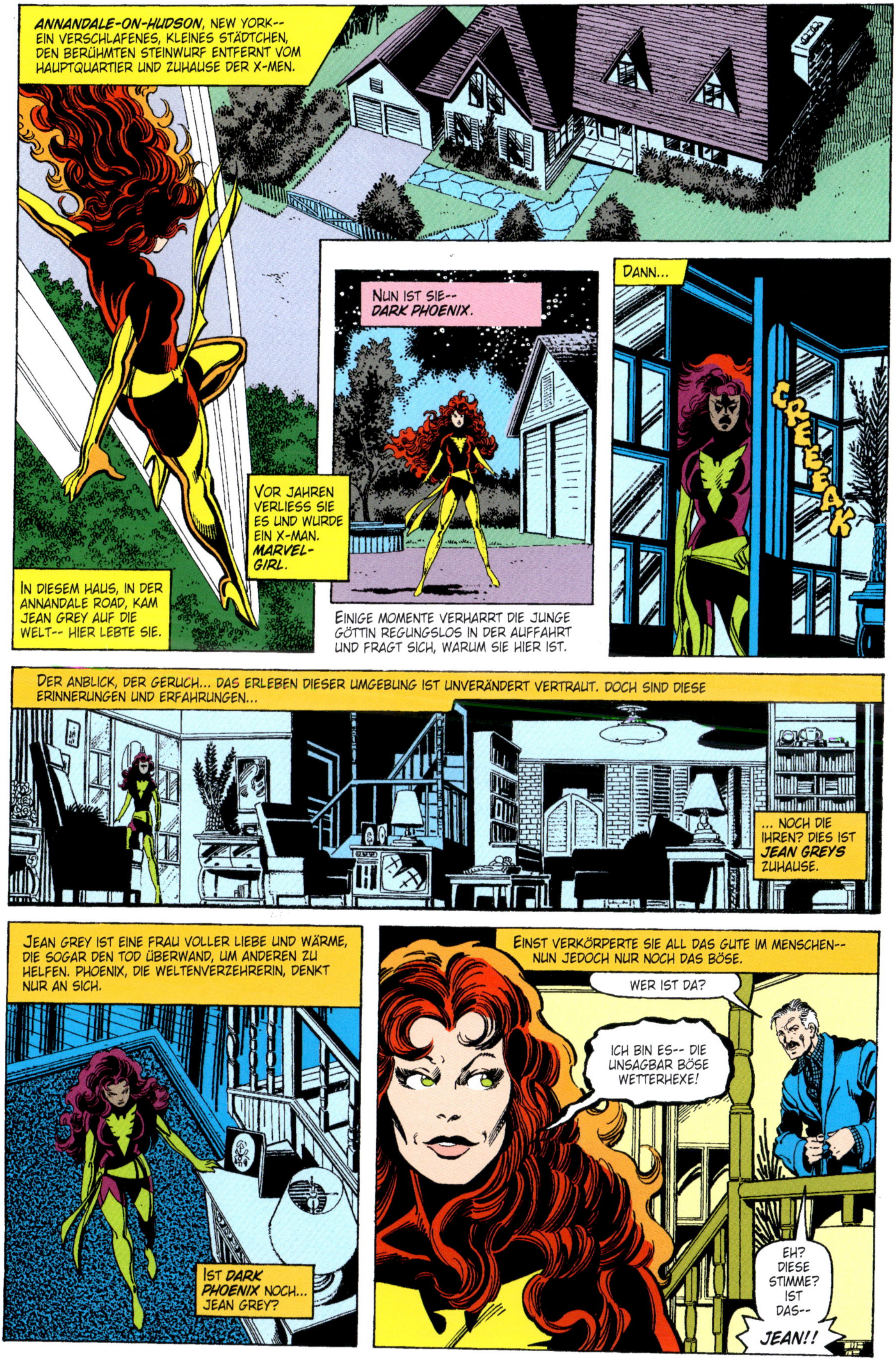

ANNANDALE-ON-HUDSON, NEW YORK--
EIN VERSCHLAFENES, KLEINES STÄDTCHEN, DEN BERÜHMTEN STEINWURF ENTFERNT VOM HAUPTQUARTIER UND ZUHAUSE DER X-MEN.

IN DIESEM HAUS, IN DER ANNANDALE ROAD, KAM JEAN GREY AUF DIE WELT-- HIER LEBTE SIE.

VOR JAHREN VERLIESS SIE ES UND WURDE EIN X-MAN. ***MARVEL-GIRL***.

NUN IST SIE-- ***DARK PHOENIX***.

EINIGE MOMENTE VERHARRT DIE JUNGE GÖTTIN REGUNGSLOS IN DER AUFFAHRT UND FRAGT SICH, WARUM SIE HIER IST.

DANN...

CREEEAK

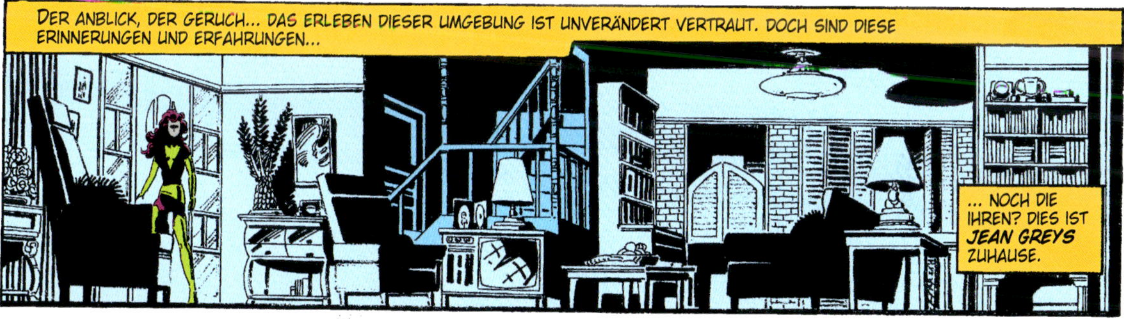

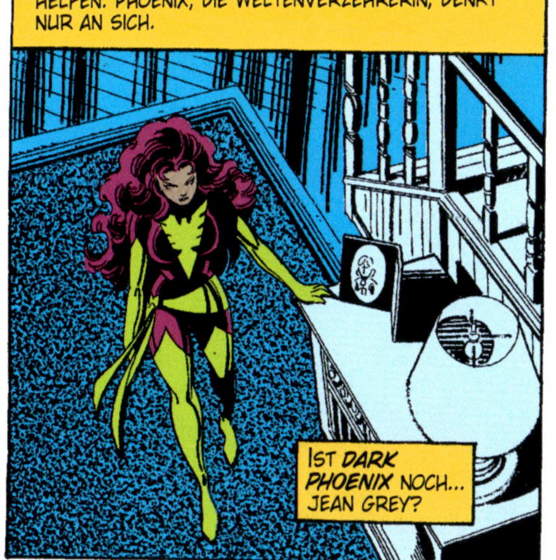

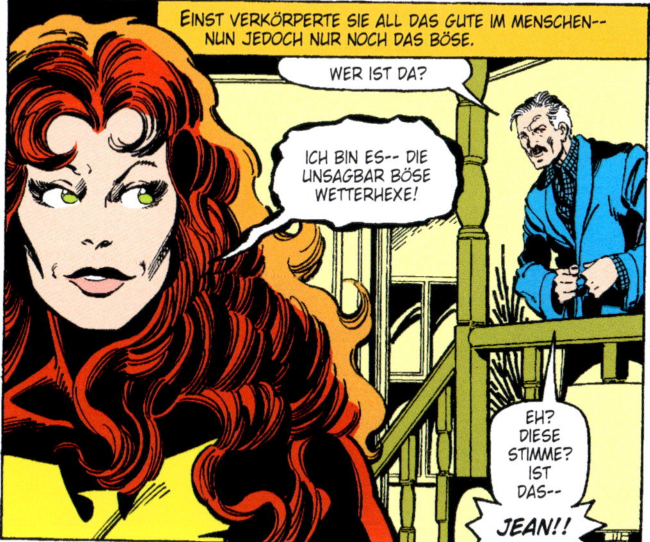

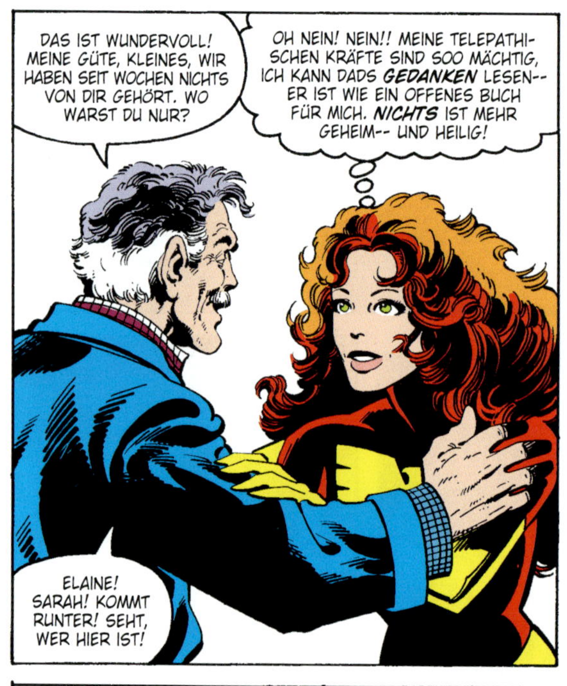
DAS IST WUNDERVOLL! MEINE GÜTE, KLEINES, WIR HABEN SEIT WOCHEN NICHTS VON DIR GEHÖRT. WO WARST DU NUR?
OH NEIN! NEIN!! MEINE TELEPATHISCHEN KRÄFTE SIND SOO MÄCHTIG, ICH KANN DADS GEDANKEN LESEN-- ER IST WIE EIN OFFENES BUCH FÜR MICH. NICHTS IST MEHR GEHEIM-- UND HEILIG!
ELAINE! SARAH! KOMMT RUNTER! SEHT, WER HIER IST!

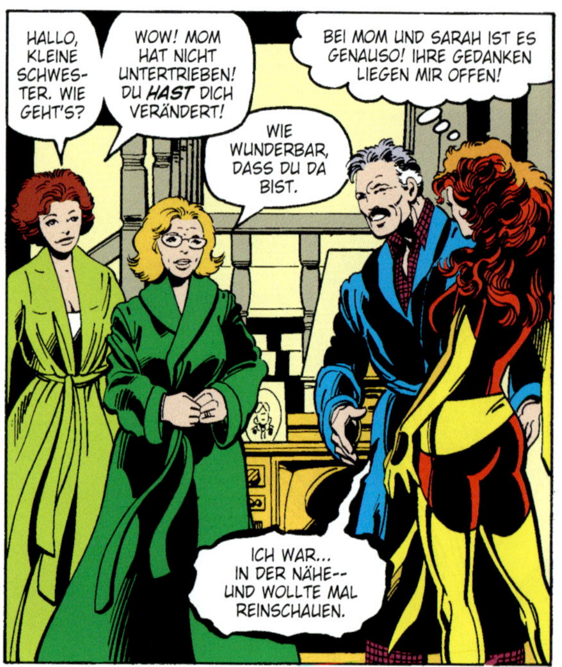
HALLO, KLEINE SCHWESTER. WIE GEHT'S?
WOW! MOM HAT NICHT UNTERTRIEBEN! DU HAST DICH VERÄNDERT!
BEI MOM UND SARAH IST ES GENAUSO! IHRE GEDANKEN LIEGEN MIR OFFEN!
WIE WUNDERBAR, DASS DU DA BIST.
ICH WAR... IN DER NÄHE-- UND WOLLTE MAL REINSCHAUEN.

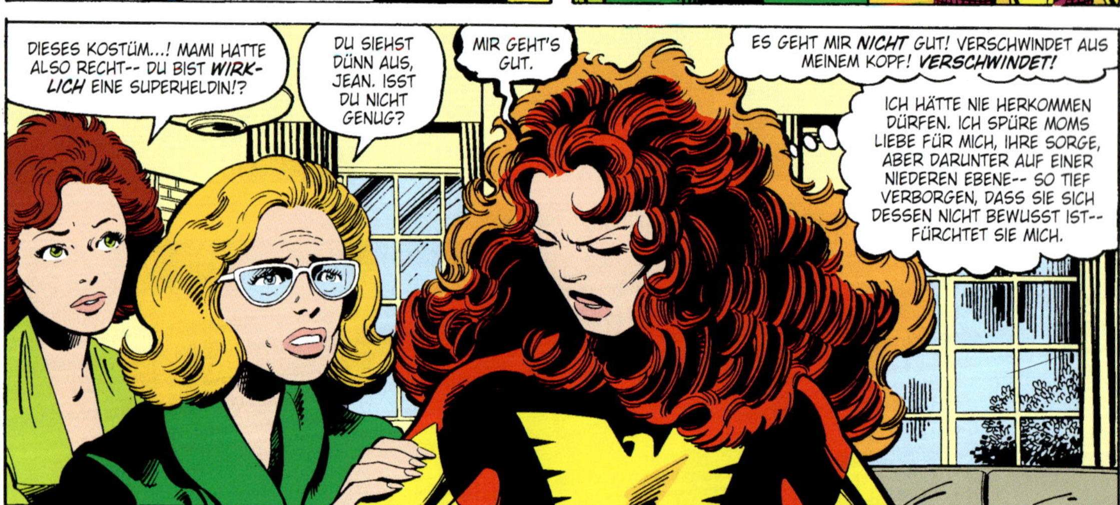
DIESES KOSTÜM...! MAMI HATTE ALSO RECHT-- DU BIST WIRKLICH EINE SUPERHELDIN!?
DU SIEHST DÜNN AUS, JEAN. ISST DU NICHT GENUG?
MIR GEHT'S GUT.
ES GEHT MIR NICHT GUT! VERSCHWINDET AUS MEINEM KOPF! VERSCHWINDET!
ICH HÄTTE NIE HERKOMMEN DÜRFEN. ICH SPÜRE MOMS LIEBE FÜR MICH, IHRE SORGE, ABER DARUNTER AUF EINER NIEDEREN EBENE-- SO TIEF VERBORGEN, DASS SIE SICH DESSEN NICHT BEWUSST IST-- FÜRCHTET SIE MICH.

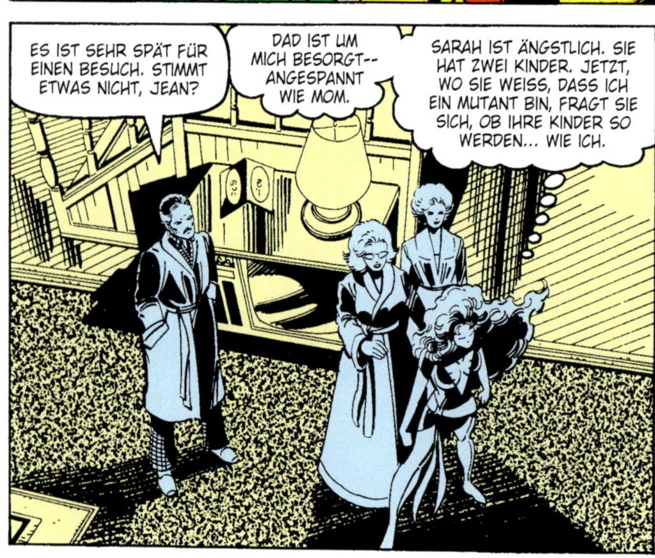
ES IST SEHR SPÄT FÜR EINEN BESUCH. STIMMT ETWAS NICHT, JEAN?
DAD IST UM MICH BESORGT-- ANGESPANNT WIE MOM.
SARAH IST ÄNGSTLICH. SIE HAT ZWEI KINDER. JETZT, WO SIE WEISS, DASS ICH EIN MUTANT BIN, FRAGT SIE SICH, OB IHRE KINDER SO WERDEN... WIE ICH.

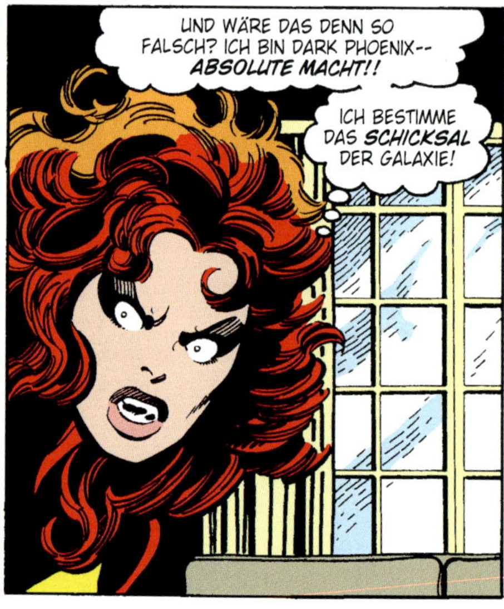
UND WÄRE DAS DENN SO FALSCH? ICH BIN DARK PHOENIX-- ABSOLUTE MACHT!!
ICH BESTIMME DAS SCHICKSAL DER GALAXIE!

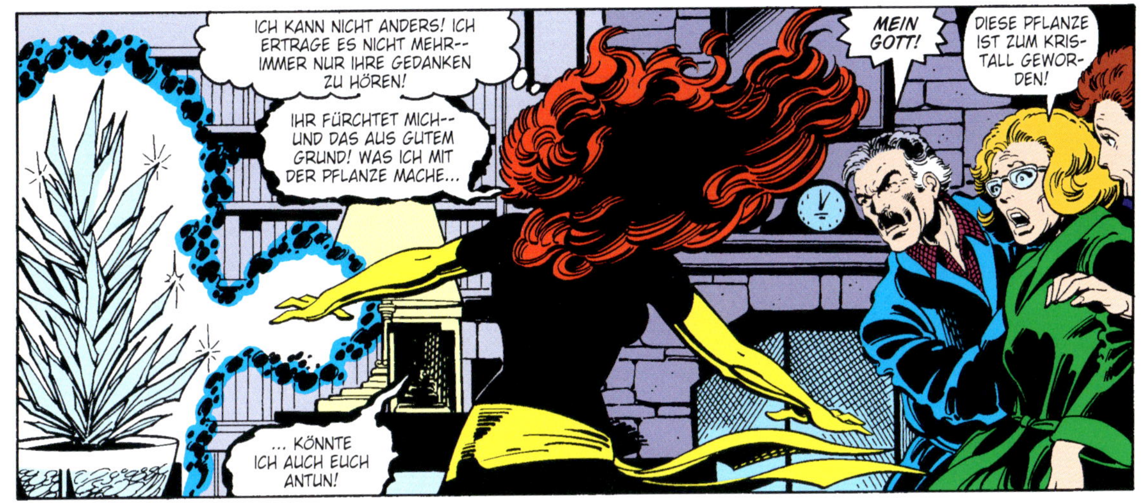
ICH KANN NICHT ANDERS! ICH ERTRAGE ES NICHT MEHR-- IMMER NUR IHRE GEDANKEN ZU HÖREN!
IHR FÜRCHTET MICH-- UND DAS AUS GUTEM GRUND! WAS ICH MIT DER PFLANZE MACHE...
... KÖNNTE ICH AUCH EUCH ANTUN!
MEIN GOTT!
DIESE PFLANZE IST ZUM KRISTALL GEWORDEN!
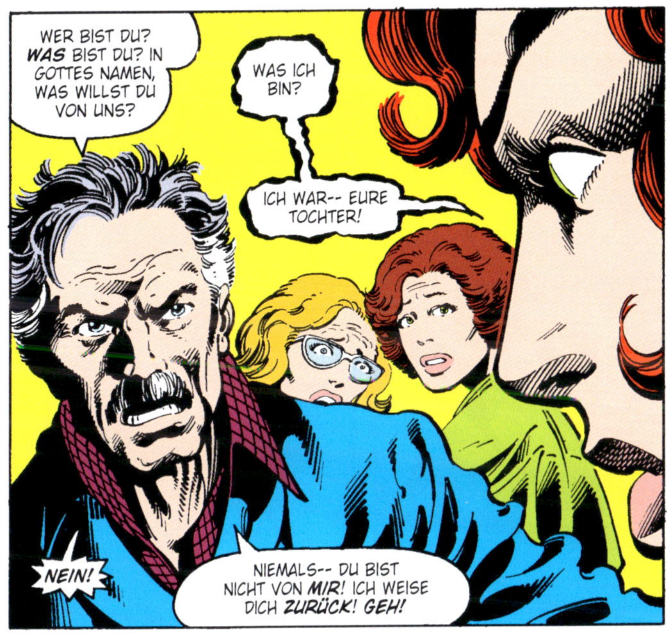
WER BIST DU? WAS BIST DU? IN GOTTES NAMEN, WAS WILLST DU VON UNS?
WAS ICH BIN?
ICH WAR-- EURE TOCHTER!
NEIN!
NIEMALS-- DU BIST NICHT VON MIR! ICH WEISE DICH ZURÜCK! GEH!
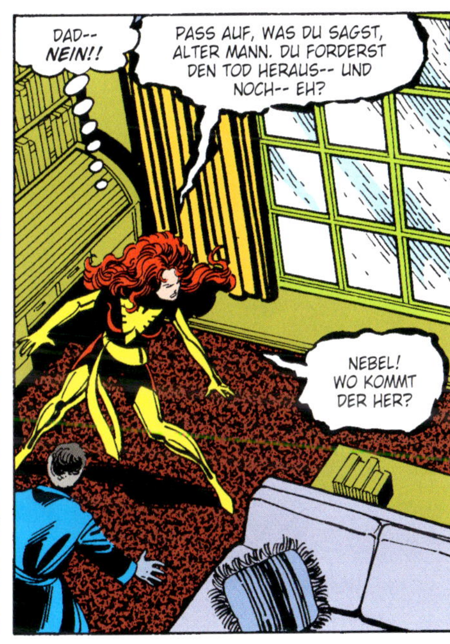
DAD-- NEIN!!
PASS AUF, WAS DU SAGST, ALTER MANN. DU FORDERST DEN TOD HERAUS-- UND NOCH-- EH?
NEBEL! WO KOMMT DER HER?
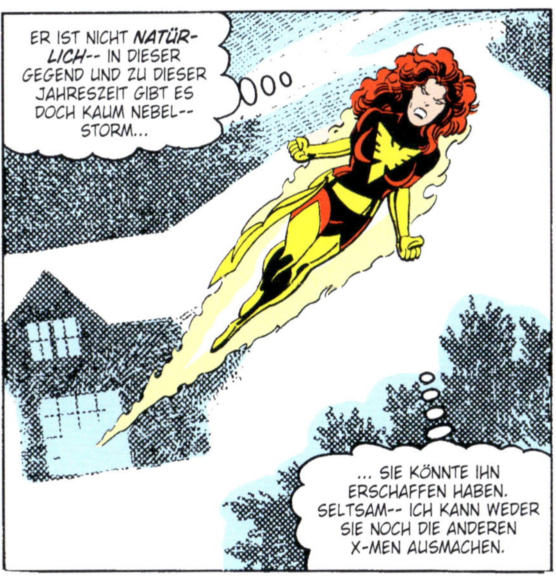
ER IST NICHT NATÜRLICH-- IN DIESER GEGEND UND ZU DIESER JAHRESZEIT GIBT ES DOCH KAUM NEBEL-- STORM...
... SIE KÖNNTE IHN ERSCHAFFEN HABEN. SELTSAM-- ICH KANN WEDER SIE NOCH DIE ANDEREN X-MEN AUSMACHEN.
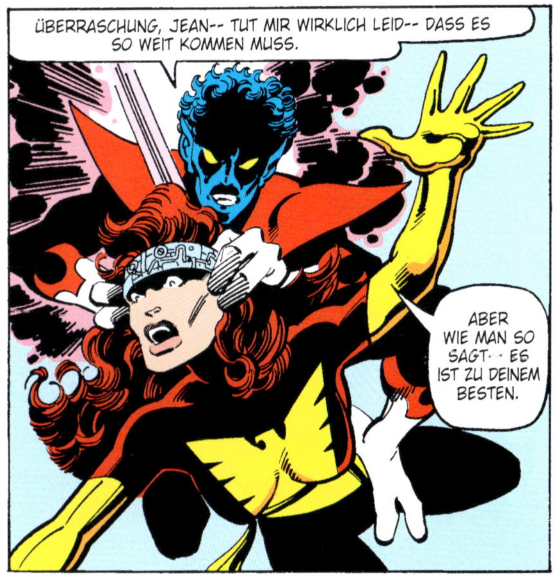
ÜBERRASCHUNG, JEAN-- TUT MIR WIRKLICH LEID-- DASS ES SO WEIT KOMMEN MUSS.
ABER WIE MAN SO SAGT-- ES IST ZU DEINEM BESTEN.

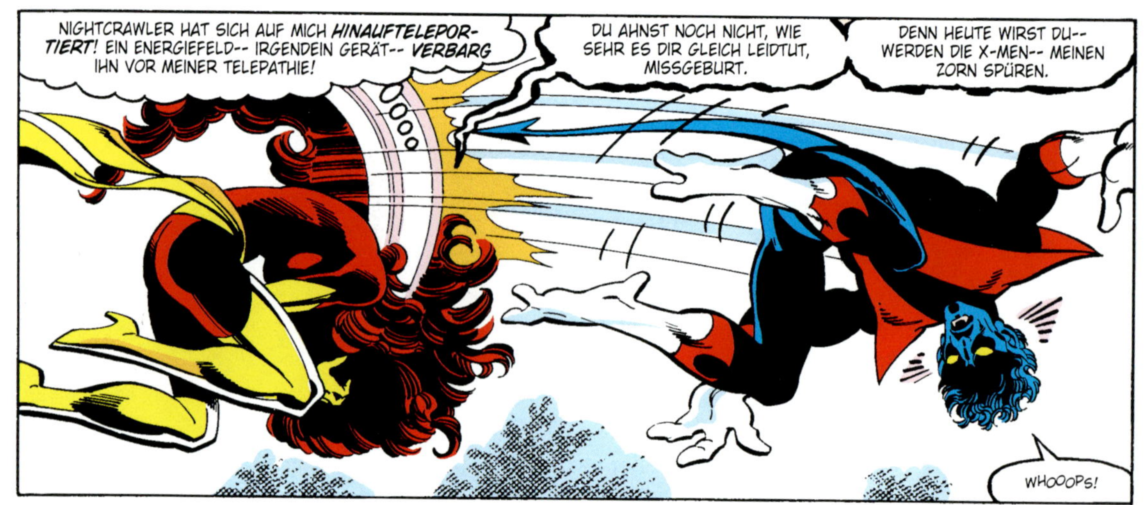
NIGHTCRAWLER HAT SICH AUF MICH HINAUFTELEPORTIERT! EIN ENERGIEFELD-- IRGENDEIN GERÄT-- VERBARG IHN VOR MEINER TELEPATHIE!
DU AHNST NOCH NICHT, WIE SEHR ES DIR GLEICH LEIDTUT, MISSGEBURT.
DENN HEUTE WIRST DU-- WERDEN DIE X-MEN-- MEINEN ZORN SPÜREN.
WHOOOPS!

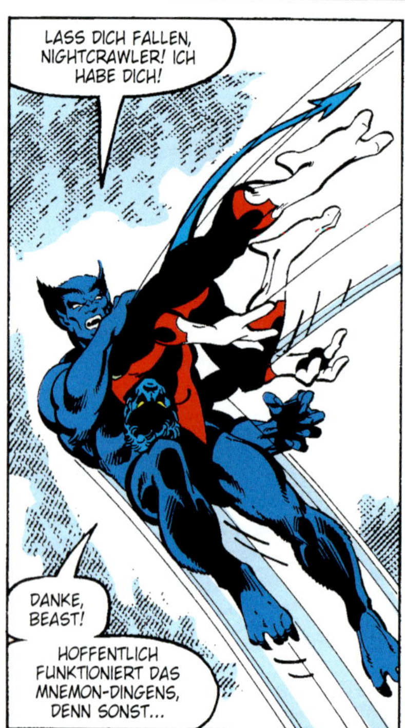
LASS DICH FALLEN, NIGHTCRAWLER! ICH HABE DICH!
DANKE, BEAST!
HOFFENTLICH FUNKTIONIERT DAS MNEMON-DINGENS, DENN SONST...

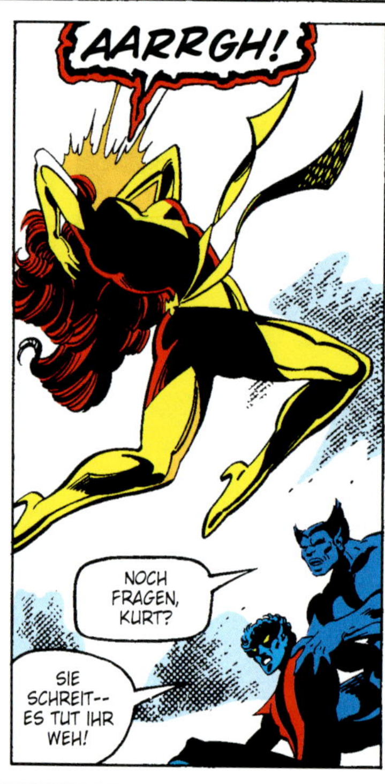
AARRGH!
NOCH FRAGEN, KURT?
SIE SCHREIT-- ES TUT IHR WEH!

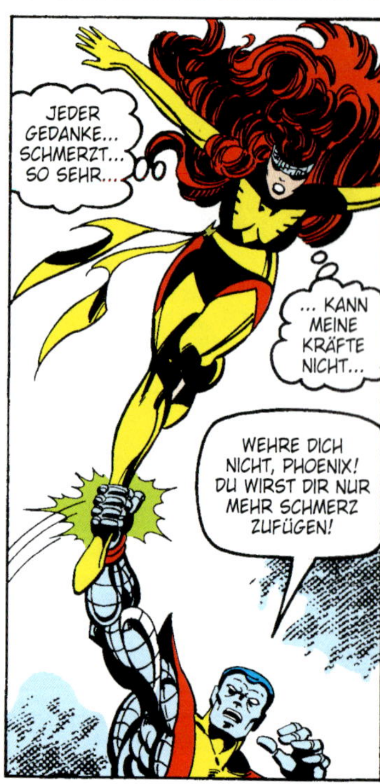
JEDER GEDANKE... SCHMERZT... SO SEHR...
... KANN MEINE KRÄFTE NICHT...
WEHRE DICH NICHT, PHOENIX! DU WIRST DIR NUR MEHR SCHMERZ ZUFÜGEN!

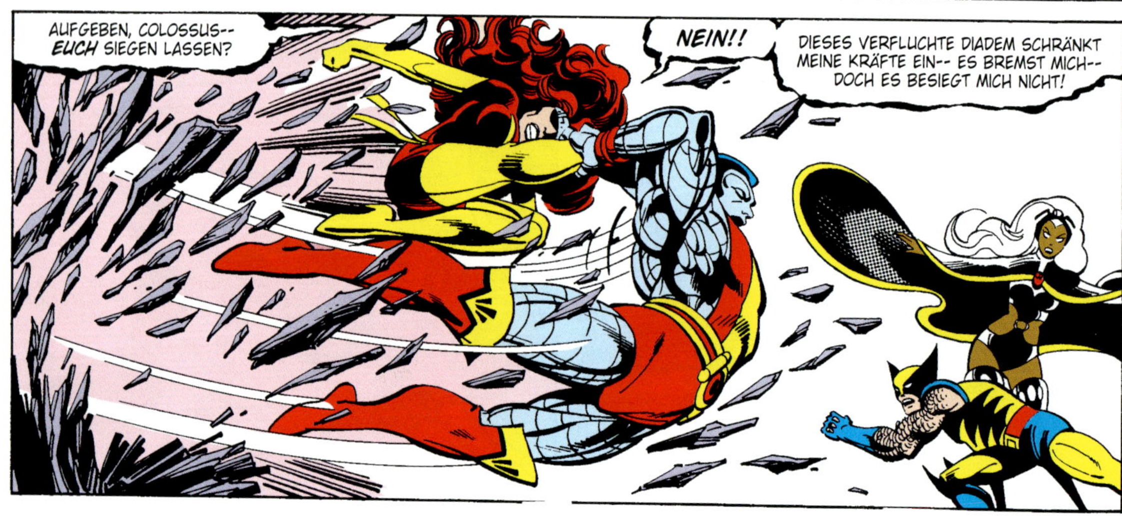
AUFGEBEN, COLOSSUS-- EUCH SIEGEN LASSEN?
NEIN!!
DIESES VERFLUCHTE DIADEM SCHRÄNKT MEINE KRÄFTE EIN-- ES BREMST MICH-- DOCH ES BESIEGT MICH NICHT!

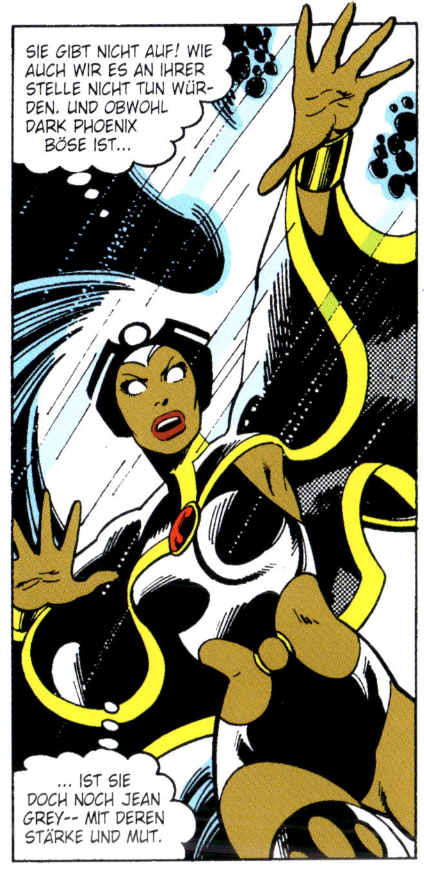
SIE GIBT NICHT AUF! WIE AUCH WIR ES AN IHRER STELLE NICHT TUN WÜRDEN. UND OBWOHL DARK PHOENIX BÖSE IST...
... IST SIE DOCH NOCH JEAN GREY-- MIT DEREN STÄRKE UND MUT.

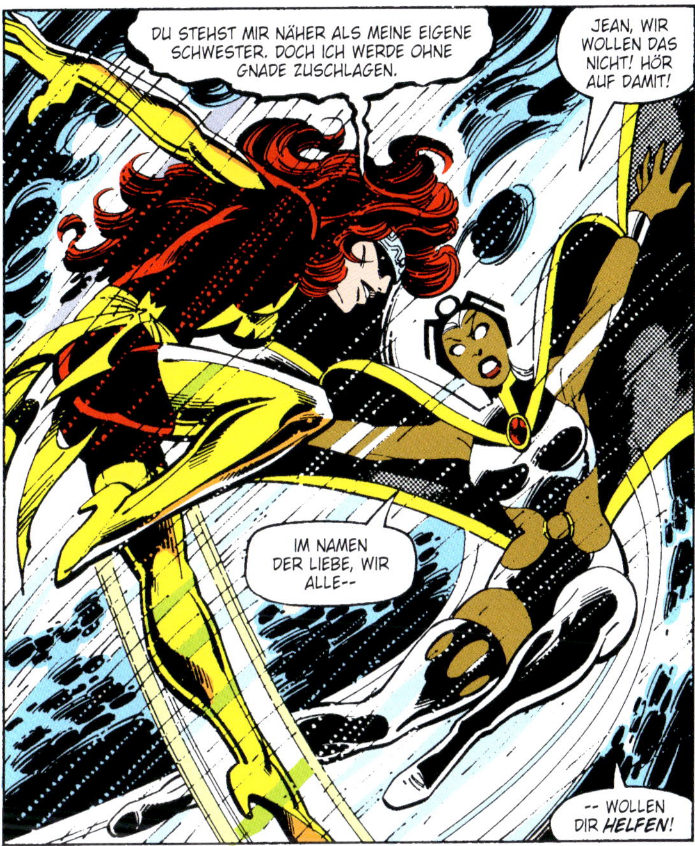
DU STEHST MIR NÄHER ALS MEINE EIGENE SCHWESTER. DOCH ICH WERDE OHNE GNADE ZUSCHLAGEN.
JEAN, WIR WOLLEN DAS NICHT! HÖR AUF DAMIT!
IM NAMEN DER LIEBE, WIR ALLE--
-- WOLLEN DIR HELFEN!

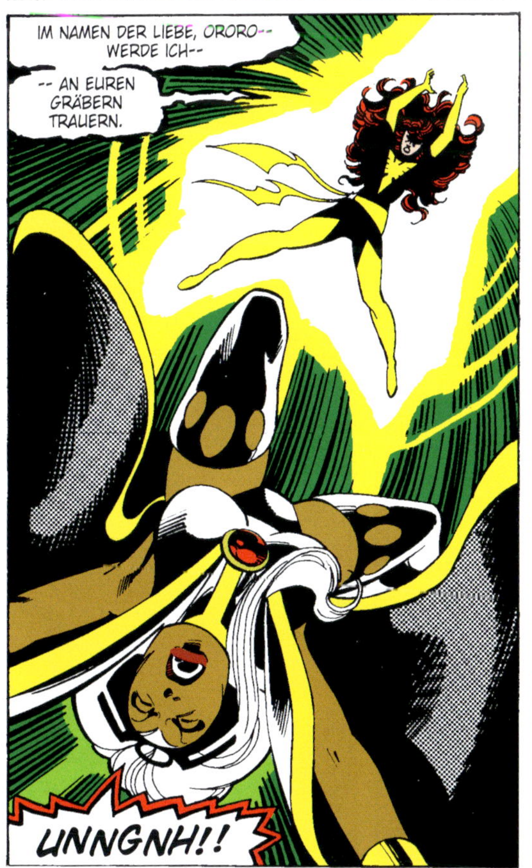
IM NAMEN DER LIEBE, ORORO-- WERDE ICH--
-- AN EUREN GRÄBERN TRAUERN.
UNNGNH!!

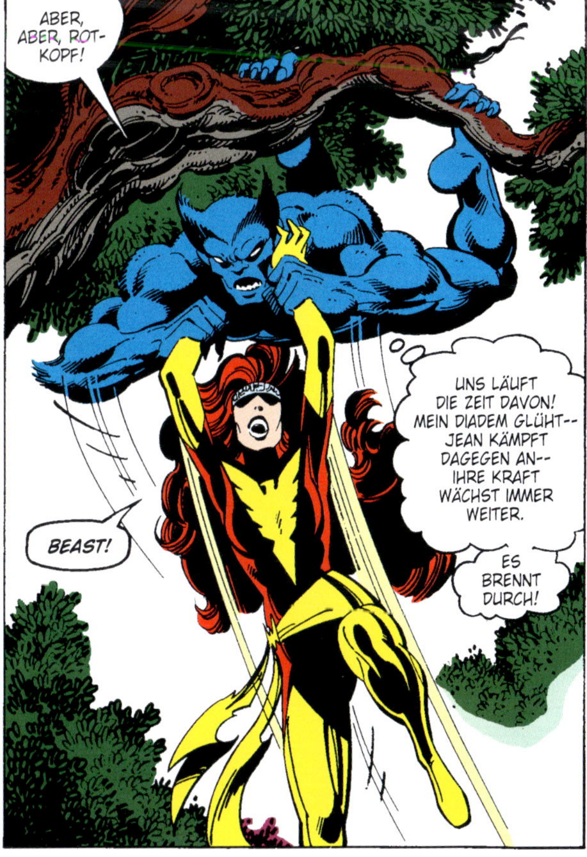
ABER, ABER, ROTKOPF!
UNS LÄUFT DIE ZEIT DAVON! MEIN DIADEM GLÜHT-- JEAN KÄMPFT DAGEGEN AN-- IHRE KRAFT WÄCHST IMMER WEITER.
BEAST!
ES BRENNT DURCH!

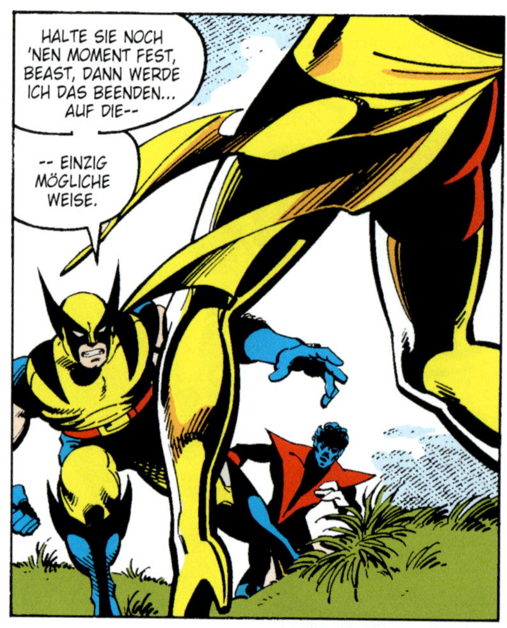
HALTE SIE NOCH 'NEN MOMENT FEST, BEAST, DANN WERDE ICH DAS BEENDEN... AUF DIE--
-- EINZIG MÖGLICHE WEISE.

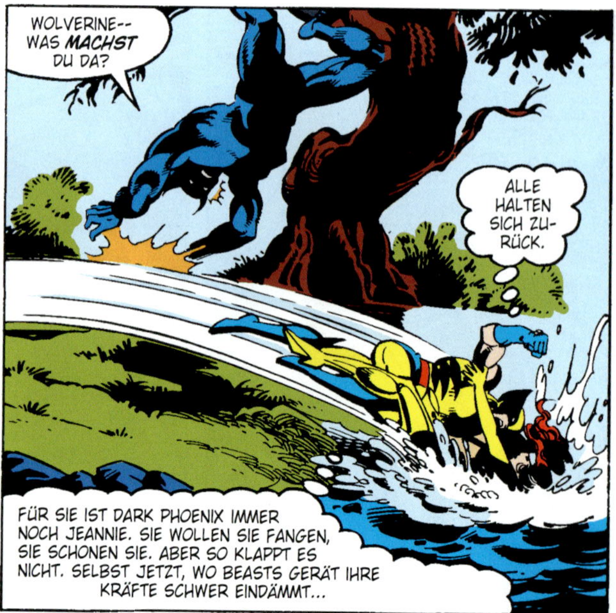
WOLVERINE-- WAS **MACHST** DU DA?
ALLE HALTEN SICH ZURÜCK.
FÜR SIE IST DARK PHOENIX IMMER NOCH JEANNIE. SIE WOLLEN SIE FANGEN, SIE SCHONEN SIE. ABER SO KLAPPT ES NICHT. SELBST JETZT, WO BEASTS GERÄT IHRE KRÄFTE SCHWER EINDÄMMT...

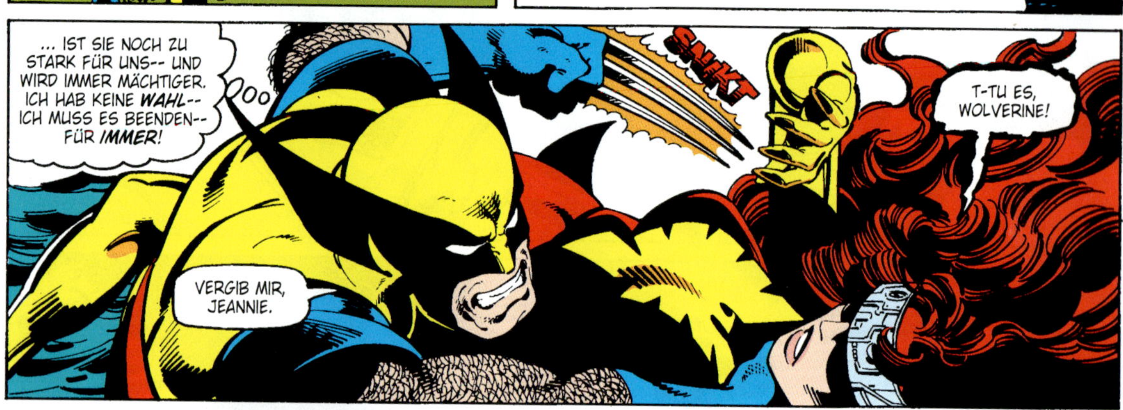
... IST SIE NOCH ZU STARK FÜR UNS-- UND WIRD IMMER MÄCHTIGER. ICH HAB KEINE **WAHL**-- ICH MUSS ES BEENDEN-- FÜR **IMMER**!
SNIKT
T-TU ES, WOLVERINE!
VERGIB MIR, JEANNIE.

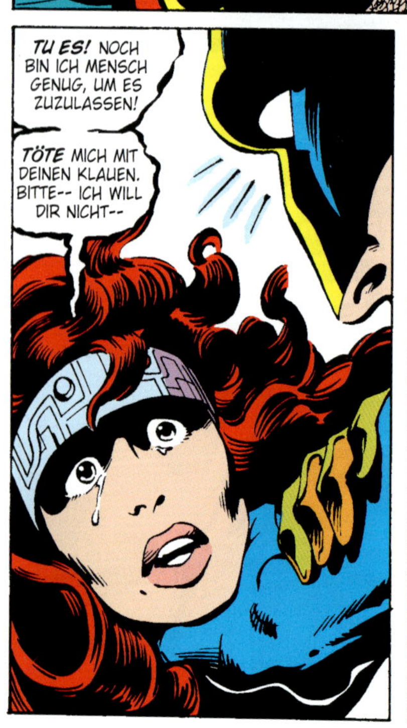
TU ES! NOCH BIN ICH MENSCH GENUG, UM ES ZUZULASSEN!
TÖTE MICH MIT DEINEN KLAUEN. BITTE-- ICH WILL DIR NICHT--

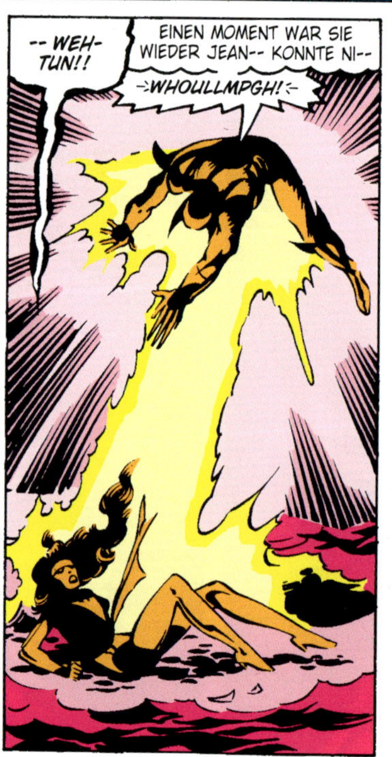
-- **WEH-TUN!!**
EINEN MOMENT WAR SIE WIEDER JEAN-- KONNTE NI--
-**WHOULLMPGH!**-

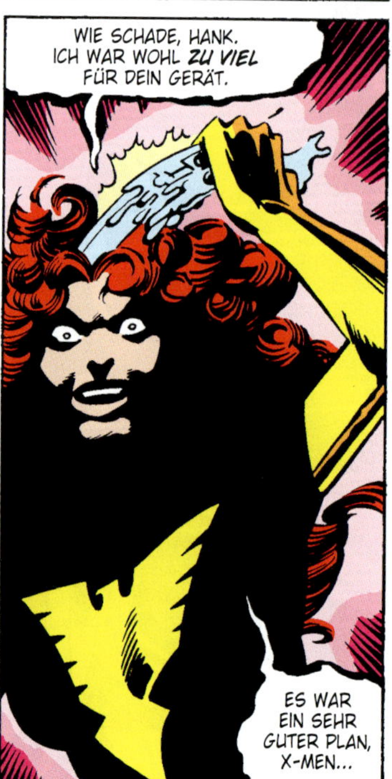
WIE SCHADE, HANK. ICH WAR WOHL **ZU VIEL** FÜR DEIN GERÄT.
ES WAR EIN SEHR GUTER PLAN, X-MEN...

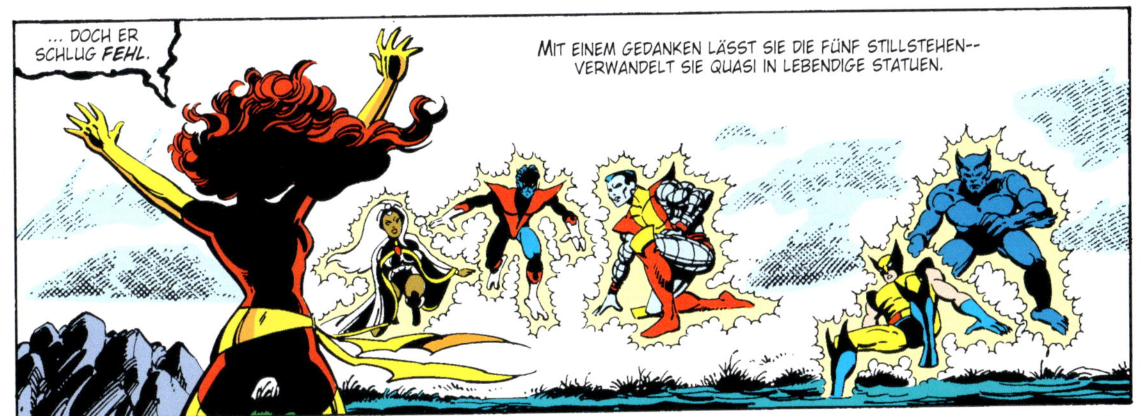
... DOCH ER SCHLUG FEHL.
MIT EINEM GEDANKEN LÄSST SIE DIE FÜNF STILLSTEHEN-- VERWANDELT SIE QUASI IN LEBENDIGE STATUEN.

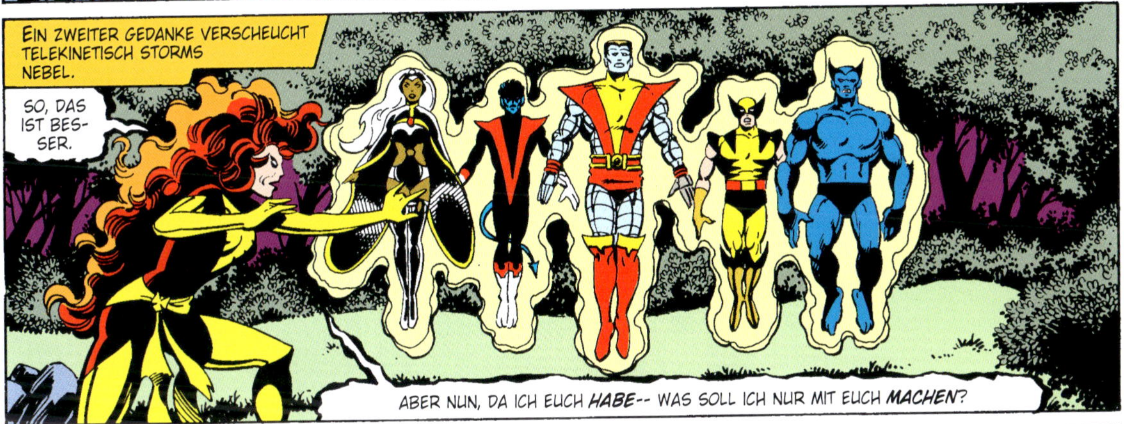
EIN ZWEITER GEDANKE VERSCHEUCHT TELEKINETISCH STORMS NEBEL.
SO, DAS IST BESSER.
ABER NUN, DA ICH EUCH HABE-- WAS SOLL ICH NUR MIT EUCH MACHEN?

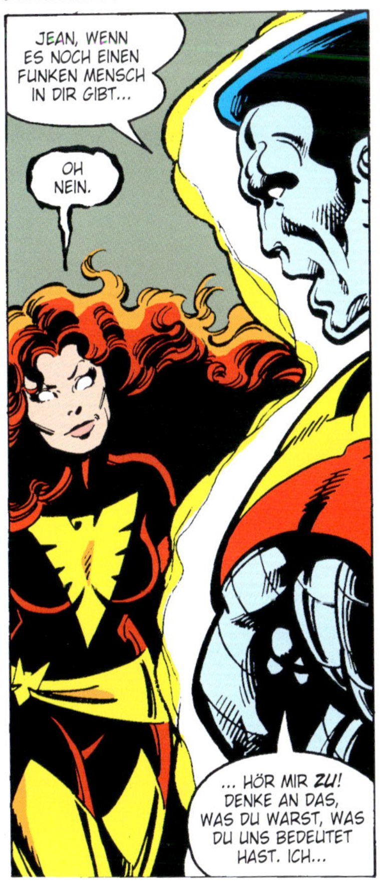
JEAN, WENN ES NOCH EINEN FUNKEN MENSCH IN DIR GIBT...
OH NEIN.
... HÖR MIR ZU! DENKE AN DAS, WAS DU WARST, WAS DU UNS BEDEUTET HAST. ICH...

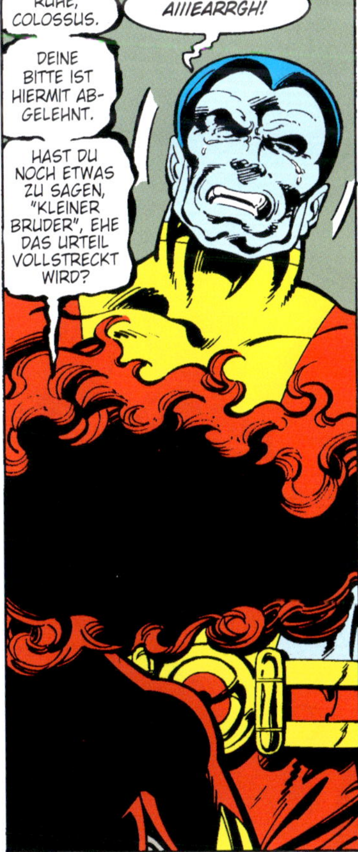
RUHE, COLOSSUS.
AIIIEARRGH!
DEINE BITTE IST HIERMIT ABGELEHNT.
HAST DU NOCH ETWAS ZU SAGEN, "KLEINER BRUDER", EHE DAS URTEIL VOLLSTRECKT WIRD?

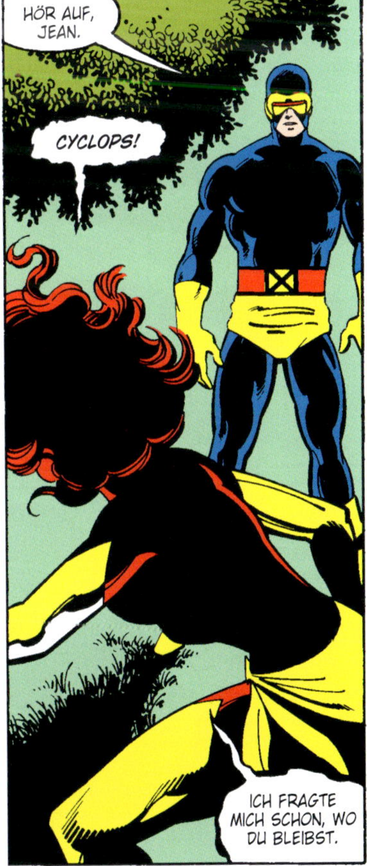
HÖR AUF, JEAN.
CYCLOPS!
ICH FRAGTE MICH SCHON, WO DU BLEIBST.

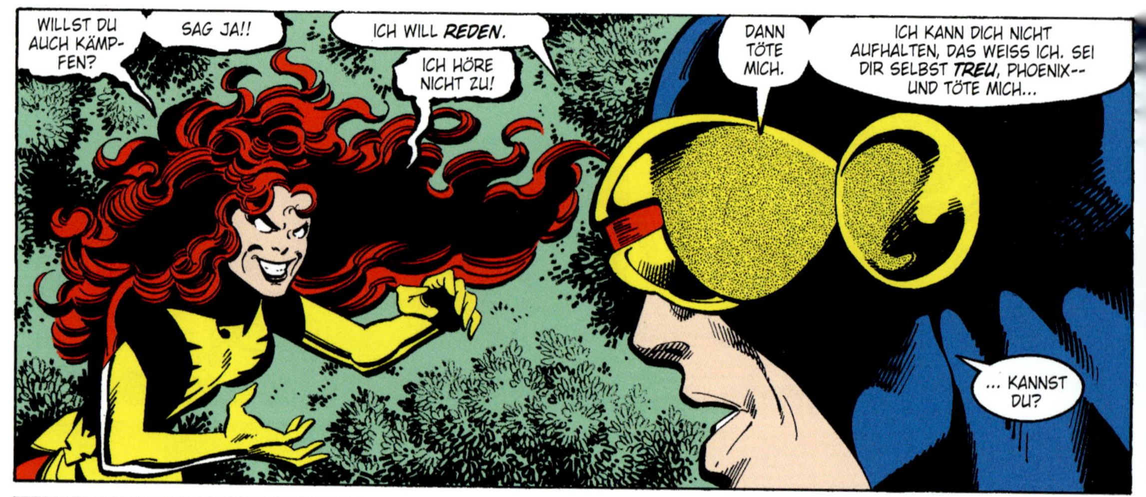
WILLST DU AUCH KÄMPFEN?
SAG JA!!
ICH WILL REDEN.
ICH HÖRE NICHT ZU!
DANN TÖTE MICH.
ICH KANN DICH NICHT AUFHALTEN, DAS WEISS ICH. SEI DIR SELBST TREU, PHOENIX-- UND TÖTE MICH...
... KANNST DU?

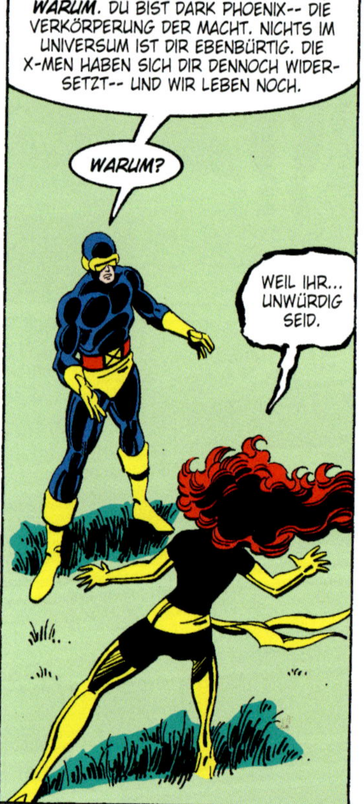
ABER WENN NICHT, DANN FRAGE DICH, WARUM. DU BIST DARK PHOENIX-- DIE VERKÖRPERUNG DER MACHT. NICHTS IM UNIVERSUM IST DIR EBENBÜRTIG. DIE X-MEN HABEN SICH DIR DENNOCH WIDERSETZT-- UND WIR LEBEN NOCH.
WARUM?
WEIL IHR... UNWÜRDIG SEID.

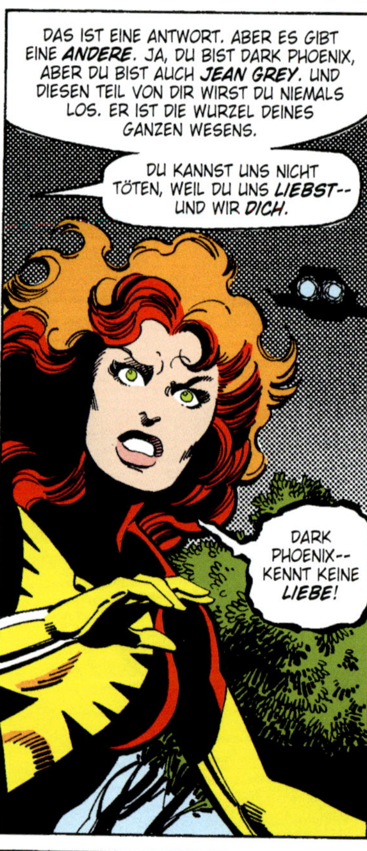
DAS IST EINE ANTWORT. ABER ES GIBT EINE ANDERE. JA, DU BIST DARK PHOENIX, ABER DU BIST AUCH JEAN GREY. UND DIESEN TEIL VON DIR WIRST DU NIEMALS LOS. ER IST DIE WURZEL DEINES GANZEN WESENS.
DU KANNST UNS NICHT TÖTEN, WEIL DU UNS LIEBST-- UND WIR DICH.
DARK PHOENIX-- KENNT KEINE LIEBE!

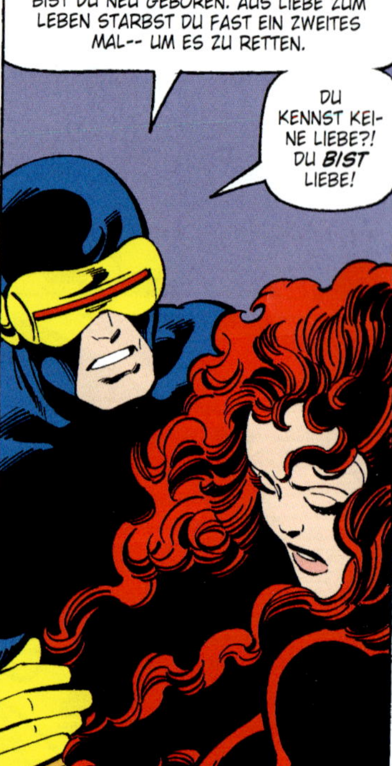
JA? AUS LIEBE ZU DEN X-MEN HAST DU DEIN LEBEN GEOPFERT. AUS LIEBE ZU MIR BIST DU NEU GEBOREN. AUS LIEBE ZUM LEBEN STARBST DU FAST EIN ZWEITES MAL-- UM ES ZU RETTEN.
DU KENNST KEINE LIEBE?! DU BIST LIEBE!

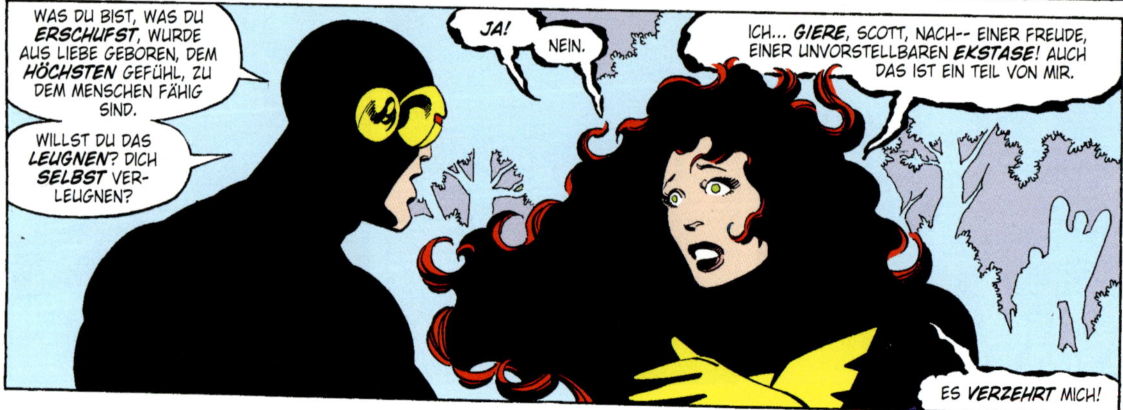
WAS DU BIST, WAS DU ERSCHUFST, WURDE AUS LIEBE GEBOREN, DEM HÖCHSTEN GEFÜHL, ZU DEM MENSCHEN FÄHIG SIND.
WILLST DU DAS LEUGNEN? DICH SELBST VERLEUGNEN?
JA!
NEIN.
ICH... GIERE, SCOTT, NACH-- EINER FREUDE, EINER UNVORSTELLBAREN EKSTASE! AUCH DAS IST EIN TEIL VON MIR.
ES VERZEHRT MICH!

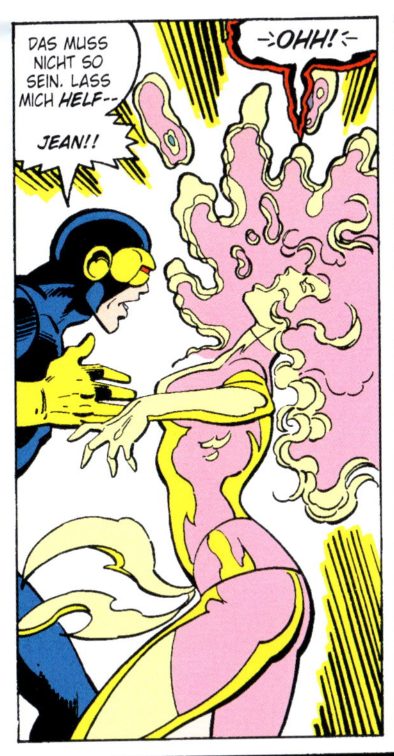

DAS MUSS NICHT SO SEIN. LASS MICH HELF--
JEAN!!
-OHH!-

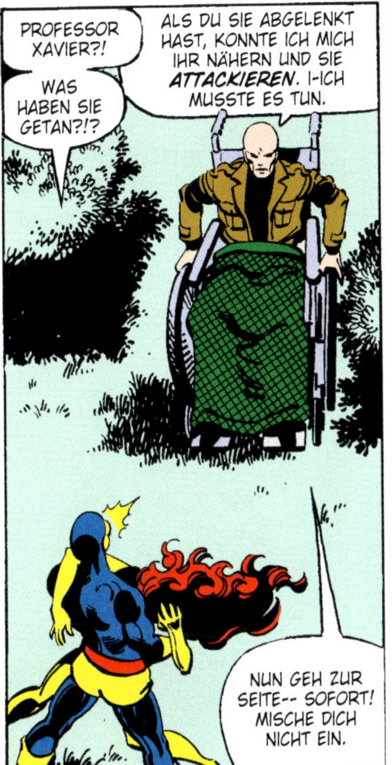

PROFESSOR XAVIER?!
WAS HABEN SIE GETAN?!?
ALS DU SIE ABGELENKT HAST, KONNTE ICH MICH IHR NÄHERN UND SIE ATTACKIEREN. I-ICH MUSSTE ES TUN.
NUN GEH ZUR SEITE-- SOFORT! MISCHE DICH NICHT EIN.

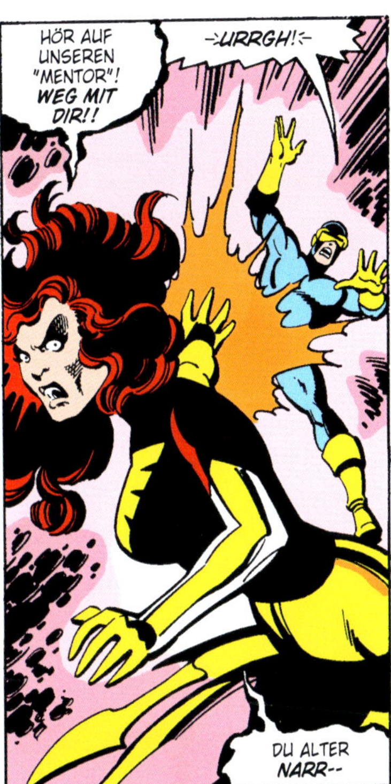

HÖR AUF UNSEREN "MENTOR"! WEG MIT DIR!!
-URRGH!-
DU ALTER NARR--

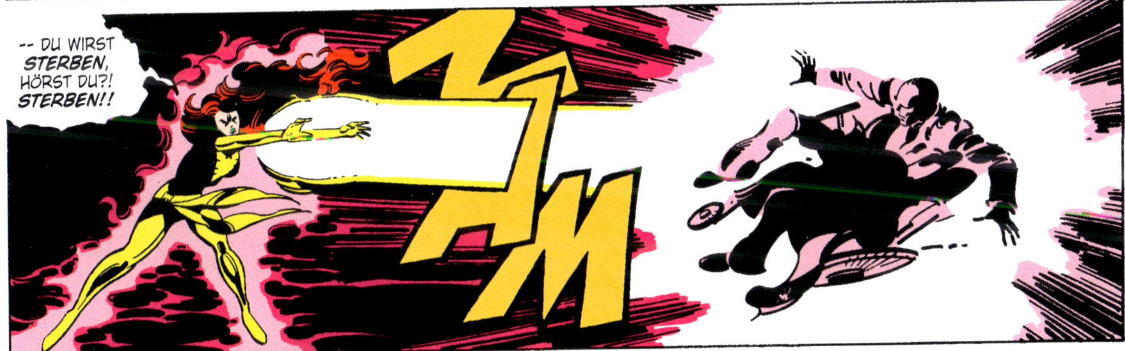

-- DU WIRST STERBEN, HÖRST DU?! STERBEN!!

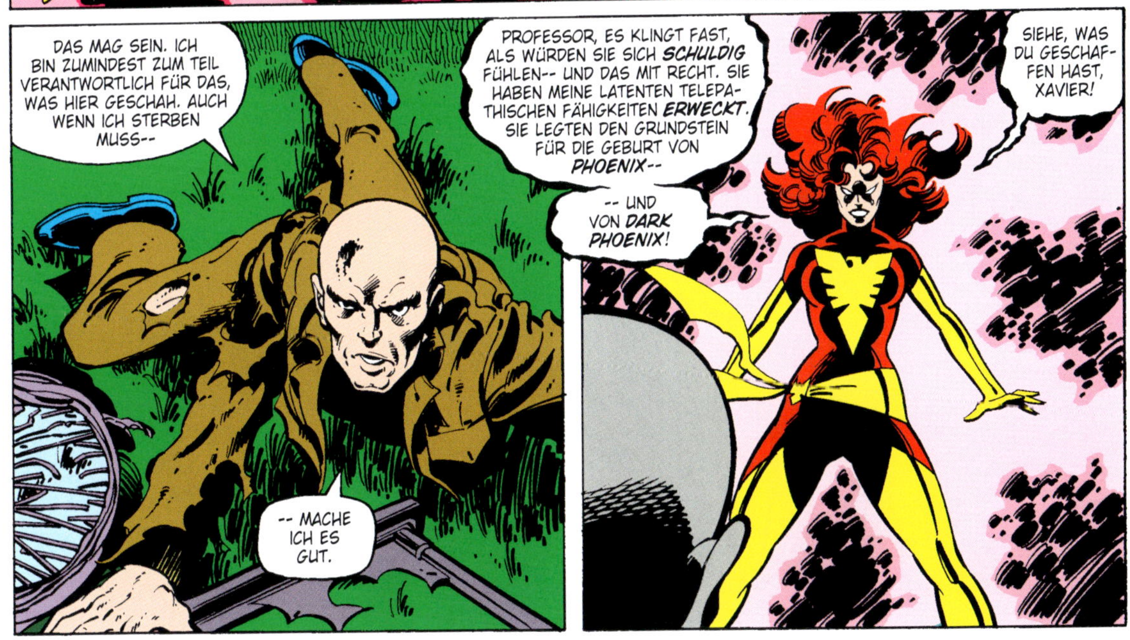

DAS MAG SEIN. ICH BIN ZUMINDEST ZUM TEIL VERANTWORTLICH FÜR DAS, WAS HIER GESCHAH. AUCH WENN ICH STERBEN MUSS--
-- MACHE ICH ES GUT.
PROFESSOR, ES KLINGT FAST, ALS WÜRDEN SIE SICH SCHULDIG FÜHLEN-- UND DAS MIT RECHT. SIE HABEN MEINE LATENTEN TELEPATHISCHEN FÄHIGKEITEN ERWECKT. SIE LEGTEN DEN GRUNDSTEIN FÜR DIE GEBURT VON PHOENIX--
-- UND VON DARK PHOENIX!
SIEHE, WAS DU GESCHAFFEN HAST, XAVIER!

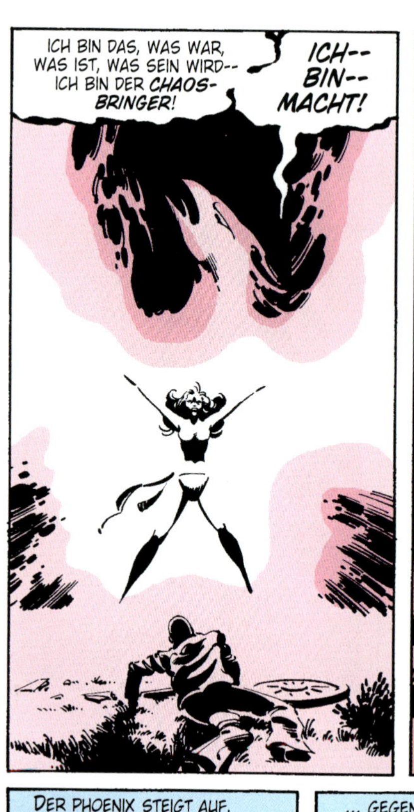
ICH BIN DAS, WAS WAR, WAS IST, WAS SEIN WIRD-- ICH BIN DER CHAOS-BRINGER!
ICH-- BIN-- MACHT!

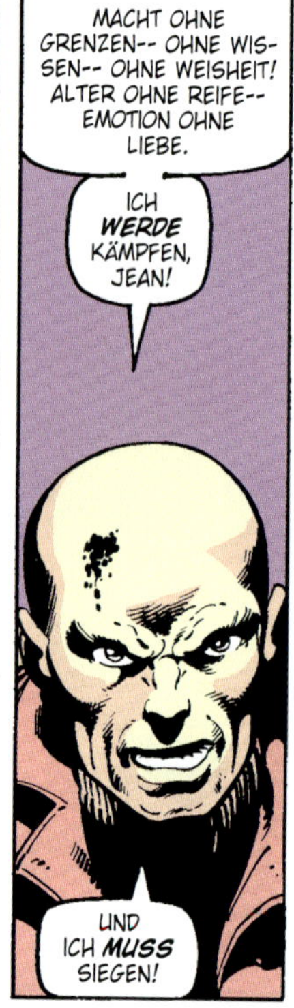
MACHT OHNE GRENZEN-- OHNE WISSEN-- OHNE WEISHEIT! ALTER OHNE REIFE-- EMOTION OHNE LIEBE.
ICH WERDE KÄMPFEN, JEAN!
UND ICH MUSS SIEGEN!

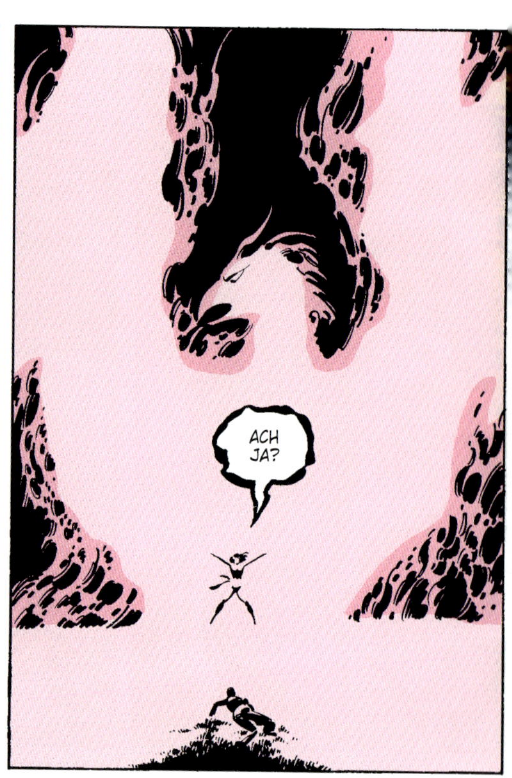
ACH JA?

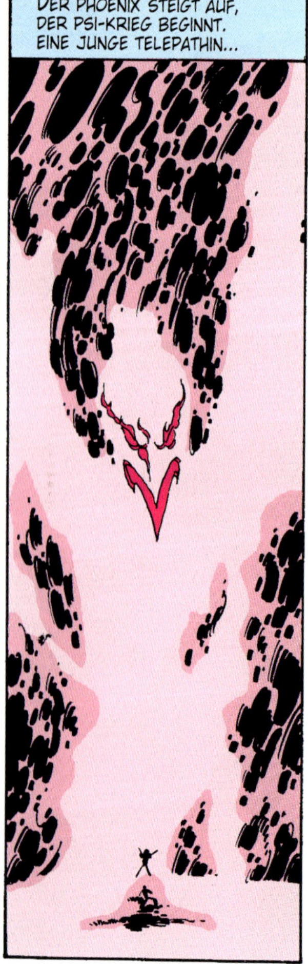
DER PHOENIX STEIGT AUF, DER PSI-KRIEG BEGINNT. EINE JUNGE TELEPATHIN...

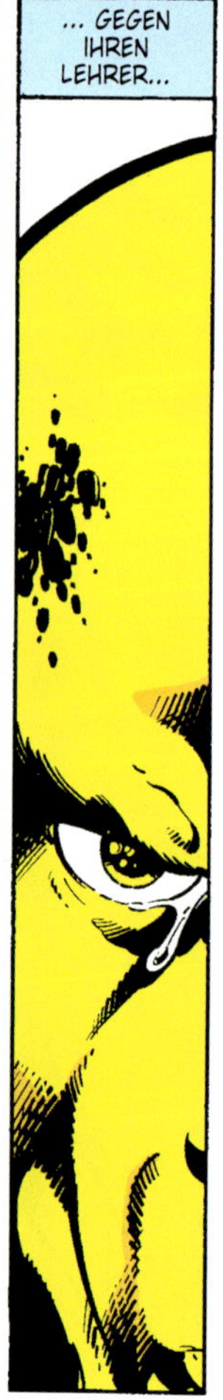
... GEGEN IHREN LEHRER...

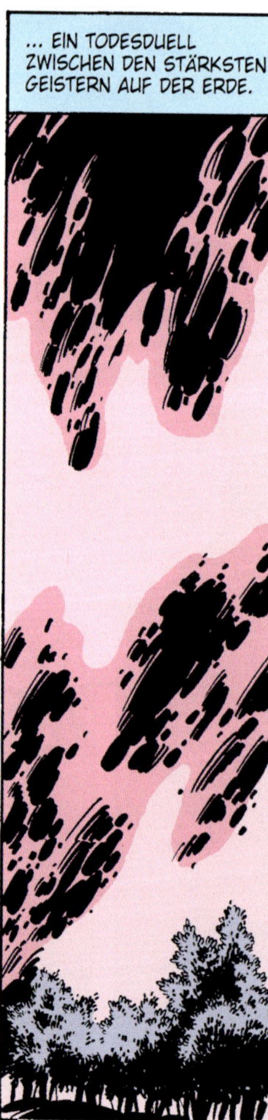
... EIN TODESDUELL ZWISCHEN DEN STÄRKSTEN GEISTERN AUF DER ERDE.

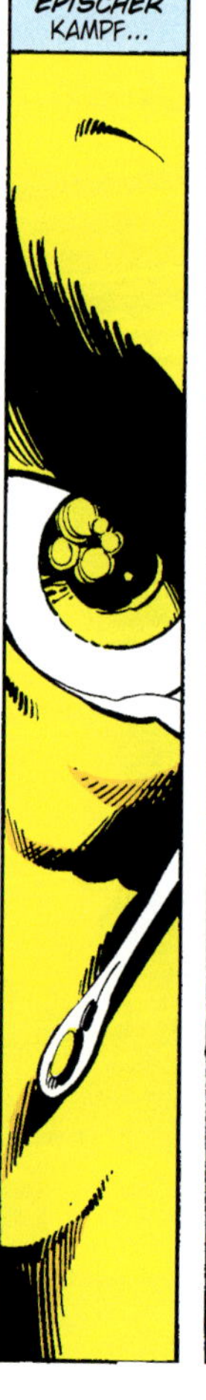
EIN EPISCHER KAMPF...

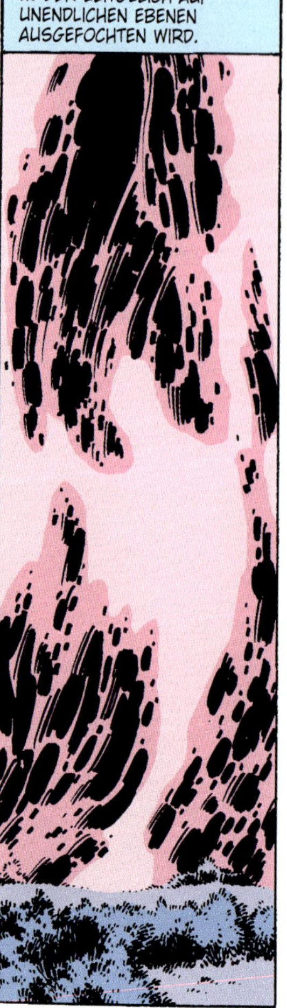
... DER ZEITGLEICH AUF UNENDLICHEN EBENEN AUSGEFOCHTEN WIRD.

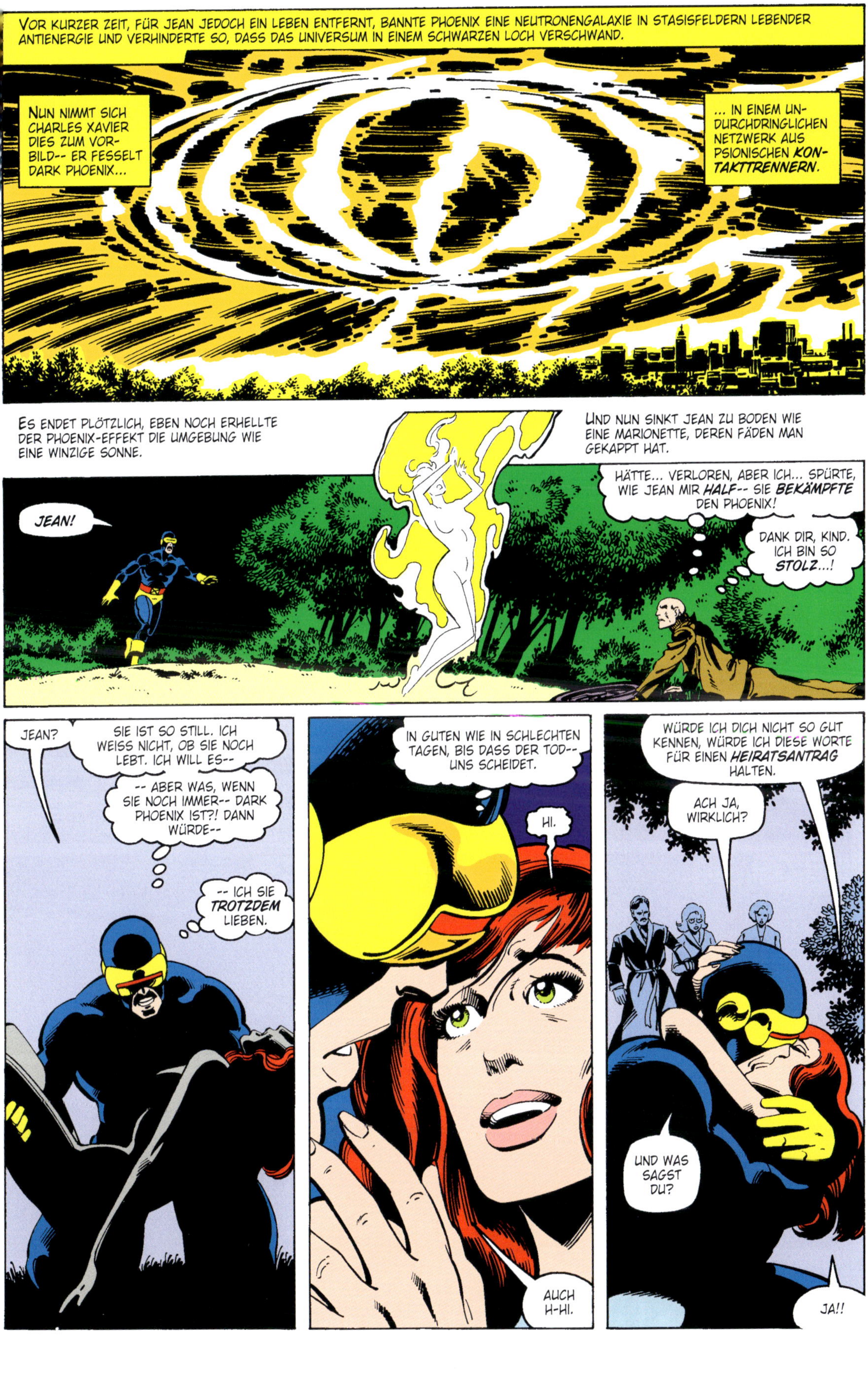

VOR KURZER ZEIT, FÜR JEAN JEDOCH EIN LEBEN ENTFERNT, BANNTE PHOENIX EINE NEUTRONENGALAXIE IN STASISFELDERN LEBENDER ANTIENERGIE UND VERHINDERTE SO, DASS DAS UNIVERSUM IN EINEM SCHWARZEN LOCH VERSCHWAND.

NUN NIMMT SICH CHARLES XAVIER DIES ZUM VORBILD-- ER FESSELT DARK PHOENIX...

... IN EINEM UNDURCHDRINGLICHEN NETZWERK AUS PSIONISCHEN ***KONTAKTTRENNERN***.

ES ENDET PLÖTZLICH, EBEN NOCH ERHELLTE DER PHOENIX-EFFEKT DIE UMGEBUNG WIE EINE WINZIGE SONNE.

UND NUN SINKT JEAN ZU BODEN WIE EINE MARIONETTE, DEREN FÄDEN MAN GEKAPPT HAT.

JEAN!

HÄTTE... VERLOREN, ABER ICH... SPÜRTE, WIE JEAN MIR ***HALF***-- SIE ***BEKÄMPFTE*** DEN PHOENIX!

DANK DIR, KIND. ICH BIN SO ***STOLZ***...!

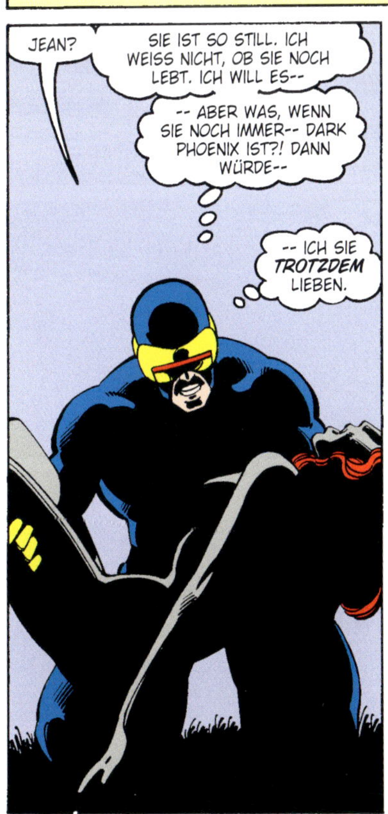

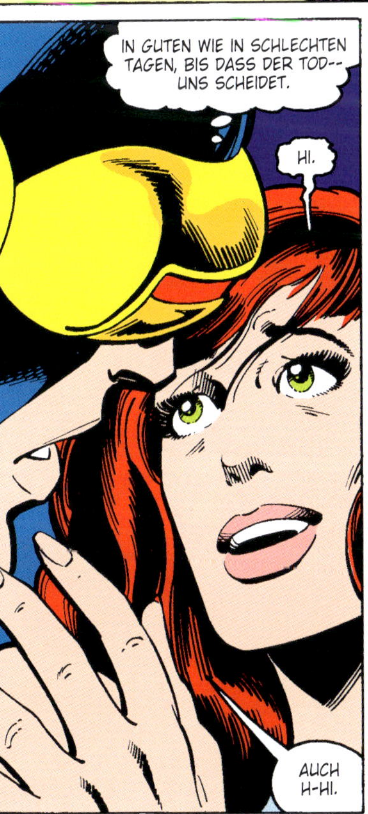

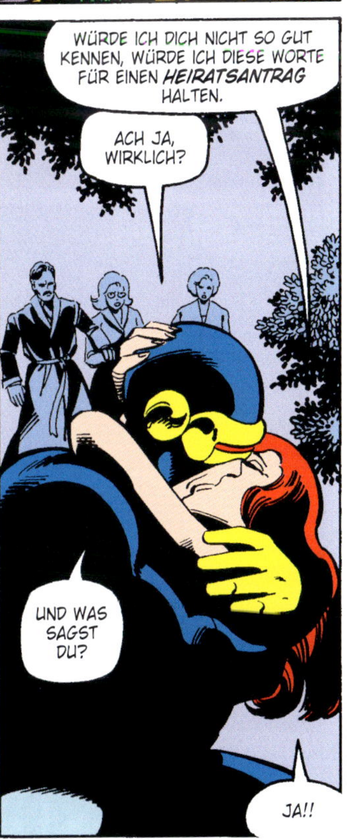

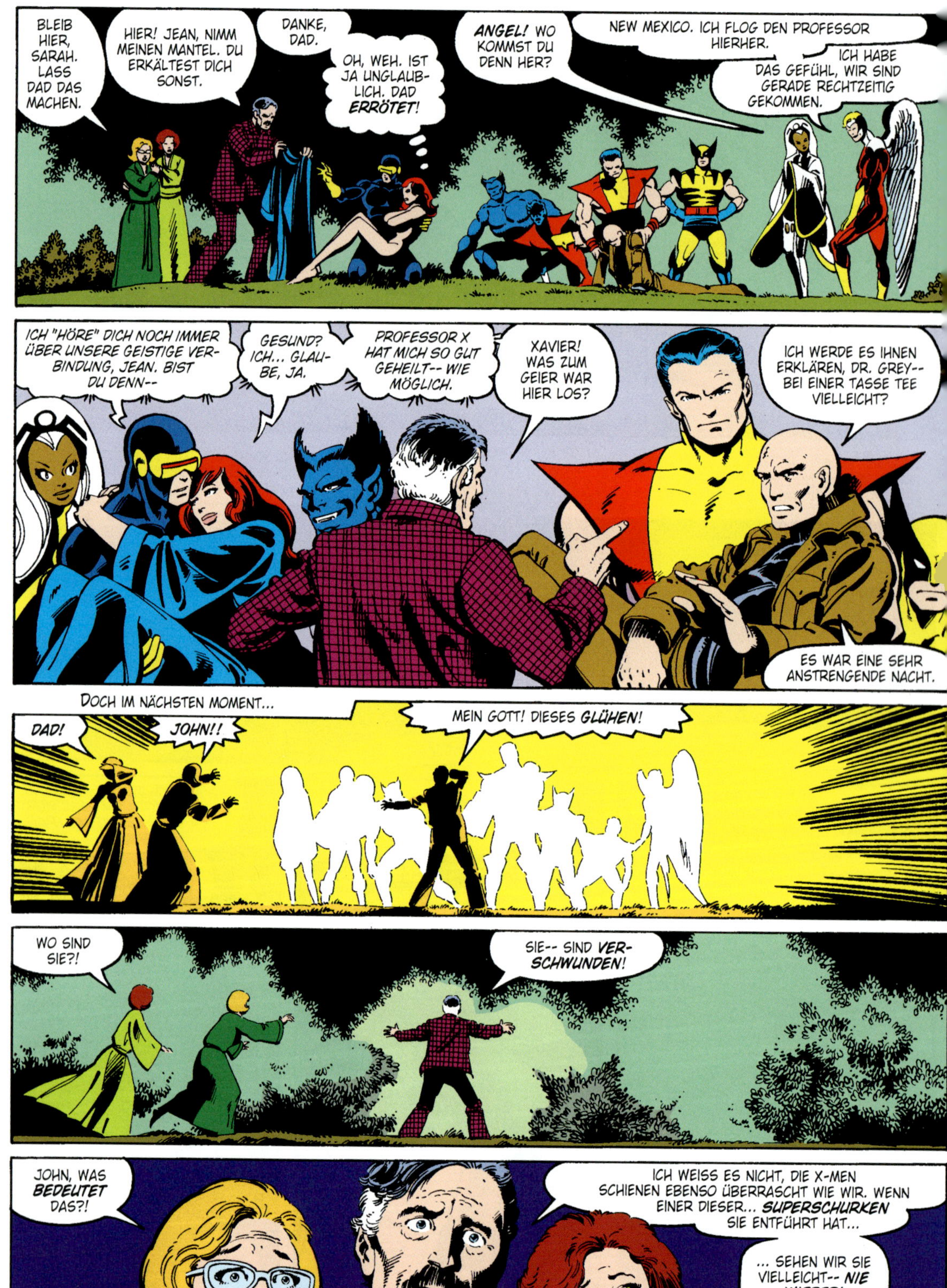

JETZT: EIN MEISTERWERK AUF 35 SEITEN! DAS FINALE!

Das SCHICKSAL von PHOENIX!

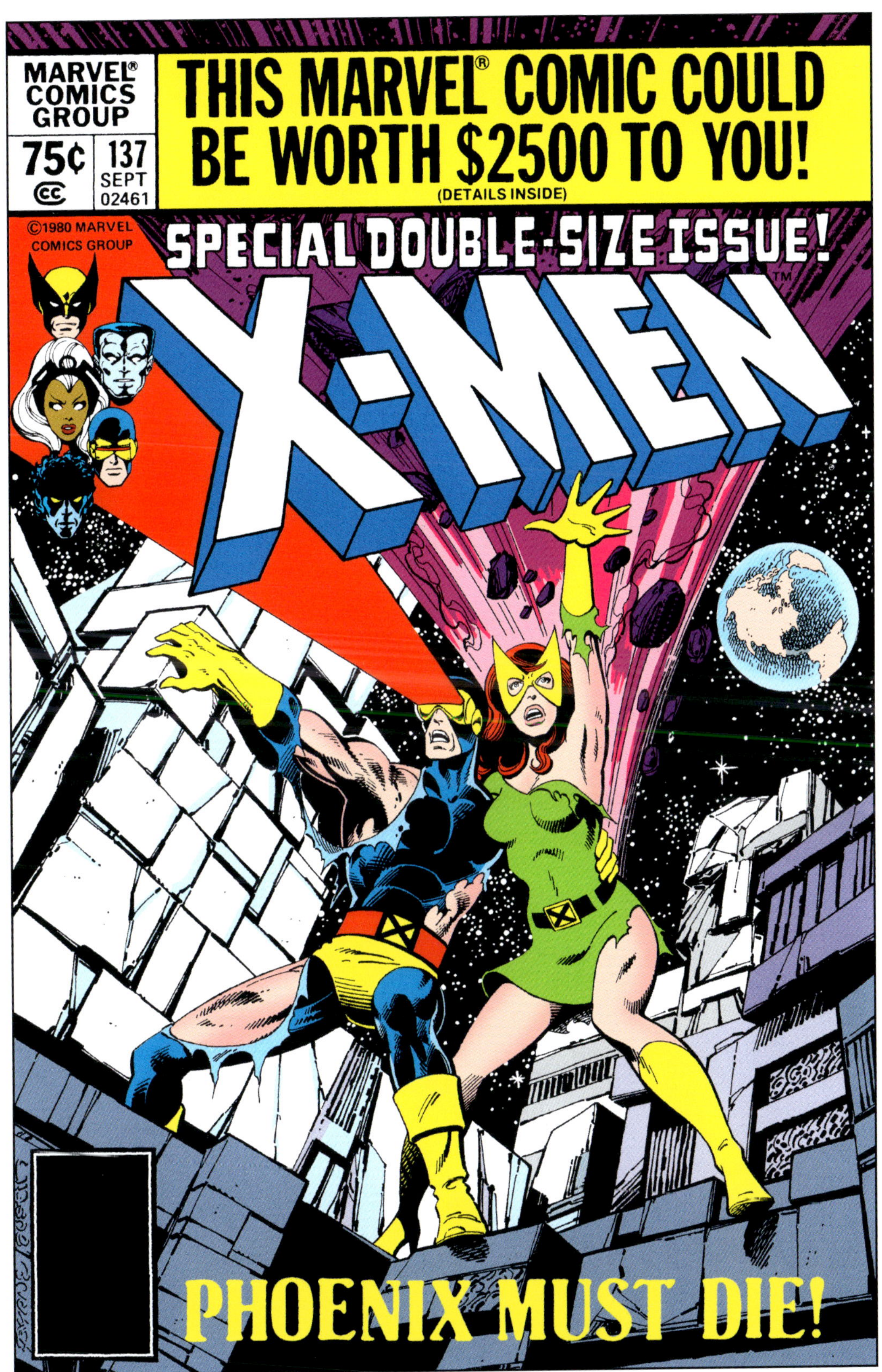

Uncanny X-Men (1963) 137
Cover von **JOHN BYRNE**

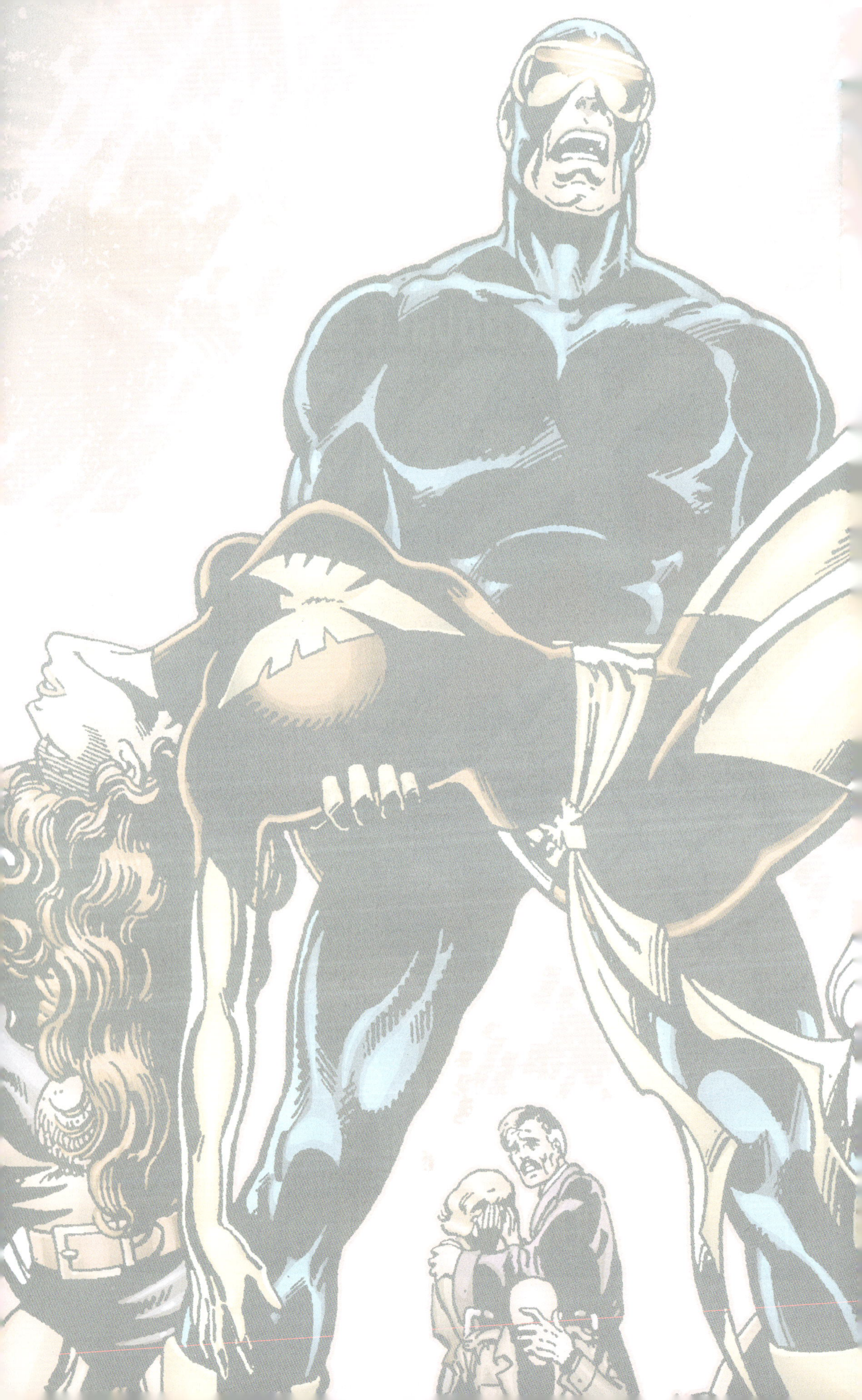

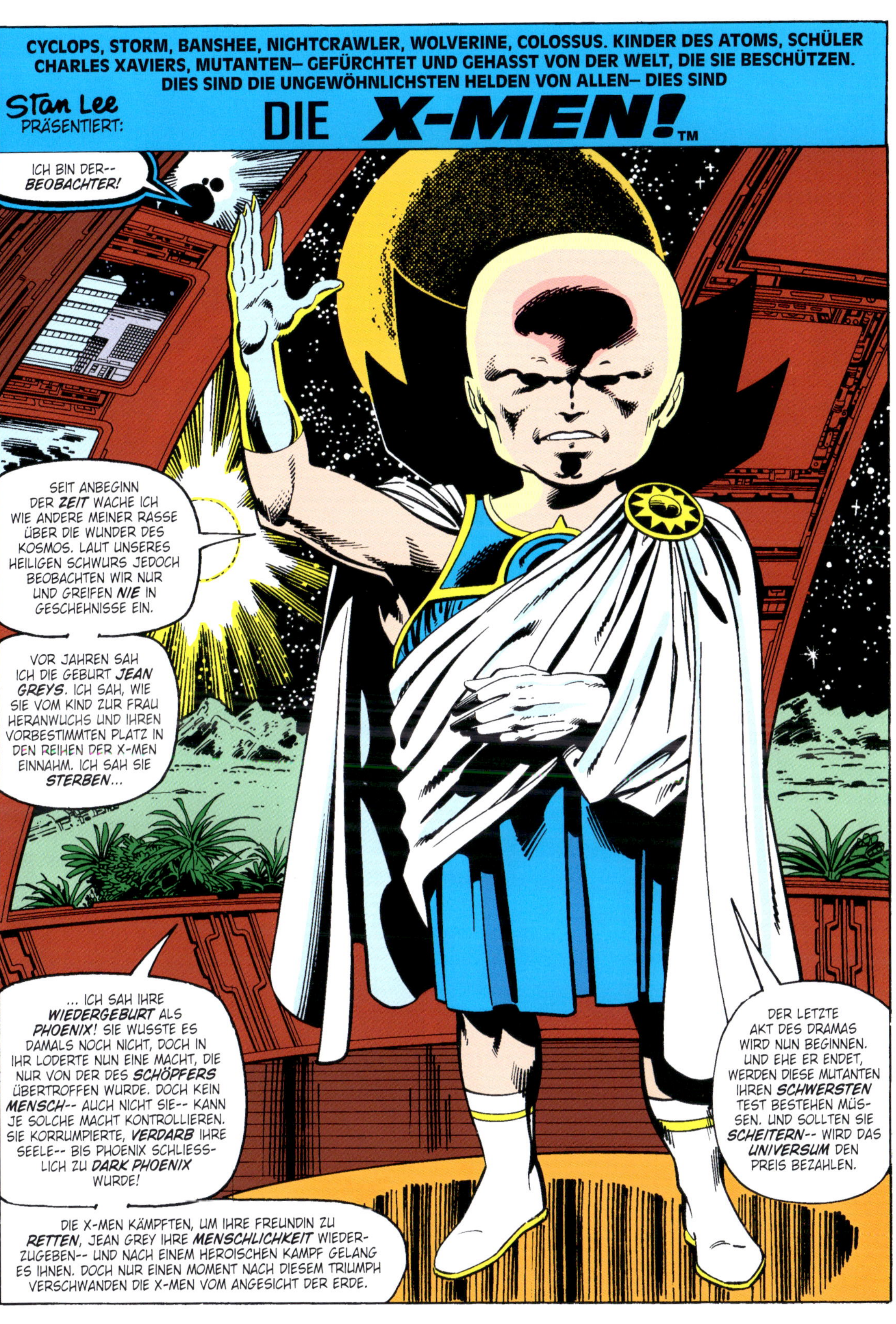
CYCLOPS, STORM, BANSHEE, NIGHTCRAWLER, WOLVERINE, COLOSSUS. KINDER DES ATOMS, SCHÜLER CHARLES XAVIERS, MUTANTEN– GEFÜRCHTET UND GEHASST VON DER WELT, DIE SIE BESCHÜTZEN. DIES SIND DIE UNGEWÖHNLICHSTEN HELDEN VON ALLEN– DIES SIND
Stan Lee PRÄSENTIERT:
DIE X-MEN!™
ICH BIN DER-- BEOBACHTER!
SEIT ANBEGINN DER ZEIT WACHE ICH WIE ANDERE MEINER RASSE ÜBER DIE WUNDER DES KOSMOS. LAUT UNSERES HEILIGEN SCHWURS JEDOCH BEOBACHTEN WIR NUR UND GREIFEN NIE IN GESCHEHNISSE EIN.
VOR JAHREN SAH ICH DIE GEBURT JEAN GREYS. ICH SAH, WIE SIE VOM KIND ZUR FRAU HERANWUCHS UND IHREN VORBESTIMMTEN PLATZ IN DEN REIHEN DER X-MEN EINNAHM. ICH SAH SIE STERBEN...
... ICH SAH IHRE WIEDERGEBURT ALS PHOENIX! SIE WUSSTE ES DAMALS NOCH NICHT, DOCH IN IHR LODERTE NUN EINE MACHT, DIE NUR VON DER DES SCHÖPFERS ÜBERTROFFEN WURDE. DOCH KEIN MENSCH-- AUCH NICHT SIE-- KANN JE SOLCHE MACHT KONTROLLIEREN. SIE KORRUMPIERTE, VERDARB IHRE SEELE-- BIS PHOENIX SCHLIESSLICH ZU DARK PHOENIX WURDE!
DER LETZTE AKT DES DRAMAS WIRD NUN BEGINNEN. UND EHE ER ENDET, WERDEN DIESE MUTANTEN IHREN SCHWERSTEN TEST BESTEHEN MÜSSEN. UND SOLLTEN SIE SCHEITERN-- WIRD DAS UNIVERSUM DEN PREIS BEZAHLEN.
DIE X-MEN KÄMPFTEN, UM IHRE FREUNDIN ZU RETTEN, JEAN GREY IHRE MENSCHLICHKEIT WIEDERZUGEBEN-- UND NACH EINEM HEROISCHEN KAMPF GELANG ES IHNEN. DOCH NUR EINEN MOMENT NACH DIESEM TRIUMPH VERSCHWANDEN DIE X-MEN VOM ANGESICHT DER ERDE.

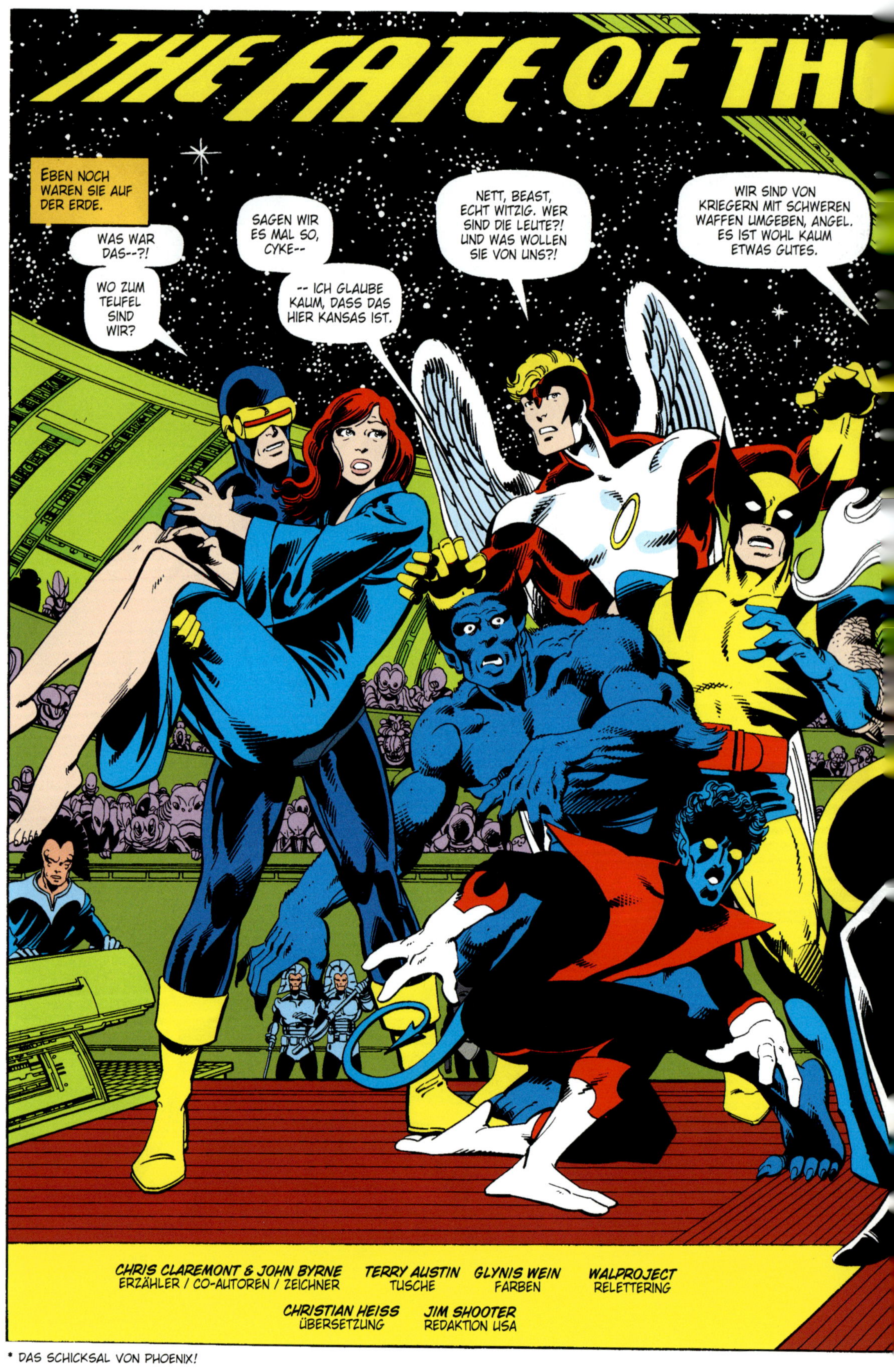

* DAS SCHICKSAL VON PHOENIX!

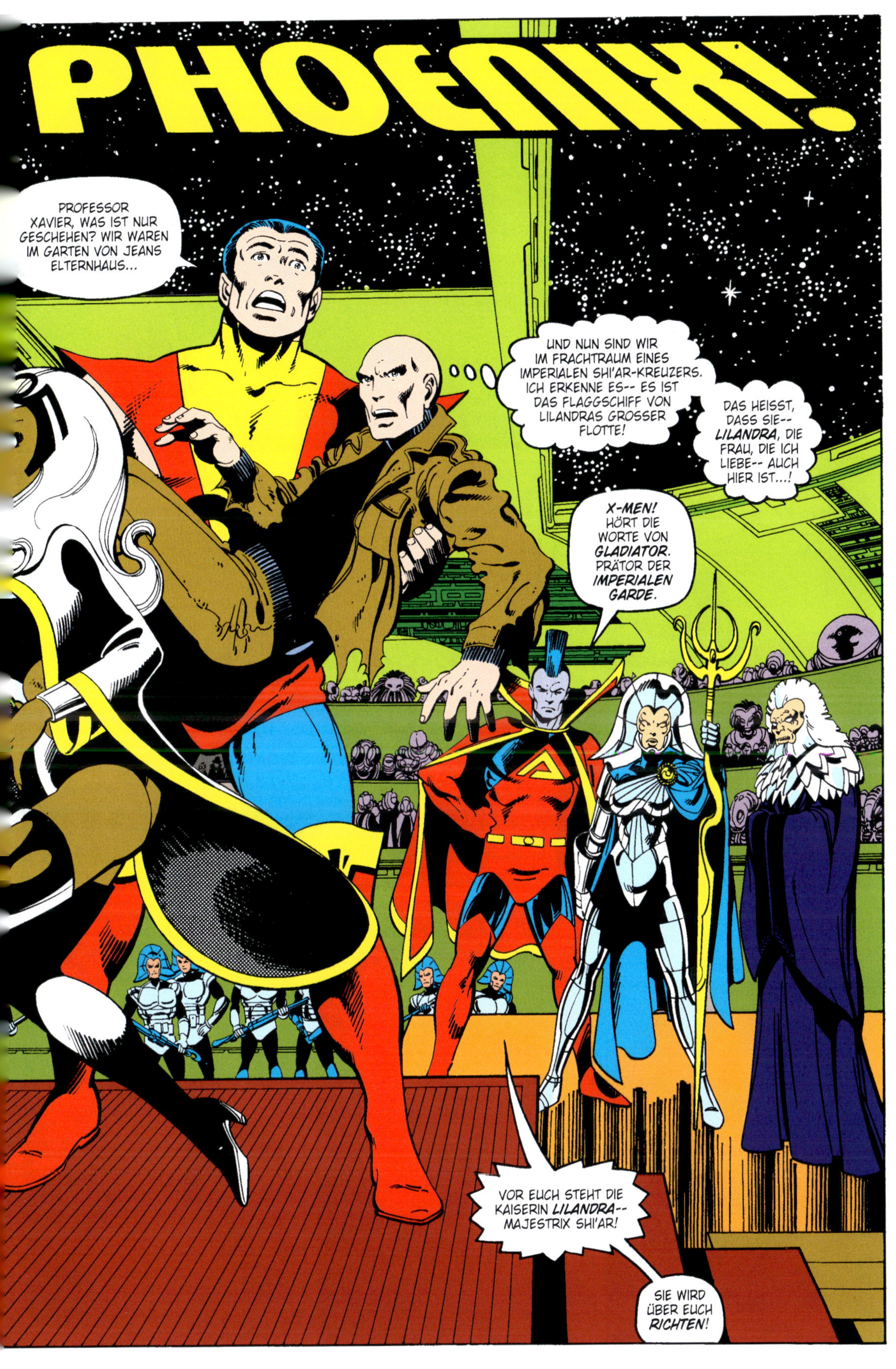
PHOENIX!
PROFESSOR XAVIER, WAS IST NUR GESCHEHEN? WIR WAREN IM GARTEN VON JEANS ELTERNHAUS...
UND NUN SIND WIR IM FRACHTRAUM EINES IMPERIALEN SHI'AR-KREUZERS. ICH ERKENNE ES-- ES IST DAS FLAGGSCHIFF VON LILANDRAS GROSSER FLOTTE!
DAS HEISST, DASS SIE-- LILANDRA, DIE FRAU, DIE ICH LIEBE-- AUCH HIER IST...!
X-MEN! HÖRT DIE WORTE VON GLADIATOR. PRÄTOR DER IMPERIALEN GARDE.
VOR EUCH STEHT DIE KAISERIN LILANDRA-- MAJESTRIX SHI'AR!
SIE WIRD ÜBER EUCH RICHTEN!

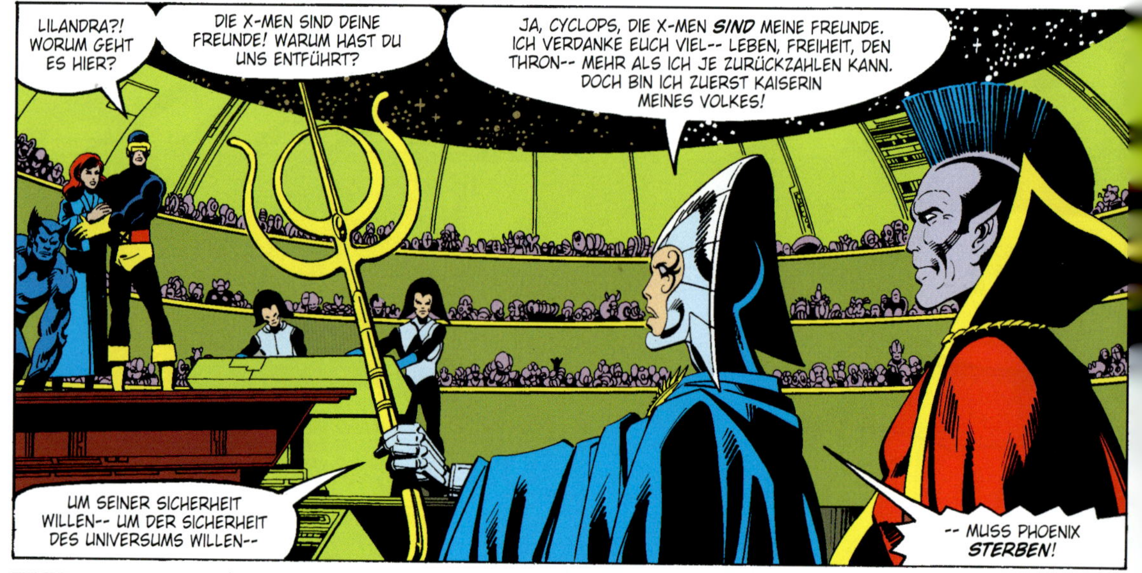

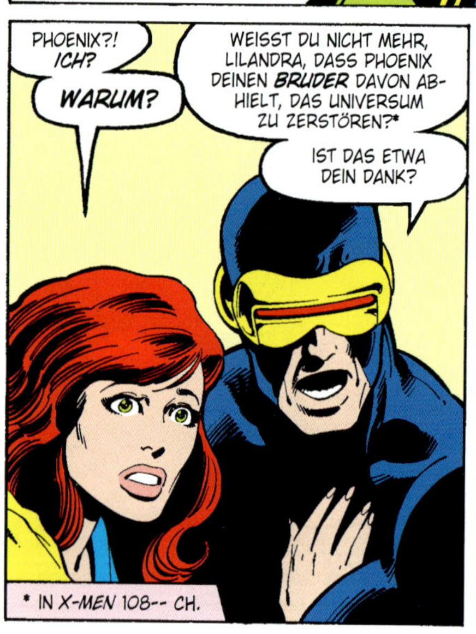

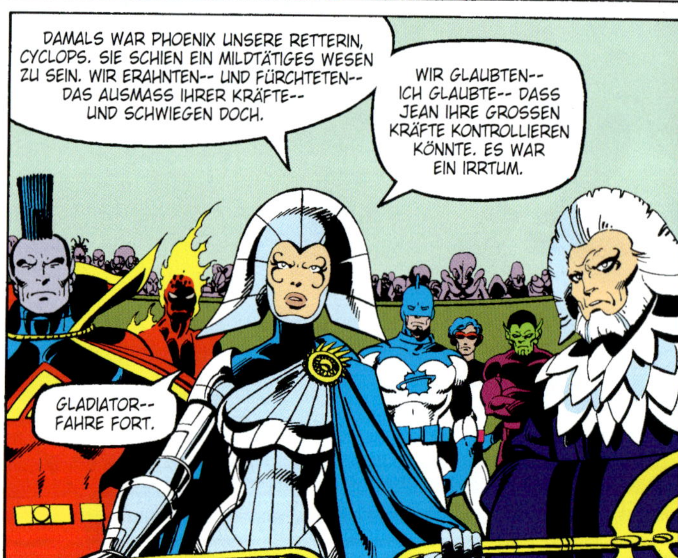

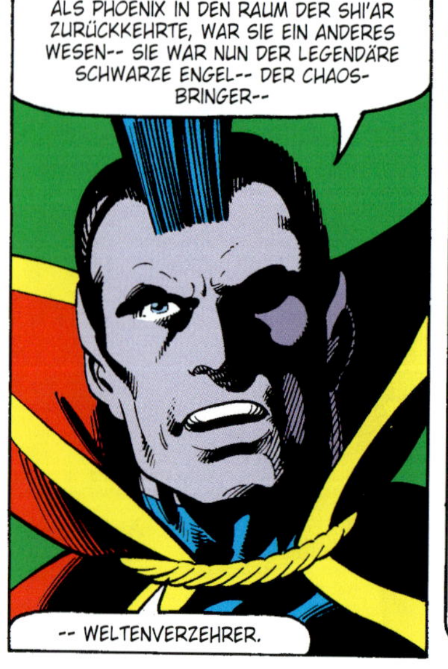

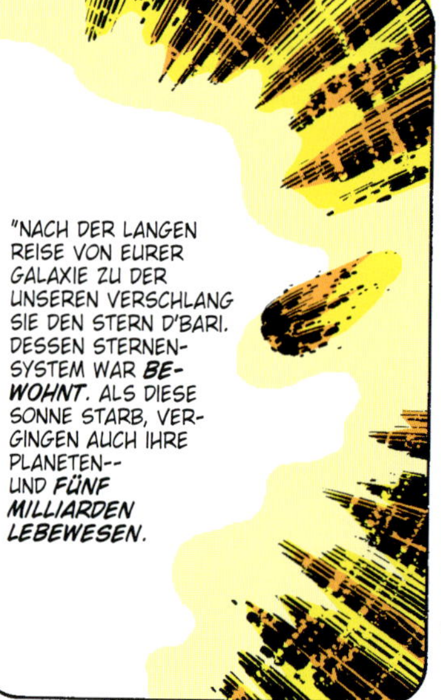

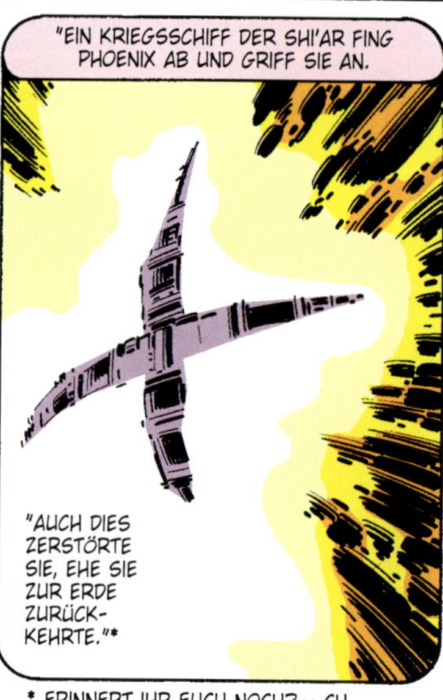

* ERINNERT IHR EUCH NOCH?-- CH.

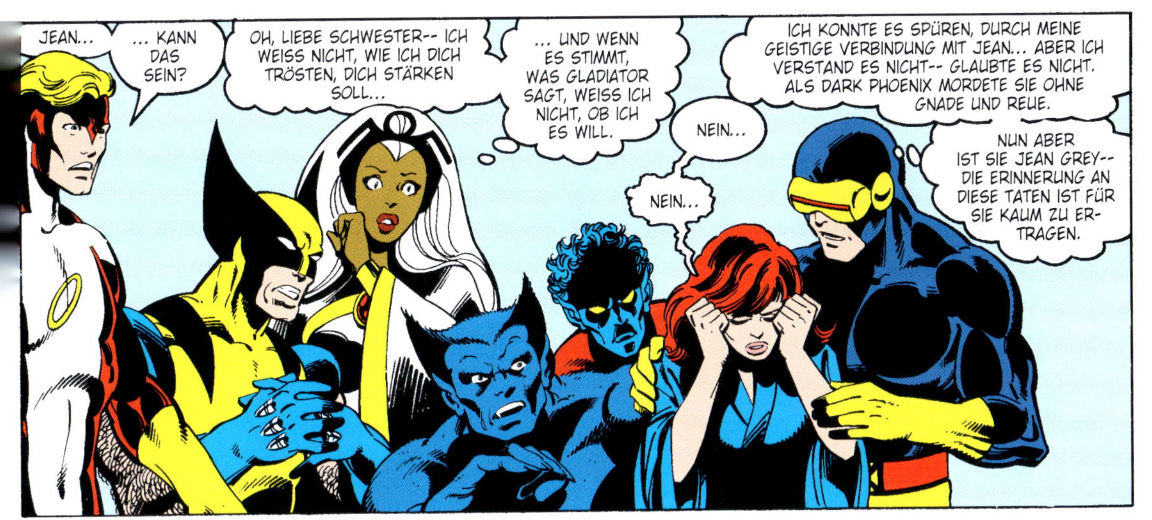
JEAN...
... KANN DAS SEIN?
OH, LIEBE SCHWESTER-- ICH WEISS NICHT, WIE ICH DICH TRÖSTEN, DICH STÄRKEN SOLL...
... UND WENN ES STIMMT, WAS GLADIATOR SAGT, WEISS ICH NICHT, OB ICH ES WILL.
ICH KONNTE ES SPÜREN, DURCH MEINE GEISTIGE VERBINDUNG MIT JEAN... ABER ICH VERSTAND ES NICHT-- GLAUBTE ES NICHT. ALS DARK PHOENIX MORDETE SIE OHNE GNADE UND REUE.
NEIN...
NEIN...
NUN ABER IST SIE JEAN GREY-- DIE ERINNERUNG AN DIESE TATEN IST FÜR SIE KAUM ZU ERTRAGEN.

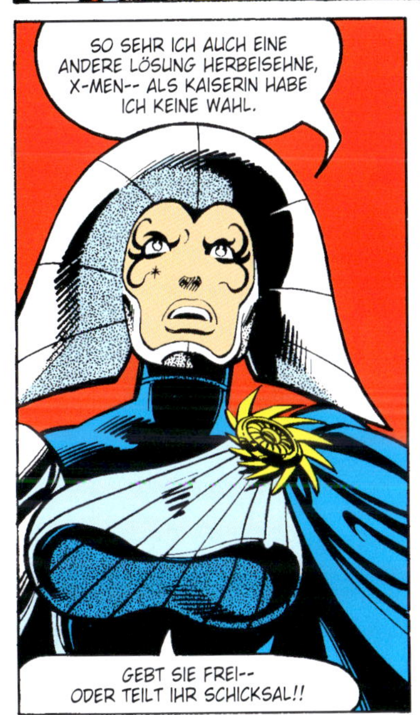
SO SEHR ICH AUCH EINE ANDERE LÖSUNG HERBEISEHNE, X-MEN-- ALS KAISERIN HABE ICH KEINE WAHL.
GEBT SIE FREI-- ODER TEILT IHR SCHICKSAL!!

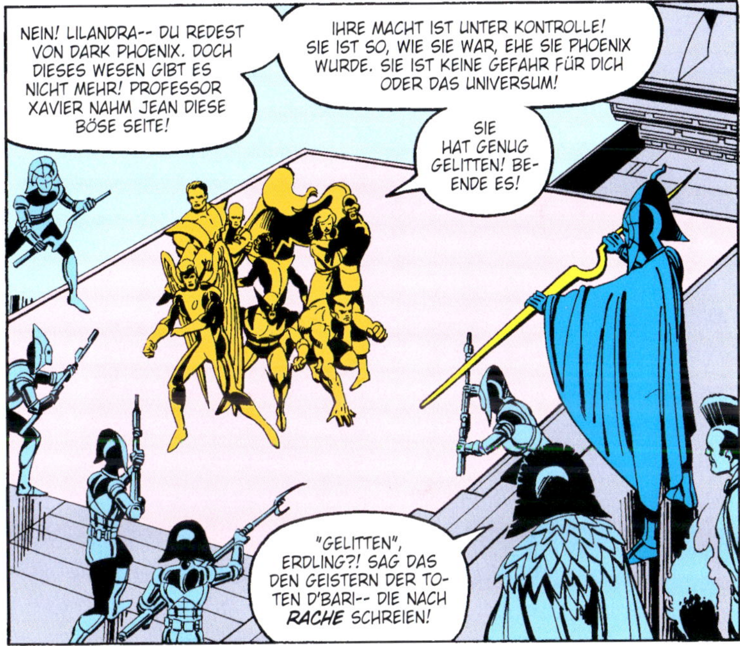
NEIN! LILANDRA-- DU REDEST VON DARK PHOENIX. DOCH DIESES WESEN GIBT ES NICHT MEHR! PROFESSOR XAVIER NAHM JEAN DIESE BÖSE SEITE!
IHRE MACHT IST UNTER KONTROLLE! SIE IST SO, WIE SIE WAR, EHE SIE PHOENIX WURDE. SIE IST KEINE GEFAHR FÜR DICH ODER DAS UNIVERSUM!
SIE HAT GENUG GELITTEN! BEENDE ES!
"GELITTEN", ERDLING?! SAG DAS DEN GEISTERN DER TOTEN D'BARI-- DIE NACH *RACHE* SCHREIEN!

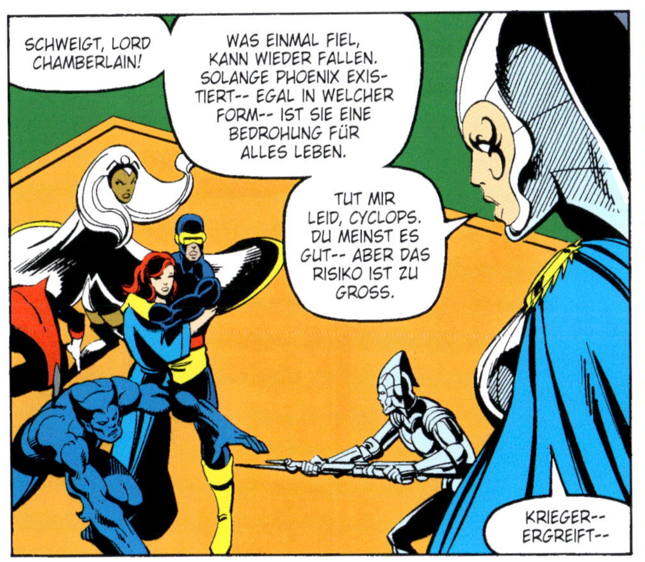
SCHWEIGT, LORD CHAMBERLAIN!
WAS EINMAL FIEL, KANN WIEDER FALLEN. SOLANGE PHOENIX EXISTIERT-- EGAL IN WELCHER FORM-- IST SIE EINE BEDROHUNG FÜR ALLES LEBEN.
TUT MIR LEID, CYCLOPS. DU MEINST ES GUT-- ABER DAS RISIKO IST ZU GROSS.
KRIEGER-- ERGREIFT--

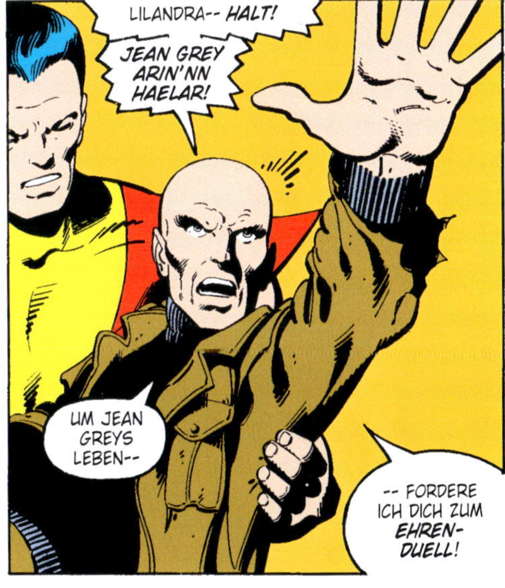
LILANDRA-- *HALT!*
JEAN GREY ARIN'NN HAELAR!
UM JEAN GREYS LEBEN--
-- FORDERE ICH DICH ZUM *EHRENDUELL!*

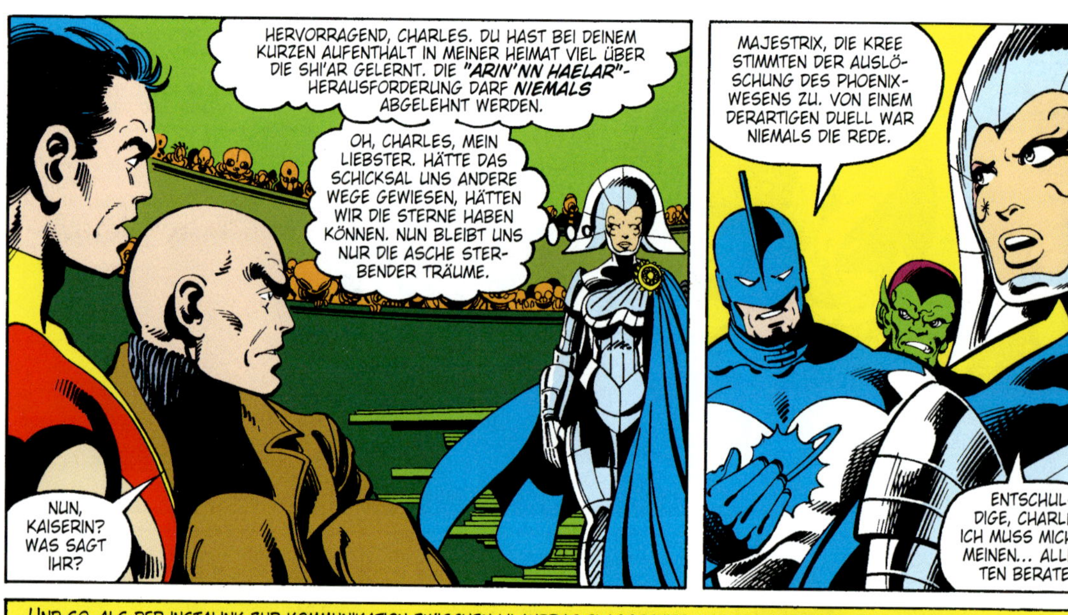
HERVORRAGEND, CHARLES. DU HAST BEI DEINEM KURZEN AUFENTHALT IN MEINER HEIMAT VIEL ÜBER DIE SHI'AR GELERNT. DIE "ARIN'NN HAELAR"-HERAUSFORDERUNG DARF NIEMALS ABGELEHNT WERDEN.
OH, CHARLES, MEIN LIEBSTER. HÄTTE DAS SCHICKSAL UNS ANDERE WEGE GEWIESEN, HÄTTEN WIR DIE STERNE HABEN KÖNNEN. NUN BLEIBT UNS NUR DIE ASCHE STERBENDER TRÄUME.
NUN, KAISERIN? WAS SAGT IHR?
MAJESTRIX, DIE KREE STIMMTEN DER AUSLÖSCHUNG DES PHOENIX-WESENS ZU. VON EINEM DERARTIGEN DUELL WAR NIEMALS DIE REDE.
ENTSCHULDIGE, CHARLES. ICH MUSS MICH MIT MEINEN... ALLIIERTEN BERATEN.

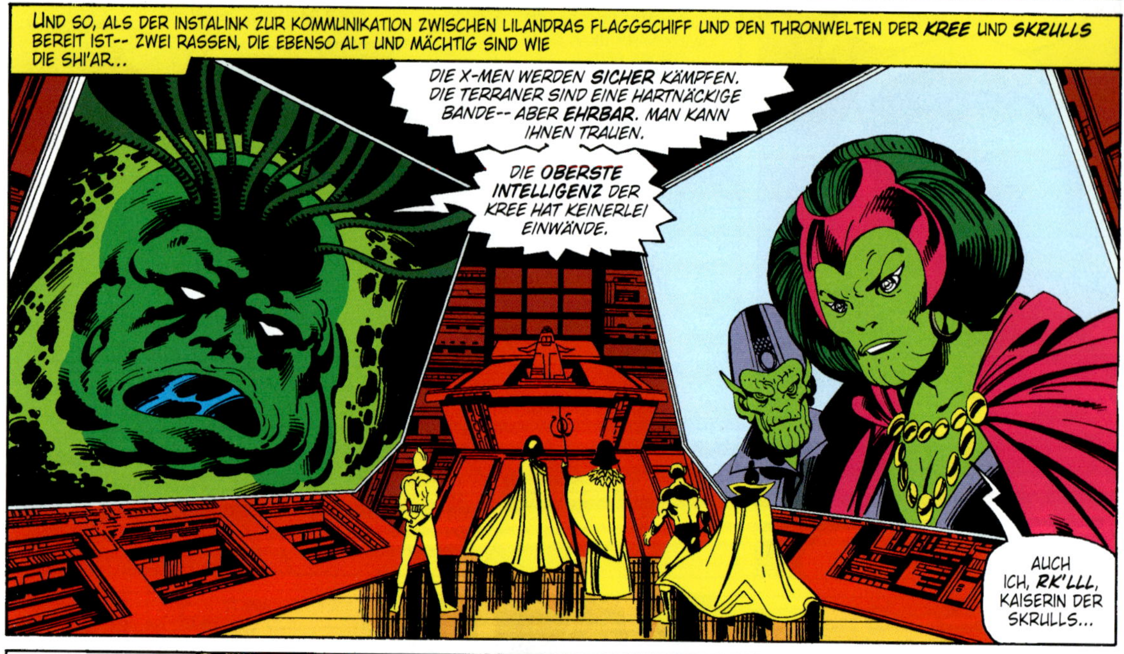
UND SO, ALS DER INSTALINK ZUR KOMMUNIKATION ZWISCHEN LILANDRAS FLAGGSCHIFF UND DEN THRONWELTEN DER KREE UND SKRULLS BEREIT IST-- ZWEI RASSEN, DIE EBENSO ALT UND MÄCHTIG SIND WIE DIE SHI'AR..
DIE X-MEN WERDEN SICHER KÄMPFEN. DIE TERRANER SIND EINE HARTNÄCKIGE BANDE-- ABER EHRBAR. MAN KANN IHNEN TRAUEN.
DIE OBERSTE INTELLIGENZ DER KREE HAT KEINERLEI EINWÄNDE.
AUCH ICH, RK'LLL, KAISERIN DER SKRULLS...

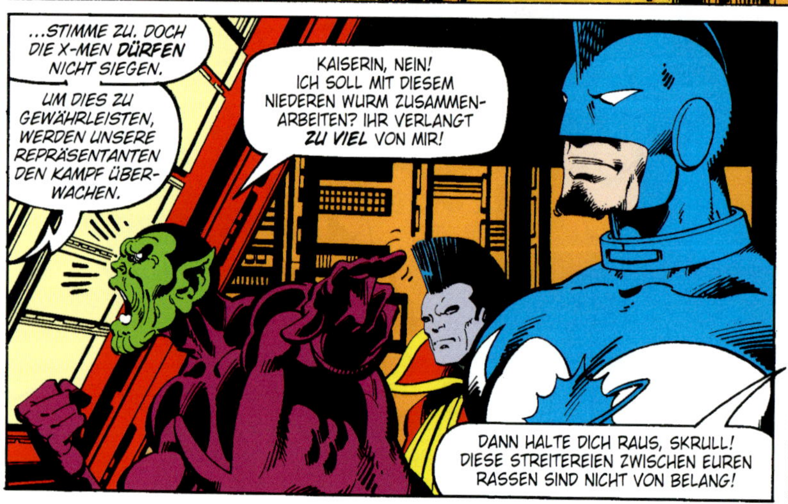
...STIMME ZU. DOCH DIE X-MEN DÜRFEN NICHT SIEGEN.
UM DIES ZU GEWÄHRLEISTEN, WERDEN UNSERE REPRÄSENTANTEN DEN KAMPF ÜBERWACHEN.
KAISERIN, NEIN! ICH SOLL MIT DIESEM NIEDEREN WURM ZUSAMMENARBEITEN? IHR VERLANGT ZU VIEL VON MIR!
DANN HALTE DICH RAUS, SKRULL! DIESE STREITEREIEN ZWISCHEN EUREN RASSEN SIND NICHT VON BELANG!

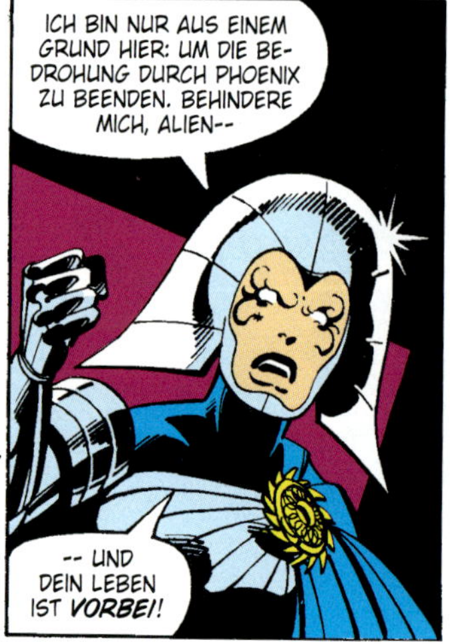
ICH BIN NUR AUS EINEM GRUND HIER: UM DIE BEDROHUNG DURCH PHOENIX ZU BEENDEN. BEHINDERE MICH, ALIEN--
-- UND DEIN LEBEN IST VORBEI!

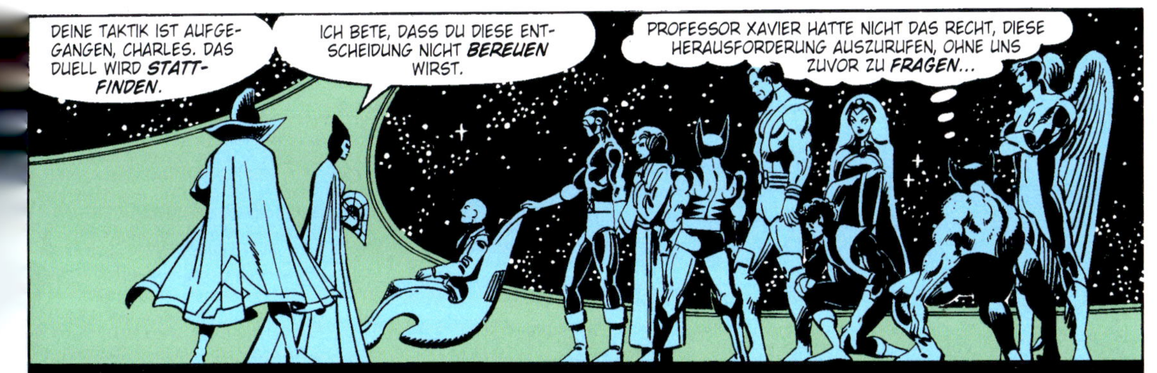
DEINE TAKTIK IST AUFGEGANGEN, CHARLES. DAS DUELL WIRD STATTFINDEN.
ICH BETE, DASS DU DIESE ENTSCHEIDUNG NICHT BEREUEN WIRST.
PROFESSOR XAVIER HATTE NICHT DAS RECHT, DIESE HERAUSFORDERUNG AUSZURUFEN, OHNE UNS ZUVOR ZU FRAGEN...

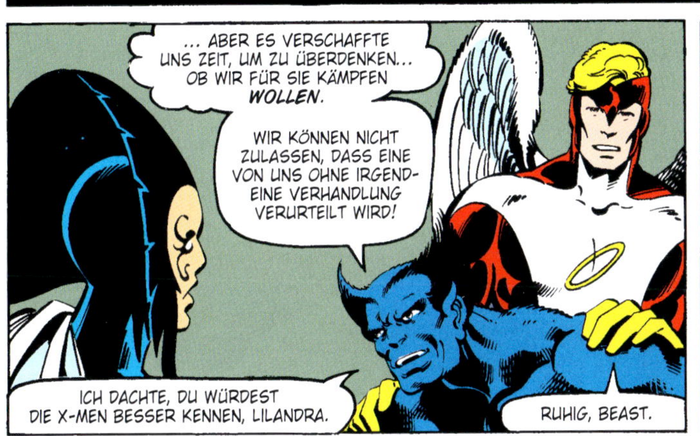
... ABER ES VERSCHAFFTE UNS ZEIT, UM ZU ÜBERDENKEN... OB WIR FÜR SIE KÄMPFEN WOLLEN.
WIR KÖNNEN NICHT ZULASSEN, DASS EINE VON UNS OHNE IRGENDEINE VERHANDLUNG VERURTEILT WIRD!
ICH DACHTE, DU WÜRDEST DIE X-MEN BESSER KENNEN, LILANDRA.
RUHIG, BEAST.

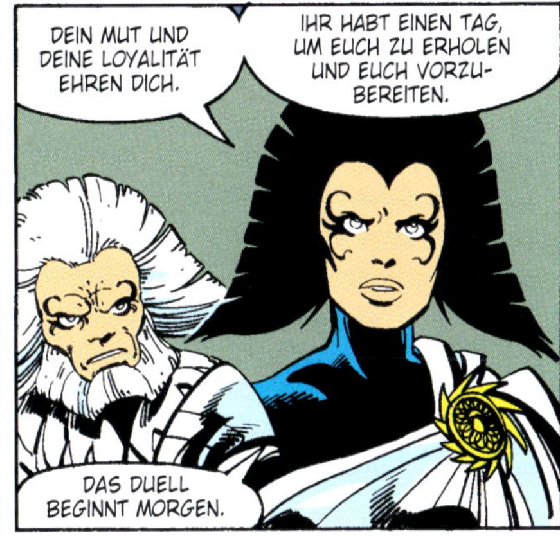
DEIN MUT UND DEINE LOYALITÄT EHREN DICH.
IHR HABT EINEN TAG, UM EUCH ZU ERHOLEN UND EUCH VORZUBEREITEN.
DAS DUELL BEGINNT MORGEN.

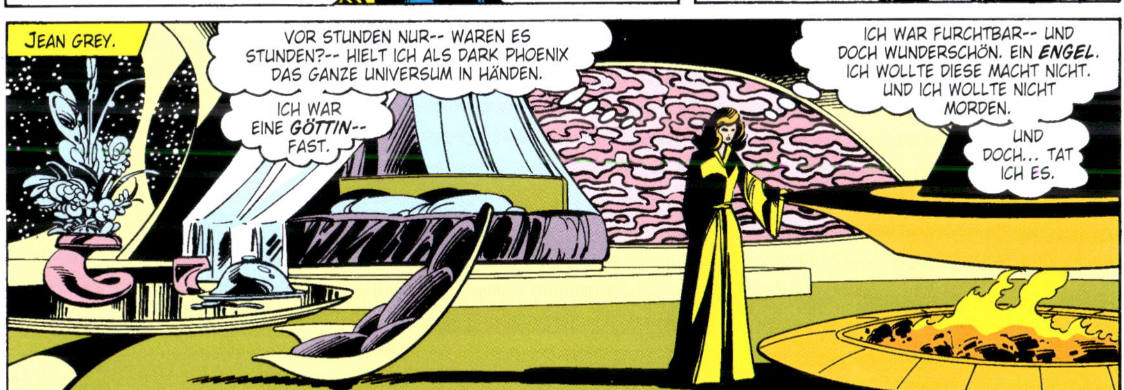
JEAN GREY.
VOR STUNDEN NUR-- WAREN ES STUNDEN?-- HIELT ICH ALS DARK PHOENIX DAS GANZE UNIVERSUM IN HÄNDEN.
ICH WAR EINE GÖTTIN-- FAST.
ICH WAR FURCHTBAR-- UND DOCH WUNDERSCHÖN. EIN ENGEL. ICH WOLLTE DIESE MACHT NICHT. UND ICH WOLLTE NICHT MORDEN.
UND DOCH... TAT ICH ES.

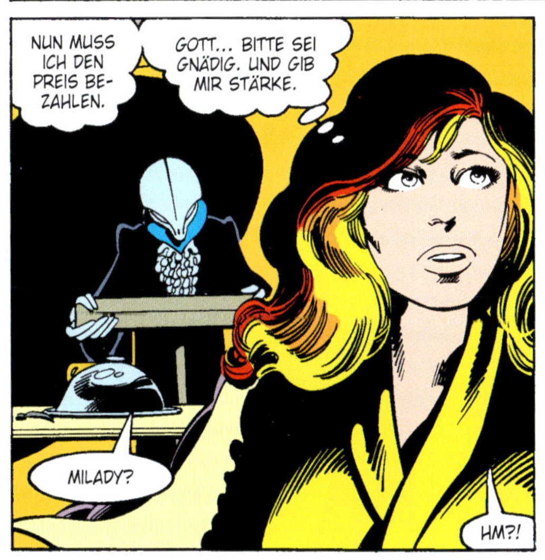
NUN MUSS ICH DEN PREIS BEZAHLEN.
GOTT... BITTE SEI GNÄDIG. UND GIB MIR STÄRKE.
MILADY?
HM?!

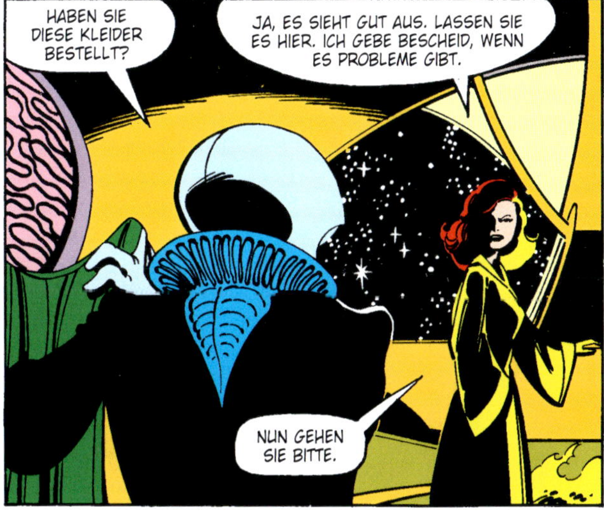
HABEN SIE DIESE KLEIDER BESTELLT?
JA, ES SIEHT GUT AUS. LASSEN SIE ES HIER. ICH GEBE BESCHEID, WENN ES PROBLEME GIBT.
NUN GEHEN SIE BITTE.

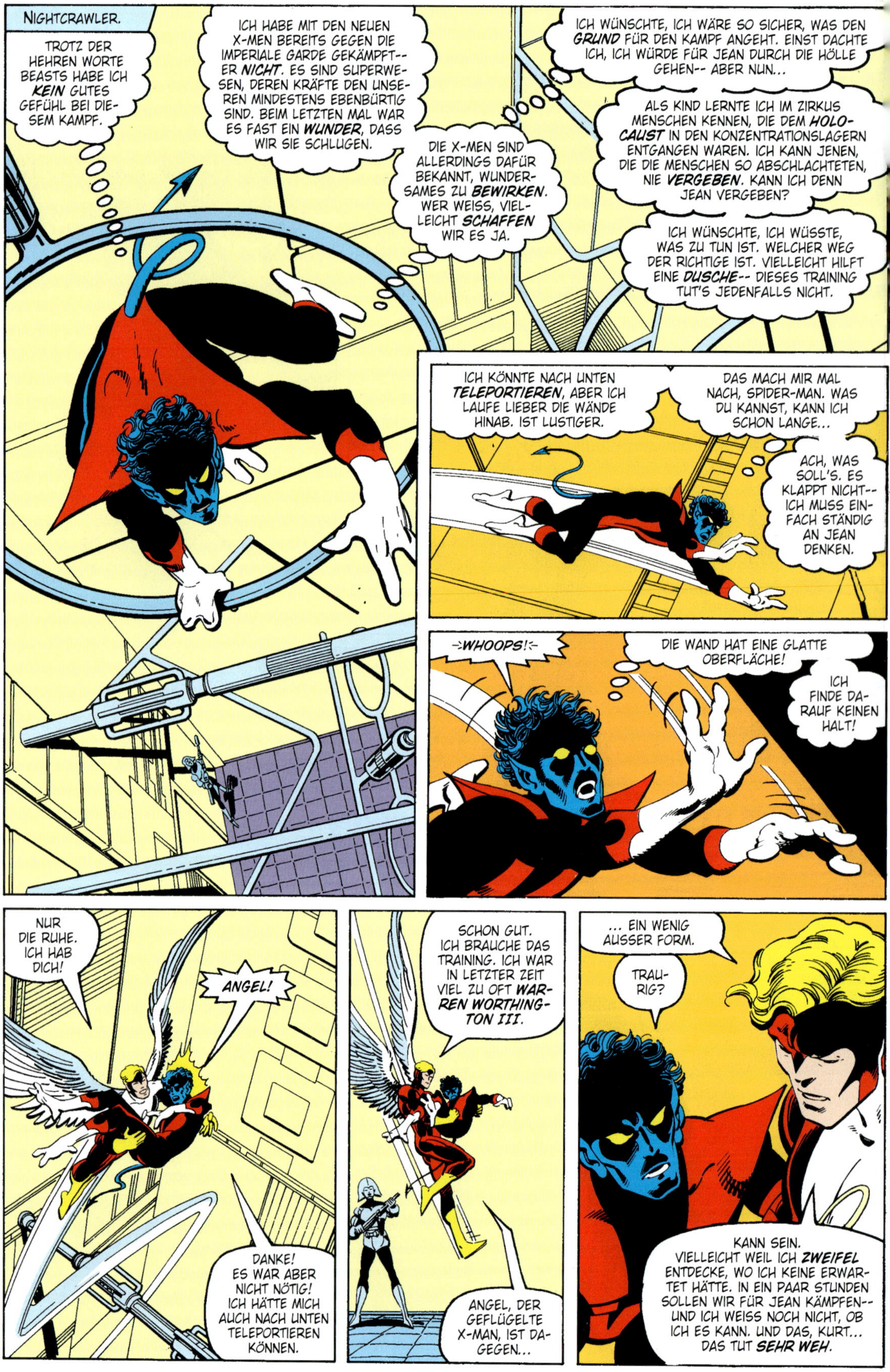

NIGHTCRAWLER.
TROTZ DER HEHREN WORTE BEASTS HABE ICH **KEIN** GUTES GEFÜHL BEI DIESEM KAMPF.
ICH HABE MIT DEN NEUEN X-MEN BEREITS GEGEN DIE IMPERIALE GARDE GEKÄMPFT-- ER **NICHT**. ES SIND SUPERWESEN, DEREN KRÄFTE DEN UNSEREN MINDESTENS EBENBÜRTIG SIND. BEIM LETZTEN MAL WAR ES FAST EIN **WUNDER**, DASS WIR SIE SCHLUGEN.
DIE X-MEN SIND ALLERDINGS DAFÜR BEKANNT, WUNDERSAMES ZU **BEWIRKEN**. WER WEISS, VIELLEICHT **SCHAFFEN** WIR ES JA.
ICH WÜNSCHTE, ICH WÄRE SO SICHER, WAS DEN **GRUND** FÜR DEN KAMPF ANGEHT. EINST DACHTE ICH, ICH WÜRDE FÜR JEAN DURCH DIE HÖLLE GEHEN-- ABER NUN...
ALS KIND LERNTE ICH IM ZIRKUS MENSCHEN KENNEN, DIE DEM **HOLOCAUST** IN DEN KONZENTRATIONSLAGERN ENTGANGEN WAREN. ICH KANN JENEN, DIE DIE MENSCHEN SO ABSCHLACHTETEN, NIE **VERGEBEN**. KANN ICH DENN JEAN VERGEBEN?
ICH WÜNSCHTE, ICH WÜSSTE, WAS ZU TUN IST. WELCHER WEG DER RICHTIGE IST. VIELLEICHT HILFT EINE **DUSCHE**-- DIESES TRAINING TUT'S JEDENFALLS NICHT.

ICH KÖNNTE NACH UNTEN **TELEPORTIEREN**, ABER ICH LAUFE LIEBER DIE WÄNDE HINAB. IST LUSTIGER.
DAS MACH MIR MAL NACH, SPIDER-MAN. WAS DU KANNST, KANN ICH SCHON LANGE...
ACH, WAS SOLL'S. ES KLAPPT NICHT-- ICH MUSS EINFACH STÄNDIG AN JEAN DENKEN.

-WHOOPS!-
DIE WAND HAT EINE GLATTE OBERFLÄCHE!
ICH FINDE DARAUF KEINEN HALT!

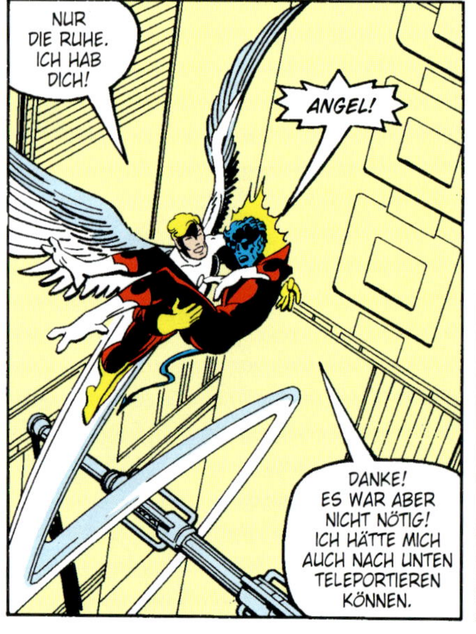

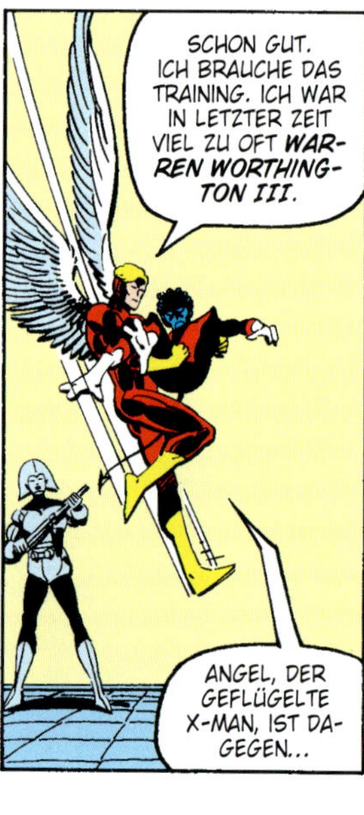

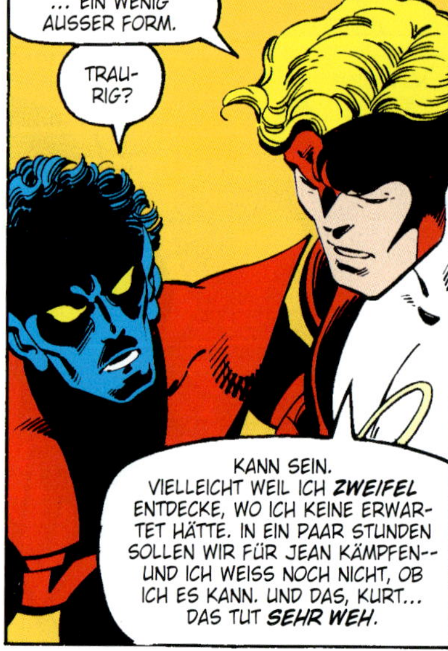

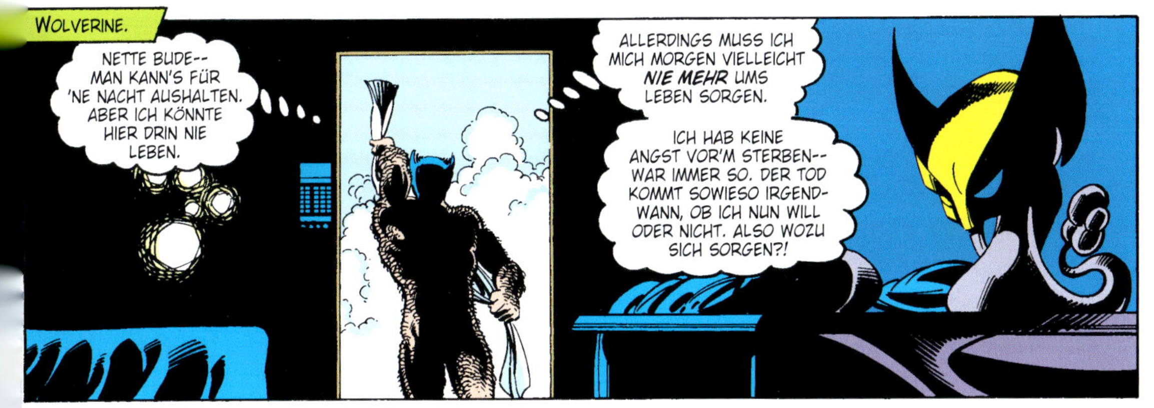
WOLVERINE.
NETTE BUDE-- MAN KANN'S FÜR 'NE NACHT AUSHALTEN. ABER ICH KÖNNTE HIER DRIN NIE LEBEN.
ALLERDINGS MUSS ICH MICH MORGEN VIELLEICHT NIE MEHR UMS LEBEN SORGEN.
ICH HAB KEINE ANGST VOR'M STERBEN-- WAR IMMER SO. DER TOD KOMMT SOWIESO IRGENDWANN, OB ICH NUN WILL ODER NICHT. ALSO WOZU SICH SORGEN?!

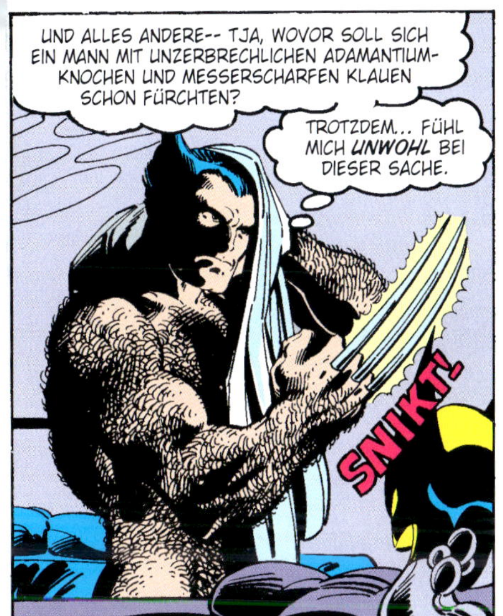
UND ALLES ANDERE-- TJA, WOVOR SOLL SICH EIN MANN MIT UNZERBRECHLICHEN ADAMANTIUMKNOCHEN UND MESSERSCHARFEN KLAUEN SCHON FÜRCHTEN?
TROTZDEM... FÜHL MICH UNWOHL BEI DIESER SACHE.
SNIKT!

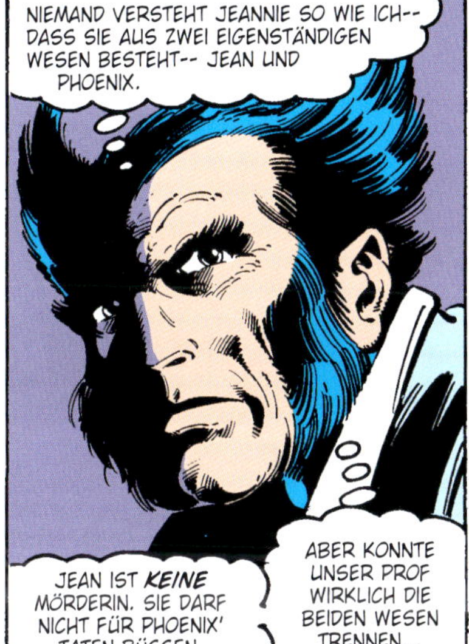
NIEMAND VERSTEHT JEANNIE SO WIE ICH-- DASS SIE AUS ZWEI EIGENSTÄNDIGEN WESEN BESTEHT-- JEAN UND PHOENIX.
JEAN IST KEINE MÖRDERIN. SIE DARF NICHT FÜR PHOENIX' TATEN BÜSSEN.
ABER KONNTE UNSER PROF WIRKLICH DIE BEIDEN WESEN TRENNEN...

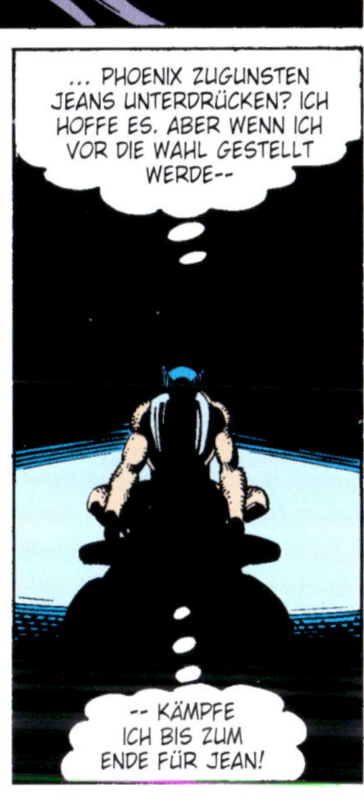
... PHOENIX ZUGUNSTEN JEANS UNTERDRÜCKEN? ICH HOFFE ES. ABER WENN ICH VOR DIE WAHL GESTELLT WERDE--
-- KÄMPFE ICH BIS ZUM ENDE FÜR JEAN!

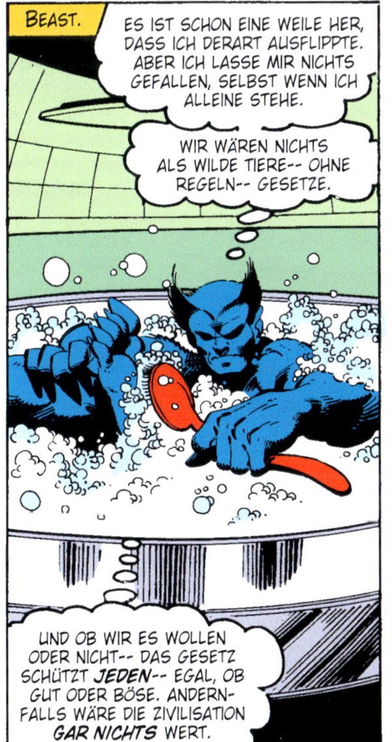
BEAST.
ES IST SCHON EINE WEILE HER, DASS ICH DERART AUSFLIPPTE. ABER ICH LASSE MIR NICHTS GEFALLEN, SELBST WENN ICH ALLEINE STEHE.
WIR WÄREN NICHTS ALS WILDE TIERE-- OHNE REGELN-- GESETZE.
UND OB WIR ES WOLLEN ODER NICHT-- DAS GESETZ SCHÜTZT JEDEN-- EGAL, OB GUT ODER BÖSE. ANDERNFALLS WÄRE DIE ZIVILISATION GAR NICHTS WERT.

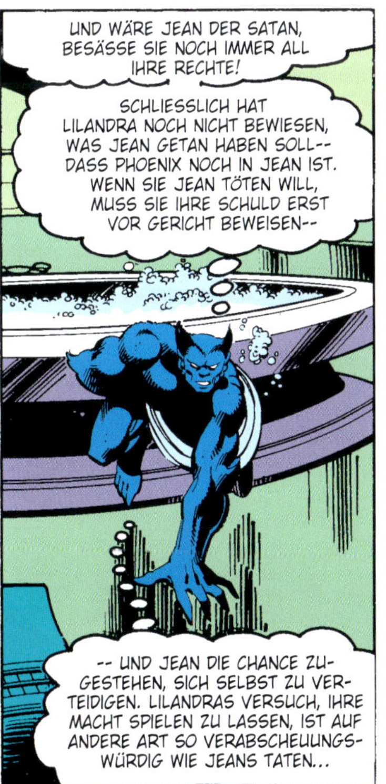
UND WÄRE JEAN DER SATAN, BESÄSSE SIE NOCH IMMER ALL IHRE RECHTE!
SCHLIESSLICH HAT LILANDRA NOCH NICHT BEWIESEN, WAS JEAN GETAN HABEN SOLL-- DASS PHOENIX NOCH IN JEAN IST. WENN SIE JEAN TÖTEN WILL, MUSS SIE IHRE SCHULD ERST VOR GERICHT BEWEISEN--
-- UND JEAN DIE CHANCE ZUGESTEHEN, SICH SELBST ZU VERTEIDIGEN. LILANDRAS VERSUCH, IHRE MACHT SPIELEN ZU LASSEN, IST AUF ANDERE ART SO VERABSCHEUUNGSWÜRDIG WIE JEANS TATEN...

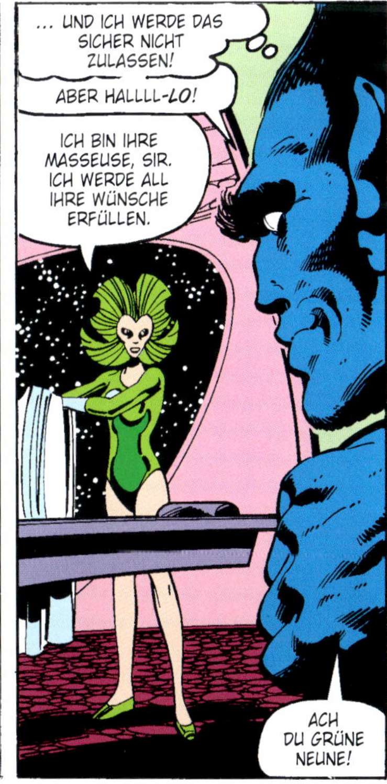
... UND ICH WERDE DAS SICHER NICHT ZULASSEN!
ABER HALLLL-LO!
ICH BIN IHRE MASSEUSE, SIR. ICH WERDE ALL IHRE WÜNSCHE ERFÜLLEN.
ACH DU GRÜNE NEUNE!

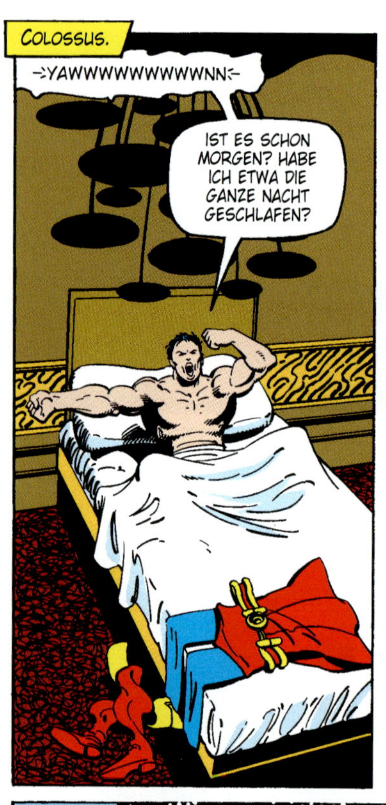
COLOSSUS.
-YAWWWWWWWWWWNN-
IST ES SCHON MORGEN? HABE ICH ETWA DIE GANZE NACHT GESCHLAFEN?

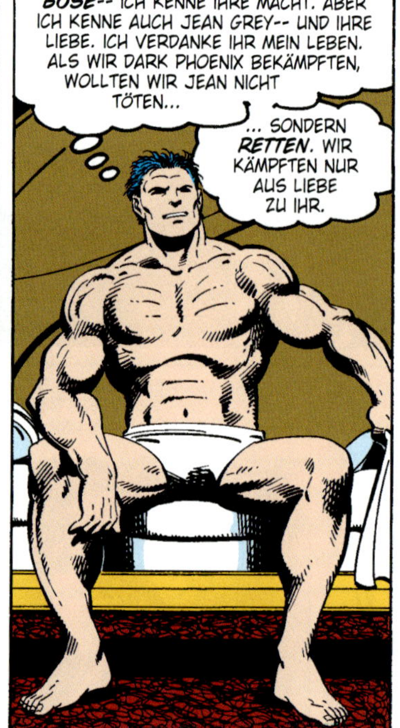
DER MOMENT DER WAHRHEIT RÜCKT NÄHER. ICH WEISS, DARK PHOENIX IST **BÖSE**-- ICH KENNE IHRE MACHT. ABER ICH KENNE AUCH JEAN GREY-- UND IHRE LIEBE. ICH VERDANKE IHR MEIN LEBEN. ALS WIR DARK PHOENIX BEKÄMPFTEN, WOLLTEN WIR JEAN NICHT TÖTEN...
... SONDERN **RETTEN**. WIR KÄMPFTEN NUR AUS LIEBE ZU IHR.

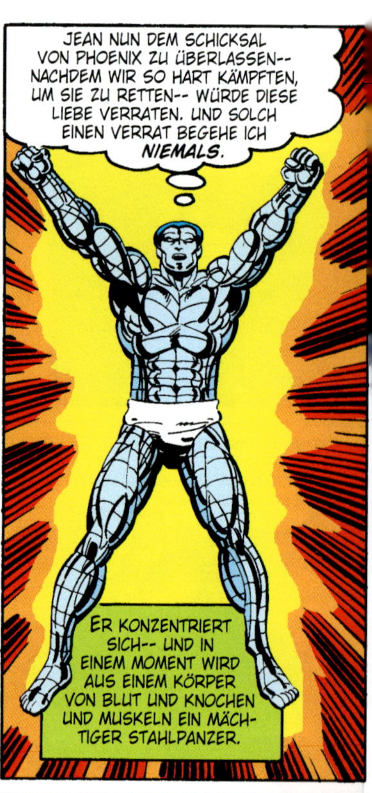
JEAN NUN DEM SCHICKSAL VON PHOENIX ZU ÜBERLASSEN-- NACHDEM WIR SO HART KÄMPFTEN, UM SIE ZU RETTEN-- WÜRDE DIESE LIEBE VERRATEN. UND SOLCH EINEN VERRAT BEGEHE ICH **NIEMALS**.
ER KONZENTRIERT SICH-- UND IN EINEM MOMENT WIRD AUS EINEM KÖRPER VON BLUT UND KNOCHEN UND MUSKELN EIN MÄCHTIGER STAHLPANZER.

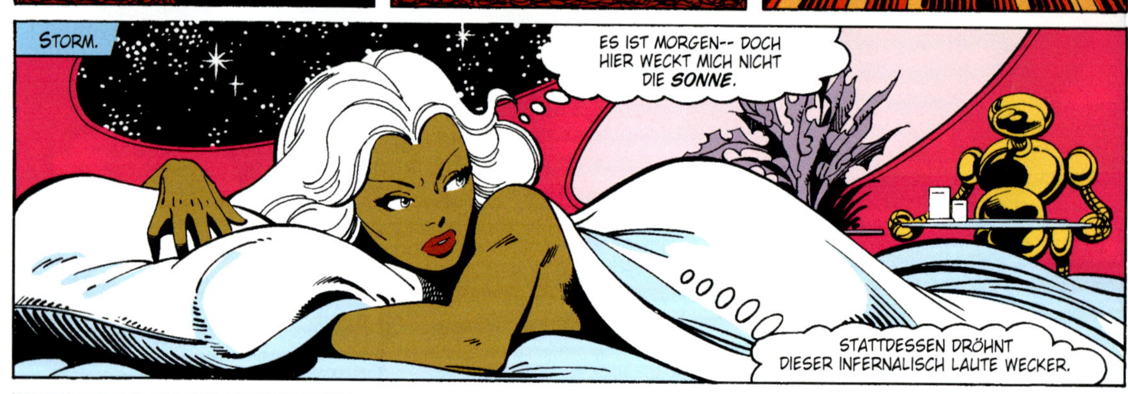
STORM.
ES IST MORGEN-- DOCH HIER WECKT MICH NICHT DIE **SONNE**.
STATTDESSEN DRÖHNT DIESER INFERNALISCH LAUTE WECKER.

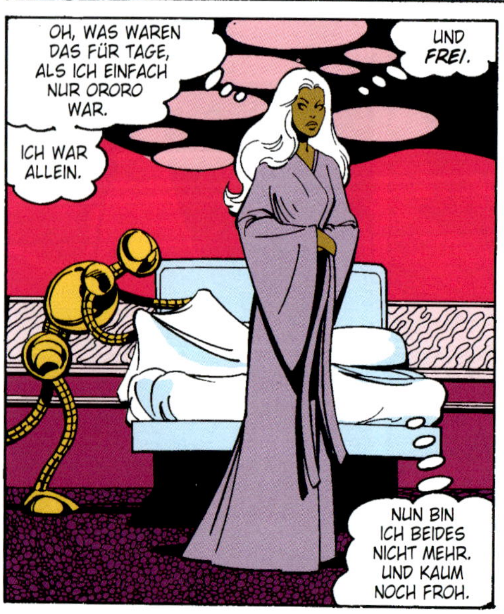
OH, WAS WAREN DAS FÜR TAGE, ALS ICH EINFACH NUR ORORO WAR.
ICH WAR ALLEIN.
UND **FREI**.
NUN BIN ICH BEIDES NICHT MEHR. UND KAUM NOCH FROH.

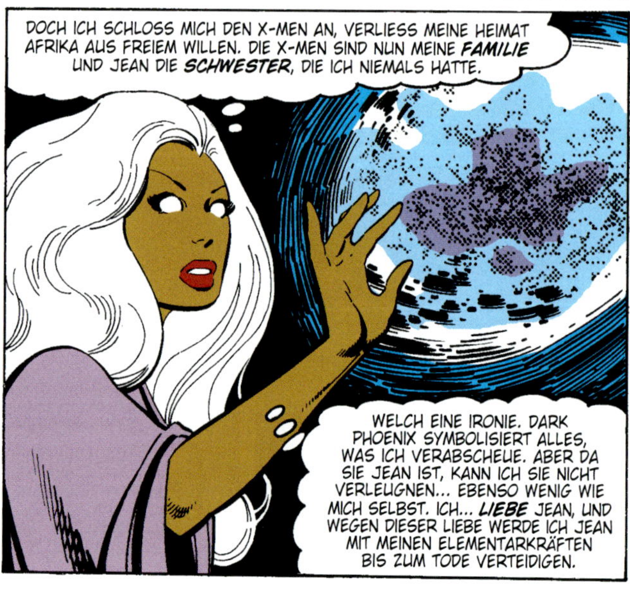
DOCH ICH SCHLOSS MICH DEN X-MEN AN, VERLIESS MEINE HEIMAT AFRIKA AUS FREIEM WILLEN. DIE X-MEN SIND NUN MEINE **FAMILIE** UND JEAN DIE **SCHWESTER**, DIE ICH NIEMALS HATTE.
WELCH EINE IRONIE. DARK PHOENIX SYMBOLISIERT ALLES, WAS ICH VERABSCHEUE. ABER DA SIE JEAN IST, KANN ICH SIE NICHT VERLEUGNEN... EBENSO WENIG WIE MICH SELBST. ICH... **LIEBE** JEAN, UND WEGEN DIESER LIEBE WERDE ICH JEAN MIT MEINEN ELEMENTARKRÄFTEN BIS ZUM TODE VERTEIDIGEN.

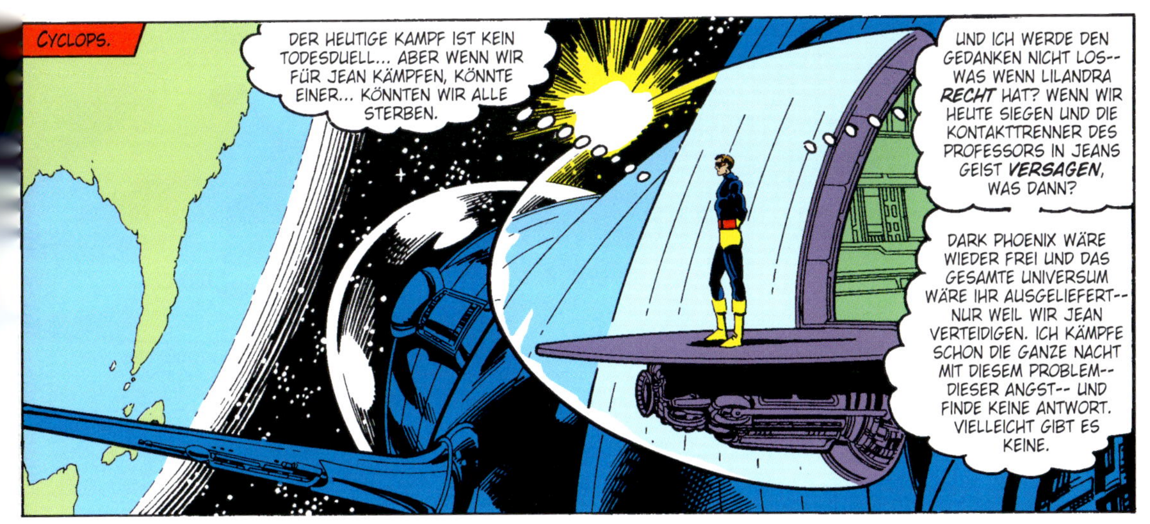
CYCLOPS.
DER HEUTIGE KAMPF IST KEIN TODESDUELL... ABER WENN WIR FÜR JEAN KÄMPFEN, KÖNNTE EINER... KÖNNTEN WIR ALLE STERBEN.
UND ICH WERDE DEN GEDANKEN NICHT LOS-- WAS WENN LILANDRA RECHT HAT? WENN WIR HEUTE SIEGEN UND DIE KONTAKTTRENNER DES PROFESSORS IN JEANS GEIST VERSAGEN, WAS DANN?
DARK PHOENIX WÄRE WIEDER FREI UND DAS GESAMTE UNIVERSUM WÄRE IHR AUSGELIEFERT-- NUR WEIL WIR JEAN VERTEIDIGEN. ICH KÄMPFE SCHON DIE GANZE NACHT MIT DIESEM PROBLEM-- DIESER ANGST-- UND FINDE KEINE ANTWORT. VIELLEICHT GIBT ES KEINE.

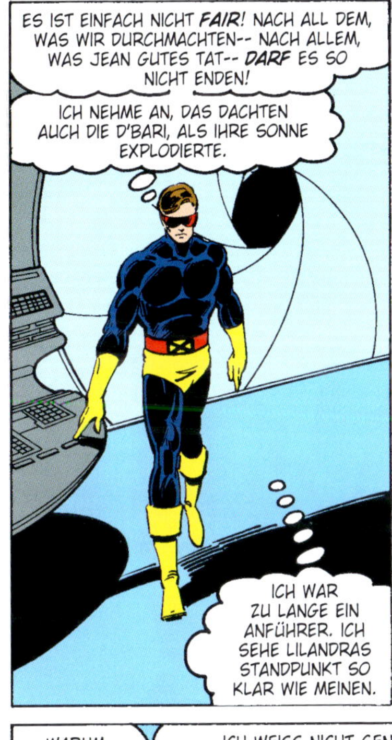
ES IST EINFACH NICHT FAIR! NACH ALL DEM, WAS WIR DURCHMACHTEN-- NACH ALLEM, WAS JEAN GUTES TAT-- DARF ES SO NICHT ENDEN!
ICH NEHME AN, DAS DACHTEN AUCH DIE D'BARI, ALS IHRE SONNE EXPLODIERTE.
ICH WAR ZU LANGE EIN ANFÜHRER. ICH SEHE LILANDRAS STANDPUNKT SO KLAR WIE MEINEN.

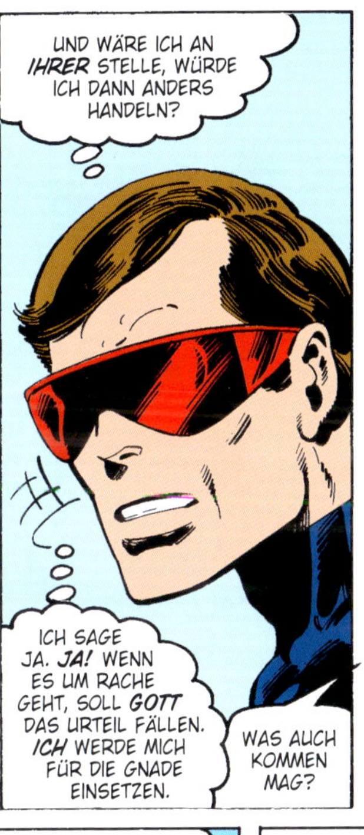
UND WÄRE ICH AN IHRER STELLE, WÜRDE ICH DANN ANDERS HANDELN?
ICH SAGE JA. JA! WENN ES UM RACHE GEHT, SOLL GOTT DAS URTEIL FÄLLEN. ICH WERDE MICH FÜR DIE GNADE EINSETZEN.
WAS AUCH KOMMEN MAG?

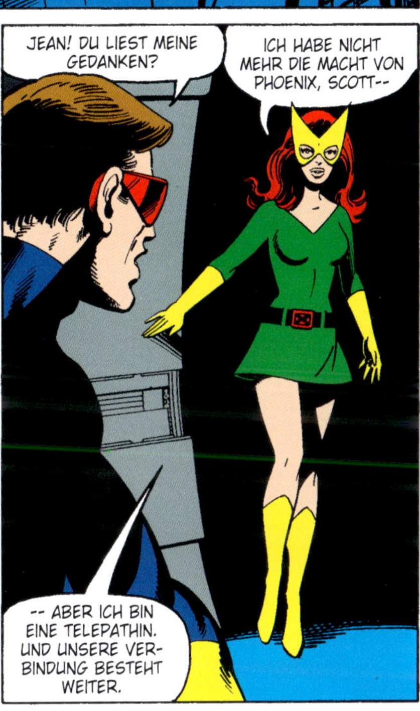
JEAN! DU LIEST MEINE GEDANKEN?
ICH HABE NICHT MEHR DIE MACHT VON PHOENIX, SCOTT--
-- ABER ICH BIN EINE TELEPATHIN. UND UNSERE VERBINDUNG BESTEHT WEITER.

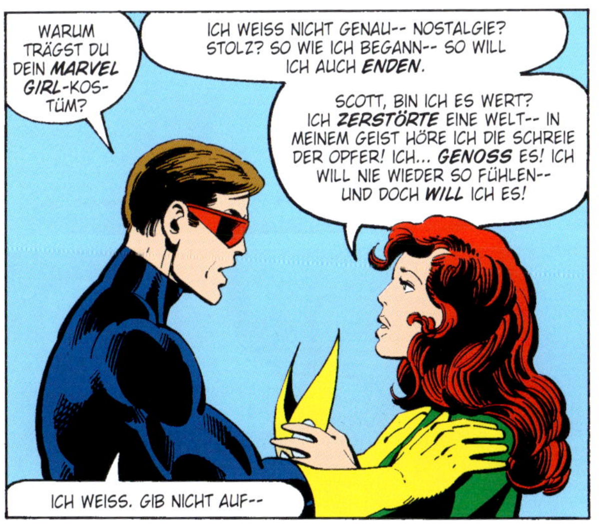
WARUM TRÄGST DU DEIN MARVEL GIRL-KOSTÜM?
ICH WEISS NICHT GENAU-- NOSTALGIE? STOLZ? SO WIE ICH BEGANN-- SO WILL ICH AUCH ENDEN.
SCOTT, BIN ICH ES WERT? ICH ZERSTÖRTE EINE WELT-- IN MEINEM GEIST HÖRE ICH DIE SCHREIE DER OPFER! ICH... GENOSS ES! ICH WILL NIE WIEDER SO FÜHLEN-- UND DOCH WILL ICH ES!
ICH WEISS. GIB NICHT AUF--

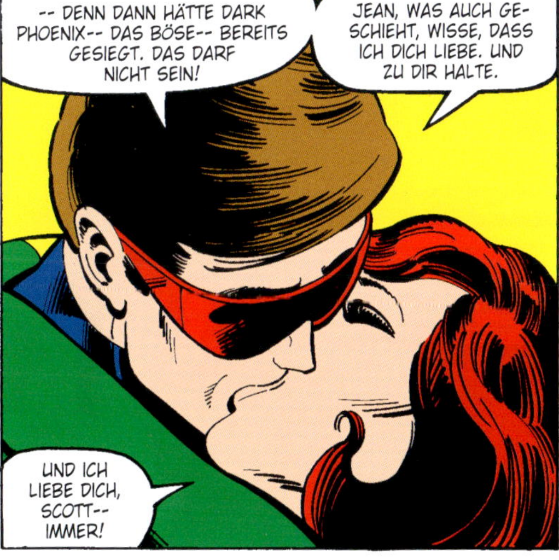
-- DENN DANN HÄTTE DARK PHOENIX-- DAS BÖSE-- BEREITS GESIEGT. DAS DARF NICHT SEIN!
JEAN, WAS AUCH GESCHIEHT, WISSE, DASS ICH DICH LIEBE. UND ZU DIR HALTE.
UND ICH LIEBE DICH, SCOTT-- IMMER!

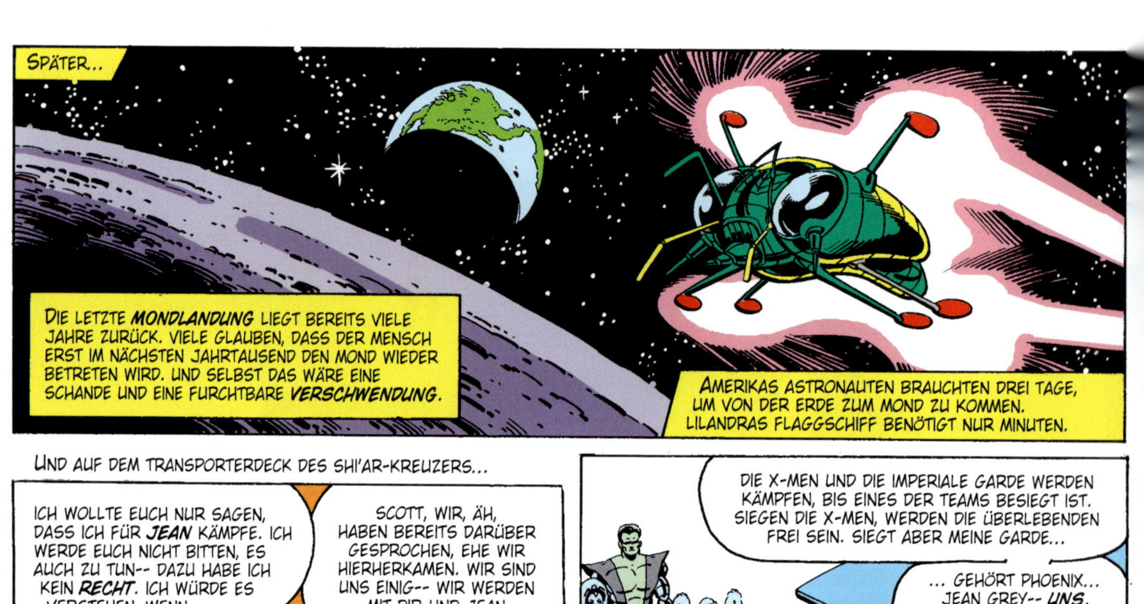

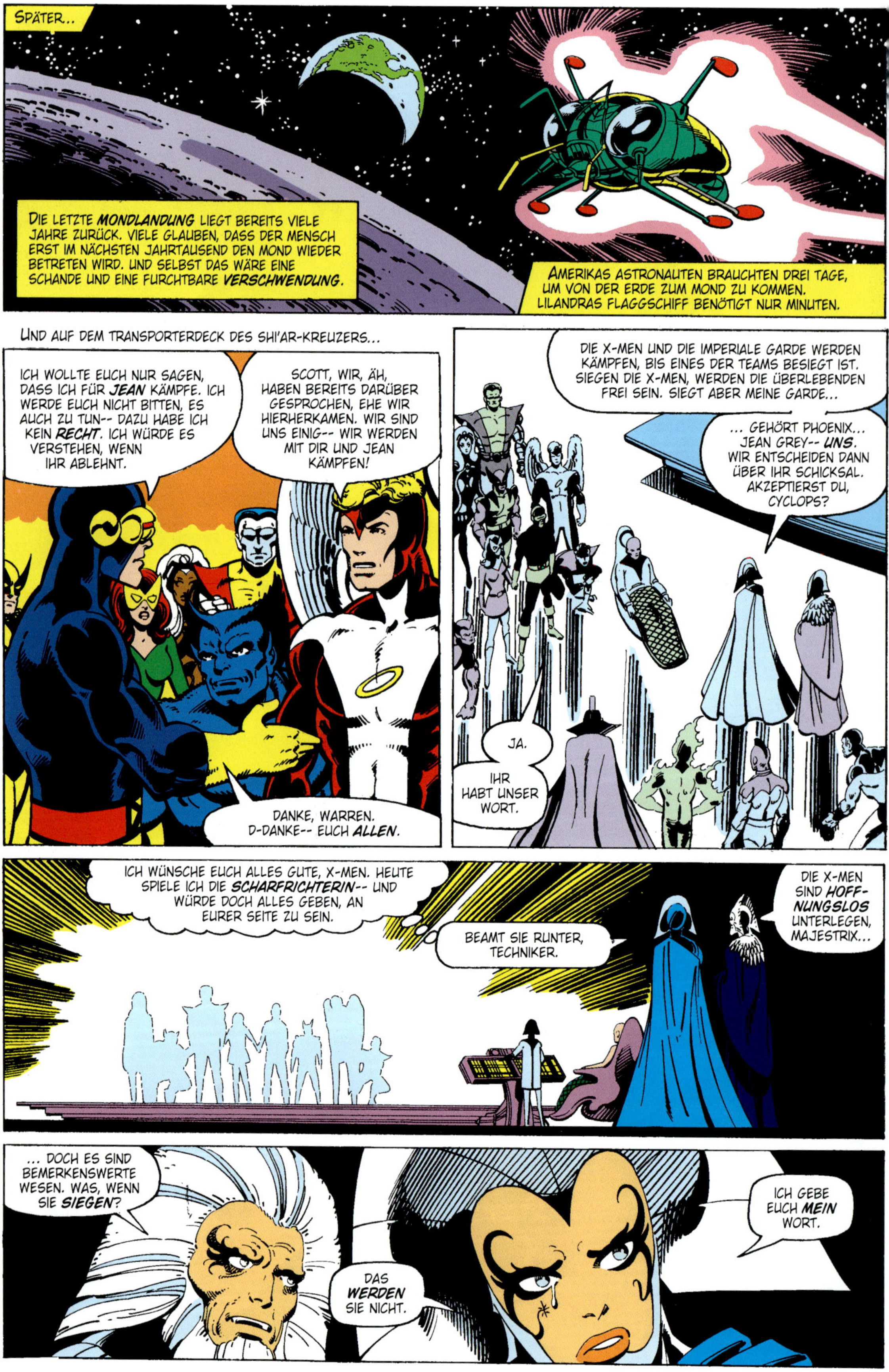

UND AUF DEM TRANSPORTERDECK DES SHI'AR-KREUZERS...

ICH WOLLTE EUCH NUR SAGEN, DASS ICH FÜR JEAN KÄMPFE. ICH WERDE EUCH NICHT BITTEN, ES AUCH ZU TUN-- DAZU HABE ICH KEIN RECHT. ICH WÜRDE ES VERSTEHEN, WENN IHR ABLEHNT.

SCOTT, WIR, ÄH, HABEN BEREITS DARÜBER GESPROCHEN, EHE WIR HIERHERKAMEN. WIR SIND UNS EINIG-- WIR WERDEN MIT DIR UND JEAN KÄMPFEN!

DANKE, WARREN. D-DANKE-- EUCH ALLEN.

DIE X-MEN UND DIE IMPERIALE GARDE WERDEN KÄMPFEN, BIS EINES DER TEAMS BESIEGT IST. SIEGEN DIE X-MEN, WERDEN DIE ÜBERLEBENDEN FREI SEIN. SIEGT ABER MEINE GARDE...

... GEHÖRT PHOENIX... JEAN GREY-- UNS. WIR ENTSCHEIDEN DANN ÜBER IHR SCHICKSAL. AKZEPTIERST DU, CYCLOPS?

JA.

IHR HABT UNSER WORT.

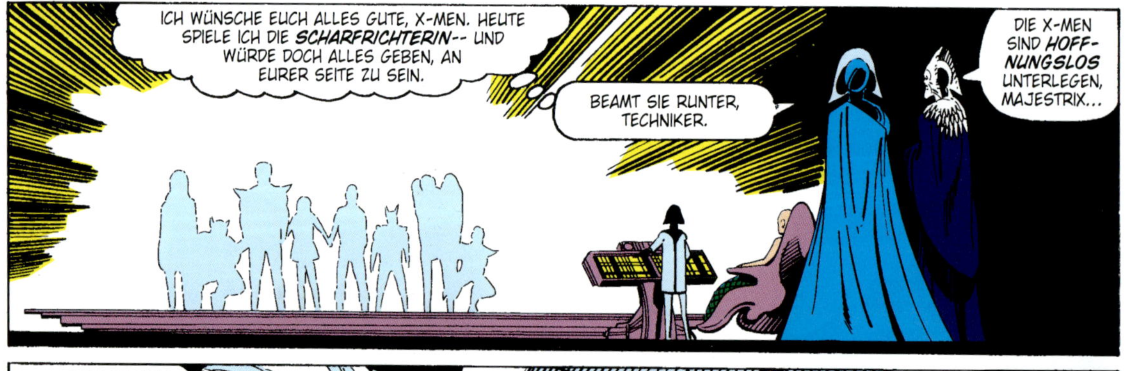

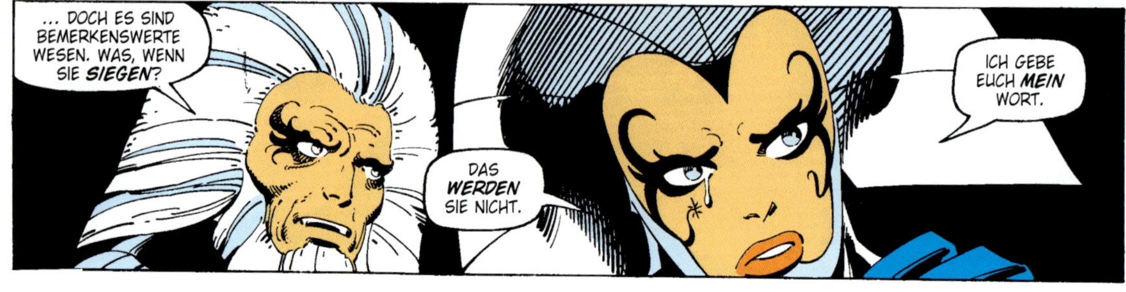

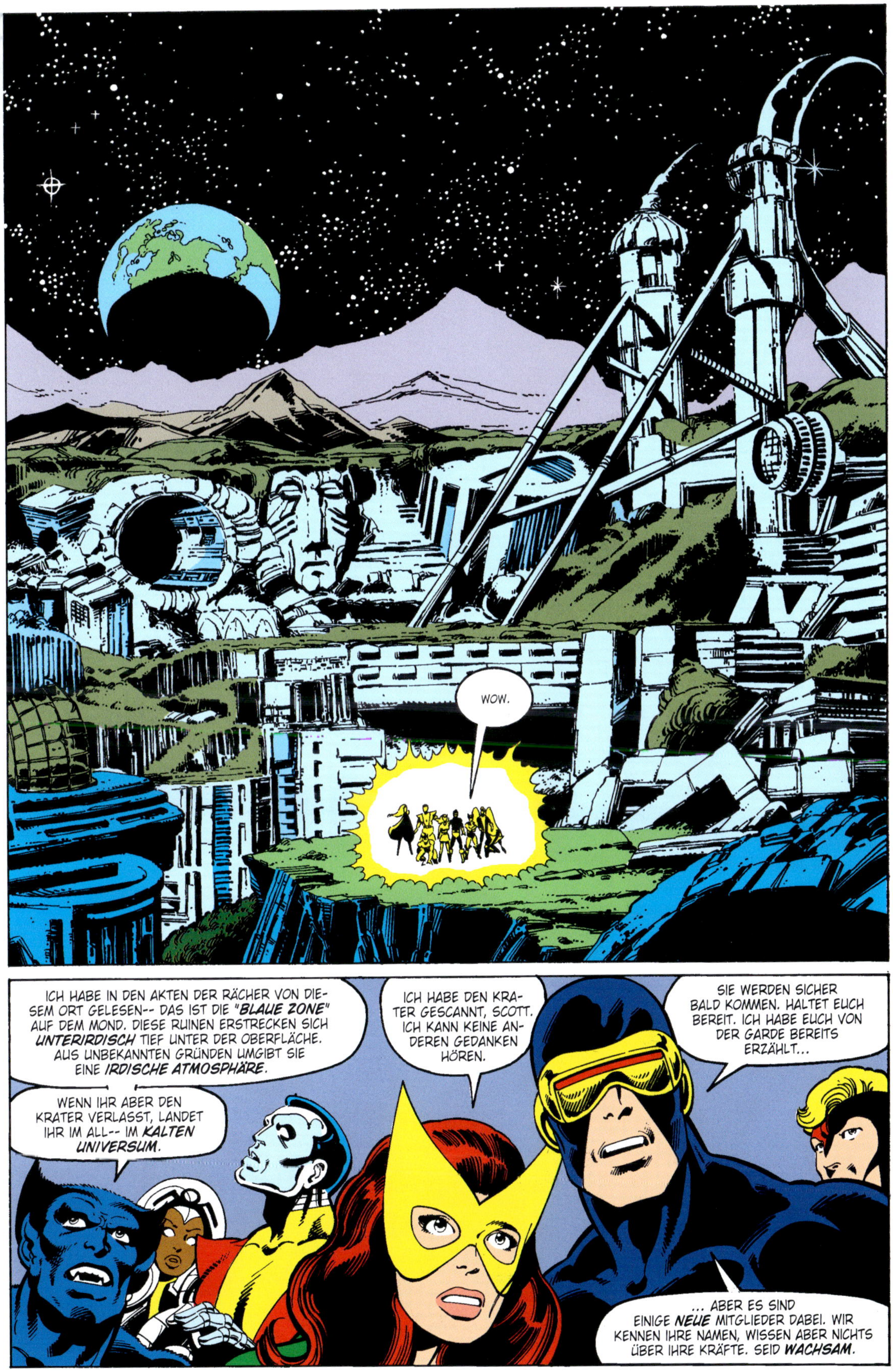

WOW.

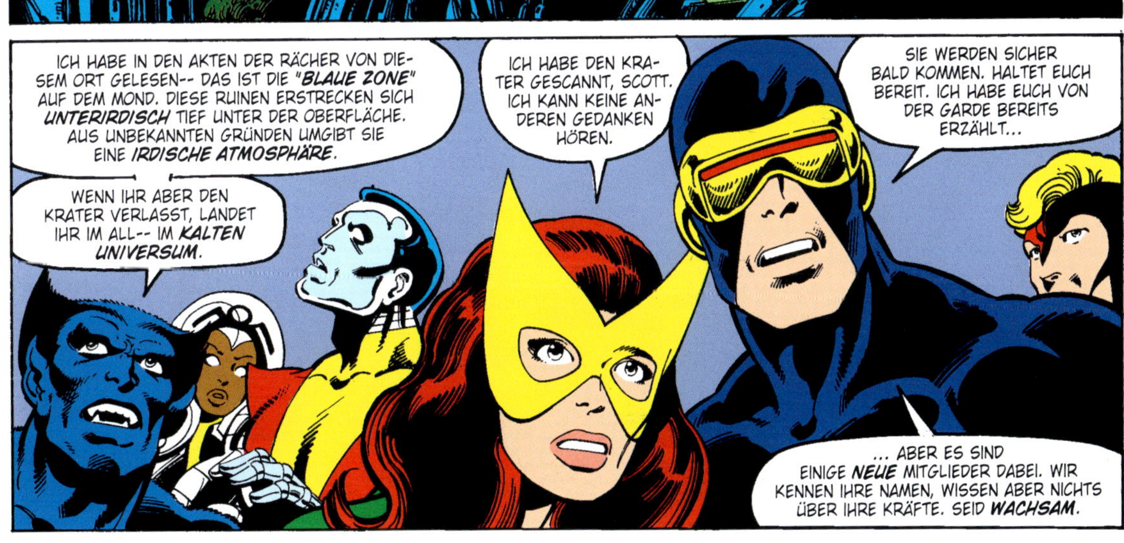

ICH HABE IN DEN AKTEN DER RÄCHER VON DIESEM ORT GELESEN-- DAS IST DIE "*BLAUE ZONE*" AUF DEM MOND. DIESE RUINEN ERSTRECKEN SICH *UNTERIRDISCH* TIEF UNTER DER OBERFLÄCHE. AUS UNBEKANNTEN GRÜNDEN UMGIBT SIE EINE *IRDISCHE ATMOSPHÄRE*.
WENN IHR ABER DEN KRATER VERLASST, LANDET IHR IM ALL-- IM *KALTEN UNIVERSUM*.
ICH HABE DEN KRATER GESCANNT, SCOTT. ICH KANN KEINE ANDEREN GEDANKEN HÖREN.
SIE WERDEN SICHER BALD KOMMEN. HALTET EUCH BEREIT. ICH HABE EUCH VON DER GARDE BEREITS ERZÄHLT...
... ABER ES SIND EINIGE *NEUE* MITGLIEDER DABEI. WIR KENNEN IHRE NAMEN, WISSEN ABER NICHTS ÜBER IHRE KRÄFTE. SEID *WACHSAM*.

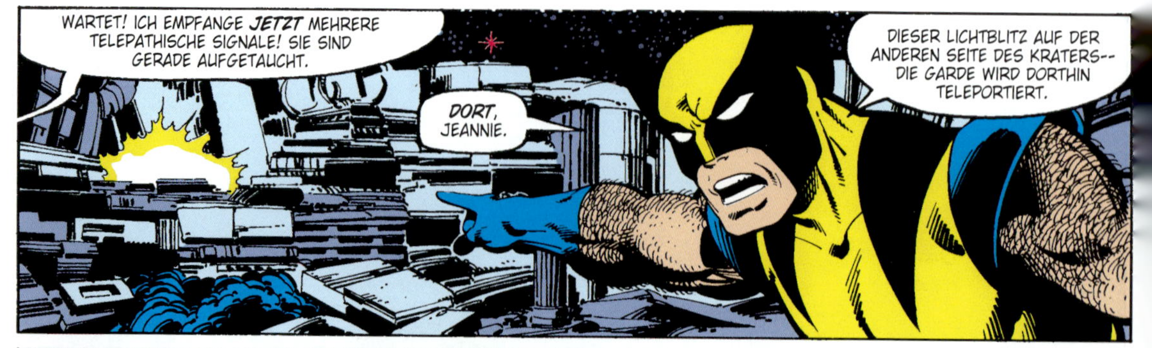
WARTET! ICH EMPFANGE JETZT MEHRERE TELEPATHISCHE SIGNALE! SIE SIND GERADE AUFGETAUCHT.
DIESER LICHTBLITZ AUF DER ANDEREN SEITE DES KRATERS-- DIE GARDE WIRD DORTHIN TELEPORTIERT.
DORT, JEANNIE.

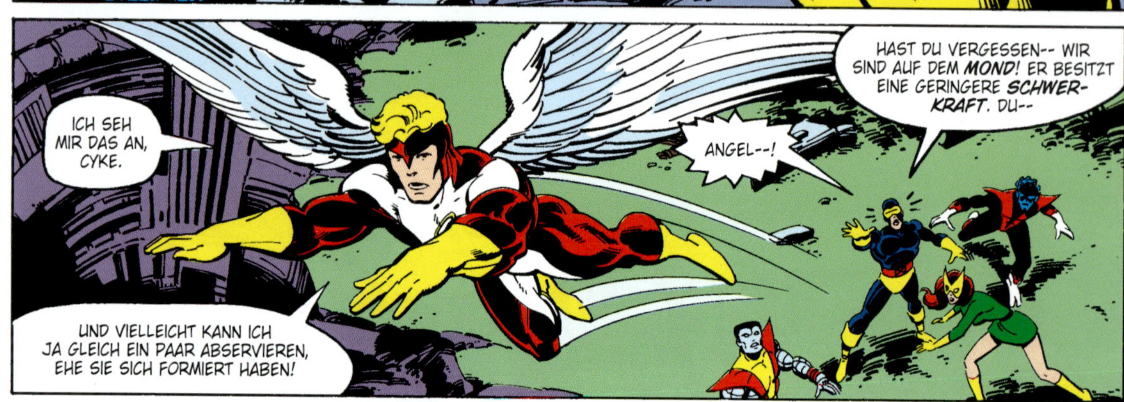
ICH SEH MIR DAS AN, CYKE.
UND VIELLEICHT KANN ICH JA GLEICH EIN PAAR ABSERVIEREN, EHE SIE SICH FORMIERT HABEN!
ANGEL--!
HAST DU VERGESSEN-- WIR SIND AUF DEM MOND! ER BESITZT EINE GERINGERE SCHWERKRAFT. DU--

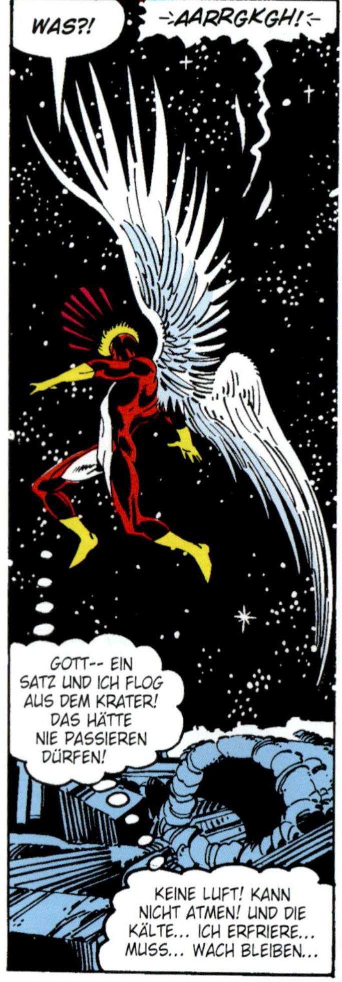
WAS?!
-AARRGKGH!-
GOTT-- EIN SATZ UND ICH FLOG AUS DEM KRATER! DAS HÄTTE NIE PASSIEREN DÜRFEN!
KEINE LUFT! KANN NICHT ATMEN! UND DIE KÄLTE... ICH ERFRIERE... MUSS... WACH BLEIBEN...

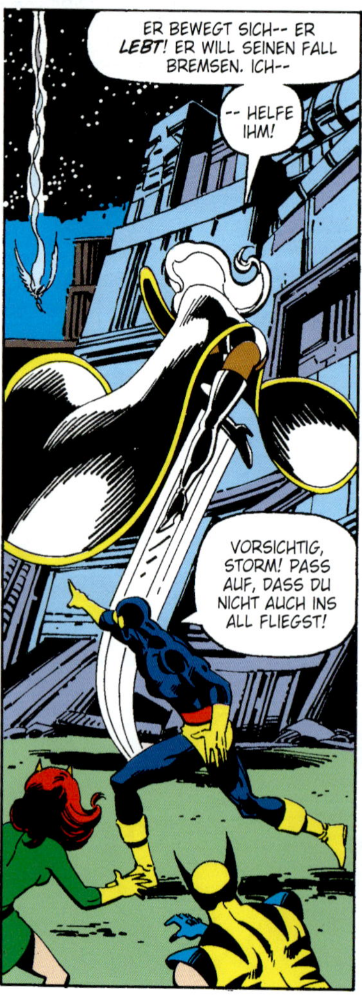
ER BEWEGT SICH-- ER LEBT! ER WILL SEINEN FALL BREMSEN. ICH--
-- HELFE IHM!
VORSICHTIG, STORM! PASS AUF, DASS DU NICHT AUCH INS ALL FLIEGST!

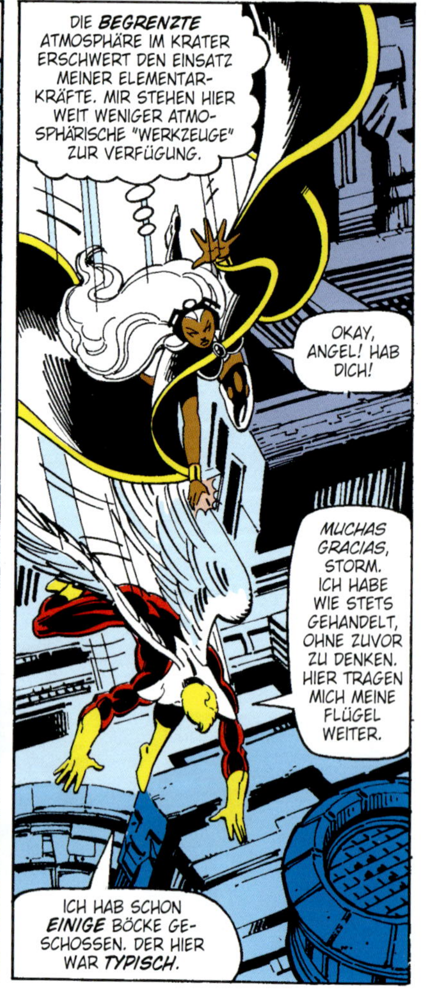
DIE BEGRENZTE ATMOSPHÄRE IM KRATER ERSCHWERT DEN EINSATZ MEINER ELEMENTARKRÄFTE. MIR STEHEN HIER WEIT WENIGER ATMOSPHÄRISCHE "WERKZEUGE" ZUR VERFÜGUNG.
OKAY, ANGEL! HAB DICH!
MUCHAS GRACIAS, STORM. ICH HABE WIE STETS GEHANDELT, OHNE ZUVOR ZU DENKEN. HIER TRAGEN MICH MEINE FLÜGEL WEITER.
ICH HAB SCHON EINIGE BÖCKE GESCHOSSEN. DER HIER WAR TYPISCH.

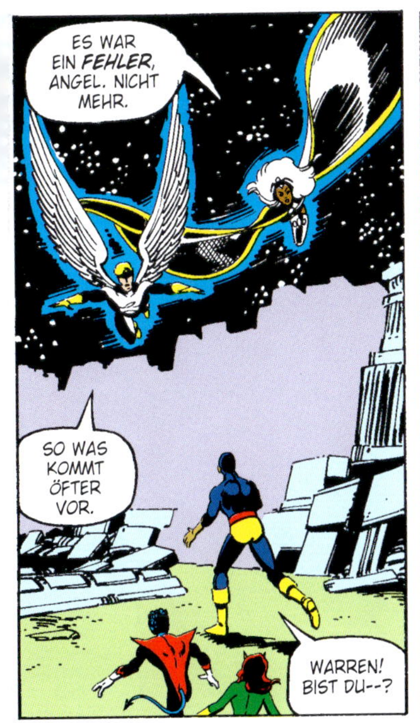
ES WAR EIN FEHLER, ANGEL. NICHT MEHR.
SO WAS KOMMT ÖFTER VOR.
WARREN! BIST DU--?

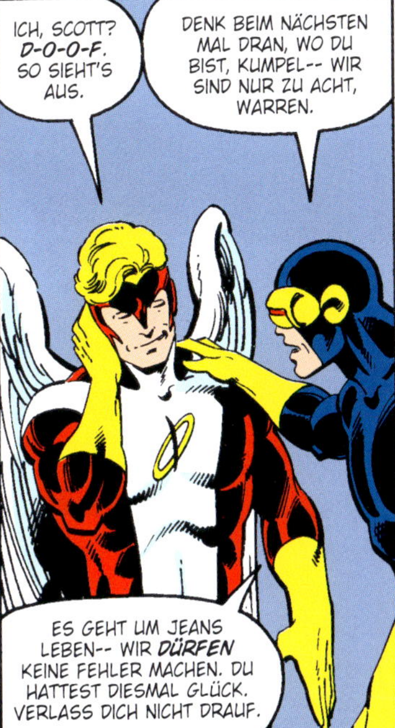
ICH, SCOTT? D-O-O-F. SO SIEHT'S AUS.
DENK BEIM NÄCHSTEN MAL DRAN, WO DU BIST, KUMPEL-- WIR SIND NUR ZU ACHT, WARREN.
ES GEHT UM JEANS LEBEN-- WIR DÜRFEN KEINE FEHLER MACHEN. DU HATTEST DIESMAL GLÜCK. VERLASS DICH NICHT DRAUF.

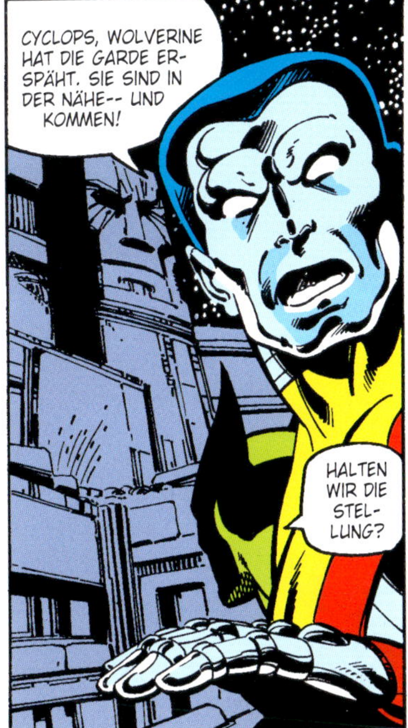
CYCLOPS, WOLVERINE HAT DIE GARDE ERSPÄHT. SIE SIND IN DER NÄHE-- UND KOMMEN!
HALTEN WIR DIE STELLUNG?

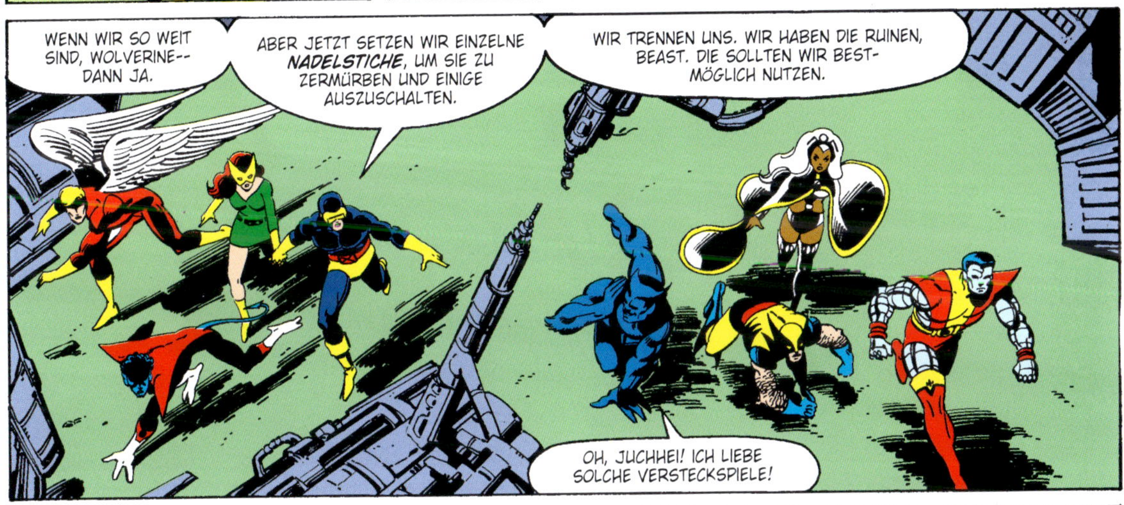
WENN WIR SO WEIT SIND, WOLVERINE-- DANN JA.
ABER JETZT SETZEN WIR EINZELNE NADELSTICHE, UM SIE ZU ZERMÜRBEN UND EINIGE AUSZUSCHALTEN.
WIR TRENNEN UNS. WIR HABEN DIE RUINEN, BEAST. DIE SOLLTEN WIR BESTMÖGLICH NUTZEN.
OH, JUCHHEI! ICH LIEBE SOLCHE VERSTECKSPIELE!

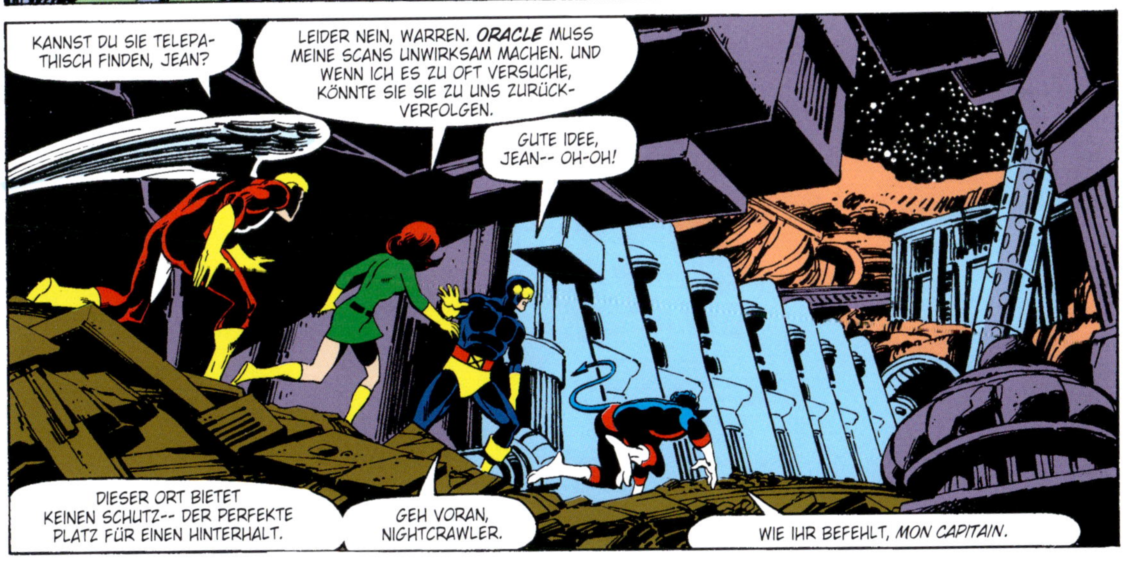
KANNST DU SIE TELEPATHISCH FINDEN, JEAN?
LEIDER NEIN, WARREN. ORACLE MUSS MEINE SCANS UNWIRKSAM MACHEN. UND WENN ICH ES ZU OFT VERSUCHE, KÖNNTE SIE SIE ZU UNS ZURÜCKVERFOLGEN.
GUTE IDEE, JEAN-- OH-OH!
DIESER ORT BIETET KEINEN SCHUTZ-- DER PERFEKTE PLATZ FÜR EINEN HINTERHALT.
GEH VORAN, NIGHTCRAWLER.
WIE IHR BEFEHLT, MON CAPITAIN.

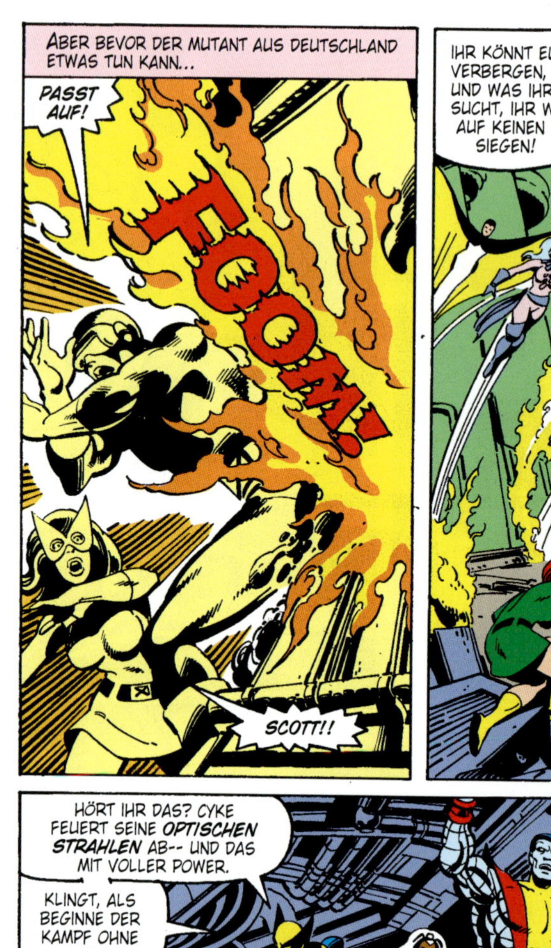
ABER BEVOR DER MUTANT AUS DEUTSCHLAND ETWAS TUN KANN...
PASST AUF!
FOOM!
SCOTT!!

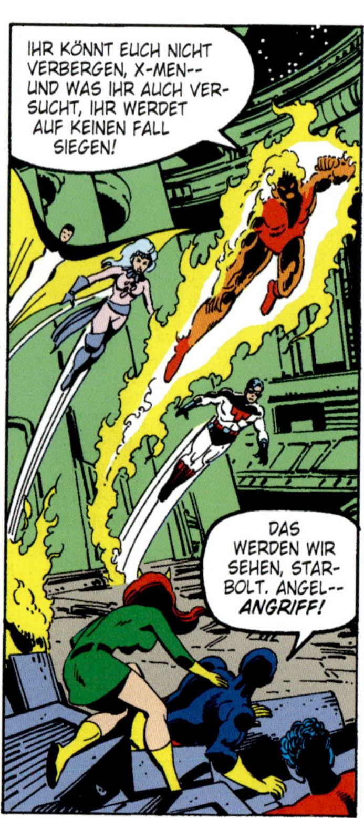
IHR KÖNNT EUCH NICHT VERBERGEN, X-MEN-- UND WAS IHR AUCH VERSUCHT, IHR WERDET AUF KEINEN FALL SIEGEN!
DAS WERDEN WIR SEHEN, STARBOLT. ANGEL-- ANGRIFF!

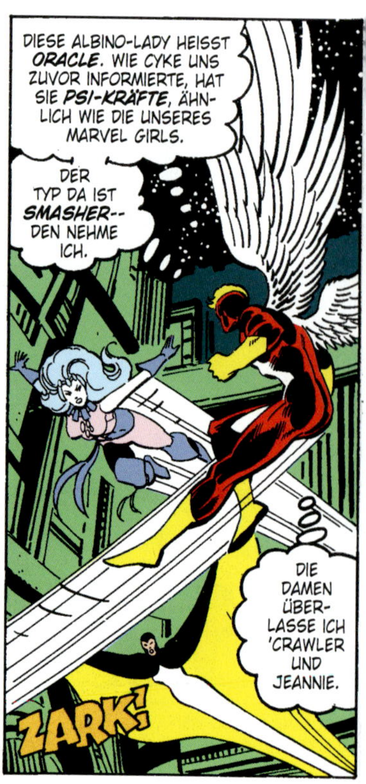
DIESE ALBINO-LADY HEISST ORACLE. WIE CYKE UNS ZUVOR INFORMIERTE, HAT SIE PSI-KRÄFTE, ÄHNLICH WIE DIE UNSERES MARVEL GIRLS.
DER TYP DA IST SMASHER-- DEN NEHME ICH.
DIE DAMEN ÜBERLASSE ICH 'CRAWLER UND JEANNIE.
ZARK!

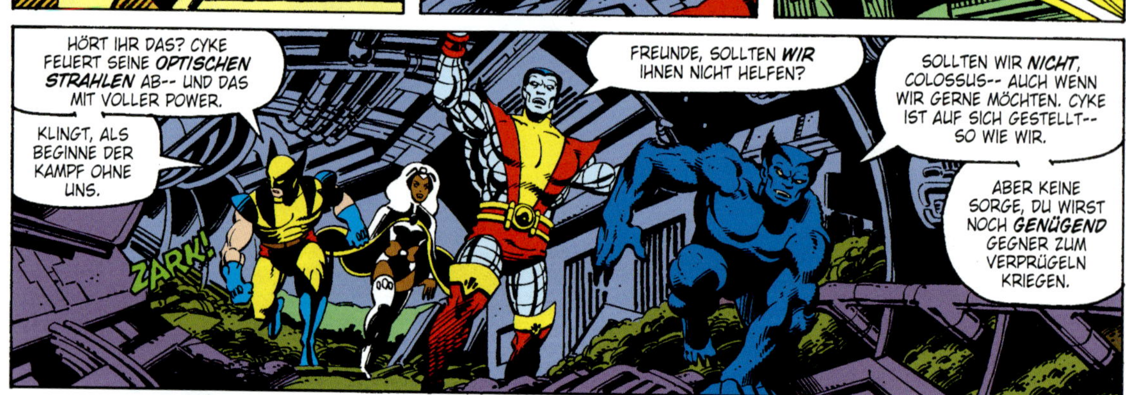
HÖRT IHR DAS? CYKE FEUERT SEINE OPTISCHEN STRAHLEN AB-- UND DAS MIT VOLLER POWER.
KLINGT, ALS BEGINNE DER KAMPF OHNE UNS.
ZARK!
FREUNDE, SOLLTEN WIR IHNEN NICHT HELFEN?
SOLLTEN WIR NICHT, COLOSSUS-- AUCH WENN WIR GERNE MÖCHTEN. CYKE IST AUF SICH GESTELLT-- SO WIE WIR.
ABER KEINE SORGE, DU WIRST NOCH GENÜGEND GEGNER ZUM VERPRÜGELN KRIEGEN.

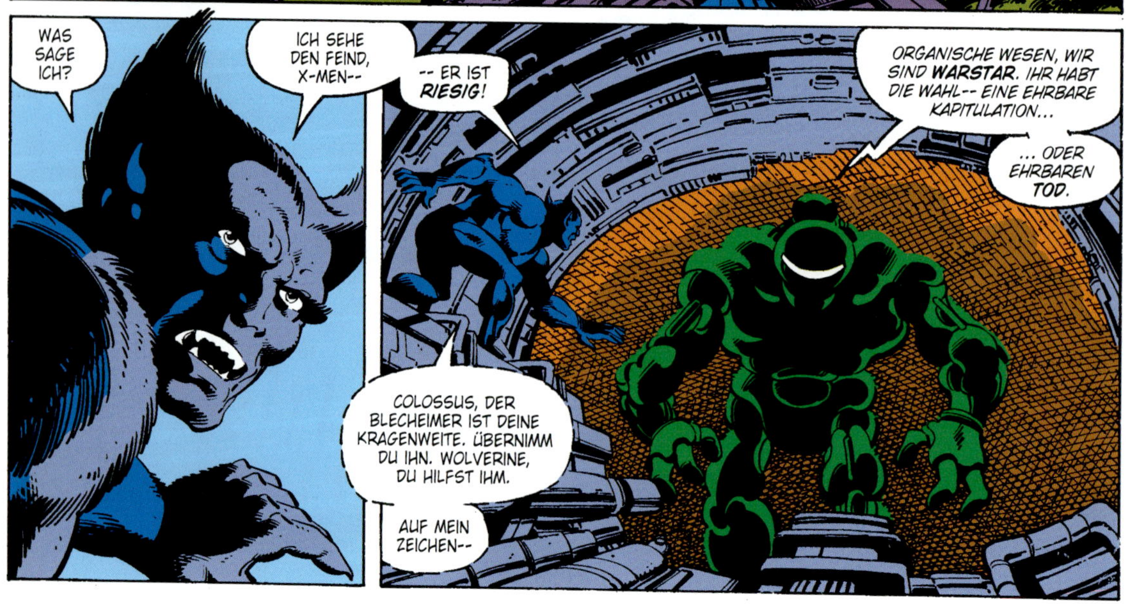
WAS SAGE ICH?
ICH SEHE DEN FEIND, X-MEN--
-- ER IST RIESIG!
ORGANISCHE WESEN, WIR SIND WARSTAR. IHR HABT DIE WAHL-- EINE EHRBARE KAPITULATION...
... ODER EHRBAREN TOD.
COLOSSUS, DER BLECHEIMER IST DEINE KRAGENWEITE. ÜBERNIMM DU IHN. WOLVERINE, DU HILFST IHM.
AUF MEIN ZEICHEN--

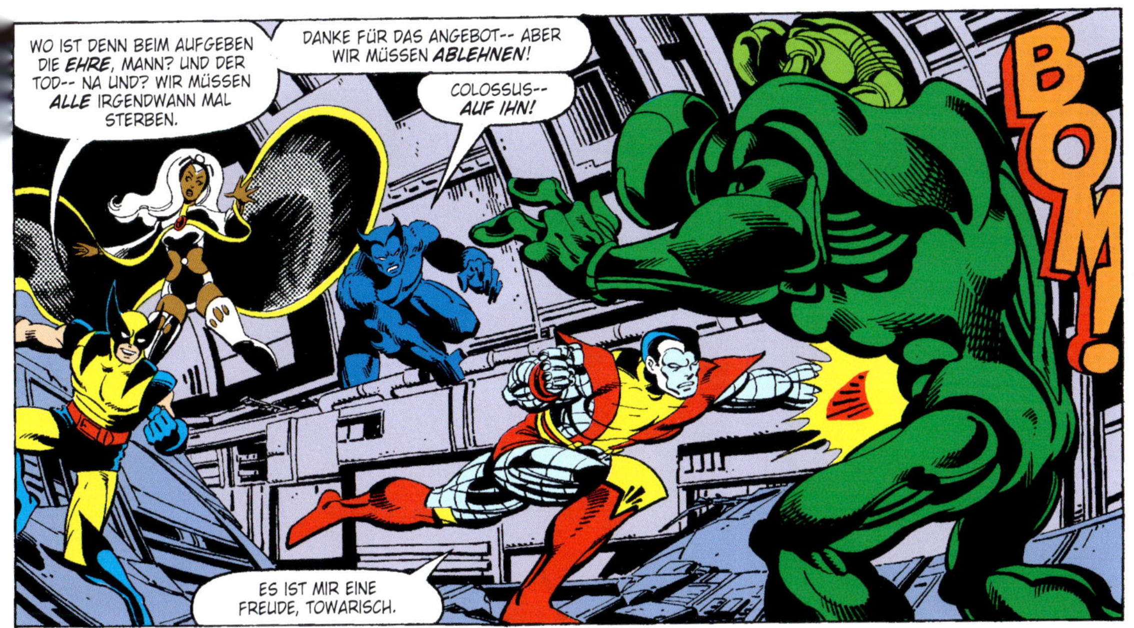
WO IST DENN BEIM AUFGEBEN DIE EHRE, MANN? UND DER TOD-- NA UND? WIR MÜSSEN ALLE IRGENDWANN MAL STERBEN.
DANKE FÜR DAS ANGEBOT-- ABER WIR MÜSSEN ABLEHNEN!
COLOSSUS-- AUF IHN!
BOM!
ES IST MIR EINE FREUDE, TOWARISCH.

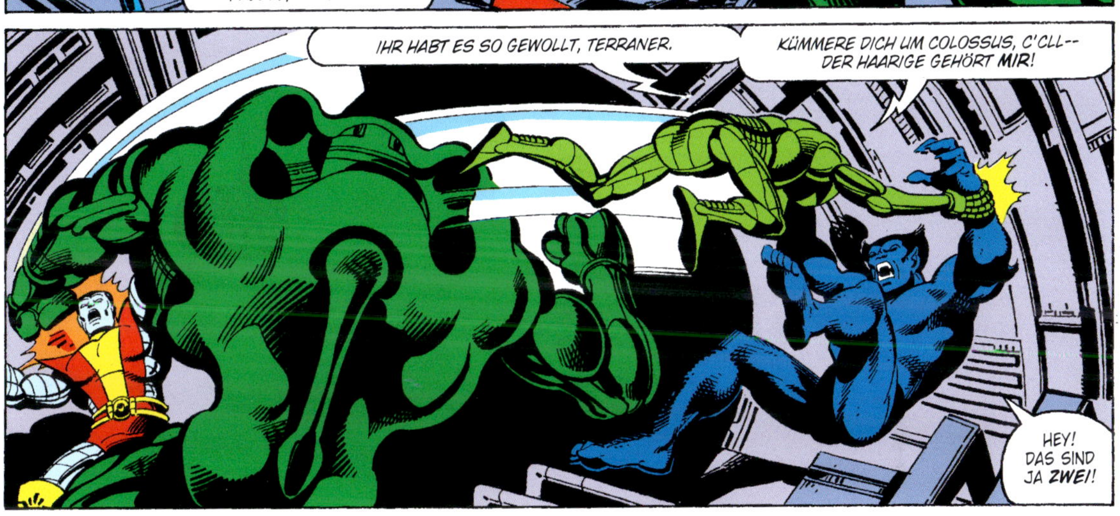
IHR HABT ES SO GEWOLLT, TERRANER.
KÜMMERE DICH UM COLOSSUS, C'CLL-- DER HAARIGE GEHÖRT MIR!
HEY! DAS SIND JA ZWEI!

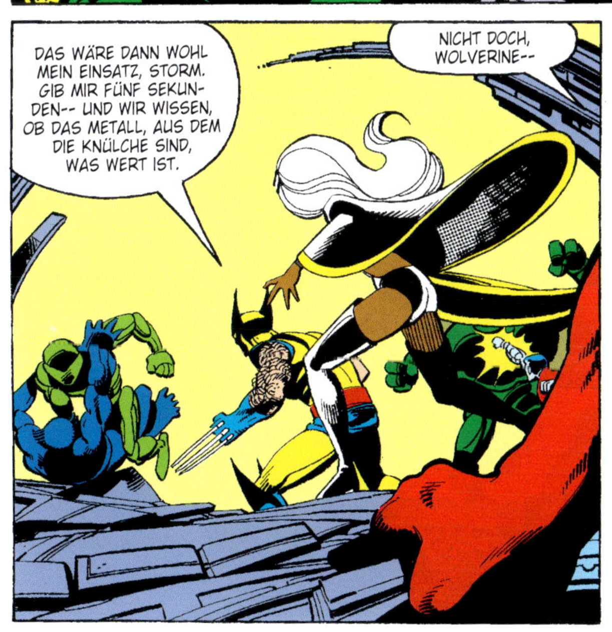
DAS WÄRE DANN WOHL MEIN EINSATZ, STORM. GIB MIR FÜNF SEKUNDEN-- UND WIR WISSEN, OB DAS METALL, AUS DEM DIE KNÜLCHE SIND, WAS WERT IST.
NICHT DOCH, WOLVERINE--

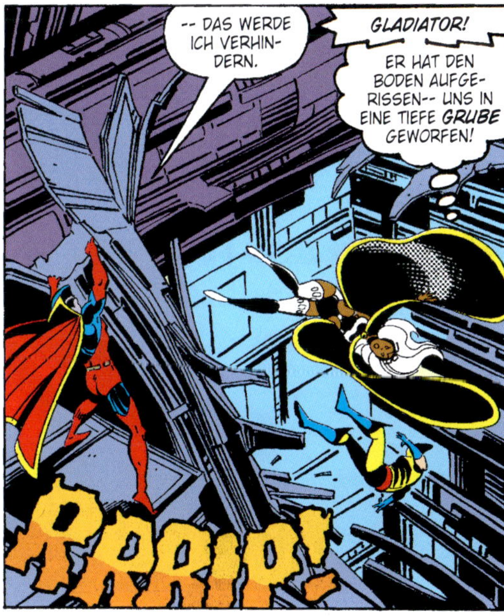
-- DAS WERDE ICH VERHINDERN.
GLADIATOR!
ER HAT DEN BODEN AUFGERISSEN-- UNS IN EINE TIEFE GRUBE GEWORFEN!
RRRIP!

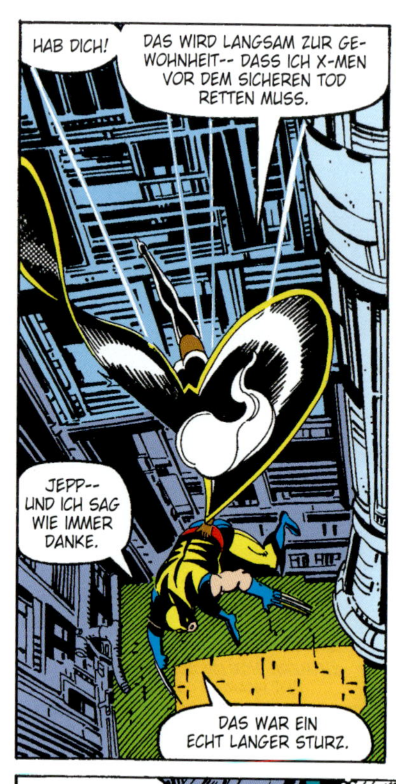
HAB DICH!
DAS WIRD LANGSAM ZUR GEWOHNHEIT-- DASS ICH X-MEN VOR DEM SICHEREN TOD RETTEN MUSS.
JEPP-- UND ICH SAG WIE IMMER DANKE.
DAS WAR EIN ECHT LANGER STURZ.

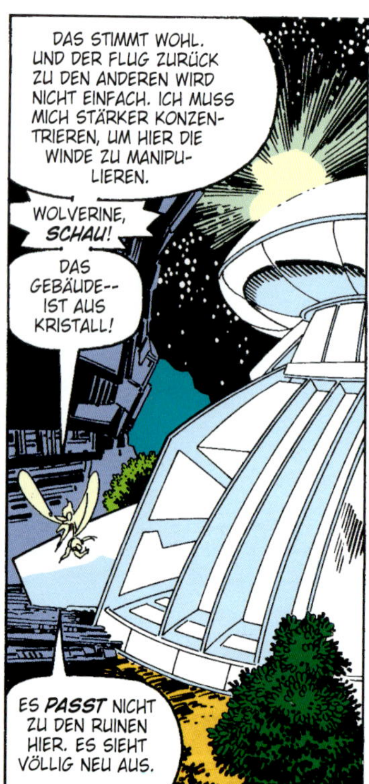
DAS STIMMT WOHL. UND DER FLUG ZURÜCK ZU DEN ANDEREN WIRD NICHT EINFACH. ICH MUSS MICH STÄRKER KONZENTRIEREN, UM HIER DIE WINDE ZU MANIPULIEREN.
WOLVERINE, SCHAU!
DAS GEBÄUDE-- IST AUS KRISTALL!
ES PASST NICHT ZU DEN RUINEN HIER. ES SIEHT VÖLLIG NEU AUS.

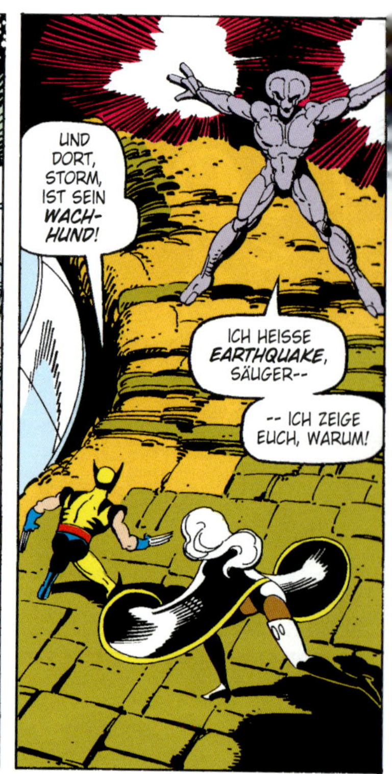
UND DORT, STORM, IST SEIN WACHHUND!
ICH HEISSE EARTHQUAKE, SÄUGER--
-- ICH ZEIGE EUCH, WARUM!

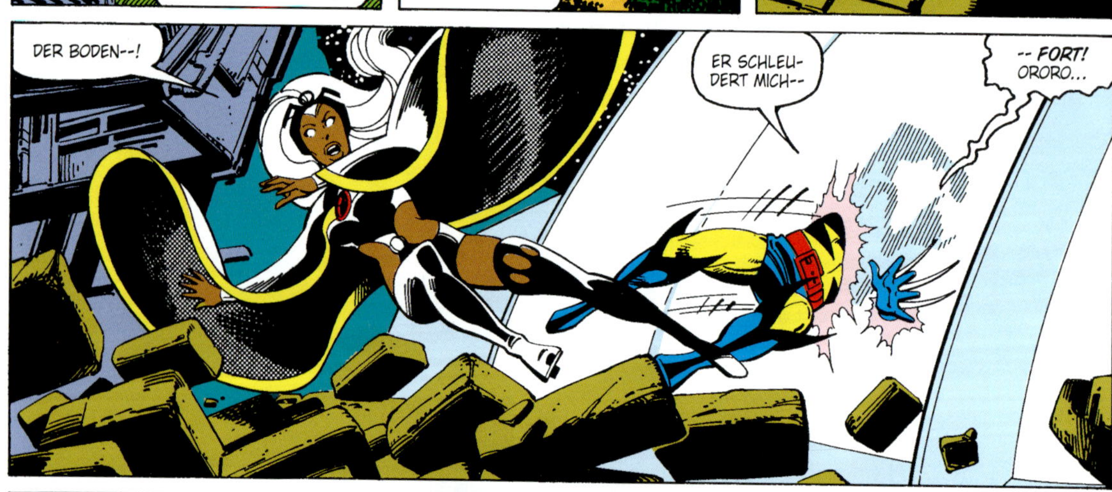
DER BODEN--!
ER SCHLEUDERT MICH--
-- FORT! ORORO...

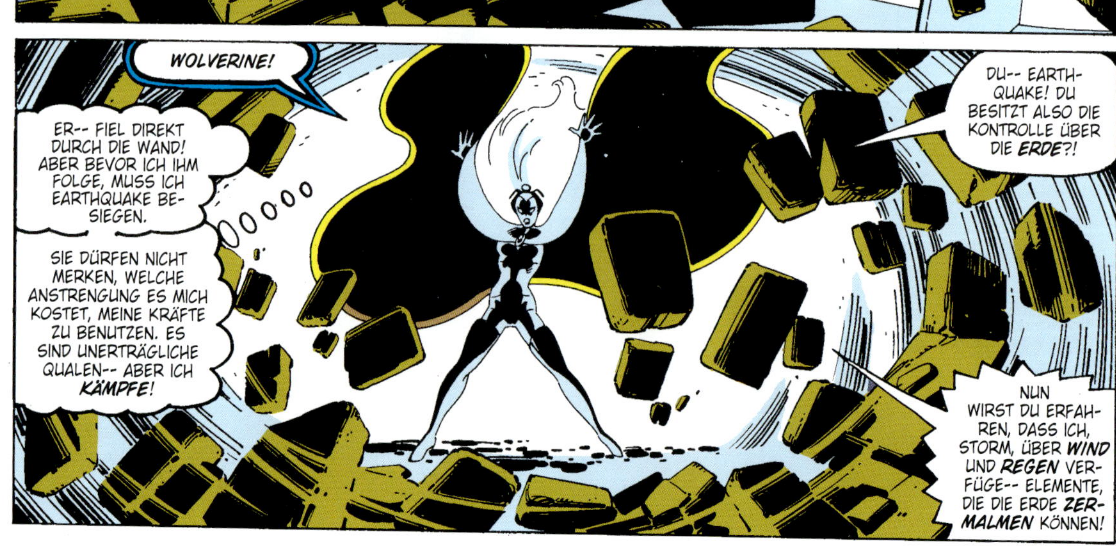
WOLVERINE!
ER-- FIEL DIREKT DURCH DIE WAND! ABER BEVOR ICH IHM FOLGE, MUSS ICH EARTHQUAKE BESIEGEN.
SIE DÜRFEN NICHT MERKEN, WELCHE ANSTRENGUNG ES MICH KOSTET, MEINE KRÄFTE ZU BENUTZEN. ES SIND UNERTRÄGLICHE QUALEN-- ABER ICH KÄMPFE!
DU-- EARTHQUAKE! DU BESITZT ALSO DIE KONTROLLE ÜBER DIE ERDE?!
NUN WIRST DU ERFAHREN, DASS ICH, STORM, ÜBER WIND UND REGEN VERFÜGE-- ELEMENTE, DIE DIE ERDE ZERMALMEN KÖNNEN!

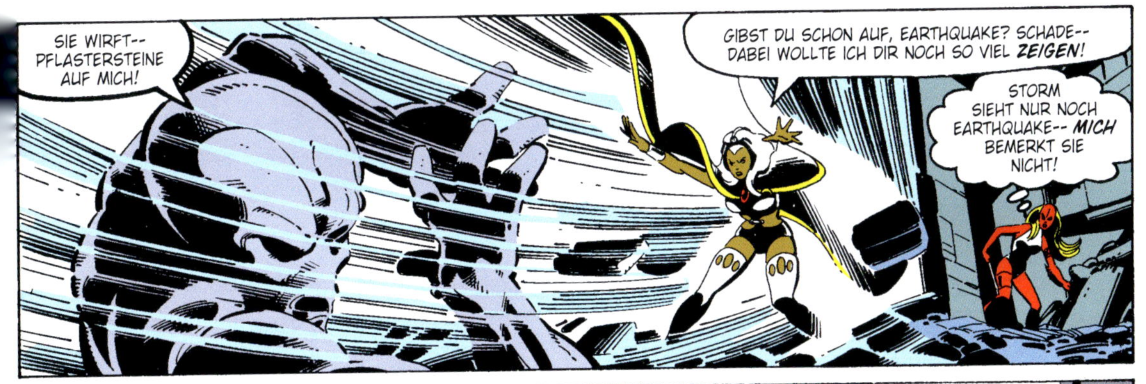
SIE WIRFT--
PFLASTERSTEINE
AUF MICH!
GIBST DU SCHON AUF, EARTHQUAKE? SCHADE--
DABEI WOLLTE ICH DIR NOCH SO VIEL ZEIGEN!
STORM SIEHT NUR NOCH EARTHQUAKE-- MICH BEMERKT SIE NICHT!

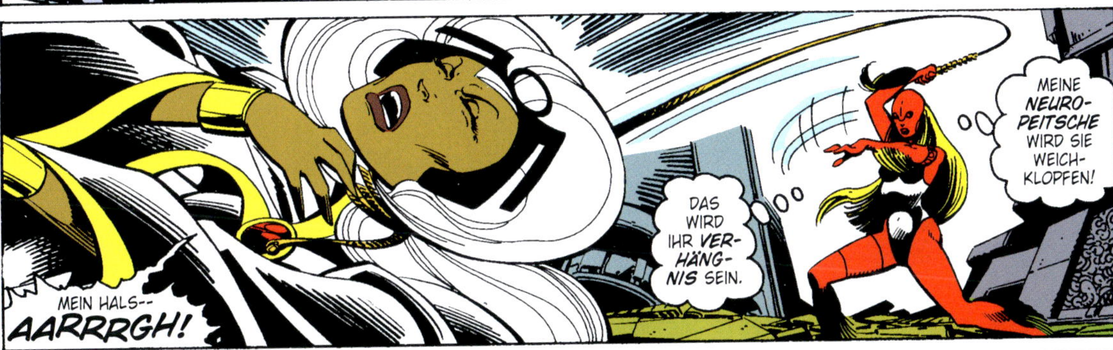
MEINE NEURO-PEITSCHE WIRD SIE WEICH-KLOPFEN!
DAS WIRD IHR VER-HÄNG-NIS SEIN.
MEIN HALS--
AARRRGH!

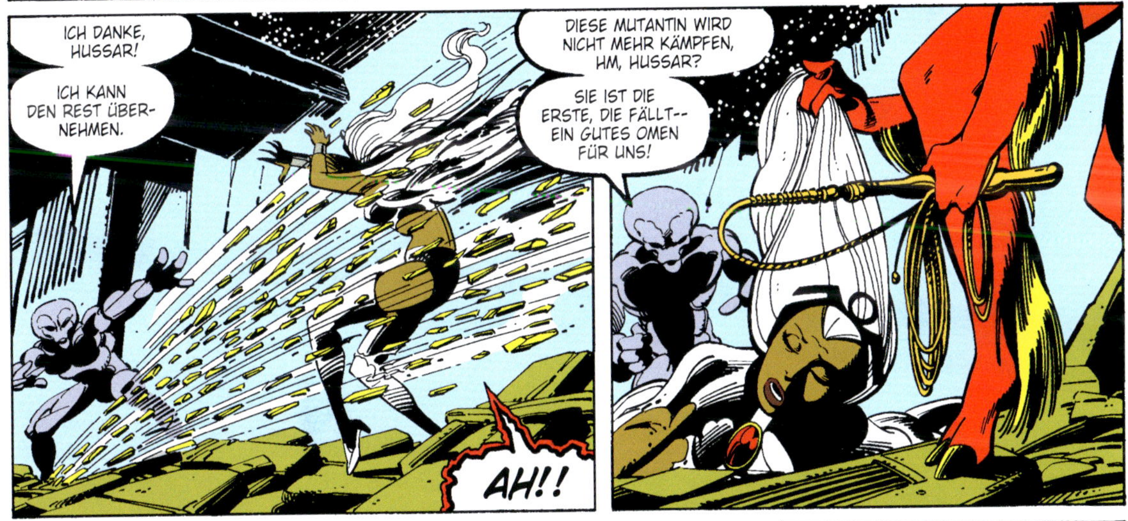
ICH DANKE, HUSSAR!
ICH KANN DEN REST ÜBER-NEHMEN.
AH!!
DIESE MUTANTIN WIRD NICHT MEHR KÄMPFEN, HM, HUSSAR?
SIE IST DIE ERSTE, DIE FÄLLT-- EIN GUTES OMEN FÜR UNS!

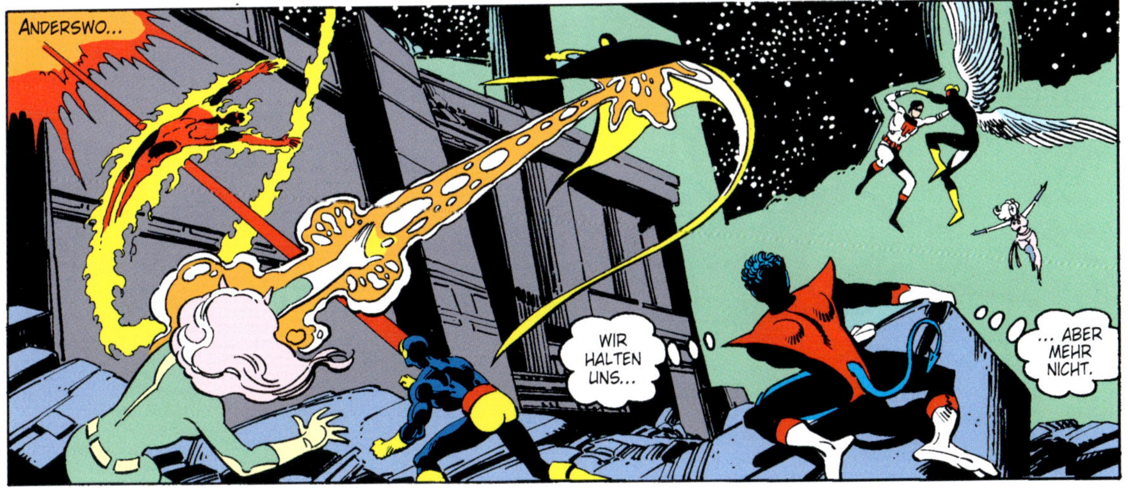
ANDERSWO...
WIR HALTEN UNS...
... ABER MEHR NICHT.

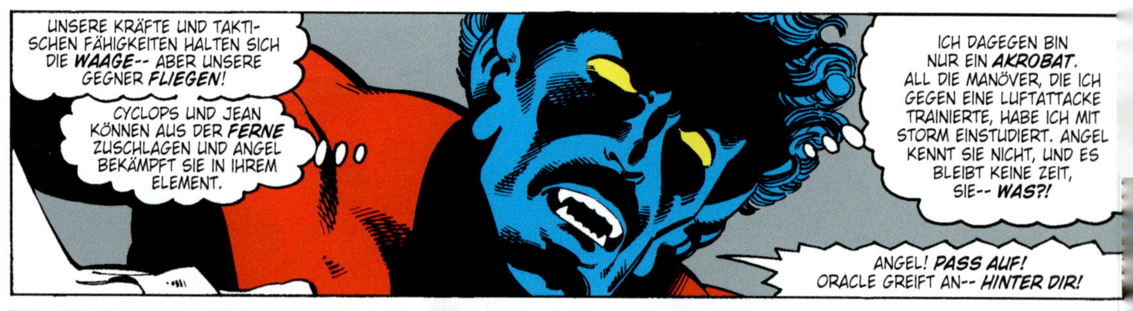
UNSERE KRÄFTE UND TAKTISCHEN FÄHIGKEITEN HALTEN SICH DIE *WAAGE*-- ABER UNSERE GEGNER *FLIEGEN*!
CYCLOPS UND JEAN KÖNNEN AUS DER *FERNE* ZUSCHLAGEN UND ANGEL BEKÄMPFT SIE IN IHREM ELEMENT.
ICH DAGEGEN BIN NUR EIN *AKROBAT*. ALL DIE MANÖVER, DIE ICH GEGEN EINE LUFTATTACKE TRAINIERTE, HABE ICH MIT STORM EINSTUDIERT. ANGEL KENNT SIE NICHT, UND ES BLEIBT KEINE ZEIT, SIE-- *WAS?!*
ANGEL! *PASS AUF!* ORACLE GREIFT AN-- *HINTER DIR!*

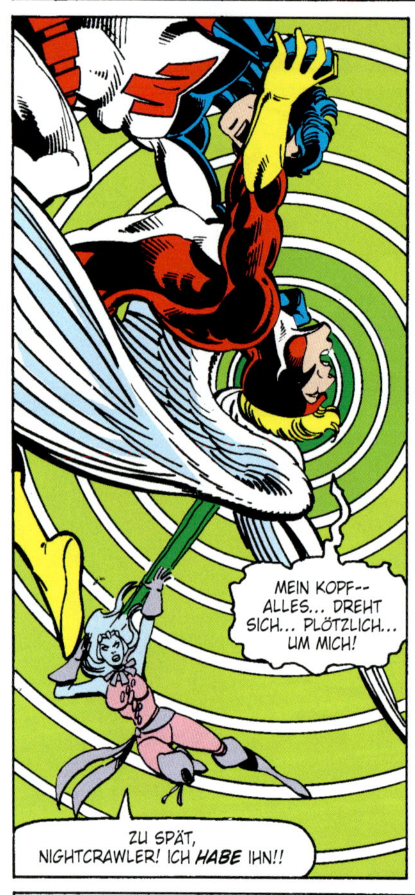
MEIN KOPF-- ALLES... DREHT SICH... PLÖTZLICH... UM MICH!
ZU SPÄT, NIGHTCRAWLER! ICH *HABE* IHN!!

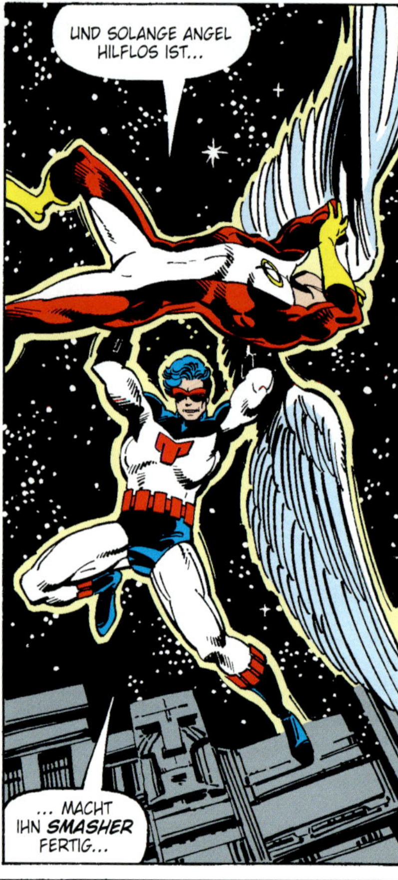
UND SOLANGE ANGEL HILFLOS IST...
... MACHT IHN *SMASHER* FERTIG...

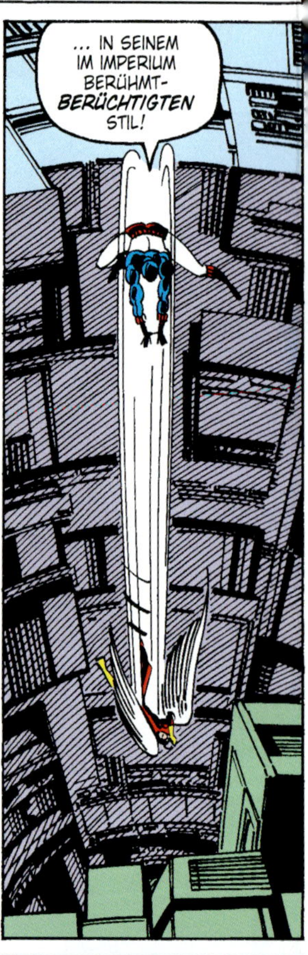
... IN SEINEM IM IMPERIUM BERÜHMT-*BERÜCHTIGTEN* STIL!

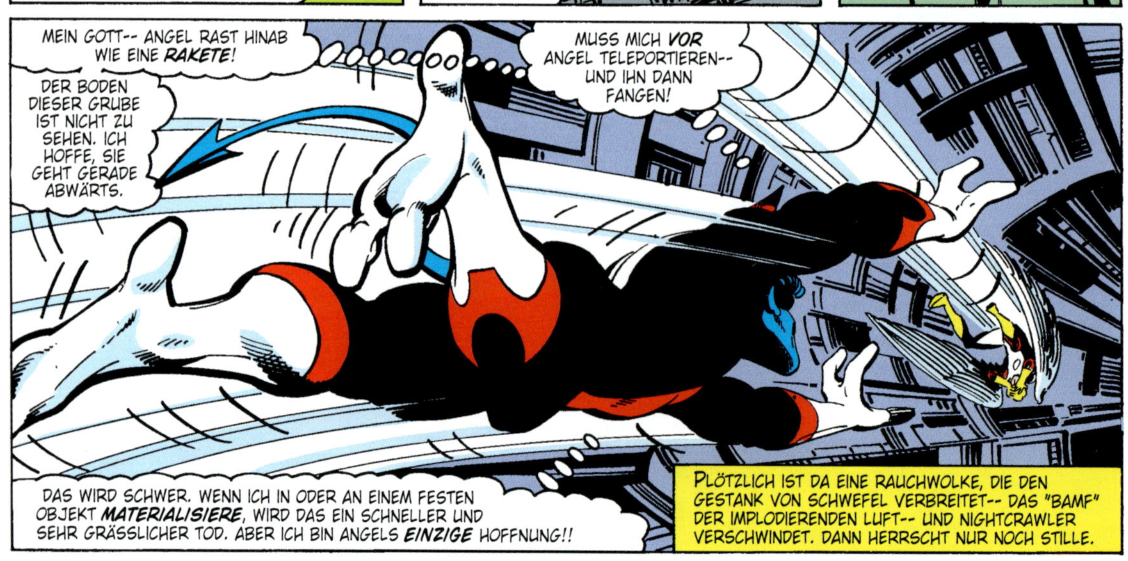
MEIN GOTT-- ANGEL RAST HINAB WIE EINE *RAKETE*!
DER BODEN DIESER GRUBE IST NICHT ZU SEHEN. ICH HOFFE, SIE GEHT GERADE ABWÄRTS.
MUSS MICH *VOR* ANGEL TELEPORTIEREN-- UND IHN DANN FANGEN!
DAS WIRD SCHWER. WENN ICH IN ODER AN EINEM FESTEN OBJEKT *MATERIALISIERE*, WIRD DAS EIN SCHNELLER UND SEHR GRÄSSLICHER TOD. ABER ICH BIN ANGELS *EINZIGE* HOFFNUNG!!
PLÖTZLICH IST DA EINE RAUCHWOLKE, DIE DEN GESTANK VON SCHWEFEL VERBREITET-- DAS "BAMF" DER IMPLODIERENDEN LUFT-- UND NIGHTCRAWLER VERSCHWINDET. DANN HERRSCHT NUR NOCH STILLE.

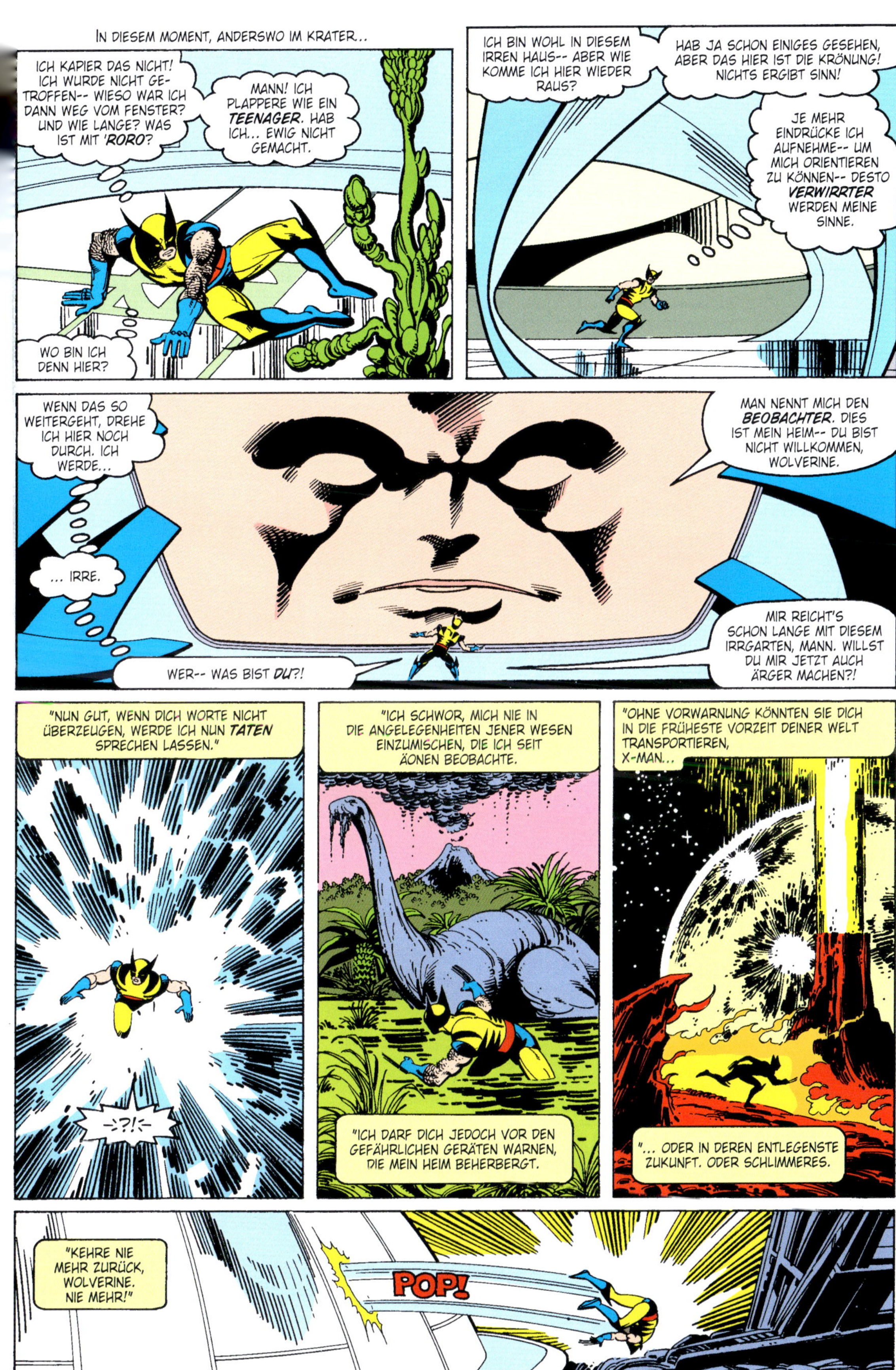

IN DIESEM MOMENT, ANDERSWO IM KRATER...
ICH KAPIER DAS NICHT! ICH WURDE NICHT GETROFFEN-- WIESO WAR ICH DANN WEG VOM FENSTER? UND WIE LANGE? WAS IST MIT 'RORO?
MANN! ICH PLAPPERE WIE EIN TEENAGER. HAB ICH... EWIG NICHT GEMACHT.
WO BIN ICH DENN HIER?
ICH BIN WOHL IN DIESEM IRREN HAUS-- ABER WIE KOMME ICH HIER WIEDER RAUS?
HAB JA SCHON EINIGES GESEHEN, ABER DAS HIER IST DIE KRÖNUNG! NICHTS ERGIBT SINN!
JE MEHR EINDRÜCKE ICH AUFNEHME-- UM MICH ORIENTIEREN ZU KÖNNEN-- DESTO VERWIRRTER WERDEN MEINE SINNE.
WENN DAS SO WEITERGEHT, DREHE ICH HIER NOCH DURCH. ICH WERDE...
... IRRE.
WER-- WAS BIST DU?!
MAN NENNT MICH DEN BEOBACHTER. DIES IST MEIN HEIM-- DU BIST NICHT WILLKOMMEN, WOLVERINE.
MIR REICHT'S SCHON LANGE MIT DIESEM IRRGARTEN, MANN. WILLST DU MIR JETZT AUCH ÄRGER MACHEN?!
"NUN GUT, WENN DICH WORTE NICHT ÜBERZEUGEN, WERDE ICH NUN TATEN SPRECHEN LASSEN."
-?!-
"ICH SCHWOR, MICH NIE IN DIE ANGELEGENHEITEN JENER WESEN EINZUMISCHEN, DIE ICH SEIT ÄONEN BEOBACHTE.
"ICH DARF DICH JEDOCH VOR DEN GEFÄHRLICHEN GERÄTEN WARNEN, DIE MEIN HEIM BEHERBERGT.
"OHNE VORWARNUNG KÖNNTEN SIE DICH IN DIE FRÜHESTE VORZEIT DEINER WELT TRANSPORTIEREN, X-MAN...
"... ODER IN DEREN ENTLEGENSTE ZUKUNFT. ODER SCHLIMMERES.
"KEHRE NIE MEHR ZURÜCK, WOLVERINE. NIE MEHR!"
POP!

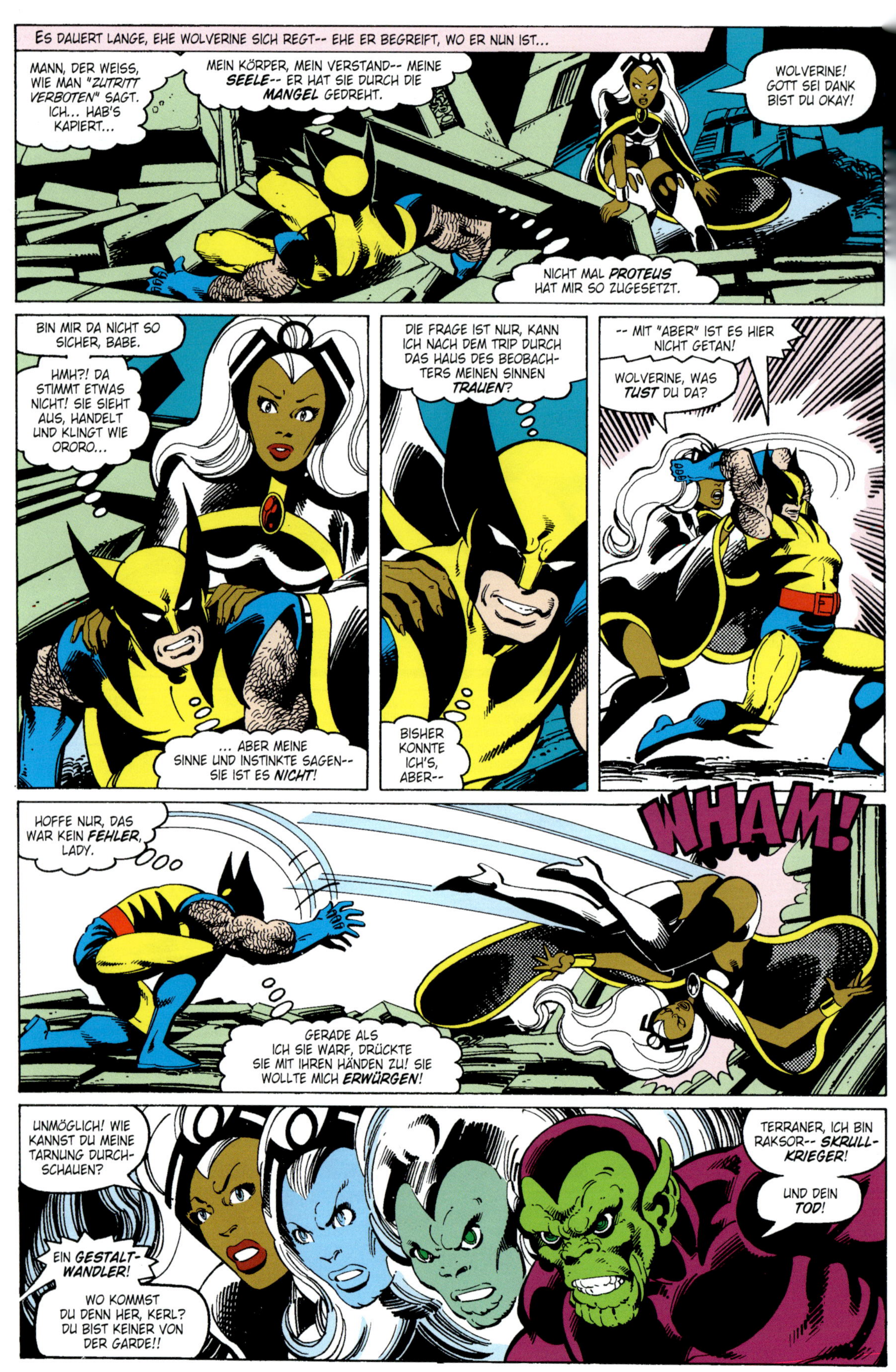

Es dauert lange, ehe Wolverine sich regt-- ehe er begreift, wo er nun ist...
MANN, DER WEISS, WIE MAN "ZUTRITT VERBOTEN" SAGT. ICH... HAB'S KAPIERT...
MEIN KÖRPER, MEIN VERSTAND-- MEINE SEELE-- ER HAT SIE DURCH DIE MANGEL GEDREHT.
WOLVERINE! GOTT SEI DANK BIST DU OKAY!
NICHT MAL PROTEUS HAT MIR SO ZUGESETZT.
BIN MIR DA NICHT SO SICHER, BABE.
HMH?! DA STIMMT ETWAS NICHT! SIE SIEHT AUS, HANDELT UND KLINGT WIE ORORO...
... ABER MEINE SINNE UND INSTINKTE SAGEN-- SIE IST ES NICHT!
DIE FRAGE IST NUR, KANN ICH NACH DEM TRIP DURCH DAS HAUS DES BEOBACHTERS MEINEN SINNEN TRAUEN?
BISHER KONNTE ICH'S, ABER--
-- MIT "ABER" IST ES HIER NICHT GETAN!
WOLVERINE, WAS TUST DU DA?
HOFFE NUR, DAS WAR KEIN FEHLER, LADY.
WHAM!
GERADE ALS ICH SIE WARF, DRÜCKTE SIE MIT IHREN HÄNDEN ZU! SIE WOLLTE MICH ERWÜRGEN!
UNMÖGLICH! WIE KANNST DU MEINE TARNUNG DURCHSCHAUEN?
EIN GESTALTWANDLER!
WO KOMMST DU DENN HER, KERL? DU BIST KEINER VON DER GARDE!!
TERRANER, ICH BIN RAKSOR-- SKRULL-KRIEGER!
UND DEIN TOD!

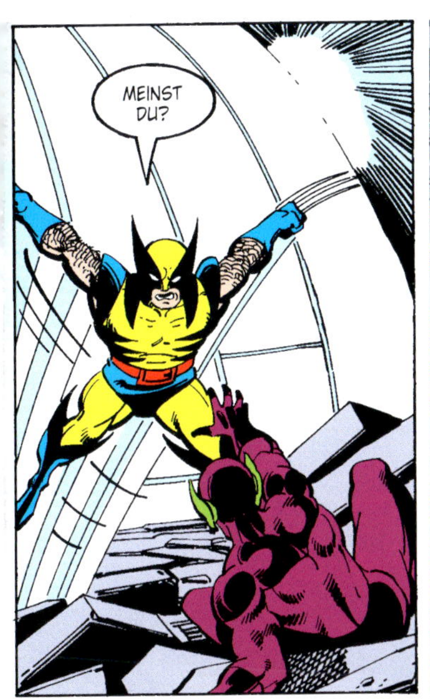
MEINST DU?

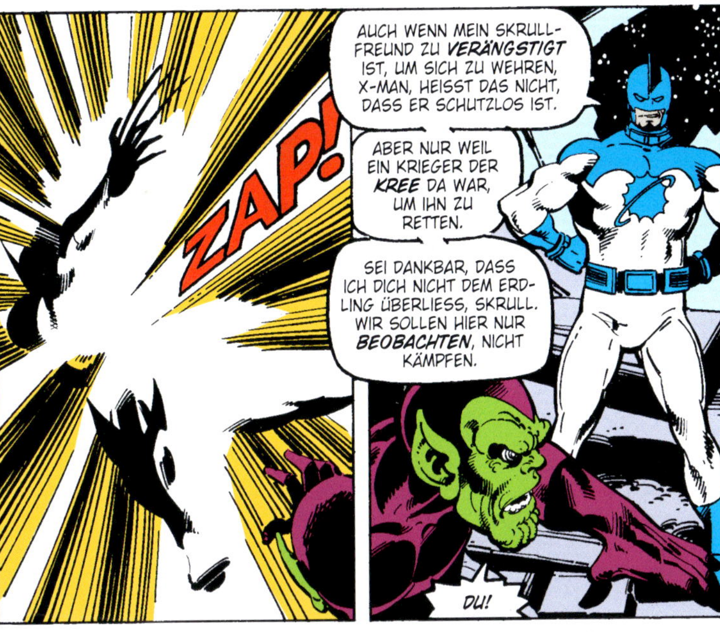
ZAP!
AUCH WENN MEIN SKRULL-FREUND ZU *VERÄNGSTIGT* IST, UM SICH ZU WEHREN, X-MAN, HEISST DAS NICHT, DASS ER SCHUTZLOS IST.
ABER NUR WEIL EIN KRIEGER DER *KREE* DA WAR, UM IHN ZU RETTEN.
SEI DANKBAR, DASS ICH DICH NICHT DEM ERD-LING ÜBERLIESS, SKRULL. WIR SOLLEN HIER NUR *BEOBACHTEN*, NICHT KÄMPFEN.
DU!

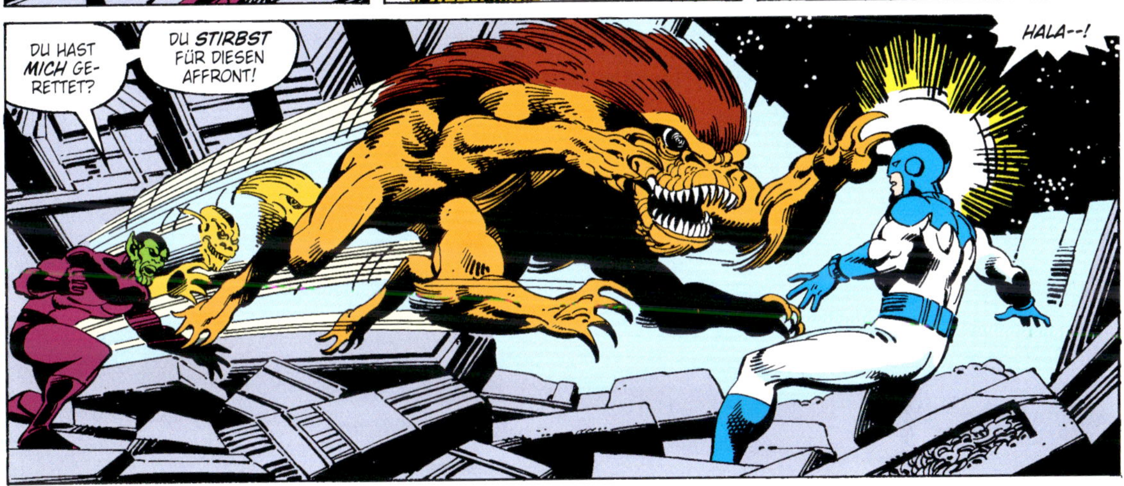
DU HAST *MICH* GE-RETTET?
DU *STIRBST* FÜR DIESEN AFFRONT!
HALA--!

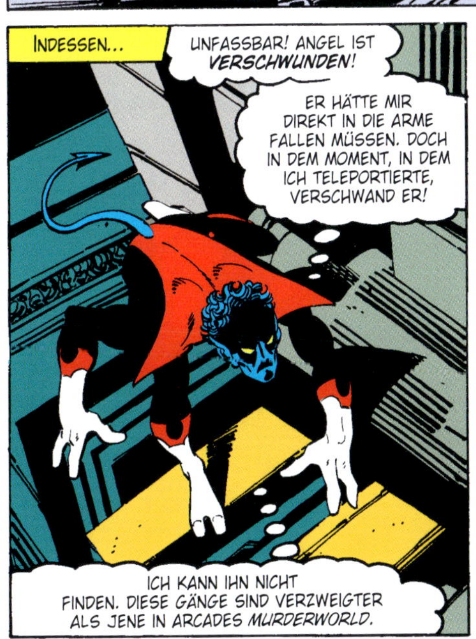
INDESSEN...
UNFASSBAR! ANGEL IST *VERSCHWUNDEN!*
ER HÄTTE MIR DIREKT IN DIE ARME FALLEN MÜSSEN. DOCH IN DEM MOMENT, IN DEM ICH TELEPORTIERTE, VERSCHWAND ER!
ICH KANN IHN NICHT FINDEN. DIESE GÄNGE SIND VERZWEIGTER ALS JENE IN ARCADES *MURDERWORLD.*

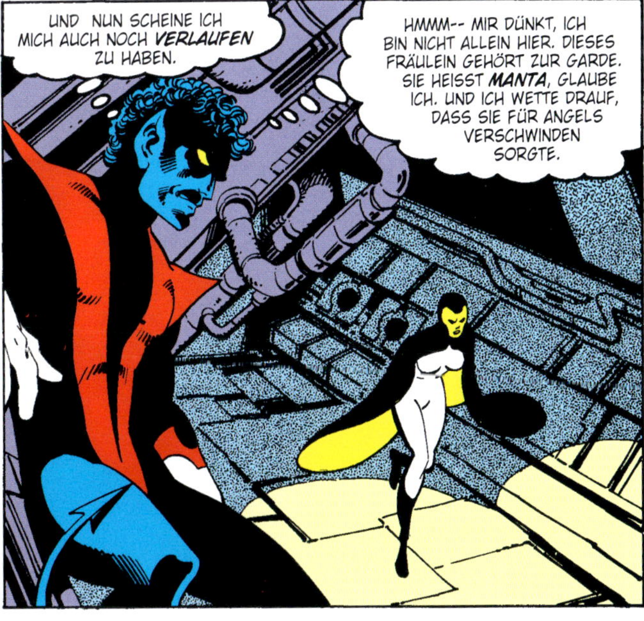
UND NUN SCHEINE ICH MICH AUCH NOCH *VERLAUFEN* ZU HABEN.
HMMM-- MIR DÜNKT, ICH BIN NICHT ALLEIN HIER. DIESES FRÄULEIN GEHÖRT ZUR GARDE. SIE HEISST *MANTA*, GLAUBE ICH. UND ICH WETTE DRAUF, DASS SIE FÜR ANGELS VERSCHWINDEN SORGTE.

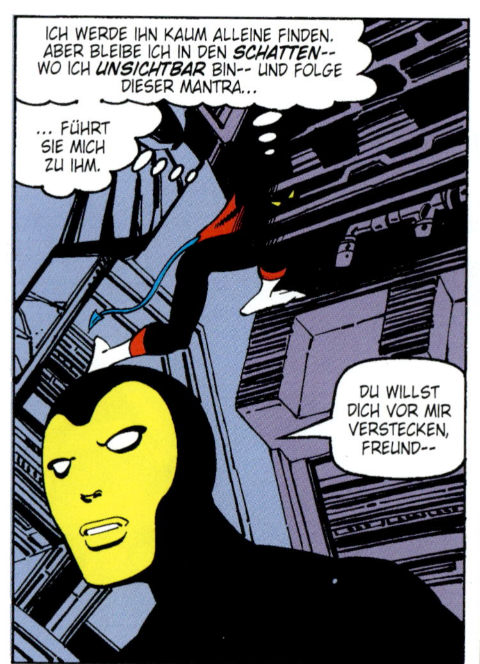
ICH WERDE IHN KAUM ALLEINE FINDEN. ABER BLEIBE ICH IN DEN SCHATTEN-- WO ICH UNSICHTBAR BIN-- UND FOLGE DIESER MANTRA...
... FÜHRT SIE MICH ZU IHM.
DU WILLST DICH VOR MIR VERSTECKEN, FREUND--

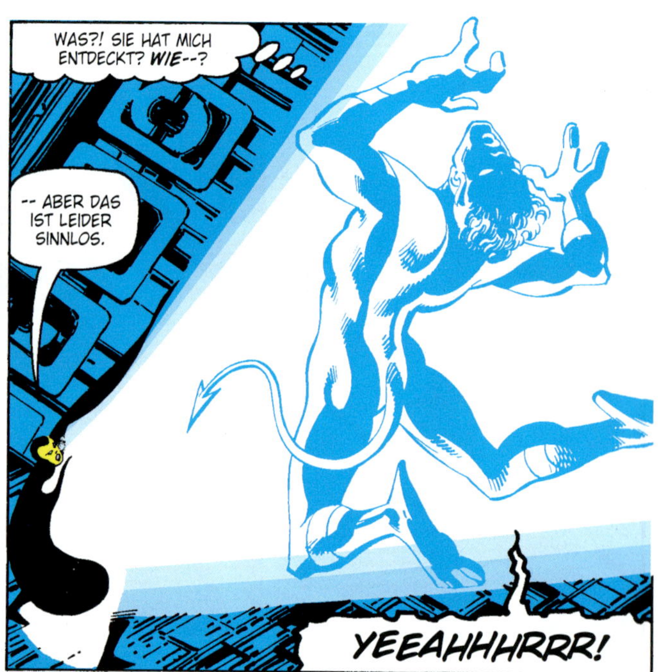
WAS?! SIE HAT MICH ENTDECKT? WIE--?
-- ABER DAS IST LEIDER SINNLOS.
YEEAHHHRRR!

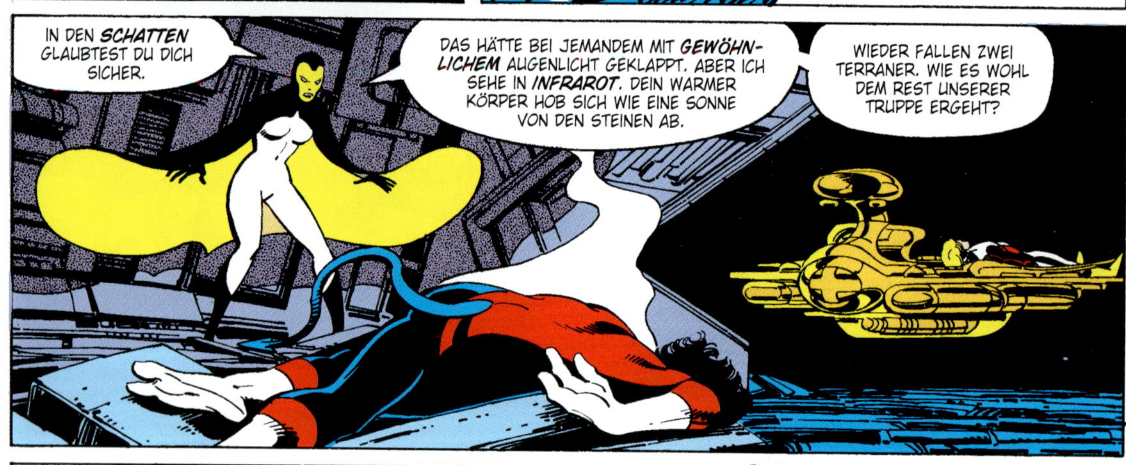
IN DEN SCHATTEN GLAUBTEST DU DICH SICHER.
DAS HÄTTE BEI JEMANDEM MIT GEWÖHNLICHEM AUGENLICHT GEKLAPPT. ABER ICH SEHE IN INFRAROT. DEIN WARMER KÖRPER HOB SICH WIE EINE SONNE VON DEN STEINEN AB.
WIEDER FALLEN ZWEI TERRANER. WIE ES WOHL DEM REST UNSERER TRUPPE ERGEHT?

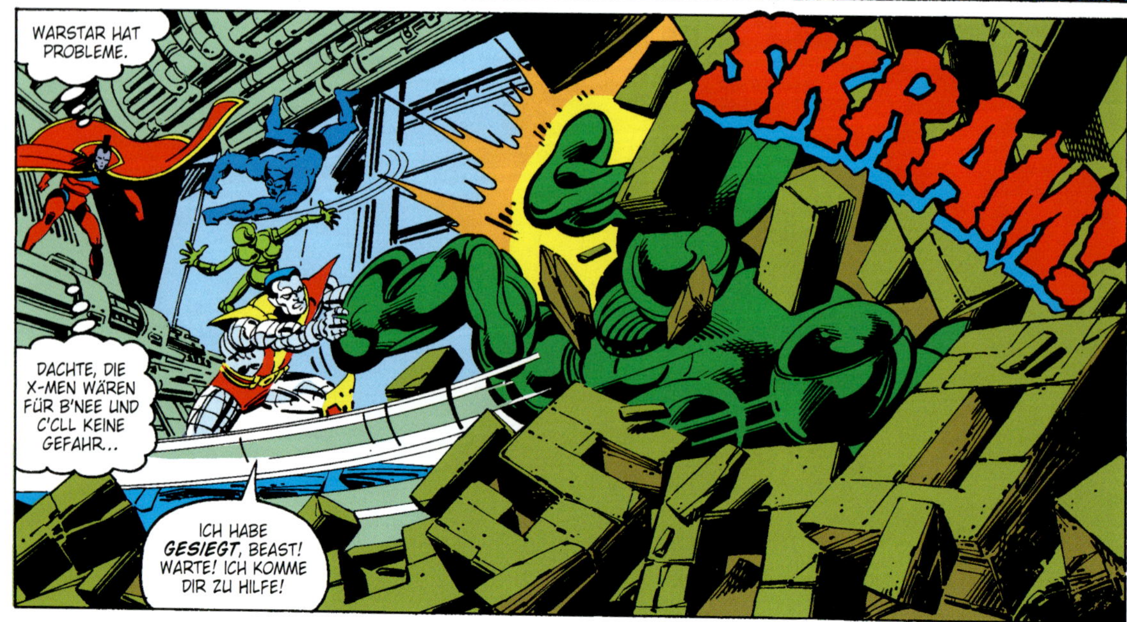
WARSTAR HAT PROBLEME.
SKRAM!
DACHTE, DIE X-MEN WÄREN FÜR B'NEE UND C'CLL KEINE GEFAHR...
ICH HABE GESIEGT, BEAST! WARTE! ICH KOMME DIR ZU HILFE!

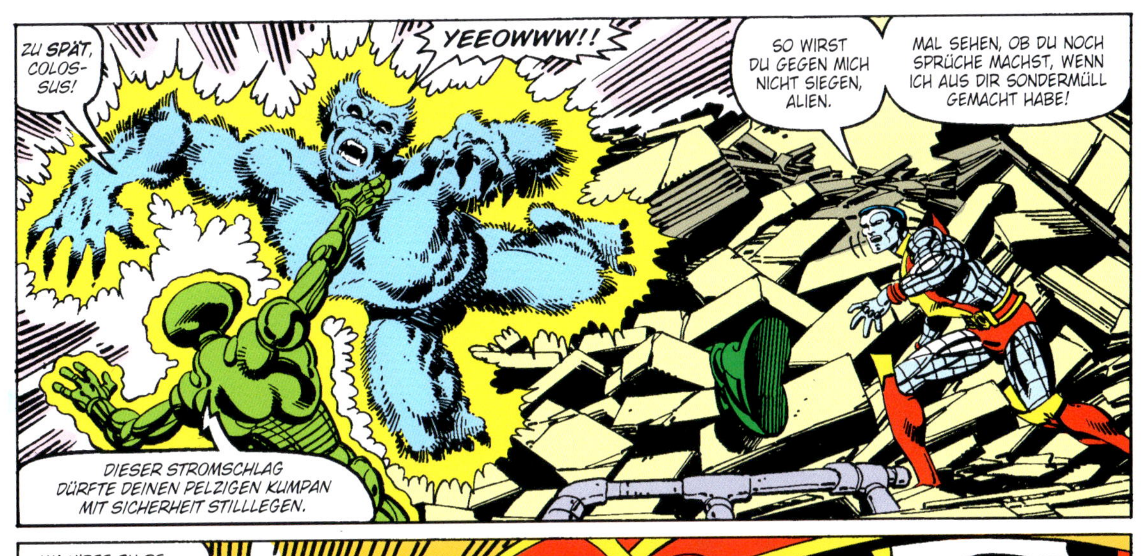
ZU SPÄT, COLOSSUS!
YEEOWWW!!
SO WIRST DU GEGEN MICH NICHT SIEGEN, ALIEN.
MAL SEHEN, OB DU NOCH SPRÜCHE MACHST, WENN ICH AUS DIR SONDERMÜLL GEMACHT HABE!
DIESER STROMSCHLAG DÜRFTE DEINEN PELZIGEN KUMPAN MIT SICHERHEIT STILLLEGEN.

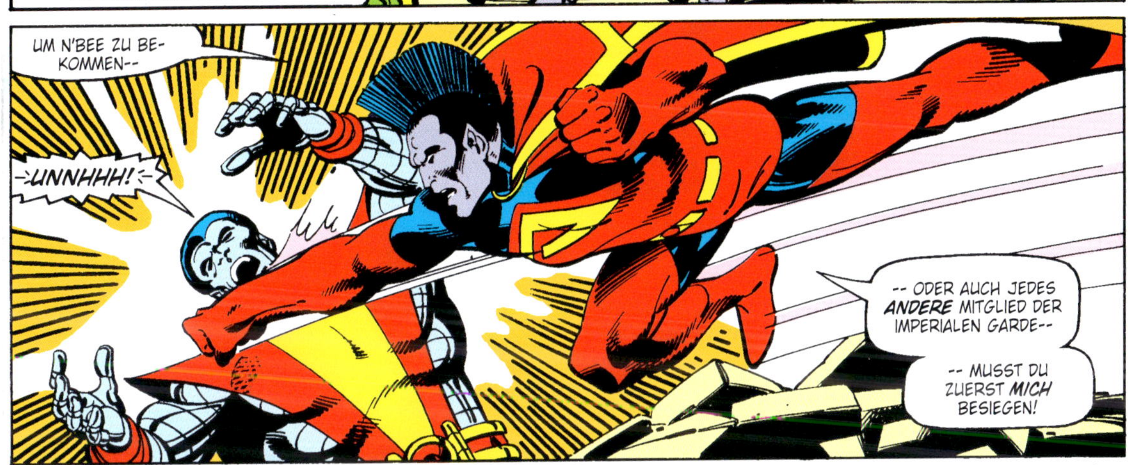
UM N'BEE ZU BEKOMMEN--
UNNHHH!
-- ODER AUCH JEDES ANDERE MITGLIED DER IMPERIALEN GARDE--
-- MUSST DU ZUERST MICH BESIEGEN!

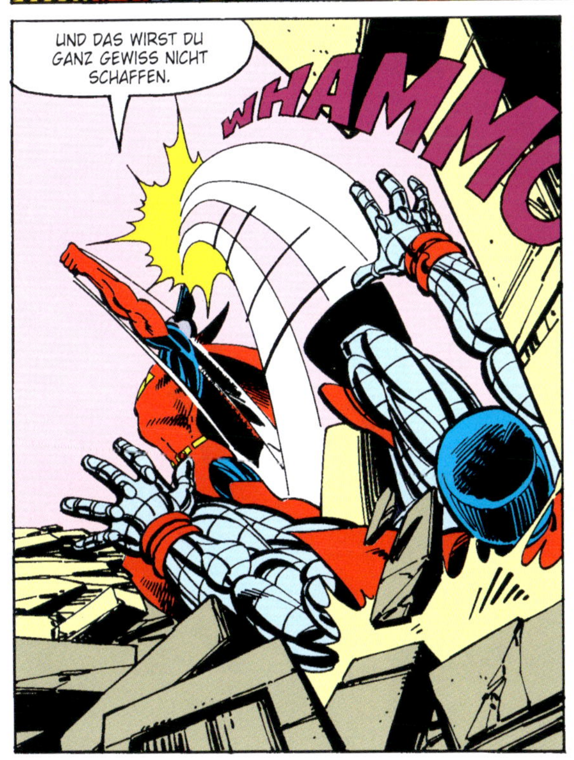
UND DAS WIRST DU GANZ GEWISS NICHT SCHAFFEN.
WHAMMO

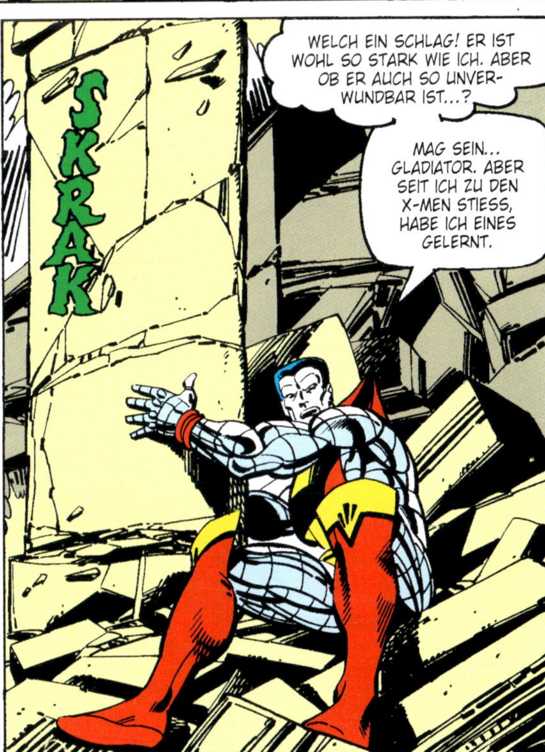
SKRAK
WELCH EIN SCHLAG! ER IST WOHL SO STARK WIE ICH. ABER OB ER AUCH SO UNVERWUNDBAR IST...?
MAG SEIN... GLADIATOR. ABER SEIT ICH ZU DEN X-MEN STIESS, HABE ICH EINES GELERNT.

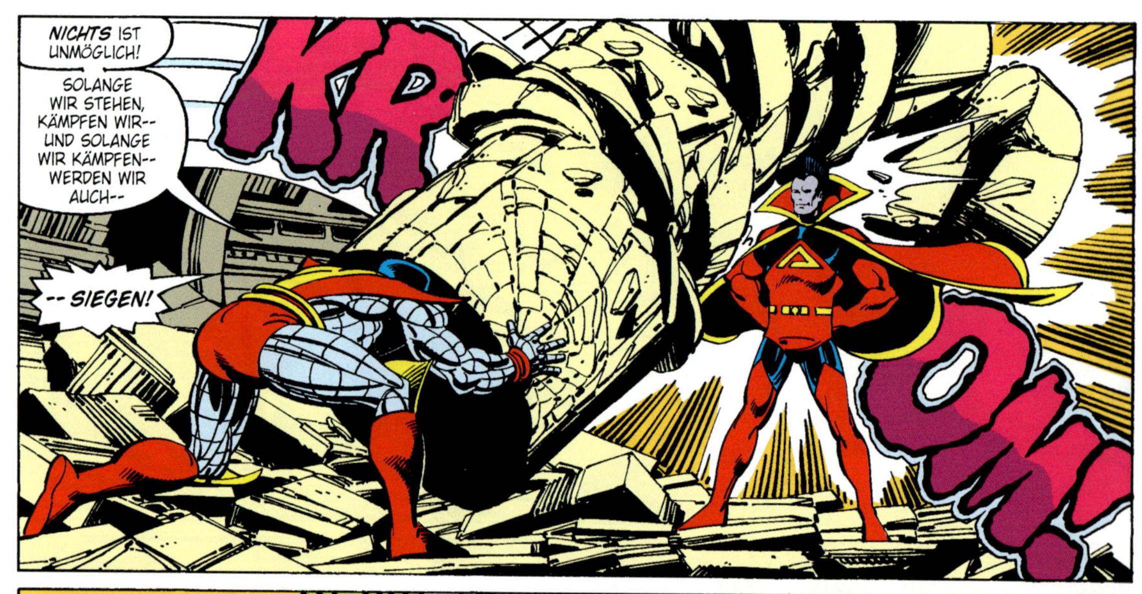
NICHTS IST UNMÖGLICH!
SOLANGE WIR STEHEN, KÄMPFEN WIR-- UND SOLANGE WIR KÄMPFEN-- WERDEN WIR AUCH--
-- SIEGEN!
KR-
-OOM!

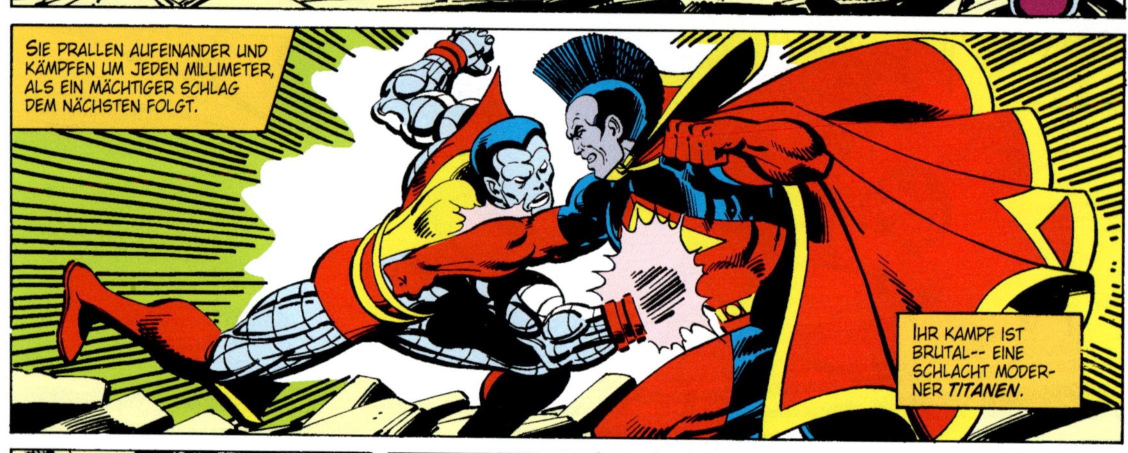
SIE PRALLEN AUFEINANDER UND KÄMPFEN UM JEDEN MILLIMETER, ALS EIN MÄCHTIGER SCHLAG DEM NÄCHSTEN FOLGT.
IHR KAMPF IST BRUTAL-- EINE SCHLACHT MODERNER TITANEN.

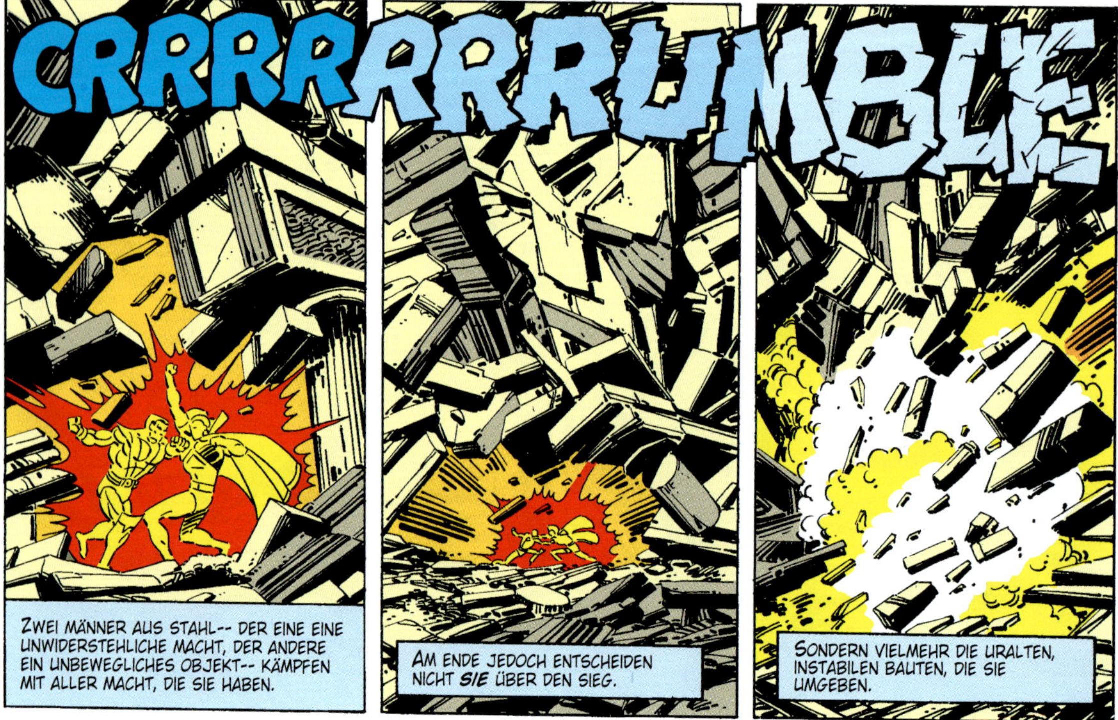
CRRRRRRRRUMBLE
ZWEI MÄNNER AUS STAHL-- DER EINE EINE UNWIDERSTEHLICHE MACHT, DER ANDERE EIN UNBEWEGLICHES OBJEKT-- KÄMPFEN MIT ALLER MACHT, DIE SIE HABEN.
AM ENDE JEDOCH ENTSCHEIDEN NICHT SIE ÜBER DEN SIEG.
SONDERN VIELMEHR DIE URALTEN, INSTABILEN BAUTEN, DIE SIE UMGEBEN.

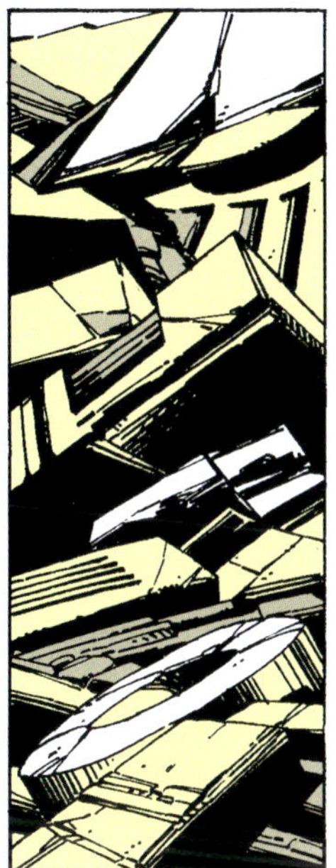
ANFANGS IST DER AUSGANG DES KAMPFES UNGEWISS. DER DONNER ZERBERSTENDER HOCHBAUTEN HALLT DURCH DEN GROSSEN KRATER UND WIRD MINUTEN SPÄTER VON UNNATÜRLICHER STILLE ABGELÖST.

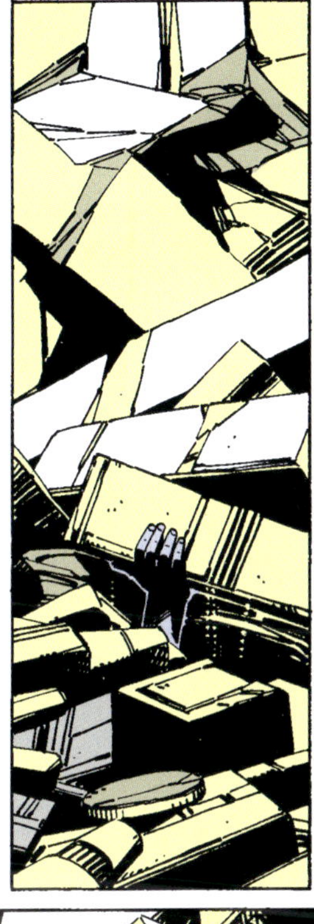
DANN BEWEGEN SICH IN DEN TRÜMMERBERGEN EINZELNE BROCKEN...

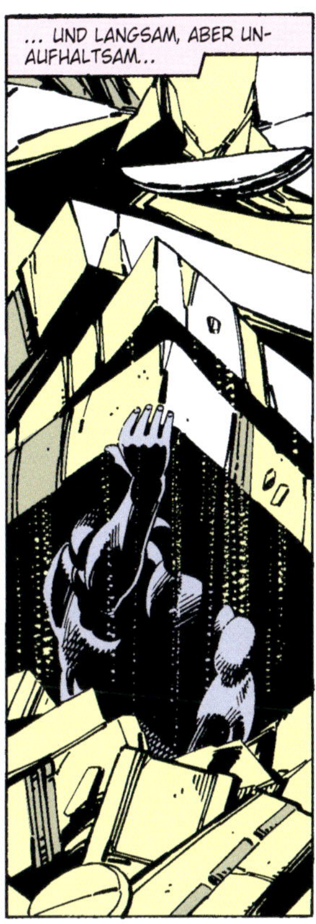
... UND LANGSAM, ABER UNAUFHALTSAM...

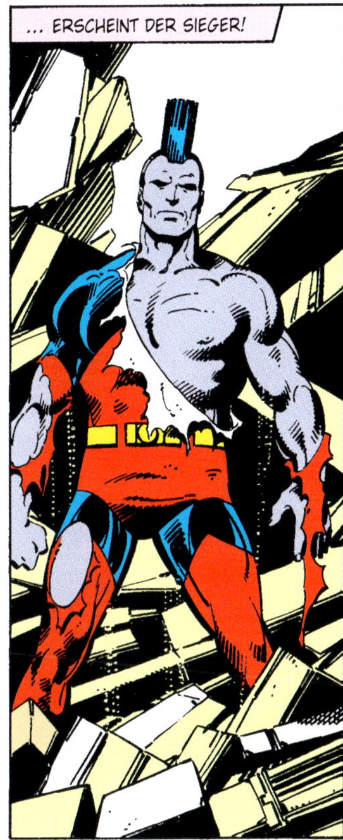
... ERSCHEINT DER SIEGER!

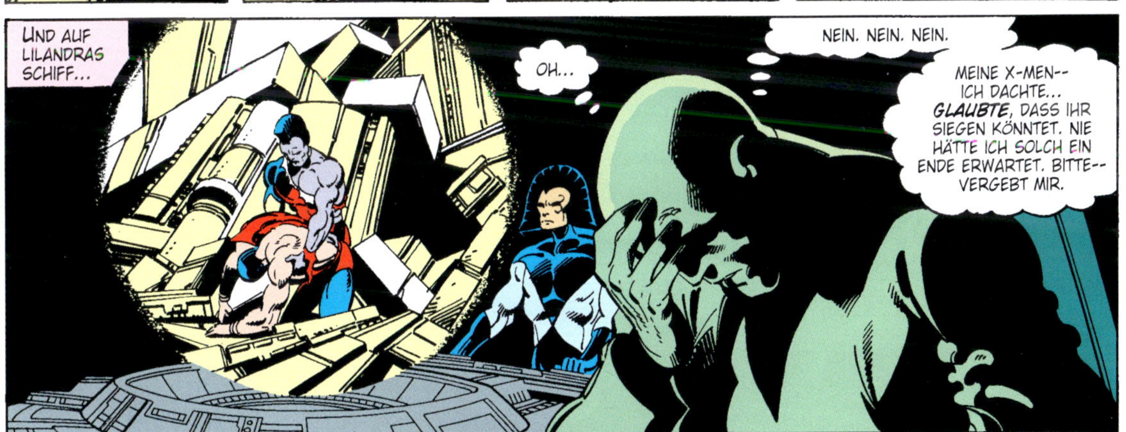
UND AUF LILANDRAS SCHIFF...
OH...
NEIN. NEIN. NEIN.
MEINE X-MEN-- ICH DACHTE... GLAUBTE, DASS IHR SIEGEN KÖNNTET. NIE HÄTTE ICH SOLCH EIN ENDE ERWARTET. BITTE-- VERGEBT MIR.

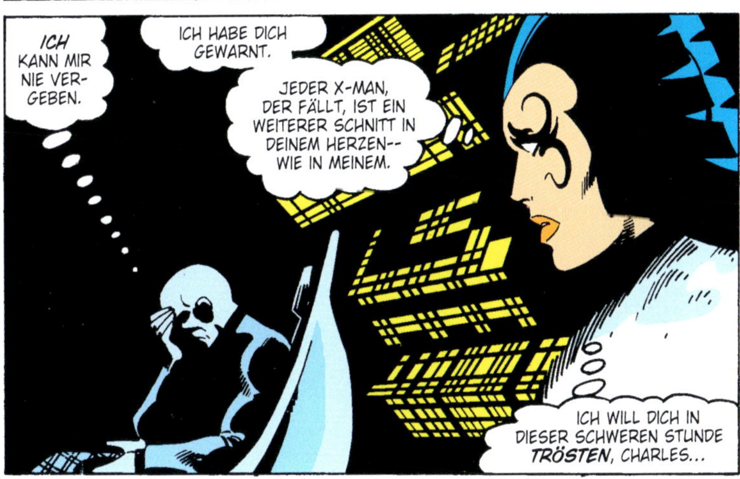
ICH KANN MIR NIE VERGEBEN.
ICH HABE DICH GEWARNT.
JEDER X-MAN, DER FÄLLT, IST EIN WEITERER SCHNITT IN DEINEM HERZEN-- WIE IN MEINEM.
ICH WILL DICH IN DIESER SCHWEREN STUNDE TRÖSTEN, CHARLES...

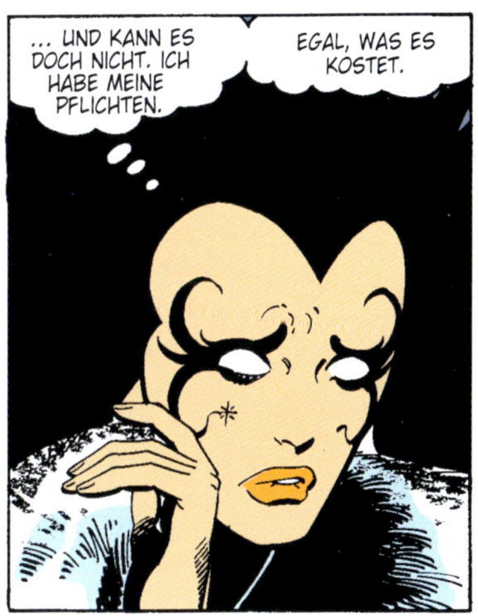
... UND KANN ES DOCH NICHT. ICH HABE MEINE PFLICHTEN.
EGAL, WAS ES KOSTET.

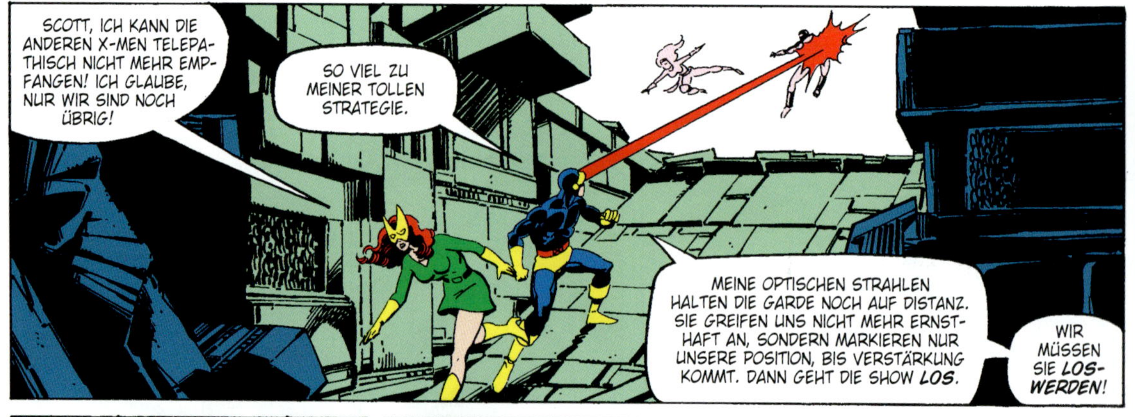
SCOTT, ICH KANN DIE ANDEREN X-MEN TELEPATHISCH NICHT MEHR EMPFANGEN! ICH GLAUBE, NUR WIR SIND NOCH ÜBRIG!
SO VIEL ZU MEINER TOLLEN STRATEGIE.
MEINE OPTISCHEN STRAHLEN HALTEN DIE GARDE NOCH AUF DISTANZ. SIE GREIFEN UNS NICHT MEHR ERNSTHAFT AN, SONDERN MARKIEREN NUR UNSERE POSITION, BIS VERSTÄRKUNG KOMMT. DANN GEHT DIE SHOW **LOS**.
WIR MÜSSEN SIE **LOSWERDEN**!

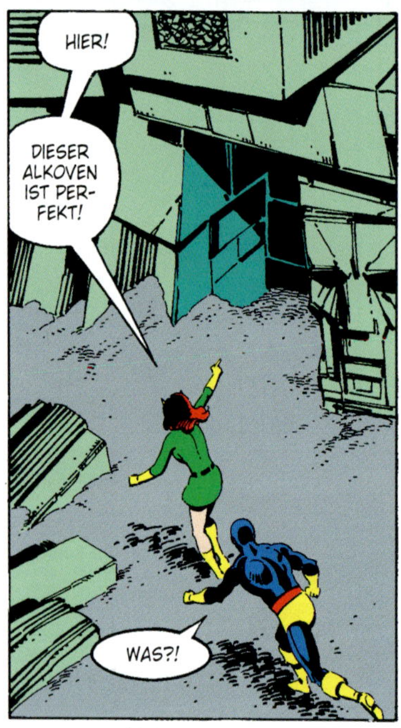
HIER!
DIESER ALKOVEN IST PERFEKT!
WAS?!

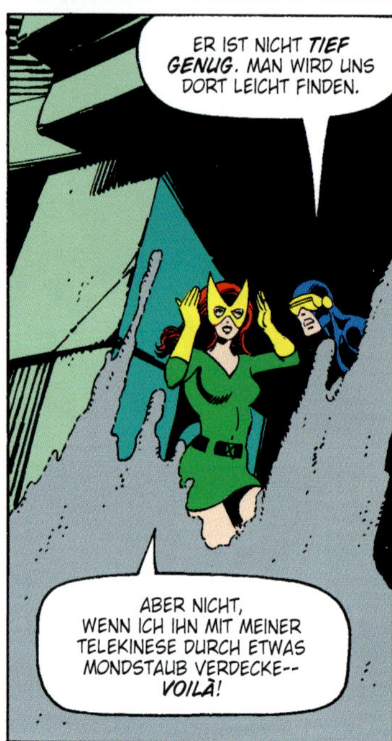
ER IST NICHT **TIEF GENUG**. MAN WIRD UNS DORT LEICHT FINDEN.
ABER NICHT, WENN ICH IHN MIT MEINER TELEKINESE DURCH ETWAS MONDSTAUB VERDECKE-- **VOILÀ!**

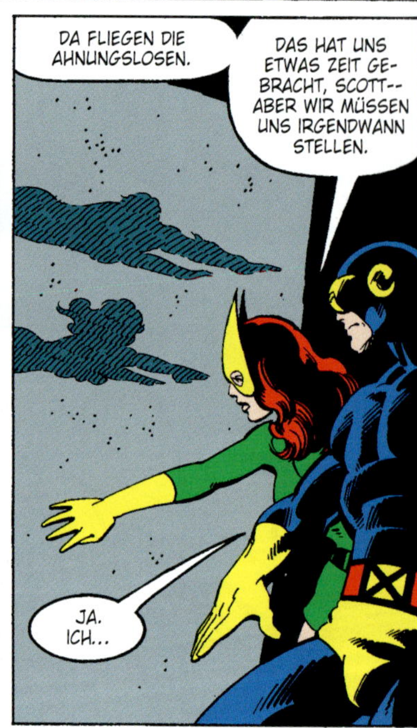
DA FLIEGEN DIE AHNUNGSLOSEN.
DAS HAT UNS ETWAS ZEIT GEBRACHT, SCOTT-- ABER WIR MÜSSEN UNS IRGENDWANN STELLEN.
JA. ICH...

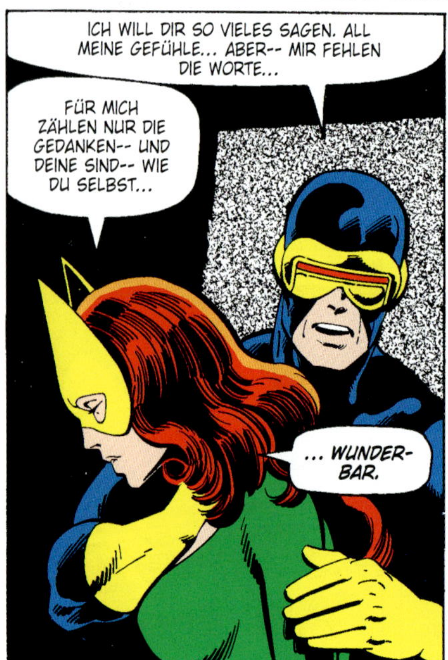
ICH WILL DIR SO VIELES SAGEN. ALL MEINE GEFÜHLE... ABER-- MIR FEHLEN DIE WORTE...
FÜR MICH ZÄHLEN NUR DIE GEDANKEN-- UND DEINE SIND-- WIE DU SELBST...
... WUNDERBAR.

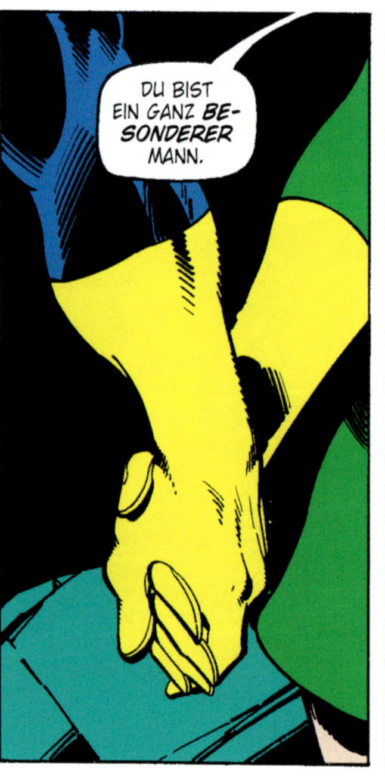
DU BIST EIN GANZ **BESONDERER** MANN.

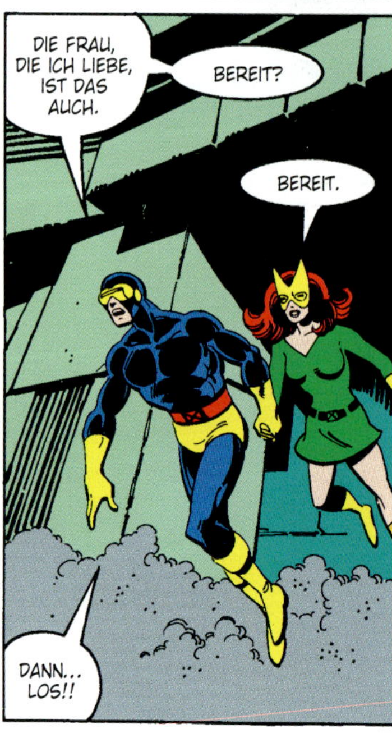
DIE FRAU, DIE ICH LIEBE, IST DAS AUCH.
BEREIT?
BEREIT.
DANN... LOS!!

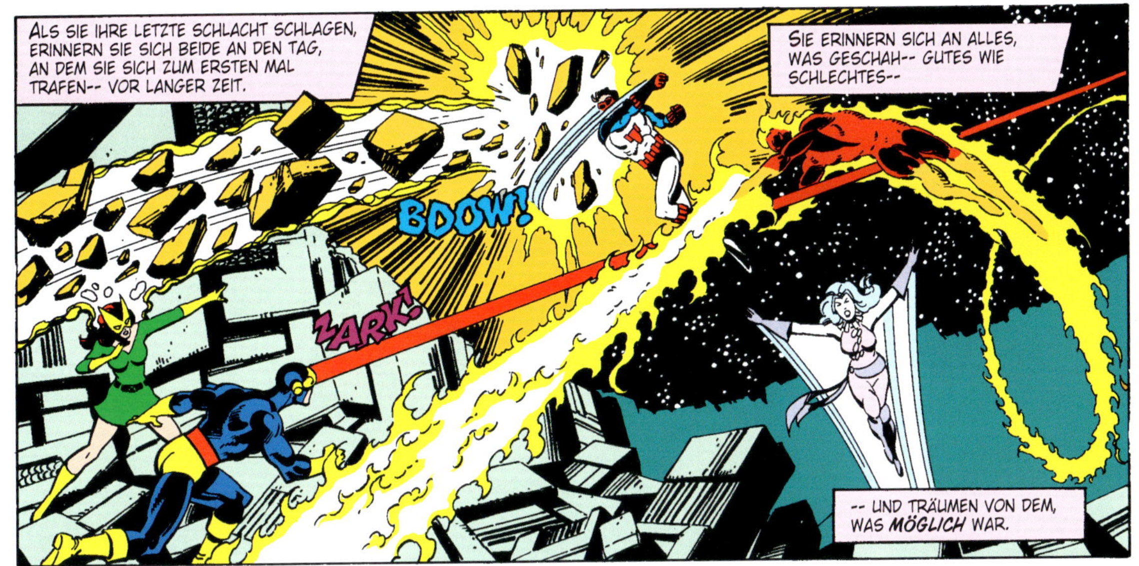
ALS SIE IHRE LETZTE SCHLACHT SCHLAGEN, ERINNERN SIE SICH BEIDE AN DEN TAG, AN DEM SIE SICH ZUM ERSTEN MAL TRAFEN-- VOR LANGER ZEIT.
BOOW!
ZARK!
SIE ERINNERN SICH AN ALLES, WAS GESCHAH-- GUTES WIE SCHLECHTES--
-- UND TRÄUMEN VON DEM, WAS **MÖGLICH** WAR.

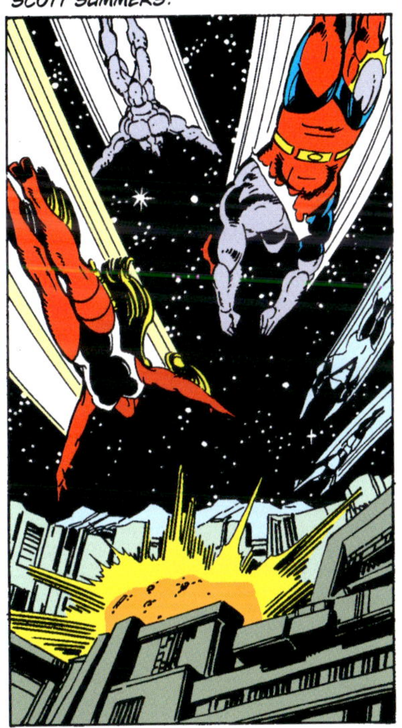
ES WAR EINMAL EINE FRAU NAMENS **JEAN GREY** UND EIN MANN NAMENS **SCOTT SUMMERS**.

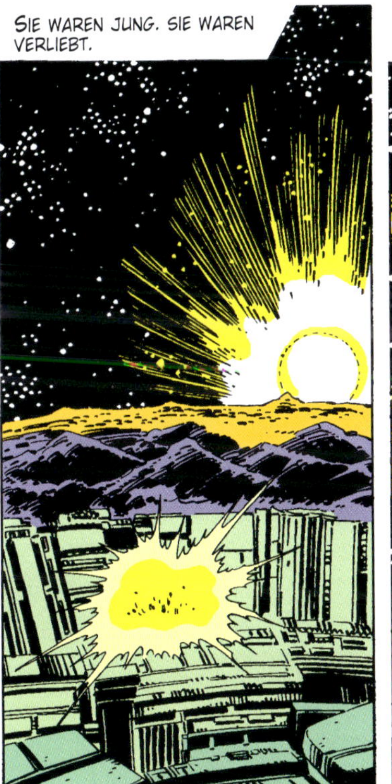
SIE WAREN JUNG. SIE WAREN VERLIEBT.

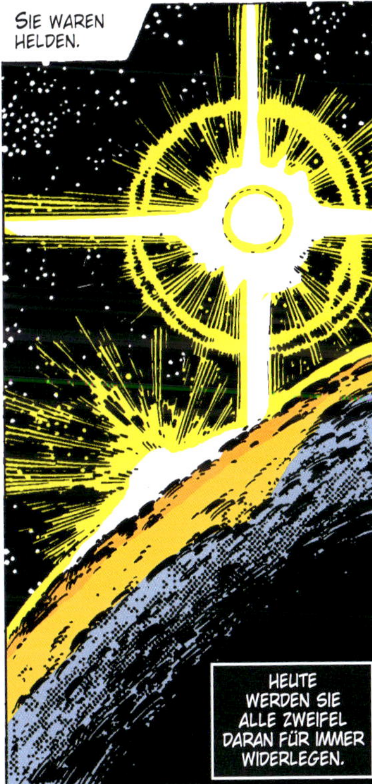
SIE WAREN HELDEN.
HEUTE WERDEN SIE ALLE ZWEIFEL DARAN FÜR IMMER WIDERLEGEN.

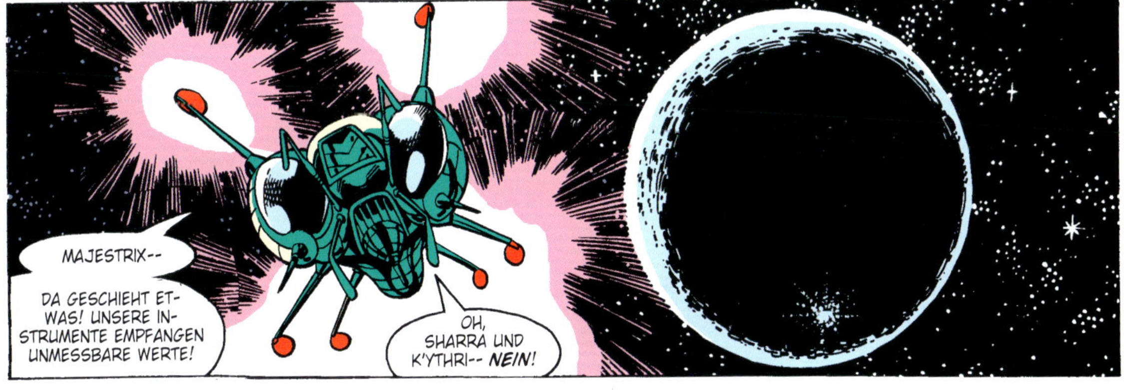
MAJESTRIX--
DA GESCHIEHT ETWAS! UNSERE INSTRUMENTE EMPFANGEN UNMESSBARE WERTE!
OH, SHARRA UND K'YTHRI-- **NEIN**!

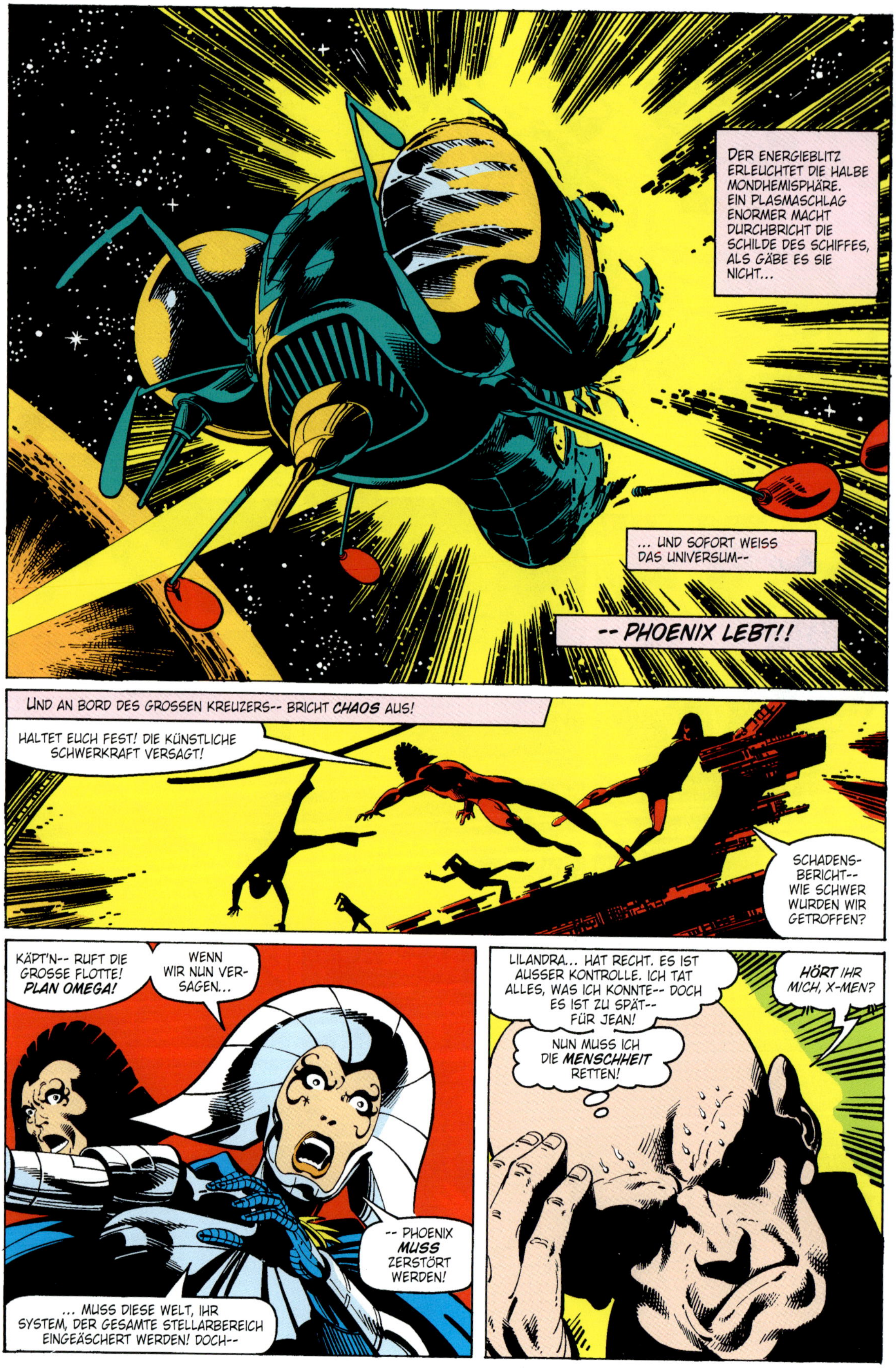

DER ENERGIEBLITZ ERLEUCHTET DIE HALBE MONDHEMISPHÄRE. EIN PLASMASCHLAG ENORMER MACHT DURCHBRICHT DIE SCHILDE DES SCHIFFES, ALS GÄBE ES SIE NICHT...

... UND SOFORT WEISS DAS UNIVERSUM--

-- PHOENIX LEBT!!

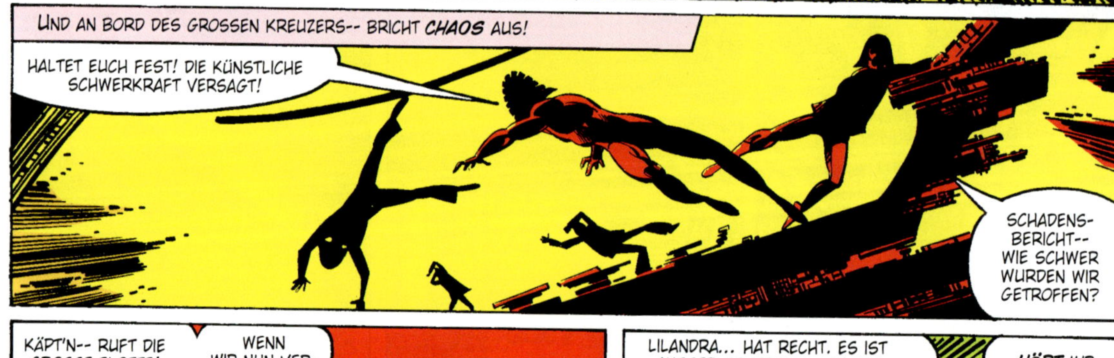

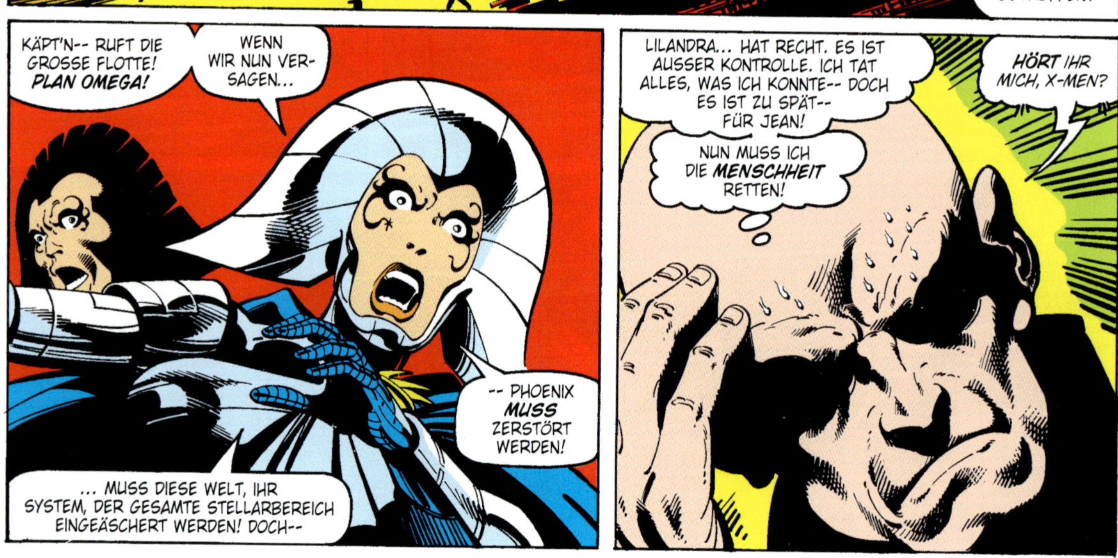

Die *Dark Phoenix Saga* ist das Opus magnum der klassischen Zusammenarbeit von **Chris Claremont** und **John Byrne**. Hier erleben wir die besten und schlimmsten Seiten von **Jean Grey**, die in dieser Geschichte ihr ganzes Potenzial entfaltet und endgültig aus dem Schatten von **Marvel Girl** tritt. Die Saga war der Höhepunkt eines langen Erzählstrangs und zudem das Fundament vieler zukünftiger Geschichten. Schauen wir uns einige der Ereignisse an, die in diesen Band münden, und einige der Sagas, die daraus entstehen.

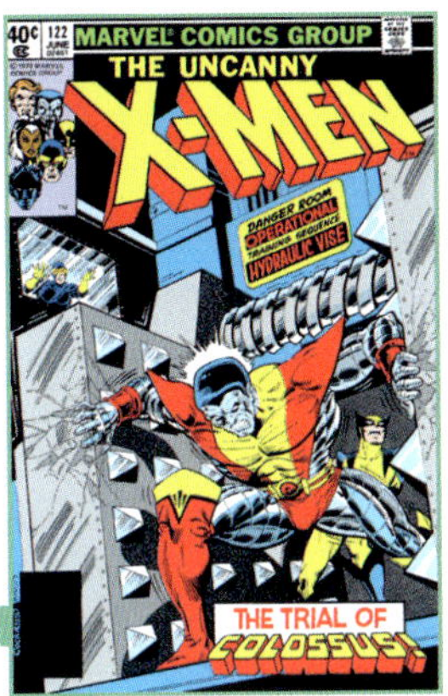

***Uncanny X-Men* 122 (1979)**
CHRIS CLAREMONT
JOHN BYRNE
Während eines Aufenthalts auf den Hebriden lernt Jean Grey einen gut aussehenden Fremden namens ***Jason Wyngarde*** *kennen.*

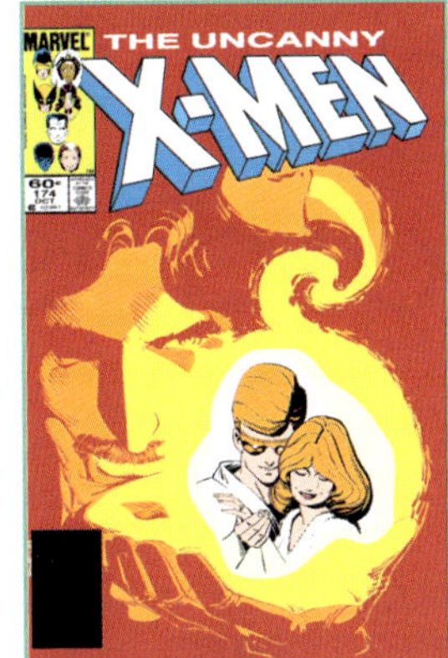

***Uncanny X-Men* 174 (1983)**
CHRIS CLAREMONT
PAUL SMITH
Mastermind*, wieder im Vollbesitz seiner geistigen Kräfte, will sich an den X-Men rächen und ihnen weismachen, dass die* ***Phoenix-Macht Cyclops'*** *Freundin* ***Madelyne Pryor*** *übernommen hat.*

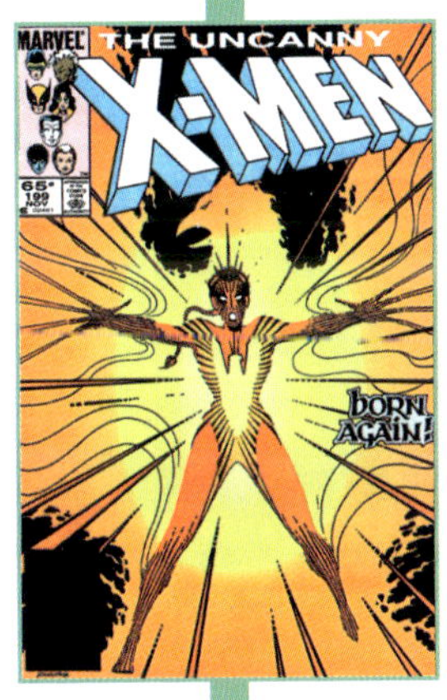

***Uncanny X-Men* 199 (1985)**
CHRIS CLAREMONT
JOHN ROMITA JR.
Rachel Summers*, die Tochter von Scott und Jean aus der Zukunft, wird die nächste Inkarnation der Phoenix-Macht. Das kosmische Wesen bezeichnet Rachel seitdem als „einzig wahren Phoenix".*

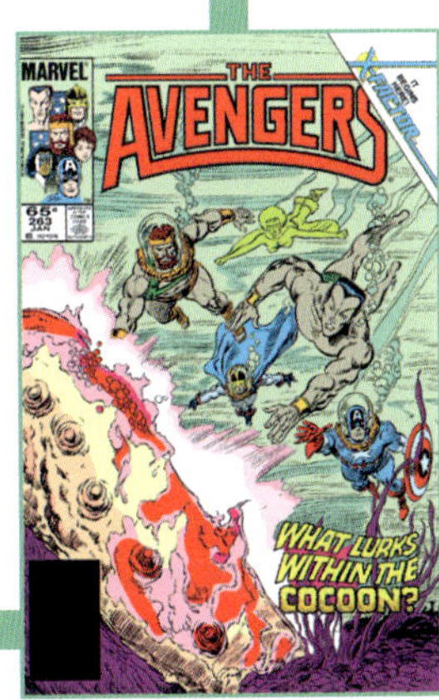

***Avengers* 263 (1986)**
ROGER STERN
JOHN BUSCEMA
Die ***Avengers*** *finden auf dem Grund der Jamaica Bay einen seltsamen Kokon. Bald finden sie heraus, dass es sich um eine Heilkapsel für Jean Grey handelt, die endlich wieder ins Marvel-Universum zurückgekehrt ist.*

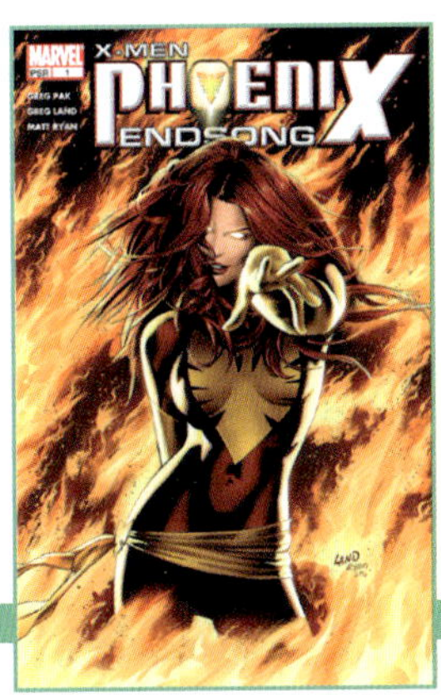

***X-Men: Phoenix – Endsong* 1 (2005)**
GREG PAK
GREG LAND
In dieser 5-teiligen Serie wird Jean von der Phoenix-Macht wieder zum Leben erweckt, nachdem die ***Shi'ar*** *sie zerstören wollten, während sie ohne Wirtskörper war.*

Aus der Asche emporgestiegen

Vor der *Dark Phoenix Saga* gab es die *Phoenix Saga*, die in *Uncanny X-Men* 101 begann und in *Uncanny X-Men* 108 den Abschluss fand. Die Geschichte wurde von **Chris Claremont** geschrieben und von **Dave Cockrum** und **John Byrne** gezeichnet, und sie erzählte von **Jean Grey**, die das Space Shuttle der **X-Men** durch einen Sonnensturm steuert und anschließend an einer Strahlenvergiftung stirbt. Das kosmische Wesen, das als **Phoenix-Macht** bezeichnet wird, erweckte Jean wieder zum Leben, und sie entstieg dem Meer mächtiger als je zuvor.

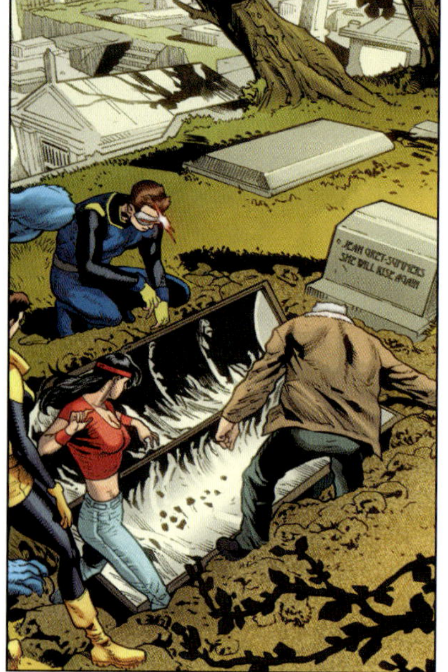

In *Phoenix Resurrection* holten Matthew Rosenberg und Leinil Francis Yu Jean aus dem Jenseits zurück.

Im Laufe dieser Saga halfen Jean und die X-Men **Lilandra**, der Prinzessin des **Shi'ar**-Imperiums, ihren Bruder, den Imperator **D'ken**, daran zu hindern, das Universum mithilfe des M'kraan-Kristalls zu zerstören. In dieser ersten Geschichte war die Phoenix-Macht definitiv eine Quelle des Guten, und die Leser dürfen sich bis heute fragen, was wohl geschehen wäre, wenn **Jason Wyngarde** nicht eingegriffen hätte.

Avengers vs. X-Men von **Jason Aaron**, **Brian Michael Bendis** und vielen anderen Top-Autoren und -Zeichnern war das große Crossover-Event des Jahres 2012 und erzählte von der Rückkehr der Phoenix-Macht zur Erde und dem anschließenden Krieg zwischen **Avengers** und X-Men. Die Avengers wollten **Hope Summers**, einen potenziellen Wirt für die Phoenix-Macht, in Schutzhaft nehmen, während **Cyclops** und die X-Men sich ihrer annehmen wollten, als sei sie eine von ihnen. Die Phoenix-Macht spaltete sich in einzelne Fragmente auf und verband sich mit Cyclops, **Emma Frost**, **Namor**, **Colossus** und **Magik**. Sie korrumpierte Cyclops und machte ihn zu **Dark Phoenix**, nachdem er **Professor X** getötet hatte. Schließlich gelang es Hope jedoch, die Phoenix-Macht zu kontrollieren und davon zu überzeugen, friedlich abzuziehen.

Matthew Rosenberg und **Leinil Francis Yu** erweckten 2017 in *Phoenix Resurrection* die erwachsene Jean Grey wieder zum Leben. In dieser Geschichte eilten ihr nicht die X-Men zu Hilfe, und Jean musste sich selbst helfen. Nachdem sie ihr Gedächtnis wiedererlangt hatte, fand sie die Kraft, das Wesen davon zu überzeugen, sie nie wieder als Wirtskörper zu benutzen und für immer in Ruhe zu lassen.

▶ *The Trial of Jean Grey* (2014) war eine 6-teilige Geschichte von Brian Michael Bendis und erzählte davon, wie die Shi'ar die junge, in der Zeit versetzte Jean Grey für die Verbrechen vor Gericht stellen, die ihr zukünftiges Ich als Dark Phoenix begehen würde. Die **Guardians of the Galaxy** halfen dem Rest der zeitversetzten X-Men bei der Rettung ihrer Teamgefährtin von der Heimatwelt der Shi'ar.

Die Macht und ihr Rausch

Die *Dark Phoenix Saga* bescherte uns zwei Personen mit ausgeprägten Herrschaftsambitionen. Da war zum einen **Mastermind**, der als unheimlich aussehender Illusionist in **Magnetos Bruderschaft der bösen Mutanten** bis zu diesem Zeitpunkt nur eine untergeordnete Rolle im Marvel-Universum gespielt hatte.

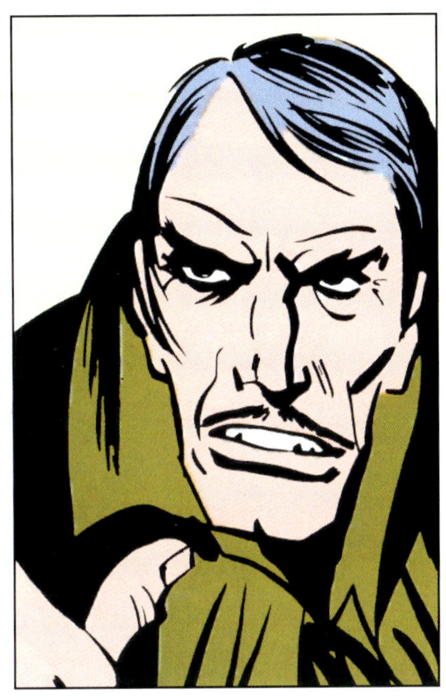

Das wahre Gesicht von Mastermind. Zeichnung von Jack Kirby.

Stan Lee und **Jack Kirby** hatten ihn 1964 in *X-Men* 4 das erste Mal auftreten lassen, und allgemein wurde er – im Vergleich etwa zu Magneto oder **Juggernaut** – nur als geringe Bedrohung eingestuft. Nachdem er dem **Hellfire Club** beigetreten war und sich als Frauenschwarm **Jason Wyngarde** neu erfunden hatte, wollte er **Jean Grey** als Waffe benutzen, um die Kontrolle über den Club zu erlangen.

Die **Phoenix-Macht** war dafür verantwortlich, dass Wyngarde wahnsinnig wurde, und als er wieder bei Sinnen war, wollte er sich an allen rächen, die ihm geschadet hatten. Mithilfe seiner Kräfte brachte er **Wolverines** Verlobte dazu, dem Mutanten mit den Adamantiumkrallen eine Abfuhr zu erteilen, und anschließend machte Wyngarde den **X-Men** weis, dass **Cyclops**' neue Freundin die Reinkarnation von **Dark Phoenix** sei – in der Hoffnung, dass die X-Men sie töten würden. Cyclops kam der Sache jedoch auf die Spur und vereitelte den Plan. Wyngarde starb später am Legacy-Virus, doch vorher konnte er noch seinen Frieden mit Jean Grey machen.

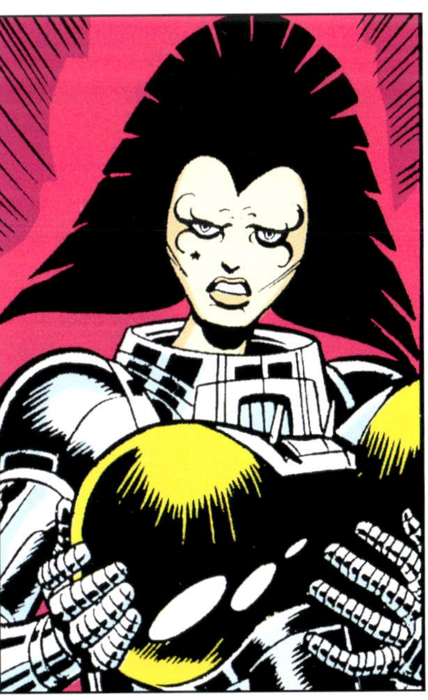

Lilandra zeigte sich Charles Xavier das erste Mal in *Uncanny X-Men* 105. Zeichnung von Dave Cockrum.

Lilandra, die **Shi'ar**-Prinzessin, die eines Tages die Herrschaft über das Reich antreten sollte, war eine Schöpfung von **Chris Claremont** und **Dave Cockrum** und hatte 1976 ihren ersten Auftritt in *X-Men* 97. Sie hatte in der ersten *Phoenix Saga* eine gewichtige Rolle gespielt, als sie die X-Men engagierte, um ihren Bruder, Imperator **D'ken**, daran zu hindern, das Universum zu zerstören.

Anschließend ging sie eine Beziehung mit **Charles Xavier** ein, die auf eine harte Probe gestellt wurde, als die Shi'ar versuchten, Phoenix zu töten. Später wurde Lilandra von ihrer Schwester **Deathbird** entthront. Doch es gelang ihr, den Thron zurückzuerobern, nachdem die **Skrulls** einen Staatsstreich angezettelt hatten.

WEITERE MUST-HAVE-TITEL

BEREITS ERHÄLTLICH

CIVIL WAR
AVENGERS: HELDENFALL
SPIDER-MAN: SPIDER-VERSE
WOLVERINE: OLD MAN LOGAN
DEADPOOL KILLT DAS MARVEL-UNIVERSUM
THANOS: DIE GEBURT EINES MONSTERS
DAREDEVIL: DER MANN OHNE FURCHT
MILES MORALES: ULTIMATE SPIDER-MAN
MS. MARVEL: META-MORPHOSE
DER TOD VON WOLVERINE
INFINITY GAUNTLET: DIE EWIGE FEHDE
PLANET HULK

JETZT ERHÄLTLICH

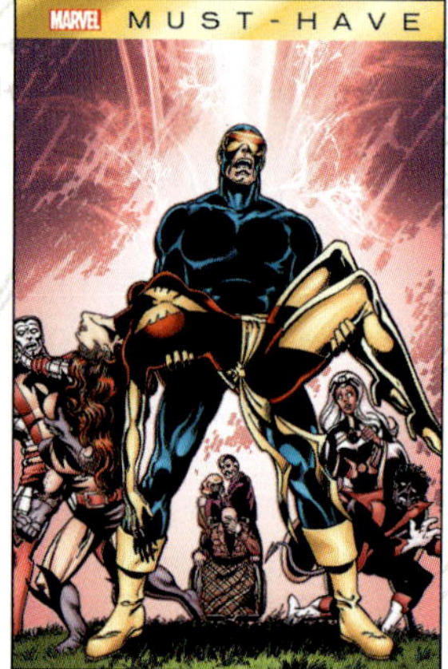

X-MEN: DIE DARK PHOENIX SAGA

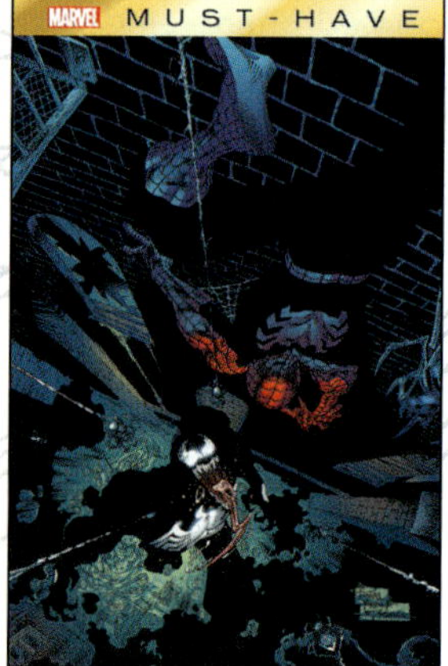

VENOM: DARK ORIGIN

DEMNÄCHST

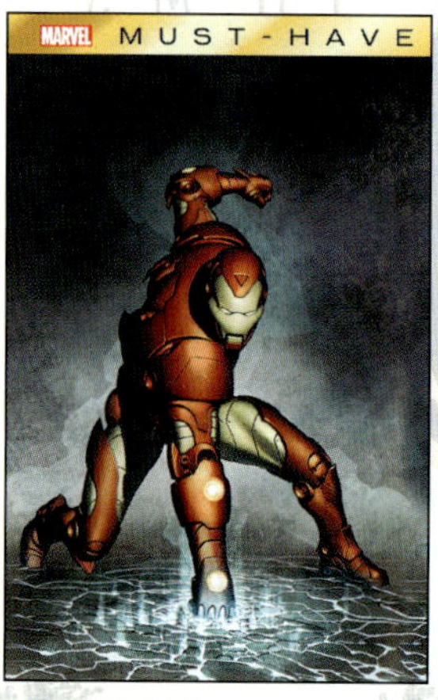

IRON MAN: EXTREMIS

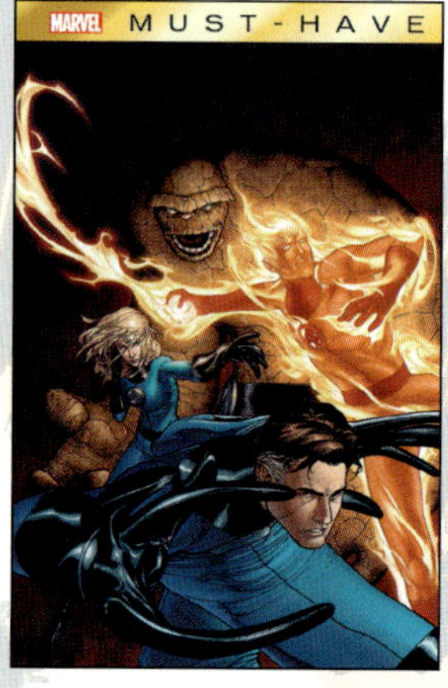

FANTASTIC FOUR – 4